Brigitte Blume • **Myanmar** • Birma Burma

Reise Know-How im Internet

Aktuelle Reisetips und Neuigkeiten
Ergänzungen nach Redaktionsschluss
Büchershop und Sonderangebote
Leserforum rund ums Reisen

http://www.reise-know-how.de
http:wwwreisebuch.de

Der
Reise Know-How Verlag
Brigitte Blume
ist Mitglied der Verlagsgruppe
Reise Know-How

Myanmar

Impressum

Brigitte Blume
Myanmar
Birma Burma

erschienen im
Reise Know-How Verlag Peter Rump GmbH
Osnabrücker Str. 79, 33649 Bielefeld
ISBN 3-8317-8940-1

Zuschriften an:
Brigitte Blume
Siegmund-Schacky-Str. 21
80993 München
T. und Fax: (0 89)1 41 86 39
E-mail: BrigitteBlume@gmx.de
Webseiten: www.reise-know-how.de und www.reisebuch.de
© Brigitte Blume
8. aktualisierte Auflage 2003
Alle Rechte vorbehalten

Umschlagkonzept: M. Schömann
Realisierung: H. Hermann
Innengestaltung: Brigitte und Moritz Blume
Kapitel Gesundheit: Dr. N. Blume
Karten und Stadtpläne: A. Wagner
Fotos: Brigitte Blume, S. 36 Dr. B. Rieder
Druck, Bindung und Lithographie: Kösel, Kempten

Auslieferung für den Buchhandel:
BRD: Prolit GmbH, Postfach 9, 35461 Fernwald
Schweiz: AVA-buch 2000, Postfach 27, CH-8910 Affoltern
Österreich: Mohr Morawa Buchvertrieb GmbH, Sulzengasse 2, A-1230 Wien
Niederlande: Willems Adventure, Postbus 403, NL-3140 AK Maasluis

---

Alle Informationen in diesem Buch sind von den Autoren mit größter Sorgfalt gesammelt und vom Lektorat des Verlages gewissenhaft bearbeitet und überprüft worden. Da inhaltliche und sachliche Fehler nicht ausgeschlossen werden können, erklärt der Verlag, dass alle Angaben im Sinne der Produkthaftung ohne Garantie erfolgen und dass der Verlag wie die Autoren keinerlei Verantwortung und Haftung für inhaltliche und sachliche Fehler übernehmen.

Inhalt

Myanmar als Reiseziel 9

Land und Leute 11

Myanmar im Überblick: Daten
  und Fakten 12
Verfassung 12
Wirtschaft 13
Geographie 14
Klima 15
Pflanzen- und Tierwelt 16
Bevölkerung 17
Religion 17
Gesundheitswesen 18
Schulwesen 19
Medien 19
Zeitrechnung 20
Verkehr 20
Maße und Gewichte 20
Sprache 20
Schrift 21
Zahlen 21
Birmanisches Alphabet 22
Geschichte 23
Volksgruppen 38
Religion 51
Alltag, Brauchtum, Sitten 57
Geisterglaube 57
Religiöses Leben 59
Soziales Leben 63
Arbeitswelt 68
Zeremonien, Feste, Feiertage 70
Theater 72
Musik 75
Feste und Feiertage 78
Kunst und Kunsthandwerk 83
Baukunst 83
Plastik 85
Ornamentik 86
Herstellung von Bronzefiguren 87
Die Buddhadarstellung 87
Wandgemälde 89
Lackkunst 92

Reisevorbereitungen 95

Verhalten als Tourist 96
Botschaften 98
Einreise 100
Devisen 103
Währung 104
Reisebudget 105
Zollbestimmungen 106
Zeit 107
Reisezeit 107
Kleidung 107
Fotoausrüstung 108
Sicherheit 108
Stromversorgung 109
Öffnungszeiten 109
MTT oder Myanmar
Tours & Travel 109
Post und Telefon 110
Ausrüstung 112
Essen und Trinken 114
Kleiner Sprachführer 117
Toilette 118
Souvenirs 118
Gesundheitl. Vorbereitung 119
Reisen in Myanmar 127
Reisemöglichk. in Myanmar 128

Sportliche Aktivitäten	139	Kyaikhtiyo	222
Erlaubte und nicht erlaubte Orte	140	Zokthok	222
		Thaton	222
Unterkunft	141	Umgebung von Thaton	223
Abfertigung im Mingladon Flughafen, Yangon	142	Hpa-an	224
		Umgebung von Hpa-an	225
		Mottama (Martaban)	226

Reiseteil 143

		Mawlamyine (Moulmein)	226
		Umgebung von Mawlamyine	231
Yangon	**145**	Kyaikmaraw	233
		Mudon	233
Besichtigung von Yangon	152	Thanbyuzayat	233
Unterkunft	173	Kyaikkami (Amherst)	234
Ausflüge von Yangon	**185**	Setse	234
Tanyin o. Tanlyin (Syriam)	185	Dawei (Tavoy)	235
Twante	187	Myeik (Mergui)	237
Letkhokkon	188	Der Archipel von Mergui	238
Deltaregion	189	Kawthaung	240
Pathein (Bassein)	189		
Diamond Island	193	**Der Westen**	**241**
Chaungtha	193		
Ngwe Hsaung Beach	195	**Nordrakhine (Nordarakan)**	**242**
Nördlich von Yangon	**196**	Sittwe (Akyab)	243
Bago (Pegu)	196	Umgebung von Sittwe	245
Toungoo	203	Bayonga Inseln	245
Umgebung von Toungoo	204	Mrauk U (Myohaung)	245
Danubyu	206	Weitere alte Königsstädte der Umgebung	257
Hinthada und Umgebung	207		
Pyay (Prome)	207	Launggret und Parein	257
Umgebung von Pyay	211	Pataw	257
Thayekhittaya (Srikshetra)	211	Vesali	258
Shwedaung	213	Kyauktaw - Dhanywaddy	259
Ahkauk	214	**Südrakhine**	**261**
		Thandwe (Sandoway)	261
Der Südosten	**216**	Ngapali	261
		Thandwe	263
Kyaikhtiyo Pagode (Goldener Felsen)	216	Kanthaya Beach	264
		Ramre Island	264

Inhaltsverzeichnis

Bagan (Pagan)	266	Nyaungshwe (Yaunghwe)	330
		Bootsausflug auf d. Inle See	334
Old Bagan	277	Indein	341
Myinkaba	287	Taunggyi	342
Thiripyitsaya	293	Kakku	346
Minnanthu	293	Kengtung (Kyaing Tong)	349
Sonstiges	296	Loimwe	353
Umgebung von Bagan	**301**		
Sale	301	**Mandalay**	**355**
Magway (Magwe)	303		
Salin	305	Umgebung von Mandalay	385
Minbu	305	Amarapura	385
Mindon	308	In-Wa (Ava)	389
Südöstlich von Magway	309	Tada U	391
Taungdwingyi	309	Sagaing	391
Beikthano	310	Kaunghmudaw Pagode	394
Pyinmana	310	Ywataung	395
Nordwestlich von Bagan	**311**	Taungbyon	395
Pakokku	311	**Südlich von Mandalay**	**396**
Pakhangyi	311	Paleik	396
Gangaw	312	Sintkaing	397
Westlich von Bagan	**312**	Kyaukse	397
Mount Victoria	312	**Westlich von Mandalay**	**398**
Nordöstlich von Bagan	**313**	Monywa	398
Myingyan	313	Umgebung von Monywa	400
Östlich von Bagan	**313**	Kyaukka	401
Tuyin Taung Mountain	313	Phowin Taung	403
Mount Popa	313	Shwebataung	403
Meiktila	317	**Nördlich von Mandalay**	**404**
		Mingun	404
Der Osten	**318**	Sagyin Hill	406
		Halin (Halingyi)	406
Thazi	319	Shwebo	408
Kalaw	319	Kyaung Myaung	408
Pindaya	324	Tagaung	408
Loikaw	326	**Nordöstlich von Mandalay**	**408**
Heho	328	Pyin Oo Lwin (Maymyo)	408
Shwenyaung	328	Ausflüge zu Wasserfällen	413
Inle See	328	Gokhteik Viadukt	414

Kyaukme	414	**Anhang**	**429**
Hsipaw (Thibaw)	415		
Lashio	417		
Umgebung von Lashio	419	Literaturverzeichnis	430
		Adressen zur Landes-	
Der Norden	**420**	information	432
		Tropenmedizinische	
Mogok	420	Institutionen in Deutschland	432
Bhamo	423	Geänderte Namen	434
Sampanago	424	Glossar	434
Myitkyina	425	Index	437
Umgebung von Myitkyina	427	Zugfahrpläne	446
Kraing Naw Yeiktha	427	Fahrpläne für Schiffe	448
Myithson	427	Inlandsflüge	448
Hpakant (Pakkhan)	427		
Putao	427		
Hkakabo Razi	428		

In den Webseiten von www.reise-know-how.de finden Sie unter „latest news" für Myanmar die wichtigsten Aktualisierungen, Neuerungen und Ergänzungen.

Dieses Reisehandbuch ist gespickt mit unzähligen Adressen, Preisen, Tips und Informationen. Myanmar ist momentan von schnellen Veränderungen geprägt. Nur vor Ort kann überprüft werden, was noch stimmt und was sich verändert hat. Die Autorin dieses Buches ist zwar stetig unterwegs und versucht, alle zwei Jahre eine komplette Aktualisierung zu erstellen. Auf die Mithilfe von Reisenden kann sie aber nicht verzichten. Wir sind für zusätzliche Tips und Informationen, die Sie an die im Impressum genannte Anschrift schicken können, sehr dankbar und honorieren hilfreiche Zuschriften mit einem Freiexemplar der nächsten Auflage oder eines Reise Know-How Buches Ihrer Wahl.

Myanmar als Reiseziel

Nach jahrzehntelanger Isolation beginnt sich Myanmar nun nach und nach dem Tourismus zu öffnen. Die lang andauernde und strikt gehandhabte politische, wirtschaftliche und kulturelle Abschottung hat dafür gesorgt, dass sich die Zahl der ausländischen Besucher bisher in engen Grenzen hielt - und es ist auf absehbare Zeit auch nicht zu erwarten, dass das Land zu einem Ziel des Massentourismus wird. Dafür ist die touristische Infrastruktur heute immer noch nicht ausreichend entwickelt; erst seit kurzem bemüht man sich um einen verstärkten Ausbau des Transportwesens und Straßenbaus und um die Ausweitung und Verbesserung des Hotelangebots. Immerhin ist es seit 1995 möglich, ein Touristenvisum für vier Wochen zu erhalten, davor war die Aufenthaltsdauer auf vierzehn Tage beschränkt.

Dank dieser Veränderungen ist es nun nicht mehr nötig, den Aufenthalt im Land schon vor Antritt der Reise bis ins kleinste Detail zu planen. Trotzdem sollten Sie sich darauf einstellen, dass Sie während der Hauptreisezeit von November bis Februar, ganz besonders von Weihnachten bis Anfang Januar, einen nicht unbeträchtlichen Teil Ihrer Zeit und Energie darauf verwenden müssen, Transportmöglichkeiten und Unterkunft zu beschaffen.

Der Reiseplan sollte zudem so flexibel wie nur möglich gestaltet werden und immer auch Ausweichrouten vorsehen, da nach wie vor damit zu rechnen ist, dass vorgesehene Transportmittel kurzfristig ausfallen können.

Aber auch gerade wegen der touristischen Unterentwicklung und der jahrzehntelangen Isolation erwartet den Reisenden eine ungeheure exotische Vielfalt in dem Land, das die Brücke zwischen dem indischen Subkontinent und Südostasien bildet.

Schon das Straßenbild der Hauptstadt Yangon (dem früheren Rangun) übt den verführerischen Reiz des Fremdartigen aus: Die männliche Bevölkerung trägt hier nicht, wie in nahezu allen Hauptstädten der Welt üblich, als Beinbekleidung die Hose, sondern den longyi (gesprochen: londschi), einen langen Wickelrock, der für Männer immer kariert und für Frauen geblümt ist. Frühmorgens ziehen die Mönche in roten, manchmal auch safrangelben Gewändern und ihren Bettelschalen stumm von Haus zu Haus, und in den zahlreichen Garküchen an den Straßen brutzeln vielfarbige, wundersam riechende Speisen.

Myanmar hat seit Ende des Zweiten Weltkrieges eine sozialistische Regierung. An der tiefen Religiosität seiner Bewohner hat auch das politische System nichts zu ändern vermocht. Der Buddhismus bestimmt noch immer die Lebensgestaltung der allermeisten Myanmaren, und die zahlreichen alten Kulturdenkmäler - die Stupas, Pagoden, Tempel und Buddhadarstellungen - genießen bei der Bevölkerung nach wie vor größte Verehrung.

Das für den Reisenden aus unseren Breitengraden noch weitgehend unbekannte Myanmar braucht den Vergleich mit seinen Nachbarn im Osten und Westen nicht zu scheuen. Es ist ein faszinierendes, geheimnisvolles

Land mit einer liebenswürdigen Bevölkerung und unendlich vielen kulturellen Schätzen aus der Vergangenheit, die zugleich unverzichtbare Bestandteile der lebendigen Gegenwart sind.

Warum nach Myanmar reisen?

Myanmar steht zur Zeit immer noch unter einem strengen Militärregime. Eine Reise nach Myanmar hat also auch einen politischen Aspekt. Die Argumente gegen oder für eine Reise nach Myanmar werden oft mit Blick auf die politische Situation sehr emotional ausgetauscht. Es handelt sich um eine Debatte, die sowohl im Land, als auch außerhalb von Myanmar weiterhin anhält.

Diejenigen, die sich gegen einen Myanmar-Tourismus aussprechen sind der Meinung, dass durch ausländische Devisen das gegenwärtige Regime gestützt wird. Die Befürworter eines Tourismus nach Myanmar jedoch sind der Meinung, dass ein politischer Wandel auch durch Annäherung erfolgen kann. Sie sind darüberhinaus davon überzeugt, dass eine fortgesetzte Isolation das Regime nur verfestige.

Wenn Sie sich nach Abwägung der verschiedenen Standpunkte zur Reise nach Myanmar entschlossen haben, sollten Sie wenn immer möglich den kleinen, lokalen Tourismus unterstützen. Zahlreiche private Kleinunternehmer werden Ihnen bei Transport, Unterkunft und Verpflegung weiterhelfen. Damit spielt der Tourismus bei den geschäftlichen Aktivitäten der Bevölkerung eine wichtige Rolle.

Myanmar im Überblick: Daten und Fakten

	Myanmar	BRD
Gesamtfläche	676 552 km²	356 957 km²
Ackerland	100 570 km²	
Gesamtbevölkerung (2000)	52 000 000	81 338 093
Städtische Bevölkerung	24,8 %	86 %
Einwohner/km²	74	228
Bevölkerungswachstum	2,2 %	0,2 %
Sterblichkeitsrate unter 5 Jahren	12 %	0,6 %
Lebenserwartung m/w	60/63	73/79
Einwohner je Arzt	3 306	370
Analphabetenrate	16 %	1 %
Touristen (2001)	208 000	14 510 000
Straßenlänge	24 325 km	
Streckenlänge der Eisenbahn (2001)	ca. 6 000 km	
Fernsprechanschlüsse je 1000 Ew.	2,0	
Fernsehgeräte (1991)	80 000	
registrierte Kraftfahrzeuge (2001)	ca. 800 000	

Myanmar in Zahlen

Myanmar ist das größte Land Südostasiens. Die ehemalige Sozialistische Republik der Union von Birma nennt sich offiziell seit Juni 1989 „Union of Myanmar". In der Landessprache heißt das Land „Pyidaungsu Socialist Thammada Myanma Nainggnan". Weiter wurden viele Namen für Städte und Flüsse geändert. Eine Liste davon finden Sie im Anhang.

Die Flagge von Myanmar ist rot, im blauen Übereck oben links befinden sich weiße Ähren und ein Rad, umkreist von 14 weißen Sternen. Die Sterne symbolisieren die 14 Volksstämme.

Die wichtigsten Städte sind die Hauptstadt Yangon mit über 4 Mio. Einwohnern, Mandalay mit über 800 000 Einwohnern, Mawlamyine mit 220 000 Einwohnern, Bago mit 200 000 Einwohnern, Pathein mit 160 000 Einwohnern und Taunggyi mit 100 000 Einwohnern.

Verfassung

Myanmar ist ein unabhängiger Staat. Staatsziel ist eine sozialistische Gesellschaft mit einem sozialistischen Wirtschaftssystem. Myanmar wird derzeit von einer Militärjunta regiert, obwohl bei den ersten freien Wahlen am 27. Mai 1990 die Opposition („Nationale Liga für Demokratie", NLD) die Wahlen gewonnen hat. Zuvor gab es nur eine Partei, die „Burma Socialist Programme Party" (BSSP), die eine Woche nach der Machtergreifung durch das Militär ihren Namen in „Nationale Einheitspartei" (NUP) geändert hat. Außerdem operiert im Untergrund die verbotene Kommunistische Partei Myanmars (BCP), die von der VR China unterstützt wird. Der derzeit herrschende Militärrat will erst dann die Macht abgeben, wenn das neue Parlament eine Verfassung ausgearbeitet hat, womit seit dem Jahr 2001 gerechnet wurde. Good-will-Signale dafür sind die Aufnahme von Gesprächen mit Aung San Suu Kyi, die Einstellung der gegen die NLD gerichteten langjährigen Diffamierungskampagne, der Empfang der Menschenrechtskommission, die Entlassung von etwa 170 politischen Gefangenen, die Wiederöffnung von 18 NLD-Büros im Raum Yangon und die Einreise eines ILO-Teams, das die Zwangsarbeit-Praktiken im Land untersucht.

Alle Rohstoffe, Bodenschätze und der gesamte Grund und Boden befinden sich nicht mehr in Staatsbesitz. Die Produktionsmittel sind staatlich, jedoch sind auch private Unternehmen zugelassen.

Für alle Bürger besteht unabhängig von Rasse, Glaubensbekenntnis und Geschlecht Gleichheit vor dem Gesetz. Das oberste Organ der Staatsgewalt ist ein in geheimen Wahlen auf vier Jahre gewähltes Parlament. Volksräte sind die lokalen Organe der Staatsgewalt mit der Zuständigkeit für Wirtschaft, Recht und Verteidigung. Das Parlament wählt einen 29köpfigen Staatsrat, dieser wiederum wählt aus seiner Mitte einen Vorsitzenden, der Präsident der Republik ist, und einen Sekretär. Der Staatsrat setzt die Bestimmungen der Verfassung in die Tat um, erlässt Gesetze, trifft wichtige außenpolitische Entscheidungen, kann das Parlament einberufen und militärische Verteidigungsaktionen anordnen.

Der Ministerrat ist oberstes Organ der staatlichen Verwaltung mit dem von ihm gewählten Ministerpräsidenten. Der Rat der Volksrichter ist oberstes Rechtsorgan. Es gibt noch den Rat der Volksanwälte und der Volksinspektoren.

Wirtschaft

Myanmar ist durch eine lange Isolation und zentrale Planwirtschaft ökonomisch zurückgeblieben. Die Spannungen und bürgerkriegsartigen Auseinandersetzungen zwischen den verschiedenen Ethnien haben außerdem die wirtschaftliche Entwicklung des Landes erheblich gebremst. In Südostasien hat es mit 200 US$ das niedrigste Jahres-Pro-Kopf-Einkommen. 1988 erhielt Myanmar bis heute den Status eines „Least Developed Country". Die Versorgung der Bevölkerung mit notwendigen Gütern wäre ohne den unkontrollierten schwarzen Wirtschaftssektor nicht immer sichergestellt. Durch die Öffnung Myanmars stieg die Wachstumsrate an. Die Inflationsrate lag im Jahr 2001 bei über 20 %.

Landwirtschaft

Wichtigster Wirtschaftszweig ist die Landwirtschaft. Etwa 30 % der Landfläche sind landwirtschaftlich nutzbar, aber nur die Hälfte davon wird bearbeitet. Zwei Drittel der Erwerbstätigen sind in diesem Sektor tätig. Die landwirtschaftlichen Erzeugnisse sind: Hülsenfrüchte, Reis, Mais, Weizen, Erdnüsse, Sesamsamen, Zuckerrohr, Jute, Tabak, Baumwolle. Exportiert werden Reis, Mais und Tabak. Zur Zeit der

Könige war es verboten, Reis auszuführen. Erst im 20. Jh. wurde das Land zu einem der wichtigsten Reislieferanten; zwischen 1930 - 1940 kam über die Hälfte dieses Nahrungsmittels am Weltmarkt aus Myanmar.

Die Landwirtschaft hat häufig mit ungünstigen Naturverhältnissen zu kämpfen, so dass jährlich ein nicht geringer Prozentsatz der Ernten vernichtet wird. Die Bauern müssen einen Teil ihrer Ernten zu niedrigen Preisen an den Staat abliefern. Noch verbleibende Überschüsse dürfen die Bauern auf dem freien Markt verkaufen, jedoch nicht an Händler. Damit soll der inländische Bedarf gedeckt werden.

Forstwirtschaft

Mehr als die Hälfte der Gesamtfläche des Landes ist bewaldet. Ein Viertel davon ist als regierungseigene Forstreserve ausgewiesen. Illegale Brandrodungen reduzieren den Waldbestand rapide. In den letzten 40 Jahren ist der Waldbestand um 7 % zurückgegangen. Seit den letzten Jahren werden große Wiederaufforstungsprogramme verwirklicht.

Myanmar ist einer der größten Exporteure von Teak und tropischen Harthölzern, z. B. *padauk* (Kirschbaumholz). Es wird angenommen, dass Myanmar über ¾ der Weltreserven an Teakholz verfügt. Nach Reis und Erdöl war der Holzexport von Teakholz der drittgrößte Ausfuhrposten vor dem 2. Weltkrieg.

Ein großes Problem stellt der Schmuggel von Harthölzern nach Thailand und China dar. Es wird geschätzt, dass mehr als ein Fünftel der Jahresproduktion auf diese Weise verlorengeht.

Fischerei

Die Seegebiete vor den ausgedehnten Küsten, besonders vor dem Rakhine-Staat, bieten ein immenses Nutzungspotential. Trotzdem ist der Fischfang noch relativ schwach entwickelt, da es noch an großen Fangbooten fehlt. Eine wichtige Einkommensquelle stellen mittlerweile Krabben und Garnelen dar.

Geographie

Myanmar erstreckt sich von 10° bis 28° nördlicher Breite und 92° bis 101° östlicher Länge. Es ist in der jeweils größten Ausdehnung 1 920 km lang und 905 km breit.

Myanmar im Überblick: Daten und Fakten

Hauptregionen

Die **3 Hauptregionen** von Myanmar sind:
das tropische *Niedermyanmar,* das größte Reisanbaugebiet der Welt;
das kühlere, trockenere *Obermyanmar,* wo Baumwolle und Gemüse angebaut werden und wo die Könige ihre Hauptstädte hatten;
das *Hochland* entlang der Landesgrenzen, wo bis zu fünfeinhalbtau-send Meter hohe Berge, reissende Gebirgsströme und undurchdringliche Dschungel auch heute noch den Verkehr erschweren und wo Teakwälder stehen und Mineralien und wertvolle Edelsteine gefunden werden.

Berge und Flüsse

Die höchsten **Berge** sind der Hkakabo Razi mit 5 881 m und der Gamlang Razi mit 5 835 m (Ausläufer des Himalaja) und der Mount Victoria mit 3 053 m bei Bagan. Eine von Norden nach Süden verlaufende Hügelkette grenzt an die Nachbarländer.

Die größten **Flüsse** sind der 2 100 km lange Ayeyarwady (kommt aus dem Altindischen und heißt „Die Erquickende") mit seinen Nebenflüssen Chindwinn und Sittoung sowie der Thanlwin und der Kaladan.

Bodenschätze

Myanmar ist berühmt für seine Edelsteine. Besonders schöne Rubine findet man in den Tälern bei Mogok und in den Minen von Pyinlon und Maingshu. Daneben gibt es noch Saphire, Topas, Jade und Bernstein. Das Land verfügt zudem über reiche Vorkommen an Erdöl, Erdgas, Steinkohle, Blei, Zink, Kupfer, Wolfram, Silber und Gold.

Klima

Myanmar gehört zum tropischen, asiatischen Monsungebiet. Bis auf den äußersten Norden herrscht dementsprechend Monsunklima (Süd-West-Monsun). Dieses Klima wird jedoch nicht unwesentlich von den Landschaftsformen bestimmt und ist demnach je nach Landesteil unterschiedlich.

Die 3 Jahreszeiten

Regenzeit: Ende Mai bis Mitte Oktober, 25 °C - 33 °C
Kühle Saison: Ende November bis Ende März, 16 °C - 28 °C
Heiße Saison: April/Mai und Oktober/November, 28 °C - 35 °C

Die größte Hitze herrscht kurz vor dem Beginn der ersten Regenfälle. Die meisten Niederschläge fallen im Westen in Rakhine und im Südosten in Tenasserim. Westlich von Mandalay im zentralen Tiefland befindet sich, entstanden durch die Leelage, ein Trockengebiet. In der kühlen Zeit sind geringe Niederschläge, eine weite Fernsicht, farbenprächtige Sonnenuntergänge und ein strahlend blauer Himmel zu erwarten.

Durchschnittliche Anzahl der Regentage:

Jan.	1	Juli	23
Febr.	1	Aug.	24
März	1	Sept.	20
April	2	Okt.	11
Mai	13	Nov.	4
Juni	23	Dez.	1

Pflanzen- und Tierwelt

In den Bergen und an den Küsten findet man tropischen Regenwald, im Ayeyarwadydelta Mangrove. Der feuchte Monsunwald besteht aus Teak und Bambus (70 verschiedene Sorten). Im Tiefland ist Trockenwald und Dornstrauchsavanne vorherrschend.

Der **Teakholzbaum,** auch indische Eiche genannt, wird bis zu 60 m hoch. In frischem Zustand enthält er ein Öl, das als sog. Leinöl verwendet wird. Die Blüten sind weißlich und stehen in großen Rispen. Die großen Blätter beinhalten einen purpurroten Saft, der zum Einfärben von Seide und Baumwolle benutzt wird. Der **Palisander** oder Jacaranda wird sehr hoch und hat hellgrüne, doppelgefiederte Blätter. Die trompetenförmigen Blüten sind blau. Der **Banyan-Baum** zählt zur Familie der Feigenbäume und kann bis zu 200 Luftwurzeln ausbilden. Während der kühlen Jahreszeit blühen viele Büsche und Bäume, wie z. B. der **Hibiskus** und der meist baumhohe rote und weiße **Weihnachtsstern.** Besonders schön sind die leuchtendroten Kronen des **Diamantenblütenbaumes** oder Flammenbaumes. Die Blüte beginnt schon am blattlosen Baum, und erst später treiben die feingefiederten hellgrünen Blätter aus. Die **Frangipani-Bäume,** auch unter dem Namen westindischer Jasmin bekannt, sind 3 bis 7 m hoch und tragen sehr wohlriechende, weißgelbe Blütenkelche. Ältere Bäume werfen die Blätter zwischen Dezember und März ab, und man sieht dann nur noch die leuchtendroten Blütendolden. Der Saft von Stamm und Blüte ist giftig. Er wird in der Pharmazie für Rheumamittel und für Heilsalben gegen Hautkrankheiten verwendet. Man findet in Myanmar auch eine besonders große Anzahl von verschiedenen **Bambussorten.** Neben vielfältigen Obstbäumen wachsen noch über 20 000 blühende Staudenpflanzen, wovon besonders die **Orchideen** hervorzuheben sind.

Neben vielen buntschillernden Vogelarten und exotischen Fischen leben in den Wäldern Myanmars viele **wilde Tiere:** Elefanten (ca. 10 000), Tiger (ca. 2 000), Leoparden, Rhinozerosse, Hirsche, Affen, Himalaja-Bären, Wasserschildkröten, Chamäleons, Schlangen (Kobra, Viper, Python), Skorpione und im Deltagebiet Krokodile. Im Norden an der Grenze zu Tibet haben sich die meisten Tierbestände erhalten.

Affen am Mount Popa

Myanmar im Überblick: Daten und Fakten

Als **Haus- und Arbeitstiere** werden Zebus, Wasserbüffel, Elefanten (mit ca. 6 000 Exemplaren besitzt Myanmar den weltweit größten Bestand von Arbeitselefanten), Pferde, Hunde, Ziegen und Geflügel gehalten.

Bevölkerung

50 % der Einwohner sind jünger als 20 Jahre, lediglich 4 % sind 65 Jahre und älter. 75 % der Bevölkerung leben auf dem Lande in den fruchtbaren Ebenen von Mittel- und Niedermyanmar, also in dem Gebiet, das auch die „Reisschüssel" Myanmars genannt wird.

Kinderarbeit ist offiziell verboten. Es gibt eine 44-Stunden-Woche. Alle Arbeitnehmer haben Anspruch auf eine staatliche Altersrente, die etwa 30 % des Verdienstes ausmacht.

Es besteht keine Wehrpflicht. Das Militär zählt eine 400 000 Mann starke Armee, die aus Berufssoldaten gebildet wird.

Da die Tätigkeit der Bauern wetterabhängig ist, gibt es in ihrem Leben jedes Jahr einen Wechsel zwischen Perioden schwerer körperlicher Arbeit und Perioden der Entspannung. Offenbar wissen die Myanmaren die Zeit der Muße gut zu nutzen. Ein Präsident von Amerika, Herbert Hoover, der als junger Ingenieur in Myanmar arbeitete, sagte einmal: „Die Menschen in Myanmar sind das einzig wirklich glückliche Volk in ganz Asien".

Dieses Glück scheint seine Wurzeln in der Wesensart des Volkes zu haben, in den Lehren des Buddhismus und auch in der Tatsache, dass es genügend Raum und Nahrung für jedermann gibt.

Die Birmanen bewohnen vorwiegend das Ayeyarwady-Stromgebiet und die Küsten, während die Minderheiten eigene „Staaten" in den Berggebieten bilden. Seit Jahrzehnten ist die ethnische Vielfalt Myanmars Ursache für Spannungen und bürgerkriegsähnliche Auseinandersetzungen.

Dadurch wurde auch die wirtschaftliche Entwicklung des Landes erheblich behindert. Es entstanden sogar über ein Dutzend sog. Unabhängigkeitsarmeen, die für einzelne Volksgruppen kämpfen. Auch im Opiumhandel und Schmuggel formierten sich bewaffnete Gruppen, in denen oft junge Männer aus den ärmeren Bergvölkern als Söldner dienten.

Anteil der verschiedenen Volksgruppen an der Gesamtbevölkerung:

Birmanen	69,0 %
Shan	0,5 %
Karen	6,2 %
Rakhine	4,5 %
Mon	2,4 %
Chin	2,2 %
Kachin	1,4 %
Inder	0,9 %
Kaya (Karenni)	0,4 %
Chinesen	0,6 %

Restvölker:
Wa 300 000, Naga 25 000, Lahu und Lisu je 40 000, Akha 65 000.

Religion

Der Buddhismus ist in Myanmar nicht Staatsreligion. Trotzdem werden viele Klöster und Pagoden staatlich unterstützt. In etwa 52 000 Klöstern leben heute mehr als 160 000 Mönche

Land und Leute

und etwa 250 000 Novizen. Die Verfassung garantiert Glaubensfreiheit.

Verteilung der verschiedenen Religionen:

Theravada-Buddhismus	88,3 %
Hinduismus	0,5 %
Islam	3,4 %
Christentum	4,3 %
Baptisten	3,1 %

Hinzu kommen noch die animistischen Stammesreligionen der Bergvölker.

Gesundheitswesen

Das Gesundheitswesen ist in den Städten relativ gut entwickelt. Es besteht aber immer noch ein beträchtliches Gefälle in der medizinischen Versorgung zwischen Stadt und Land. Deshalb hat die traditionelle Heilkunde auf dem Land nach wie vor eine erhebliche Bedeutung.

2002 gab es 752 Krankenhäuser mit ca. 30 000 Betten. Dazu kommen 88 Ambulatorien, 1 475 ländliche Gesundheitszentren, 350 Entbindungs- und Kinderstationen sowie 14 900 Ärzte. Die medizinische Behandlung ist kostenlos.

Die verbreitetsten Krankheiten sind: Typhus, Cholera, Amöbeninfektionen, Durchfallerkrankungen, Tuberkulose, Malaria, Wurmkrankheiten, Lepra und Geschlechtskrankheiten.

Aids breitet sich auch in Myanmar, von der Weltöffentlichkeit unbemerkt, aus. Die Militärregierung schweigt diese Problematik tot. Die WHO sprach für 1999 von 2 312 Erkrankten. Die Übertragung erfolgt hauptsächlich durch Heroininjektionen und Prostitution (nicht in Nachtklubs, Diskos oder

Massagesalons, sondern in Bordellen und auf dem Straßenstrich). Aber auch durch medizinische Verfahren (Blut für Transfusionen wird selten überprüft, und Einwegspritzen sind schwer erhältlich) ist die Bevölkerung gefährdet.

Ein unvermuteter Weg für die Verbreitung des Aids-Virus sind bestimmte Gebräuche, wie z. B. das sehr beliebte Tätowieren und das Ohrlochstechen bei Kindern. Dies wird selten mit sterilen Instrumenten vorgenommen. Kondome aus China oder Thailand gibt es inzwischen in allen größeren Orten zu kaufen.

Schulwesen

Myanmar hat eine der niedrigsten Analphabetenraten von ganz Süd- und Südostasien. Der Grund dafür liegt zum einen in der langen Tradition der buddhistischen Klosterschulen und zum anderen in dem Umstand, dass bereits zur Kolonialzeit ein gut ausgebautes Schulwesen existierte. Myanmarische Kinder besuchen im Durchschnitt nur zweieinhalb Jahre die Schule und nur einer von drei Schülern schließt die Grundschule erfolgreich ab. Heute sind alle Schulen, mit Ausnahme einiger Privatschulen, und die Universitäten, mit Ausnahme der buddhistischen Universitäten in Yangon und Mandalay, staatlich.

Es gibt folgende Schultypen: Grundschule vom 6. - 10. Lebensjahr, Mittelschule vom 10. - 14. Lebensjahr, Oberschule vom 14. - 19. Lebensjahr sowie Colleges und Universitäten.

Diese Gliederung der Ausbildung ist von den Engländern eingeführt und von den Myanmaren übernommen worden.

Mit Ausnahme der Universitäten, Privat- und Oberschulen ist der Schulbesuch kostenlos. Vom 6. bis 10. Lebensjahr besteht Schulpflicht. Unterrichtssprache ist an den Grundschulen Birmanisch. An den Mittel- und Höheren Schulen sowie an den Universitäten wird als zweite Pflichtsprache Englisch gelehrt.

Medien

Presse

Die Pressefreiheit ist immer noch eingeschränkt. Fast alle größeren Zeitungen wurden verstaatlicht. Es gibt sechs Tageszeitungen, davon in Englisch „The New Light of Myanmar", „Working People's Daily", „Daily Guardian", „Mirror" sowie eine in Birmanisch und Englisch. Seit 2001 ist erstmals eine private in Englisch erscheinende Wochenzeitung „The Myanmar Times" zugelassen.

Das monatlich erscheinende Heft „Today" und „Welcome to Myanmar" enthält Artikel über die Kultur und den Tourismus in Myanmar, Listen von Hotels, Restaurants, Botschaften, Reisebüros, Festen und nützliche Telefonnummern. Erhältlich sind die Hefte in MTT-Büros, Hotels und am Flughafen.

Rundfunk

1946 wurde der staatliche „Burma Broadcasting Service" (BBS) gegründet. Er sendet in Birmanisch, acht Minderheitensprachen und Englisch. Englischsprachige Nachrichten werden täglich um 8.30 Uhr, 13.00 Uhr und 21.15 Uhr ausgestrahlt. Die kommunistische Untergrundorganisation betreibt in der südchinesischen Provinz Yünnan den Sender „Voice of the People of Myanma".

Fernsehen

Seit 1983 sendet die „Myanma Television Transmission" auf 2 Kanälen von 7 - 9 Uhr und von 16 - 23 Uhr, am Wochenende durchgehend vom Vormittag bis Mitternacht. Neuerdings gibt es über Satellit noch mindestens sechs weitere Kanäle, einer davon ist BBC News in englischer Sprache (Nachrichten um 21.15 Uhr).

Zeitrechnung

Die Zeitrechnung Myanmars wurde im Jahre 638 n. Chr. durch den König von Bagan, Popa Sawrahan, eingeführt. Sie beruht auf einem Mondjahr mit 354 Tagen und 12 Monaten, die wechselweise 29 oder 30 Tage umfassen. Das neue Jahr beginnt Mitte April. Alle zwei oder drei Jahre wird ein Monat verlängert. Die Engländer haben als wöchentlichen Ruhetag den Sonntag eingeführt.

Monate in Myanmar:

Tabodwe	Januar/Februar
Tabaung	Februar/März
Tagu	März/April
Kason	April/Mai
Nayon	Mai/Juni
Waso	Juni/Juli
Wagaung	Juli/August
Tawthalin	August/September
Thadingyut	September/Oktober
Tazaungmon	Oktober/November
Nadaw	Nov./Dezember
Pyatho	Dezember/Januar

Verkehr

Bis 1979 war in Myanmar Linksverkehr üblich - ein Überbleibsel der britischen Kolonialzeit. Es wird erzählt, ein Astrologe habe Ne Win, dem damaligen Regierungschef, prophezeit, dass er bei einem Unfall auf der linken Straßenseite sterben werde. Ne Win ließ daraufhin von einem Tag auf den anderen den Linksverkehr in Rechtsverkehr umändern.

Maße und Gewichte

Gallone = 4,55 Liter: für Benzin und viele andere Flüssigkeiten
Mile = 1,61 km: für Streckenangaben
Furlongs = 201 m: nach Mile die nächstkleinere Einheit
Yard = 0,91 m
Feet = 30,48 cm
Gewogen wird in Myanmar in viss = 3,6 pounds = 1,63 kg. Ein viss entspricht 100 ticals.

Sprache

Amtssprache ist Birmanisch, doch dürfen laut Verfassung auch Minderheitensprachen gelehrt werden. Das Birmanische hat mit den Sprachen der Nachbarvölker keine Gemeinsamkeiten.

In Myanmar gibt es 110 Dialekte. Englisch als erste Fremdsprache ist weit verbreitet und hat als Handelssprache seine Bedeutung.

Im Birmanischen besteht jedes Wort nur aus einer Silbe, die in vier unterschiedlichen Tönen gesprochen werden kann und dadurch ihre Bedeutung ändert. Das gesprochene Birmanisch wirkt sehr stark rhythmisiert.

Die Birmanen sagen, dass man als Ausländer Birmanisch nur gut aussprechen könne, wenn man Betel kaut.

Schrift

Die Birmanen schreiben von links nach rechts. Zwischen den Wörtern werden keine Zwischenräume gelassen. Bei Beginn eines neuen Satzes setzt der Schreiber vier kurze senkrechte Striche in zwei Paaren. Die Hauptelemente der aus dem Sankskrit kommenden Schrift sind Rundungen und Kreise oder Kreissegmente. Das Alphabet ist aus 11 Vokalen und 32 Konsonanten gebildet.

Das früheste datierte Beispiel von geschriebenem Birmanisch ist die im Jahre 1113 n. Chr. entstandene Steininschrift namens Rajakumar, die auch als Myazedi- oder Kubyaukkyee-Inschrift bekannt ist. Sie wurde in Zentralmyanmar gefunden. Besonders in Rakhine entdeckte man einige auf Stein oder gebranntem Ton geschriebene Sanskrittexte.

Ferner wurden Berichte über das heute ausgestorbene Pyu-Volk gefunden. Die Pyu waren dem birmanischen Volk nahe verwandt und entwickelten im 9. Jh. n. Chr. in Zentralmyanmar eine eigene Schrift.

Zahlen

Sie kommen ohne birmanische Sprachkenntnisse mit etwas Englisch gut über die Runden, Zahlen aber sollten Sie sich aneignen, z. B. um Busnummern erkennen zu können. Auf den Geldscheinen sind mittlerweile auch arabische Ziffern gedruckt.

Die birmanischen Zahlen bauen wie die arabischen Ziffern auf dem Zehnersystem auf.

1	tit	20	na sair
2	nit	25	na sair ngar
3	thone	30	thone sair
4	lay	40	lay sair
5	ngar	50	ngar sair
6	chak	60	chak sair
7	kun nit	70	kun na sair
8	shit	80	shit sair
9	ko	90	ko sair
10	ta sair	100	ta yar
11	sair tit	200	na yar
12	sair nit	500	ngar yar
13	sair thone	1000	ta taung

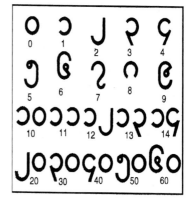

Birmanisches Alphabet

က KA / KA'	ခ KHA / KHA'	ဂ GA / GA'	ဃ GHA / GA'	င NA / NIA'
စ ĊA / SA'	ဆ CHA / SHA'	ဇ JA / ZA'	ဈ JHA / ZA'	ဉ ÑA / NIA
ဋ TA / TA'	ဌ THA / THA'	ဍ DA / DA'	ဎ DHA / DA'	ဏ NA / NA'
တ TA / TA'	ထ THA / THA'	ဒ DA / DA'	ဓ DHA / DA'	န NA / NA'
ပ PA / PA'	ဖ PHA / PHA'	ဗ BA / BA'	ဘ BHA (PHA' / BA')	မ MA / MA'
ယ YA / YA'	ရ RA / YA'	လ LA / LA'	ဝ WA / UA'	သ SA / θA'
	ဟ HA / HA'	ဠ LA / LA	အ A / A'	

Geschichte

Vorgeschichte

Prähistorische Funde bezeugen, dass das Gebiet des heutigen Myanmar bereits schon in der Altsteinzeit vor 400 000 Jahren besiedelt war.

Die Volksstämme der Karen und Mon und verschiedene tibetobirmanische Stämme aus Osttibet waren wahrscheinlich seine allerersten Bewohner. Sie dürften aus dem Norden auf den großen Flüssen nach Myanmar heruntergekommen sein. Die Mon siedelten sich vor allem im Süden und Südwesten des Landes an. Im 3. Jh. v. Chr. übernahmen sie den Buddhismus von Missionaren aus Indien, wo damals der bedeutende Förderer des Buddhismus, König Ashoka, wirkte.

Die Birmanen, die aus indo-chinesischen Völkern hervorgegangen sind, bildeten schon im 1. Jh. n. Chr. ein Reich am oberen Ayeyarwady. Für das 3. Jh. n. Chr. ist die Existenz eines Khmer-Königreiches, Funan genannt, belegt.

5. - 10. Jh. n. Chr.

Im 5. Jh. begannen die Inder auf dem Seeweg nach Myanmar vorzudringen. Das Land lag nördlich von den wichtigsten west-östlichen Meeresrouten und südlich von den bedeutendsten Karawanenstraßen. Da sich Myanmar schon damals (und noch bis Mitte des vorigen Jahrhunderts) selbst versorgen konnte, hatte es kein Interesse an der Seefahrt und am Handel. Am königlichen Hof wurden ausländische Händler verächtlich als „schwarze Inder" bzw. als „weiße Inder" bezeichnet, womit Europäer gemeint waren.

Von 500 - 800 n. Chr. wanderten die Birmanen aus den weniger fruchtbaren Gegenden Nordasiens ein. Ihnen folgten die Shan, die Kachin und die Chin sowie die Südchinesen.

Noch heute besteht in Yangon eine chinesische Kolonie, der vorwiegend bedeutende Geschäftsleute angehören.

Im 6. - 10. Jh. lebten die kunstsinnigen Mon. Ursprünglich kamen sie aus dem östlichen Indien. Ihre Bildhauerei zeigt deutliche Einflüsse aus der späten Gupta-Epoche Indiens.

Die Hauptstadt der Mon war im Gebiet um das heutige Thaton.

Aus überlieferten Urneninschriften des Pyu-Volkes weiß man, dass im 8. Jh. eine Stadt namens Pyay existierte, die größer als jede andere Stadt Myanmars gewesen sein soll. Die Herrscherdynastie der Pyu trug den Namen Vikrama. Anhand der Kunst und Archi-

Land und Leute

tektur der Pyu geht man davon aus, dass sie eine Mischung aus dem Theravada Buddhismus und dem Hinduismus praktizierten und ein eigenes Alphabet besaßen.

Reste der Stadtmauer sehen Sie noch in Sri Ksetra, dem früheren Thayekhittaya bei Pyay. Von den Pagoden wurden bis heute keine Spuren gefunden. Weitere Städte der Pyu in Zentralmyanmar sind Beikthano und Halin.

Nach dem Fall des Pyu-Reichs um 830 wanderten die Birmanen im 8. und 9. Jh. aus dem östlichen Teil des Himalajas ein. Sie verdrängten die Pyu aus Zentralmyanmar. Als die Birmanen dann das ganze Land regieren wollten, kamen sie mit den Mon in Konflikt.

11. - 13. Jahrhundert

Nach dem Niedergang von Pyay übersiedelten die Einwohner nach Bagan (früher Pagan), das sich in diesem Zeitraum zur neuen Hauptstadt von Myanmar entwickelte. Zugleich wurde sie kultureller und religiöser Mittelpunkt. In dieser Zeit entstanden 13 000 Tempel, von denen heute noch die Reste von 5 000 Tempeln stehen.

König Anawrahta, der erste birmanische König, regierte in Bagan von 1044 - 1077. Ihm gelang es, das kleine Fürstentum zu einem starken Königreich zu erweitern. Er nahm die Mon-Stadt Thaton ein und verschleppte die

---

Aus dem Chinesischen ist uns die **Schilderung einer Pyu-Stadt** aus der Zeit um 800 n. Chr. überliefert (Übersetzung von H. Luce):

„Die mit glasierten Ziegelsteinen eingefasste Stadtmauer weist einen Umfang von 160 li auf. Auch die Böschung des Stadtgrabens ist mit Ziegelsteinen verschalt. Innerhalb der Mauer befinden sich über 100 buddhistische Klöster mit Höfen und großzügigen Räumlichkeiten; sie alle sind mit Gold und Silber dekoriert, mit Zinnober und anderen leuchtenden Farben angestrichen und mit bestickten Teppichen behangen.

Ihre Bewohner lieben das Leben und hassen das Töten. Im Alter von 7 Jahren werden den Knaben und Mädchen die Haare geschnitten. Dann treten sie in ein Kloster oder einen Konvent ein. Dort leben sie bis zum 20. Lebensjahr. Falls sie in der Zwischenzeit die buddhistische Lehre nicht erleuchtet hat, lassen sie die Haare wieder wachsen und werden gewöhnliche Bürger. Seide trägt man nicht, weil die Herstellung den Tod eines Lebewesens, der Seidenraupe, bedeuten würde.

12 Tore mit Pagoden an den vier Ecken zieren die Mauer. Das Volk wohnt innerhalb der Einfriedung. Sie kennen die Astronomie und erfreuen sich der Gesetze des Buddha. Sie tragen Kopfbedeckungen mit goldenen Blumen dekoriert und Mützen mit Eisvogelfedern.

Im Königspalast hängen zwei Glocken, eine aus Silber und eine aus Gold. Beim Anrücken von Feinden verbrennen sie Weihrauch und läuten die Glocken, um daraus ein Omen des zu erwartenden Schicksals während der bevorstehenden Schlacht zu erhalten."

königliche Familie zusammen mit vielen Theravada-Mönchen und den erfahrensten Handwerkern und Baumeistern nach Bagan. Sie schufen zusammen mit den Birmanen eine neue Stadt. Von den Mon übernahmen die noch recht primitiven Birmanen außerdem die Schrift und den buddhistischen Glauben.

König Kyansittha war der Nachfolger von König Anawrahta und regierte von 1084 - 1112. Mit seiner Herrschaft begann das Zeitalter der großen Tempelbauten. Er verheiratete seine Tochter mit einem Mon-Prinzen, um sich die Loyalität seiner Mon-Untertanen zu sichern.

Alaungsithu war der Sohn dieses Paares und wurde zum Kronprinzen erhoben. Seine Regentschaft dauerte von 1112 - 1167. Unter ihm wurden alle Tempel im Mon-Stil erbaut und alle Inschriften in der Mon-Sprache abgefasst. Er führte einheitliche Gesetze ein und ließ Bewässerungsanlagen bauen.

König Narapati Sithu folgte von 1173 - 1210. Während seiner Regierungszeit wurde der eigentliche birmanische Stil in der Baukunst entwickelt.

Der letzte König von Bagan, **Narasihapati**, herrschte von 1254 - 1287. In dieser Zeit wurde Myanmar von den Mongolen unter Kublai Khan überfallen. Die Birmanen erlitten trotz des Einsatzes von Kriegselefanten eine Niederlage. Auf Anordnung des Königs wurden etliche Heiligtümer in Bagan abgerissen, um aus den Steinen Verteidigungsanlagen zu bauen. Aber noch bevor die Truppen Kublai Khans Bagan erreichten, flüchtete König Narasihapati in den Süden. 1287 wurde Bagan von den Mongolen eingenommen und verwüstet. Diese Zerstörungen sowie die Überschwemmungen des Ayeyarwady und Erdbeben waren der Grund für die Vernichtung vieler Pagoden.

13. - 18. Jahrhundert

In diesem Zeitraum gab es fünf unabhängige Königreiche: In-Wa, Toungoo, Rakhine, Bago und Pyu.

Das **Königreich von In-Wa,** das Reich der Shan, galt damals als das birmanische Machtzentrum. Es bestand von 1287 - 1555. König Thihathu griff Bago an und wurde durch einen Pfeil getötet. Sein Sohn Ngasishin wurde verschleppt. Nach heftigen Kämpfen mit den umliegenden Königreichen wurde In-Wa von Nawratha und einigen portugiesischen Soldaten erobert.

Das **Königreich von Toungoo** bestand von 1280 - 1531. In dieser Zeit wurde Toungoo von 28 Königen regiert. König Thinkhaba (1347 - 58) kümmerte sich besonders um die Verbesserung der Landwirtschaft. Sein Sohn Pyanchi (1368 - 77) ließ viele Pagoden und Klöster bauen. Es folgten u. a. Sawluthinhkaya (1421 - 36) und Sithukyawhtin (1471 - 82), der sehr grausam gewesen sein soll. Der letzte König war Minkinyo (1486 - 1531).

Das **Königreich von Rakhine** wurde regiert von den folgenden Königen: Minhti bis 1374, Narameikhla 1404 - 34, Ali Khan 1434 - 59, Basawpyu 1459 - 82, Minbin 1531 - 53, Minyazagyi 1593 - 1612, Minhkamaung 1612 - 22, Thirithudamma 1622 - 38, Narapatigyi 1638 - 45, Sandathudamma 1652 - 84, Sandawizaya von 1710 - 31 und zuletzt von König Thamada 1782 - 1805. Mrauk U wurde zur Hauptstadt von Rakhine ernannt.

Der Buddhismus erreichte das am Golf von Bengalen gelegene Rakhine früher als das Innere von Myanmar. Auch dem Islam gelang es, in Rakhine Fuß zu fassen.

Zeitweise verbündete sich Rakhine mit dem Königreich Toungoo gegen das Reich Bago. Gemeinsam drangen sie dort ein und plünderten es. Schließlich wurde Rakhine von Bodawpaya überfallen und besiegt.

Das **Königreich von Bago,** das Reich der Mon, kämpfte 1306 mit Siam. 1348 wurde Sinbyu-Yin König von Bago. 1385 bestieg König Yazadiyit den Thron und starb 1423. Seine Tochter bestieg als einzige Königin den Thron. 1550 marschierte König Tabin-Shwe-ti gegen In-Wa und wurde zurückgeschlagen. 1754 zogen die Birmanen gegen Bago, erstürmten die Stadt und setzten den König gefangen. 1775 wurde der letzte König, Binnya Dala, ermordet.

Das **neue birmanische Reich** wurde 1753 von dem 38jährigen Dorfvorsteher **Alaungpaya** gegründet, der zu einem der größten Nationalhelden von Myanmar wurde. Er vertrieb zunächst die Mon aus Obermyanmar und machte nun Shwebo zu seiner Hauptstadt. Schließlich eroberte er dann ganz Myanmar. 1755 nahm er Pyay und Dagon ein, das er Yangon (d. h. „Ende des Konfliktes") nannte. Nach seinem Tod während eines Feldzuges in Ayuthya (Thailand) eroberten dann seine Söhne Chiangmai, Ayuthya und Rakhine. Die Hauptstadt dieses Großreiches wurde In-Wa.

König Bodawpaya, ein Sohn Alaungpayas, kam 1782 an die Macht. Er dehnte das Reich etwa auf die heutige Größe von Myanmar aus. 1783 ließ König Bodawpaya in Amarapura eine neue Hauptstadt erbauen. Die Bewohner der bisherigen Königsstadt In-Wa mussten nach Amarapura umziehen. Mit der Eroberung Rakhines 1784 stießen Myanmar und die britischen Kolonialherren in Indien zum ersten Mal aufeinander.

19. Jahrhundert

In den eroberten Gebieten, an der Grenze Britisch-Indiens, führten immer wieder auftretende Unruhen zu Schwierigkeiten mit den Briten. 1824 brach der 1. britisch-birmanische Krieg aus, in dem Myanmar Rakhine, Assam, Manipur und Tenasserim verlor. 1826 wurde ein Friedensvertrag geschlossen. Myanmar musste eine Million Pfund an Großbritannien zahlen, die westlichen Grenzprovinzen abtreten und einen Handelsvertrag akzeptieren. 1852 kam es zum zweiten britisch-birmanischen Krieg, in dem die Briten Niedermyanmar einnahmen. 1862 wurde Niedermyanmar mit Rakhine und Tenasserim in der Provinz Britisch-Burma zusammengefasst.

König Mindon (1853 - 1878) übersiedelte mit seinem Hof 1861 von Amarapura nach Mandalay. Er beendete den Krieg mit den Briten. Unter seiner 25jährigen Herrschaft blühte das Land wirtschaftlich und kulturell auf. Sein Nachfolger ist **König Thibaw.** Er hatte den größten Teil seines Lebens im Kloster verbracht und galt als sehr gebildet. König Thibaw nahm Verbindung mit den Franzosen auf, was den Interessen der Briten zuwiderlief. Diese fie-

Die Schlacht von 1287

Marco Polo berichtet

Der König von Myanmar versammelte eine gewaltige Armee mit vielen Elefanten, welche auf ihren Rücken Türme von Holz mit einer Besatzung von zwölf bis sechzehn Soldaten trugen. Mit dieser zog er nach Unciam und schlug unweit der Armee des Großkhans sein Lager auf.

Wie nun Nestardin, der Befehlshaber der Tartaren, davon erfuhr, geriet er in große Besorgnis, denn er hatte den 60 000 Soldaten nebst den Elefanten des Feindes nur 12 000 Mann gegenüberzustellen. Trotzdem stieg er in die Ebene von Unciam hinab und nahm eine Stellung ein, in der seine Flanke durch einen dichten Wald gesichert war, in den sich seine Soldaten zurückziehen sollten, falls sie dem wütenden Angriff der Elefanten nicht standzuhalten vermochten.

In dem Moment, als der König von Myanmar sah, dass die Tartaren in die Ebene hinabgestiegen waren, setzte er seine Armee sofort in Bewegung, stellte seine Elefanten an die Front und die Reiterei und das Fußvolk dahinter auf, doch ließ er zwischen ihnen einen bedeutenden Raum. Hier stellte er sich selbst auf und feuerte seine Leute an, mutig zu fechten. Darauf rückte er mit seiner ganzen Armee gegen die Tartaren vor, welche keine Bewegung machten, sondern sie an die Verschanzungen herankommen ließen. Dann brachen sie hervor, und die tatarischen Pferde, die den Anblick solch ungeheurer Tiere mit Türmen nicht gewohnt waren, schreckten zurück und machten kehrt.

Als der kluge Nestardin diese unerwartete Unordnung bemerkte, befahl er seinen Leuten, abzusteigen und ihre Pferde in den Wald zu führen, wo sie an den Bäumen festgebunden wurden. Sie rückten nun zu Fuß gegen die Elefantenlinie vor und schossen ihre Pfeile gegen sie ab, während die feindlichen Soldaten in den Elefantentürmen das Schießen heftig erwiderten. Die Tartaren schossen vor allem auf die Elefanten, so dass diese bald über und über mit Pfeilen bedeckt waren und sich auf die eigenen Leute stürzten.

Nachdem sie dann die Verwirrung der Feinde sahen, holten sie ihre Pferde wieder, und der blutige Kampf begann von neuem. Nachdem die Pfeile auf beiden Seiten verschossen waren, griffen die Männer zu ihren Schwertern. Als der König von Myanmar sah, dass der größere Teil seiner Truppen entweder tot oder verwundet war, ergriff er mit den Trümmern der Armee die Flucht.

len daraufhin 1885 in Mandalay ein und besetzten es. 1886 wurde König Thibaw in eine alte Festung an der Westküste Indiens in die Verbannung geschickt, wo er während des 1. Weltkrieges gestorben ist.

Myanmar verlor seine Unabhängigkeit und wurde 1886 eine **Provinz Britisch-Indiens**. Die Briten begannen Monopole für die See- und Flussschifffahrt, die Eisenbahnen, den Reisexport, für Teakholz, die Zinn- und Kupferbergwerke und die Erdölquellen aufzubauen. Sie setzten außerdem ein zentral verwaltetes Regierungssystem durch. Grund und Boden musste im Namen eines Individuums registriert werden. Im Gegensatz dazu hatte in der Zeit der Könige nie eine Einzelperson ein verbrieftes Recht auf Land besessen, aber jedermann wusste bis auf den Zentimeter genau, welche Familie Anspruch auf welches Feld hatte. Die Briten untergruben damit die Tradition der Verantwortlichkeit der Familie für alle Mitglieder. Darüber hinaus wurden die alten Schulen der Mönche durch britische Schulen ersetzt. Die britischen Kolonialherren verstärkten die britisch-indischen Militär- und Polizeieinheiten auf über 40 000 Mann, um Aufstände in allen Teilen von Myanmar zu unterdrücken.

20. Jahrhundert

Myanmar ist zu einem der wichtigsten Reisexportländer der Welt geworden. Durch den Suez-Kanal gelangte der Reis nach Europa.

1905 wurden die ersten „Vereine buddhistischer junger Männer" (Young Men's Buddhist Association = YMBA) gegründet. Sie bestanden aus Studenten, die zu religiösen Diskussionen zusammenkamen. Birmanen, die im Regierungsdienst standen, wurde die Mitgliedschaft vorenthalten.

Im **1. Weltkrieg** arbeiteten deutsche Kriegsgefangene am Bau der Eisenbahn von Mektilla in die südlichen Shanstaaten. Mit dem Ausbruch des 1. Weltkrieges kamen die Reisexporte fast völlig zum Erliegen. Die auf den Reisverkauf angewiesenen Gebiete gerieten in eine tiefe wirtschaftliche Not.

1921 schlossen sich die Vereinigungen der buddhistischen jungen Männer mit mehreren nichtbuddhistischen Gruppen zur Bildung eines Generalrats myanmarischer Vereinigungen zusammen. Gleichzeitig nahm die politische Tätigkeit der Mönche weiter zu. Diese reisten durch das Land und predigten gegen die Engländer.

1929 wurde deshalb der Mönch U Wisara von den Briten ins Gefängnis geworfen. Er starb dort im Hungerstreik.

In den 30er Jahren waren mehr als drei Viertel der Bauern verschuldet; die Zinssätze gingen bis zu 400 %. Besitzlos geworden, strömten diese Bauern nach Yangon. Außerdem wanderten durchschnittlich 400 000 Inder pro Jahr nach Yangon ein, von denen die meisten die niedrigstbezahlte Arbeit, das Verladen der Reisballen auf Schiffe, übernahmen.

1930 im Mai streikten einige indische Kulis gegen die britischen Reeder, um höhere Löhne durchzusetzen. Die Arbeitsplätze wurden daraufhin von Myanmaren besetzt, die aber ungeeignet für die Löscharbeiten waren. Die Reeder kamen daraufhin rasch mit den

Streikenden zu einer Einigung und stellten die Inder wieder ein. Die Myanmaren wurden von den Indern verspottet, und als Antwort auf diese Provokation kam es dann zu einer zwei Tage dauernden Schlacht, bei der Hunderte getötet und verwundet wurden.

1932 brach ein Aufstand im Bezirk von Tharrawaddy aus, der fast zwei Jahre dauerte. Die Briten zogen zur Verstärkung zwei Kampfdivisionen aus Indien heran, die zusammen mit den Karen und anderen Minderheiten den Sitz des Rebellen und ehemaligen Mönchs Saya San stürmten. Er wurde wegen Hochverrats angeklagt und gehängt. Das Nationalgefühl der Myanmaren wurde immer stärker und die Abneigung gegen die Briten und Karen immer größer.

1935 bekam Myanmar zumindest teilweise seine Identität zurück, nachdem es 50 Jahre völlig im Indischen Reich Großbritanniens aufgegangen war. Das Volk von Myanmar war nun berechtigt, alle Mitglieder des Unterhauses und die Hälfte des Oberhauses zu wählen, aber der Rest wurde vom britischen Gouverneur nominiert. Die Außenpolitik, die Verteidigung und die Währungspolitik war weiterhin den Briten vorbehalten.

Mitte der 30er Jahre betraten die Studenten die politische Bühne. Es formierte sich z. B. die Gruppe der „Studenten-Union", zu der auch U Nu und am Rande U Thant, der spätere Generalsekretär der UNO, gehörte. Nach ein paar Jahren wurden die ehemaligen Studenten Mitglieder der kleinen politischen Partei „Thakin". Das Wort „Thakin" bedeutet „Herr" und wurde im Norden des Landes als Anrede für die Engländer verwendet. Die Thakins lasen revolutionäre Schriften, z. B. von Marx, und versuchten, diese auf die Verhältnisse in Myanmar anzuwenden.

1936 wurden allgemeine Wahlen angesetzt.

1937 wurde Myanmar eine selbständige britische Kolonie.

Zu Beginn des **2. Weltkrieges** gingen 2 Mitglieder der „Thakin" - Aung San und Ne Win - nach Japan und ließen sich dort militärisch ausbilden. Als Japan in Myanmar eindrang, stellten Aung San und seine Anhänger Streitkräfte auf, die sich „Birmanische Unabhängigkeits-Armee" nannte. Aung San wurde unter der japanischen Regierung Kommandeur der Streitkräfte. Als die Briten nach Yangon vorrückten, verbündete er sich mit ihnen.

1942 gingen die japanischen Truppen in die Offensive und überrannten alle britischen und amerikanischen Stellungen. Zehntausende von Soldaten starben grausam in einem erbitterten Dschungelkrieg. Die Briten und Amerikaner mussten sich nach Indien zurückziehen. Mit ihnen flohen 400 000 in Myanmar lebende Inder. Die Japaner und die birmanischen Nationalisten bauten eine neue Verwaltung auf. Die

Thakin übernahmen darin eine führende Position.

1942 verließen die Briten Myanmar. Als Kolonialmacht war es ihnen gelungen, das Kommunikations-, Verkehrs- und Erziehungswesen zu verbessern, Krankheiten durch Impfungen und Versorgung mit gutem Trinkwasser einzudämmen und den Raubbau an den Waldgebieten durch eine Forstverwaltung zu stoppen.

1943 wurde Myanmar formell unabhängig. Dr. Ba Maw war erster Regierungschef, Aung San Verteidigungsminister und U Nu Außenminister. Japanische Truppen hielten das Land weiter besetzt.

1945 wurden die Japaner aus Myanmar vertrieben.

1946 gründete Thakin Soe die kommunistische „Rote Flagge".

1947 wurde Aung San zusammen mit sechs Ministern ermordet.

Am **04.01.1948** konstituierte sich die **„Union of Burma"**. Die Verfassung sah eine parlamentarische Demokratie vor. Als dominierende politische Führergestalt erwies sich U Nu und Ne Win. Von zwei kurzen Unterbrechungen abgesehen war U Nu bis 1962 als Premierminister im Amt.

In den Jahren von **1948 - 1950** versuchten die Kommunisten die Macht gewaltsam mit 25 000 Guerillas an sich zu reißen. Die Karen nützten die Krisensituation aus, um einen Karen-Staat zu gründen. Sie hätten beinahe Yangon erobert.

Von **1950 - 1958** versuchte U Nu ein Industrialisierungsprogramm zu verwirklichen. Das Land war nationalisiert, und den Bauern wurden Besitzrechte gegeben. Die Regierung kaufte Reis von den Bauern billig ein und verkaufte ihn in Übersee zu den hohen Weltmarktpreisen. Der Gewinn wurde für das Industrialisierungsvorhaben verwendet. U Nu ließ eine pharmazeutische Fabrik, eine Jutefabrik, einige Zuckerfabriken, ein Zementwerk und eine Baumwollfabrik errichten.

1958 trat U Nu zurück. Unter General Ne Win kam eine Militärregierung an die Macht.

1959 fanden im Februar Wahlen statt. U Nu versprach dem Volk, den Buddhismus zur Staatsreligion zu erheben. Er gewann die Wahl und wurde erneut Ministerpräsident.

1962 übernahm Ne Win nach einem Staatsstreich wieder die Macht, löste das Parlament auf und bildete eine Militärregierung. Er führte eine Kampagne gegen ausländische Einflüsse durch. Alle Kontakte mit dem Ausland kamen fast ganz zum Erliegen.

1964 wurden alle Parteien verboten, außer der regierenden „Burma Socialist Programme Party" (BSPP).

1966 mussten fast alle Ausländer das Land verlassen.

1967 besuchte der damalige deutsche Bundeskanzler Kiesinger Myanmar.

1968 besuchte Ne Win die Bundesrepublik Deutschland.

1968 erklärte U Nu den Buddhismus zur Staatsreligion.

1978 wurde Ne Win wiedergewählt. Bei den Wahlen waren freilich keine Oppositionsparteien zugelassen. Damals wurden 250 000 Muslime aus Rakhine nach Bangladesch vertrieben.

1978 kämpften die Birmanen gegen die Karen an der chinesischen Grenze.

Bis Ende 1978 hatte sich die BRD mit ca. 430 Millionen DM an techni-

Geschichte

schen Projekten beteiligt, wie z. B. dem Bau von Motoren-, Werkzeugmaschinen-, Kunstdünger-, Glas- und Textilfabriken, Ziegeleien und dem Ausbau der Schifffahrt auf dem Ayeyarwady.

1979 trat Myanmar aus dem Kreis der blockfreien Staaten aus. Myanmar begann allmählich sich wieder dem Ausland zu öffnen.

1981 trat Ne Win zurück. Er wollte Myanmar neutral halten und pflegte ein enges Verhältnis zu China und eine distanzierte Freundlichkeit zur Sowjetunion. Ne Win blieb Parteivorsitzender der BSPP (Burma Socialist Programme Party), neuer Präsident wird U San Yu.

1983 wurden der stellvertretende Generalsekretär der BSPP und der Innenminister Bo Ni wegen Korruption ihrer Stellungen enthoben und inhaftiert.

Im **Oktober 1983** explodierte während einer Staatsvisite von südkoreanischen Regierungsmitgliedern eine Bombe und tötete 20 Personen, darunter vier südkoreanische Minister. Im November 1983 wurden die diplomatischen Beziehungen zu Nordkorea abgebrochen.

Im **August 1985** wurde Ne Win für weitere vier Jahre Parteichef der BSPP. Sein Stellvertreter war Staatschef U San Yu.

Im **Februar 1987** stattete Bundespräsident Richard von Weizsäcker Myanmar einen Besuch ab.

Vom **30. - 31. Oktober 1987** besuchte U San Yu mit seiner Frau Than Shein Bonn und München.

Die wirtschaftliche Situation von Myanmar hatte sich inzwischen so verschlechtert, dass es bei den Vereinten Nationen in die Liste der am wenigsten entwickelten Staaten der Welt aufgenommen wurde. Der Krieg gegen Guerilla-Verbände in verschiedenen Landesteilen verschlang einen großen Teil des Staatshaushaltes.

Im **September 1987** wurden die Universitäten und Oberschulen nach Studentendemonstrationen geschlossen. Anlass für die Proteste war die Bekanntmachung der Regierung, dass über Nacht alle Geldscheine mit höherem Wert ungültig geworden sind.

Im **Juli 1988** nahm die BSPP den Rücktritt des Parteivorsitzenden Ne Win auf einem Sonderkongress an. Er war seit 1962 unangefochtener Machthaber.

Sein Lwin wurde zum Nachfolger von Ne Win ernannt. Er war Brigadegeneral und seit dem Militärputsch von 1962 verantwortlich für die rücksichtslose Unterdrückung jeglichen Widerstands. Bei der Opposition ist er der meistgehasste Mann der Führungsriege.

Nach dem Bekanntwerden des Führungswechsels kam es im ganzen Land zu Demonstrationen. Die Proteste richteten sich in erster Linie gegen die Gewaltherrschaft der BSPP und die Lebensmittelknappheit. Sogar das Hauptnahrungsmittel Reis wurde rationiert.

Bei den Zusammenstößen mit der Polizei wurden einige Hundert der Demonstranten - vorwiegend Studenten - getötet und mehr als tausend in Gefängnisse abtransportiert. Sein Lwin verhängte nach den schweren Zusammenstößen das Kriegsrecht über Yangon. Es gab trotzdem weitere Studentendemonstrationen mit z. T. 10 000 Teilnehmern. Die Studenten organisierten sich in der „Liga demokratischer Studenten Birmas".

Im **August 1988** blieb die Lage explosiv. In Yangon wurden ein nächtliches Ausgehverbot und ein Versammlungsverbot verhängt. Schulen und Universitäten wurden geschlossen. Es kam weiterhin zu Ausschreitungen, in deren Verlauf eine wütende Menge Autos in Brand setzte, Häuser mit Steinen bewarf und Molotow-Cocktails gegen die mit großer Härte vorgehenden, schwerbewaffneten Armeesoldaten schleuderte.

Am **12. August 1988** beugte sich Sein Lwin dem Druck der Demonstranten und trat von allen Ämtern zurück.

AI beklagte massive Menschenrechtsverletzungen durch das Militär. Es wird von Exekutionen ohne Verurteilung und grausamer Folter berichtet.

Am **19. August** wurde der ehemalige Justizminister Maung Maung zum Nachfolger von Sein Lwin ernannt. Er gilt als politisch flexibel, auch wenn er als Befürworter des Einparteiensystems angesehen wird. Dann wurde im ganzen Land zu einem Generalstreik aufgerufen. Die Demonstranten, darunter auch buddhistische Mönche, verlangten in Sprechchören die Wiedereinführung der Demokratie und eine Beendigung des 1974 etablierten Einparteiensystems.

Im **September 1988** fanden weitere Großdemonstrationen für eine Demokratisierung statt. In größeren Städten wurden die Ämter geschlossen, und die Bürgermeister traten zurück. Ihren Platz nahmen buddhistische Mönche, Einwohner und streikende Polizisten ein. Durch den andauernden Eisenbahnstreik wurde der Transport von Lebensmitteln sehr erschwert. Auch die Banken und Fluglotsen nahmen am Streik teil.

Beobachter verglichen diese Protestwelle mit der Volksbewegung von 1946, die das Ende der britischen Kolonialherrschaft erzwungen hatte. Viele Demonstranten trugen Bilder des verstorbenen Generals Aung San, der im 2. Weltkrieg den Widerstand gegen die britischen Kolonialherren angeführt hatte, sowie seiner Tochter Aung San Suu Kyi, die auf der Seite der Regimekritiker steht.

Wegen der anhaltenden Unruhen hat die deutsche Bundesregierung die Verhandlungen über den geplanten Erlass von rund 900 Mio. DM Schulden nicht aufgenommen. Bisher hat die Bundesregierung 1,2 Mrd. DM an Entwicklungshilfe gewährt. Sie flossen in landwirtschaftliche Projekte, in die Energieversorgung und Facharbeiterausbildung.

Am **12. September 1988** lehnte die Opposition die Abhaltung freier Wahlen unter der derzeitigen Regierung ab und forderte erneut, eine Übergangsregierung zu bilden. Wieder fanden Massendemonstrationen gegen die BSPP und die Regierung von Präsident Maung Maung statt.

Am **18. September 1988** übernahm nach den monatelangen Demonstrationen und Streiks das Militär die Macht und Präsident Maung Maung stürzte. Saw Maung heißt der Befehlshaber der Militärs. Die Putschisten ließen mitteilen, dass das Ziel der Machtübernahme die Wiederherstellung von Recht und Ordnung, Frieden und Ruhe im Land seien. Um den Ausbruch neuer Unruhen zu verhindern, verstärkte das Militärregime die Truppenpräsenz in der Hauptstadt Yangon weiter.

Am **24. September 1988** gründeten drei führende Oppositionelle (unter ihnen auch Aung San Suu Kyi) die „Nationale Liga für Demokratie" (NLD) und ließen die Vereinigung als Partei eintragen.

Auch die USA strichen die gesamte Finanzhilfe in Höhe von 12,2 Mio. US$ und begannen mit dem Abbau des Botschaftspersonals.

Im **Oktober 1988** nahmen unter dem Druck der Armee die meisten Arbeitnehmer in Yangon ihre Arbeit wieder auf. Inzwischen war die Zahl der neu gegründeten Oppositionsparteien auf neun gestiegen. Die Popularität von San Suu Kyi beunruhigte die Militärs so sehr, dass sie die Politikerin mit rüden Methoden in Verruf bringen wollten. Aber wann immer sie durchs Land reiste, standen überall die Menschen an den Straßenrändern und jubelten ihr zu.

Im **Januar 1989** schlossen sich die mittlerweile 22 Oppositionsparteien zur Demokratischen Allianz zusammen. Diese forderte die internationale Gemeinschaft auf, die Militärregierung in Yangon weiter zu isolieren.

Am **2. Jan. 1989** wurde unter großer Anteilnahme der Bevölkerung die Witwe des Nationalhelden Aung San in Yangon beigesetzt.

Im **Juni 1989** erhielten die Vereinten Nationen die offizielle Mitteilung, dass sich Birma von nun an „Union Myanmar" nennt. Die Hauptstadt heißt nicht mehr Rangun, sondern Yangon. Auch eine Reihe von anderen Städte- und Flussnamen wurde geändert.

Die Regierung hatte sich zu dem Schritt der Namensänderung entschieden, um nicht die ethnische Mehrheit der Birmanen vor den Hunderten von anderen ethnischen Gruppen des Landes zu bevorzugen.

Im **Juli 1989** wurde Aung San Suu Kyi unter Hausarrest gestellt.

Am **27. Mai 1990** fanden die ersten freien Wahlen seit 30 Jahren statt. Es bewarben sich fast 2 500 Kandidaten um die 489 Sitze der Nationalversammlung. Weder ausländische Wahlbeobachter noch ausländische Journalisten durften dabeisein. Seit dem 14. Mai konnten keine Touristen einreisen.

Die Opposition siegte deutlich. Die „Nationale Liga für Demokratie" errang 397 Sitze. General Saw Maung, der Chef der Militärregierung, wollte die Macht allerdings erst nach einiger Zeit übergeben.

Am **30. Mai 1990** befahl die Militärregierung den Abbruch des Dorfes Bagan, mit Ausnahme der staatlichen Gebäude. Die Besitzer der Privathäuser mussten für die Kosten des Abrisses und den Abtransport ihrer Habseligkeiten selbst aufkommen.

Am **10. Juli 1991** wurde San Suu Kyi mit dem „Sacharow-Preis für die Freiheit des Geistes" geehrt. Die Auszeichnung wurde in Straßburg ihrem Ehemann Michael Aris überreicht. San Suu Kyi stand seit zwei Jahren unter Hausarrest.

Am **10. Dezember 1991** wurde Aung San Suu Kyi der Friedensnobelpreis verliehen. Ihr Sohn nahm in Oslo den Preis entgegen. Nach zweitägigen Demonstrationen für die Demokratie und für die Freilassung San Suu Kyis wurden die Hochschulen geschlossen.

Ab **Februar 1992** ging die Militärregierung monatelang rigoros gegen die moslemische Minderheit in den Grenzgebieten vor. Seit 1991 sind nun über 80 000 Muslime nach Bangladesch geflohen. Die UNO beschloss, einen Gesandten nach Myanmar zu schicken.

Im **April 1992** wurde dann der Vorsitzende der Militärjunta, General Saw Maung, entmachtet. An seine Stelle trat sein Stellvertreter U Than Shwe.

Im **Juli 1992** fuhren vier Mitglieder des entwicklungspolitischen Ausschusses des deutschen Bundestages zu einem Informationsbesuch nach Myanmar.

Von **April bis Oktober 1992** ließ die Junta über 900 politische Gefangene frei.

Im **Februar 1993** protestierten sieben Friedensnobelpreisträger in Thailand an der Grenze zu Myanmar gegen den Hausarrest von Aung San Suu Kyi. Sie durfte erst seit kurzem von ihrem Ehemann und ihren Söhnen besucht werden.

Im **Oktober 1993** wurde das Militärgericht abgeschafft.

Im **November 1993** schloss das Hochkommissariat der Vereinten Nationen für Flüchtlinge mit der Regierung von Myanmar ein Abkommen über die Rückkehr der 300 000 Flüchtlinge aus Bangladesch. Danach sollen alle Rückkehrer eine Eingliederungshilfe erhalten.

Im **Februar 1994** begann eine militärische Offensive gegen den von den USA gesuchten Opiumkönig Khun Sa. Sechs Heroinraffinerien wurden von den Militärs zerstört.

Im **Juli 1994** flohen rund 4 000 Angehörige des Minderheitenvolks der Mon nach Thailand, nachdem das Militär ein Flüchtlingslager im Grenzgebiet angegriffen hatte.

Im **November 1994** beendete die Rebellengruppe der Paoh (Volksgruppe der Shan) ihren Kampf gegen die Zentralregierung in Yangon. Die Regierung teilte mit, dass seit dem Jahr 1988 13 Rebellengruppen die Waffen niedergelegt hätten.

Im **Februar 1995** eroberten Regierungstruppen nach zweimonatiger Belagerung endlich den letzten Stützpunkt der Karen. Nach dreistündigem Artilleriebeschuss und mit Kampfgas wurden 1 400 Rebellen zum Rückzug gezwungen. Zwei Wochen zuvor fingen die Rebellen 72 Soldaten in Fischernetzen, erschossen und hängten sie zur Abschreckung an der Frontlinie auf.

Im **März 1995** entließ die Militärregierung aus Anlass des 50. Tages der Streitkräfte zwei Oppositionsführer und 30 andere politische Gefangene aus der Haft.

Am **10. Juli 1995** wurde der Hausarrest von Aung San Suu Kyi nach fast sechs Jahren aufgehoben. Bereits eine Woche danach begann sie mit dem Wiederaufbau ihrer Partei, der „Nationalen Liga für Demokratie" (NLD).

Im **November 1995** traf sich der Nationalkonvent, um die Verfassung so zu ändern, dass Aung San Suu Kyi und ihre Partei keine politische Führungsrolle übernehmen kann.

Im **Januar 1996** ergab sich der Drogenkönig Khun Sa. In den USA war gegen ihn bereits schon 1989 Anklage erhoben worden. 60 % des in den USA vertriebenen Heroins stammt aus Myanmar.

Im **Januar 1996** starb der frühere Präsident San Yu. Von 1981 - 1988 verfolgte er eine sozialistische Strategie und eine Politik der Isolierung von der Außenwelt.

Im **April 1996** räumten Karen-Rebellen nach schweren Angriffen der Armee ihre letzte Bastion.

Seit dem **24. Juli 1997** ist Myanmar Vollmitglied der ASEAN-Staaten.

Weitere Mitgliedschaften: UNO, UNCTAD, WHO, UNESCO, UNICEF und FAO (Food and Agriculture Organisation) an.

Im **März 1998** überfielen Mitglieder „Democratic Karen Buddhist Army" mehrere Flüchtlingslager in Thailand und setzten sie in Brand. Es waren Tote und Verletzte zu beklagen.

Ab **1998** begann eine noch immer andauernde Serie von Austritten aus den NLD.

Im **März 1999** starb der Ehemann von San Suu Kyi in England.

Im **Juli 1999** besuchte eine EU-Deligation Myanmar.

Anfang **Oktober 1999** wurde die myanmarische Botschaft in Bangkok von myanmarischen Terroristen besetzt. Sie nahmen 28 Geiseln. Alle Grenzübergänge nach Thailand wurden geschlossen.

Am **24. Januar 2000** stürmten 10 bewaffnete Terroristen ein Krankenhaus in Thailand. Die thailändischen Sicherheitskräfte erschossen die Geiselnehmer.

Nach Jahrzehnten wurde am **26. Januar 2000** ein neuer Vorsitzender der Karen National Union (KNU) - Padoh Ba Thin - gewählt.

Bis **Ende Februar 2000** wurden über 100 NLD-Austritte gemeldet. Durch verschiedene Kampagnen strebt die Regierung eine Schwächung der NLD an. Im Laufe der folgenden Monate sollen über 60 000 Parteiaustritte erfolgt sein."

Im **August 2000** unternahm Aung San Suu Kyi mit 14 NLD-Mitgliedern zwei Fahrten zu Parteibüros außerhalb Yangons. Sie wurde jeweils von der Polizei angehalten und zur Rückfahrt aufgefordet.

Im **September 2000** werden über 150 politische Gefangene freigelassen.

Im **Februar 2001** gab es mehrere Feuergefechte mit Toten und Verletzten zwischen den myanmarischen Regierungstruppen und Einheiten der für einen unabhängigen Shan-Staat kämpfenden „Shan State Army"(SSA). Tausende der Volksgruppe Wa wurden aus ihrem Wohngebiet an der chinesischen Grenze in Gebiete nahe der thailändischen Grenze umgesiedelt. Die Wa unterstehen dem Einfluss der SSA. Myanmarische Soldaten besetzen Stützpunkte auf thailändischem Hoheitsgebiet, die von thailändischen Truppen wieder zurückgekämpft werden. Noch im Februar vereinbaren beide Seiten eine Waffenruhe. Der Grenzübergang zwischen Mae Sai und Tachilek wird geschlossen. Auf beiden Seiten ging die Eskalation von militärischen Aktionen aus, in deren Mittelpunkt die für einen eigenen Shan-Staat streitende SSA stand. Eine Rolle spielte auch das Rauschgiftproblem, da auf thailändischem Hoheitsgebiet Opium bzw. Heroin und Methamphetamin-Tabletten hergestellt werden. Die USA machen dafür die Regierung in Yangon verantwortlich.

Am **19. Februar 2001** stürzt ein Hubschrauber bei Hpa-an ab. Zu den Toten gehörte u. a. der 2. Sekretär des regierenden „State Peace and Development Council" (SPDC) und der Generalmajor Tin U (auf ihn wurde vor Jahren ein Paketpost-Mordanschlag verübt, der seine Tochter tötete).

Im **Juli 2001** gehen die Gespräche mit Aung San Suu Kyi weiter.

Myanmar und Russland haben den Bau eines Versuchs-Kernreaktors in Myanmar vereinbart.

Im **September 2001** wird vereinbart, dass allen Antragstellern für Satellitenschüsseln die Lizenz erteilt wird und dass 4 000 E-Mailzugänge und Internetanschlüsse (es gibt nur 11 private Lizenznehmer) eingerichtet werden.

Im **Dezember 2001** besucht der chinesische Präsident Jiang Zemin Myanmar. Aus diesem Anlass werden 200 chinesische Strafgefangene auf freien Fuß gesetzt.

Außerdem hielt sich der indische Generalmajor in Yangon auf. Es wurde über die Zusammenarbeit bei den Aufständen im gemeinsamen Grenzgebiet, die Bekämpfung des Rauschgifthandels und über den gemeinsamen Bau einer Straße von Indien nach Mandalay gesprochen. Indien möchte seine Beziehungen zu Myanmar als Gegengewicht gegen den wachsenden chinesischen Einfluss verbessern.

Am **21. Januar 2002** ist auf dem Campus der Universität Yangon ein „Myanmar Information Communication Technology (MICT) Park" für 32 Benutzer eröffnet worden. Er soll neue Geschäftsmöglichkeiten für Software-Firmen schaffen.

Am **7. März 2002** wurde ein Putschplan durch Angehörige Ne Wins vereitelt, die damit die Macht wieder an sich ziehen wollte.

Im **Mai 2002** stellt Japan ungefähr 6,5 Mio. US$ als nicht rückzahlbare Hilfe zur Verfügung.

Am **26. Mai 2002** kam es an der Grenze zwischen Myanmar und Thailand wieder zu schweren Kämpfen, bei denen die „Shan United Revolutionary Army (SURA) vier Stützpunkte der myanmarischen Regierungstruppen mit schweren Waffen und Panzern beschoss und dann einnahm. Dadurch haben sich die inzwischen wieder guten Beziehungen zwischen beiden Ländern stark verschlechtert. Der Konflikt soll durch die Verärgerung Thailands über das Einschmuggeln von Rauschgift aus Myanmar entstanden sein.

Im **Juni 2002** eroberten die myanmarischen Streitkräfte die verlorengegangenen Stützpunkte erfolgreich zurück.

Am **26. Juni 2002** ist beschlagnahmtes Rauschgift im Wert von 1,1 Mrd. US$ in Anwesenheit ausländischer Diplomaten verbrannt worden. Dies war seit 1990 die 16. Rauschgiftverbrennung. Seit 1996 ist die Anbaufläche um 36 % auf 105 000 ha zurückgegangen.

Bei der ASEAN-Konferenz am **1. August 2002** hat Myanmar die „United States-ASEAN Joint Declaration for Cooperation to Combat International Terrorism" unterzeichnet.

Am **8. September 2002** traf eine vierköpfige Delegation der EU zum zweiten Besuch in diesem Jahr in Myanmar ein.

Aung San Suu Kyi

Aung San Suu Kyi - die Hoffnung von Myanmar

Im Oktober 1991 gab das Nobelpreiskomitee in Oslo bekannt, dass Aung San Suu Kyi der Friedensnobelpreis verliehen wird. Damit erhielt diese mutige Frau die internationale Anerkennung, die ihr für den Kampf um Freiheit und Menschenwürde in Myanmar gebührt. Sie engagiert sich bis heute für den friedlichen Kampf für Demokratie und Menschenrechte. Vor die Wahl zwischen verschärftem Hausarrest und lebenslangem Exil gestellt, entschied sie sich dafür, in ihrem Land zu bleiben. Bei den ersten Massendemonstrationen 1988, die gegen die lange staatliche Repression und die willkürliche Gewalt des Militärs gerichtet waren, war Aung San Suu Kyi die Führungsfigur.

Sie wurde am 19. Juni 1945 als Tochter von Aung San geboren. Ihr Vater ist der Nationalheld von Myanmar. Sein Ziel war ein freies und demokratisches Land. Am Vorabend des Unabhängigkeitstages, am 19. Juli 1947, wurde er während einer Sitzung des Exekutivrates zusammen mit sechs Ministern erschossen. Aung San Suu Kyi war damals gerade zwei Jahre alt. Aung Sans legendärer Ruf trug auch dazu bei, dass seine Tochter San Suu Kyi die Hoffnung der Bevölkerung wurde und große öffentliche Anerkenn!!ung genießt. Die Mutter von San Suu Kyi war Botschafterin von Myanmar in Indien. San Suu Kyi ging dort zur Schule und studierte dann Politik an der Universität Delhi. Mahatma Gandhi und Martin Luther King waren ihre Vorbilder. Später studierte sie an der Universität von Oxford Philosophie, Politik und Wirtschaftswissenschaften. 1972 heiratete sie den englischen Tibetologen Michael Aris. Das Ehepaar lebte zunächst in Bhutan, wo ihr Mann als Hauslehrer der königlichen Familie arbeitete. 1974 und 1977 wurden ihre Söhne in England geboren. Sie schrieb eine Biographie ihres Vaters und einige Studien zur sozialen und politischen Lage Myanmars. „Mit meinen Gedanken habe ich mein Land und mein Volk niemals verlassen", sagte sie in einem Interview der BBC.

Von 1988 - 1989 trat Aung San Suu Kyi in vielen öffentlichen Versammlungen in Yangon auf. Sie gründete die „Nationale Liga für Demokratie" (NLD). Ihr zentrales Anliegen ist die gewaltlose Wiedereinführung der Menschenrechte. 1990 gewann San Suu Kyi's Partei 397 von 489 Sitzen in der Nationalversammlung. Dies entspricht 72 % der abgegebenen Stimmen. Die Militärregierung errang 10 Sitze. Doch das Militär weigert sich bis heute, ihr die Macht zu übergeben.

Volksgruppen

In Myanmar findet man sieben Staaten mit den ethnischen Minderheiten der Chin, Kachin, Karen, Kayah (Karenni), Mon, Rakhine und Shan. Sie sprechen mehr als 100 verschiedene Sprachen und Dialekte.

Die drei Hauptgruppen, hauptsächlich vom Norden eingewandert, sind: die *Mon-Khmer*, sie sind als erste eingewandert, repräsentiert heute von den Wa, Intha, Palaung, Padaung und Mon; die *Tibeto-Birmanen*, eingewandert in den frühen Jahrhunderten v. Chr., von denen heute die Volksstämme der Karen, Rakhine, Chin, Kachin (mit vielen Untergruppen), Lishu, Akha und Lahu in Myanmar leben; die *Thai-Chinesen*, die im 13. Jh. von Yünnan aus in den heutigen Shan-Staat einwanderten.

Danach gab es nochmals eine Einwanderungswelle der Tibeot-Birmanen mit den Lahus, Akhas, verschiedenen Untergruppen der Kachin und der Karen mit den Kayah. Frühe Volksgruppen, wie z. B. die Pyu, sind heute ganz verschwunden.

Birmanen

Die Birmanen machen zwei Drittel der Gesamtbevölkerung von Myanmar aus. Sie werden der mongoliden Rasse zugerechnet und zählen zur tibetobirmanischen Sprachgruppe. Einst wanderten sie aus dem südwestlichen China ein. Als sie sich im zentralen Tiefland, dem fruchtbaren Ayeyarwady-Tal niederließen, mussten sie zuerst das Volk der Pyu vertreiben. Die Birmanen lebten vom Ackerbau, Sammeln und Jagen, eine städtische Kultur entwickelten sie aber erst später. Heute sind die Birmanen kulturell und politisch dominierend.

Karen

Die Karen haben schon seit Jahrhunderten ihren Lebensraum in Myanmar. Man nimmt an, dass sie bereits in der ersten Hälfte des 1. Jahrtausends n. Chr. von der Südostecke Tibets nach Yünnan gezogen und später den Mekong und den Thanlwin (früher Salween) abwärts bis nach Untermyanmar südlich von Mawlamyine (früher Moulmein) vorgedrungen sind. Vor der militärischen Überlegenheit der Birmanen wichen die Karen dann in die weniger fruchtbaren Bergregionen im Osten zurück, wo sie vom Ackerbau lebten.

Die Karen nutzten die britische Kolonialzeit, um sich von der Herrschaft durch die Birmanen zu befreien. Dabei arbeiteten die Karen eng mit den Briten zusammen und wurden Christen, vor allem Baptisten. Sie waren in der britischen Armee, in der Verwaltung und im Bildungs- und Gesundheitswesen tätig. Als nach der Unabhängigkeit die Birmanen wieder an der Macht waren, versuchten die Karen durch einen Guerilla-Krieg ihre Eigenständigkeit zu behaupten. Bis heute kämpfen die Karen-Guerillas in den Waldgebieten an der thailändischen Grenze für ihre Autonomie.

Insgesamt leben heute etwa 2 - 3 Mio. Karen in Myanmar und mehr als 100 000 in Thailand. Nach den Birmanen und Shan sind sie die drittgrößte Bevölkerungsgruppe (ca. 8 %). Es gibt mehr als 20 Untergruppen, die vier großen Volksgruppen zuzuordnen sind:

Die **Pwo (Po, Pho)** und die **Sgo (Sgaw, Sgau)** bilden die beiden südlichen Hauptgruppen. Sie sind die zahlenmäßig stärksten Karenvölker (70 %) und gelten als die eigentlichen Karen. Im Volksmund werden sie als „Weiße Karen" bezeichnet.

Die **Paoh (Taungthu, Tongsu)** leben um Taunggyi am Inle See.

Die **Bre (Bwe, Bghai)** kamen als letzte Gruppe nach Myanmar. Ihre wichtigste Untergruppe sind die **Kayah oder Karenni** = „Rote Karen". Der Name kommt daher, weil sich ihre helle Gesichtsfarbe im Sonnenbrand rötlichbraun färbt und die vorherrschende Farbe der Kleider rot ist. Die Bre und Kayah sind bekannt für die Pferdezucht und leben im Osten Myanmars, südlich vom Inle See und im Westen Nordthailands.

Die Sprachen der Karen sind unterschiedlich, so dass sich die Mitglieder verschiedener Karen-Gruppen gegenseitig nicht verstehen. Erst im 19. Jh. wurden ihre Sprachen niedergeschrieben. Insgesamt gehören sie zur tibetobirmanischen Sprachgruppe.

Die Mehrzahl der Karen in Myanmar ist ab 1825 durch amerikanische Baptisten christianisiert worden. Den Baptisten wurde ihre Missionsarbeit durch eine Stammesüberlieferung der Karen erleichtert, die besagt, dass ihre verlorengegangene heilige Schrift ihnen von Boten aus dem Westen zurückgebracht werden würde. Die Missionare behaupteten nun, dass die Karen der verschollene 10. Stamm Israel seien, und gaben vor, sie brächten ihnen ihre heilige Schrift wieder. Auf diese Weise konnten sie die Karen leicht zum Christentum bekehren. Der schon bestehende nationale Gegensatz zu den buddhistischen Birmanen wurde somit noch mehr verschärft.

Trotz der weiten Verbreitung des Christentums sind viele Karen auch heute noch Geistergläubige, vor allem die im Nordosten lebenden Kayah. Sie lesen die Zukunft aus Hühnerknochen und den Härtegraden der Hühnergalle.

Die Karen sind klein und gelten als ein kriegerisches und humorloses Volk. Sie datieren den Beginn ihrer Geschichte auf das Jahr 739 v. Chr. Die Karen sind vorwiegend Bergbauern, die Brandrodungsfeldbau betreiben und außerdem flache Wasserreis-Terrassen anlegen und mit von Wasserbüffeln gezogenen Pflügen bearbeiten. Daneben pflanzen sie noch Gemüse, Süßkartoffeln, Gurken, Pfeffer, Baumwolle und Tabak an. Um das Dorf stehen Bananenstauden und Obstbäume. Jagd, Fischfang und Sammeln von Dschungelpflanzen ergänzen die Nahrungsmittel. Schweine, Hühner und Hunde werden als Haustiere gehalten. Bekannt sind die Karen für ihre Geschicklichkeit im Fangen und Zähmen wilder Elefanten. Viele Arbeitselefanten werden heute von Karen betreut.

Die Karen wohnten früher in Langhäusern (ähnlich denen der Iban auf Borneo und der Kachin in Obermyanmar), in denen bis zu 20 Familien Platz fanden. Jetzt dienen sie meist nur noch als Vorratshäuser. Heute leben die Karen in Pfahlhütten aus Bambus, die mit Gras oder Blättern gedeckt sind. Sie leben auf einer Höhe von 600 - 1000 m. Als Handwerk üben die Frauen das Weben aus.

Die Karen wählen als Namen für ihre Kinder gerne Begriffe wie „Freude", „Hoffnung", „Tiger" usw. Diese Namen werden entweder beibehalten oder später durch Bezeichnungen persönlicher Eigenschaften ersetzt wie „Vater der Schlauheit" oder „Mutter der Vorsicht". Die Frauen werden mit Naw, die Männer mit Saw angesprochen.

Der Kayah-Staat gehört zu den landschaftlich schönsten Teilen Myanmars mit waldreichen Gebirgen, großen Wasserfällen und stillen Seen. Die Kayah sind vorwiegend Bergbauern.

Nach der Unabhängigkeit Myanmars 1948 bildeten die Kayah einen eigenen Staat, den Kayah-Staat. Diesen Status verloren sie 1959. Die übrigen Karen leben in dem südlich sich anschließenden viel größeren Karen-Staat.

Am unteren Thanlwin hat sich ein Fürstentum der Kayah erhalten. Die männlichen Mitglieder dieses Stammes tätowieren sich in roter Farbe eine Linie von Schulter zu Schulter auf den Rücken, die den Horizont darstellen soll; in deren Mitte wird die aufgehende Sonne angedeutet. Die traditionelle Kleidung der Frauen besteht aus einem sackartigen schwarzen Kleid mit einem rot-gestreiften großen Schal um den Schultern, der ursprünglich als Kopfbedeckung getragen wurde. Reiche Frauen schmücken sich mit Ohrringen aus Silber und einer Halskette aus Silbermünzen. Sie tragen ungewöhnlich schwere Ringe aus Messing oder Silber um die Unterschenkel. Dadurch sind sie gezwungen, beim Sitzen ihre

Mann und Frau eines Karenstammes, um 1850

Beine gerade auszustrecken und beim Gehen weit voneinander zu halten, was von den Nachbarvölkern als unfein empfunden wird. Ursprünglich bestanden diese Ringe aus vielen schwarz lackierten Baumwollbändern.

Eine weitere Untergruppe der Kayah ist der kleine Stamm der **Padaung** (s. auch Farbbild). Sie selbst nennen sich Ka-Kaung, was übersetzt „Menschen, die oben auf dem Berg leben" heißt. Die etwa 7 000 Angehörigen dieses Stammes leben in der Gegend um Loikaw. Die Padaung-Frauen, auch „**Giraffenfrauen**" genannt, tragen mehrere, bis zu 9 kg schwere Messingringe um den Hals und an den Waden. Schon der König von Mandalay fand diesen Schmuck sehr ungewöhnlich und ließ diese Frauen in seinen Palast zum Begutachten bringen. Den Mädchen zwischen 5 und 9 Jahren wird der erste Messingring um den Hals geschmiedet, die nächsten folgen etwa jährlich bis sie heiratet und der Hals dann 20 cm lang ist. Mediziner der Universität Yangon erklären dies damit, dass durch das Gewicht der Ringe die Schultern nach unten gedrückt werden und dadurch der Hals verlängert erscheint. Es wird behauptet, dass ohne diese Ringe der Hals den Kopf nicht mehr tragen kann, da sich keine Muskeln entwickeln konnten. Ein Entfernen der Ringe soll dann den Erstickungstod durch Genickbruch bedeuten und früher als Strafe für Ehebruch verhängt worden sein. Nach Aussage von Medizinern sind die Muskeln durchaus entwickelt. Auch die Halswirbel sind nach röntgenologischer Darstellung nicht krankhaft verändert. Nach Entfernen der Ringe sollen keine wesentlichen Gesundheitsschäden zurückbleiben.

Es wird auch gesagt, dass die Ringe vor Tigerbissen schützen sollen. Die Regierung hat diesen Brauch zwar verboten, aber trotzdem tragen auch junge Frauen wieder die Halsringe.

Die Kleidung der verheirateten Kayah-Frauen besteht aus einer Jakke, die im Oberteil dunkelblau und weiter unten rot gefärbt ist und mit den länglichen, weißen Samen wilder Hiobstränen in sternförmigen Mustern bestickt ist. Dazu tragen sie einen roten Rock mit sechs weißen Querstreifen. Die unverheirateten Mädchen sind an der langen, hemdartigen weißen Kutte mit einem breiten roten Bruststreifen zu erkennen.

Die **Paoh** sollen im 11. Jh. von der Mon-Stadt Thaton in Niedermyanmar in den Shan-Staat geflohen sein. In den Paoh-Dörfer stehen häufig bemerkenswerte Klöster in Holzbauweise. Sie bewohnen heute vorwiegend die Gebiete um Taunggyi und Kalaw und leben vom Anbau und Verarbeiten der *thanapet*-Blätter, die als äußere Schicht die traditionellen Zigarren, die *cheroots,* gewickelt werden.

Die Kleidung der Paoh-Frauen besteht aus einer dunkelblauen oder schwarzen Jacke und einem Wickelrock bei den verheirateten und aus einer langen Kutte bei den ledigen Frauen. Die Paoh tragen grüne und orangefarbene gewickelte Turbane. Sie streichen sich auch heute noch eine feine Schicht *thanaka* auf das Gesicht, um es vor der Sonne zu schützen.

Die Kleidung der Männer ist immer schwarz. Sie haben in der Regel hüftlange Hemden mit einem roten oder blauen Streifen und weite Hosen an. Als Kopfbedeckung tragen die Männer häufig Turbane aus Frotteetüchern.

Auf Schmuck legen alle Karen-Frauen gesteigerten Wert. Bei den **Pwo** ist der Armschmuck besonders auffallend. Früher präsentierten sich die Männer und Frauen der Pwo mit bis zu 10 cm langen Ohrpflöcken aus Elfenbein.

Die **Sgo** bevorzugen Ketten aus zahlreichen Schnüren mit kleinen Perlen und silberne Ohrringe mit bunten Wollquasten. Die Frauen der Kayah tragen schwere Messingringe um die Unterschenkel. Viele Karen-Frauen tätowieren sich eine Swastika (altind. Sonnen- und Fruchtbarkeitszeichen in der Form eines umgedrehten Hakenkreuzes) als Glückszeichen auf den Handrücken.

Über die kleine Untergruppe der Karen, die **Bre**, ist sehr wenig bekannt. Sie leben tief im Bergland. Die Frauen schmücken sich mit Halsketten aus Muscheln, Perlen, alten indischen und britischen Münzen und Silber- bzw. Messingspiralen sowie mit silbernen Ohrpflöcken. An den Ober- und Unterschenkeln tragen sie Messingspiralen und kleine Glöckchen.

Shan (gespr. Schan)

Die Völker und Stämme der Shan, die eng mit den Thais verwandt sind, können auf eine jahrtausendealte Geschichte zurückblicken. Schon in vorchristlicher Zeit und dann im 3. Jh. n. Chr. sind Shanhorden in Myanmar eingefallen. Als Teil einer größeren Völkerwanderung zogen die Shan zusammen mit den Thais im 13. Jh. von den südlichen Himalajaausläufern nach Süden. 1284 schlossen sie sich der Mongoleninvasion unter Kublai Khan an und eroberten mit deren Unterstützung kurzfristig ganz Zentralmyanmar. Sie zerstörten die alte Königsstadt Bagan. Nach zahlreichen Kämpfen wurden sie im 15. Jh. in das östliche Bergland an der Grenze zu Thailand abgedrängt. Noch bis zum 16. Jh. waren Shanfürsten Herrscher über Bago (früherer Name Pegu).

Als die Briten 1948 Myanmar verließen, fügten sich die etwas über 3 Millionen (8,5 % der gesamten Bevölkerung) Shan nur in den neuen Staat ein, weil sie die Zusage erhielten, sich nach zehn Jahren aus der Union von Myanmar lösen zu können. Als dieses Versprechen 1959 nicht eingelöst wurde, begannen die bewaffneten Auseinandersetzungen, die z. T. mit dem Opiumanbau und -schmuggel finanziert werden.

Shangruppen finden sich in Assam, an der West- und Nordwestgrenze Myanmars, im Osten und Nordosten bis zur chinesischen Provinz Yünnan, an der Grenze zu Laos und Thailand und im Gebiet um den Inle See. Die Shan leben vorwiegend in einer Höhe von etwa 1000 m, in Gebieten, die sich gut für Gemüseanbau und Blumenzucht eignen.

Heute gibt es noch 48 Shan-Bezirke, die sich in 12 nördliche und 36 südliche Gruppen aufteilen. Die Shan sind stark hierarchisch gegliedert. Bis ins 19. Jh. gab es 34 Fürstentümer, die von *sawbwas* oder Prinzen regiert wurden. Die *sawbwas* sorgten für Ordnung im Dorf, teilten den Bauern das Ackerland zu, die dafür an ihn Abgaben zahlen mussten. Zog ein Bauer weg, verlor er seine Rechte.

Die Shan besitzen einen höheren Zivilisationsstand als beispielsweise

Volksgruppen 43

die Chin, Kachin und Nagas, weil ihre Anführer in englischen Schulen oder in England ausgebildet wurden. Der bekannteste Shan ist heute der Opiumkönig Khun Sa.

Im Gegensatz zu den meisten anderen Bergvölkern sind die Shan Buddhisten. Trotzdem hat sich der Animismus und die *nat*-Verehrung bis heute bei ihnen erhalten. Vielweiberei ist erlaubt. Die Shan begraben ihre Toten, nur Priester und Häuptlinge werden verbrannt.

Die Shan sind kräftiger und kleiner als die Birmanen und gelten als gutmütig und heiter; sie sind bescheiden, arbeitsam und zuverlässig. Den Frauen sagt man nach, besonders emanzipiert zu sein. Die Shan haben eine ausgeprägte Veranlagung zum Handel, betätigen sich aber auch als hervorragende Handwerker, Viehzüchter und Akkerbauern (Reis-, Tee-, Kaffee- und Tabakanbau). Sie sind auch bekannt für ihre schönen Webmuster, ihre Töpfereien und für die mit Blattgold verzierten Lackarbeiten. Die Shan besitzen schon seit Jahrhunderten eine eigene Schrift.

Die Männer tragen die weite chinesische Hose, eine seitlich geschlossene, kurze weiße oder blaue Baumwolljacke und einen großen Schlapphut aus Reisstrohgeflecht. Dazu gehört noch die in ganz Myanmar verbreitete gewebte Umhängetasche.

Die Kleidung der Frauen besteht aus einer langen, hochgeschlossenen blauen Baumwolljacke, einem halblangen Rock und der gewebten Umhängetasche. Unter einem Turban, der aus einem rotkarierten Tuch oder auch aus einem Frotteehandtuch gewickelt wird, sind die Haare zu einem Knoten aufgesteckt. An schön gemusterten Stirnbändern tragen sie Körbe.

Shan am Inle See

Chin (gespr. Tschin)

Heute leben noch ca. 1,5 Mio. Chin (3 %) ziemlich isoliert in den abgelegenen Wäldern Nordwestmyanmars an der Grenze zwischen Myanmar, Assam und Bengalen bis in einer Höhe von 3000 m. Die wirtschaftliche Entwicklung dieser Region blieb hinter der in anderen Landesteilen zurück. Viele Chin wurden Baptisten, andere blieben ihrer traditionellen Naturreligion treu. Sie leben vom Anbau von Mais, Reis, Hirse sowie Baumwolle.

Der Name Chin soll sich aus dem birmanischen Wort für 'Korb' herleiten: als die Birmanen in den nordwestlichen Teil von Myanmar kamen, entdeckten sie Leute, die Körbe trugen. Sie nannten den dortigen Fluss Chindwin (= Tal der Körbe) und die Bevölkerung Chin.

Sprachlich gehören sie zur tibetobirmanischen Sprachgruppe, sprechen aber keine gemeinsame Sprache. Allein die Chin in Myanmar haben 44 eigenständige Sprachen.

Die Chin-Frauen sind an allen Aufgaben im Dorf, wie Hausbau, roden des Waldes für die Anpflanzungen, beteiligt. Die Gesichter der Frauen sind oft mit Mustern aus Punkten und Linien oder mit Mustern die wie Spinnweben aussehen, tätowiert. Der Brauch des Tätowierens geht schon tausend Jahre zurück. Die birmanischen Männer fanden die Chin-Frauen so attraktiv, dass sie sie als Sklaven mitnahmen. In ihrer Angst begannen die Chin-Frauen sich zu tätowieren, um nicht mehr so hübsch auszusehen. Als Schmuck tragen sie trommelförmige silberne Ohrringe. Ihre Kleidung ist schwarz mit dunkelroten Webstreifen.

Die Chin-Männer sind nicht tätowiert. Sie tragen ein kurzes Lendentuch und eine Decke um ein Hemd gewickelt. Um den Kopf binden sie sich ein Tuch, in das sie sich oft Federn stecken. Sie haben scheibenförmige Ohrringe und auf der Brust gekreuzte Bänder, die mit Kaurimuscheln bestickt sind. Oft haben sie einen Nikotinwasserbehälter aus Bambus bei sich. Die Chin stehen in dem Ruf gerne Alkohol zu trinken.

Arakanesen (o. Rakhine)

Die 3 Mio. Arakanesen leben im südwestlichen Teil Myanmars, der an Bangladesch grenzt. Sie bekennen sich überwiegend zum Buddhismus und zu einem geringeren Teil zum Islam. Während der 350 Jahre andauernden Mrauk U-Dynastie (1430 - 1780) blühte der Handel und das Handwerk. Sie sprechen einen Dialekt, der dem Birmanischen ähnlich ist. Früher tätowierten sich die Frauen an den Schultern.

Wa

Von den wenig zivilisierten Wa leben rund 300 000 im nordöstlichen Teil des Shanstaates (bei Lashio). Sie sollen vor Jahrzehnten Opium aus dem „Goldenen Dreieck" an den CIA geliefert haben. Es wird behauptet, dass von dem Erlös aus dem Weiterverkauf die Söldnertruppen des Vietnamkrieges bezahlt worden seien.

Heute bauen die Wa Tee und Kaffee an, Reis hauptsächlich zum Brennen von Alkohol. Früher waren die kriegerischen Wa als Kopfjäger berüchtigt. Die Köpfe reihten sie an Straßen nahe ihrer Dörfer auf.

Die Frauen der Wa tragen schwarze Hemden und Jacken mit einem schwarzen Wickelrock, der in der oberen Hälfte hauptsächlich rote Streifen eingewebt hat. Der schwarze Turban ist mit Perlen, Blumen und bunten Fäden verziert. In der heißen Jahreszeit sollen die Wa-Frauen oben unbekleidet sein.

Männer wie Frauen kauen sehr gerne Betel. Ihre davon herrührenden schwarzen Zähne gelten als Zeichen der Schönheit.

Palaung

Die Palaung sind mit den Wa nahe verwandt. Sie sind Animisten, einige auch Buddhisten. Dann finden Sie in fast jedem Dorf ein Kloster. Die Palaung werden in Shwe (Gold) und Pale (Silber) Palaungs - entsprechend ihrer Kleidung - eingeordnet.

Die Tracht der Palaung ist eine der farbenprächtigsten unter den Bergvölkern. Die Frauen tragen pinkfarbene, rote, blaue oder schwarze Jacken über einem rotgestreiften *longyi*. Wenn sie verheiratet sind, haben sie lackierte Bambusreifen, breite Silbergürtel oder Perlenbänder um ihre Taille. Auf dem Kopf tragen die unverheirateten Frauen schwarze Kappen mit grellbunten Pompons, verheiratete Frauen perlenbestickte Kappen mit rotgestreiften Tüchern umwickelt. Früher gehörten noch ein Reifrock und Gamaschen dazu.

Die Palaung wohnen oft noch in Langhäusern in der Gegend um den Inle See und Kalaw (sind am Markt zu sehen) und sind für den Teeanbau bekannt.

Mon

Die Mon kamen schon vor dem 5. Jh. aus Osttibet und gründeten das Königreich Thaton. Sie beherrschten bis ins 11. Jh. den südlichen Teil von Myanmar. Dann wurden sie von den Birmanen besiegt. Die Mon sind mit dem Volk der Khmer in Thailand und Kambodscha verwandt.

Die Mon übten mit ihren Sitten und Gebräuchen einen großen Einfluss auf die Kunst und Kultur Myanmars aus, vor allem mit ihren Tänzen, ihrer Musik und ihren Gesängen. Bei den Mon sind rotgemusterte *longhis* beliebt. Sie sind Buddhisten. Ihre Sprache ist völlig eigenständig. Heute leben ca. 1,3 Mio. (3 %) Mon in den Hauptsiedlungsgebieten in den Regionen um die Städte Mawlamyine und Bago.

Kachin (gespr. Katschin)

Die Kachin bewohnen die Berge des äußersten Nordens im Bereich von Kengtung, Lashio, Putao und Myitkyina. Ihre Hauptstadt ist Myitkyina. Sie pflegen einen engen Kontakt mit den 3 Mio. benachbarten Kachin in Indien (Assam) und China (Yünnan). Die Kachin sollen vor 1 200 Jahren von Tibet nach Nordmyanmar gekommen sein, einige Stämme wanderten in die fruchtbareren Ebenen. Sie besaßen bis vor 100 Jahren noch keine Schrift. Die Kachin-Rebellen kämpfen heute noch gegen die Zentralregierung, um eine größere Eigenständigkeit durchzusetzen.

Land und Leute

> **Die Sage der Kachin erzählt folgendes (nach L. u. Ch. Schermann):**
>
> Als der große Geist einstmals die Schrift verteilte, gab er sie den Birmanen und den Shan auf einem Palmblatt, den Chinesen und den Europäern auf Papier, den Kachin auf Pergament. Der Kachin trug das lederne Schriftstück unter dem Arm fort und schwitzte dabei so sehr, dass es ganz durchnässt wurde und zum Trocknen über das Feuer gehängt werden musste. Da erwischten es die Ratten, verschleppten es in einen Reiskorb und zernagten es. Man meinte den Inhalt der Schrift zu retten, indem man den Reis einweichte und das Wasser trank. Daher betrinkt sich noch heute jeder Dumsa (= Priester) mit Reisschnaps, bevor er seine Prophezeiungen beginnt, um so das Wissen in sich aufzunehmen.
>
> Als nun der große Geist später wieder alle Volksstämme zu sich berief, suchten die Shan, Birmanen und die Fremden in ihren Büchern nach dem Grund der Einberufung und erkannten, dass es sich um die Verteilung von Gold, Silber und Reichtümern handeln werde. Sie nahmen darum große Körbe mit. Die Kachin, die keine Bücher mehr hatten, wussten von nichts und rückten bloß mit ihren kleinen Umhängetaschen an. Natürlich zogen sie mit karger Ausbeute von dannen und blieben arm, während die anderen mit den ihnen zugeteilten Schätzen ihren Reichtum begründeten.
>
> Bald darauf erfolgte wieder eine Zusammenberufung. Die mit Büchern versehenen Völker ersahen aus diesen, dass *Nats* verteilt werden sollten und versorgten sich mit Blumen, um diese zu ehren. Die Kachin erwarteten sich wieder Schätze und zogen diesmal mit großen Tragekörben aus. Als alle vor dem großen Geist versammelt waren, gebot er jenen, nach ihrer Heimkehr den ihnen zugewiesenen *Nat* die Blumen zu opfern. Den Kachin aber füllte er die Körbe mit *Nats* an. Unterwegs wurde ihnen die Last zu beschwerlich, und so ließen sie von Zeit zu Zeit einen *Nat* am Wege zurück, brachten aber immerhin die Körbe noch halb voll heim. So müssen sie nun nicht allein dem *Nat* daheim, sondern auch noch den unterwegs zurückgelassenen, in Wäldern, Felsen, Schluchten und Strömen hausenden Geistern opfern.

Der Name „Kachin" ist eine birmanische Bezeichnung. Sie selbst nennen sich Wunpawng. Die 5 großen Volksgruppen der Kachin sind:
Jingpho (Jinghpaw, Sinpo), **Maru** (Longvo), **Lashi** (Lachi), **Nung-Rawang** und die **Lisu** (Yogin).

Die 62 Stämme unterscheiden sich nach Dialekt, Sitten und Entwicklungsstufe. Ursprünglich waren alle Kachin Animisten (Geistergläubige), heute jedoch sind große Teile des Volkes von Baptisten, Katholiken und Anglikanern missioniert. Während der britischen Herrschaft waren viele Kachin in der Armee.

Die Animisten verehren eine Unzahl von *Nats* (Dämonen und Schutzgeister). So sieht man heute noch in von Kachin bewohnten Regionen sternför-

Volksgruppen 47

mige Bambusgitter als Geisterschutz hängen und Bambusaltäre an den Wegen im Wald mit Opfergaben in Form von Reissschnaps, Früchten und Blumen. An hohen Masten sind Körbe angebracht mit Hühnern als Opfer darin. Dreikantige Holzpfosten, schwarz bemalt mit Darstellungen von Reisähren, Waffen und Frauenschmuck, werden zur Saatzeit am Dorfeingang aufgestellt, um damit symbolisch um gute Ernte, Jagdglück und Reichtum zu bitten. An kreuzförmig oder H-förmig gestalteten Balkengerüsten werden die Büffelschädel der vorausgehenden Büffelopfer aufgehängt. Außerdem fehlt in keinem Haus der Geisteraltar.

Die Kachin sind klein: die Männer erreichen nur eine Körpergröße von 1,60 m, die Frauen von 1,50 m. Die Hautfarbe variiert von hellbraun bis fast schwarz. Die Kachin sind Bergbauern, sie kultivieren Reis auf Brandrodungen oder auf bewässerten Terrassenfeldern. Daneben pflanzen sie Mais, Tabak, Gemüse, Kokospalmen, Papaya und Bananen an. Sie halten sich Wasserbüffel, Zeburinder, Schweine, Hunde und Hühner.

Die Kleidung der Kachin besteht aus blauen, bestickten Wadenstrümpfen, einem weiten, blauen, bunt bestickten Kittel, der bis zu den Waden reicht, und einem blauen oder schwarzen Jäckchen mit buntem Ärmelbesatz. Die Frauen tragen schwere Silberringe um den Hals, Silberröhrchen in den Ohrläppchen und einen blauen oder schwarzen Turban.

Typisch für die Kachin ist das Langhaus mit weit vorragendem, von drei Pfosten getragenem Giebel über der Vorhalle. Es steht auf etwa 1 ½ m hohen Pfählen. Der Raum unter dem Haus dient nachts als Schweinestall. In den Langhäusern wohnen Großfamilien. Jedes Ehepaar mit Kindern hat ein eigenes Abteil, das auf einen breiten Gang hin offen ist. An der Zahl der als Treppen dienenden Kerbholzaufgänge zu den kleinen Türen längsseits des Hauses ist abzulesen, wie viele Familien darin wohnen. Der väterliche Besitz wird von dem jüngsten Sohn geerbt. Das Häuptlingshaus ist verziert mit vom Giebel hängenden Figuren und Schnitzereien, die Sonne, Mond, Elefantenstoßzähne und Rinderhörner darstellen. Die Enden eines Querbalkens im Hausinnern sind oft mit dem Kopf des Nashornvogels verziert. Vor dem Haus stehen *Nat*altäre und Gabelpfosten für Büffelopfer.

Die Kachin üben eine Art von Doppelbestattung durch. Die Leiche wird kurz nach dem Tod begraben, das ei-

Kachin-Mädchen, Bhamo

Land und Leute

gentliche Totenfest mit der Wegsendung der Totenseele *(tsu)* zum Ahnenland findet jedoch erst viel später, nach Monaten oder gar Jahren, statt. Eine Totenfeier kann für mehrere Dorfbewohner zugleich abgehalten werden. Auf dem Platz vor dem Haus des Festgebers steht ein *Nat*altar. Darauf legt der Priester in Bananenblätter gewikkeltes Büffelfleisch und Bambusröhrchen, die mit Reisschnaps gefüllt sind. Der Kopf des Opferbüffels wird mit den Hörnern nach unten aufgehängt. An einer Querstange unter dem Vordach des Hauses hängen drei große Gongs, die von jungen Leuten in einem bestimmten Rhythmus geschlagen werden. Den Festplatz begrenzen vier Bambusstangen, von denen jeweils eine weiße Fahne weht.

Nachdem die anwesende Menge den Reisschnaps getrunken hat, tanzen alle auf dem Platz. Inzwischen schnitzt der Festgeber das über 2 m hohe Firststück des neuen Grabmals und bemalt es mit schwarzen und roten Motiven: konzentrische Kreise, Schlangen, schräg gekreuzte Vierekke. Am nächsten Tag beginnt der Zug zum Grabmal. Vorne geht ein Mann mit dem Firststück, dahinter werden die vier Stangen mit den weißen Fahnen und zuletzt Bambusstangen getragen, an denen Körbe mit den geschlachteten Opferhühnern hängen. Stangen mit aufgesteckten Schädeln der geopferten Büffel werden zusammen mit den Stangen mit den Opferhühnern vor dem Grabmal aufgepflanzt. Die Dorfbewohner folgen dem Zug zum Totenmal, um das ein Graben gezogen worden ist, um den Totengeistern das Überschreiten zu verwehren. Mit einem letzten Tanz vor dem Hause des Festgebers endet die Totenfeier. Der Grund für die zum Teil sehr lange Verschiebung der Bestattung liegt zum einen sicher in der Kostspieligkeit solcher Veranstaltungen. Es kann aber auch sein, dass man mit dringenden saisongebundenen Arbeiten beschäftigt ist oder dass die Geladenen von weither kommen.

Die **Jinghpaw** sind die zahlenreichste Volksgruppe der Kachin. Bei ihnen ist es Brauch, dass der jüngste Sohn dem Vater ins Dorf folgt, während die älteren Söhne sich anderswo ansiedeln.

Die Jinghpaw-Männer tragen eine schwarze Kleidung, der Kopf ist mit einem karierten bunten Tuch umwikkelt und er besitzt ein verziertes silbernes Schwert. Die Frauen tragen mit Perlen bestickte schwarze Jacken und große dreireihige Halsketten aus gewölbten Silberscheiben mit vielen darangehängten gravierten Silberstäben. Der rote *longhi* hat vielfältige geometrische Muster in gelber, blauer und rosaroter Farbe.

Die **Lisu** leben in Yünnan und nahe der thailändischen Grenze. Es ist nicht ungewöhnlich, dass sie verschiedene Sprachen sprechen. Ihre Dörfer verstecken sich in Wäldern oben auf den Bergen.

Am wichtigsten ist für die Lisu das Neujahrsfest. Die Tänze starten bei Sonnenuntergang. Vor jedem Haus wird im Kreis um Musikanten mit Flöte und Gitarre getanzt. Wenn die Musik stoppt, bieten die Mädchen den Männern einheimischen Whisky an. Zu diesem Fest tragen die Lisu-Frauen einen üppigen Kopfschmuck aus silbernen Kugelhälften und verschiedenfarbigen Perlschnüren mit roten Pompons und eine ebenso reich behangene silberne Halskette. Die Jacke ist schwarz mit breiten gelben und roten Streifen. Ansonsten ist ihre Tracht in hellen, leuchtenden Farben mit bunten Streifenapplikationen um den Halsausschnitt. Der Turban ist schwarz oder blau, der Schmuck besteht aus Perlen- und Kaurimuschelketten.

Die **Maru** leben an der chinesischen Grenze und unterscheiden sich in ihrer Sprache, Tracht und ihrem Brauchtum kaum von den Jinghpaws.

Die **Lashi** leben an der chinesischen Grenze. Sie sprechen einen Dialekt der Maru. Viele Lashi sind Animisten, manche sind im letzten Jahrhundert zum chriftlichen Glauben bekehrt worden.

Auch ihre Kleidung und Gebräuche unterscheiden sich kaum von denen der Jinghpaw und Maru. Lashi-Frauen können oft durch ihren Ohrschmuck identifiziert werden. Sie tragen große silberne Ohrpflöcke, an denen verschiedenfarbige Perlenketten herunterhängen.

Die **Nung-Rawang** leben hauptsächlich um Putao und an der chinesisch-tibetischen Grenze, aber auch in abgeschiedenen Tälern und Berggebieten in ganz Myanmar. Sie sind sehr kleinwüchsig.

Die Männer tragen eine naturfarbene Jacke einen feingeflochtenen Hut, der mit großen Eberzähnen oder Eichhörnchenschwänzen verziert ist. Sie gelten als geschickt im Schießen mit der Armbrust. Die Kleidung der Frauen ist schlicht, um den Kopf ist ein meist naturfarbener Schal gewickelt. Als Halsschmuck trägt sie Perlen- und Korallenketten und Kreolen mit Perlen verziert.

Akha

Im Nordosten von Myanmar bei Kengtung leben heute etwa 65 000 Akha. Sie sind erst im Laufe des letzten Jahrhunderts aus Südwestchina eingewandert und sind das rückständigste und ärmste Bergvolk. Die Akha kennen keine Schrift und sind Animisten. Sie nennen nie ihre richtigen Namen, weil sie befürchten, die Geister hören sie und können dann Macht über die Person ausüben. Ihre mit Geisterschutzzäunen umgebenen Dörfer liegen in höheren Regionen und umfassen 10 - 30 Hütten, die nach fünf Jahren an einen anderen Platz verlegt werden. Die Akha fürchten die Wassergeister, weshalb sie ihre Häuser in einiger Entfernung davon bauen. In Bambusrohren leiten sie das Wasser ins Dorf. Sie leben von Reis, Mais, Gemüse und betreiben etwas Viehzucht.

Stirbt ein Akha, wird ein Baum gefällt und in Form eines Bootes, mit Flügeln an den Enden, ausgehöhlt. In diesen Sarg schütten die Dorfbewohner Alkohol bevor der Tote hineingelegt und mit einem roten Tuch bedeckt wird. Tage später wird der Tote bestattet.

Die Frauen tragen schwarze Blusen und knielange Röcke. Sie schmücken sich mit Silber- und bunten Perlenketten und tragen Kappen, die mit Silberschmuck, Münzen und roten Federquasten behangen sind. Die Frauen rauchen viel Pfeife und sticken einfallsreiche Kreuzstichmuster. Die Männer tragen schwarze Hosen und Jacken.

Lahu

Das Siedlungsgebiet der Lahu (ca. 150 000) ist der Nordosten um Kengtung, aber auch Laos und Thailand. Man unterteilt sie in die Schwarzen und Roten Lahu. Sie leben von der Viehzucht und vom Gemüseanbau sowie von der Weberei und Korbflechterei. Sie sind Animisten, einige Christen. Der Dorfälteste kontrolliert oft zusammen mit einem Schamanen die Angelegenheiten im Dorf.

Die Frauen tragen entweder roteingefasste schwarze oder mittelblaue Jacken mit großen verzierten runden Silberschnallen, dazu einen schwarzen *longyi* mit roten Streifen, Gamaschen sowie Arm- und Halsreife und Finger- und Ohrringe aus Silber.

Die Männer tragen schwarze Jacken, die an der Seite geschlossen werden, Gamaschen und dreiviertellange Hosen, für junge Männer in blau oder grün und schwarz für ältere Männer. Dazu kommt eine rote, reich bestickte Schultertasche und ein Turban.

Männer wie Frauen der Schwarzen Lahu rasieren sich die Haare bis auf einen kleinen Rest ab. Die übriggebliebenen langen Haare werden am Scheitel zusammengeknotet.

Naga

Etwa 100 000 Naga leben im Grenzgebiet zu Indien am oberen Chindwin. Sie waren früher Kopfjäger und gelten auch heute noch als kriegerisches Volk. Der Großteil der Naga sind vor allem in Indien (1 Mio.) beheimatet und bilden eine eigenständige Gruppe mit verschiedenen Sprachen.

Schon seit dem Jahr 1950 kämpfen die Nagas in Indien um ihre Unabhängigkeit. Dieser Konflikt ist auch in Myanmar mit heftigen Kämpfen ausgetragen worden.

Die Nagas bauen ihre Dörfer, geschützt mit einer Steinmauer, auf die Bergspitzen. Das Zentrum der meisten Dörfer bildet ein Haus, in dem sich die Dorfältesten treffen, um wichtige Ereignisse und Entscheidungen zu besprechen. Hier steht auch der Dorfgong, der aus einem längs halbierten, ausgehöhlten Baumstamm besteht und an seinen Enden mit geschnitzten Figuren versehen ist. Während der Erntezeit finden Feste mit Tänzen statt. Die Weberei ist die wichtigste Einnahmequelle der Naga. Jagen auf Tiger, Leoparden und wilde Eber mit Gewehren und Speeren ist bei den Nagas als Sport beliebt. Für kleinere Tiere und Vögel stellen sie Fallen auf.

Die Naga-Männer tragen einen auffallenden Kopfschmuck bestehend aus einem Rattanhut, der mit schwarzem Affenfell und langen Federn umkleidet ist. Das Gesicht ist von zwei Eberhauern eingerahmt, von denen eine Kette mit Tigerklauen herabhängt. An einer Halskette hängen zwei Tigerzähne als Zeichen der Tapferkeit. Große Muscheln über den Ohren sind ein Zeichen von Reichtum.

Intha

Die Intha leben in 200 Dörfern in Pfahlhäusern um und auf dem Inle See. Sie bauen Gemüse auf schwimmenden Gärten an, fangen Fische und sind im ganzen Land für ihre handgewebten Stoffe bekannt. Die Intha beherrschen die besondere Art des Ruderns mit einem Bein (siehe auch beim Kapitel Inle See). Sie sprechen einen ungewöhnlichen Dialekt. Heute haben sie sich in Kleidung und Brauchtum an die Birmanen angeglichen.

Religion

Der Buddhismus

Die Entstehung des Buddhismus

Prinz Siddhartha Gautama wurde als Sohn eines Adeligen um das Jahr 563 v. Chr. in Lumbini, im Süden des heutigen Nepal, geboren. Sein Vater versuchte ihn von den hässlichen Realitäten des Lebens fernzuhalten, weil ihm ein Astrologe prophezeit hatte, dass dem Prinzen ein ungewöhnliches Schicksal bevorstehe. Als junger Mann heiratete Siddhartha Gautama eine schöne Prinzessin und wurde Vater eines Sohnes.

Die entscheidende Wende in seinem Leben vollzog sich, als er auf Ausflügen einen hinfälligen Greis, einen Kranken und einen Toten erblickte. Da erkannte er die Vergänglichkeit des Daseins als ein Unheil. Mit 29 Jahren beschloss er, auf Reichtum, Lebensgenuss, Frau und Kind zu verzichten und verließ nachts heimlich das Haus. Sechs Jahre lebte er dann in Einsamkeit als Asket, um das Heil zu suchen. Unter einem Bodhi-Baum, einer Pappelfeige, erlangte er die Erleuchtung und die Einsicht in das Wesen des Daseins und den Weg zu seiner Überwindung.

Diese Erleuchtung verkündete er in den **„Vier Heiligen Wahrheiten"**:
1. Das menschliche Leben ist dem Leiden unterworfen.
2. Die Ursache dieses Leidens ist die Begierde nach persönlicher selbstsüchtiger Lust.
3. Das Leid wird aufhören, wenn diese Begierde überwunden ist.
4. Dieses Ziel kann erreicht werden, wenn man den „Heiligen achtgliedrigen Pfad" beschreitet.

Dieser Weg der Mäßigung wird auch als der **„Mittlere Weg"** bezeichnet. Seine drei Hauptbestandteile sind:
- ethische Lebensführung und Moral
- geistige Disziplin und Meditation
- Wissen und Weisheit

Die **drei Hauptlaster** im Buddhismus sind:
- Sucht oder Gier
- Hass oder Zorn
- Selbsttäuschung oder Unwissenheit

Die Anhängerschaft von Siddhartha Gautama, nun Buddha („Erleuchteter") genannt, wuchs sehr schnell, und bald gründete er die Mönchsgemeinde (*Sangha*). Mit 80 Jahren starb Buddha im Jahr 483 v. Chr. in Kushinagara, wahrscheinlich an der Ruhr.

Die Lehre des Buddhismus

Buddha setzte keine Nachfolger ein, sondern hinterließ seine Lehre (*Dharma*). Weder von Buddha selbst noch von einem seiner Jünger gab es schriftliche Aufzeichnungen.

Die mündlichen Überlieferungen wurden erst etwa vier Jahrhunderte nach seinem Tod in Pali (der heiligen Sprache des Hinayana) auf Palmblätter geritzt und in drei Körben aufbewahrt. Daher bekam der Kanon seinen Namen **„Tripitaka"** = Dreikorb.

Diese ersten Schriften sind etwa vier Jahrhunderte nach seinem Tod entstanden.

Die einflussreichste von Buddhas Lehren ist in Myanmar die von der grundlegenden Gleichheit aller Personen: „Der Priester ist vom Weibe geboren und ebenso auch der Kastenlose. Mein Gesetz ist ein Gesetz der Gnade für alle ohne jede Ausnahme, für Männer, Frauen, Knaben, Mädchen, für arm und reich."

Ein Aspekt dieser Gleichheit ist der Zyklus der Wiedergeburt, dem alle Kreatur unterworfen ist. Diese Verwandlung bedingt, dass jeder, der gelebt hat, lebt und leben wird, mit allen anderen verwandt ist. Es ist das Ziel des Buddhisten, die Besserung des eigenen Ich durch Meditation, Weisheit und gute Werke zu erreichen. Manche Familienoberhäupter in Myanmar arbeiten nicht länger, als bis sie angemessen für ihre Familienangehörigen und Abhängigen vorgesorgt haben und ziehen sich dann zurück, um sich geistig auf ihre nächste Wiedergeburt vorzubereiten.

Gute Werke sind im Buddhismus ein Mittel, spirituelle Verdienste zu erwerben. Das kann z. B. der Bau einer kleinen Pagode, das Errichten einer Wasserstelle, das Zurückkaufen eines Tieres vom Schlachthof oder der Eintritt für eine gewisse Zeit in ein Mönchs- bzw. Nonnenkloster sein.

Verdienste erwirbt man auch, indem man die **fünf Gebote für Laien befolgt:**
1. Schonung des Lebens
2. Nicht stehlen
3. Meiden des Ehebruchs
4. Wahrhaftigkeit
5. Meiden von Alkohol

Weitere Verdienste werden durch die Pflege der **vier Haupttugenden** erlangt: Gleichmut, Wohltätigkeit, Mitgefühl, Freude.

Im Buddhismus gibt es eine letzte Realität, aber keine oberste Gottheit. Buddha ist nicht gleichbedeutend mit Gott. Buddha zeigte, wie das Leben gelebt werden sollte, um Leiden zu vermeiden und letztlich ins *Nirwana* einzugehen. Nach seiner Lehre beginnt die Geschichte eines Individuums nicht mit seiner Geburt und sie endet auch nicht mit seinem Tode. Es gibt keinen Zufall, nichts Nebensächliches. Das Gesetz des *Karma* stellt den Menschen über sein endliches Leben hinaus in eine Beziehung von Ursache und Wirkung: Der Charakter und die Lage eines Menschen sind weitgehend bestimmt durch das, was er in früheren Leben getan oder unterlassen hat. Er kann die Folgen seiner Taten in der Vergangenheit durch bewusstes Handeln in der Gegenwart ändern. *Karma* oder Handeln ist ein fortdauernder Prozess. Die Zukunft eines Menschen hängt völlig von dem ab, was er aus der Gegenwart macht. Er muss sich vor keinem Gott für seine Taten verantworten.

Im Buddhismus ist der Mensch folglich Herr seines Schicksals. Der Buddhismus ist eine alle Bereiche des Daseins durchdringende Lebensweise. Für das Individuum bedeutet dies eine strenge Disziplin gegenüber sich selbst und große Toleranz anderen gegenüber.

Die Schulen des Buddhismus

Durch König Ashoka wurde der Buddhismus im 3. Jh. v. Chr. in ganz Indien verbreitet. Unter ihm wurde der Buddhismus zur Staatsreligion. Er entsandte eine große Zahl von Missionaren nach Kaschmir, Afghanistan, Ne-

Religion

pal, Indochina und Sri Lanka, um die neue Lehre bekanntzugeben.

Bei dem 2. buddhistischen Konzil 383 v. Chr. wurde die Lehre in die „Alte Weisheitsschule" oder Theravada (thera bedeutet alt, angesehen) und in die „Neue Weisheitsschule" unterteilt.

Die **„Alte Weisheitsschule" (Theravada-Buddhismus)** hielt an der ursprünglichen Lehre fest und sprach sich gegen Neuerungen aus. Sie kennt die folgenden fünf Tugenden: Glaube, Kraft, Aufmerksamkeit, Sammlung und Weisheit. Einzig durch die Weisheit vermöge sich der Mensch das *Nirwana* zu sichern. Der Theravada-Buddhismus breitete sich besonders stark im 11. Jahrhundert in Myanmar aus und zählt auch heute noch die meisten Anhänger.

Später, um die Zeitenwende, bildete sich eine Richtung heraus, die sich „Hinayana" nannte.

Hinayana heißt „kleines Fahrzeug" oder der „kleine Weg", d. h. eine Methode der Erlösung, die nur wenigen Menschen dienen konnte. Es gibt keine Hinayana-Schule, sondern dies ist der Name für die verschiedenen Richtungen des sog. südlichen Buddhismus.

Eine Weiterentwicklung und Vertiefung der buddhistischen Ideen führte zu der **„Neuen Weisheitsschule"**. Die „Alte Weisheitsschule" hatte sich ausschließlich mit der persönlichen Befreiung vom Leiden befasst. Ihr Ideal war der *Arhat,* der asketische Weise. Die „Neue Weisheitsschule" dagegen hatte nun nicht mehr den egoistischen *Arhat,* sondern den altruistischen *Boddhisattva* als Ideal. Der *Boddhisattva* half den Menschen und man konnte ihn in Gebeten anrufen.

> **Die Verbreitung der buddhistischen Lehre - eine Legende**
> Jedesmal, wenn dem Herrscher von Suvannabhumi ein Sohn geboren wurde, tauchte ein grausamer weiblicher Dämon aus dem Meer hervor, um das Kind zu verschlingen. Und so geschah es, dass zwei indische Mönche, die von Kaiser Ashoka ausgesandt wurden, um das Volk zum Buddhismus zu bekehren, gerade in dem Augenblick erschienen, als die Dämonin aus der See auftauchte, um sich ihr grausiges Mahl zu holen. Ihre Leibwache bestand aus einer Schar Teufel, von denen jeder aus zwei Löwenkörpern mit einem einzigen Kopf bestand. Die Mönche, die auf der Stelle doppelt so viele Ungeheuer herbeizauberten, schlugen die Dämonin in die Flucht. Dann hielten sie eine buddhistische Predigt.
> Der über den glücklichen Ausgang des Kampfes sehr erleichterte König bekehrte sich daraufhin zu der neuen Lehre und mit ihm eine große Volksmenge.

Das „große Fahrzeug" oder **Mahayana** folgte der Lehre der Neuen Weisheitsschule. Es stellte den leichteren Weg der breiten Masse dar, das *Nirwana* zu erlangen und fand deshalb großen Anklang. Die Schulen des Mahayana stellten das Mitleid an die Spitze der Tugenden.

In Tibet ist die „Neue Weisheitsschule" als **Lamaismus** bekannt. Ende des 14. Jhs. wurde in Tibet das niedere Niveau des Glaubens reformiert. Tsong-

54 Land und Leute

khapa gründete die Sekte der sog. Gelbmützen. Ihm folgten die Dalai Lamas.

Die Bezeichnungen Mahayana und Hinayana meinen keine einzelne Schule, sondern sind eine Gesamtbezeichnung für eine Vielzahl von Schulen mit besonderen Glaubensüberzeugungen. Das Mahayana stützt sich auf eine in Sanskrit verfasste Schrift, das Hinayana auf die über mündliche Überlieferung in singhalesischer Sprache ins Pali übersetzten Texte.

Um 600 n. Chr. erlangten die **tantrischen Schulen** an Bedeutung. Die Tantras lehren die Aneignung übersinnlicher Kräfte, da zur Errettung von den Leiden des Daseins paranormale psychische Kräfte nötig sind. Die angewandten Methoden seien:
- Mantras = mystische Silben
- Mandalas = magische Anschauungsbilder
- Mudras = symbolische Gesten

Das **Mantra** wirkt Wunder allein durch sein Aussprechen. Das **Mandala** kann auf Stoff oder Papier gemalt sein, es besteht aus der symmetrischen Anordnung von Kreisen oder Quadraten um einen Mittelpunkt und ist eine Darstellung des Universums. Wer es meditiert, gewinnt die wahre Erkenntnis. Die **Mudras** werden von einem Lehrer (*Guru*) weitergegeben, der für die Schüler die Stelle des Buddha einnimmt (s. auch Kapitel „Die Buddhadarstellung").

Der Buddhismus übernimmt die indische Zyklenlehre. Jedes Zeitalter dauert gemäß dieser Lehre einen in seiner Dauer nicht zu berechnenden *Kalpa*. Der *Kalpa* umfasst so viele Jahrtausende, wie man zur Beseitigung der ganzen Himalaja-Kette benötigte, wenn man in jedem Jahrhundert nur einmal mit einer Feder darüberstriche. Während eines *Kalpa* entwickelt sich ein ganzes Weltensystem von seiner anfänglichen Verdichtung bis zur endlichen Auflösung. Jedes System folgt aus dem vorhergehenden und ist die Ursache des folgenden usw., ohne Anfang und ohne Ende. Zur Erlösung der Lebewesen in jedem System bedarf es der Buddhas und der Boddhisattvas. Es gibt sechs Arten von Wesen: Götter, Dämonen, Menschen, Gespenster, Tiere und Höllenwesen.

Das im vorhergehenden Leben erworbene Verdienst bestimmt die nachfolgende Wiedergeburt. Das Heil liegt nur im *Nirwana*. Dieser Volksglaube entsteht um das 1. Jahrhundert n. Chr. Durch Gebete und Verehrung von Statuen versucht der Gläubige ein Erleuchteter *(Arhat)* oder ein Erretter *(Boddhisattva)* zu werden, der zur Rettung seiner Mitmenschen auf die Erde zurückkehrt.

> Niemals in dieser Welt wird Hass durch Hass gestillt.
> Durch Liebe wird er überwunden - das ist ein ewiges Gesetz.

Der Buddhismus in Myanmar

Ab 638 n. Chr. verbreitete sich der Mahayana-Buddhismus in Myanmar. Besonders die Kunst wurde davon nachhaltig beeinflusst. So entstanden in dieser Zeit viele Bildnisse der Göttin Tara, die in 21 verschiedenen Arten dargestellt wird. Die bedeutendste Darstellung ist die sog. weiße Tara in Tibet.

Im 11. Jh. wandte sich die Bevölkerung von Bagan unter König Anawrahta dem Theravada-Buddhismus zu. Der buddhistische Mönch Shin Arahan gewann den König für diese Richtung. Im Mon-Königreich Thaton war zu dieser Zeit noch der Mahayana-Buddhismus verbreitet. Im Bestreben, seinen Einflussbereich auszuweiten, schickte König Anawrahta Missionare nach Thaton. Da man sich dort nicht der neuen Theravada-Lehre anschließen wollte, marschierte König Anawrahta in das Mon-Reich ein, belagerte die Hauptstadt drei Monate lang und nahm dann den Hofstaat und die Mönche nach Bagan mit. König Anawrahta setzte so den Theravada-Buddhismus im ganzen Land durch.

Als Beute kamen nach der Eroberung buddhistische Schriften nach Bagan, nämlich die Geschichten der früheren Leben Buddhas, die *„Jataka"* genannt werden. Sie liegen einem großen Teil der Literatur in Myanmar zugrunde.

Im 13. - 16. Jh. drangen Thai-Stämme (Shan) in Myanmar ein, ermordeten viele buddhistische Mönche, verbrannten ihre Schriften und zerstörten Tempel und Pagoden.

Im 17. Jh. ließ König Thalun die buddhistischen Schriften aus dem Pali in die birmanische Landessprache übertragen.

Im 19. und 20. Jh. wurde zur Klärung von Fragen der buddhistischen Lehre das 5. Konzil in Mandalay und das 6. Konzil in Yangon abgehalten.

Das 5. Konzil fand 1871 in Mandalay statt und wurde von König Mindon einberufen. 2 400 Mönche kamen nach Mandalay. Nach dem Konzil wurden buddhistische Texte in 729 Marmortafeln graviert, die heute in der Kuthodaw Pagode in Mandalay zu sehen sind.

Das 6. Konzil wurde am nördlichen Stadtrand von Yangon im Jahr 1954 abgehalten. Man errichtete dafür einen steinernen Berg, in dessen Innerem sich ein riesiger Saal befindet. Der Bau wird „Heilige Höhle" (Maha Pasana Guna) genannt. In der Nähe wurde die „Pagode des Weltfriedens" (Kaba Aye Pagode) erbaut. Das Konzil begann am 17. Mai 1954, am Tag des Vollmondes im ersten Monat des myanmarischen Jahres (*Kason*). Auf diesen Tag soll die Geburt, die Erleuchtung und der Tod von Buddha gefallen sein. Die Eröffnungszeremonie des Konzils dauerte drei Tage.

Die Heilige Höhle bietet ca. 10 000 Menschen Platz. Ihre Bauzeit betrug nur 14 Monate. Außerdem wurden noch vier Hotels für ca. 10 000 Mönche, ein Speisesaal für 1 500 Mönche, eine internationale buddhistische Bibliothek, ein Krankenhaus und eine

Druckerei erbaut. Die Gebäude beherbergen nun eine buddhistische Universität.

U Nu leitete in den letzten Jahren eine Reform des Buddhismus in Myanmar ein. Die verfallenen Pagoden und Buddha-Bildnisse wurden restauriert, das Studium der buddhistischen Lehre wurde gefördert, die Gebote des Buddha sollen respektiert werden. Heute sind in Myanmar ca. 88,5 % der Bevölkerung Theravada-Buddhisten.

Der Buddhismus prägt die gesamte Kultur und das alltägliche Leben. Er ist mehr als eine Religion - er verkörpert eine Lebensform.

Die Dörfer haben eigene kleine Klöster mit Klosterschulen. Der Buddhismus bestimmte in Myanmar nicht nur das Leben des einzelnen Menschen, sondern beeinflusste die gesellschaftliche Struktur insgesamt. Die Ablehnung des Kastensystems durch den Buddhismus bewirkte, dass sich in Myanmar ein sozialer Austausch zwischen der großen Mehrheit der Bevölkerung, den Bauern, und der dünnen Oberschicht vollzog.

Alltag, Brauchtum, Sitten

Wer redet, weiß nicht.
Wer weiß, redet nicht.
(buddhistische Weisheit)

Geisterglaube

Bei einigen Volksgruppen und den einfachen Leuten in Myanmar ist der Geisterglaube noch immer weit verbreitet.

Die Nats

Die Geister, die gut- oder bösartig sein können, werden *Nat* genannt. Das Wort kommt aus dem Sanskrit „nath": bedeutet Meister, Herr. Der König der *Nats* ist *Thagya*, der zu immer Beginn des myanmarischen Jahres auf die Erde kommt und drei Tage bleibt. Außerdem gibt es die *Nats* des Hauses, der Luft, des Wassers, des Waldes und der Steine. Die *Nats* residieren am Berg Popa, einem erloschenen Vulkan bei Bagan.

Der *Nat*kult ist im Buddhismus integriert - in vielen Pagoden und Tempeln und in den Dörfern steht ein *Natsin,* ein Schrein für die *Nats* mit Figuren, die mit Stoff und buntem Tüll bekleidet sind. Ihnen werden Blumen, Wasser und Reis geopfert. In Myanmar werden 37 verschiedene *Nats* verehrt. Der tolerante Buddhismus hat diesen Relikten des Animismus bis heute einen Platz in der religiösen Welt eingeräumt.

Der **Nat des Hauses**, *eing saung nat*, hält sich gewöhnlich auf den obersten Spitzen der Gegenstände im Haus auf, die deshalb mit einem weißen Baumwolltuch bedeckt sind. Am Ende der Veranda wird ein Wassergefäß aufgestellt, dessen Wasser einmal im Monat gewechselt wird, bei Gefahr auch öfter.

Der **Nat des Dorfes**, *ywa saung nat*, hat seinen Schrein am Ende des Ortes. Bevor man einen Bissen isst, hält man zuerst den Teller in die Luft und betet zum Dorf*nat*. Alle drei bis vier Jahre muss ein Fest zu Ehren dieses *Nats* abgehalten werden. Es wird dann eine Frau, die *Nat-kadaw*, zur Gemahlin des *Nats* ernannt. Bei diesen „Vermählten" der *Nats* handelt es sich um Frauen, die den *Nat*kult „professionell" betreiben. Sie sind zugleich Wahrsagerinnen. Bei den *Nat*festen führen sie vor der *Nat*statue Tanzorgien auf. Im Tanz können die *Nat* mit diesen Worten herbeigerufen werden: „Du bist unser Herrscher und unser Beschützer. Dir gehört der Mount Popa. Wir sind deine Diener, und ich begrüße dich dreimal. Beschütze uns von deinem *Nat*-Palast aus und sorge für unser Wohlergehen." Die anmutigsten *Nat*-Tänzer sind häufig Männer in Frauenkleidern. Weibliche *Nats* fahren, so heißt es, gerne in männliche Körper und umgekehrt.

Bricht eine Epidemie aus, findet folgende Zeremonie statt:

Die Figur eines Gespenstes wird in einen gewöhnlichen Tonwassertopf eingeritzt. Wenn es dunkel wird, machen die Einwohner so viel Lärm wie nur möglich, um den Geist, der das Unglück gebracht hat, zu vertreiben. Dies wird an drei Nächten wiederholt. Dann

wird Buddha angerufen und angebetet. Die Dorfbewohner gehen in den Dschungel, wo sie die Krankheit verlassen soll. Bevor sie zurückkehren, gehen die Mönche durch die Straßen und lesen die Lehren Buddhas. Danach stellen sie neue Gaben in den Schrein der *Nats*. Die Leute kehren zu ihren Häusern zurück, entzünden ein Feuer und kochen Reis für neue Opfergaben für die *Nats*.

In den Bergen sieht diese Zeremonie folgendermaßen aus:
Wenn ein bekannter Mann erkrankt ist, wird ein großes Fest abgehalten, wobei gekochter Reis, Fleisch und geröstete Enten auf einem Podium außerhalb des Dorfes dargeboten werden. Einige Dorfangehörige treten als Hunde und Schweine verkleidet auf. Nach dieser Vorstellung kommen die Bewohner und lassen durch einen Erwählten verkünden, dass die bösen Geister mit den Geschenken zufrieden seien. Die Bewohner eilen mit wallenden Tüchern in den Wald, die sie nach ihrer Rückkehr über den Patienten breiten.

Im Ayeyarwady-Delta findet ein *Nat*-Fest vor der Ernte statt. Die Figur einer Frau, behängt mit Tüchern und Teilen weiblicher Kleidung, kommt in einen Karren, der in einer Prozession rund um die reifen Reisfelder gefahren wird. Die Figur wird dann im Reisfeld aufgestellt.

Geht ein geistergläubiger Myanmare auf eine Reise oder macht er eine Fahrt, hängt er ein Bündel Bananen an den Karren oder das Boot, um die Geister zu versöhnen. Personen, die eines gewaltsamen Todes gestorben sind, werden *Nats* und besuchen immer wieder den Ort, wo sie getötet wurden.

Es werden nicht alle *Nats* auf dieselbe Art verehrt. So schätzt die kleine Ma Nemi vor allem Spielzeug und Bonbons. Den beiden Brüdern Shwe Byin Gyi und Shwe Byin Lay darf keinesfalls Schweinefleisch angeboten werden, da ihr Vater Mohammedaner war. Dem Gebieter vom Großen Berg sind als Geschenk Kokosnüsse willkommen, da deren Milch den Schmerz von Brandwunden stillen soll. Es wäre völlig unpassend, Minhkaung von Taungu Zwiebeln anzubieten, da er beim Überqueren eines Zwiebelfeldes vor den Toren seiner Stadt erstickte.

Auf Zeugnisse dieser Geisterverehrung triff man in ganz Myanmar. Auf dem Land findet man oft Holzhüttchen mit kleinen Gaben wie Bananen, Mangofrüchte usw. Felsen am Strand des Meeres sind mit Gold- und Silberpapier übersät oder mit Gemüse bedeckt. Die Wellen tragen die Gaben fort, mit denen die Fischer die Geister der Küste gnädig zu stimmen suchen. Tieropfer (früher Kopfjagd) werden nur den übelwollenden *Nats* zur Versöhnung dargebracht.

Die Mönche von Myanmar sind offiziell Gegner der *Nat*verehrung. Trotzdem helfen sie mit beschwörenden Gebeten, dem von den Geistern drohenden Unglück entgegenzuwirken.

Kult der Naga

Der Kult der *Naga* (Schlange) ist ein vorbuddhistischer Brauch, der heute so gut wie verschwunden ist. Die *Naga* kann einen Menschen zu Asche machen, wenn sie verärgert ist. Die Myanmaren glaubten, dass die *Nagas* auf dem Grund von tiefen Flüssen, Seen und Meeren leben. Sie können sogar in der Luft fliegen.

Die *Naga*-Tradition hat auch im Buddhismus fortgewirkt, wie eine legendenhafte Episode aus dem Leben von Buddha belegt. Danach verbrachte er sieben Wochen ununterbrochen in Meditation unter dem Bodhi-Baum bei einem See. Eines Tages blies ein sehr starker Sturm. Der *Naga*-König, der in einem nahen Baum lebte, beschützte Buddha, indem er sich siebenmal um Buddhas Körper ringelte und seinen Kopf über den von Buddha hielt. Dies wurde ein sehr beliebtes Motiv in der Buddha-Darstellung.

Religiöses Leben

Kloster, Mönche und Nonnen

Gewöhnlich ist ein Kloster aus Teakholz gebaut, manchmal sind es auch Ziegelgebäude. Es ist rechteckig und hat zum Innenhof hin überdachte Säulengänge. Ein Klostergebäude ist grundsätzlich einstöckig, weil nach dem Gesetz niemand über einem anderen sein kann; der Kopf soll das Heiligste und Oberste eines Menschen bleiben. Die Dachkonstruktion besteht aus drei übereinander gestaffelten Dächern. An deren Rändern sind jeweils Glöckchen aus Kupfer, Silber oder Gold angebracht.

Die Unterkünfte für die Mönche sind sehr einfach. An einer Stirnseite des Klosters steht in der Mitte eine große Buddhafigur nebst Kerzen, Blumen und Gebetsfahnen, und zu beiden Seiten sind kleinere Figuren aufgereiht. Meistens befindet sich im Klostergelände noch ein kleines Haus auf einem hohen Sockel, das die Bibliothek beherbergt.

Der **Eintritt ins Kloster** ist das wichtigste Ereignis im Leben eines Myanmaren. Mit etwa 12 - 15 Jahren wird ein Junge als Novize (= *Samanero*) ins Kloster aufgenommen. Der Tag dafür wird von einem Astrologen bestimmt. Daraufhin gehen drei oder vier Mädchen, Schwestern oder Freunde der Familie, bekleidet mit schönster Seide und geschmückt mit Juwelen, durch die Stadt und verkünden den Verwandten und Freunden, wann das *Shin Byu*-Fest stattfindet. Diese schicken dann Geschenke. An dem Festtag kleidet sich der junge Novize wie ein Prinz, wird sorgfältig geschminkt und legt den Schmuck der Familie an. Die flammenartigen Verzierungen an den Handgelenken und Schultern symbolisieren geistige Kräfte. So ausgestattet, wird er in einer Prozession durch den Ort geführt (siehe auch Farbteil). Voran geht eine Musikgruppe, es folgen alle seine Verwandten und Freunde, er selbst reitet auf einem Pony oder wird in einem reich verzierten Karren gezogen. Ein goldener Schirm spendet ihm Schatten. Nach dem Umzug findet im Elternhaus ein großes Mahl statt. Danach nehmen die Mönche dem Jüngling seine schönen Kleider und seinen Schmuck ab, kleiden ihn mit einem Stück weißen Tuches ein und rasieren ihm seine Haare ab. Dann wird der Kopf mit Safran eingerieben. Der Novize erhält seine safrangelben oder roten Kleider, den Gürtel und seine Essensschale. Dann bittet er, als Novize aufgenommen zu werden. Andere schon im Kloster lebende Novizen nehmen ihn mit ins Kloster und helfen ihm beim Tragen der Geschenke. Die Mutter verbeugt sich vor ihrem Kind, wenn es die Robe trägt. Im Elternhaus wird noch bis Sonnenuntergang gefeiert.

Es ist bis heute Brauch, dass ein Knabe für einige Zeit in ein Kloster eintritt. Er kann jederzeit, auch als Erwachsener, ins Kloster zurückkehren. Dort ist der Novize der Diener der Mönche. Er bringt ihnen Trink- und Badewasser und sorgt für Ordnung, lernt aber auch lesen und schreiben.

Der **Mönch** oder *Pongyi* (d. h. großer Ruhm) ist der Hüter der Lehre. Er gelobt Zölibat und Armut. Seine Mitgift beim Eintritt in das Kloster sind drei safrangelbe oder rote Gewänder, eine Almosenschale, eine Hüftschnur, ein Rasiermesser, Nadel und Faden, ein Sieb zum Filtern des Wassers, eine Matte, ein Fächer und ein Schirm. Zu Vollmondfesten erhalten die Mönche Gewänder und Schirme geschenkt. Frauen sollten sich höchstens auf zwei Schritte einem Mönch nähern, da ihm jede Berührung mit dem Weiblichen verboten ist.

Beim Eintritt in ein Kloster werden dem Mönch eine Reihe von Fragen gestellt, wie z. B.: Bist du ein menschliches Wesen? Bist du ein Mann? Bist du frei von Bindungen? Bist du frei von Schulden? Bist du frei von Hautkrankheiten? Nur wenn er diese Fragen bejahen kann, wird er in die Mönchsgemeinde aufgenommen.

Es gibt vier Todsünden, die die Ausstoßung aus dem Kloster zur Folge haben: Unkeuschheit, Töten, Stehlen, Lügen.

Das **Leben im Kloster** beginnt um 05.30 Uhr oder kurz vor Sonnenaufgang. Die Mönche bereiten ihr Trinkwasser für den Tag zu, gießen die heiligen Bäume, meditieren und opfern Blumen vor der Pagode. Dann wird die erste Mahlzeit des Tages eingenommen, es folgt eine Stunde Studium.

Religiöses Leben 61

Danach ziehen die Mönche in kleinen Prozessionen los, um bei den Gläubigen Essen zu holen. Der *Pongyi* bedankt sich nicht für das, was er erhält, der Gebende muss vielmehr dankbar sein, dass er mit seiner Großzügigkeit gegenüber Mönchen etwas für sein Seelenheil tun konnte. Im Kloster wird ein Teil der Geschenke Buddha geopfert. Nach der letzten Mahlzeit um 11.30 Uhr beginnt die Arbeit: Unterricht, Lesen alter Texte oder Diskutieren. Gegen Abend findet die allgemeine Konversation über Fragen der Lehre statt. Mit Einbruch der Dunkelheit wird zu Bett gegangen.

Die buddhistische Fastenzeit dauert drei Monate. Sie beginnt mit dem Vollmond im Juli (*Waso*). Am Morgen dieses Tages bekommen die Mönche das Morgenmahl von den Gläubigen gebracht. Mit Musikinstrumenten gehen Leute durch die Straßen und sammeln Lebensmittel und Früchte, um sie vor Sonnenuntergang vor den Buddhabildnissen zu opfern. Die Mönche dürfen während der Fastenzeit keine Reise über mehrere Tage antreten. Zu Beginn der Fastenzeit werden den Mönchen Geschenke gebracht, wie z. B. neue Roben, Kerzen, Schirme.

Die Mönche haben in Myanmar kein Stimmrecht. Dennoch geschieht nichts im Dorf, ohne dass sich die Dorfvorsteher nicht mit der mönchischen Gemeinschaft (*san-gha*) besprochen hätten. Die Maßnahmen der Regierung werden von den *Pongyis* mit kritischer Aufmerksamkeit verfolgt, und sie schonen sich auch nicht, ihrem Missfallen in öffentlichen Demonstrationen Ausdruck zu geben. In einzelnen Fällen nahmen sie sogar an gewalttätigen Auseinandersetzungen teil. Diese Ein-

mischung in die Politik hat durchaus Tradition: In der Geschichte Myanmars trifft man immer wieder auf rebellische Mönche, die gegen (oder auch für) die Könige mit nicht nur friedlichen Mitteln stritten. Die Mehrheit der Mönche freilich praktiziert die volle Entsagung vom weltlichen Leben und den Verzicht auf Gewalt.

Im öffentlichen Leben bekommt der Mönch immer den besten Platz zugeteilt und kann häufig die Verkehrsmittel umsonst benutzen.

Bei der **Beerdigung eines Mönches** steuert jeder seinen Anteil an den sehr hohen Kosten bei. Der Leichnam wird gewaschen, die Eingeweide werden herausgenommen und in einer ruhigen Ecke des Klosters bestattet. Der Magen wird mit heißer Asche aufgefüllt, und die Leiche wird dann, nachdem man sie wieder zugenäht hat, wie eine Mumie mit Stoffbändern umwikkelt und mit Holzöl besprüht. Die Arme werden auf die Brust gelegt. Der Körper kommt daraufhin in einen Sarg, dessen Sockel aus Holz geschnitzt ist und eine *Naga* darstellt. Diese Schnitzerei ist farbig bemalt, vergoldet und manchmal auch mit Glasmosaik bedeckt. Der Sarg steht auf einem Podium in einer Art Aufbewahrungshaus.

In der Zwischenzeit wird Geld für die Leichenfeier gesammelt. Der Leichenzug beginnt zur Mittagsstunde des lang vorher bestimmten Tages. Festlich gekleidete Männer und Frauen kommen zu Hunderten mit reichen Opfergeschenken, Mädchen und Jungen tanzen und singen, Orchester, spielen, Geschichtenerzähler treten auf, man zieht mit lebensgroßen Elefanten und Drachen aus Papier durch die Straßen. Ein Holzstoß mit dem Leichnam wird dann in Brand gesetzt. Der reich verzierte Sarg wird nicht mitverbrannt, sondern ins Kloster zurückgebracht. Wenn das Feuer erloschen ist, suchen die Mönche nach evtl. übriggebliebenen Knochen, die sie dann in der Nähe der Pagode bestatten.

Die **Nonnen** oder *Methila* stehen in der religiösen Hierarchie und in der gesellschaftlichen Reputation weit unter den Mönchen. Viele Nonnen sind Analphabeten.

Sie tragen rötlich-gelbe oder rosarote Gewänder, die in der Form denen der Mönche entsprechen. Das Kopfhaar ist wie bei den Mönchen geschoren. Einmal wöchentlich ziehen die Nonnen mit einem Korb oder einer großen Schale auf dem Kopf zum Sammeln von Lebensmitteln für ihren Unterhalt aus. Sie führen kein durch strenge Ordensvorschriften geregeltes Klosterleben und befolgen eine ähnliche Lebensweise wie die Wanderasketen und Eremiten.

Astrologen oder Ponnas

Ihre Macht übertraf oft die der Mönche. *Ponnas* werden auch heute noch in allen möglichen Lebenslagen befragt. Sogar die Stunde der Unabhängigkeit von Myanmar im Jahr 1948 wurde von Astrologen festgesetzt: auf Punkt 04.20 Uhr.

Stupas und Pagoden

Der Stupa, der oft glockenförmige buddhistische Kultbau, dient zumeist der Aufbewahrung von Reliquien. Die Pagode ist ein turmartiger, mehrstöckiger Tempel auf einem quadratischem Grundriss. Die quadratische Form sym-

Schwenandaw Kyaung, Mandalay

bolisiert das Universum, die runde Form steht für das himmlisch-geistige Prinzip. Stupas und Pagoden werden immer von links nach rechts, also im Uhrzeigersinn, umschritten. Diese Richtung symbolisiert den Lauf der Sonne, der eine segensreiche Wirkung zugeschrieben wird.

Glocken

Jeder Besucher einer Pagode darf eine Glocke dreimal mit einem Stück Holz anschlagen, um den *Nats* anzuzeigen, dass man einen guten Vorsatz gefasst hat oder verreisen will. Danach klopft man einmal auf den Boden, damit die Hüter der Erde von den verdienstvollen Taten erfahren.

Schirm oder hti

Er gilt als Symbol des Himmels. Je mehr Schirme übereinander gestaffelt sind, desto näher kommt man dem Himmel.

Schlangen

Die Buddhisten töten grundsätzlich kein Lebewesen, einzige Ausnahme bilden die Schlangen. Grund dafür mag folgende Legende aus dem Leben Buddhas sein:

Die Krankheit, eine Schlange, kam aus dem Norden nach Myanmar herab. Buddha erschlug sie und hieb ihr den giftigen Kopf ab, der dann in Niedermyanmar liegenblieb, der Schwanz dagegen in Obermyanmar. Das ist der Grund, warum es besonders in Niedermyanmar von giftigen Schlangen wimmelt, während es in Obermyanmar nur wenige gibt.

Handleser in der Sule Pag., Yangon

Soziales Leben

Volkserziehung

Seit 1949 gab es Schulungskurse für Volksbeamte (Mass Education Officer = MEO), deren Aufgabe darin bestand, Erziehungsprogramme für breitere Bevölkerungsschichten durchzuführen.

1950 wurden die ersten MEOs in die Dörfer geschickt. Sie arbeiteten nach einem von den Chinesen übernommenen 4-Punkte-Programm, das durch Sinnbilder veranschaulicht wurde: ein offenes Buch stand für Schulunterricht, der Pflug für rationellere Landwirtschaft, ein rotes Kreuz für Gesundheitspflege und drei Ringe für das Gemeinschaftsleben. Der MEO wohnte in einer Bambusrohrhütte im Dorf, erstellte eine Mustertoilette, legte Ablaufkanäle an und bohrte Musterbrunnen.

Der MEO sollte durch sein gutes Beispiel wirken. Seine Hütte wurde zum Mittelpunkt des Gemeinschaftslebens. Er hatte eine Zeitung abonniert, die er den Dorfbewohnern vorlas. Er teilte Medikamente aus, organisierte Fußballspiele, besorgte Bibliotheksbücher und kümmerte sich um den Bau von Schulen.

Die MEOs dienten auch als Verbindungsmänner zwischen Dorf und Regierung.

Ehe

Die Einehe ist die Regel, obwohl der Buddhismus die Polygamie nicht verbietet. Nur Fürsten durften früher mehrere Frauen haben. Die Ehe gründet sich auf die Gleichberechtigung beider Partner und ist zivil, nicht religiös. Die Frau behält nach der Heirat ihren Namen. Die Kinder haben die Eltern zu ehren und ihre Entscheidungen zu achten, auch wenn sie schon erwachsen sind.

Die Hochzeit findet zu einem vom Astrologen errechneten Zeitpunkt im Hause der Braut statt. Alle Verwandten und Freunde werden zu dem großen Fest eingeladen. Früher legten Braut und Bräutigam in der Vermählungszeremonie ihre rechten Hände zusammen, Handfläche auf Handfläche, dann aßen sie Reis aus einer gemeinsamen Schüssel und fütterten sich gegenseitig. Heute isst und trinkt man meist nur noch zusammen.

Wenn die Neuvermählten nun in ihr Schlafzimmer gehen, ist es Brauch, safrangelben Reis über sie zu schütten.

Nach der Heirat zieht der Ehemann in das Haus seiner Schwiegereltern und arbeitet für diese. Erst wenn ein Kind erwartet wird, nimmt sich das Paar eine eigene Wohnung.

Auf dem Land sind noch zwei alte Bräuche lebendig:

Bei dem einen spannt man ein Band über die Straße, die ein Brautpaar zu seinem Haus gehen muss. Es kommt in einer Prozession mit allen Freunden, die das Hab und Gut des Brautpaares tragen. Der andere Brauch ist älter. In der Hochzeitsnacht werfen Junggesellen Steine auf das Dach des Hauses des Paares. Der Bräutigam muss diesen dann Geld geben, das sog. Steingeld, das in der Pagode als Opfer dargebracht werden sollte.

Scheidung

Die Scheidung ist leicht zu vollziehen. Die Frau nimmt das von ihr Mitgebrachte und das in der Ehe Erworbene mit, das gemeinsame Gut wird geteilt. Von den Kindern bleiben die Knaben beim Vater, die Mädchen bei der Mutter. Oft übernimmt die Mutter auch die Sorge für alle Kinder.

Die Frau

Rechtlich ist die Frau dem Mann gleichgestellt, nicht aber in religiöser Hinsicht: Sie kann zwar ins *Nirwana* kommen, aber nicht als Buddha zurückkommen. Es ist daher der heiße Wunsch jeder Myanmarin, bei ihrer nächsten Geburt als Mann auf die Welt zu kommen, weil nach buddhistischer Überzeugung die Geburt als Frau das Ergebnis eines weniger guten Lebenswandels im letzten Leben ist.

Soziales Leben

Im 19. Jahrhundert waren die Frauen Myanmars die freiesten in Asien, und sie sind es wahrscheinlich auch heute noch. Sie werden auch als „das Rückgrat des Landes" bezeichnet. Die meisten Kleinhändler in Myanmar sind Frauen. Sie gelten als fleißig und selbständig und sind als Mutter der Mittelpunkt des Haushaltes. Die Tochter erbt in gleichem Umfang wie ihre Brüder.

Die Sitte des Schminkens ist allgemein üblich. Besonders die Frauen in den Städten tragen Puder und Schminke oft übermäßig auf.

Die ländlichen Schönen gebrauchen auch heute noch statt Puder eine Mischung aus gemahlenem Sandelholz, gelber Baumrinde und Wasser, **thanaka,** genannt. Diese Paste ist nicht nur ein Verschönerungsmittel, sondern schützt auch vor Sonnenbrand. Manchmal wird beim Schminken unter dem Haaransatz ein Streifen frei gelassen, wodurch die Stirn niedriger und viereckig erscheint.

Das Haus

Ein Haus sollte nie gebaut werden, bevor sich nicht ein Wahrsager das Fundament angesehen hat. Er entscheidet, ob es ein günstiger Platz zum Bauen ist. Arme Leute errichten ihr Haus aus Bambus mit geflochtenen Matten als Wände, reichere Leute verwenden Teakholz. Das Dach ist mit Palmblättern gedeckt. Auf dem Land findet man in den Häusern fast keine Möbel, man sitzt und schläft auf harten Bambuskissen. Gekocht wird in der trockenen Zeit im Freien über einem viereckigen Behälter, in dem das Holz brennt, und in der Regenzeit im Haus. Das Geschirr besteht aus zwei oder

Mädchen mit Thanaka

drei Ton- oder Blechtöpfen. Ein Lacktablett ersetzt den Tisch. Meist besitzt jede Familie eine Reismühle, die von den Frauen bedient wird. Als Haustiere werden Hunde, Hennen und Katzen gehalten. Das Haus ist zum Schutz gegen wilde Tiere von einem Zaun umgeben.

Anreden

Maung	für einen Jüngling
U	Onkel oder für einen bedeutenden Mann/Herr
thakin	Meister oder Titel unter den Nationalisten
Ko	junger Mann oder Bruder
Ma	Fräulein, jüngere Frau
Daw	Tante oder für eine ältere, würdige Frau
Me	ältere Frau
Mi	jugendliches Mädchen

Zwei gleiche Namen hintereinander genannt, z. B. Sun Sun, bedeutet die Anrede eines Mädchens. Ein junger Mann nennt seine Geliebte Mi Mi.

Name

In Myanmar unterscheidet man die Namen nicht in Vor- und Nachnamen. Die Namen werden nach dem Wochentag der Geburt und astrologischen Einflüssen bestimmt. Nach der Heirat behält die Frau ihren bisherigen Namen. Die Kinder erhalten weder den Namen des Vaters noch den der Mutter. Der Name entspricht auch nicht unbedingt dem Geschlecht der Person. Durch ein einfaches Zeitungsinserat kann man seine Namensänderung bekanntgeben. Oft wird durch einen Namenswechsel versucht, ein Unglück oder eine Krankheit abzuwenden.

Innerhalb einer Familie werden oft Namen gewählt, die sich aufeinander reimen. An den Anfangsbuchstaben kann man erkennen, an welchem Wochentag der Namensträger geboren wurde. Da es für jeden Wochentag nur eine beschränkte Anzahl von passenden Namen gibt, tragen viele den gleichen Namen. In dem folgenden Kinderreim werden die Anfangsbuchstaben der auszuwählenden Namen den einzelnen Wochentagen zugeordnet:

Montag	Ka, kha, ga, gha, nga, Taninla
Dienstag	Sa, hsa, za, zha, nya, Ainga
Sonntag	Ta, hta, da, dha, na, Sane
Donnerstag	Pa, hpa, ba, bha, ma, Kya-thabade
Mittwoch	La, wa, Boddahu
Mittwoch	Ya, ya, Yahu
Freitag	Tha, ha, Thauk-kya
Samstag	A, Taninganwe

Nach dieser Vorgabe bekommen die Kinder, die am Montag geboren wurden, einen Namen mit den Anfangsbuchstaben K, Kh, G, Gh oder Ng, z. B. Ngwe Khaing. Die „Dienstagskinder" erhalten einen Namen mit den Anfangsbuchstaben S, Z, Zh oder Ny, z. B. San Nyun. Der Mittwoch von Nachmittag bis Mitternacht gilt als ein gesonderter Tag, der Yahu genannt wird.

Weit verbreitetet ist der Glaube, dass der Charakter eines Menschen sich nach dem Wochentag der Geburt richtet. Den Wochentagen sind die folgenden Eigenschaften zugeordnet:

Montag	eifersüchtig, neidig
Dienstag	höflich
Mittwoch	kurzweilig, ruhig
Donnerstag	mild
Freitag	gesprächig
Samstag	hitzig, streitsüchtig
Sonntag	sparsam

Außerdem wird jedem Wochentag ein Tier als Symbol zugewiesen:

Montag	Tiger
Dienstag	Löwe
Mittw.vorm.	Elefant mit Stoßz.
Mittw.nachm.	Elefant o. Stoßz.
Donnerstag	Ratte/Maus
Freitag	Meerschweinchen
Samstag	Schlange/Drachen
Sonntag	Kalon (halb Vogel, halb Bestie)

Nachfolgend stehen die Bedeutungen von beliebten Namen:

Aung	erfolgreich
Aye	ruhig, friedlich
Chit	liebenswert
Gyi	groß
Hla	schön, hübsch
Htun	Schein, Glanz

Htut	Spitze
Khin	freundlich
Ko	älterer Bruder
Kyaw	berühmt
Kyi	klar, rein
Lay	klein
Min	Prinz, Regierender
Mya	Smaragd
Myat/Myint	edel
Myo	Rasse
Naing	Sieger
Ngwe	Silber
Nu	sanft
Nyein	ruhig
Nyo	braun
San	außergewöhnlich
Sein	Diamant
Shwe	Gold
Suu	(ver)sammeln
Than	10 000
Thein	100 000
Thiha	Löwe
Win	strahlend

Tätowieren

Das Tätowieren ist für einen Myanmaren beinahe so wichtig wie der Eintritt ins Kloster. Früher wurde der ganze Körper einschließlich des Gesichtes mit dunkelbraunen Tätowierungen bedeckt. In der Kolonialzeit brachte ein Mädchen, das sich tätowieren ließ, damit zum Ausdruck, dass es einen Engländer heiraten wollte. Als Motive waren alle Arten von Tieren (Elefanten, Katzen, Tiger, Schlangen, Affen) gefragt, die von Buchstaben eingerahmt wurden. Opium linderte die schmerzhafte Prozedur. Die Tätowierungen dienten nicht nur ästhetischen Zwecken, die jeweils abgebildete Figur soll auch vor Unheil schützen, z. B. vor einem Schlangenbiss.

Gaungbaung

Betelnusskauen

Viele Männer pflegen die Sitte des Betelnusskauens. Dafür wird die Betelnuss - die Frucht der Betelnuss- oder Arekapalme - zerkleinert und in ein Stück Palmblatt vermischt mit Kalk, Tabak oder Anis gewickelt. Je nach Mischung ist die Wirkung anregend oder beruhigend. Der Speichel färbt sich beim Kauen rot und wird immer wieder ausgespuckt. Nach jahrelangem Kauen verfärben sich die Zähne rot bis schwarz.

Gaungbaung

Dies ist eine inzwischen sehr selten gewordene Kopfbedeckung. Eine Art steifer Hut ohne Rand, aus leichtem Rohr geflochten, ist mit feiner, meist rosafarbener, gelber oder weißer Seide so umwickelt, dass ein Zipfel auf einer Seite des Kopfes - wie das Ohr eines Hasen - niederbaumelt.

Sportveranstaltungen

Sie sind im ganzen Land sehr beliebt. Bei allen Veranstaltungen, außer beim Fußballspiel und beim Boxen, werden von Männern und Frauen Wetten abgeschlossen. Es gibt Pferderennen, Bootsrennen, Hahnenkämpfe, Fußball, Marathonläufe, Boxkämpfe, Karate.

Die **Bootsrennen** finden meist im Oktober statt. Es wird zunächst flussabwärts gerudert, dann gewendet und wieder zum Startplatz zurückgerudert. In dem oft verzierten Boot sitzen 10 - 15 Ruderer.

Chinlon ist der Nationalsport Myanmars. Die aus fünf bis sechs Spielern bestehende Mannschaft stellt sich in einem Kreis von etwa sechs Meter Durchmesser auf. Die Spieler versuchen, einen Rattanball so lange wie möglich in der Luft zu halten, wobei der Ball nur mit den Füßen hin und her gespielt wird.

Beim **Boxen** geht es rauh zu. Die Boxer können jedes Körperteil zum Kämpfen benutzen. Der Kampf wird wie in Thailand von einer Musikgruppe begleitet. Verlierer ist derjenige, der zuerst blutet.

Sprichwörter

Wenn du schnell gehen willst, gehe den alten Weg.
Je mehr man weiß, desto mehr Glück wird man haben.
Mönche und Eremiten sind schön, wenn sie mager sind, vierbeinige Tiere, wenn sie fett sind, Männer, wenn sie gelehrt sind und Frauen, wenn sie verheiratet sind.

Arbeitswelt

Reiskultur

In den Reisanbaugebieten folgt der Jahresablauf der Menschen dem immer gleichen Rhythmus. Im August werden die kleinen Pflanzen von den Frauen und Kindern eingesetzt. Der Monsunregen überflutet die Felder. Im November wird der Reis geschnitten und in die Dörfer gebracht. Die Felder werden abgebrannt, und mit dem nächsten Regen dringt die Asche als Dünger in den Boden ein. In den Dörfern wird der Reis gedroschen, dabei wird ein Baumstamm auf einer Seite so getreten, dass er wie eine Schaukel niederfällt. Der nächste Reis wird im Januar angebaut und ist Ende Mai reif.

Abgabesystem

Pro 100 a müssen 100 Körbe Reis an die Regierung abgetreten werden. Für Gemüse ist eine kleine Geldsumme zu zahlen, für Fische muss der Fischer pro Netz einen geringen Betrag entrichten oder Fischpaste abgeben.

Teakholz

Teakholz ist immer noch ein wichtiger Exportartikel. Die Bäume wachsen in den Mischwäldern im Norden von Myanmar in einer Höhe von 600 - 900 m. Wenn ein Baum gefällt werden soll, schneidet man zuerst die Rinde am Fuße des Stammes ringförmig weg. Der Baum stirbt dann ab und trocknet

Bootsrennen auf dem Ayeyarwady

aus. Nach etwa drei Jahren wird er umgesägt. Elefanten ziehen die Stämme zum nächsten Fluss (grünes Teakholz würde nicht schwimmen), von wo aus während der Monsunmonate die Stämme bei Hochwasser ins Tal geschwemmt werden. Auf den Hauptflüssen fügt man die Stämme zu Flößen zusammen und lässt sie bis Mandalay oder Yangon treiben. Dort werden sie zersägt und als Teakholzbalken in alle Welt verschickt.

Arbeitselefanten

Die Zeiten, als in den Sägewerken in Yangon Elefanten zum Aufschichten von Teakholzstämmen beschäftigt waren, sind vorbei, aber besonders in den unwegsamen Gebirgsregionen werden auch heute noch Elefanten eingesetzt. Sie schieben und ziehen die dicken, schweren Teakholzstämme bis zum nächsten Fluss.

Anfangs wurden zu dieser Arbeit wilde Elefanten, die es auch heute noch in den riesigen Wäldern von Nordmyanmar gibt, gefangen und abgerichtet. In der Gefangenschaft geborene Tiere lassen sich jedoch leichter zähmen und abrichten. Gezähmte Elefanten vermehren sich in der Gefangenschaft nur, wenn sie in ihrem natürlichen Milieu leben. Ein einziges dieser Rüsseltiere frisst 300 kg Grünfutter pro Tag.

Den Elefantenreiter nennt man *Oozie*. Jeder Elefant trägt eine vom *Oozie* gefertigte Glocke (= Kalouk). Dafür wird ein Teakholzstück ausgehöhlt, in das man zwei Klöppel hängt. Morgens bringt der *Oozie* seinen Elefanten ins Lager. Dort wird er im Bach gewaschen und in sein Geschirr gespannt. Nach der Arbeit am Nachmittag wird dem Elefanten sein Geschirr wieder abgenommen, und es werden ihm Fesseln angelegt, mit denen er dann langsam in den nahegelegenen

Land und Leute

Arbeitselefanten

Dschungel verschwindet, um sich dort sein Futter zu suchen.

Ein sehr wichtiges Arbeitstier ist der **Wasserbüffel.** Er wird wegen seiner Kraft und Gutmütigkeit geschätzt und gibt obendrein noch eine reichhaltige Milch.

Zeremonien, Feste, Feiertage

Ohrlochen

Für ein Mädchen ist das Ohrlochen so bedeutend wie für einen Knaben der Eintritt ins Kloster: Durch diese Zeremonie wird das Mädchen offiziell als Frau in die Gesellschaft eingeführt. Wenn es 12 - 13 Jahre alt ist, wird von einem Astrologen ein günstiger Tag und eine glückliche Stunde bestimmt. Ein großes Fest *(Nadwinfest)* wird vorbereitet, zu dem alle Verwandten und Freunde der Familie eingeladen werden. Die Gäste sitzen auf Matten um das herausgeputzte Mädchen herum und warten, bis der Astrologe ein Zeichen gibt. Daraufhin durchsticht ein Mann das Ohrläppchen mit einer goldenen Nadel. Eine Musikgruppe spielt währenddessen vor dem Haus, um die herzzerreißenden Schreie des Mädchens zu übertönen.

Haarwasch-Zeremonie

Dieser historische Brauch ist mit dem Niedergang des letzten Königreiches 1886 verschwunden. An dem Tag, an dem der König der Götter, *Thagyamin*, zu seinem alljährlichen Besuch zum Jahreswechsel Mitte April auf die Erde kommt, wuschen sich die Leute ihre Haare mit einem süß schmeckenden Shampoo, das aus Baumrinde hergestellt wurde, badeten sich und kleideten sich in ihre feinsten Seidenkleider. Bei dieser Zeremonie wurden die Leute in drei Kategorien eingeteilt:
1. diejenigen, die am Tag der Ankunft des Gottes Geburtstag haben
2. diejenigen, die am Tag der Rückkehr des Gottes Geburtstag haben
3. alle anderen

Die erste Gruppe muss im Neuen Jahr besonders achtgeben, dass das Unglück sie nicht trifft und führt die Haarwasch-Zeremonie deshalb zwei Tage lang durch. Die zweite Gruppe wird viel Glück im Neuen Jahr haben, das noch größer sein wird, wenn sie die Haarwasch-Zeremonie an dem Tag der Rückkehr des Gottes absolviert.

Der dritten Gruppe wird weder besonderes Glück noch besonderes Unglück vorausgesagt. Ihre Mitglieder können sich das Glück aber gewogen machen, wenn sie ihre Haare am Tag der Ankunft des Gottes waschen.

Für die birmanischen Könige war die Zeremonie des Haarewaschens ein sehr wichtiges Fest.

Die neun Götter

Die Zeremonie der neun Götter wird gewöhnlich abgehalten, wenn in einem Haus jemand krank ist. Wie alle Zeremonien in Myanmar beginnt auch diese mit der Einladung an die Verwandtschaft und die Freunde. Außerdem wird ein weiser Mann oder *saya* bestellt. Er verbringt den ganzen Tag damit, ein Modell eines Klosters aus Bananenstengeln und Papierschirmen anzufertigen. Am Abend kommt er in das Haus und stellt sein liebevoll gefertigtes Klostermodell so vor die Tür, dass die Vorderseite nach Westen schaut. In die Mitte des Modells plaziert er eine Statue von Buddha, darum herum weitere sieben Statuen seiner Jünger. Diese sind:

Sariputta: er kam Buddha mit seiner Weisheit am nächsten
Mogganlana: er war wegen seiner übergroßen Kräfte berühmt
Kodanna: er war ein brahmanischer Astrologe, der Buddhas Vater die Zukunft seines Sohnes weissagte
Ananda: war ein Cousin Buddhas
Revata und Gavampati: sie besaßen übernatürliche Kräfte
Rahula: er war der einzige Sohn von Buddha

Der *saya* stellt nun die Gottheiten zu den jeweils dazugehörenden Planeten. Man kennt in Myanmar folgende Planeten: Sonne, Mond, Mars, Jupiter, Merkur, Venus, Saturn, Rahu und Kate. Kate ist der König aller Planeten. Der *saya* verteilt weitere fünf Figuren, die die fünf großen Gottheiten Thurathati, Sandi, Paramaythwa, Maha-Peinne und Peikthano repräsentieren. Auf dem Dach des Modellklosters sind neun kleine Gebetsfahnen und neun kleine goldene Schirme aufgesteckt. Dann bringt der *saya* neun kleine Blumentöpfe, neun kleine Bettelschalen und neun Bienenwachskerzen, die er entzündet. Anschließend rezitiert er aus den Schriften Buddhas. Inzwischen sind auch die Gäste eingetroffen. Sie knien vor dem Kloster, und man reicht ihnen Erfrischungen wie z. B. Tee, Eis und Kuchen. Gegen 9 oder 10 Uhr gehen die Gäste wieder, der *saya* betet noch bis Mitternacht. Eine Stunde vor Sonnenaufgang bereitet er das Essen für die neun Gottheiten zu, das aus drei Sorten Obst - meist Bananen, Kokosnuss und Pflaumen - und Reis besteht. Damit ist die Zeremonie der neun Götter abgeschlossen.

Tod und Bestattung

Nachdem der Körper eines Verstorbenen in den zentralen Raum des Hauses gebracht wurde, unterrichtet man das Kloster und die Verwandten und Freunde von dem Todesfall. Der Leichnam wird gewaschen, und zwei Zehen und die Daumen werden mit Haarlocken des Sohnes oder der Tochter zusammengebunden. Man zieht ihm die besten Kleider an. Zwischen die Zähne wird ein Stück Gold oder Silber gelegt, damit der Tote den Weg zum mystischen Fluss bezahlen kann. Diese Münze wird gewöhnlich heimlich von den Totengräbern entfernt.

Beim Leichenzug schreiten Personen voran, die auf ihrem Kopf Almosen für die Mönche tragen, ihnen folgen Verwandte und Freunde, eine Musikgruppe, Mönche und zuletzt der Sarg. Am Friedhof werden die Almosen vor den Mönchen abgesetzt, und die Musik hört auf. Der Sarg wird dreimal vor und dreimal über dem Grab von den Verwandten hin und her geschwungen und dann hinuntergelassen. Jeder wirft etwas Erde hinein, bevor die Totengräber das Grab zuschaufeln.

Nach sieben Tagen beginnt die Trauerfeier im Haus. Alle Kondolierenden kommen, essen, trinken und vergnügen sich. Die Tage davor haben sie gefastet. Wird der Leichnam verbrannt, dann werden die Gebeine sieben Tage danach bestattet. Über diese Stelle wird später eine kleine Pagode errichtet. Manchmal werden die Knochen zu Pulver zermahlen und mit Holzöl vermischt. Diese Paste wird in einem Abbild von Buddha aufbewahrt.

Ehrerbietungstage

Es handelt sich um vier Tage in jedem Mondmonat, an denen alle Gläubigen in die Pagode zum Beten gehen. Diese vier Tage sind: der 8. Tag des Halbmondes, der Vollmond, der 8. Tag des abnehmenden Mondes und der Neumond. Ganze Familien brechen abends mit Matten und Essen zur Pagode auf. Dort schlagen sie den Gong, um den vier Welten ihre guten Taten anzuzeigen. Kurz vor Tagesanbruch wird das Essen gekocht. Die Mönche kommen dazu, und man betet gemeinsam. Für den Rest des Tages besucht man Freunde, raucht eine *cheroot,* kaut Betelnüsse oder tut nichts. Vor Sonnenuntergang treten die Pilger ihren Heimweg an.

Theater

pwe

Ein Fest ist ein *pwe*, umfasst Theater, Tanz, Musik, Gesang. Es gibt ein *zat-pwe* und ein weniger aufwendiges *anyein-pwe.*

Der *z*at-*pwe* erfordert gewaltigen Aufwand. In endlosen Folgen werden während einer Theateraufführung Bilder einer Legende oder das Leben Buddhas, vermischt mit den Ruhmestaten der *Nats* und der Könige von Myanmar, dargestellt. Ein *zat-pwe* kann eine ganze Nacht dauern. Ein *anyein-pwe*

ist bescheidener. Zur Unterhaltung treten zwei lustige Burschen, eine Art Clown, sowie zwei oder drei Tänzerinnen und Sängerinnen auf.

Schauspiel

Das Theater widmet sich den traditionellen historischen und religiösen Themen, bei denen Könige, Helden aus Indien und das Leben Buddhas im Mittelpunkt stehen. Die Vorstellungen werden unter freiem Himmel gegeben. Sie dauern die ganze Nacht. Das Spiel oder *pwe* beginnt mit dem Eintreffen der Musikgruppe. Die Vorbereitungen der Akteure geschehen vor dem Publikum. Die verbreiteste Form des Theaters ist das Puppenspiel.

Puppenspiel

Das birmanische Marionettentheater *(Jokthe Poe)* hat sich relativ selbständig und unabhängig von den kulturellen Einflüssen der anderen Länder dieses Raumes, in denen vorwiegend das Schattentheater gepflegt wird. Erst ab etwa 1800 wird das Marionettentheater in vielen Quellen erwähnt. Dies hat zu der Annahme geführt, dass der damalige Minister für Theaterwesen, U Thaw, der Begründer des Marionettenspiels sei.

Es hatte jedoch bereits eine lange Entwicklung hinter sich. Das Marionettentheater genoss bei der herrschenden Schicht wie beim Volk hohes Ansehen. Verdiente Puppenspieler wurden geadelt und reich beschenkt.

Themen der Aufführungen sind Episoden aus den früheren Existenzen Buddhas *(Jatakas)* und Dramen aus der nationalen Geschichte. Die Figuren sind aus Holz geschnitzt, 30 - 60 cm groß und werden mit mindestens neun, manche auch mit über zwanzig Fäden bewegt. Die **Hauptfiguren** sind:

die *Natkadaw:*
Sie eröffnet die Vorstellung mit ihrem Tanz, durch den sie den Segen der Geister für die Vorstellung erfleht. Man erkennt sie am roten Stirnband und der Schärpe. Häufig hat sie auch eine Opferschale dabei.

das *Pferd (myin)*:
Diese große Figur wird oft von zwei Spielern geführt. Es springt von links auf die Bühne und galoppiert dreimal hin und her. Das Pferd ist immer weiß und symbolisiert das Betreten der Erde nach der Schöpfung.

der *Affe (myout)*:
Er sitzt meist zunächst in einem Baumwipfel, steigt dann herab und läuft vor seinem eigenen Schwanz weg. Er tanzt schließlich vor Freude, wenn er erkennt, dass dieser zu seinem eigenen Körper gehört.

der *Menschenfresser (bilu)*:
Meist treten zwei *Bilus* auf. Sie tragen jeder zwei Kurzschwerter und führen wilde Tänze und Kämpfe vor. Sie haben vor ihrem eigenen Schatten Angst. Die *Bilus* besitzen ein furchterregendes Gesicht mit starken Hauern und roten Augen. Sie sind grün angemalt und tragen vorwiegend grüne Kleidung. Die weibliche Form heißt *Biluma.*

der *Elefant (hsin)*:
Er tritt zusammen mit dem Tiger auf, ist schwarz und kann nur den Rüssel bewegen.

der *Tiger (tcha)*:
Er kämpft mit dem Elefanten oder bedroht die alte Frau, die im Wald Holz sucht. Sein Maul kann er mit Hilfe eines eigenen Fadens weit aufreißen.

der *Zawgyi:*
Er sucht den Stein des Weisen, kann fliegen und wird durch die Meditation mehrere Millionen Jahre alt. Seine Kleider sind rot, in den Händen hält er einen Zauberstab.

die *Minister (hwingyileba):*
In der Regel gibt es vier Minister. Sie bewegen sich würdevoll, tragen rote oder grüne Umhänge, die Gesichtsfarbe ist rosa oder weiß. Als Kopfbedeckung tragen sie den sog. „Gaungbaung". Sie beraten zusammen mit dem König die Staatsangelegenheiten.

der *Prinz (mintha)* und die *Prinzessin (minthamee):*
Sie treffen sich im Wald (dargestellt durch einen Bambuszweig auf der Bühne) und sind die Stars der Vorstellung. Ihre Gewänder sind mit Pailletten und Glassteinen bestickt.

Nattha - ein himmlisches Wesen

der *Eremit (yathe):*
Er trägt ein braunes Gewand, dessen oberer Teil über die Schulter geschlagen wird, und einen Hut. Er besitzt unter anderem die Fähigkeit, mit den Tieren zu sprechen.

der *ältere Prinz (minthagyi):*
Zu unterscheiden ist bei dieser Figur der rotgesichtige (böse) und der weißgesichtige (gute) Prinz.

die *Clowns (lubyet):*
Sie erheitern das Publikum mit Scherzen, verfügen oft über bewegliche Unterkiefer und bewegliche Augen und haben manchmal einen schiefen Mund. Die Sprecher dieser Figur erreichen oft nationalen Ruhm dank ihrer ungewöhnlichen Schlagfertigkeit.

die *alten Leute (apogyi und apagyi):*
Ihre Kleidung ist oft zerrissen. Sie tanzen in gebeugter Haltung.

der *Nat:*
Er wird durch einen kleinen, dickbäuchigen Mann mit Schnurrbart verkörpert und hilft den Helden, die in Not geraten sind.

Die **Marionettenbühnen** sind traditionsgemäß Wandertheater. Zum Ensemble gehören vier Puppenspieler, sieben Musiker, drei Sänger, Sprecher und ein Techniker. Die wichtigsten Figuren werden von den besten Spielern bewegt, die aber nicht dazu sprechen und singen. Weniger wichtige Rollen werden von einer einzigen Person gespielt, die manchmal auch gleichzeitig dazu singt.

Die **Kulissen** sind sehr einfach. Die Spieler stehen hinter einem Vorhang auf der Bühne. Die Aufführungen dauern bis zum Morgengrauen. Im ersten Teil wird die Aufmerksamkeit des Publikums durch verschiedene Belustigungen auf die Vorstellung gelenkt und der zweite Teil ist dem eigentlichen Schauspiel gewidmet.

Der allgemeine Niedergang des Marionettentheaters in Myanmar begann nach der Absetzung des letzten Königs. Heute werden vor allem in Bagan, aber auch in Mandalay, am Inle See und in Yangon für Touristen Puppenspiele aufgeführt. Manchmal sieht man außer den traditionellen Themen auch „moderne" Darstellungen mit z. B. Jägern in Tropenanzügen, Fußballer im Sportdress, Europäerinnen mit Schoßhündchen.

Tanz

Beim Tanz kennt man eine erzählende Form und den Ausdruckstanz. Die erzählende Form wurde aus Thailand übernommen und ergibt sich aus den Rhythmen der Musik und aus der Handlung, die z. B. Episoden aus dem indischen Epos Ramajana aufgreift. Bei den Ausdruckstänzen sind Blumen-, Jagd-, Schwerter-, Dämonen-, Trommel-, Puppen- und besonders Lichtertänze beliebt.

Musik

Die birmanische Musik wurde im 16. und 18. Jahrhundert von malaiischen und thailändischen Einflüssen geprägt. Bis vor wenigen Jahren kannte diese Musik keine Noten und bezog ihren Reiz in der Improvisation.

Musikinstrumente

Die birmanische Musik wird hauptsächlich geschlagen. Zu einem **Orchester** gehören folgende Instrumente:

kyi-waing: eine Reihe von Gongs, die an einem Rahmen aus vergoldetem Holz in Drachenform hängen; *saing-waing:* ein Reifen kleiner Trommeln, die der Musiker mit den Fingerspitzen schlägt; *patala:* Xylophon aus Bambus.

Diese drei Hauptinstrumente werden unterstützt von Zimbeln und riesigen Klappern aus dicken, in zwei Teile gespaltenen Bambusröhren. Als Träger der Melodie wirken ein bis zwei Blasinstrumente:

pulway: eine schrill tönende Flöte

hne: eine Klarinette mit gelenkigem Schalltrichter in Form einer Glocke

Rinnenklappern: Ein Bambusrohr wird so weit gespalten, dass nur der unterste Abschlussknoten das Ganze zusammenhält. Die Hände oder Füße des Spielers ziehen die Hälften auseinander und lassen sie rhythmisch zurückschnellen.

Becken: Es gibt sie in vielen verschiedenen Gefäßen mit einem Gesamtdurchmesser von 9 - 29 cm. Immer haben sie einen platten Rand und einen großen Buckel.

Gabelbecken: Zwei kleine Bronzebekken sind mit Riemen innen an die Zinken einer Bambusgabel lose angebunden.

Schlagplatte: Sie ist aus Bronze gefertigt, in einer dreieckigen Grundform, flach, mit zerrissener Kontur und wird mit einem Holzhammer angeschlagen. Diese Schlagplatten sind Abkömmlinge der uralten chinesischen Schlagsteine und als Kultinstrumente hoch geschätzt.

Schlitztrommel: Sie besteht aus Holz, hat einen angeschnitzten Griff und eine Gesamtlänge von ca. 48 cm.

Gong: Der Gong wird im Orchester eingesetzt, hat in der Fläche einen kleinen Buckel und einen niedergebogenen Rand. Das Instrument gilt als Symbol für Rang und Wohlstand des Besitzers. Die Gongs können auch in einem Halbkreis angeordnet sein, der Spieler sitzt dann in diesem Halbkreis und schlägt mit hellblau lackierten Holzschlegeln die 18 verschieden großen Gongs an.

Kesselgong: Auf der Veranda der Karen-Häuser hängt oft ein Kesselgong vom Balken herab, der zum kostbarsten Besitz eines Karen gehört und einen hohen Tauschwert beim Brautkauf und ähnlichen Anlässen darstellt.

Der Kessel ist ca. ½ m hoch, mit welligem Profil und ebener Platte. Er ist aus Bronze in einem Stück gegossen. Der Spieler kauert am Boden und schlägt den zentralen Stern mit einem Schlegel und die Wand mit einem Bambusstäbchen. Die Platte gibt einen dunklen Hauptton, die Wand einen helleren Beiton. Das birmanische Wort für Kesselgong ist *hpa-zi,* was „Zylinderfrosch" bedeutet, weil der Gong an der ebenen Platte mit den vier kleinen bronzenen Fröschen verziert ist.

Glocken: Sie werden bei den Shan den Packochsen umgehängt. Das erste und das letzte Tier in einer Karawane trägt jeweils eine solche Glocke. Die Bienenkorbform und der ovale Querschnitt sind für Ostasien typisch.

Schellen: Sie sind aus Eisen und aus Holz und können bis zu drei Klöppel haben.

Maultrommeln: Ihr Ursprungsland ist Hinterindien. Die Maultrommel ist ein schlanker, rechteckiger Stab mit einem haarfeinen Dorn zum Zupfen. Sie wurde als ein Instrument, das zur Liebeswerbung eingesetzt wurde, von Missionaren verboten.

Röhrentrommel: Alle Röhrentrommeln sind aus Holz, an beiden Enden mit Fell bespannt und haben eine Länge von ca. 150 - 200 cm. Je nach ihrer Form nennt man sie: Zylindertrommel, Fasstrommel, Kegeltrommel und Bechertrommel. Ihre Form erinnert an die eines Trinkglases mit Stiel und Fuß. Die Trommeln haben eine Gesamthöhe von 90 - 130 cm und einen Durchmesser von 20 - 40 cm.

Krokodilzither: Dies ist eine gekantete Holzröhre, hinten mit einem Schlitz

Musikinstrumente 77

geöffnet, in stilisierter Krokodilform, mit dem Schwanz als Wirbelstock und dem Kopf am entgegengesetzten Ende. Von den elfenbeinköpfigen Wirbeln gehen die drei Saiten - eine aus Messing, zwei aus Seide - zu einer angeschnitzten Öse. Alle Holzteile sind mit rotem Lack und mit Gold überzogen. Als Untersatz dient eine rotlackierte Bank mit Silberbezug. Die Krokodilzither ist normalerweise 110 cm lang, 13 cm breit, 8 cm hoch und nur noch selten zu sehen.
Spießgeige: Das Instrument besteht aus einem Fruchtkorpus mit Bodenöffnung, einer Tierhautdecke und einem Holz- oder Rohrspieß. Sie hat nur eine Saite aus Haar oder Seide.

Kurzlauten: Es gibt zwei, aus verschiedenen Regionen stammende Varianten: *Khasi-Gruppe:* Ihre Kurzlauten haben einen würfelartigen Wirbelklotz, zwei Saiten und stammen aus Vorderindien. *Shan-Kachin-Gruppe:* Diese Instrumente haben einen sichelförmigen Wirbelklotz, drei Saiten und stammen aus Borneo.
Kurz-Geige: Am Wirbelkasten des violineähnlichen Instruments befinden sich geschnitzte stilisierte Vogeldarstellungen. Die Geige besitzt 3 Saiten.
Trompeten: Es handelt sich um konische Holzröhren oder Büffelhörner mit meist abgeschrägten Mundenden.
Harfe: Die berühmte birmanische Harfe ist mit dem Untergang des Hofes von Mandalay fast ganz verschwunden. Am Korpus ist eine Hirschhautdecke aufgeklebt. Die Harfe hat 13 Saiten, die mit roten Wollschnüren gespannt werden. Sie wird nur von Frauen als Begleitung zum Gesang gespielt.
Längsflöten: Die Längsflöte ist aus Bambus und ohne Griffloch. Die Bündelpanflöte besteht aus vier verschieden großen Längsflöten, die zu einem Bündel zusammengefasst werden. Bei der Panflöte werden bis zu 20 Pfeifen zusammengebunden.

Krokodilzither

Querflöten: Sie sind aus Bambus gefertigt und besitzen unterschiedlich viele Grifflöcher. Es gibt auch Doppelflöten mit Grifflöchern zu beiden Seiten des Mundlochs.
Ringflöten: Sie bestehen aus Rohr oder Bambus und haben in der Regel fünf Grifflöcher, von denen eines hinten und vier vorne sind. Nahe der Mündung sitzen sieben Stimmlöcher.
Oboe: Ihr Ursprungsland ist Vorderindien. Die Oboe hat bis zu sieben Grifflöcher vorne und eines hinten, eine konische Form und ist meist mit Schnitzereien verziert oder bemalt.
Pfeifen: Das Zungenhorn ist für die Kachin typisch. Die Laute werden nach dem Prinzip hervorgebracht, das dem unserer früheren Automobilhupe entspricht. Die Mundorgel ähnelt unserer Mundharmonika. Die Zungenpfeife gibt es als Einzel-, Doppel- und Dreierpfeife.

Feste und Feiertage

Der Feiertagskalender in Myanmar richtet sich nach dem dort gültigen Mondjahr, was zur Folge hat, dass die allermeisten Festtage von Jahr zu Jahr auf andere Daten nach unserem Kalender fallen.

Monatsanfang ist jeweils am ersten Tag des Vollmonds. Die Daten für die Vollmondfeste kann man selbst nach den jeweiligen astronomischen Gegebenheiten errechnen. Genaue Termine könnten Sie bei der Tourismusbehörde MTT erfragen.

Januar/Februar

Vollmond von Tabodwe
• Vollmondfest im Ananda Tempel in Bagan, in der Shwedagon Pagode in Yangon und in der Shwenattaung Pagode in Pyay;
• *4. Jan.:* Unabhängigkeitstag (Independence Day), große Paraden und Umzüge im ganzen Land; am Kandawgyi Lake in Yangon findet ein siebentägiger Markt statt.
• *12. Febr.:* Tag der Einheit (Union Day) zur Erinnerung an die Gründung der Union of Myanmar 1947.
In Yangon werden große Paraden mit den verschiedenen ethnischen Gruppen in ihren Trachten abgehalten. Die Nationalflagge wird zwei Wochen vorher von Ort zu Ort getragen, wo dann jeweils ein Fest stattfindet.
• *Reisemtefest (htamane)*
Der Reis ist schon herangewachsen und jetzt besonders klebrig. Während des Vollmonds ziehen einige Knaben zu Müttern mit jungen Töchtern, geben ihnen Tee und bitten sie zum Erntefest.

Bei diesem Fest isst man eine spezielle Speise, *htamane* genannt, bei der Reis mit Kokosraspeln, Sesamsamen, Erdnüssen, Ingwer, Zwiebeln, Salz und Pfeffer gekocht wurde. Dazu trinkt man Tee, raucht *cheroots*, kaut Betel, lacht und redet. Nach einer Stunde beginnen die Männer damit, den Reis von der Spreu zu trennen, indem sie den Reis in die Luft werfen. Die Mädchen müssen das Geschirr säubern. Danach trägt ein Sänger alte überlieferte Lieder vor, Geschichten werden erzählt und Diskussionen entstehen. Um Mitternacht teilen Mädchen Essen, verpackt in Bananenblätter, für Freunde aus. Die Mönche bekommen von jedem Bauern etwa 20 Körbe Reis gebracht. Vor den Buddhastatuen werden auch Schalen mit gekochtem Reis aufgestellt und oft entzündet man Erntedankfeuer.

In manchen Orten finden *auch htamane*-Kochwettbewerbe statt.

Februar/März

Vollmond von Tabaung

Im ganzen Land finden lokale Pagodenfeste finden statt, zu denen die Pilger mit den Ochsenkarren kommen. Tabaung ist der 12. und somit letzte Monat im myanmarischen Kalender. Man nennt ihn auch den König aller Monate, weil in der Natur zu dieser Zeit alles reift und blüht.

Traditionell begeht man den Vollmond von Tabaung mit dem Sandpagodenfestival an den Sandbänken der Flüsse. Der Brauch geht bis zu Buddhas Lebzeiten zurück. Aus weißem Sand werden die Pagoden geformt und mit Blumen, Papierbändern und Gebetsfahnen geschmückt. Auch traditionelle Tänze und Musikdarbietungen können stattfinden.

Das Tabaungfest wird in vielen Pagoden gefeiert. Das größte Pagodenfest des Landes wird in der Shwedagon Pagode in Yangon gefeiert, da einst in diesem Monat mit dem Bau der Pagode begonnen wurde. Es werden Essen- und Verkaufsstände und für die Kinder Karussells aufgebaut

- *2. März:* Tag des Bauern, Paraden in Yangon
- *27. März:* Tag des Widerstandes, Feuerwerk und Paraden in Yangon

April/Mai

Vollmond von Kason

Dieses Fest ist dem Gedenken an Buddhas Geburt, seiner Erleuchtung und dem Eintritt ins *Nirwana* gewidmet. Blumengeschmückte Mädchen, Männer und Frauen jeden Alters gehen in die Pagode und begießen die heiligen Bodhi-Bäume.

- *1. Mai*: Tag der Arbeit
- *Thingyan oder „Wasserfest"*

Dieses Fest, das auch zahlreiche Touristen anzieht, wird Mitte April vor dem Beginn des Neuen Jahres in Myanmar gefeiert und dauert drei Tage. Man singt, tanzt, besucht die Verwandten und überschüttet sich gegenseitig mit Wasser (daher der Name „Wasserfest"). Von Sonnenaufgang an stehen junge Mädchen und Burschen mit Eimern voll Wasser auf der Straße und übergießen damit die Passanten. Nur die Mönche und Kranken werden verschont. Oft entstehen regelrechte Wasserschlachten.

Das Fest hat seinen Ursprung in Kulthandlungen der „Regenbeschwörung". Mitte April, zum Ende der Trockenzeit, ist die Erde ausgedorrt, die Bauern warten jetzt darauf, die Reissamen aussäen zu können. Ein „Regenmacher" fleht die guten Geister an, endlich den ersehnten Regen zu senden. Die älteren und religiösen Leute gehen an diesen Tagen in die Pagode zum Beten. Viele kaufen lebende Fische, setzen sie in nahegelegenen Seen und Flüssen aus und beten für ein langes Leben. Den Eltern, Alten und Lehrern werden gerne Blumen, Früchte und Kerzen geschenkt.

• *Neues Jahr in Myanmar*
Nach dem Volksglauben verbringt Thagyamin die letzten zwei Tage des alten Jahres auf der Erde. Genau in dem Augenblick, in dem Thagyamin die Erde wieder verlässt, beginnt das Neue Jahr. Auf das dreitägige Wasserfest folgt nun das Neujahrsfest. Die alten Leute fasten und gehen zu den Klöstern und Pagoden, um dort Almosen zu geben. Zu Hause bereitet die Hausfrau kühle Getränke und süße Kuchen zu, die den Nachbarn geschenkt werden. Vor jeder Haustür steht ein Neujahrstopf mit Blumen und Blättern, um den Gott willkommen zu heißen.

Der genaue Zeitpunkt der Ankunft und des Fortgangs der Gottheit wird durch Kanonen- und Gewehrschüsse angezeigt.

Juni/Juli

Vollmond von Waso
Beginn der dreimonatigen buddhistischen Fastenzeit
Das Einsetzen des Monsuns markiert den Anfang der Fasten- und Meditationszeit. Während dieser Zeit finden kaum Feste, Tänze, Theater und Hochzeiten statt. Den Mönchen werden jetzt neue Roben geschenkt. Auch der Eintritt in ein Kloster fällt auf diesen Termin. Für die Jungen, die im Alter zwischen 7 und 10 Jahren oder zwischen 12 und 15 Jahren für eine bestimmte Zeit ins Kloster gehen, wird die
• *Shin Byu-* oder Haarschneide-Feier veranstaltet.
• *Anfang Juli:* Natfest am Mt. Popa
• *19. Juli:* Märtyrertag zur Erinnerung an den 1947 ermordeten Bogyoke Aung San, der Vater der Unabhängigkeit Myanmars

Juli/August

Vollmond von Wagaung
• In dem Ort Taungbyon bei Mandalay findet ein Natfest statt. Neben einem Umzug findet auch ein großer Jahrmarkt statt. Siehe auch Kapitel „Ausflüge von Mandalay"

September/Oktober

Vollmond von Thadingyut
Ende der buddhistischen Fastenzeit
Bootsrennen finden überall auf Flüssen und Seen statt.
• Vollmondfest in der Shwedagon Pagode in Yangon und in der Shwesandaw Pagode in Bago
• *Phaung Daw U Pagodenfest*
Besonders sehenswert ist die mehrtägige Prozession auf dem Inle See, bei der die Buddhastatuen der Phaung Daw U Pagode in einem Schiff in Form eines großen Vogels von Ort zu Ort gebracht werden. Siehe auch unter der Ortsbeschreibung „Inle See".
• *Dewali oder „Lichterfest"*
Dieses Fest dauert drei Tage und findet zur gleichen Zeit wie das Thadingyut-Fest statt. Es kann in drei ver-

schiedenen Arten begangen werden: als Veranstaltung, bei der die Dorfbewohner verkleidet als Tiere tanzen; als Fest der Lichter, bei dem Öllampen und Wachskerzen entlang der Straßen und in den Häusern als Geschenke für die Götter entzündet werden; als Fest der Narren, bei dem die jungen Männer nachts umherstreifen, stehlen und vieles durcheinanderbringen.

In Obermyanmar wird das Fest mit Tiertänzen und Rowdytum begangen. Seit der Zeit von König Anawrahta dürfen in diesem Teil des Landes Kerzen nämlich nur noch zur Ehrung Buddhas verwendet werden. In Niedermyanmar jedoch wird dieses Fest nach wie vor als Lichterfest gefeiert.

Überall in Myanmar begeht man mit diesem Fest das Ende der Fastenzeit. Man bedankt sich auch bei den Lehrern, Eltern und Alten mit einem kleinen Geschenk.

• *Elefantentanz-Fest in Kyaukse*
Knapp 35 km südlich von Mandalay liegt Kyaukse. Alljährlich findet hier zur Zeit des Lichterfestes der „Elefantentanz" statt. Ein lebensgroßer Elefant aus weißem Papier trägt auf seinem Rücken eine Nachbildung einer heiligen Zahnreliquie Buddhas. Ein schwarzer Elefant, der fröhlich zur Musik tanzt, bildet das Ende der Prozession. In jedem Papierelefant sind zwei Männer, die die Figur tragen und bewegen.

Inzwischen wird der Elefantentanz nicht mehr nur in Kyaukse aufgeführt, sondern bildet auch in vielen anderen Orten den Höhepunkt des Lichterfestes.

Oktober/November

Vollmond von Tazaungmon
• *Mitte/Ende November*: Nationaltag

• Vollmondfest in der Shwezigon Pagode in Bagan und nochmals
• *Lichterfeste und Web-Wettbewerb*
Bei diesem Fest werden den Mönchen in einer Prozession Roben und kleine Geschenke wie z. B. kunstvoll gefaltete Geldscheine in Blumengestecken, überreicht. Außerdem werden als Wettbewerb in einer Nacht von Frauen Roben (*Matho-thingan*) für die Mönche gewebt, die in dieser Vollmondnacht fertiggestellt wurden. Zu Lebzeiten von Buddha soll seine Mutter für ihn in einer Nacht seine Robe gewebt haben. Diese Webwettbewerbe haben eine lange Tradition in Myanmar - sie wurden schon zu Zeiten der Könige in ihren Palästen abgehalten. Der Wettbewerb wird begleitet von Musik und Tänzen. Die Weberin des zuerst fertigen Stoffes bekommt als Preis eine golde-

Mawsalinda Pagode bei Bagan

ne oder silberne Schale überreicht. Die ersten 39 Roben werden am nächsten Tag in einer feierlichen Zeremonie von den Offiziellen des Landes in den Pagoden verteilt. Die 39 besonders verehrten Buddhastatuen werden mit diesen Stoffen umhüllt. Alle anderen Roben sind für die Mönche als Geschenk bestimmt.
• *Heißluftballonfestival*
Im südlichen Shanstaat und in Taunggyi bei der Cula Muni Loka Shan Tha Pagode werden große Ballons in Form von Elefanten, Pferden, *hinthas*, Eulen und Papageien gebaut. Nachts werden diese vielfarbigen Gebilde mit Laternen erleuchtet. Für die schönsten Ballons gibt es Preise (näheres siehe Ortsbeschreibung Taungyi).

November/Dezember

Vollmond von Nadaw
• *Nat*feste in einigen Regionen
• *4. Dez.:* Nationalfeiertag zum Gedenken an den großen Studentenstreik von 1920 (Wegbereiter zur Unabhängigkeit)
• *25. Dez.:* Weihnachten

Dezember/Januar

Vollmond von Pyatho
• Neujahrsfest der Karen
Zu Aufführungen mit Volkstänzen und Gesang tragen die Karen ihre traditionelle Tracht. Besonders große Feste finden in Insein, nördlich von Yangon, und in Hpa-an statt.
• Pagodenfest im Ananda Tempel in Bagan

Kunst und Kunsthandwerk

Baukunst

Die Architektur in Myanmar ist bislang noch kaum Gegenstand einer detaillierten Untersuchung gewesen. Die Archäologen und Kunsthistoriker beschäftigen sich traditionsgemäß vor allem mit der indischen Baukunst. Hinzu kommt, dass die wichtigsten bereits erzielten Forschungsergebnisse nur in Birmanisch veröffentlicht wurden und insofern dem westlichen Leser in der Regel nicht zugänglich sind. Innerhalb des von Indien maßgeblich beeinflussten südostasiatischen Kulturraumes erscheint die Baukunst in Myanmar am eigenständigsten.

Das gängigste Baumaterial bilden Ziegelsteine, Natursteine sind eher selten, und als Dekor wird Stuck verwendet. Die beiden wichtigsten Gebäudetypen sind der Stupa (oder Chedi, Pagode) und der Tempel.

Stupa

Ein Stupa ist ein glockenförmiger Bau, der zur Aufbewahrung von heiligen Reliquien dient. Im Laufe seiner Entwicklungsgeschichte wird der architektonische Rahmen immer differenzierter ausformuliert: der Stupa wird auf einem reich verzierten quadratischen oder polygonalen Stufensockel errichtet und von einem stilisierten Sonnenschirm überragt. Die späteren Stupas stehen zuweilen im Zentrum einer komplexen Anlage (z. B. Shwedagon Pagode in Yangon).

Die verschiedenen **Typen** von Stupas:

Bupaya Pagode, Bagan

Typ 1: zwiebelförmiger Stupa, im 9. Jh. entstanden, chinesischer und tibetischer Einfluss.

Shwesandaw, Bagan

Typ 2: glockenförmiger Stupa, der obere Teil endet in Gesimsen, die den Sonnenschutz darstellen, geht auf die in Pyu übliche Form zurück, ist im 12. und 13. Jh. entstanden.

Myinbagan

Typ 3: glockenförmiger Stupa, auf halber Höhe von Gesimsen umgeben, runder oder oktagonaler Sockel, nicht begehbare Terrassen, geht auf die Mon-Bauweise zurück.

Myinbagan

Typ 4: glockenförmiger Stupa, ohne Gesims, runder, mehrstufiger Sockel, nicht begehbare Terrassen, Nachahmung der auf Sri Lanka weit verbreiteten Form.

Der Stupa als ein Reliquienschrein hat eine gleichsam spirituelle Erin-

Nyang U

nerungsfunktion. Er fordert den Gläubigen zur Andacht auf und gemahnt ihn an das *Nirwana*. Der religiösen Sammlung dienen auch die Tonplatten, die manchmal rund um das Fundament angeordnet sind und Szenen aus früheren Existenzen von Buddha darstellen.

Der terrassenförmig gestufte Unterbau erinnert an die Kosmologie der Inder: ihr erhabener Berg Meru erhebt sich in der Mitte der Erdplatte. An seinem Fuß liegen die Kontinente und Inseln, umgeben vom weiten Ozean. Der Berg Meru war von sechs Gebirgsketten und Meeren eingeschlossen. Auf seinen terrassenförmigen Hängen wohnten Geister und Fabeltiere, und auf dem höchsten Gipfel lebten die Götter. Die Treppen, die zu den Terrassen hinaufführen, werden von Geländern in Form von Schlangen *(naga)* oder Drachen flankiert. Wie der Regenbogen, der dem Drachen gleichgestellt wird, symbolisieren sie die Leiter, die von der Erde in die himmlischen Gefilde führt. Die oberste Terrasse versinnbildlicht das Paradies und den Wohnsitz der Götter.

Einen Stupa auf einen Hügel zu bauen stellte ein hohes Verdienst dar. Noch größer war das Verdienst, wenn man zuerst einen künstlichen Berg anlegte und dann den Gipfel mit einem Stupa krönte. Mit seiner juwelengeschmückten Spitze, die die Sonnenstrahlen reflektiert, sollte der Stupa seine wohltätige Wirkung im ganzen Umkreis verbreiten. Stand der Stupa auch noch auf einer Terrasse, vervielfachte sich seine Reichweite.

Tempel

Die Tradition des Tempelbaus steht in Myanmar in engem Zusammenhang mit der uralten Gepflogenheit heiliger Männer, in Höhlen zu leben. Die äußerste Ruhe und das kühle Halbdunkel, die in ihnen herrschen, bieten zusammen mit dem Verzicht auf alle Bequemlichkeit beste Bedingungen für die Meditation. Wo keine natürlichen Höhlen vorhanden sind, graben sich die Meditationswilligen eine höhlenähnliche Behausung in den Berg.

Am Thamiwhet Umin stieß man auf eine Höhlengruppe, die in einen Berghang eingegraben und mit Backsteingewölben verstärkt war. Hier deutet sich bereits der freistehende Tempelbau an, der mit Hilfe architektonischer Maßnahmen gleichsam einen künstlichen Berg anlegt und in seinem Inneren einen höhlenartigen, spirituellen Raum schafft.

Bei den Tempeln findet man den viereckigen Saaltyp, manchmal mit einer Vorhalle und in den massiven Mauern Nischen für Figuren. In einigen Tempeln ist ein Tonnengewölbe mit Keilsteinen zu sehen, eine sonst in Südostasien unbekannte Technik. Strahlenförmige Bogen, die an die Gotik erinnern, und das aus ihnen entwickelte Gewölbe sind in den Tempeln sehr verbreitet. Im Gegensatz zur Gotik strebt dieser Baustil jedoch nicht in die Höhe. Das Bindemittel zwischen den Ziegeln bestand aus Schlamm und Leim und wurde möglichst dünn aufgetragen.

Pagode oder Tempel?

Eine Pagode ist eine Kultanlage um einen Stupa (oder *Chedi, Dagoba*), der meist auf einem terrassenförmigen Sockel errichtet ist. Der Stupa beherbergt eine Reliquienkammer und dient als Erinnerungsmal. Man kann nicht hineingehen.

Der Tempel ist eine Nachbildung einer Höhle, die der Meditation dient. Von außen symbolisiert er den Berg Meru. In Tempel kann man hineingehen.

Buddhas, Holz, Mandalay-Stil, 19. Jh.

Plastik

Die Bildhauerkunst in Myanmar, die sich fast ausnahmslos buddhistischer Motive annimmt und insofern religiösen Zwecken dient, ist noch wenig untersucht. Die verwendeten Materialien sind Stein, Bronze, Ziegel mit Stuck, Ton und Holz. In den frühen Arbeiten dominieren der südindische und singhalesische Einfluss in der Haltung und Faltengebung.

Der künstlerische Höhepunkt wird in der Blütezeit von Bagan erreicht. Nach dem Fall von Bagan entstehen verschiedene regionale Schulen. Der Kopfschmuck der Statuen wird immer prächtiger, der Ausdruck der Figuren wirkt geziert, und die Faltengebung erinnert an chinesische Vorbilder.

Bronze- und Holzstatuen werden hauptsächlich für Bildnisse der stehenden Buddha und der Hauptjünger verwendet. Sie sind von höherer Qualität als die Steinfiguren.

Ornamentik

Fenstergitter des Nanpaya T., Bagan

Im Gegensatz zu dem üppigen Dekor der Holzgebäude bleibt der skulpturale Schmuck an den Steingebäuden nüchtern. Bei diesen beschränken sich die Verzierungen auf Gesimse, Fenster- und Türrahmen und Pfeiler. Bagan ist bekannt für seine kunstvoll durchbrochenen steinernen Fenstergitter.

Die **Gesimse** bestehen aus mehreren Reihen scharfkantiger, geometrischer Figuren und zwei oder drei Reihen mit Lotos-Ornamenten. Beim Mon-Stil sind die Gesimse klar abgegrenzt, beim birmanischen Stil werden diese zahlreicher und ungenauer.

Beim **Kapitell** verlaufen dreieckige Blumenmotive abwärts, während andere ihnen vom Sockel entgegenstreben. Schielende Kobolde oder Fratzen in einem Winkel sollen die bösen Dämonen abschrecken.

Giebel, Fenster, Nischen und Tore werden oft von vielblättrigen Verzierungen gekrönt. Die hochgebogenen Enden sind mit realistisch dargestellten oder stilisierten Krokodil-Drachen-Köpfen versehen. Die zwei Hälften der bogenförmigen Verzierung stellen ihre Körper mit Stachelkamm dar.

Der Drache ist das Symbol für fließendes Wasser, Ströme und Kanäle und für die Himmelsleiter. Aber sein Element ist nicht allein das Wasser. Mit feuriger Energie geladen, speit er Feuer, spuckt Salamander mit Löwen- oder Stierköpfen aus, und aus den Stacheln seines Rückenkammes bersten Feuerstrahlen. Oft bestehen die Verzierungen aus Darstellungen von Salamandern, Wildgänsen und anderen Vogelleibern.

Die üppigen Schnörkelverzierungen über den Bögen von Toren, Fenstern, Nischen und an den Wandpfeilern bedeuten sowohl Laub wie Flamme. Laub, weil der Bogen einen Höhleneingang in einer Waldlandschaft versinnbildlicht, und Flamme, weil dieser Höhleneingang durch die feurige Kraft des meditierenden Buddha im Höhleninnern erleuchtet wird.

Herstellung von Bronzefiguren

Der Metallguss genießt besonders in Obermyanmar seit langem ein hohes Ansehen. Er wird vorwiegend für die Herstellung religiöser Figuren verwendet. Beim Guss folgt man dem im Orient bekannten Wachsausschmelz-verfahren, bei dem für jedes Stück die ganze Lehmform neu hergestellt werden muss. Die Gussmischung enthält 54 % Messing, 40 % Zinn und 6 % Zink. Der Tonkern, über den die Figur geformt wird, besteht in den innersten Schichten aus grobem, mit gehackten Reishülsen und Sand vermischtem Ton. Man beginnt mit dem unteren Ring für den Sockel, dann wird dieser selbst mit dem Unterkörper aufgesetzt. Als nächstes kommt der Oberkörper und zuletzt der Kopf, der mit einem Holzstäbchen mit dem Rumpf verbunden wird. Über diese Grundform wird nun feiner, mit Pferdedung vermischter Ton aufgetragen und darüber wird eine noch feinere Tonschicht aufgelegt, in der die Einzelheiten ausgearbeitet werden. Das Ganze bestreicht man mit einer Flüssigkeit aus pulverisierter Holzkohle und Pferdedung. Bei Figuren bis etwa 85 cm Höhe werden Gesichtszüge, Nase, Mund, Haare, Gewandung usw. erst bei dem folgenden Wachsüberzug geformt. Die Finger sind stets, auch bei großen Figuren, ganz aus Wachs, werden also Vollguss. Die Hand, die aus der Körperfläche heraustritt, wird eigens gegossen und der Figur zuletzt angesetzt. Nun wird die Wachsmischung (Bienenwachs und Baumharz im Verhältnis 4 : 3 und etwas Petroleum) in der beabsichtigten Stärke des Gussmetalls gleichmäßig über den Tonkern gelegt. Der Künstler modelliert dann alle Feinheiten in der fügsamen Masse aus. Über das Wachsmodell wird jetzt nochmals die schon erwähnte Kohle- und Pferdedungmischung gestrichen. Dann folgt eine Schicht des feinen Tones. Nägel werden eingetrieben, damit sich die Tonwände beim Guss nicht verschieben. Die gröbere Ton- und Reishülsenmischung bildet den abschließenden Überzug. Ist die Form fertig und mit Kanälen für das Eingießen des Metalls, das Entweichen der Hitzegase und das Abfließen des Wachses versehen, dann bringt man sie in ein Feuer, damit das Wachs schmilzt. Noch heiß stellt man die Form mit dem Eingießloch am unteren Sockelrand nach oben gekehrt auf und gießt das flüssige Metall ein, das sich in den warmen Hohlräumen in alle Winkel einschmiegt.

Nach dem Abkühlen wird die äußere Tonschale abgebrochen, die Figur gereinigt, mit Meißel und Feile bearbeitet und blank poliert.

Die Buddhadarstellung

Die Zahl der Buddhadarstellungen ist im tief religiösen Myanmar schier unübersehbar, die Formen und Haltungen der Figuren beschränken sich dagegen auf einige wenige, immer wiederkehrende Muster.

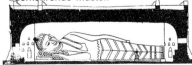

Buddha mit Geste der Erdberührung

Der **liegende Buddha** kommt hauptsächlich für Kolossalfiguren in Betracht und ist meist aus Ziegel gebaut und mit Stuck überzogen. Gewöhnlich werden diese Skulpturen freistehend errichtet und mit einem Dach oder in einer eigenen Halle auf dem Klostergelände vor Regen geschützt. Die Hand des liegenden Buddha ist unter das Haupt gelegt - in dieser Stellung soll der Buddha ins *Nirwana* eingegangen sein.

Die **stehenden und sitzenden Buddhafiguren** sind entweder aus Holz geschnitzt oder Messing- bzw. Bronzegüsse. Steinfiguren sind eher selten.

Kleinere Buddhafiguren werden oft nicht einzeln, sondern in einer großen Menge aufgestellt. Mit jeder neu hinzugekommenen Statue vermehrt sich das religiöse Verdienst des Stifters. Daraus erklärt sich auch das relativ geringe Interesse der Myanmaren an der Restaurierung älterer Statuen und Denkmäler. Buddhastatuen, die Gegenstand der Verehrung sind, werden von den Gläubigen in der Regenzeit mit einer safrangelben oder dunkelroten Schärpe geschmückt und in der kalten Jahreszeit ganz mit Tüchern umhüllt. Es ist Brauch, kleinere Buddhastatuen in Heiligtümern in heiligem Wasser zu baden.

Symbolik der Buddhadarstellungen

Die Buddhafigur wird in verschiedenen Grundformen dargestellt: in Mönchstracht stehend, liegend oder sitzend, selten in fürstlichem Schmuck.

Die bevorzugte Darstellung beim stehenden Buddha ist die Schrittstellung mit schützend erhobener rechter Hand. Der liegende Buddha soll meist den Erleuchteten in Ruhestellung, seltener den toten Buddha wiedergeben.

Bei den sitzenden Posen sieht man häufig die Figur mit untergeschlagenen Beinen auf einem Lotosthron ruhen, zuweilen auch auf dem Thron einer siebenmal geringelten Schlange, die ihren Kopf über den der Figur hält. Der Kopf der Buddhafiguren ist von kleinen erhabenen Knoten bedeckt; diese sollen Schnecken darstellen, die den Kopf Buddhas gegen die Sonneneinstrahlung geschützt und gekühlt haben.

Die Darstellungen Buddhas wie auch anderer Gottheiten folgen bestimmten Schemata, bei denen die Beinstellungen oder *Asanas* und die Handhaltungen oder *Mudras* jeweils eine festgelegte Bedeutung haben.

Asanas (Beinstellungen bzw. Körperhaltungen)

Dhyanasana, auch Vajrasana oder Vajraparyankasana (Meditationsstel-

lung): Beine verschränkt, Sohlen nach oben, übliche Stellung der Buddhafiguren
Sattvasana: Beine verschränkt, Sohlen kaum sichtbar, Stellung einiger Bodhisattvas
Lalitasana: Ein Bein in der üblichen Haltung der Buddhas, das andere herunterhängend
Alidhasana: Stehend und nach links schreitend
Pratyalidhasana: Stehend und nach rechts schreitend
(Die Beschreibungen der Mudras und Asanas sind nach Andreas Lommel.)

Bedeutende Buddhadarstellungen

Die schönste Steinfigur wird in einer Kapelle bei der berühmten Ananda Pagode in Bagan aufbewahrt. Sie soll nach der Eroberung des an der Südküste von Myanmar gelegenen Königreiches Thaton im 11. Jahrhundert dorthin gekommen sein und weist deutlich das Gepräge des vorderindischen Stils auf, das ihr die aus Indien gerufenen Künstler gegeben haben.

In der Shwezigon Pagode in Nyaung U befinden sich vier Kapellen, in denen jeweils ein 3 ½ m hoher Buddha aus Bronze steht. Das Gesicht zeigt einen rein indischen Typ, der Körper tritt plastisch aus der durchsichtig gedachten Gewandung hervor, die sich nur durch die von den Armen niederhängenden Stoffteile des Überkleides andeutungsweise bemerkbar macht. Die Figuren sind an einer bogenförmigen Rückwand befestigt, der Kopf ist vollrund, der Körper hohl und nur vorne ausmodelliert, hinten dagegen offen. Die angesetzten Unterarme sind skulptural ausgearbeitet, die Hände sind Vollguss und die Füße aus Stuck. Diese Buddhafiguren stammen aus dem 11. Jahrhundert.

Am berühmtesten ist die Mahamuni-Statue in der Mahamuni oder Arakan Pagode in Mandalay. 1785 hatte sie König Bodawpaya nach einem siegreichen Kriegszug aus Rakhine hergeschafft. Die Mahamuni Pagode wurde eigens zur Aufnahme dieser Statue errichtet. 1884 beschädigte ein Brand die Bronze so stark, dass ihr ein neuer Kopf aufgesetzt werden musste. Die Statue soll in drei Teilen gegossen worden sein.

Dreißig weitere Bronzen sind aus Rakhine verschleppt worden, aber nur sechs davon haben Mandalay erreicht. Diese stehen nun in der Mahamuni Pagode an der Hofmauer. Sie stammen aus der Beute eines Feldzuges gegen Thailand und wurden 1564 aus Ayuthia nach Bago gebracht, von wo sie wiederum im Jahre 1600 nach Mrauk U, der Hauptstadt von Rakhine, gelangten.

Wandgemälde

Die Wandgemälde oder Fresken im Inneren der Tempel stellen in Legenden überlieferte Episoden aus den 550 Wiedergeburtsperioden Buddhas oder Szenen aus dem täglichen Leben dar. Die Hauptfarben sind ein stumpfes Okkergelb, ein tiefes Braun, ein zartes Hellgrün und ein feuriges Rot.

Die Methode ist die gleiche wie bei der europäischen Freskomalerei. In technischer Hinsicht weisen die ältesten gefundenen Fresken das höchste

Mudras (Symbolische Handhaltungen)

Abhaya
Schutz, Segen der Furchtlosigkeit. Rechter Arm erhoben, leicht gebeugt, Hand in Schulterhöhe, alle Finger ausgestreckt, Handfläche nach außen.

Anjali
Begrüßung. Beide Arme sind über dem Haupt erhoben, Handflächen nach oben, Finger ausgestreckt. Vor allem eine tantrische Ausdrucksform.

Bhumisparsa
Zeugnisanrufung, Erdberührung. Rechter Arm hängt über dem rechten Knie herunter mit der Handfläche innen und den Fingern nach unten, berührt den Lotosthron.

Bhutadamara
Ehrfurchteinflößend. Hände sind vor der Brust gefaltet. Dieses Mudra wird auch „Trailokyavijaya" genannt nach dem Beherrscher der drei Welten.

Dhyana oder Samadhi
Meditation. Beide Hände mit den Handflächen nach oben liegen im Schoß.

Buddhasramana
Begrüßung. Rechte Hand in Kopfhöhe, Finger nach außen, Handfläche nach oben.

Dharmacakra
Predigt, das Rad der Lehre drehend. Die rechte Hand auf der Brust, die linke bedeckt sie, es wird mit den Fingern gezählt.

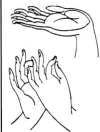

Karana
Die Hand ist ausgestreckt, Zeigefinger und kleiner Finger sind ausgestreckt.

Mudras

Ksepana
Die Geste der Ambrosia-Verteilung. Hände sind zusammengefaltet, Zeigefinger nach unten.

Namaskara
Gebet. Gefaltete Hände.

Tarjani
Zeigefinger ist ausgestreckt in drohender Form.

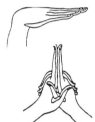

Tarpana
Verehrung. Arm in Schulterhöhe, Handfläche nach unten, Finger ausgestreckt, aber leicht gebeugt zur Schulter gedreht.

Uttarabodhi
Vollendung. Finger gefaltet, Zeigefinger ausgestreckt nach oben.

Vajrahumkara
Oberster Buddha. Hände vor der Brust gekreuzt, halten vajra und ghanta (Donnerkeil und Glocke).

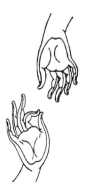

Varada oder Vara
Mitleid, Barmherzigkeit. Arm hängt herunter, alle Finger ausgestreckt, Handfläche nach außen.

Vitarka
Argumentation. Der Arm ist gebeugt, alle Finger sind ausgestreckt, leicht gebogen, der Zeigefinger berührt den Daumen.

Maß an Vollendung auf. Der durch den Hintergrund freigelassene Umriss der Figur wird durch eine Schattenuntermalung gerundet, wodurch die Glieder eine reiche Natürlichkeit erhalten. Dann erfolgt das Auftragen der Farben der Gewänder, des Schmuckes usw. Zum Schluss werden Augen, Haare und Schnurrbart mit schwarzer Farbe hinzugesetzt, und die Finger und Zehen erhalten ihre Konturen.

Lackkunst

Vom Chindwinn der Bambus,
Aus dem Shan-Land der Lack,
Aus China der Zinnober,
Nachdem sie nach Bagan gekommen,
Und miteinander vereinigt sind,
Entsteht Bagan'sches Lackgerät.

Geschichtliches

Schon im 13. Jh. berichtet Marco Polo über die Verwendung von Lack in der Innenarchitektur und bei der Herstellung von vielen Gebrauchsgegenständen in Peking (Cambaluk). Genauere Nachrichten über dieses Kunsthandwerk erreichten Europa erst im 16. Jh. durch Kaufleute und Missionare, dann aber hatte sich bereits um 1700 in Europa eine Vorliebe für ostasiatische Lackarbeiten entwickelt. Archäologische Funde aus China zeigen, dass Lackarbeiten schon in der Shang-Zeit (18. - 11. Jh. v. Chr.) in Gebrauch waren; der Lack wurde allerdings hauptsächlich zu technischen Zwecken eingesetzt wie beispielsweise der Erhöhung der Haltbarkeit von Holz.

Das Bemühen um eine künstlerische Gestaltung im Lackhandwerk wird erst in der Chou-Zeit (11. - 3. Jh. v. Chr.) erkennbar. Die gefundenen Lackarbeiten waren Grabbeigaben oder der Sarg selbst. In der Han-Zeit (206 v. Chr. - 221 n. Chr.) verbreitete sich die Lacktechnik in die umliegenden Gebiete des östlichen Asien, wie Korea, die Mongolei und Yünnan. Auch in Nordthailand und Laos scheint es frühe Zentren dieser Kunst gegeben zu haben. In der ersten Hälfte des 17. Jahrhunderts ist die Lacktechnik durch die Expeditionen des Königs Anaukpetlun nach Chiangmai und Laihka, einem südlichen Shan-Staat, gelangt.

In Myanmar kennt man zwei verschiedene **Typen** von Lackarbeiten:
• vergoldete Relieflacke auf Holzbasis
• bunter geschliffener Flachlack auf der Basis von Bambus- und Pferdehaargeflechten

Vergoldeten Relieflack findet man bei Opfer- und Altargefäßen wie z. B. auf Buchdeckeln für religiöse Texte und bei Buddhastatuen, aber auch bei ganzen Altären und Thronsesseln.

Der bunte geschliffene Flachlack wird fast ausschließlich bei der Fertigung von Gefäßen und Behältern des profanen Bereiches, z. B. Speisegefäßen, Wasserbehältern, Teedosen, Beteldosen, Tellern, Tabletts usw. verwendet.

Die wichtigsten Zentren des Lackhandwerks in Myanmar sind heute Bagan, Nyaung U und Laihka. Daneben sind auch die rote und schwarze unverzierte Ware von Kyaukka (nahe Monywa) und Maungdaung bekannt.

Herstellung der Gefäße

Der Lack wird als Saft des Baumes Melanorrhoea usitatissima gewonnen.

Lackkunst

Dieser hohe Baum hat große ovale Blätter und trägt von Januar bis März cremefarbene Blüten, die auch zur Herstellung eines Curry verwendet werden. Der Lackbaum wächst wild in den Bergen. Die Bevölkerung schneidet den Stamm ein und hängt ein Bambusgefäß an die Schnittstelle zum Auffangen des Saftes. Zuerst ist der Lack hell, wird dann dunkler und am Schluss ist er schwarz, wenn er getrocknet ist. Alle Lackarbeiten besserer Qualität haben einen Kern aus Pferdehaargeflecht, die einfacheren aus Bambusgeflecht. Der Gegenstand wird über einer Holzform geflochten.

Das fertige Geflecht wird mit einer ersten Schicht von Lack überzogen und getrocknet. Nach 3 - 4 Tagen werden die verbliebenen Unebenheiten und Fugen des Geflechtes mit einer Paste aus Holzmehl, Lack und Reiswasser verkittet. Das Geflecht wird nun geschliffen, erneut mit Lack bestrichen, getrocknet und wieder geschliffen. So entsteht ein Gefäß von glänzendem Schwarz. Es wird dann ein Muster aus dickflüssigem Lack aufgetragen, so dass es sich reliefartig abhebt.

Nach dem Trocknen wird das ganze Gefäß mit einer Schicht aus rotem Lack überzogen, getrocknet und vorsichtig abgeschliffen. Dabei wird von den erhabenen Ornamenten die rote Schicht zuerst weggenommen und der schwarze Untergrund freigelegt. Sind die Muster nun auf die gleiche Ebene mit der roten Lackschicht heruntergeschliffen, treten sie deutlich schwarz auf rotem Grund hervor.

Eine weitere Art der farbigen Verzierung wird dadurch erzielt, dass man mit einem Stichel das gewünschte Muster in die glatte, schwarze Oberfläche des Gefäßes eingraviert. Der Gegenstand wird dann mit einer farbigen Lackschicht überzogen, getrocknet und so lange abgeschliffen, bis die schwarze Grundfarbe wieder sichtbar wird. In den eingravierten Vertiefungen bleibt die Farbe als Ornament sichtbar. Um vielfarbige Gefäße zu bekommen, werden diese Vorgänge der ersten und zweiten Methode mehrmals mit verschiedenen Farben wiederholt. Man spricht dann von einer ein-, zwei- und dreischichtigen Ornamentik.

Ist die Arbeit beendet, wird das Gefäß noch mit Sesamöl eingerieben und mit Büffelleder poliert, um ihm Glanz zu verleihen und es vor dem Austrocknen zu schützen.

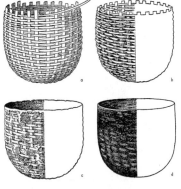

a) Geflecht als Kern des Gefäßes
b) Geflecht nach der 1. Lackierung
c) Geflecht nach dem Verkitten
d) Gefäß nach dem Schleifen und Lackieren

f) Fertiges Gefäß vor dem Anbringen der Verzierungen

Für die Qualität der Arbeit ist die Elastizität und Leichtigkeit maßgebend. Bei einem Lackgefäß erster Güte (aus Pferdehaar) muss man die Ränder zusammenbiegen können, ohne dass der Lack springt oder das Gefäß bricht.

Form und Inhalt der Ornamentik

1. Bei der einfachsten Form der Ornamentik ist die beherrschende Farbe rot, das Muster schwarz mit feinen gelben Punkten. Ein typisches Motiv für das Muster ist das Kleeblatt. Am Boden des Gefäßes ist ein Stern bzw. keine Verzierung.

2. Die Ornamentik ist reicher als bei Variante 1. Der Dekor des Hintergrundes gewinnt an Bedeutung und füllt alle Flächen aus. Auch figürliche Darstellungen können auftreten. Die Farben sind dieselben wie oben bei Punkt 1 beschrieben. Am Boden befindet sich eine Vogelfigur, die entweder einen Pfau oder eine Ente darstellt.

3. An die Stelle der Kleeblattbogenmotive ist hier das Medaillonfries getreten. Als Farben werden Rot, Gelb und Schwarz verwendet. Die Bodenverzierung ist wie bei Version 2.

4. Die Ornamentik wird von figürlicher Darstellung abgelöst. Die Bodenverzierung ist dieselbe wie bei Variante 2. Die figürliche Darstellung bei Lackwaren ist typisch für Myanmar.

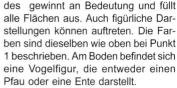

Detail von Deckel und Seitenwand einer Beteldose

Reise-vorbereitungen

Verhalten als Tourist

Wenn Sie nach Myanmar reisen, sollten Sie sich vor Augen führen, dass die jetzige Regierung seit Jahrzehnten die Bevölkerung von der Außenwelt abgeschottet hat. Eine Folge davon war eine starke Einschränkung, ja Behinderung des Tourismus. Erst seit kurzem ist eine langsame Öffnung des Landes zu beobachten.

Die Bevölkerung ist aber noch nicht an einen Massentourismus gewöhnt; dies sollten Sie als Gast stets bedenken. Begegnen Sie deshalb den Menschen zurückhaltend und bescheiden. Das gilt insbesondere beim Umgang mit Behörden, mit dem Militär und der Polizei.

Zeigen Sie in der Öffentlichkeit keine Wutausbrüche - sie ernten nur Befremden. Nehmen Sie alle möglichen Unzulänglichkeiten gelassen hin. Umarmungen, Küssen und Händehalten bei Paaren ist für Myanmaren in der Öffentlichkeit unmöglich.

Denken Sie stets daran, dass die Myanmaren in jeder Situation ihr Gesicht wahren wollen. Ersparen Sie also sich und ihrem Gegenüber Peinlichkeiten. Manchmal kann auch das Bemühen um unbedingte Freundlichkeit sogar dazu führen, dass auf Ihre Fragen falsch geantwortet wird. Irgendeine Antwort ist für die Myanmaren besser als gar keine.

Wer als Tourist respektvoll behandelt werden möchte, sollte auf korrekte Kleidung achten. Für Frauen empfiehlt sich eine knie- und schulterbedeckende Bekleidung. Badekleidung sollte nur am Strand oder Hotelpool getragen werden (Myanmaren baden an-

---

12 Tugenden für Dritte-Welt-Reisen
(herausgegeben vom Bundesministerium für wirtschaftliche Zusammenarbeit)

1. Beginnen Sie Ihre Reise mit dem Wunsch, mehr über das Land und seine Menschen zu erfahren.
2. Respektieren Sie die Gefühle der gastgebenden Bevölkerung. Bedenken Sie, dass Sie durch Ihr Verhalten auch ungewollt verletzen können. Dies betrifft vor allem das Fotografieren.
3. Machen Sie es sich zur Gewohnheit, zuzuhören und zu beobachten, anstatt nur zu hören und zu sehen.
4. Halten Sie sich vor Augen, dass andere Völker oft andere Zeitbegriffe haben. D. h. nicht, dass diese schlechter sind - sie sind eben verschieden.
5. Entdecken Sie, wie interessant und wertvoll es sein kann, eine andere Art des Lebens kennenzulernen.
6. Machen Sie sich mit den örtlichen Sitten und Gebräuchen vertraut.
7. Legen Sie die Gewohnheit ab, auf alles eine Antwort parat zu haben. Seien Sie mal derjenige, der eine Antwort haben möchte.
8. Denken Sie daran, dass Sie nur einer von Tausenden von Touristen im Land sind. Beanspruchen Sie keine besonderen Privilegien.
9. Wenn Sie etwas günstig eingekauft haben, denken Sie daran, dass Ihr Vorteil vielleicht nur deswegen möglich war, weil die Löhne in Ihrem Gastland niedrig sind.
10. Machen Sie niemandem Versprechungen, wenn Sie nicht sicher und willens sind, sie auch zu halten.
11. Nehmen Sie sich täglich etwas Zeit, um Ihre Erlebnisse zu verdauen.
12. Wenn Sie es genauso wie zu Hause haben wollen - verschwenden Sie Ihr Geld nicht fürs Reisen.

gezogen in ihrem *longyi).* Für Männer sind lange Hosen und kurzärmelige Hemden angemessen.

Die Schuhe müssen in Tempeln und Pagoden (gilt auch für Ruinen) oft schon im Aufgangsbereich ausgezogen werden. Auch in Privathäusern ist es üblich, vor der Eingangstüre die Schuhe abzulegen. Es gilt als unhöflich, wenn Sie ihre nackten Fußsohlen auf andere Personen richten.

Der Kopf gilt als besonders heiliger Teil des Körpers. Man berührt z. B. niemals ohne besonderen Grund den Kopf eines Kindes.

Zum Gruß werden die Hände vor dem Gesicht gegeneinandergelegt, und man verneigt sich gleichzeitig. Händeschütteln ist aus hygienischen Gründen nicht beliebt, denn man berührt nicht gerne den Schweiß des anderen. Deshalb halten die Einheimischen auch beim Tanz Abstand.

Touristenvisum

Alle erwachsenen Besucher und Kinder ab 7 Jahren benötigen ein Visum. Ein Kind darf nur in Begleitung eines mit einem gültigen Pass versehenen Erwachsenen einreisen. Der Kinderausweis muss auch bei Kindern unter 10 Jahren mit einem Lichtbild versehen sein.

Visa werden *nicht* erteilt
• an Geistliche und Personen mit kirchlichen Berufen. Diese Personen benötigen eine Sondererlaubnis aus Myanmar.
• an Journalisten, Schriftsteller, Fotografen, Filmregisseure
• an Inhaber eines Reisepasses aus Taiwan, sofern sie nicht im Besitz einer besonderen Genehmigung sind, die von einer diplomatischen Vertretung von Myanmar ausgestellt sein muss.

Ein Touristenvisum wird derzeit für 28 Tage ausgestellt und kann nur in Myanmar für einen kürzeren Zeitraum verlängert werden. Seine Gültigkeitsdauer beträgt 3 Monate ab dem Datum des Stempels.

Eine **Verlängerung des Visums** bis zu zwei Wochen kostet US$ 3 pro Tag. Sie bezahlen den Betrag am Flughafen und füllen dort zwei Formulare (mit zwei Passfotos!) aus. Dafür bezahlen Sie dann US$ 5. Bei einer Verlängerung bis zu 60 Tagen müssen Sie vorher einen Antrag bei MTT in Yangon stellen. Diese Prozedur kann Tage dauern! In Mandalay soll diese Verlängerung - wenn überhaupt - unbürokratischer gehandhabt werden.

Es ist in Myanmar (allerdings nicht mehr so häufig wie noch vor ein paar Jahren) üblich, dass der Pass und das Visum bei Erreichen eines Ortes oder beim Überschreiten eines Verwaltungsgebietes kontrolliert wird. In diesem Fall könnte ein nicht mehr gültiges Visum kleinere Probleme bereiten.

Für ein längeres Touristenvisum benötigen Sie eine Einladung aus Myanmar, am besten von einem dort lebenden Verwandten. Solch ein Antrag ist frühzeitig zu stellen, da die Bearbeitung viel Zeit in Anspruch nehmen kann.

Verpassen Sie Ihr Flugzeug für die Ausreise aus einem wichtigen nachweisbaren Grund, dann verlängert sich das Visum bis zum nächsten Abflug. Dafür müssen Sie allerdings Formulare gegen eine Gebühr beim Ministry of Immigration, Strand Road, Yangon, T. 7 41 39, ausfüllen.

Im Falle einer schweren Krankheit, die Sie zu einer Verlängerung Ihres

Aufenthaltes zwingt, müssen Sie sofort eine staatliche Gesundheitsstelle aufsuchen, die Ihnen bestätigt, dass Sie reiseunfähig sind. In Yangon ist dafür das Ministry of Foreign Affairs, Pyay Road, T. 22 28 44, 22 28 45, Fax: 22 29 50, 22 17 19, zuständig.
Formulare für ein Visum sind in der Bundesrepublik zu beantragen bei:

> Botschaft der Union von Myanmar
> Zimmerstr. 56, 6. Etage
> 10117 Berlin-Mitte
> T. (0 30)2 06 15 70
> Fax: (0 30)20 61 57 20
> Sprechz.: Mo - Fr 9.30 - 16.30 Uhr

Außer an den gesetzlichen Feiertagen bleibt diese Vertretung noch am 4. Januar, dem Unabhängigkeitstag, und Mitte April (Neujahrsfest) geschlossen.

In Myanmar gibt es - entgegen mancher Gerüchte - kein Visum am Flughafen bei der Einreise!

Staatsangehörige von *Österreich, Belgien* und der *Niederlande* beantragen ihr Visum auch bei der myanmarischen Botschaft in Berlin.

Für die Ausstellung des Visums werden benötigt:
1 gültiger Reisepass
die ausgefüllten Formulare (die Sie bei der zuständigen Botschaft anfordern)
3 Passphotos
1 frankierter Rückumschlag für ein Einschreiben

Die Visumgebühr beläuft sich auf Euro 25,00. Der Betrag muss bei Antragstellung mit Verrechnungsscheck, bar oder per Postanweisung (Postbeleg in Kopie beifügen) bezahlt werden. Die Bearbeitung des Visumantrages dauert im Normalfall 1 bis 2 Wochen.

Geschäftsreisevisum

Ein Geschäftsreisevisum wird für vier Wochen von der Botschaft in Berlin ausgestellt und kann in der Regel problemlos verlängert werden bei der staatlichen Myanma Export and Import Services, 577 Merchant Str., Yangon, T. 27 33 49 oder beim Ministry of Immigration, Government Office Complex, Strand Rd, Yangon, T. 28 44 04.

Bei der Antragstellung benötigen Sie in diesem Fall ein Schreiben des Unternehmens in englischer Sprache mit genauer Angabe Ihres Reisezwecks, der Aufenthaltsdauer und der zu besuchenden Stelle/n mit Anschrift. Das Visum kostet Euro 35,00.

Transitvisum

Ein Transitvisum gilt 24 Stunden und muss vor Antritt der Reise bei einer Botschaft von Myanmar beantragt werden. Die Botschaft in Berlin stellt keine Transitvisa aus - in Berlin ein Touristenvisum ausstellen lassen.

Botschaften

Botschaften von Myanmar

Ägypten: 24, Mohammed Mazhar Street, Zamalek, Kairo, T. (20 2) 3 40 41 76, Fax: (20 2) 3 41 67 93
Australien: 22, Arkana Str., Canberra ACT 2600, T. (61 62) 2 73 38 11, Fax: (61 62) 2 73 43 57
Bangladesch: 106, Gulshan Avenue, Gulshari, Dhaka 1212,
T. (880 2) 60 14 61, 60 19 15, Fax: (880 2) 88 37 40
China: 6, Dong Zhi Men Wai Str.,

Chaoyang Distrikt, Beijing 10060, T. (86 1) 5 32 15 84, 5 32 14 25, Fax: (86 1) 5 32 13 44
Frankreich: 60, Rue de Courcelles, 75008 Paris, T. (33 1) 42 25 56 95, Fax: (33 1) 42 56 49 41
Großbritannien: 19 A, Charles Str, London WIX 8 ER, T. (44 71) 6 29 69 66, Fax: (44 71) 6 29 41 69
Hongkong: Room No. 2424, Sun Hung Kai Centre No. 30, Harbour Road, Wanchai, HK, T. (852 0) 28 27 79 29, Fax: (852 0) 28 27 65 97
Indien: 3/50 F, Nyaya Marg, Chanakyapuri, New Delhi 110021, T. (91 11) 60 02 51, Fax: (91 11) 6 87 79 42
Indonesien: 109, Jalan Haji Agus Salim, Jakarta, T. (62 21) 32 76 84, Fax: (62 21) 32 72 04
Israel: 26, Hayarkon Street, Tel Aviv 68011, T. (97 23) 5 17 07 61, Fax: (97 23) 5 17 14 40
Italien: Via Vincenzo Bellini 20, Interno. 1, 00198 Rom, T. (39 6) 8 54 93 74, Fax: (39 6) 8 41 3167
Japan: 8-26, 4-chome, Kita-Shinagawa, Shinagawa-ku, Tokio 140, T. (81 3) 34 41 92 91, Fax: (81 3) 34 47 73 94
Korea: 723-1, 724-1, Hannam-dong, Yongsan-ku, Seoul 140-210, T. (82 2) 7 92 33 41, Fax: (82 2) 7 96 55 70
Laos: Sok Palaung Road, P. O. Box 11, Vientiane, T. (856 21) 31 49 10, Fax: (856 21) 31 49 13
Malaysia: 5, Taman U Thant Satu, 55000 Kuala Lumpur, T. (60 3)2 42 40 85, Fax: (60 3)2 48 00 49
Nepal: Chakupat, Patan Gate, Lalipur, Kathmandu, P. O. Box 24 37, T. (97 71) 52 17 88, Fax: (97 71) 52 34 02
Pakistan: 12/1, Street No. 13, Sector F-7/2, Islamabad, T. (92 51) 82 24 60, Fax: (92 51) 22 12 10

Philippinen: 4th Floor, Basic Petroleum Bldg., 104, Carlos Palanca Jr Street, Legaspi Village, Makati, Manila, T. (63 2) 8 17 23 73, Fax: (63 2) 8 17 58 95
Schweiz: Mission of the Union of Myanmar to the UN, 47 Avenue Blanc, 120 Genf, T. (41 22) 7 31 75 40, Fax: (41 22) 7 38 48 82
Singapur: 15, St. Martin's Drive, Singapur 1025, T. (65) 2 35 87 63, Fax: (65) 2 35 59 63
Sri Lanka: 17, Skelton Gardens, Colombo 5, T. (94 1) 58 76 07, Fax: (94 1) 58 04 60
Thailand: 132, Sathorn Nua Road, Bangkok 10500, T. (66 2) 2 33 72 50, Fax: (66 2) 2 36 68 98, Bearbeitungsdauer 1 - 3 Tage, Gebühr: US$ 25. Mo - Fr 08.30 - 12.00, 14.00 - 16.30. Frühzeitiges Erscheinen ist empfehlenswert. Beachten Sie die Feiertage in Bangkok, besonders das Chinese New Year. Es sind dann die Reisebüros und Ämter oft tagelang geschlossen.
Vereinigte Staaten von Amerika: 2300 S Street, N. W. Washington DC 20008, T. (1 202) 3 32 90 44, Fax: (1 202) 21 27 37 24 21
Vietnam: Building No. A3, Ground Floor, Vanphuc, Diplomatic Quarter, Hanoi, T. (84 4) 5 33 69, Fax: (84 4) 5 24 04

Ausländische Botschaften in Myanmar

Bundesrepublik Deutschland: 32, Natmauk Rd, Kandawgyi, Yangon, P. O. Box 12, GPO, Yangon,T. (00 95 1) 54 89 51, 54 89 62
Telefax: (0095 1) 3 88 99
Sprechzeiten: Mo - Fr 7.30 - 14.00 Uhr

Australien: 88, Strand Rd,
T. 28 07 11, 25 17 97
Bangladesch: 56, Kaba Aye Pagoda Road, T. 54 95 56, 54 95 57
China: 94, Kha Yay Pin Road, T. 22 12 80/81
Frankreich: 102, Pyidaungsu Yeiktha Road, T. 28 21 22
Großbritannien: 80, Strand Road, T. 28 17 00
Indien: 545 - 547, Merchant Street, T. 28 25 50, 28 25 51
Indonesien: 100, Pyidaungsu Yeiktha Rd, T. 28 17 14, 25 44 65
Italien: 3, Inya Myaing Road, Golden Valley, T. 52 71 00
Japan: 100, Natmauk Road,
T. 54 96 48, 54 96 44
Korea: 97, University Avenue, T. 52 71 42
Laos: A-1, Diplomatic Quarters, Tawwin Road, T. 22 24 82
Malaysia: 82, Pyidaungsu Yeiktha Road, T. 22 02 48/49
Nepal: 16, Natmauk Yeiktha Lane, Tamwe Tsp, T. 55 06 33, 54 58 80
Niederlande (Honorarkonsulat): 53 - 55, Maha Bandoola Garden Street, T. 7 28 10
Österreich (Honorarkonsulat): 63, 157th Steet, Tarmwe Township
Philippinen: 50, Pyay Rd, 6 1/2 Mile, T. 66 40 12, 66 40 10
Singapur: 326-B, Pyay Road,
T. 52 56 88
Sri Lanka: 34, Tawwin Road,
T. 22 28 12
Thailand: 45, Pyay Road, 6 1/2 Mile, T. 52 56 70, 53 30 82
USA: 581, Merchant Street,
T. 28 20 55
Vietnam: 36, Wingaba Road,
T. 54 89 05

Einreise

Luftweg

Die übliche und immer genehmigte Einreise erfolgt auf dem Luftweg nach Yangon von Bangkok aus. Neuerdings ist es auch möglich, mit Air-Mandalay von Chiangmai nach Mandalay zu fliegen. Allerdings müssen Sie auch genauso wieder ausreisen.

In allen größeren Städten gibt es Billigflugreisebüros. Beachten Sie und vergleichen Sie die Anzeigen in den größeren Tageszeitungen, Stadtzeitungen und in der Zeitschrift „Flieg und Spar" und die Seiten im Internet (Internetadressen im Anhang). Vor allem nach Bangkok werden viele und günstige Flüge angeboten. In Bangkok selbst gibt es zahlreiche Reisebüros, z. B. auch in größeren Hotels, die Flüge nach Yangon günstiger anbieten, als Sie es von zu Hause aus buchen können.

Wenn Sie aber nur wenig Zeit zur Verfügung haben, ist es besser, den Flug nach Yangon im voraus zu buchen. Von Bangkok nach Yangon reisend, müssen Sie die Uhr eine halbe Stunde zurückstellen!

Fluggastgebühr

Beim Abflug von **Yangon** wird bei internationalen Flügen eine Gebühr in Höhe von 10 US$ oder 10 FEC erhoben. Halten Sie das Geld richtig abgezählt bereit, da am Flughafen möglicherweise nicht gewechselt werden kann. Befreit von dieser Abgabe sind Transitreisende, die mit dem gleichen Flugzeug weiterreisen.

In **Bangkok** beträgt die Fluggastgebühr bei einem Flug nach Yangon zur Zeit 500 Baht.

In jedem Fall sollten Sie sich bei der Ankunft im Flughafen von Yangon nach der aktuellen Fluggastgebühr erkundigen. Lassen Sie sich außerdem unbedingt gleich bei Ihrer Ankunft im Flughafen am Schalter Ihrer Fluggesellschaft den Rückflug bestätigen (bei Thai Air nicht mehr zwingend).

Adressen der Fluggesellschaften in Yangon

Aeroflot: 290-A, Pyay Road, Sanchaung Township, T. 3 53 17
Air China (CAAC): 15-D, Padonmar Str., Dagon Tsp., T. 66 51 87
Air France: 69, Sule Pagoda Rd, Kyauktada Township, T. 25 27 08
Air Mandalay: 209-C, Shwegondine Road, 1. Stock, Bahan Township, T. 52 54 88 Fax: 52 59 37
All Nippon Airways: 380, Bogyoke Aung San Rd im Sakura Tower, T. 24 89 01, Fax: 24 89 04
Biman: 106, Pansodan Str., Kyauktada Tsp., T. 27 58 82
Indian Airlines: 4-G/F, FMI Centre, T. 25 35 97, Fax: 24 81 75
KLM: 104, Strand Road, Kyauktada Township, T. 27 44 66
Malaysia Airlines: im Central Hotel, T. 24 10 07, Fax: 24 11 24
Myanma Airways: 104, Strand Rd, T. 28 95 83, 27 48 74
Myanma Airways International: 123, Sule Pagoda Rd, Pabedan Tsp., T. 28 97 72, Fax: 28 96 09
Silk Air: 380, Bogyoke Aung San Rd im Sakura Tower, T. 28 46 00, 28 26 53, Fax: 28 38 72

Thai Airways International: 380, Bogyoke Aung San Rd. im Sakura Tower, Ecke Sule Pagoda Road, von 10.00 - 18.00 Uhr geöffnet, T. 28 50 06, Fax: 28 95 64
Yangon Airways: 22/24, Pansodan Str., T. 25 08 21, 25 19 34, Fax: 25 19 32, für Reservierungen T. 25 07 73, E-Mail info@yangonairways.com

Folgende Gesellschaften werden von der Myanma Airways Corporation vertreten: Air India, British Airways, Cathay Pacific, Lot, Lufthansa, Royal Nepal Airlines, S.A.S.

Landweg

Es gibt jedoch auf dem Landweg Möglichkeiten, sofern gerade keine Grenzunruhen herrschen. Für diese „Grenzgänge" benötigen Sie in der Regel auch ein Visum, oder Sie müssen Ihren Reisepass hinterlegen. Ein angemessener Pflichtumtausch ist vorgeschrieben. Diese Grenzgänge sind mehr als Ausflüge von Thailand aus gedacht, da Sie über die gleiche Grenze zurück müssen. So ist zur Zeit die Einreise auf dem Landweg im Rahmen einer Package Tour und als Individualtourist bei folgenden Grenzstationen möglich:

• Von der thailändischen Grenze via **Mai Lar** (Mae Sai) **nach Tachilek** und dann weiter nach Kengtung (Kyaing Tong), Pflichtumtausch US$ 200;

• Von der chinesischen Grenze via **Muse, Namkhan, Kutkai, Konlone nach Lashio,** Pflichtumtausch US$ 100.

• Im Süden Thailands kann man von **Ranong** aus mit dem Boot in einer halben Stunde **nach Kawthaung („Victoria Point")** fahren. Die Boote legen alle 10 Minuten ab. In einem kleinen

Zollhaus müssen sich ausländische Touristen melden und den Pass hinterlegen. Für US$ 5 können Sie bis zum Abend bleiben. Das letzte Boot fährt vor Sonnenuntergang zurück. Bei einem ebenfalls möglichen Aufenthalt von drei Tagen wird ein Pflichtumtausch von US$ 50 fällig (einschließlich einer geführten Besichtigung). Ein Reiseführer wartet meist schon im Grenzhäuschen. Von Kawthaung aus ist auf einem nahegelegenen Berg ein Tempel zu besichtigen. Eine dreistündige Besichtigungsrundfahrt kostet ca. US$ 10. Weitere Einreisemöglichkeiten:
• Von **Mae Sot nach Myawaddy** und **Mawlamyine** als Tagesausflug von Thailand aus; dafür wurde 1993 mit dem Bau einer 430 m langen rund 5 Mio. DM teuren „Thai-Burmese-Friendship-Bridge" begonnen, über die der Verkehr dann von Thailand aus auf einer vierspurigen Straße zum 200 km entfernten Mawlamyine fließen soll (sie soll als Teilstück des 6 500 km langen „Asian Highway" dienen, der nach UNO-Plänen von Europa bis nach Vietnam führen wird).
• Von **Phra Chedi Sam Ong** über den historischen **„Drei-Pagoden-Pass"** als Tagesausflug;
• Von **Kanchanabur nach Dawei** (Tavoy);

Darüber hinaus gibt es von der chinesischen Provinz Yünnan aus noch zahlreiche kleine Übergänge nach Myanmar, besonders im Gebiet der Städte Wanding und Ruili, doch sind diese nur für den grenznahen Warenverkehr der dortigen Bevölkerung zugelassen.

Einige Reisebüros in Bangkok bieten Touren über 5 - 6 Tage mit einem Charterflug von Chiang Mai (Nordthailand) nach Bagan und Mandalay an.

Seeweg

Auf dem Seeweg können derzeit nur Seeleute (mit gültigem Reisepass und unter den normalen Visabestimmungen) einreisen, dazu noch Teilnehmer an Kreuzfahrten.

Seit 1996 wird von dem Londoner Unternehmen „Eastern & Oriental-Express" eine Luxusreise mit dem ehemaligen Flussschiff „Elbresidenz", jetzt „Road to Mandalay", angeboten. Das Schiff bietet auf 4 Decks in luxuriösen Kabinen 138 Passagieren Platz. Es ist mit einem Swimmingpool, einer Bibliothek und Satelliten-Fernsehen ausgestattet. Die 6-Tage-Reise beginnt und endet in Bangkok, inbegriffen sind Flug nach Yangon, 2 Nächte im Luxushotel in Yangon, Fahrt mit dem Schiff nach Mandalay mit geführten Besichtigungen, Vollpension (US$ 2000). Buchen bei Eastern & Oriental Express, Oststraße 122, 40210 Düsseldorf, T. (02 11) 16 21 06. Von Singapur aus kann man mit dem gleichen Unternehmen in dem nostalgischen zurechtgemachten Luxuszug Eastern & Oriental Express nach Bangkok reisen (Schlafwagen ca. US$ 1 500, Suite US$ 3 500) und von dort aus nach Yangon fliegen. Ebenfalls plant die Reederei Seabourn Cruise eine Kreuzfahrt von Singapur nach Yangon.

Landkarten

Myanmar, Nelles Verlag, München, APA-Press, Maßstab 1 : 1 500 000. Diese Karte ist empfehlenswert. Sie ist überall in Europa, in Bangkok und vereinzelt auch in Yangon als Nachdruck (billiger) erhältlich!
Asia, South-East, Bartholomew, Maß-

stab 1 : 5 800 000
Falls vorrätig, bekommt man am Touristenschalter im Flughafen von Yangon eine Übersichtskarte von Myanmar und Stadtpläne von Yangon, Mandalay und Bagan kostenlos (evtl. auch in den MTT-Büros).
Myanmar Tourist Map, erhältlich in Yangon in Hotels und Buchläden
Operational Navigation Chart, ONC J-10, Maßstab 1 : 1 000 000
TPC-Karte 310 A, C, D, 1 : 500 000
Satellitenkarte, International Mapping Unlimited, 4343 – 39. St., N. W., Washington, D. C. 20016
Myanmar, Central Intelligence Agency, Maßstab 1 : 3 990 000

Devisen

Einheimische Währung darf weder ein- noch ausgeführt werden. Fremde Währung kann unbeschränkt eingeführt werden, muss aber bei der Einreise auf einem Formblatt deklariert werden. Auch Travellerschecks und Kreditkarten sind darin aufzuführen.

Im Moment ist noch dringend zu empfehlen, Dollarnoten, vor allem auch in kleinen Beträgen, mitzunehmen, da sie damit zum einen schwarz tauschen können und zum anderen auch direkt bezahlen können (z. B. Hotels, Souvenirs, Mietauto, Flug, Bahn, Eintritte usw.). Die Dollarnoten werden nur angenommen, wenn sie sich in einem völlig einwandfreien Zustand befinden (am besten neu)! In Kyat, der einheimischen Währung, sollten Sie z. B. kleinere Einkäufe (Lebensmittel, Getränke usw.), Mahlzeiten und kleinere Transporte (Stadtbusse, Taxi, Fahrrad- bzw. Motorriksha) bezahlen sowie kleine Trinkgelder geben. Offiziell können Sie auch Pfund Sterling, franz. Franc, Euro und Baht tauschen, allerdings oft zu einem schlechteren Kurs. Eine Überweisung von Geld aus Deutschland ist nicht möglich!

Travellerschecks

Die Einlösung von Travellerschecks ist nur in US$ möglich, bereitet aber oft große Schwierigkeiten. Die Schecks werden bei MTT und in bestimmten Banken und dann nur in größeren Orten eingelöst. Man erhält als Tourist nur FEC! Sie müssen die Kaufabrechnung mit den eingetragenen Schecknummern beim Einlösen vorlegen!

Kreditkarten

In Myanmar sind sie bis jetzt noch kein gängiges Zahlungsmittel. Momentan werden nur die *American Express-Card* (Room 6, Bldg 6, Mya Kanthar Housing, Mya Kanthar/Pyay Rd, T. 53 02 06) und die *Visa-Card* akzeptiert. Sie können damit in Yangon und Mandalay die Rechnungen in teureren Hotels bezahlen. Bei einem Geldumtausch mit der Kreditkarte in einer Bank bekommt man als Tourist nur FEC!

Jeder offizielle Geldumtausch wird immer noch auf dem Formblatt eingetragen, das aber nur ganz selten bei der Ausreise kontrolliert wird.

Rücktausch

Nicht verbrauchte Kyat können unter Umständen in eine Auslandswährung, dann aber nur zu einem Viertel des zuletzt offiziell eingewechselten Betrags zurückgetauscht werden.

Pflichtumtausch

Er beläuft sich seit Juli 2000 auf 200 US$, egal wie lange Sie bleiben. Befreit davon sind Touristen, die an einer vorausbezahlten Gruppenreise teilnehmen, Inhaber eines Geschäftsvisums, Transitpassagiere, Kinder unter 12 Jahren und Inhaber eines Diplomatenvisums.

Bei diesem Mindestumtausch erhalten Sie seit dem 4. Februar 1993 die sogenannten **„Foreign Exchange Certificates" (FEC)**. Dieses Touristengeld erinnert an die Geldscheine vom Monopolyspiel. Es wird in Einheiten (units) von 1, 5, 10 und 20 US$ ausgegeben. Sollten Sie die FEC über Travellerschecks kaufen wollen, bekommen Sie für 300 US$ nur 298 FEC! Sie können FEC auch mit Euro kaufen.

Am Flughafen ist ein eigener Schalter für den Umtausch der FEC eingerichtet. Viele Touristen bezahlen US$ 3 - 5 Trinkgeld, um nur 100 FEC kaufen zu müssen. Die FECs sind kein verlorenes Geld - sie bezahlen damit Hotels, Flüge, Züge, evtl. Mietautos, Souvenirs. Alle staatlichen Transportmittel und Hotels (auch die privaten) müssen FECs annehmen! Bei einem Aufenthalt von 3 - 4 Wochen werden Sie im Normalfall ohnehin Ihre FECs verbrauchen.

In letzter Zeit hört man immer häufiger, dass die Regelung mit dem Mindestumtausch in FEC abgeschafft und durch einen geregelten Wechselkurs ersetzt werden soll.

Die FECs können überall in Myanmar ausgegeben werden. Man kann sie sogar schwarz in Kyat und mit etwas Verlust auch in Dollarnoten zurücktauschen.

Währung

1 Kyat (gespr. tschat) = 100 Pyas. Derzeitiger offizieller Kurs (Stand Oktober 2002):
1 US$ = 6,82 K
1 EURO = 5,95 K

Seit März 2000 sind neue Münzen im Umlauf: 100 K, 50 K, 10 K, 5 K und 1 K. Früher gab es Münzen zu 1 Kyat, 50 Pyas, 25 Pyas, 10 Pyas, 5 Pyas und 1 Pya. Auf den alten Münzen sind nur myanmarische Zahlen geschrieben. Alle bisher gültigen Münzen behalten unverändert weiter ihre Gültigkeit. In der Praxis allerdings bekommt man selten Münzen in die Hand.

Etwas verwirrend ist, dass noch alte und neue Scheine kursieren. Die alten Scheine zu K 90, 45, 15, 10, 5 und 1 sind momentan noch gültig. Die neuen Scheine sind in den Einheiten 1 000, 500, 200, 100, 50 und 20 im Umlauf. Auf den Geldscheinen stehen myanmarische und arabische Zahlen. Höhere Geldbeträge werden in Lakh (= K 100 000) und Crore (10 Mio K) ausgedrückt.

Der Kyat wurde 1952 anstelle der myanmarischen Rupie zur Währungseinheit erklärt. In letzter Zeit wurden zweimal neue Banknoten gedruckt. Einmal war es für die Bevölkerung besonders tragisch, als die alten Noten von einer Stunde zur anderen wertlos wurden.

Schwarztausch

Inoffiziell bekam man für den US$ Ende 2002 K 900 - 980. Diese Rate war so ungewöhnlich hoch, dass viele Wechsler keine Dollarnoten mehr tau-

Währung 105

Geldzähler am Markt

schen wollten aus Angst, am nächsten Tag fällt der Dollar rapide. Tauschen Sie noch nicht gleich im Flughafen, sondern informieren Sie sich bei anderen Touristen über die momentane Umtauschrate. In Yangon ist der Schwarzkurs etwas höher als in den anderen Städten.

Travellerschecks werden nicht schwarz getauscht. Weiche Währungen, z. B. Thai Baht, sind nicht gefragt; auch der Euro ist praktisch (noch) nicht schwarz zu tauschen. Für einen 100-US$-Schein bekommt man etwas mehr als für kleinere Scheine. Selbstverständlich sollte deklariertes Geld nicht inoffiziell getauscht werden, da Sie sonst bei der Ausreise u. U. Schwierigkeiten bekommen könnten.

Der Schwarztausch ist zur Zeit in Myanmar üblich, es gibt sogar „offizielle Schwarzgeldwechsler" bei der Sule Pagode und im Scott Market. Ansonsten gilt: Tauschen Sie nicht auf offener Straße, sondern z. B. im Hotel, Café, Taxi, Laden. Bedenken Sie, dass für die Einheimischen der Schwarztausch illegal ist und hohen Strafen unterliegt! Zählen Sie die Kyat zuerst in Ruhe nach, bevor Sie Ihre Dollarnoten aus der Hand geben! Noch sind Scheine zu K 15, 45 und 90 im Handel, das erschwert das schnelle Durchzählen.

Sie können auch mitgebrachte Waren verkaufen oder noch besser gegen einheimische Artikel (Souvenirs) tauschen. Der einst lukrative Verkauf von Whisky und Zigaretten lohnt sich allerdings nicht mehr. Gefragt sind neue Markenartikel aus Europa, z. B. Parfums und Kosmetikartikel (Lippenstift, Make-up, Lidschatten). Nachgemachte Waren aus Thailand eignen sich eher als Geschenke. Parfum- und Kosmetikproben sind ebenfalls begehrte kleine Aufmerksamkeiten.

Reisebudget

Da die Inflationsrate in Myanmar momentan sehr hoch ist (zeitweise bis zu 40 %), muss mit beträchtlichen Preisverschiebungen gerechnet werden. Die nachfolgend angegebenen Preise beziehen sich auf Ende 2002.

Öffentliche Busse und das Essen sind sehr billig, wenn Sie mit schwarzgetauschten Kyats bezahlen. Für eine einfache Mahlzeit in einem einheimischen Lokal zahlen Sie ca. K 300 - 600 (das ist weniger als 1 US$), in einem touristischen Lokal K 500 - 1 000 und in einem gehobenen Restaurant ab US$ 5.

Für die Unterkunft müssen Sie in den größeren Städten durchschnittlich pro Person und Nacht mit mindestens US$ 6 bei der einfachsten Kategorie (Gemeinschaftsbad, Fan und meist ohne Frühstück), US$ 9 - 15 (mit Du und WC, Fan bzw. AC, oft mit TV, mit Frühstück), US$ 15 - 20 (mit Du und WC, AC, TV, Kühlschrank, Frühstück) und ab US$ 50 (gehobene Ausstattung, Frühstücksbuffet) rechnen. Nur in untouristischen Orten bezahlen Sie in Kyat (ab K 2 000 pro Person bei einfachen Zimmern). Viele teurere Hotels berechnen noch 10 % Hoteltaxe und 10 % Bedienungszuschlag.

Für den Transport benötigen Sie im Durchschnitt für eine Busstrecke über Land K 1 500 - 3000, für Züge US$ 20 - 30, für Inlandsflüge ab US$ 50, Schiffe je nach Strecke ca. US$ 15. Nicht unerheblich sind die Eintrittsgebühren von US$ 2 - 10 für Sehenswürdigkeiten.

Zollbestimmungen

Zollfreie Einfuhr

Gegenstände des täglichen Bedarfs sowie jeweils 1 Fotoapparat mit Filmen, Filmkamera mit Filmen oder Videokamera mit Kassetten, Schreibmaschine, Kofferradio, Kassettenrecorder, Diktiergerät, Taschenrechner, Fernglas, Sportgeräte. Diese Gegenstände sowie mitgeführter Schmuck und Elektroartikel müssen bei der Einreise schriftlich deklariert werden. Diese Gegenstände sind bei der Ausreise wieder vorzulegen. Geldbeträge über US$ 2000 müssen auch deklariert werden.

Zollfrei dürfen noch von Reisenden ab 17 Jahren eingeführt werden: 200 Zigaretten, 50 Zigarren oder 225 g Tabak; 1 Liter alkoholische Getränke; 500 ml Parfüm bzw. Kölnisch Wasser.

Waffen und Munition dürfen auf keinen Fall mitgeführt werden!

Mobiltelefone müssen am Flughafen gegen eine Qittung hinterlegt werden. Bei der Ausreise erhalten Sie es zurück. Es gibt sowieso kein Netz für einen Empfang - Ausnahme: ganz nahe der thailändischen Grenze.

Auch Computer und Faxgeräte können von Touristen nicht eingeführt werden! Beachten Sie auch, dass Messer und Scheren aller Art und ähnliches im Flugzeug nicht im Handgepäck transportiert werden darf!

Nicht ausgeführt werden dürfen

Antiquitäten (= Gegenstände älter als 75 Jahre), archäologisch bedeutsame Funde und andere wertvolle Objekte, wie: Fossilien, alte Münzen, alte Gewichte in Tierformen, Bronze- und Tonpfeifen, ältere Inschriften auf Palmblättern, Gold- und Silbertafeln, historische Dokumente, religiöse Bilder und Statuen (Buddhastatuen und -köpfe!), Skulpturen aus Bronze, Stein und Holz, alte Schnitzereien, Porzellan und Töpferwaren, Elfenbeinartikel.

Die Kontrolle durch die Zollbeamten ist unkalkulierbar. Sie ersparen sich viel Ärger, wenn Sie sich an die vorgegebenen Regeln halten. In Zweifelsfällen sollten Sie sich vom „Archaeological Department" in Yangon eine Unbedenklichkeitserklärung gegen eine geringe Gebühr (K 500 - 800) ausstellen lassen. In diesem Fall müssen Sie mit dem Gegenstand hinfahren.

Bei Artikeln, die in den Andenken-Shops der Hotels, im Diplomatic Store oder bei lizensierten Juwelieren gekauft wurden, sind keinerlei Schwierigkeiten zu erwarten. Die dort erhaltene Rechnung enthält bereits die Ausfuhrerlaubnis. Dies gilt auch für Edelsteine.

Neue Gegenstände dürfen in unbegrenzter Zahl ausgeführt werden. Buddhastatuen allerdings nur in einer geringen Anzahl. Mit dem Kauf unterstützen Sie die Pflege und Tradition des Kunsthandwerks und viele kleinere private Betriebe.

Zeit

Der Zeitunterschied beträgt MEZ + 5 ½ Stunden, während der europäischen Sommerzeit + 4 1/2 Stunden.

z. B.: Wenn es bei uns 12.00 Uhr ist, ist es in Yangon 17.30 Uhr, in Kathmandu 16.30 Uhr, in Bangkok 18.00 Uhr und in Singapur 18.30 Uhr.

Sonnenuntergang in Myanmar ist schon zwischen 18.00 und 19.00 Uhr!

Reisezeit

In Myanmar herrscht typisches Monsunklima mit drei unterschiedlichen Jahreszeiten:
- den trockenen und kühlen Monaten November bis Mitte Februar
- den heißen Monaten März bis Mitte Mai
- der Regenperiode mit hoher Luftfeuchtigkeit von Mitte Mai bis Ende Oktober

Die angenehmste Reisezeit dürfte von Mitte Oktober bis Mitte Februar sein. Während dieser Monate kann es jedoch in der Nacht auch empfindlich kühl werden.

Wer nur in den europäischen Ferienmonaten Juli/August/September verreisen kann, braucht trotzdem nicht auf einen Besuch in Myanmar zu verzichten. Auch während der Regenzeit wird es nicht ununterbrochen regnen. Der Himmel ist im Süden zwar meist grau und verhangen, die Tage sind trüb, und es herrscht eine sehr hohe Luftfeuchtigkeit bei durchschnittlich 35 ° C tagsüber und 25 °C nachts. Nach Norden zu, z. B. in Mandalay und besonders in Bagan, trifft man aber durchaus auch während der Regenzeit einen strahlend blauen Himmel an.

Die unangenehmste Reisezeit ist kurz vor dem Einsetzen des Monsuns, etwa Ende April oder Anfang Mai, da es dann brütend heiß sein kann.

Einige Temperaturbeispiele:
Yangon und Deltagebiet im Sommer tagsüber 30 - 39 °C, nachts 25 °C, im „Winter" 20 - 24 °C.
Mandalay und Zentralmyanmar im „Sommer" 36 - 39 °C, im „Winter" 9 - 22 °C, im Bergland ist es kühler.

Wenn Sie die Möglichkeit haben, sollten Sie Ihre Reise nach Myanmar so planen, dass Sie einige Tage um den Vollmond dort sind. Während dieser Zeit finden in Myanmar überall kleinere oder größere Feste statt.

Kleidung

Zu empfehlen ist über das ganze Jahr eine leichte, gut waschbare Sommerkleidung aus Baumwolle oder Viskose. Die Kleidung sollte gepflegt wirken. Tragen Sie als Frau keinen Minirock, kurze Shorts und schulterfreie T-

Shirts. Während der kühlen Jahreszeit sind leichte Jacken und Pullover nötig. Als Regenschutz ist ein Schirm am besten geeignet, da man in Regenjacken und -umhängen leicht schwitzt. Plastiksandalen sind in der Regenzeit sinnvoll und auch für die Besichtigung von Pagoden, da man dort nur barfuß laufen darf und Sandalen sich leichter abstreifen lassen.

Denken Sie auch an den Sonnenschutz - eine gute Sonnenbrille, Sonnenschutzmittel, evtl. Kopfbedeckung.

Fotoausrüstung

Filme und Videofilme können Sie mittlerweile in Yangon und Mandalay kaufen, die Filme sind aber oft alt und vor allem in der feuchten Hitze nicht sachgerecht gelagert. Ich empfehle Ihnen, in jedem Fall ausreichend Filme mitzunehmen. Sie können die Filme in den genannten Städten entwickeln lassen, die Ergebnisse sind jedoch von schlechterer Qualität.

Solange die Filme noch eingeschweißt sind, ist ein Schutz vor Feuchtigkeit gegeben. Die bereits geöffneten Filme können Sie mit Kieselgel und dichten Behältern vor Feuchtigkeit schützen. Notfalls helfen auch Reiskörner vor dem Feuchtwerden. Filme sollten Sie nicht zu lange in der Kamera lassen. Beachten Sie auch, dass die Filme vor Hitze geschützt werden sollen. In Zentralmyanmar ist es zudem während der heißen Saison sehr staubig!

Besonders in den Entwicklungsländern sind immer noch an den Flughäfen überstarke Röntgenkontrollgeräte im Einsatz. Führen Sie deshalb Ihr Filmmaterial grundsätzlich im Handgepäck mit. Zusätzlich können Sie die Filme in dem sog. „Filmshield" (in Fachgeschäften erhältlich) vor Röntgenstrahlen schützen.

Nützliche Informationen zu Ihrer Fotoausrüstung und über das Fotografieren finden Sie in
- „Die Welt im Sucher" von H. Herman (Reise Know-How Sachbuch).

Grundsätzlich gilt: Gehen Sie beim Fotografieren von Menschen behutsam vor! Fragen Sie höflich, bevor Sie die Kamera auf Personen richten! Es ist im ganzen Land verboten, militärische Anlagen, Brücken, Bahnhöfe und Flughäfen zu fotografieren.

Sicherheit

Myanmar ist kein gefährliches Reiseland. Auch als Frau ohne männliche Begleitung können Sie sich relativ unbesorgt - wie in Mitteleuropa - bewegen. Diebstahlgefahr ist bei Bahn- und Busfahrten, besonders bei Nacht, gegeben, dass wirklich etwas entwendet wird, ist aber selten. Verstecken Sie Ihre Wertsachen möglichst gut, z. B. am eigenen Körper: Tragen Sie Geld, Reiseschecks, Pass, Tickets usw. in einem Brustbeutel, Bauchgurt oder einem Wadenbeutel und schützen Sie Geld und Dokumente mit einem Plastikbeutel vor Schweiß.

Nicht benötigte Wertgegenstände könnten Sie auch in größeren Hotels im Hotelsafe zurücklassen. Schmuck nehmen Sie am besten gar nicht mit. Manchmal gibt es in den Hotels an den Zimmertüren Vorrichtungen für ein Vorhängeschloss. Nehmen Sie nur Taschen mit, die aus einem festen Material und gut (wasserdicht bei Reisen während des Monsuns) zu verschließen sind. Für den Fall, dass Ihnen Dokumente gestohlen werden, sollten Sie immer Fotokopien davon mitnehmen, die sie natürlich getrennt von den Originalen aufbewahren.

Stromversorgung

Sie beträgt 220/240 Volt Wechselstrom, 50 Hertz. Die Stromversorgung ist zeitweise katastrophal. Da sie nicht einmal in den Städten zuverlässig ist, sollten Sie auf die Mitnahme elektrischer Geräte möglichst verzichten.

In den abgelegeneren Orten wird der Strom meistens zwischen 22.00 und 6.00 Uhr abgestellt. Stromausfälle sind an der Tagesordnung, aber die meisten größeren Hotels haben für diesen Fall ein eigenes dieselbetriebenes Aggregat.

Flachstecker passen in die meisten Steckdosen; manchmal gibt es auch große runde, dreipolige Steckdosen (englische Steckdosen), vor allem in den teureren Hotels. Die Stecker von Fernsehern sind in der Regel in „normalen" Steckdosen. Es empfiehlt sich, einen Adapter mit den verschiedenen Möglichkeiten (z. B. gibt es beim ADAC einen Adapter mit 10 Möglichkeiten) mitzunehmen.

Öffnungszeiten

Banken
Mo - Fr 10.00 - 14.00 Uhr
Außerhalb der Geschäftszeiten können Sie in allen größeren Hotels offiziell wechseln.

Regierungsbüros
Mo - Fr 09.30 - 16.30 Uhr
Büros
Mo - Fr 09.00 - 17.00 Uhr
Regierungsläden
an einem Wochentag geschlossen, abwechselnd geöffnet von 08.00 - 15.00 Uhr oder von 10.00 - 17.00 Uhr oder 14.00 - 20.00 Uhr
Private Läden
öffnen werktags zwischen 09.00 und 10.00 Uhr und schließen zwischen 18.00 und 22.00 Uhr
Restaurants
Lokale für Einheimische schließen schon zwischen 19.00 und 20.00 Uhr! Die Hauptessenszeiten der einheimischen Bevölkerung sind mittags zwischen 10.00 und 12.00 Uhr und abends zwischen 17.00 und 18.00 Uhr.

Die Öffnungszeiten von **MTT**, der **Hauptpost** und des **Telegraphenamtes** können Sie den nächsten Abschnitten entnehmen.

MTT oder Myanmar Tours & Travel

MTT ist zuständig für Buchungen und Ticketverkauf von Flug- und Zugreisen, Hotelreservierungen sowie für alle touristischen Fragen. Tickets können mittlerweile auch direkt bei den Flugbüros, am Bahnhof, in den Büros der Busunternehmen oder bei privaten Reisebüros gekauft werden. Zu den Hauptreisezeiten werden auch mehrtägige Besichtigungsfahrten und Stadtrundfahrten angeboten. MTT vermittelt zudem offizielle Führer. Fahrpläne für Bahn, Flug, Bus oder Schiff hängen dort aus, außerdem können Sie einen

Stadtplan und Ansichtskarten kaufen. Manchmal sind auch Prospekte von den Hauptsehenswürdigkeiten vorrätig. Insgesamt sind die Angebote von MTT teuer.
MTT und Myanmar Hotels and Tourism Services
P. O. Box 559
77 - 91, Sule Pagoda Road
Yangon, Union of Myanmar
T. 0095/1/25 44 17
Fax: 0095/1/28 25 35
täglich geöffnet von 8.00 bzw. 10.00 Uhr - 20.00 Uhr
 Außer der Geschäftsstelle in Yangon gibt es Zweigstellen in Mandalay, Bagan, Nyaungshwe und Taungyi.

Post und Telefon

Hauptpost (General Post Office)

Strand Rd, Ecke Bo Aung Kyaw Str., ganz in der Nähe vom Strand Hotel, T. 28 54 99, 28 54 40
geöffnet Mo - Fr 09.30 - 16.00 Uhr
Sa 09.30 - 12.30 Uhr, So und Fei geschlossen
Gebühren: Postkarte nach Europa K 30, Luftpostbriefe K 40
 Die Post nach Europa geht jeden Montag und Freitag ab. Sondermarken gibt es nur in der Hauptpost. Wenn Sie Ihre Post in einen Briefkasten werfen, müssen Sie damit rechnen, dass sie nie ankommen wird. Geben Sie deshalb Ihre Post selbst im Postamt ab und lassen Sie sie vor Ihren Augen abstempeln. Bei wichtigen Sendungen wird Luftpost oder ein Kurierdienst empfohlen (z. B. DHL Worldwide Express, 7 A, Kaba Aye Paya Street, Yangon, T. 66 44 23.

Postlagernde Sendungen sind unter folgender Adresse an die Hauptpost in Yangon zu richten:
Vorname Name
Poste Restante
GPO (General Post Office)
Strand Road
Yangon
Union of Myanmar
Diese können kostenlos im 1. Stock abgeholt werden.

Paketsendungen

auf dem Luft- bzw. Seeweg verschikken Sie am sichersten mit:
Schenker Ltd., Yangon Office 59 A, U Lun Maung Street, 7 Mile Pyay Road, Mayangone Township, Yangon, T. (01) 66 76 86, 65 12 50, 66 66 46, Fax: (00 95 1) 65 12 50, Versand in alle Welt, E-Mail: schenker@mptmail.net.mm.
Sehr hilfsbereit und zuverlässig, besorgt auch alle nötigen Papiere.
Express Air & Sea Transportation (Myanmar International Moving Services), 14 A-1 Lane, A-1 Compound, Mile 9, Pyay Road, T. (01) 66 70 57, Fax: 66 70 58, 66 63 64
Mercury Air Cargo, Nr. 46, 31. Street, T. (01) 7 60 95
Overseas Courier Service, 147, 40. Street, 1. St., T. (01) 7 40 45
DHL Worldwide Express, 7 (A), Kaba Aye Paya Street, T. (01) 66 44 23

Telefon, Telegramm, Telefax

 Internationale Gespräche von und nach Myanmar sind möglich, nachdem im Zuge umfassender Modernisierungen 1991/92 die Bauarbeiten für eine Satelliten-Bodenstation des digitalisierten internationalen Telefonverkehrs abgeschlossen wurden und im März 1994 eine weitere Satelliten-Bodenstation fertiggestellt worden ist. Myanmar ist damit an das internationale Netz angeschlossen und kann von 40 Ländern aus direkt angewählt werden. Früher wurden die Gespräche handvermittelt (in Ngapali auch noch im Jahr 2002), was eine lange Wartezeit zur Folge hatte. Internationale Telefongespräche, Faxsendungen und Telegramme können Sie nur von Hotels und vom Telegraphenamt ausführen lassen.

Telefonhäuschen kennt man nicht in Myanmar. Viele Läden haben ein Telefon, das gewöhnlich am Eingang steht und mit einem roten Schild angezeigt ist. Sie können hier ein Orts- und meist auch eine Ferngespräch (nur Inland) führen. Ortsgespräche kosten ca. K 40. Alle internationalen Gespräche müssen in US$ bzw. FEC bezahlt werden!

Bis vor kurzem gab es noch handvermittelte Ferngespräche, die zwar billiger waren jedoch oft lange Wartezeiten beanspruchten. Jetzt geht jedes Telefonat über einen IDD (International Direct Dial)-Anschluss. Die Gebühren nach Europa kosten nur noch die Hälfte von früher. Für eine Minute zahlt man ab US$ 4, für ein Fax pro Minute ab US$ 4. In den Hotels kostet eine Minute bis zu US$ 8. Die Zeit wird oft schon nach dem dritten Klingelton gerechnet. Hebt niemand ab, kann es sein, dass Sie für die hergestellte Verbindung bezahlen.

Nützliche Telefonnummern
Ambulanz (Rotes Kreuz): 29 51 33
Polizei: 1 99, 28 25 11
Auskunft: 1 00
Tourist Information: 28 20 75
Flughafen in Yangon: 66 26 92

Vorwahlnummern

Landesvorwahl: 00 95

Aungban	081
Aunglan	069
Bagan	062
Bago	052
Chaungtha	042
Chauk	061
Heho	081
Hinthada/Henzada	044
Hpa-an	035
Kalaw	081
Lashio	082
Loikaw	083
Magway	063
Mandalay	02
Mawlamyine	032
Meiktila	064
Minbu	065
Monywa	071
Myingyan	066
Myitkyina	074
Nyaungshwe	081
Pa-an	035
Pakokku	062
Pathein	042
Pyay	053
Pyinmana	067
Pyin Oo Lwin	085
Sagaing	072
Sittwe	043
Taunggyi	081
Toungoo	054
Thanlyin	056
Thayet	068
Yangon	01
Yenangyaung	060

Von Myanmar aus wählt man nach Deutschland 00 49, nach Österreich 00 43, in die Schweiz 00 41 und in die Niederlande 00 31 vor.

Reisevorbereitungen

Central Telegraph Office (CTT)
Maha Bandoola Str., Ecke Pansodan Str., T. (01) 28 37 37
geöffnet täglich von 07.00 - 20.00 Uhr
Fax möglich
International Business Centre
88, Pyay Road, T. (01) 66 71 33
internationale Gespräche, Fax und Büroservice

Fax

Ein Fax kann in dem oben genannten Central Telegraph Office und dem International Business Centre sowie in Hotels verschickt werden.

Internet

Einen Internetzugang gibt es in Myanmar noch nicht. Man spricht aber davon, dass es in den kommenden Jahren ermöglicht werden soll. Ende 2002 gab es nur 11 genehmigte Internetanschlüsse (alles einheimische Firmen für Computertechnologie). Gegenwärtig wird in Myanmar noch ein Intranet aufgebaut.

Im Universitätsgelände von Yangon entsteht bis Ende 2002 ein ITC-Park (Informations- und Nachrichtenübermittlungstechnik), an dem sich mehrere private Firmen beteiligen.

E-Mails

sind möglich. Da das Einrichten und die Grundgebühr sehr teuer sind und außerdem bei der Regierung angemeldet und erlaubt sein muss, bleibt dieser Service großen Hotels und Firmen vorbehalten. Nicht nur das Senden, sondern auch das Erhalten einer E-Mail kostet oftmals.

Derzeit bestehen etwa 4 000 lizenzierte inländische Zugänge zur E-Mail. Der Zugang zum World-wide-Web (www) ist nach wie vor unzulässig.

Ausrüstung

Kleidung

Bei diesem Klima trägt sich Baumwollkleidung angenehmsten; lange, leichte Hose, Rock (nicht zu kurz), T-Shirts, Blusen, Hemden, Jacke/Pullover, evtl. feste Schuhe für Wanderungen, bequeme Schuhe, Plastiksandalen für die Dusche und den Monsunregen, saugfähige Strümpfe, Unterwäsche, Badebekleidung (einteilig, höchstens innerhalb von Hotelanlagen Bikini), Schirm (in Regenjacken schwitzt man sehr leicht), Hut als Sonnenschutz, Sonnenbrille, Sonnencreme

Dokumente

Pass (muss bei der Einreise weitere sechs Monate gültig sein), evtl. Internationaler Studentenausweis, evtl. Impfpass; Visum, Fotokopien von allen Dokumenten und Visum, Bargeld, Kreditkarte, evtl. Reiseschecks, Flugtickets, Landkarten, Reiseführer, Reiselektüre.

Hygieneartikel

In den Städten in Myanmar ist inzwischen alles erhältlich; Handtuch, Zahnbürste, Zahnpasta, Seife, Haarshampoo, Nagelschere, -feile, Rasierzeug, Toilettenpapier (auch anstelle von Papiertaschentüchern zu verwenden), Erfrischungstücher, Tampons, Kondome

Ausrüstung

Fotoausrüstung

mit Styropor ausgelegter Behälter, Kieselgel, genügend Filme, Filmshield...

Sonstiges

Wasserflasche (man kann Trinkwasser in Plastikflaschen industriell abgepackt kaufen), Taschenlampe, Taschenmesser, Adapter für Steckdosen, wasserfeste Streichhölzer, Nähzeug und Sicherheitsnadeln, Ersatzschuhbänder, Vorhängeschloss, Wecker (wichtig, weil viele Transportmittel frühmorgens abfahren!), Ersatzbrille, Moskitospiralen und Autan, Alarmsirene fürs Gepäck, Kernseife/Waschpulver, Bürste, Schreibzeug, Notizbuch, Kalender, leichter Schlafsack (z. B. der Baumwollschlaftsack für Bergsteiger vom Alpenverein), Traubenzucker, Bonbons, Kaugummi, zusätzliche Reisetasche oder ähnliches, falls Sie einen Teil des Gepäcks an einem Ort zurücklassen wollen, Tagesrucksack.

Dinge zum Verschenken

gebrauchte Briefmarken, Postkarten (beliebt sind Bergansichten und Seen) und Münzen von zu Hause, Taschenmesser, Modeschmuck, bunte Haargummis- und spangen, Kugelschreiber, Buntstifte, rote Lippenstifte, Nagellack, Kosmetikproben (z. B. Parfum- und Shampooproben, Kaugummi, Kaubonbons, Bonbons, Sticker, Luftballons.

Reiseapotheke

verpackt in mehreren eckigen Plastikdosen, Grundausstattung siehe „Gesundheitliche Vorbereitung"

Essen und Trinken

Die Küche von Myanmar ist stark beeinflusst von den Nachbarländern China, Indien, Bangladesch und Thailand. Die heutige gängige Küche ist eine Mischung aus einerseits indischen (kräftige Gewürze) und andererseits chinesischen Gerichten. Es ist oft recht schwierig, typisch birmanisches Essen in Restaurants zu erhalten. Auf den Speisekarten dominiert meistens die chinesische Küche. Fragen Sie nach birmanischen Gerichten, oft gibt es sie trotzdem. In größeren Städten ist auch die indische Küche sehr beliebt, verbreitet ist außerdem japanisches und europäisches Essen.

In Mandalay und in der Gegend um den Inle See finden Sie **Shan-Gerichte**, bei der Nudeln als Grundlage dominieren. Ansonsten ist sie den Erzeugnissen der nordthailändischen Küche sehr ähnlich.

Mon-Gerichte gibt es von Bago bis Mawlamyine. Hier finden Sie eine größere Auswahl an Curries, die durch die Verwendung von Chili schärfer gewürzt sind als in der birmanischen Küche, ansonsten sind sie ihr ähnlich.

Die **Küche in Rakhine** ist sehr beeinflusst von der in Bangladesch. Neben den sehr scharfen Curries werden insbesondere Meerestiere angeboten und auch Fladenbrot gereicht.

Die normalen **Essenszeiten** für Einheimische sind in Myanmar von 10.00 - 12.00 und von 17.00 - 18.00 Uhr. Birmanische Restaurants schließen relativ früh, zwischen 19.00 und 20.00 Uhr! Restaurants mit Speisen anderer Nationalitäten können bis 22.00 Uhr geöffnet sein. Speisekarten verzeichnen in den touristischen Orten die Gerichte auch in englischer Sprache. In birmanischen Lokalen steht das Essen in Töpfen aufgereiht, so dass Sie auch durch Deuten Ihre Gerichte auswählen können.

Üblicherweise essen die Myanmaren ohne Besteck. Der Reis wird mit der Soße zu kleinen Bällchen geformt und mit den Fingern zum Mund geführt. In der bereitstehenden Schüssel mit lauwarmem Wasser werden die Hände gewaschen. Als Tourist erhält man unaufgefordert Löffel und Gabel. In einem traditionellen Haushalt gibt es keinen Tisch und Stuhl, man sitzt auf Bastmatten. Sollte doch ein Tisch vorhanden sein, dann ist er rund und ganz niedrig, und man kniet beim Essen auf Bastmatten.

Das **Frühstück** für Einheimische besteht aus Tee oder Kaffee, sowie dem „Nationalgericht" *mohinga* - eine Suppe mit Nudeln oder Reis in einer würzigen (Fisch-)Soße, die meist von einem nahegelegenen Markt oder einer Garküche geholt wird. Als Europäer bekommt man automatisch Toast, Butter, Marmelade und Eier in verschiedenen Zubereitungsarten, dazu Tee oder Kaffee serviert.

Eine alltägliche Mahlzeit besteht aus Suppe, Reis, etwas Fisch, Fleisch oder Gemüse - jeweils in einer mehr oder weniger scharfen Curry-Soße. Bei allen Gerichten, in denen das Wort „*hin*" vorkommt, ist Curry dabei (*hin* heißt Curry). Dazu werden meist ein Schälchen mit *Ngapi*, das ist eine Fischpaste mit Chillies, und abschließend eingelegte Teeblätter *(lepet)* gereicht.

Die **myanmarische Küche** ist im Vergleich zur chinesischen schwerer und viel stärker gewürzt. Grundlage eines jeden Essens ist Reis. An Gewürzen werden verwendet: Chili, Pfeffer, Paprika, Ingwer, Anis, Nelken, Curry, Kreuzkümmel, Zitronengras, Tamarinde, Knoblauch, Kurkuma, Fisch- und Shrimppaste, Sojasoße.

Curries sind scharfe Gerichte aus Fleisch oder Fisch mit Reis. Sie können aus Huhn, Ente, Schwein, Rind, Lamm, Hammel, Muscheln, Garnelen (es gibt besonders große Garnelen, die hauptsächlich für den Export bestimmt sind) oder aus verschiedenen Fischsorten (Katzenfisch, Aal, Karpfen, Scholle) gekocht werden.

Gemüse werden frisch je nach Saison verarbeitet, es gibt: Zwiebeln, Frühlingszwiebeln, Auberginen, Zucchini, Blumenkohl, Weißkraut, Kartoffeln, Mais, Bohnen, Erbsen, Gurken, Paprika, Sojabohnen, Bambusspitzen, Tomaten, Pilze.

An **Früchten** sind erhältlich: Orangen von Oktober bis Februar; Avocados, als süße Paste, von Oktober bis April; Erdbeeren aus den bergigen Regionen von Dezember bis April; Mangos von April bis Juli; Wassermelonen von November bis April; Jackfruit von Juni bis September; Mangosteen von Mai bis September; Durian (große stachelige Frucht, übler Geruch), genannt „die Königin aller Früchte", von Mai bis September; Ananas von Juni bis September; Zimtäpfel (wie eine große Orange mit vielen Kernen) von August bis Oktober; Pfirsiche von Juni bis August, Guave von Juni bis Oktober; Pomelo (eine große Zitrusfrucht, ähnlich der Grapefruit); Rambutan (ähnlich wie Lychees, aber pinkfarben); Papayas (am schmackhaftesten mit Limonensaft beträufelt), übers ganze Jahr; Kokosnuss; Bananen in allen Größen und Geschmacksrichtungen, übers ganze Jahr.

Ein vollständiges **Menü** besteht aus gekochtem Reis mit mindestens einem Currygericht, einer Suppe (wird gleichzeitig zum Hauptessen serviert), Salat (nach Saison, roh, kleingeschnitten), gekochtem Gemüse, Gurkenstreifen oder gekochten Bambusspitzen zum Dippen in eine Tomaten-Shrimp-Soße, Crisps (ähnlich wie Chips) aus Kartoffeln, Bohnen, Reis.

Die **Nationalgerichte** sind *mohinga* (Reisnudeln mit gekochtem Fisch in stark gewürzter Suppe), beliebt auch als Frühstück, und *ohno khaukswe* (Nudeln mit Kokosnuss und Hühnercurry). Beliebte Nachspeisen sind *sanwin makin* (süßer Grießpudding), Bananenkuchen und *kyaukkyaw* (Seetanggelee). Weitere Gerichte: *hingha*: Suppe aus Gemüse und Fischpaste; *khaukse gio*: Nudeln, weiße Bohnen, Schweine- oder Entenfleisch, Rührei, Zwiebeln; *ohno khaukswe*: Nudeln mit Hühnerfleisch in einer Soße mit Curry und Kokosmilch; *khowsen*: Shan-Reisnudeln mit verschiedenem Fleisch; *khowsen kho*: gebratene Shan-Reisnudeln mit Schweinefleisch; *kyasan chet*: Glasnudeln mit Pilzen und anderen Gemüsen mit Huhn; *akyaw*: dies sind Gerichte (Gemüse, verschiedene Teigwaren), die in Öl schwimmend ausgebacken werden; man tunkt sie dann in die verschiedenen Soßen ein; *balauchaung*: Fischpaste aus gebratenen Zwiebeln, Knoblauch, Chilies und getrockneten Garnelen, wird in Öl gebraten, dazu isst man Reis; *ngapi*: Dies sind Fischpasten, von denen es verschiedene Varianten gibt. Die drei Hauptsorten sind: *ngapi gaung, ngapi yecho, ngapi seinsa*. ngapi gaung ist die teuerste und wird in Payagyi in der Nähe von Yangon hergestellt. Eine große Menge ganzer Fische wird dabei in einen hölzernen Behälter gelegt. Man rührt dann mit einer großen Bürste, um die Fische zu säubern. Sie werden danach gesalzen und in Bambuskörbe gelegt, in denen sie 24 Stunden bleiben. Schließlich werden sie in der Sonne getrocknet, wieder gesalzen und zu einer Paste zerdrückt.

ngapi yecho: Fischpaste mit Bohnen; *ngapi seinsa:* Paste aus Shrimps und kleinen Fischen; *wet tha hin:* Schweinecurry; *tschet tha hin:* Hühnercurry; *ahma tha hin:* Rindercurry; *nga hin:* Fischcurry; *pazoon hin:* Shrimpcurry; *nga talaung paung:* gekochter Fisch; *lethok:* kleingeschnittener Salat nach Saison, angemacht mit einer Fischsoße, Salz, Sojasoße oder Shrimppaste, Sojabohnenpulver oder Essig, Tamarinde und jeweils Sesam-, Erdnussoder Sojaöl; *lethok son:* Reissalat, fleischlos, wird hauptsächlich bei Festen gereicht; die Zutaten (grüne Papaya, Kartoffeln, Bohnen, Zwiebel, Seetang u. ä. und Gewürze) werden einzeln bereitgestellt. Man kann sich seinen Salat selbst zusammenstellen. *lepet:* gepresste, auch eingelegte Teeblätter, wirken stimulierend, ähnlich wie Koffein; *lepet thok:* Salat aus Teeblättern mit getrockneten Shrimps und scharfen Gewürzen; *thagu-pyin:* Sago mit Palmsirup mit Kokosnusscreme; *kauknyintok:* geschnittene Bananen mit Reis und Kokosnussmilch in Bananenblätter gewickelt und gedämpft; *htamanes:* süßer Reiskuchen mit Banane; *rakhine nget pyaw paung:* gekochte Banane mit Kokosmilch; *sanwin makin:* Grießpudding mit Kokosmilch gekocht, wird oben goldbraun, man serviert ihn auch in einem Päckchen aus Bananenblättern.
Nüsse aller Art, z. B. Cashewnüsse, Erdnüsse; getrocknete und gesalzene Samen von Sojabohnen, Erbsen, Sonnenblumen, Melonen, Kürbis.

Preisbeispiele

In einfacheren Lokalen: Fried Rice/Noodles K 300 - 400, Hauptgericht chinesisch K 400 - 600, birmanisch K 400 - 600, leerer Reis K 50 - 100, Suppen 100 - 150, Früchte ab K 100, Kuchen und Nachtische K 75 - 150.

Zum Essen trinkt man traditionell Tee oder Wasser, die Jüngeren nehmen auch Limos und Bier.

Als **alkoholfreie Getränke** werden einheimische Limonaden und Soda (K 60), Trinkwasser (Flasche K 90 - 150) und frisch gepreßter Zuckerrohrsaft (K 100) angeboten. Außerdem gibt es schwarzen Tee mit Milch oder Zitrone (K 100) und Kaffee (K 100). Der grüne chinesische Tee wird überall kostenlos gereicht und steht oft schon am Tisch. Für diesen grünen Tee stehen umgedrehte Teeschälchen am Tisch, die ohne Abspülen von jedem immer wieder benützt werden. Meines Erachtens hilft dieser Tee am besten gegen Durst. Ausländische Limonaden, z. B. eine Dose Coca Cola, kosten K 400 - 500, das einheimische Starcola K 60 - 100.

Einheimische **alkoholische Getränke** sind Palmwein (toddy), Reisschnaps, Orangenschnaps (Kalaw und Taunggyi), Whisky, Gin, Rum und verschiedene Sorten Bier: große Flasche Mandalay Beer ca. K 600, Bier gezapft klein K 250 - 300, groß K 500. Vorsicht mit Eiswürfeln!

Trinkgeld

In den größeren Hotels werden 10 % Bedienung und darüber hinaus oft noch 10 % Tax auf die Rechnung gesetzt. Zusätzliche Trinkgelder sind üblich. Gepäckträger erhalten ca. K 100 pro Gepäckstück. Taxifahrer erwarten für längere Fahrten ein Trinkgeld in Höhe von US$ 2 - 3 pro Tag.

Kleiner Sprachführer

Siehe auch in den Kapiteln „Sprache" und „Schrift".
Die Aussprache ist für den Europäer sehr schwierig, da Birmanisch eine Tonhöhensprache ist und sich je nach dem Tonfall der Sinn ändert. Die unten angegebene Übersetzung beruht auf der englischen Aussprache.
Wenn Sie mehr Birmanisch lernen wollen, können Sie zum „Lehrbuch des modernen Burmesisch" von E. Richter, Leipzig, greifen oder zum RKH Kauderwelsch „Burmesisch", auch mit Tonbandkassette. In Myanmar ist weiterhin ein für Touristen nützliches Büchlein erhältlich: „Practical Myanmar"

Guten Morgen	mingala ba
Guten Abend	mingala ba
Auf Wiedersehen	thwa bi
ja (männl. Sprecher)	houke khin bya
ja (weibl. Sprecher)	houke shin
nein	hin in/ma hou pu
bitte	tahsei lau kye zu
danke	kyei zu amya gyi tin ba de
ich verstehe	na le ba de
ich verstehe nicht	na ma le bu
sie sind willkommen	la ba la ba
Entschuldigung	sei mashi ba ne
ich spreche nicht myanmarisch	myanma lo mat hpu
wie weit ist es?	ba lau wei tha le
wieviel?	ba lau le
wo ist...?	...be ma shi tha le
wie geht es?	nay gaun ye lah
mir g. es gut	nay gaun ba day
wo ist...?	beh mah lay
wie viel...?	be lauk lay
zu viel	myar day
gut	gaun bo
was ist ihre Nationalität?	ba lu myo le
ich bin Deutscher	lu myo ba gyaman lei zei
Flughafen	bas aka gei
Bushaltestelle	buda youn
Bahnhof	sekbeing
Fahrrad	twe, ka
Auto	yeh sa khan
Polizeistation	a thu sheiyoung
Krankenhaus	shayawung
Arzt	sar thow sai
Restaurant	ho tay
Hotel	ei ya
Bett	yei cho gan
Bad	hsa pya
Seife	ban daik
Bank	biza
Visum	kinmara
Fotoapparat	dwe
Gepäck	boueit
Rucksack	chingdaung
Moskitonetz	dazei gaung
Briefmarke	zei
Markt	..shi the la
gibt es..	...sa me
ich esse...	paun moun
Brot	paun moun gin
Toast	sandawich
Sandwich	thobat
Butter	you
Marmelade	no
Milch	nou ge
Quark	deing ge
Käse	deing jing
Yoghurt	

Tee	la hpet yei
Kaffee	kaw hpi
Wasser	yei
Mineralwasser	soda yei
Trinkwasser	thow yei
Eiswasser	yei yei
Zucker	tha jar
Kuchen	kei moun
Zitronensaft	than bya yei
Omelette	chet ou chor
Nudeln	kau hswe
Reis	hsan
Reis gekocht	ta min
Suppe	hin jo
Ei	kyet u
Hühnerfleisch	kyet thar
Fisch	nga
Schweinefleisch	wet tha
Krabben	ga nab
heiß	pu de
Obst	thit thee
Bier	biya

Toilette

Männer   Frauen

Souvenirs

Am besten können Sie Souvenirs an den Ständen in den Aufgängen zu den Pagoden oder auf den Märkten kaufen. Weitere, aber vergleichsweise teure Einkaufsmöglichkeiten haben Sie in den größeren Hotels und im Flughafen. In Yangon gibt es alles, billiger ist es aber auf jeden Fall, die Souvenirs an ihrem jeweiligen Herstellungsort zu kaufen. Handeln ist obligatorisch!

Lackwaren: direkt in den Werkstätten in oder um Bagan oder in der Mahamuni Pagode in Mandalay

Schirme: überall in größeren Pagoden und am Bogyoke Markt in Yangon

Umhängetaschen: in den Shan-Dörfern um den Inle See und überall auf den Märkten

Steine (Rubine, Jade, Smaragde): nur in staatlichen Läden oder Geschäften mit amtlicher Lizenz, vor allem in Yangon und Mandalay. Ohne Quittung von solchen Läden dürfen Steine nicht ausgeführt werden! In Mandalay werden sie auch in Hotels angeboten - aber dabei ist Vorsicht geraten! Bei Steinen sollten Sie sich auskennen.

Holzschnitzereien: vor allem in Mandalay, aber auch in Yangon in der Shwedagon Pagode

Opiumgewichte: in Mandalay und Bagan größere Auswahl, sonst überall im ganzen Land

Marionetten: in der Mahamuni Pagode in Mandalay, in Bagan und in der Shwedagon Pagode in Yangon

Messinggefäße: vor allem in Mandalay in der Mahamuni Pagode

Gongs: vor allem in Mandalay in der Mahamuni Pagode

Silberwaren: in und um Sagaing, in Mandalay im Zegyo Markt und der Mahamuni Pagode

Brokatwandbehänge: vor allem in Mandalay, auch in Yangon

Longyi-Stoffe: im ganzen Land auf den Märkten oder direkt von den Webereien

Gegenstände aus der Kolonialzeit: auf den Märkten in Mandalay, Pyin Oo Lwin und Yangon

Gesundheitliche Vorbereitung

Gesundheit und Wohlbefinden auf Reisen hängen unter anderem auch von einer gewissenhaften gesundheitlichen Vorbereitung (Impfungen, Malariaprophylaxe etc.), von täglicher Körperpflege und umsichtigem Verhalten in Hitze und Sonne, von der Rücksichtnahme auf die eigene Leistungsfähigkeit und vom Verhalten bei kleineren oder größeren medizinischen Problemen ab. Natürlich ist die Liste der Tropenkrankheiten lang, sie will aber auf den Leser nicht bedrohlich wirken. Dennoch sollte es mit ein bisschen Glück und angemessener Vorsorge gelingen, das Reiseabenteuer in Myanmar ohne größere Blessuren zu überstehen.

Zur gesundheitlichen Vorbereitung gehören auch Überlegungen, ob es nicht sinnvoll ist, eine Auslandskrankenversicherung abzuschließen. Dies gilt vor allem für Mitglieder von gesetzlichen Krankenkassen (Pflicht- und Ersatzkassen), da diese Krankenkassen in der Regel Rechnungen aus dem Ausland nicht erstatten. In diesem Fall hilft eine entsprechende Zusatzpolice, abgeschlossen bei der Krankenversicherung, bei der man bereits Mitglied ist. Eine solche Zusatzversicherung ist meistens vergleichsweise billig zu haben. Sie kann auch mit einer Krankenrücktransportversicherung kombiniert werden. Hier sind die Modalitäten von Versicherung zu Versicherung ganz unterschiedlich. Sie sollten sich also mit ihrer Krankenkasse in Verbindung setzen.

Privat-Versicherte können Arztrechnungen aus dem Ausland bei ihrer Versicherung zur Erstattung einreichen. Empfehlenswert ist allerdings auch für Privat-Versicherte eine kurze Rückfrage bei ihrer Versicherung über den Umfang des versicherten Risikos bei einer Reise nach Myanmar.

Wenn irgend möglich, sollten Sie nur gesund abreisen. Für alle, die regelmäßig Medikamente benötigen ist es natürlich wichtig, von diesen einen ausreichenden Vorrat mitzunehmen.

Anleitung zu Hilfe und Selbsthilfe in allen Situationen, gibt das Buch von D. Werner „Wo es keinen Arzt gibt", RKH.

Allgemeine Hinweise

Impfungen und Medikamente sind ein wertvoller Schutz gegen einige Infektionskrankheiten, sie sind aber kein Ersatz für Hygiene, Vernunft und Vorsicht. Es gibt z. B. gegen die Darminfektionskrankheiten Cholera, Typhus, Paratyphus und Ruhr keine sicheren Schutzimpfungen. Diese Krankheiten sind in Ländern mit niedrigem Hygienestand stark verbreitet.

Vermeiden Sie das Baden in Binnengewässern, auch wenn das Wasser noch so klar und verlockend aussieht. In Seen und Flüssen können Blase und Darm von Erregern der gefährlichen Wurmkrankheit Bilharziose befallen werden. Dagegen gibt es keine medikamentöse Prophylaxe.

Seien Sie besonders vorsichtig bei Trinkwasser. Verwenden Sie zum Trinken und auch zum Zähneputzen nur in Flaschen abgefülltes oder selbst (z. B. mit Micropur) desinfiziertes, abgekochtes Wasser oder Tee. Nicht abgekochtes Wasser, z. B. in Eiswürfeln und Speiseeis, kann gefährlich sein.

Meiden Sie rohe Milch, Salate und ungeschältes Obst. Fische, Krebse und andere tierische Lebensmittel müssen immer vollständig durchgebraten oder gargekocht sein.

Zum Schutz gegen Insektenstiche sind lange Hosen, Hemden mit langen Ärmeln und hochgeschlossene Schuhe sowie Mittel zum Einreiben (z. B. Autan) zu empfehlen. Moskitos stechen vor allem bei Einbruch der Dämmerung und am Abend. Nachts schützen Sie sich am besten durch ein Moskitonetz oder durch Verbrennen von sog. „Coils". Der Boden sollte nie mit bloßen Füßen betreten werden. Zum Schutz vor Gifttieren nie im Dunkeln ohne Taschenlampe gehen. Nie ohne Sicht mit der Hand nach einem Gegenstand z. B. in einem Schrank suchen. Bäume und Büsche meiden, Baumschlangen sind fast alle giftig. Bei Ausflügen in der Natur festes Schuhwerk bis über die Knöchel tragen. Nie auf der Erde schlafen. Kleidungsstücke, Schuhe und Nahrung auf der Erde locken Skorpione, Spinnen und Schlangen an.

Impfungen

Derzeit sind von der nationalen Gesundheitsbehörde in Myanmar keine Impfungen vorgeschrieben, es sei denn, Sie kommen aus einem Epidemiegebiet.

Gelbfieber

Die Impfung ist nur vorgeschrieben für Reisende, die sich innerhalb der letzten 6 Tage vor der Ankunft in Myanmar in Infektionsgebieten aufgehalten haben. Davon ausgenommen sind lediglich Kinder unter einem Jahr. Endemische Zonen für Gelbfieber finden sich in Afrika, Südamerika, Mittelamerika.

Cholera

Bei der Ausreise aus Myanmar brauchen Reisende nur eine Impfbescheinigung, falls sie in Länder reisen, die solche Bescheinigungen immer noch verlangen.

Wundstarrkrampf (Tetanus)

Die Wundstarrkrampfimpfung ist nicht nur für eine Fernreise sondern auch zu Hause eine sinnvolle Vorsorge. Die Auffrischimpfungen sind routinemäßig alle 10 Jahre nötig. Liegt im Verletzungsfall die letzte Impfung weniger als ein Jahr zurück, kann auf eine Auffrischimpfung verzichtet werden.

Kinderlähmung (Polio)

Die Schluckimpfung gewährleistet einen sicheren Infektionsschutz für 7 Jahre. Auch Erwachsene können an Kinderlähmung erkranken. Beachten Sie, dass die Impfung nicht gleichzeitig mit der Typhusimpfung und in einem Abstand von mehr als einem Monat vor oder nach einer Gelbfieberimpfung durchgeführt wird.

Hepatitis A (Gelbsucht A)

Die Hepatitis A wird durch das Hepatitis-A-Virus verursacht. Die Übertragung erfolgt durch verunreinigte Nahrung oder verschmutztes Trinkwasser sowie über mangelhaft gereinigte Essbestecke und schmutzige Handtücher.

Die Gammaglobulininjektion ist keine Impfung, sondern sie stärkt die Abwehrkraft gegen Hepatitisviren. Eine Injektion von 5 ml Impfstoff etwa eine Woche vor dem Abreisetermin gewährt Schutz für etwa drei Monate.

Seit dem 04.12.92 gibt es auch eine aktive Immunisierung (zwei Impfungen mit einem Mindestabstand von 14 Tagen, eine dritte Impfung nach 6 Monaten, Präparatenamen z. B. Havrix), die Schutz für etwa 5 - 10 Jahre bieten.

Hepatitis B (Gelbsucht B)

Die Hepatitis B, ebenso eine Viruserkrankung, gehört nicht zu den typischen Tropenerkrankungen. Sie wird z. B. durch Bluttransfusionen, unsterile Spritzen, und auch durch Geschlechtsverkehr übertragen. Im Gegensatz zu Hepatitis A kann Hepatitis B in ein chronisches Stadium übergehen. Gegen Hepatitis B ist eine aktive Immunisierung möglich. Vorwiegend Beschäftigte im medizinischen Bereich impfen sich gegen Hepatitis B.

Gegen **Hepatitis A + B** bietet sich der Kombinationsimpfstoff Twinrix an. Twinrix muss, um einen ausreichenden Schutz zu bieten, im Abstand von vier Wochen zweimal vor der Abreise verabreicht werden. Eine Boosterimpfung ist nach weiteren 6 Monaten vorgesehen. Der Schutz hält mindestens fünf Jahre vor.

Typhus

Empfohlen wird die Typhoral L Schluckimpfung, vier Wochen vor Reisebeginn, je eine Kapsel am 1., 3. und 5. Tag.

Gegen Paratyphus ist eine Impfung mit TAB-Impfstoff möglich. Ein verlässlicher Schutz ist nicht gewährleistet. Beachten Sie, dass die Typhusimpfung nicht gleichzeitig mit der Polioimpfung durchgeführt werden darf!

Besser wirksam ist die neu auf den Markt gekommene Injektionsimpfung Typhim Vi PMC.

Japanische Enzephalitis

Diese Gehirnentzündung tritt vor allem in den ländlichen Gebieten von Myanmar in den Monaten Juni bis September auf. Eine Impfung (2 Injektionen) müsste zwei Wochen vor Abreise erfolgen, der Impfschutz hält ca. ein Jahr an. Derzeit ist in Deutschland kein Impfstoff zugelassen. Es wird darauf hingewiesen, dass die Impfung mit relativ hohem Erkrankungsrisiko belastet ist. Sie ist also nur bei mehrwöchigem Aufenthalt in ländlichen Endemiegebieten zu empfehlen.

Dengue-Fieber

Das Dengue-Fieber ist eine Viruserkrankung und hat in den letzten Jahren im Tropengürtel deutlich zugenommen. Die Infektion erfolgt nur durch den Stich der Überträgermücke. Die Mücke sticht auch tagsüber.

Nach 2 - 7 Tagen Inkubationszeit kann es zu einer grippeähnlichen Erkrankung mit hohem Fieber und schwerem Krankheitsgefühl kommen. Der erfahrene Arzt kann bei typischer Ausprägung im Endemiegebiet oft auch mit einfachen Mitteln ein Dengue-Fieber diagnostizieren. Die Behandlung ist rein symptomatisch. Gegen die Erreger gerichtete Medikamente gibt es nicht. Zur Prophylaxe müssen Mückenstiche absolut vermieden werden (Mückengitter, Moskitonetz, Klimaanlage, bedeckende Kleidung, Einreiben der unbedeckten Hautstellen z. B. mit Autan, Bekämpfung von Mückenbrutplätzen in der näheren Umgebung, z. B. kleine Wasserbecken, Kokosnussschalen, Blumentöpfe ect.).

Malaria

In Myanmar kommt hauptsächlich die bösartige Form Plasmodium falciparum vor. Malariaschutz ist in den nachfolgend aufgeführten Gebieten unter 1 000 m erforderlich:
Ganzjährig im Kayin(Karen)-Staat
Von **März - Dezember** in den Staaten Chin, Kachin, Kayah, Rakhine, Mon und Shan, in der Bago Division und in den Städten Hlegu, Hmawbi und Taikkyi in der Yangon Division
Von **April - Dezember** in ländlichen Gebieten der Tanintharyi Division
Von **Mai - Dezember** in der Ayeyarwady Division und in ländlichen Gebieten der Mandalay Division.
Von **Juni - November** in ländlichen Gebieten der Magway Division und der Sagaing Division.
(Karte mit den Staaten und Divisionen siehe danebenliegenden Seite).
Malaria ist eine Infektionskrankheit, die durch den Stich der Anopheles-Mücke von Mensch zu Mensch übertragen wird. Sie ist in Südostasien weit verbreitet und hat in den letzten Jahren stark zugenommen. Obwohl es gegenwärtig noch keine Impfung gibt, kann man sich durch gewissenhafte Einnahme von Tabletten gegen den Ausbruch der Malaria schützen.

Allerdings ist wegen der Zunahme von Resistenzen gegen Antimalariamittel vor Antritt der Reise eine kurzfristige Überprüfung der Empfehlungen, die zur Prophylaxe und Therapie der Malaria gegeben werden, anzuraten. Sachkundige Auskunft geben die Tropeninstitute (siehe Anhang).

Ein wichtiger Grundsatz der Malariaprophylaxe ist, sich gegen den Stich der Anophelesmücke zu schützen. Vor allem abends und nachts werden die Mücken aktiv. Die Gefahr des Mückenstichs kann durch geeignete Kleidung, helle, langärmelige Hemden, lange Hosen, Strümpfe etc., durch Verwendung von Moskitonetzen und insektenabwehrende Stoffe (Autan, Bonomol) vermindert werden.

Zur **medikamentösen Grundprophylaxe** sollte, da Myanmar zu den Gebieten mit hochgradig resistenten Malariaerregern zählt, eines der empfohlenen Medikamente verwendet werden. Das bis vor kurzem favorisierte Mefloquin (Lariam) ist trotz zweifellos guter Wirksamkeit bezüglich Malariaprophylaxe wegen Verschärfung der Warnhinweise auf toxische Effekte im Zentralnervensystem nicht mehr zu empfehlen.

Alternativ zu Lariam wird Malarone zur Prophylaxe und zur Therapie vorgeschlagen. Malarone muss täglich eingenommen werden und ist im Vergleich zu Lariam teuer. Malarone ist für die Malariaprophylaxe bei Patienten unter 40 kg Körpergewicht nicht geeignet. Sicherheit und Wirksamkeit der Anwendung von Malarone ist in Studien lediglich bis zu zwölfwöchiger Dauer belegt. Langzeiterfahrungen liegen bei

Malarone bisher noch nicht vor. Die Prophylaxe beginnt 24 Stunden vor der Einreise und endet sieben Tage nach Verlassen des Malariagebiets.

Preisgünstig ist die Prophylaxe mit Doxycyclin 100 mg einmal eine Tablette pro Tag, von der WHO zur Malariaprophylaxe empfohlen, in Deutschland aber zur Malariaprophylaxe nicht zugelassen. Bei Doxycyclin ist auf strengen Lichtschutz zu achten wegen möglicher Hauterscheinungen bei Sonnenlichteinstrahlung und darf nicht bei Kindern unter 8 Jahren und nicht zur Therapie bei ausgebrochener Malaria verwendet werden. Nur zur Therapie und nicht zur Prophylaxe wird auch das Medikament Riamet vorgeschlagen.

Bei **Malariaverdacht** (unregelmäßiges Fieber, ähnlich einem schweren grippalen Infekt, Kopfschmerz, häufig sehr stirnbetont, Gliederschmerzen, trockener Husten) trotz vorangegangener regelrechter Prophylaxe nehmen Erwachsene über 40 kg Körpergewicht zur Therapie eine Dosis von 4 Tabletten Malarone als Einzeldosis an drei aufeinanderfolgenden Tagen. Die Dosierung bei Kindern: 11 - 20 kg Körpergewicht je 1 Tablette täglich an drei aufeinanderfolgenden Tagen; 21 - 30 kg Körpergewicht je zwei Tabletten als Einzeldosis an drei aufeinanderfolgenden Tagen; 31 - 40 je drei Tabletten als Einzeldosis an drei aufeinanderfolgenden Tagen.

Zur verbesserten Selbstdiagnostik wird ein Malaria-Schnelltest (Malaquick Combi) angeboten. Der Test dient zur gezielten Diagnose von Malaria tropica und auch auch von Malaria tertiana. Ein Tropfen Blut auf der Testkarte genügt und zeigt nach wenigen Minuten das Ergebnis. Mit dem Schnelltest wird die Unsicherheit der Stand-By-Therapie reduziert. Untersuchungen zeigen allerdings, dass viele Reisende oft nicht in der Lage sind, den Test vorschriftsmäßig anzuwenden.

Bei Fieber nach Aufenthalt in Malariagebieten muss auch nach korrekt durchgeführter Prophylaxe eine Malaria durch die direkte Blutuntersuchung (dicker Tropfen, Blutausstrich) ausgeschlossen werden.

Impfplanung

Absolut wichtig und notwendig ist die Malariaprophylaxe. Hier sollte man sich keine Nachlässigkeit leisten. Tetanus- und Polioimpfung sind auch für unsere Breitengrade eine sinnvolle Vorsorge. Zusätzliche, überlegenswerte Vorsorgemaßnahmen muss jeder nach seinen persönlichen Verhältnissen für sich entscheiden.

Nachfolgend eine Empfehlung zur Planung für Reiseimpfungen:

4 Wochen vor der Abreise: Tetanusauffrischimpfung, Polioauffrischimpfung (falls keine Typhusschluckimpfung vorgenommen wird), Hepatitis A + B (1. Teil), Typhusschluckimpfung (3 Kapseln in 5 Tagen) oder Typhusinjektion, Gelbfieberimpfung (eine Impfung ausreichend), Cholera (1. Teil).

2 Wochen vor der Abreise: Polioauffrischimpfung, falls zu Beginn der Impfplanung eine Typhusschluckimpfung durchgeführt wurde.

1 Woche vor der Abreise: Cholera (2. Teil); Hepatitis A + B (2.Teil).

24 Stunden vor der Einreise: Beginn der Malariaprophylaxe.

6 Monate nach der ersten Impfung Hepatitis A + B (3. Teil).

Sexuell übertragene Krankheiten

Nur Abstinenz gibt den absoluten Schutz vor sexuell übertragenen Krankheiten. Auch der richtige Gebrauch von Kondomen kann ähnlich hohen Schutz gewährleisten.

Gonorrhoe und Syphilis sind die verbreitetsten dieser Art von Erkrankungen. Die Behandlung von Gonorrhoe und Syphilis geschieht durch Antibiotika. Auch für viele andere sexuell übertragenen Erkrankungen gibt es Behandlungsmöglichkeiten, nicht aber für Aids/HIV.

Die Infektion mit dem HIV-Virus verbreitet sich auch in Myanmar. Offizielle Zahlen hierzu gibt es praktisch nicht. Schätzungen sprechen schon von über 300 000 Infizierten in Myanmar. Die Übertragung des HIV-Virus geschieht durch homo- und heterosexuelle Kontakte, aber auch durch unsterile Nadeln bei Spritzen, Impfungen, Akupunktur, Tätowierungen und beim Stechen der Löcher für Ohrringe oder einen Nasenschmuck.

Schlangenbisse

Zur Vorbeugung gegen Schlangenbisse, Blutegel, Insekten- und Skorpionstiche wird festes Schuhwerk empfohlen. Sollte es dennoch zu einem Schlangenbiss kommen, darf die Bissstelle nicht mehr bewegt werden. Wenn möglich, sollte für einen raschen Transport in ein Krankenhaus gesorgt werden. Falls dies nicht möglich ist, muss eine Notbehandlung erfolgen: Beruhigung des Patienten, Spülung der Bissstelle (kein Einschneiden und kein Ausbrennen!), Schmerzmittel, Abbinden von Arm oder Bein (15 cm oberhalb der Bissstelle) nur, wenn der Transport in das Krankenhaus länger als 30 Minuten dauern wird. Uhrzeit beim Abbinden auf die Haut schreiben. Alle halbe Stunde Binde 10 - 20 Sekunden lockern. Die Abbindung erfolgt um den Rückstrom von vergifteter Lymphe zu verhindern. Es muss aber noch Blut in den abgebundenen Körperteil hineinfließen können! Daher Pulskontrolle an Hand- bzw. Fußrücken, gegebenenfalls Unterbindung lockern.

Zur Auswahl des richtigen Antiserums ist eine genaue Beschreibung der Schlange wichtig!

Vorschlag für eine kleine Reiseapotheke

Antibiotika: Penicillintabletten, z. B. Isocillin 20 T. à 1,2 Mega, bei Penicillinunverträglichkeit z. B. Orelox 100, Elobact 250;
Breitbandantibiotikum, z. B. Doxycyclin 100 mg (bei der Anwendung auf Sonnenschutz achten)
Durchfall: die Aufnahme von sehr viel Flüssigkeit ist wichtig, speziell salz- und glucosehaltige Lösungen, z. B. 1 l Orangensaft, 1 Teel. Kochsalz, 2 Essl. Zucker oder 1 l schwarzer Tee, 1 Teel. Kochsalz, 2 Essl. Zucker, Saft v. 2 Orangen.
Handelspräparate: Elotrans, Santalyt
Zusätzlich sinnvoll: Perenterol, Immodium
Durch Bakterien oder Parasiten hervorgerufene Durchfälle benötigen eine

spezielle Therapie. Hierzu ist ärztlicher Rat einzuholen. Wenn kein Arzt aufgesucht werden kann, sollte bei fiebrigen oder hartnäckigen Durchfällen eine antibiotische Behandlung begonnen werden, z. B. Bactrim forte 2 x 1 Tbl.
Wasserdesinfektion: chemisch mit Micropur, Romin, Chlorina, Jod oder abkochen des Wassers
Sonstiges:
verdauungsfördernde Medikamente: z. B. Mexase
Insektenschutzmittel: z. B. Autan, Bonomol
Präparate zum Ausgleich des Salzhaushaltes bei starkem Wasserverlust durch Schwitzen: z. B. Kochsalztabletten, Oralpädon
leichte Schmerzmittel: z. B. Aspirin 0,5 g, ASS, Benuron 1000 mg

Beruhigungsmittel: z. B. Valium 5, entzündungshemmende Salbe, anwendbar bei Verstauchungen oder anderen Schwellungen, z. B. Tanderil-Creme, Reparil-Gel, Voltaren Emulgel
Mittel zur Desinfektion von Wunden: z. B. Merfen
gegen Kopf- und Filzläuse, z. B. Jacutin
Pilzhemmende Salbe: z. B. Lamisil
Verbandskasten mit:
Hansaplast, Leukoplast, Mullbinden, elastischen Binden, Dreieckstuch, Schere, Pinzette, Fieberthermometer, steril verpackten Mullkompressen, Einwegspritzen, Nadel und Faden.
Medikamente in Zäpfchenform sind wegen der Hitze ungeeignet.
• Adressen von Tropeninstituten in Deutschland siehe im Anhang.

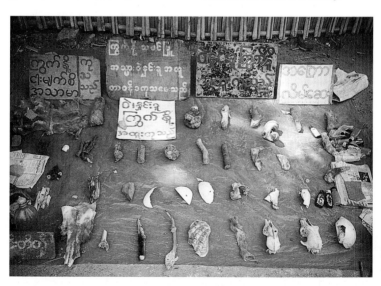

myanmarische Apotheke

Reisen in Myanmar

Das Reisen in Myanmar - auch selbst organisiert - ist in der letzten Zeit viel einfacher geworden. Die Tikkets für Zug, Bus, Flug oder Schiff müssen jetzt nicht mehr bei einem Büro von Myanmar Tours & Travel (= MTT) gekauft werden. Sie können die Tikkets entweder bei einem der privaten Reisebüros oder für die Bahn am Bahnhof, für Überlandbusse in den Büros der Busgesellschaften und für Flüge direkt in den Airline-Büros erwerben. Aber auch die meisten Hotels und Guest Houses besorgen gerne Tikkets. Autos mieten Sie über Ihr Hotel oder in einem Reisebüros.

MTT ist ein staatliches Fremdenverkehrsamt und Reisebüro. Dort sind Stadtpläne und Postkarten erhältlich, ebenso manche Tickets. Sie können Fahrpläne für die Hauptrouten der Züge, Flüge und Schiffe und eine meist unvollständige Hotelliste einsehen, einen Guide für Besichtigungen engagieren (zu teuer) und - völlig überteuerte - Besichtigungstouren buchen. Die Auskünfte von MTT sind außerdem oft unvollständig, nicht aktuell oder falsch.

In Myanmar ist auf dem touristischen Sektor alles im Umbruch: Hotels (vor allem große und teure) werden in rasantem Tempo hochgezogen. Allein für das „Visit Myanmar Year 1996" waren über 30 Hoteleröffnungen vorgesehen, alle mit 300 - 700 Betten und von ausländischen Investoren erbaut. Ältere Hotels werden renoviert und verlangen danach viel höhere Preise. Die neuen Fluggesellschaften Air Mandalay (Sitz in Singapur) und Yangon Airways bedienen die Hauptrouten im Inland; durch diese zusätzlichen Flüge sind jetzt die Engpässe in der Hochsaison weitgehend beseitigt. Es gibt zudem sehr viel mehr Personenautos, so dass es kein Problem ist, ein Auto mit Fahrer zu mieten.

In der Hochsaison (November bis März) sollten Sie trotz aller Verbesserungen Zug-, Flug- und Schifftickets zwei bis drei Tage vorher kaufen, sonst reicht auch ein Tag im voraus. Es ist auch empfehlenswert, ein Zimmer für ihre Rückkehr in Yangon zu reservieren, bevor Sie Ihre Rundreise antreten.

Grundsätzlich sollten Sie beachten: Gestalten Sie Ihren Aufenthalt nicht wie eine Hetzjagd. Genießen Sie die freundlichen Menschen. Setzen Sie sich Schwerpunkte.

Der folgende Überblick soll Ihnen für eine grobe Zeitplanung helfen. Planen Sie flexibel. Genaue Zeitangaben zu den Transportmitteln finden Sie bei den Ortsbeschreibungen. Die angegebenen Tage bezeichnen jeweils das Minimum, das für eine Strecke oder einen Ausflug zu veranschlagen ist. Sehr viele Straßen sind immer noch in sehr schlechtem Zustand und Reifenpannen sind nicht selten. Sie müssen mit einer Durchschnittsgeschwindigkeit von 30 - 40 km/Std. rechnen. Für die Fahrzeiten wurde das Reisetempo von pick-ups bzw. gemieteten Autos zugrunde gelegt.

Ort	Tag(e)
Yangon Ankunft	1
Yangon vor der Rückfahrt	1 - 2
Yangon - Bago	1
Yangon - Tanyin	½ - 1
Yangon - Twante	1

Reisevorbereitungen

Ort	Tag(e)
Yangon - Kyaikhtyio Pagode	1
Yangon - Bago - Kyaikhtyio P. (Goldener Felsen)	2 - 3
Yangon - Bago - Goldener F. - Thaton - Hpa-an - Mawlamyine	3 - 4
Yangon - Pathein - Chaungtha	2
Yangon - Pyay - Ngapali	3
Yangon - Rakhine	3 - 4
Pyay und Srikshetra	1
Pyay - Srikshetra - Beikthano - Bagan	2
Pyay - Minbu - Bagan	2
Bagan	2
Bagan - Chin-Gebiet	3
Bagan - Mt. Popa - Thazi - Kalaw	1
Kalaw - Pindaya - Inle See	2
Inle See	2
Inle See - Taunggyi - Kakku	1
Inle See bzw. Kalaw - Loikaw	2
Heho - Kengtung	3 - 4
Inle See (Taunggyi) - Mandalay	1
Mandalay Stadtbesichtigung	1 - 2
Mandalay - Mingun	½
Mandalay - Taungbyon	½
Mandalay - Amarapura - In-Wa - Sagaing - Ywataung - Kaunghmudaw Pagode	½
Mandalay - Ywataung - Kaunghmudaw P. - Monywa	1
Mandalay - Ywataung - Kaunghmudaw P. - Monywa - Phowin Taung - Salingyi	2 - 3
Mand. - Pin Oo Lwin	1
Mand. - Pin Oo Lwin - Anikasan- oder Wetwun-Wasserfälle	2
Mand. - Pin Oo Lwin - Hsipaw	2
Mand. - Pin Oo Lwin - Hsipaw - Lashio	3

Reisemöglichkeiten in Myanmar

Organisierte Reisen

Myanmar Tours & Travels (MTT)
77 - 91, Sule Pagoda Rd, T. 27 79 66, 27 53 28, 27 83 86, 27 75 71, Fax: 28 25 35

Weitere Büros von MTT finden sich in Mandalay, Taunggyi, Bagan und in Nyaungshwe. MTT in Yangon bietet organisierte Reisen für die Hauptrouten und mehrtägige Ausflüge an. Näheres können Sie nur an Ort und Stelle erfahren und buchen. Diese Touren bezahlen Sie in US$ bzw. FEC. Die Preisangaben verstehen sich für eine einzelne Person, bei Gruppen reduziert sich der Preis bis zur Hälfte, je nach Anzahl der Teilnehmer.

Angebote von MTT (über private Reisebüros ist es wesentlich billiger!) sind beispielsweise:

Stadtrundfahrten: morgens, nachmittags oder abends: je 4 Std., US$ 15; Highlights von Yangon: 8 Std., US$ 22; Umgebung von Yangon: 4 Std., US$ 18; Gärten und Parkanlagen: 3 ½ Std., US$ 22; Hlawga Wildlife Park: 4 Std., US$ 22; Shwedagon Pagode: abends 2 ½ Std., US$ 13; Tanyin: 4 ½ Std., US$ 33; Twante: 7 Std., US$ 75; Bago: 7 Std., US$ 75

In Deutschland erhalten Sie aktuelle Informationen über Myanmar auch unter verschiedenen Internetadressen (Adressen im Anhang) und bei Indochina Services, Enzianstr. 4 a, 82319 Starnberg, T. (0 81 51) 77 02 22, Fax: 77 02 29.

Reisebüros in Yangon

Mittlerweile gibt es allein in Yangon über 100 private Reisebüros mit Lizenz. Sie organisieren Ihnen geführte Reisen in jeder gewünschten Länge, auch für eine Person (das ist natürlich etwas teurer), vermieten Autos, besorgen alle Arten von Tickets und ermöglichen manchmal sogar Ausflüge in gesperrte Gebiete. Sie können sich nach Ihrer Ankunft in Yangon oder bereits von zu Hause aus eine Tour ausarbeiten lassen. Die unterschiedlichen Preise begründen sich meist durch die verschiedenen Hotelstandards.

Anfragen per Fax stellen noch ein Problem dar, da die Leitungen oft überlastet sind. Falls Sie sich von zu Hause aus per Post an ein Reisebüro wenden: in Druckbuchstaben, „Yangon" und „Myanmar" schreiben (nicht die alten Namen!), den Brief mit Luftpost oder Eilpost senden. Wenn Sie das „Package Tour Visa" beantragen wollen (damit sind Sie vom Pflichtumtausch von US$ 200 befreit), brauchen Sie eine Bestätigung des Reisebüros über Ihre gebuchte Tour. Buchen Sie in Yangon erst eine Tour, können Sie natürlich mit den FECs bezahlen.

Eine Auswahl empfehlenswerter Agenturen:

Adventure Travel & Tours: 68, 32. Str., T. 28 45 30, Fax: 52 55 36, fast neben dem Thai Airline Büro, dem Besitzer gehört auch das Motherland Guest House, empfehlenswert

Airborne Travels & Tours C.: 140, 15. Str., Lammadaw Tsp. (= Township), T. 22 60 29, Fax: 22 25 19, vermietet vor allem Autos und Busse

Asia Global: 66, 16. Str., Lammadaw Tsp., T. 22 11 73

Bam Travel & Tours: 44, Shan Rd, Sanchaung Tsp., T. 51 03 69, Fax: 28 99 60, 28 97 41

Blue Bird Travel & Tours: 27, Wadan Str., 1. Stock rechts, Lanmadaw Tsp., T. 22 15 15, Fax: 28 99 60, 8 99 61, eigenes schönes Hotel in Bagan

Bon Voyage: 339, Bo Aung Kyaw Str., Kyauktada Tsp., T. 24 67 61

Columbus Travels & Tours: Yangon: 586, Strand Rd, Ecke 7. Str., T. 22 18 81; F. 22 92 46;121, Sule Pagoda Rd, T. 27 67 78; Sedona Hotel, Kaba Aye Pagoda Rd, T. 66 69 00; 64, G/F, Pansodan Str., T. 24 26 76; E-Mail: columbus@mtpt400.stems.com; Bangkok: 491/31 - 32, Silom Plaza, Silom Rd, 3. St., T. (6 62)2 35 53 17, 2 31 47 35, Fax: 2 31 55 39

Diethelm Travel & Tour: 1, Inya Rd, T. 52 71 10, 52 71 17, F. 52 71 35, E-Mail: leisure@diethelm.com.mm

Free Bird Tours: 357, Bo Aung Kyaw Str., Kyauktada Tsp., T. 29 49 41, 24 54 89, F. 27 56 38, vermietet auch Autos, organisiert aber auch Touren, E-Mail: freebird@myanmars.net

Golden Express Tours: 97 (D), Wardan Str., Lanmadaw Tsp.,T. 22 67 79, 22 55 69, F.: 22 76 36, eigene Hotels in Bagan, Mandalay und Nyaungshwe, E-Mail: getour@ datserco.com.mm

Golden Land Travel Services: 214, 2 A, Bo Aung Kyaw Str., Bohtahtaung Tsp.,T. 28 38 98

Green Leaf Travels & Tours: 87, Room 1, 51. Str., Pazundaung Tsp., T. 29 31 18

Indochina Services: Suite 216/257, Insein Rd, Nawarat Concorde Office Building, T. 66 78 88

Mya Thiri Travel & Tours: 80 E, Thanlwin Rd, Golden Valley, Bahan Tsp., z. Hd. Anita, T. 52 65 93, Fax: 52

63 25; Direktkontakt München, T. (0 89) 4 30 90 55, Fax: 4 39 13 84; E-Mail: myathiri@mptmail.net.mm; z. Hd. Anita in die E-Mail schreiben, empfehlenswert, siehe auch Anzeige im Anhang
Orchestra Travel: 319, Bogyoke Aung San Str., Room 19, T. 29 46 12, Fax: 24 01 09
Peace House: 27 (A), Maha Bandoola Garden Str., T. 24 58 13
Phoenix Tour Services: RM 2(B), Bldg. 270, Pyay Rd, Sanchaung Tsp., T. 53 80 61, 53 80 62, 70 05 15, E-Mail: phoenix@mptmail.net.mm
Ruby Land Tourism Services: 16, Aung San Stadium, T. 28 75 71, empfehlenswert
Sa Khan Thar Travels & Tours: Yangon: 30 (B), 3. St., Yaw Min Gyi Rd, Dagon Tsp., T. 54 95 83; Mandalay: 24, 28. Str., zwischen 71. und 72. Str., T. (02) 2 10 66
Sri Asia Tourism Service: 55, 17. Street, Latha Tsp., T. 22 59 15, Fax: 22 71 27
Success Travels & Tours: 93, Kyundaw Street., Sanchaung Tsp., T. 53 26 68, Fax: 66 54 99
Tour Mandalay: 15, 194 - 196, Maha Bandoola Str., 2. St., Pazundaung Tsp., T. 29 47 29, F. 29 79 17, Filialen in Mandalay, Bagan, Taunggyi, E-Mail: KZN.TMC@ mtpt400.stems.com
Woodland Travels: 24, Yaw Min Gyi Str., Dagon Tsp., T. 27 25 00, 24 66 36, F. 24 03 77, Spezialist für Ecotours, E-Mail: woodland@datserco.com.mm

Reisebüros in Bangkok

(Vorwahl 6 62)
Apex: T. 2 38 12 07, F. 2 37 68 98, 109, Surawong Rd, CCT Bldg., 4. Str.
Asia Voyage: T. 2 34 98 00, Fax: 2 36 83 70, 293/3, Surawong Rd
Golden Pyramid Int. Services: T. 2 35 53 17, Fax: 2 31 55 39, 491/31, Silom Plaza, 3. St., Silom Rd, arbeitet mit Columbus Travel in Yangon zusammen
Diethelm Travel: 10330 Bangkok, 140/1 Wireless Rd, Kian Gwan Building. 2, T. 2 55 91 50-70, Fax: 2 56 02 48-49, E-Mail: dto@ dto.co.th
Skyline Travel Service: T. 2 35 97 80/81, Fax: 2 36 65 85,491/39 - 40 Silom Plaza, 2. St., Silom Rd
Mandalay Myanmar Tours: 491/39 - 40, Silom Plaza

Internationale Flüge

Thai Airways International: Flüge von Bangkok nach Yangon zweimal täglich mit neuen Airbussen.
Myanmar Airways International (MAI): nicht mehr staatlich; fliegt von Bangkok nach Yangon am Dienstag und Samstag zweimal, sonst einmal täglich; von Singapur am Montag, Mittwoch und Freitag einmal täglich; von Kuala Lumpur am Donnerstag und Samstag einmal täglich.
Biman (Bangladesch) Airlines: fliegt einmal pro Woche Yangon an; gilt als unzuverlässig und preiswert.

Inlandsflüge

Inlandsflüge mit Myanmar Airways können nur in Myanmar selbst gebucht werden. Es gibt drei Fluglinien: **Myanmar Airways** (Abkürzung UB, kommt von dem ehemaligen Namen „Union of Burma Airways"), **Air Mandalay** und **Yangon Airways.** Myanmar Airways verfügt über mehrere ältere Fokker (F 27, F 28), die in letzter Zeit vor allem für die „touristischen" Routen durch neue Maschinen ersetzt wurden. Myanmar Airways ist nicht immer verlässlich - Flugpläne werden nicht eingehalten und Reservierungen verschlampt. Das Auswärtige Amt rät aus Sicherheitsgründen ab, Inlandsflüge mit Myanmar Airways zu buchen (1998 sind 3 Maschinen verunglückt!).

Air Mandalay hat eine ganz neue Flotte, ist etwas teurer als Myanmar Airways und fliegt nur die touristischen Hauptorte an. Neu im Flugplan ist die Strecke Chiangmai (Nordthailand) - Mandalay und umgekehrt.

Yangon Airways ist die jüngste Fluggesellschaft und liegt preislich etwas günstiger als Air Mandalay. Es ist in jedem Fall Air Mandalay bzw. Yangon Airways zu empfehlen. Tickets dieser beiden Gesellschaften können in Reisebüros wesentlich billiger sein als bei dem Airline-Büro. Durch das größere Angebot ist es jetzt viel leichter geworden, einen Flug zu bekommen. Höchstens während der Hochsaison im November bis März können Engpässe entstehen. Dann haben Regierungsangehörige, Militärs und Gruppen den Vorrang. Beide Fluglinien sind auch vom Ausland aus zu buchen.

Der Flugplan ist immer wieder Änderungen unterworfen, und manchmal werden abgelegenere Orte dann gar nicht angeflogen. Selbstverständlich können Sie nur Flüge für die Orte buchen, die auch für Touristen freigegeben sind oder für die sie eine Erlaubnis vorzeigen können. Die Inlandsflüge buchen Sie mindestens einen Tag vorher direkt in den jeweiligen Büros der Airline, bei MTT, in großen Hotels oder in Reisebüros. Die Flugtickets müssen Sie in US$ bzw. FEC bezahlen.

Myanmar Airways
Yangon: 104, Strand Rd, T. 27 48 74, 27 45 95, nahe dem Strand Hotel
Mandalay: 82. Str., zwischen 25. und 26. Str., T.(2) 2 25 90, 2 37 36
Taunggyi: Ye Htwet Oo Str., Ye Aye Kwin Ward, T. (81) 2 15 65

Air Mandalay
Yangon: 146, Dhammazedi Rd, westl. d. Shwegondine Ward, Bahan Tsp., T. 52 54 88, F. 52 59 37, Internet Website: www.maiair.com/MAI_routes.htm
Mandalay: Unit G-23, 82. Str., zw. 26. u. 27. Str., T. (2) 7 12 58 42
Bagan: Main Str., Bagan City, T. (65) 8 90 01
Bangkok: Mekong Land, 399/6 Soi Thonglor 21, T. 7 12 58 42, 3 81 08 81, Fax: 3 91 72 12
Singapur: MAS Travel Centre, 19, Tanglin Rd, Tanglin Shopping Centre, T. 2 35 44 11, 7 37 88 77, Fax: 2 35 30 33

Yangon Airways
Yangon: 22/24, Pansodan Str., Kyauktada Tsp. T. 25 08 21, 25 19 34, Reservierungen unter T. 25 07 73, F. 25 19 32, Internet Website: www.yangonairways.com, E-Mail: info@yangonairways.com

Flughafentransfer

Die meisten Hotels und Guest Houses bieten einen kostenlosen Transfer vom und zum Flughafen an. Ansonsten kostet ein Taxi US$ 3 - 5 vom Flughafen in das Zentrum von Yangon und für den umgekehrten Weg K 1 500 - 2 000. Vor dem Flughafentor stehen Taxis, die keine Erlaubnis haben, in das Flughafengelände zu fahren. Mit diesen Autos erreichen Sie Ihr Hotel bestimmt billiger.

Züge

1877 wurde die erste Eisenbahnstrecke (Yangon - Pyay) eröffnet. Inzwischen ist die Streckenlänge auf ca. 6 000 km angewachsen. Die Spurweite beträgt 1 m, und nur wenige Strecken sind zweigleisig.

Neben der staatlichen Gesellschaft „Myanma Railways" existiert noch seit kurzem die private Gesellschaft „Dagon Mann", die mit ihren Expresszügen allerdings nur die Strecke Mandalay - Yangon und zurück bedient. Außerdem verkehrt ein Spezialzug von der Gesellschaft „Dagon Mann" zwischen Yangon und Mandalay. Dieser Zug hat zwei Liegewagen mit vier Abteilen für je vier Personen (in jedem Abteil ist Air-condition, ein Kühlschrank und Video), drei special upper-class-Wagen, zwei upper-class-Wagen, einen 1. Klasse Wagen, einen Speisewagen und einen Wagen für die Zugbegleiter. Man kann sich vorstellen, dass dieser Zug wesentlich teurer ist.

Zwei weitere private Gesellschaften fahren von Mandalay nach Myitkyina. Die von ihnen eingesetzten Bahnen sind schneller, aber auch teurer als die staatlichen Züge.

Die Zugkarten erhalten Sie entweder bei MTT, direkt am Bahnhof oder in einem Reisebüro. Alle Zugkarten müssen mindestens einen Tag im voraus gekauft und in US$/FEC bezahlt werden! Der Kindertarif gilt für Kinder bis 12 Jahren und macht etwa 2/3 vom Erwachsenentarif aus. Es gibt eine 1. Klasse mit Schlafsessel (Upper with Sleeper), eine 1. Klasse (Upper) und eine 2. Klasse mit Holzbänken (Ordinary). In den Zugplänen werden die Routen nach Norden mit „up" und die nach Süden mit „down" gekennzeichnet.

Bei allen anderen Zügen müssen Sie für Essen und Trinken selbst sorgen. Das ist freilich kein Problem, da an allen Zwischenstationen einige Händler Obst, Tee und Kleinigkeiten zum Essen anbieten. In den Wintermonaten kann es in der Nacht kühl werden! Die Diebstahlgefahr in den Zügen ist gegeben! Es ist unbedingt erforderlich, dass Sie - besonders bei Nachtfahrten - auf Ihr Gepäck aufpassen.

Es besteht auch die Möglichkeit, sich einen ganzen Waggon zu mieten. Diese Salonwagen sind mit einer Dusche und WC, einem Schlafraum, einer Küche (mit Geschirr usw. voll eingerichtet) und einem Aufenthaltsraum ausgestattet. Der Waggon wird an den normalen Zug angekoppelt und an den Bahnhöfen, an denen Sie bleiben wollen, auf ein Nebengleis gestellt. Diese Art, mit dem Zug zu fahren, ist allerdings nicht ganz billig, z. B. muss man für acht Tage ca. US$ 1 000 rechnen. Näheres erfragen Sie bitte bei MTT, im Bahnhof von Yangon oder bei einem Reisebüro.

Kartenverkauf in Yangon:
Railwaystation, Bogyoke Aung San Str., T. 27 40 27, geöffnet täglich von 06.00 - 10.00 Uhr und 13.00 - 15.00 Uhr, oder bei MTT (Preise sind gleich). Im Bahnhof von Yangon können Sie nur Tickets nach Thazi und Mandalay kaufen. Karten nach Bago gibt es an einem eigenen Schalter gegenüber.

Upper Class sollten Sie in der Hochsaison zwei Tage, Nachtzüge drei Tage, sonst einen Tag im voraus buchen! Der „Dagon Mann" hat in Yangon und Mandalay im Bahnhof einen eigenen Schalter.

Busse

Die staatlichen Busse (Road Transport Enterprise) sind immer überfüllt, äußerst unbequem und eng, aber billig. Die Straßen sind schlecht, meist ist nur die Breite einer Fahrspur geteert. Bei Gegenverkehr muss auf den mit Schlaglöchern versehenen Randstreifen ausgewichen werden. Alle paar Stunden wird die strapaziöse Fahrt für ein Essen usw. unterbrochen. So kommt es, dass eine Fahrt von Yangon nach Mandalay 16 - 20 Stunden dauern kann.

Will man es bequemer haben, mietet man zu mehreren ein Auto oder nimmt die Expressbusse mit AC der neuen privaten Busgesellschaften. Sie sind schneller und wesentlich billiger als die Bahn. Die Expressbusse verkehren von Yangon nach Meiktila, Pyay, Pathein, Mandalay, Bagan und Taunggyi. Bei der derzeitigen Treibstoffknappheit können sich die Buspreise immer wieder ändern. Es hängt davon ab, ob der Fahrer den Treibstoff zum staatlichen Preis oder zum Schwarzmarktpreis kaufen konnte.

Die Busfahrkarten kaufen Sie mindestens einen Tag im voraus und bezahlen diese Kyat. Erkundigen Sie sich dort auch nach der genauen Abfahrtszeit und der Abfahrtsstelle. Da die Busse oft sehr früh morgens abfahren, müssen Sie am Abend davor ein Taxi oder eine Fahrradriksha bestellen.

Nachtfahrten sind anstrengend und ermöglichen kaum Schlaf. Wenige Busgesellschaften bieten einige Liegen im hinteren Teil des Busses gegen Aufpreis an. Im Buspreis sind nur noch selten Mahlzeiten, die auf der Strecke ausgegeben werden, enthalten.

Highway bus terminals
Alle Busgesellschaften unterhalten an den Busbahnhöfen ein Büro.
Saw Bwa Gyi Gone bus terminal:
Busse für Orte im Norden, südwestlich vom Flughafen, Ecke Pyay und Station Rd., Insein Tsp., T. 66 55 45
Hsinmalike bus terminal:
Busse nach Bago und Pathein; Hledan, Kamaryut Tsp., nordwestlich von Yangon, T. 28 65 88

Busunternehmen

in Yangon
Ticketverkauf: einige Busgesellschaften unterhalten gegenüber dem Zug-Bahnhof ein Büro. Gegen einen kleinen Aufpreis besorgen auch Hotels oder Reisebüros die Tickets.
Viele Ticketbüros finden Sie auch in der Maha Bandoola Garden Str., beim Pyin Oo Lwin Guest House und Pyin Oo Lwin Guest House II.
Private Busunternehmen in Yangon:
Arrow Express: 19 - 25, Aung San Stadium, südlicher Flügel, T. 27 42 94, 24 01 02
Bagan Express: 4/4 (A), Saw Bwa Gyi Gone Highway Bus Station, T. 64 11 41
Kyaw Express: 8 - 11, Aung San Stadium, T. 24 24 73
Leo Express: 21, Aung San Stadium, T. 24 95 12, empfehlenswert
New Orient Express: 216/222-A-2, Maha Bandoola Str., Ecke Bo Myat Tun Str., T. 29 74 32
Skyline Express: 284 - 286, Seikantha Road, Kyauktada Tsp., T. 27 17 11
Sun Moon Express: südliches Aung San Stadium, T. 64 12 01
Taung Paw Thar Express: hatten im Jahr 2002 die besten Busse, fahren die

Strecken Yangon - Mandalay, Mandalay - Taunggyi und umgekehrt
 in Mandalay (Vorwahl 02)
Arrow Express: 337, Ecke 83. und 32. Street, T. 2 34 04
Leo Express: 388, 83. Str. zwischen 32. und 33. Str., T. 3 18 85
Skyline Express: 24. Str., zwischen 81. und 82. Str.
 *in Bagan (*Vorwahl 0 35):
Arrow Express: beim Ayar Aung Busterminal in Nyaung U, T. 1 48
Bagan Express: bei der Shwezigon Pagode in Nyaung U, T. 33
 in Taunggyi (Vorwahl 81):
Skyline Express: 40, Bogyoke Aung San Rd
 in Meiktila (Vorwahl 0 64):
Skyline Express: T. 2 10 70
 Staatliches Unternehmen:
Trade Express: *Yangon:* 9, Yaw Min Gyi Str., Dagon Tsp., T. 27 11 11; *Mandalay:* 200, 83. Str., zwischen 27. und 28. Str. Die staatlichen Busse sind etwas billiger, einfacher und langsamer.

Sammeltaxis

Die gleichen Routen wie die Busse fahren fast immer auch Sammeltaxis, sog. **pick-ups**. Sie sind etwas schneller und teurer, aber nicht bequemer als Busse. Man sitzt eng auf niedrigen Holzpritschen, wenn dort kein Platz mehr ist, werden nach und nach kleine Holzschemel in den „Gang" gestellt, und die letzten Fahrgäste stehen außen auf den Trittbrettern oder sitzen auf dem Dach beim Gepäck. Man fährt in einer Abgas- und Staubwolke, und bei Regen kann es eine nasse Angelegenheit werden, weil die Plane selten dicht ist. Man kann sich vorstellen, dass solch eine Fahrt äußerst strapaziös und eher für kürzere Strecken geeignet ist.

Es lohnt sich, um den besten Platz in der Fahrerkabine für den dann etwa doppelten Preis zu bitten. Das geht allerdings nur, wenn keine Mönche mitfahren, da sie immer in der Fahrerkabine sitzen dürfen.

Schiff

In Myanmar können ca. 8 000 km auf Flüssen befahren werden. Die Schiffe brauchen drei- bis viermal so lange wie die Transportmittel auf der Straße (Ausnahme: das Expressschiff Mandalay - Bagan). Trotz allem ist eine Flussfahrt eine wunderbare Alternative.

Die Inland Water Transport Co. besitzt etwa 500 Flussschiffe. Die Fahrkarten kaufen Sie in der Regel bei MTT, im Reisebüro, über Ihr Hotel oder in einem Büro von Inland Water Transport (IWT).

Hauptbüro: beim Lanthit Jetty, im Gebäude Nr. 63 (hauptsächlich für Einheimische)
für den südlichen Landesteil: 50, Pansodan Str., Yangon, T. 22 24 72, Ticketverkauf auch in der Nähe des Kaingdan Jetty; T. 28 40 55; 28 06 62
für den nördlichen Landesteil: 36. Str., Sein Pann Ward,
in Mandalay: 86. Str., beim Mandalay Swan Hotel, T. 22 11 44, 8 60 35, 2 14 67.
Fahrkarten können notfalls bei kurzen Fahrten auf dem Schiff gekauft werden, bei längeren Fahrten ein bis mehrere Tage im voraus.

Für Touristen kommen folgende Strecken in Frage: Mandalay - Bagan - Pyay, Mandalay - Mingun, Mawlamyine - Hpa-an, Sittwe - Mrauk U, Sittwe - Ngapali und Bhamo - Mandalay.

Eine Flussfahrt auf dem Ayeyarwady mit dem Luxusschiff „Road to

Fähre am Chindwin

Mandalay" ist auf S. 102 beschrieben. Buchung in Yangon im Inya Lake Hotel, Kaba Aye Pagoda Rd, T 66 56 64, F. 66 57 19, E-Mail: www.orientexpresstrains.com.

Auf der „Ayeyarwady Princess" ist auch eine Flussfahrt mit Übernachtung möglich. Buchungsanschrift ist in Yangon, 10, Thazin Rd, Ahlone Tsp. T. 22 53 77, Fax: 22 31 04, in Mandalay T. 3 70 65 und in Bagan 7 01 08.

Anfragen für Schiffreisen von und nach Myanmar nach bzw. aus Europa, Hongkong, China, Japan, Singapur, Malaysia, Thailand, Indonesien, Indien sowie nach Rakhine sind zu richten an:

Myanma Five Star Line
132, 136, Theinbyu Rd, Yangon, P. O. Box: 12 21, T. 29 52 79, 29 52 80, 29 52 81 und 29 56 58/59, Fax: 29 76 69, 29 51 74.

Die MFSL unterhält ein- bis zweimal pro Monat auch Schiffsrouten von Yangon nach Dawei, Myeik und Kawthoung sowie nach Thandwe, Kyaukpyu und Sittwe.

Mietwagen

Mietwagen mit und ohne Fahrer sind überall in den größeren Städten zu bekommen. Fast alle Reisebüros vermitteln Autos mit Fahrer, auch einige Hotels haben eigene Mietautos oder sind bei der Vermittlung behilflich.

Es ist nicht empfehlenswert, selbst zu fahren, da die Straßen sehr schlecht sind und der Verkehr mittlerweile recht dicht ist. Zudem sind die Wagen nicht versichert. In den letzten vier Jahren hat sich durch die aufgehobene Einfuhrsperre die Anzahl der Autos verdoppelt.

Viele Straßen sind nur einspurig geteert, zu beiden Seiten schließt sich je eine halbe Fahrbahnbreite ungeteerten Weges mit grobem Kies und zahlreichen Schlaglöchern an. Tiere bleiben offenbar gerne auf der Straße stehen, und die Leute bewegen sich ebenfalls unberechenbar auf der Fahrbahn. Die Autofahrer untereinander verhalten sich sehr rücksichtsvoll. Lkws geben immer Blinkzeichen, wenn man überholen kann.

Daneben gibt es einige für uns eigenwillige Gepflogenheiten: Schaltet vor einer Kreuzung der Fahrer den Warnblinker ein, heißt dies, dass er geradeaus über die Kreuzung fährt. Vor Ortschaften stehen oft Leute mit kleinen Fahnen und einer großen Metallschüssel, in denen Geld klappert. Aus Lautsprechern dröhnt laute Musik. Diese Leute sammeln z. B. für die Renovierung einer Pagode. Die Autofahrer werfen ihnen Geldscheine ohne anzuhalten aus dem Fenster. Die Geldpäckchen liegen oft schon vorbereitet im Auto. Auch den Leuten, die die Straße reparieren, wird Geld zugeworfen.

Das Tanken ist eine ganz eigene Angelegenheit: Es gibt noch immer nur wenige Tankstellen in unserem Sinn. Am Straßenrand steht z. B. ein Tischchen mit ein paar Ölkannen. Irgendwoher von hinten wird ein Eimer Benzin gebracht, der wieder in einen anderen umgefüllt wird, aus dem dann das Benzin durch ein Stoffsieb in den Autotank gegossen wird. Es ist durchaus nicht ungewöhnlich, mit einer brennenden Zigarette daneben zu stehen. Benzin wird vom Staat den Autobesitzern nur in geringen Mengen zugeteilt, ansonsten kauft man auf dem Schwarzmarkt, wo es etwa K 800 pro Gallone kostet.

Reisen in Myanmar 137

„Tanken"

Brücken sind immer bewacht und nur gegen Gebühren (in unterschiedlicher Höhe) zu benutzen. Die Kontrollposten wollen oft auch Ihre Papiere einsehen. Momentan entstehen zahlreiche neue Brücken, die die Fähren ersetzen werden und somit viel Zeit ersparen.

Die Wegweiser an den Straßen fehlen oft, außerdem sind sie fast immer noch in der Landessprache und -schrift.

Reifenpannen sind an der Tagesordnung. Außerdem müssen Sie sich auf ein langsames und anstrengendes Fahren einstellen. Sollten Sie jetzt immer noch selbst am Steuer sitzen wollen, beachten Sie, dass Sie einen gültigen internationalen Führerschein mit einer Bestätigung der Polizeidirektion in Yangon benötigen. Mietwagen für Selbstfahrer sind kaum erhältlich und sehr teuer. Die Anmietung erfolgt am besten über Ihr Hotel oder ein Reisebüro.

Erholsamer und risikoloser ist es, ein Auto mit Fahrer für einen oder mehrere Tage zu mieten. Ein viersitziger Pkw mit Fahrer (mit Linzenz) kostet für 1 Tag etwa US$ 40 - 60. Je weiter Sie fahren wollen und je schwieriger die Strecke ist desto teurer wird das Auto. Fahrer mit Autos ohne Lizenz sind billiger. Bei 5 Tagen müssen Sie mit etwa US$ 200 pro Auto rechnen. Handeln Sie den Preis in jedem Fall vorher aus. Die Leute sind ehrlich und halten sich in der Regel an den ausgemachten Preis. Bezahlen Sie nie im voraus. Der Fahrer will zwischen 11.00 und 13.00 Uhr ein Mittagessen, Sie können ihn dazu natürlich einladen. Für seine Übernachtungen müssen Sie nicht aufkommen. Die Übernachtungspreise für Einheimische liegen weit unter den Touristenpreisen. Der Fahrer übt oft

138 Reisevorbereitungen

auch die Funktion des Fremdenführers aus. Achten Sie darauf, dass er einigermaßen Englisch spricht.

Taxi

Taxis stehen in der Regel vor größeren Hotels und im Stadtzentrum. Sie kosten ca. K 700 - 1 000, abends etwas mehr. Bei einer Anmietung für einen ganzen Tag sollten Sie den gängigen Preis bei Einheimischen, z. B. im Hotel, erfragen und vorher aushandeln. Kleinere pick-ups fungieren auch als Taxi und sind billiger als ein Pkw.

In Mandalay benützt man als Taxi kleine blaue pick-ups, nur noch selten die früher üblichen kleinen orangefarbenen dreirädrigen Autos, *thaungbein* genannt (sie sind inzwischen in Pyin Oo Lwin zu finden).

Mieten eines Motorrads

Es ist im allgemeinen sehr schwierig, ein Motorrad zu mieten. Mittlerweile gibt es einige größere Motorradgeschäfte, die auch vermieten, z. B. in Yangon Super Star Motorcycle Sale Centre in der 222 Pansodan Rd, T. 27 22 90. Pro Tag müssen Sie mit ca. US$ 30 - 40 rechnen. Unter Umständen hilft Ihnen auch eine Reiseagentur weiter. Prüfen Sie genau das Profil der Reifen und die Bremsen und schauen Sie nach Ölspuren. Ein Helm wird auf Anfrage mitverliehen.

Der Benzinpreis schwankt stark und ist vom Angebot und der Gegend abhängig (Gallone Benzin ca. K 800). In Rakhine, im Mon- und im Kayin-Staat gibt es kaum einen Schwarzmarkt für Benzin. Sie benötigen natürlich einen Internationalen Führerschein.

Fahrräder

In Hotels und Guest Houses in allen touristischen Orten können Sie problemlos Fahrräder (ohne Gangschaltung) für K 1 000 - 1 500 pro Tag mieten. In den kleineren Orten ist der Verkehr gering, so dass Sie keine Schwierigkeiten haben dürften. Besonders in Bagan in der archäologischen Zone macht es Spaß die Tempel und Pagoden auf eigene Faust zu erkunden. Bevor Sie ein Fahrrad mieten, sollten Sie die Bremsen und den Zustand der Reifen kontrollieren.

Sie können mittlerweile auch das eigene Fahrrad relativ problemlos mitbringen. Es muss natürlich bei der Einreise deklariert werden. Einfache chinesische, indische oder thailändische Fahrräder können Sie in Myanmar für US$ 40 - 150 kaufen, sind aber sicher nicht für eine wochenlange Tour durchs Land geeignet. Dafür brauchen Sie ein stabiles Mountainbike und die dazugehörigen Ersatzteile. Die Straßen sind fast immer in einem schlechten Zustand, oft mit Kiesbelag und staubig. Die Autofahrer verhalten sich sehr rücksichtsvoll. Möchten Sie eine Strecke nicht mit dem Fahrrad zurücklegen, können sie es im Bus transportieren - oben auf dem Dach oder sie bezahlen die fünf Sitze der Rückbank. Je nach dem können Sie bis zu 100 km pro Tag zurücklegen. Auch als Fahrradfahrer dürfen Sie nur in erlaubten Gebieten fahren!

Fahrrad-Rikscha *(sai-kaa)*

Dieses Transportmittel, auch *Trischa* genannt, ist vor allem für kürzere Strecken geeignet. In Yangon sind sie schon fast aus dem Straßenbild verschwunden, in kleineren Städten und Dörfern sind sie dagegen noch eines der wichtigsten Verkehrsmittel. Beim Preis muss meistens zäh gehandelt werden.

Pferdekutschen *(myint lei)*

Man findet sie vor allem in Bagan, wo man sie für einen ganzen Tag für eine geführte Besichtigung mietet, in Pyin Oo Lwin, In-Wa und in ländlichen Gebieten.

Sportliche Aktivitäten

Wandern

In den als „sicher" ausgewiesenen Gebieten können Sie auf eigene Faust oder mit einem Führer schöne Wanderungen von ein paar Stunden bis zu mehreren Tagen unternehmen. Geeignete und beliebte Touren bieten sich besonders an in Kalaw, Pindaya, in der Umgebung des Inle Sees, von den Golden Cottages Hotel nach Kakku, in Pyin Oo Lwin und Hsipaw. Von Kentung aus werden geführte Touren zu Bergstämmen angeboten und im Chin-Gebiet besteht neuerdings die Möglichkeit, auf den Mount Victoria zu steigen. Der Goldene Felsen kann ebenso zu Fuß erreicht werden.

Nähere Informationen finden Sie jeweils bei den Ortsbeschreibungen.

Wassersport

Zum Tauchen und Schnorcheln bieten sich die Küsten mit ihren vorgelagerten Korallenriffs in Ngapali und der inselreiche Archipel von Mergui an.

Segeln und Surfen ist in Myanmar unter der einheimischen Bevölkerung noch nicht üblich. Boote und Surfbretter verleihen Hotels, z. B. in Ngapali das Bayview Beach Hotel. In den nächsten Jahren soll es auch in Chaungtha ähnliche Angebote geben.

Kanufahren auf den Kanälen, die vom Inle See ausgehen, erfreut sich wachsender Beliebtheit.

Nähere Informationen finden Sie jeweils bei den Ortsbeschreibungen.

Golf

Golfspielen ist seit den Briten in höheren Kreisen auch bei den Myanmaren beliebt. In Yangon gibt es drei Golfplätze, weitere in Bago, Ngapali, Pathein, Myeik, Pyin Oo Lwin, Bagan, Sale, Taunggyi, Kentung und am Mt Popa.

Erlaubte und nicht erlaubte Orte

In letzter Zeit ist ein großzügiges Vorgehen der staatlichen Stellen bei der Schaffung von Zugangsmöglichkeiten zu touristischen Sehenswürdigkeiten zu beobachten. Dennoch gibt es nach wie vor Gebiete, die nur mit einem Führer und einer Erlaubnis (z. B. Mogok, Chin-Staat) von MTT oder im Rahmen einer von einem Reisebüro organisierten Tour bereist werden dürfen. Sondergenehmigungen sind normalerweise schwer zu erhalten, erfordern einen großen Zeitaufwand und sind teuer. Reisebüros können dies in der Regel für Sie schneller erledigen. Es gibt immer wieder abenteuerlustige Touristen, die ohne Genehmigung in Sperrgebiete fahren. Dies ist z. B. mit einem Lastwagen auch möglich. Es gibt jedoch an den Straßen und bei fast jeder größeren Brücke Kontrollen. Spätestens im Hotel dürfen Sie damit rechnen, von der Polizei aufgegriffen und mit der nächsten Gelegenheit zurückgeschickt zu werden.

Erlaubte Orte

Yangon und Umgebung, Bago, Toungoo, Tanyin, Twante, Kyaikhtiyo (Goldener Felsen), Thaton, Hpa-an, Mawlamyine, Rakhine, Chaungtha, Pathein, Thandwe, Ngapali, Pyay, Srikshetra, Shwedaung, Beikthano, Bagan und Umgebung, Pakokku, Magway, Mount Popa, Meiktila, Thazi, Mandalay und Umgebung, Sagaing, Amarapura, In-

Reisen im Monsun

Wa, Mingun, Pyin Oo Lwin, Monywa, Salingyi, Taungbyon, Kyaukse, Taunggyi und Umgebung, Nyaungshwe, Inle-See, Shwe Nyaung, Kakku, Indein, Kengtung, Kalaw, Pindaya.

Fahrten nach Kyaikhtiyo, Thaton und Mawlamyine waren vor einigen Jahren nicht möglich, zur Zeit sind diese Orte problemlos zu erreichen. Damals galt dieser Bereich als Rebellengebiet. Es ist ratsam, sich über die Gebiete vorher bei MTT oder in Reisebüros zu erkundigen.

Nicht immer erlaubte Orte

Die weitere Umgebung von Myitkyina, Putao, Dawei und Umgebung, Myeik und der Archipel. Diese Orte waren mit Stand Ende 2002 nur mit Genehmigung zugänglich. Lashio und Bhamo waren 2002 problemlos erreichbar. Da dieser Zustand nicht immer so war, sollten Sie sich vorher erkundigen.

Orte, für die eine Genehmigung und ein Führer erforderlich sind

Falls Mogok wieder zugänglich wird, benötigen Sie eine Erlaubnis und einen begleitenden Führer. Eine 3 - 4 tägige Tour dürfte ca. US$ 500 - 600 pro Person kosten.
Auch das Chin-Gebiet und der Mount Victoria sind mit einer Erlaubnis und einem Führer für 3 - 4 Tage zu einem ähnlichen Preis erreichbar.

Verbotene Gebiete

Der Kayah-Staat und grenznahe Gebiete des Karen- und Shan-Staates, die Mon- und Tenasserim-Division und die Orte Loikaw und Ende 2002 auch Mogok sind für Touristen absolut unzugänglich!

Das Besiedlungsgebiet der Naga entlang der indischen Grenze könnte in den nächsten Jahren mit einer Begleitung zu bereisen sein.

Unterkunft

In letzter Zeit wurden, besonders in Yangon, jede Menge neue Hotels gebaut und ältere aufwendig renoviert. In der Hauptstadt haben ausländische Investoren Hotels der gehobenen Klasse mit 300 - 700 Betten errichtet. Die Hotels entsprechen allerdings auch in der gehobenen Kategorie nicht immer dem internationalen Standard. Übernachtungen werden in US$ bzw. FEC bezahlt. Zusätzlich zu den Hotelpreisen werden in den teuren Hotels 10 % Bedienungsgeld sowie eine Hotel- und Gaststättensteuer von 10 % erhoben.

Guest Houses sind oft einfach und im Vergleich mit Thailand etwas teurer. Nicht alle Guest Houses besitzen eine Lizenz für die Aufnahme von Ausländern. Dies erkennen Sie daran, dass es nur in birmanischer Schrift angezeigt ist. Es ist nicht gestattet, bei einer einheimischen Familie zu übernachten. Im äußersten Notfall nehmen manche Klöster Touristen für eine Nacht auf. Es wird dann eine Geldspende erwartet.

Durch das angestiegene Angebot an Hotelzimmern (14 200 Zimmer in 530 Hotels) sinken die Preise eher wieder. Bei teuren und Mittelklassehotels kann man fast immer den Preis herunterhandeln, ganz besonders während der Monsunzeit.

142 Reisevorbereitungen

Hotelangaben sind jeweils am Ende der Ortsbeschreibungen angegeben. Preisbeispiele für eine Übernachtung für ein Doppelzimmer in US$ bzw. FEC:

Luxusklasse:	100 - 300
1. Klasse:	50 - 100
Standard:	30 - 50
Economy:	15 - 30
Guest Houses:	ab 6 - 15

Abfertigung im Mingladon Flughafen, Yangon

Die einzelnen Schritte bei der Abfertigung:
1. Kontrolle von Pass und Visum.
2. Ausfüllen einer Zolldeklaration (wird schon im Flugzeug ausgeteilt), dann können Sie den „Green Channel" passieren.
3. Ausfüllen des Devisenformulars und Geldumtausch in FEC.
4. Gepäckkontrolle
5. Fragen Sie nach der aktuellen Flughafentax für Ihre Ausreise (zur Zeit US$ 10)

Wenn ein voll besetztes Flugzeug ankommt, kann die Abfertigung schon mal eine Stunde dauern. In der Flughafenhalle geht es dann quirlig zu. Viele Anbieter von Guest Houses und kleineren Hotels, die zum Teil keine Lizenz haben (was nichts ausmacht, sie können trotzdem reell sein), wollen dort ihre Zimmer an die Touristen vergeben. Wenn Sie sich für eines dieser Angebote entschließen, ist die Fahrt dorthin kostenlos. Falls Sie schon ein Hotel im voraus gebucht haben, sollten Sie darauf achten, dass Sie am Flughafen kostenlos abgeholt werden.

Außerhalb der Flughafenhalle werden Sie von Taxifahrern abgefangen. Ein offizielles Taxi in die Stadt (ca. 20 km) kostet 3 - 5 US$. Es gibt auch Taxis, die nicht direkt am Ausgang stehen dürfen. Man findet diese vor dem Tor. Sie verlangen 2 - 3 US$ pro Person. In umgekehrter Richtung, also von der Stadt zum Flughafen, bezahlen Sie K 1 500 - 2 000. Die Busse Nr. 51 und 9 fahren vom Flughafen in die Stadt.

Schwimmreifenverleih in Chaungtha

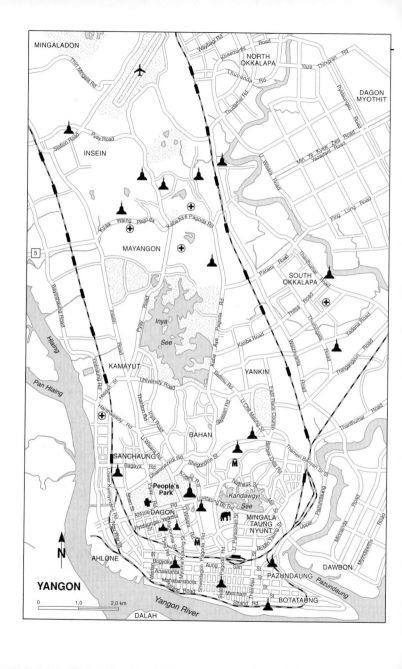

Yangon

Yangon, die Hauptstadt von Myanmar, hat über 4 Millionen Einwohner. Sie verfügt über einen Hafen auf der linken Seite des Yangon-Flusses, der nach 30 km in die Andamanen See mündet.

Im 12. Jahrhundert befand sich an dieser Stelle ein Dorf namens Dagon, was so viel heißt wie „Goldene Pagode". Dagon wurde 1755 in Yangon (d. h. „das Ende des Streites") umbenannt. 1756 wurde der am anderen Flussufer gelegene Ort Thanyin (Syriam) zerstört, was zur Folge hatte, dass sich jetzt Yangon zu einem bedeutenden Seehafen entwickeln konnte. Der zu einer kleinen Stadt angewachsene Ort fiel 1841 einem Feuer zum Opfer. Die neue Stadt gleichen Namens wurde etwas weiter weg vom Fluss gebaut, im 2. Krieg mit den Briten 1852 aber schon wieder weitgehend zerstört. Die Briten bauten dann die Stadt wieder auf und verliehen ihr eine für Kolonialstädte dieser Zeit typische Struktur.

Dieses alte koloniale Stadtbild ist heute noch erhalten, wenn auch inzwischen die Gebäude etwas schimmlig und moosbewachsen sind. Leider wird jetzt damit begonnen, solche alten Häuser nach und nach abzureißen um große Hotels zu bauen.

Leutnant A. Fraser nahm die Sule Pagode als Mittelpunkt der Stadt und legte fünf Straßen parallel zum Fluss an: die Bogyoke Aung San Street, die Anawrahta Street, die Maha Bandoola Street, die Merchant Street und die Strand Road. Die Querstraßen wurden im rechten Winkel dazu gebaut, so dass sich das bekannte Schachbrettmuster mit breiten Straßen, die von Nord nach Süd und von Ost nach West verlaufen, ergab.

1885 erhoben die Briten die Stadt zur Regierungshauptstadt. Sie ist bis heute Sitz der Regierung mit zahlreichen öffentlichen Gebäuden und das wichtigste Wirtschafts- und Handelszentrum des Landes. So verwundert es nicht, dass der Verkehr auf den Straßen rasant zunimmt, aber im Vergleich zu anderen Großstädten Südostasiens wirkt Yangon immer noch ruhig und beschaulich.

Die erste Straßenbahn fuhr bereits 1884, ist aber schon lange von den Straßen verschwunden.

Die klimatischen Verhältnisse in Yangon sind nicht gerade ideal - in der Regenzeit ist es besonders feucht und in der Trockenzeit windstill und heiß.

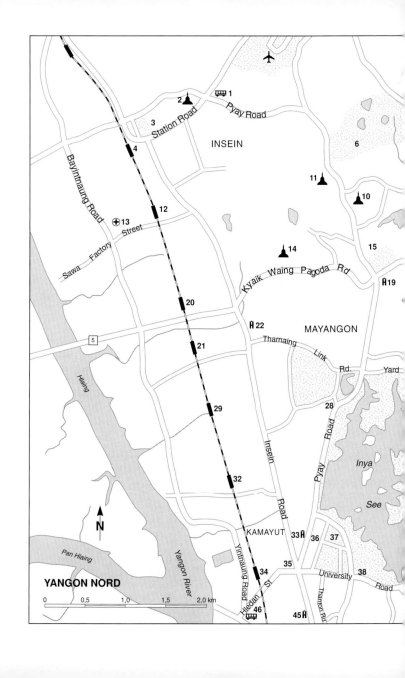

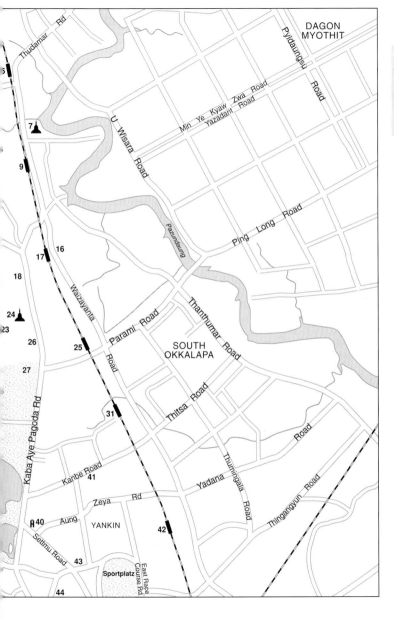

Yangon Nord

1 Highway Bus Centre
2 Arleing Nga Sint Pagode
3 Insein Park
4 Insein Zughaltestelle
5 Kyaukyedwin Zughaltestelle
6 Myanmar Golf Club
7 Mailamu Pagode
8 Naga Cave Pagode
9 Tadagale Zughaltestelle
10 Nagayon Pagode
11 Shan Kyaung (Kloster)
12 Gyogone Zughaltestelle
13 Department of Health (Malaria)
14 Kyaukwaing Pagode
15 Myaing Haywun Park
16 Rundfunkstation
17 Yegu Zughaltestelle
18 Department of Religious Affairs
19 Yangon City Hotel
20 Thamaing Zughaltestelle
21 Okkyin Zughaltestelle
22 Nawarat Concorde Hotel
23 State Pariyatti Sasana Univ.
24 Kaba Aye Pagode
25 Parami Zughaltestelle
26 Myanma Gems Enterprise
27 Chanmyay Yeiktha Meditationszentrum
28 Philippinische Botschaft
29 Thirirmyaing Zughaltestelle
30 New World Inya Lake Hotel
31 Kanbe Zughaltestelle
32 Kamayut Zughaltestelle
33 Novel Garden Hotel
34 Hledan Zughaltestelle
35 Hledan Zei Markt
36 Judson Baptist Church
37 Universität
38 UNICEF
39 Botschaft von Südkorea
40 Mya Yeik Nyo Deluxe Hotel
41 Post
42 Bauktaw Zughaltestelle
43 Sanpya Markt
44 Salathai Restaurant
45 Aurora Hotel
46 Hsimmalaik Bus Centre (nach Bago, Pathein, Kyaikhtiyo)

Yangon Süd

1 Orthopaedic Hospital
2 San Pya Fischmarkt
3 Myanma TV
4 Mya Yeik Nyo Royal Hotel
5 Mya Yeik Nyo Supreme Hotel
6 Mahasi Meditationszentrum
7 Kyaukhtatkyi Pagode
8 Tamwe Zughaltestelle
9 Thuwunna Brücke
10 Ngadatkyi Pagode
11 Air Mandalay
12 Post
13 Italienische Botschaft
14 Vietnamesische Botschaft
15 Comfort Inn
16 Botschaft von Singapur
17 Liberty Hotel
18 Kyemyindaing Zughaltestelle
19 Yuzana Supermarkt
20 Kohtatgyi Pagode
21 Botschaft von Malaysia
22 Martyrs' Mausoleum
23 Beauty Land Hotel
24 Bogyoke Aung San Museum
25 Bagan Inn
26 Fame Hotel
27 Nepalesische Botschaft
28 Eye, Ear, Nose and Throat Hospital

29 Tamwe Zughaltestelle
30 Diplomatic Hospital oder Kandawgyi Clinic
31 Mingala Zei Markt
32 Baiyoke Kandawgyi Hotel
33 Zoo
34 Aquarium
35 Maha Wizaya Pagode
36 Golden View Restaurant
37 Summit Park View Hotel
38 Shwedagon Pagode
39 Pyithu Hluttaw (Nationale Versammlungshalle)
40 Panhlaing Zughaltestelle
41 Thirimingala Zei Markt
42 Ahlone Road Zughaltestelle
43 Myanma Fisheries Enterprise
44 Myanma Timber Enterprise
45 Chinesische Botschaft
46 Thailändische Botschaft
47 Ein Daw Yar Pagode
48 (neues) Nationalmuseum
49 Botschaft von Laos
50 Children's Hospital
51 American Center
52 Ministry of Foreign Affairs
53 Nationaltheater
54 National Swimmingpool
55 Defence Services Museum
56 Infectious Diseases Hospital
57 Theinbyu Zei Markt
58 Sunflower Inn
59 Bahnhof
60 Aung San Stadion
61 Sakantha Hotel
62 Thamada Hotel
63 Myanma Railways Office
64 Bogyoke Aung San Markt
65 St. Mary's Cathedral
66 New General Hospital
67 Thayettaw Kyaung (Kloster)
68 Yangon General Hospital
69 Sri Kali Tempel
70 Sikh Tempel
71 Salvation Army Church
72 Shwephonebywint Pagode
73 Cozy Guest House
74 City Hall
75 Myanmar Airways
76 Sule Pagode
77 MTT
78 Theingyi Zei Markt
79 Pick-ups nach Bago
80 Inland Water Transport Ticket Büro
81 Wadan St Jetty
82 Kaingdan St Jetty
83 Lan Thit St Jetty
84 Hledan St Jetty
85 Pongyi St Jetty
86 Sin Oh Dan St Jetty (Autofähre nach Dalah)
87 White House Hotel
88 Garden Hotel
89 Unabhängigkeitsdenkmale
90 Central Telephone and Telegraph Office
91 YMCA
92 General Hospital
93 Euro Asia Hotel
94 Botataung Pagode
95 Botataung Jetty
96 Hauptpostamt (GPO)
97 The Strand Hotel
98 Myanma Airways
99 Pansodan St Jetty (Passagierfähre nach Dalah)

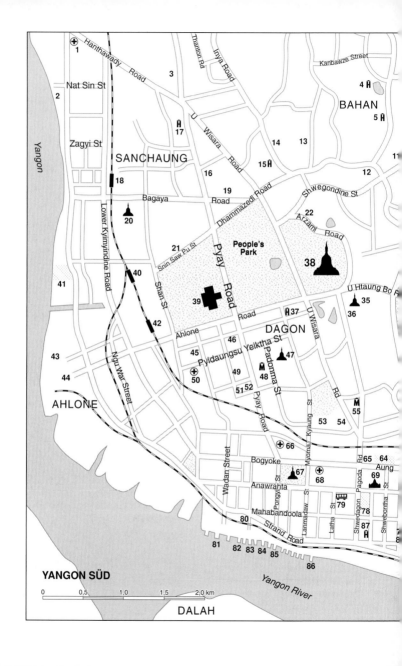

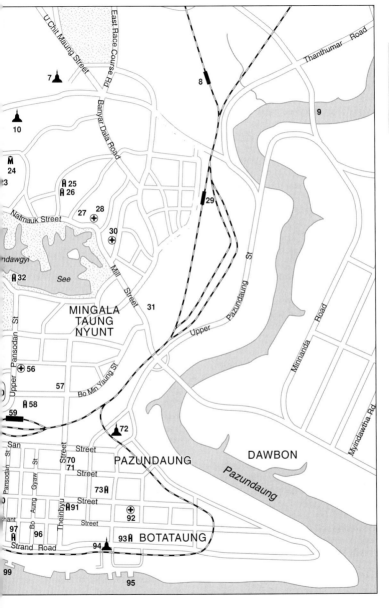

Besichtigung von Yangon

MTT an der Sule Pagode arrangiert täglich Stadtbesichtigungen und Ausflüge (siehe auch „Organisierte Reisen"). Sie können sich auch einen Führer nehmen (mit Lizenz US$ 35 pro Tag, ohne Lizenz US$ 6 pro Tag) oder aber sich selbst auf den Weg machen.

Aung San Suu Kyi hält je nach politischer Situation samstags oder sonntags um 15.00 Uhr vor ihrem Haus in der University Avenue No. 54 eine öffentliche Kundgebung ab.

Shwedagon Pagode

gespr. Schwedagon
Zu erreichen mit dem Bus Nr. 10 oder 37 von MTT aus, K 5
Geöffnet täglich von 5.00 - 21.00 Uhr
• Eintritt: US$5, Lift: frei, Eintrittskarte gilt den ganzen Tag - gut aufbewahren - es wird kontrolliert

Besonders schöne Lichtverhältnisse bieten sich am späteren Nachmittag. Achtung - es wird schon ab 18.00 Uhr dunkel! Nehmen Sie Ihre Schuhe mit, da Sie vielleicht am Rückweg nicht denselben Gang benützen!

Diese weltberühmte Pagode ist das Wahrzeichen der Stadt und muss auf jeden Fall besichtigt werden. Bei klarem Wetter sehen Sie schon vom Flugzeug aus die goldene Kuppel. Da die Shwedagon Pagode das höchste Bauwerk der Stadt bleiben sollte, gibt es in Yangon noch kaum Hochhäuser.

Die erste Pagode in diesem Gebiet soll schon um 585 v. Chr. erbaut worden sein. Sie stand damals nahe am

---

Legende
Der Legende nach öffneten sich dort am Ende der letzten Weltperiode die Blüten von fünf Lotosknospen und gaben geweihte Mönchsroben frei. Ein großer Vogel ließ sich daraufhin auf dem Hügel nieder und legte ein Ei, aus dem ein Karaweik schlüpfte, der mit den geweihten Roben zum Himmel flog. Dieses Omen sagte das Erscheinen von fünf Buddhas voraus. Nach vielen Jahren der Unruhen und Verwirrungen konnte man die Pagode endlich errichten und den ersten Buddha (Kakusandha) empfangen. Er hinterließ auf dem Hügel seinen Stab.
In der Zeit des vierten Buddhas (Gotama) lebte auf dem Hügel ein riesiger Skorpion, der jeden Tag einen Elefanten verschlang. Die Stoßzähne seiner Opfer standen wie ein Zaun um seine Behausung. Eines Tages entdeckten Seefahrer von der nahen Küste aus den weißen Schein des Elfenbeins und gingen an Land. Als sie ihr Schiff mit dem wertvollen Schatz beluden, sahen sie den Skorpion auf sich zukommen. Sie flohen mit ihren Schiffen aufs Meer, wo ein gewaltiger Krebs seine Scheren aus dem Wasser stieß. Es gelang ihnen jedoch, zwischen den Scheren hindurchzukommen. Der Skorpion folgte den Seefahrern und geriet in eine Krebsschere, die ihn zerdrückte. Daraufhin starb der Krebs an dem giftigen Fleisch des Skorpions. Nun war der geweihte Hügel von seinen Schrecken befreit.

Meer auf dem Singuttara-Hügel. Die Baumeister der Shwedagon Pagode sind unbekannt. Es existieren auch keine Zeichnungen.

In späterer Zeit lebte dort, so wird berichtet, ein gläubiger und sehr reicher Kaufmann namens Tha-Kele. Er erhielt von König Okkalapa viele Ehrungen und Geschenke für seine Verdienste. Tha-Kele hatte zwei Söhne, Po (= Taube) und Ta-paw (= viel). Als diese beiden Söhne von einer großen Hungersnot in Bengalen hörten, sammelten sie eine Schiffsladung Reis und segelten dorthin. Nach einiger Zeit erreichten sie die Gangesmündung. Von ihrem Schiff gingen sie in die Stadt Zamdawa und mieteten 500 Karren, um den Reis in die Stadt zu bringen. Als sie mit den beladenen Karren unterwegs waren, begegneten sie einem *Nat,* der in seiner früheren Existenz ihre Mutter gewesen war. Der *Nat* fragte Po und Ta-paw, ob sie sich goldene oder silberne Schätze wünschten. Sie aber antworteten: himmlische Schätze. Darauf führte der *Nat* die Brüder zu Buddha, der zu jener Zeit unter einem Bodhi-Baum in Gaya nahe Patna predigte. Buddha sagte ihnen, dass ein Jünger in Bago ein Wassergefäß, ein Badegewand und einen Stab zurückgelassen habe, welche unter einem Ölbaum auf dem Singuttara-Hügel vergraben seien. Dann gab er jedem der Brüder vier Haare seines Hauptes mit dem Auftrag, diese geheiligten Haare mit den anderen Reliquien eingemauert aufzubewahren. Als die Brüder diese Gabe in ihren Händen hielten, sandten die Haare helle Strahlen durch den Wald und über die Berge. Die Namen der Brüder benannte Buddha um in Tapussa und Bhallika. Sie verwahrten die Haare in einer goldenen Schatulle und traten die Heimreise an, während der ihnen zwei davon abverlangt wurden. König Okkalapa war sehr glücklich, als er von der Ankunft der heiligen Haare hörte. Er ließ längs der Straße vom Hafen bis zum Palast Bananenstauden, Kokospalmen und Zuckerrohr pflanzen. Als der König die goldene Schatulle öffnete, waren wunderbarerweise alle acht Haare Buddhas darin. Er legte seine mit 16 000 Edelsteinen besetzte Krone zu den Reliquien. Die Brüder fanden mit Hilfe von *Thagyamin,* dem König der *Nats,* den Singuttara-Hügel und den geheiligten Baum. Als dieser gefällt war, blieb er horizontal in der Luft schwebend. Die Reliquien wurden mit der goldenen Schatulle in eine Kammer, bestehend aus sechs verschiedenfarbigen Marmorplatten, eingemauert. In den vier Ecken der Reliquienkammer stellten die *Nats* vier Wachskerzen auf, deren Licht nie erlosch. Außerdem schütteten sie sieben Arten von Edelsteinen in die Kammer, bis der Boden ganz bedeckt war. Über diesem Schrein errichteten die Gläubigen einen Stupa aus Gold, der von einem Silberstupa eingeschlossen wurde. Diesen wiederum verkleidete man mit je einem Stupa aus Zinn, Kupfer, Blei, Marmor und Ziegeln. Die beiden Brüder traten in das Kloster ein, in dem Buddha gepredigt hatte.

Soweit die Legende. Historisch verbürgt ist, dass die Baugeschichte der Shwedagon Pagode sich über viele weitere Jahrhunderte erstreckt. Im Laufe der Zeit entstand um den Stupa eine Stadt, die aber zusammen mit der Pagode wieder verfiel. Erst 1446 n. Chr. überbaute und vergrößerte Königin

Shinsawbu die Pagode, die daraufhin eine Höhe von 35 m aufwies. König Bayinnaung veranlasste 1564, dass der von einem schweren Erdbeben beschädigte Stupa erneut aufgebaut, vergoldet und mit einem neuen Schirm versehen wurde. Verschiedene nachfolgende Herrscher vergrößerten und verschönerten das Heiligtum, bis es 1773 seine heutige Höhe von 107 m erreichte. 1776 spendete König Shinbyushin einen Schirm, der mit Gold- und Silberglöckchen behängt war, und ließ ebenfalls den Stupa vergolden. Das dabei verbrauchte Gold hatte exakt das Gewicht des Herrschers, nämlich 162 Pfund. Durch zahlreiche Stiftungen und Sammlungen wurde das Edelmetall für weitere Vergoldungen in den Jahren 1834 und 1871 aufgebracht. 1824 landeten die Engländer in Yangon und besetzten den Singuttara-Hügel, den sie als wichtigen strategischen Punkt erkannten. In den folgenden Jahren wurde die Shwedagon Pagode zu einem von den Engländern gefürchteten Zentrum des Widerstands. Das Grabmal des Nationalhelden Aung San in der Nähe des Nordaufgangs erinnert an die Zeit des Kampfes um nationale Unabhängigkeit.

Die Shwedagon (shwe = golden, shwedagon = der goldene Tempel) steht auf einer 60 m hohen Erhebung, eben dem Singuttara-Hügel. In jeder Himmelsrichtung führt ein Aufgang hinauf. Der prächtigste davon befindet sich an der Südseite mit einem überdachten Treppenaufgang (104 Stufen), der von je einem grünen Krokodil an beiden Seiten flankiert ist. Am Eingang stehen zwei fast 10 m hohe Figuren: ein *chinthe* (Löwe) und ein *ogre* (Riese als menschenfressendes Ungeheuer).

> **Warum stehen vor Stupas Löwenfiguren?**
> Astrologen weissagten der Tochter des Königs von Bengalen, dass ein Löwe sie zur Frau nehmen würde. Eines Tages verreiste die hübsche Königstocher mit ihrem Gefolge. Im dichten Wald überfiel ein Löwe die Karawane. Alle flohen, nur die Königstochter ließ sich von dem Löwen in eine Felsenhöhle tragen. Dort gebar sie nach einem Jahr Zwillinge, einen Sohn und eine Tochter. Nach einiger Zeit beschlossen die drei zu fliehen. Der Löwe folgte den Flüchtenden und wurde dann von ihrem Sohn getötet. Eines Tages erkrankte dieser so schwer, dass ihm keiner der Ärzte helfen konnte. Die Wahrsager empfahlen ihm, die Figur eines Löwen anzubeten. Er befolgte ihren Rat und wurde geheilt. Seitdem werden vor allen Eingängen von heiligen Gebäuden Löwenfiguren, *chinthes* genannt, als Wächter vor dem Einfluss des Bösen aufgestellt.

Dieser Aufgang wurde 1995/96 renoviert. Alle Läden, die sich in ihm befanden, wurden in Hütten am Fuße des Hügels ausgelagert. Auf halber Höhe ist eine Plattform mit einem herrlichen Torbogen in gotischer Form, der überreich mit Reliefs von *Nats, Devas, Bilus* und anderen mythischen Gestalten geschmückt ist. Darüber erhebt sich ein siebenstöckiger Turm (pyathat) aus Teakholz. In den Treppenaufgängen befinden sich Läden, in denen man nette Souvenirs kaufen kann, z. B. Pappmaché-Figuren, Holzpferdchen als Marionetten, Schirme, Bronzegegenstände, Holz- und Elfenbeinschnitzereien, Messingartikel.

Neben dem Südaufgang befindet sich ein Lift (geöffnet bis 20.00 Uhr, auch im Lift muss man die Schuhe ausziehen). Der Ostaufgang ist der längste. Beiderseits des Weges, der zu diesem Aufgang führt, sind Handwerker bei der Arbeit zu beobachten, gibt es kleine, einfache Läden und Teestuben; hinter dieser „Ladenreihe" liegt ein kleiner, ursprünglicher Markt für Gemüse und andere Lebensmittel. Der Westaufgang war von 1852 - 1930 geschlossen. Jetzt ist er renoviert, Läden findet man dort nicht, dafür Rolltreppen über die ganze Länge. Meistens funktioniert eine von ihnen wegen Stromausfall oder anderen Gründen nicht.

Die Treppenaufgänge führen zu einer 60 000 m² großen Plattform, die mit schwarzen und weißen Marmorplatten ausgelegt ist. Führen Sie die Besichtigung wie die Myanmaren im Uhrzeigersinn aus. Alle myanmarischen Heiligtümer sollten Sie in einem runden Bogen umschreiten. Der Kreis gilt als Symbol der magischen Kraft, als Sinnbild des Schicksals, der Urkraft und des Urrhythmus, die den Menschen und den Alltag umschließen und zur Kreismitte führen.

In der Mitte der Plattform ragt auf einer achteckigen Basis von 500 m Umfang und 7 m Höhe der goldene Stupa mit dem kostbarsten *hti* (= Schirm) empor, der jemals im Land angefertigt wurde. Auf dem Außenrand der Basis stehen vier größere (jeweils an den Ecken) und 64 kleinere Stupas. Zwischen manchen der kleineren Stupas befindet sich eine freistehende Säule; dabei handelt es sich hier um Wimpelsäulen. Ursprünglich soll König Ashoka schon 200 v. Chr. überall Säulen aufgerichtet haben, um den Sieg des Buddhismus anzuzeigen.

Die acht Ecken der Basis symbolisieren acht Kompasspunkte. An jedem der acht Ecken ist ein Platz für einen Planeten, der durch ein Tier an einer roten Säule dargestellt wird. Jedem Tier wird ein Wochentag zugeordnet (siehe auch die entsprechenden Abschnitte im Kapitel Alltag, Brauchtum, Sitten). Zum Beispiel ist dem Montag als Tier ein Tiger zugeordnet. Alle Personen, die am Montag geboren sind, bringen Opfergaben an dieser Stelle und überschütten die dort aufgestellte Buddhastatue mit Wasser.

Auf der Plattform sind 64 kleinere Tempel und Andachtshallen (ähnlich Kapellen) rund um den Stupa angeordnet. An jeder Seite steht jeweils ein großer Tempel, und in den vier Ecken ist je eine Sphinx, umgeben von zwei Löwen. Dazwischen stehen noch Op-

chinthe vor der Shwedagon Pagode

feraltäre und Pavillons zum Beten *(tazaung)* und Rasten *(zayat)*. Da Sie in einen Stupa nicht hineingehen können, ersetzen die Andachtshallen den Innenraum. In ihnen finden die Heiligenfiguren Platz, die sonst in den Tempeln untergebracht wurden, und bieten den Gläubigen die Möglichkeit zur Meditation.

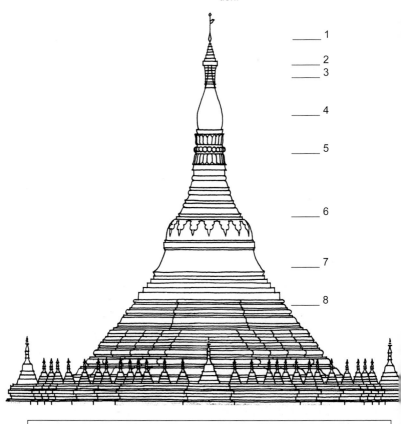

1 Windfahne mit Diamanten
2 sieben Schirme
3 Gold- und Silberglöckchen
4 Ornament der Banenknospe
5 Ornament der Lotosblüte
6 Zone der Glocke
7 Terrassen
8 achteckige Terrassen

Die drei abgestuften Terrassen leiten zur sog. Rundbandzone über, aus der der glockenförmige Stupa in konkaver Kurve ansteigt. Den oberen Teil dieser „Glocke" - von den Myanmaren „umgestürzte Almosenschale" genannt - trennt ein „Brustband" vom unteren Glockenteil. Eine Blumengirlande mit 16 Gehängen schmückt die „Almosenschale". Über der Glocke folgt die Lotoszone (Lotos gilt als Blume der Reinheit und der Schöpfung), der sich die „Bananenknospe" anschließt. Der 1,25t schwere Schirm oder *hti* (bestehend aus sieben übereinander gelagerten Schirmen) mit der Wetterfahne, die mit 1 090 Diamanten und 1 338 Rubinen und Saphiren besetzt sein soll, und die „Diamantenknospe" bilden den Abschluss. Die „Diamantenknospe" ist ein Hohlkörper von 25 cm Durchmesser, der mit 4 350 Diamanten und 93 anderen kostbaren Steinen besetzt ist. Am Rand der Schirme hängen 1 065 Glöckchen aus Gold, die mit jedem Windhauch klingeln. Die Spitze bildet ein 76karätiger Diamant. Das Gewicht der 13 000 Goldplatten, mit denen der Stupa verkleidet wurde, wird auf 60 t geschätzt.

Hier eine kurze Beschreibung der auffallendsten Gebäude (beginnend im Uhrzeigersinn beim Südaufgang):

Nr. 8 Rakhine (Arakan) Pavillon: Er steht neben der Halle mit dem ruhenden Buddha (8 m lang) und ist mit schönen Holzschnitzereien verziert. Dieser Pavillon wurde von Pilgern aus Rakhine gespendet.

Nr. 12 Buddha Kassapa Tempel: Dieser Tempel wurde 1931 durch ein Feuer zerstört und vier Jahre später neu aufgebaut. Die steinerne Statue stellt Kassapa, den dritten Buddha, dar.

Nr. 14 Two Pice Tazaung: Auch er wurde 1931 durch ein Feuer zerstört. Die Händler des Marktes von Yangon stifteten täglich zwei Münzen für die Errichtung.

Nr. 18 Maha Ganda Glocke (= große Stimme) oder auch „King Singu Bell": In einem Pavillon hängt die 24 t schwere, 2,10 m hohe und 30 cm dicke Maha Ganda Glocke mit einem Durchmesser von 2,05 m. König Singu spendetete sie 1778, sie gilt somit als die älteste Glocke auf dem Gelände. 1825 versuchten britische Truppen diese Glocke aus dem Land zu bringen. Das Schiff, auf dem die Glocke verladen worden war, versank jedoch im Fluss. Nach dem Abzug der Engländer 1826 aus Yangon bargen die Birmanen die Glocke, was ihnen zur Überraschung der Engländer auch gelang. In einer festlichen Prozession wurde die Maha Ganda Glocke zu ihrem Platz zurückgebracht.

Nr. 29 Naungdawgyi Stupa: Hier wurden die heiligen Haarreliquien von Buddha aufbewahrt, bevor sie in die Reliquienkammer in dem Stupa gebracht wurden.

Nr. 30 Maha Tissada Glocke (= großer süßer Klang): Sie ist die größte der 29 Glocken rund um den Stupa und die zweitgrößte im gesamten Land. Die Glocke wiegt 42 t , ist 2 ½ m hoch und 30 cm dick. Sie wurde 1841 gegossen und von König Tharrawaddi gespendet. Die Glocke wird von zwei überlebensgroßen, aus Holz geschnitzten und bemalten Figuren getragen. Besonders nach der Gebetsandacht rufen die Gläubigen durch ein hartes Anschlagen mit einer Holzstange die Geister des Himmels, der Luft und der Erde als Zeugen ihrer vollbrachten Tat an.

158 Reiseteil

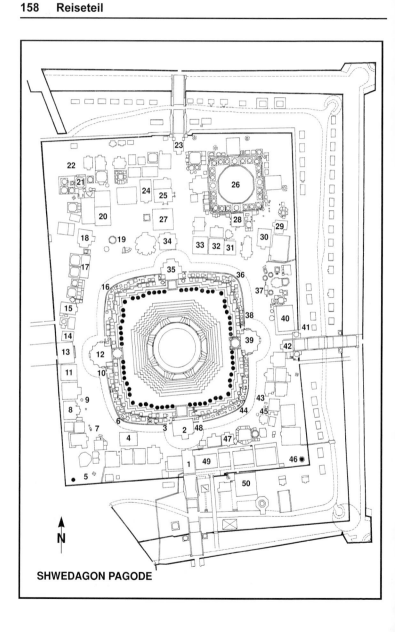

SHWEDAGON PAGODE

1 Südaufgang
2 Tazaung (= offene Andachtshalle) mit Buddha Konagamana
3 Tierkreispfosten für am Mittwoch geborene Personen
4 Tazaung einer buddhistischen Vereinigung
5 Banyan-Baum
6 Planetenpfosten für Saturn
7 Wimpelsäule
8 Rakhinesischer Pavillon
9 Schutznats d. Shwedagon Pagode
10 Figuren von Thagyamin und Mai La Ma
11 Tazaung mit Holzschnitzereien
12 Tazaung mit Buddha Kassapa
13 Westaufgang
14 Two Pice Tazaung
15 Tazaung mit auffallend hohen Säulen
16 Planetenpfosten für Rahu
17 Tazaung als Langhaus
18 Tazaung mit der Maha Ganda Glocke
19 Planetenstupa
20 Tazaung
21 Wundervollbringender Buddha
22 Nordwest(Rahu)-Ecke
23 Nordaufgang
24 Chinesischer Tazaung
25 Chedawya Tazaung
26 Naungdawgyi Stupa
27 Tazaung einer buddhistischen Vereinigung
28 Assagona Tazaung
29 Tazaung mit schönen Holzschnitzereien
30 Tazaung mit der Maha Tissada Glocke
31 Tazaung mit Orakelstein
32 kleiner vergoldeter Stupa
33 Mahabodhi Tazaung
34 Sandawdwin Tazaung
35 Tazaung des Buddha Gotama
36 Planetenpfosten für Sonne
37 Wimpelsäulen u. Kopie des *hti*
38 Shan-Schirme
39 Tazaung des Buddha Kakusandha
40 Tazaung mit liegendem Buddha
41 Dhammazedi-Steine
42 Ostaufgang
43 Hölzerner Pfosten mit Mönchsfiguren
44 Planetenpfosten für Mars
45 Glocke
46 Banyan-Baum
47 Pavillon mit schönen Schnitzereien
48 Treppe zum oberen Rundgang
49 kleines Museum
50 Büro der Treuhänder

Nr. 33 Mahabodhi Tazaung: Er ist dem Mahabodhi-Tempel in Varanasi in Indien nachgebaut worden.

Nr. 34 Sandawdwin Tazaung: Hier wurden die Haare von Buddha in einer Quelle gewaschen, bevor sie in einen Schrein gegeben wurden. Nach einer Legende soll die Quelle mit dem Wasserspiegel des Ayeyarwady steigen und fallen.

Nr. 39 Tazaung des Buddha Kakusandha: Er brannte 1931 ab, wurde dann wieder aufgebaut und beherbergt heute eine Statue des ersten Buddha Kakusandha. Das Metall der Statue ist eine Mischung von Gold, Silber, Kupfer, Eisen und Blei.

Nr. 41 Dhammazedisteine: 1435 wurde die Geschichte der Shwedagon Pagode in Pali, Mon und in birmanischer Sprache in diese Steine eingemeißelt.

Nr. 46 Banyan-Baum: Er soll ein Ableger des heiligen Bodhibaumes sein, unter dem Buddha erleuchtet wurde.

Nr. 49 Museum: Hier werden als Geschenk überreichte Devotionalien, unter anderem ein schöner goldener Mantel eines Ministers aus dem 19. Jh., ausgestellt.

Maha Wizaya Pagoda

Im Mai 1980 begann man auf Anweisung von General Ne Win mit dem Bau dieser Pagode auf dem Dhammarekkhita Hill, direkt gegenüber dem Südaufgang der Shwedagon Pagode. Am 15. Mai 1984 wurde während einer großen Feierlichkeit mit Prozession ein heiliger Bodhi-Baum gepflanzt. Der Bau kostete 350 Mio Kyats. Die Spitze des wohlproportionierten Stupa ist gekrönt von einem elfstöckigen Schirm.

Eine Buddhafigur wird am Planetenpunkt mit Wasser übergossen

Sule Pagode

Die Sule Pagode steht im verkehrsreichen Zentrum der Stadt. Von ihr aus werden die Kilometerentfernungen in Richtung Norden gemessen. Sie ist umgeben von Läden, direkt gegenüber liegt das Büro von MTT, einige private Reisebüros und Geldwechsler. In den Aufgängen und den Fluren entlang der Außenmauer warten Handleser und Astrologen auf Kundschaft. Die Pagode wird zu jeder Tageszeit stark von Gläubigen besucht.

Der Bau wurde 235 v. Chr. begonnen. Anfangs hieß das Heiligtum Kyaik Athok (= Pagode mit der Haarreliquie). Der Name stammt von den Mon und weist darauf hin, dass die Pagode ein Haar und andere Reliquien Buddhas birgt, die die buddhistischen Missionare Sona und Uttara aus Indien mitbrachten. Sie schenkten diese Reliquien dem Minister von Dagon, Maha Sura, der dafür die Sule Pagode bauen ließ. Der heutige Name Sule leitet sich vom Sule-*Nat* ab, dem bewachenden Geist des Singuttara-Hügels. Die Pagode ist 46 m hoch und in der seltenen oktogonalen (= 8eckigen) Form erbaut. Jede Ecke symbolisiert einen Wochentag mit dem dazugehörigen Tier. Im letzten Krieg wurde sie zerstört und im alten Stil mit Hilfe von Spenden wieder aufgebaut.

City Hall (Rathaus)

Ganz in der Nähe, an der Ecke Sule Pagoda Road und Maha Bandoola Street, ist die City Hall (Rathaus), ein gut erhaltener Bau im britischen Kolonialstil.

Unweit davon erstreckt sich der

Maha Bandoola Park

- Eintritt: K 5

Er ist nach einem General aus dem 1. Britisch-Birmanischen Krieg benannt. In der Mitte steht ein 46 m hoher Obelisk, das Unabhängigkeitsdenkmal. Es ist umgeben von fünf Säulen, die die ehemaligen Staaten der Shan, Kachin, Karen, Kayah und Chin symbolisieren. An der Ostseite des Parks befindet sich in einem Backsteinbau der **Oberste Gerichtshof**.

Botataung Pagode

Für den Besuch dieser Pagode in der Nähe des Strand Hotels empfiehlt sich der späte Nachmittag. Im Anschluss an die Besichtigung können Sie den Sonnenuntergang über dem Hafen betrachten. Die Pagode steht an der Hafeneinfahrt. *Bo* bedeutet Offizier und *tataung* tausend. Vor mehr als 2 000 Jahren sollen 1 000 Offiziere Spalier gestanden haben, als an dieser Stelle indische Mönche Reliquien von Buddha an Land brachten.

Die Botataung Pagode wurde im 1. Jh. n. Chr. von König Okkalapa errichtet. Am 8. November 1943 wurde sie von Bomben zerstört und ist jetzt wieder im ursprünglichen Stil aufgebaut. Die Pagode ziert eine vergoldete Spitze und ist 40 m hoch. Das Ungewöhnliche an dieser Pagode ist, dass man in das heilige Innere hineingehen kann. Vom Grundriss her ist sie tortenstückartig aufgeteilt. Zur Mitte laufen die Räume spitz zu. Dies sind die Meditationsecken. Alle Räume sind von oben bis unten mit Spiegelmosaiken verkleidet. In einem Raum sind die vier Haarreliquien von Buddha in einem Tresor aufbewahrt, den man hinter Glas besichtigen kann. Mädchen, die sich ihre Haare abschneiden lassen, können sie hier opfern. Im Innenhof an der Nordseite befindet sich eine Halle mit einer vergoldeten Buddhastatue. Ursprünglich wurde sie im Palast von König Thibaw in Mandalay aufbewahrt. Als er von den Briten ins Exil nach Indien geschickt wurde, verschleppten sie diese Statue nach London. Erst 1951 kehrte die Buddhastatue nach Myanmar zurück.

Innerhalb des Tempelgeländes ist ein Teich mit Wasserschildkröten. Wenn man sie füttert, begeht man, so heißt es, eine gute Tat.

Gegenüber dem Osteingang befindet sich ein kleiner einfacher Markt. Wenige Schritte von der Botataung Pagode können Sie am Botataung Jetty die Schiffe auf dem Yangon River beobachten.

Kaba Aye Pagode

geöffnet täglich von 9.00 - 16.30 Uhr (gilt auch für das Museum)

Sie liegt 11 km nördlich der Stadt zwischen dem Inya See und dem Flughafen. Kaba Aye heißt übersetzt „Weltfrieden". Die Pagode wurde 1952 von U Nu für das 6. Buddhistische Konzil erbaut, das 1954 dort abgehalten wurde, um den 2 500. Geburtstag Buddhas zu begehen. Die Pagode ist 34 m hoch, der Basisumfang misst ebenso 34 m. Der Innenraum wird von vier großen Buddhastatuen beherrscht. In der inneren Reliquienkammer wird eine berühmte, 500 kg schwere Buddhastatue aufbewahrt. Die Bibliothek beherbergt außerdem Tausende von wertvollen Palmblattschriften.

Maha Pasana Guna

Diese Versammlungshalle liegt neben der Pagode. Sie fasst 10 000 Menschen und stellt eine künstliche Grotte dar. Die Maha Pasana Guna ist 139 m lang und 113 m breit und von 28 Bodhibäumen umgeben.

Im gleichen Gelände ist noch das Buddhist Art Museum, näheres siehe bei Museen.

Kyaukhtatkyi Pagode

Diese Pagode nahe der Shwegondine Road ist als große offene Halle gebaut, die einen 70 m langen liegenden Buddha beherbergt. Er ist einer der größten liegenden Buddhas von Myanmar. Die Originalfigur entstand 1907, wurde durch das ungünstige Klima im Laufe der Jahre zerstört und in langwieriger Arbeit von 1966 - 73 nachgebildet.

In den Gebäuden ringsherum sind buddhistische Schriften ausgestellt. Etwa 600 Mönche wohnen im angegliederten Kloster. Auch Handleser finden sich hier oft ein.

Die Besichtigung des liegenden Buddha ist besonders dann zu empfehlen, wenn Sie nicht vorhaben, in Bago die liegende Buddhafigur anzuschauen.

Ngadatkyi Pagode

Sie steht zwischen der Shwegondine Rd und der Ngadatkyi Rd, etwas südlich zur Kyaukhtatkyi Pagode. In der Pagode können Sie eine etwa 10 m hohe sitzende Buddhafigur besichtigen. Daneben befindet sich ein bemaltes Haus im chinesischen Stil für Äbte.

Mailamu Pagode

Sie ist zwischen dem Inya See und dem Flughafen in der Waizayanta Road in einer Satellitenstadt zu finden. Es stehen zahlreiche riesige Buddhafiguren darin: Buddha auf dem Weg der Erleuchtung, Buddha predigt zu seinen fünf Jüngern, Buddha ruhend, vier große Statuen in verschiedenen Haltungen, je ein Bildnis von seinen Jüngern Shin Thiwali und Shin Upagok, Buddha umringt von zwei Rivalen, zwei Bildnisse vom meditierenden Buddha und schließlich der Einsiedler Thumayda, der sich so legt, dass er für Buddha eine Brücke über den Fluss bildet.

Kyaukwaing Pagode

Sie befindet sich in der Kyaukwaing Pagoda Road zwischen der Insein Road und Pyay Road nördlich vom Inya See. Das Wort „waing" heißt übersetzt „spielen".

Die Legende erzählt, dass Buddha mit dem *ogre* Verstecken spielte und dabei folgende Verabredung traf: Falls der *ogre* von Buddha gefunden wird, sollte er seine Predigten anhören, andernfalls dürfte der *ogre* Buddha auffressen.

Shwephonebywint Pagode

In dieser Pagode im Osten von Yangon, in Yegyaw im Pazundaung Township, beten und meditieren Buddhisten, um die Erleuchtung zu erlangen. In der Pagode gibt es einen Fußabdruck Buddhas und Schreine von erleuchteten Menschen sowie in einem eigenen Bezirk Darstellungen von *nats*. Die Pagode soll von König Okkalapa nach der

Shwedagon Pagode gegründet worden sein. Sie beherbergt eingemauerte Haarreliquien.

Arleing Nga Sint Pagode

Sie steht an der Hline River Road, etwas südlich des Flughafens, nahe dem Busbahnhof. Der Abt Seiwunkaba Sayadaw hatte 1958 den Grundstein gelegt. Im Innern befindet sich eine grüne Buddhastatue.

Statue von Aung San

Die Statue steht direkt an der Natmauk Road am nördlichen Ufer des Kandawgyi Sees, dahinter in Richtung See schließt sich der Bogyoke Aung San Park an. Vom Park aus haben Sie einen schönen Blick über den See. Bei den einheimischen Jugendlichen und Kindern ist der Park wegen seiner Picknickplätze und Spielplätze beliebt.

Arzani o. Martyrs' Mausoleum

Es liegt nördlich von der Shwedagon Pagode an der Arzani Road. In dem Mausoleum ist das Grab von Aung San und sieben seiner Mitstreiter für die Unabhängigkeit von Myanmar. Es ist einmal im Jahr geöffnet, am Märtyrer-Tag am 19. Juli. Ganz in der Nähe, etwas nördlich vom Arzani Mausoleum, können Sie das **Memorial To The Fallen Heroes** besichtigen (Eintritt US$ 3).

Inya See

Der Inya See ist künstlich angelegt und fast fünfmal größer als der Kandawgyi See. Im November finden hier Bootsrennen statt. An seiner Südseite liegt die University of Arts. In der Nähe befinden sich einige Kunstgewerbeläden.

Kandawgyi oder Royal See

- Eintritt: K 4
Gebühr für Fotoapparat: K 25

Um den nicht weit vom Stadtzentrum entfernten See zieht sich der **Bogyoke Aung San Park** hin, der bei der Bevölkerung gern zum Picknicken aufgesucht wird. Von hier haben Sie einen schönen Blick auf die Shwedagon Pagode. Im See liegt das Karaweik-Restaurant; es wurde 1970 in Form der königlichen Barke gebaut. Karaweik ist ein Vogel aus der indischen Mythologie. Von der Karaweik Hall kann man für K 15 mit einer Seilbahn zum Bogyoke Aung San Park fahren.

In der Nähe des Sees haben sich zahlreiche Botschaften, Hotels und Kliniken angesiedelt.

Zoo

Lake Road, T. 28 58 71
Öffnungszeiten: täglich von 08.00 - 16.00 Uhr
- Eintritt: US$ 5, Gebühr für Fotoapparat: K 15, Videokamera K 150

Er wurde 1906 von den Briten angelegt und 1909 eröffnet. Der insgesamt nicht sehr sehenswerte Zoo befindet sich beim Kandawgyi See an der südwestlichen Ecke an der Alaungpaya Pagoda Road (früher King Edward Avenue). Bis 1979 war dort ein berühmter weißer Elefant zu besichtigen, der aber gestorben ist.

Es besteht die Möglichkeit, mit einer Miniatur-Eisenbahn und Pferdekutsche durch das 70 Ar große Gelände mit künstlichen Seen zu fahren. Am Wochenende und an Feiertagen kann man auf Elefanten reiten und Schlangentänzen zuschauen.

Botanischer Garten

Öffnungsz.: 08.00 - 16.00 Uhr täglich
Er liegt beim Zoo in der Lake Rd.

People's Square und People's Park

Öffnungszeiten: Di - So 07.00 - 19.00 Uhr
• Eintritt: US$ 4, Gebühr für Kamera US$ 2, für Videokamera US$ 4

Dieses 130 Ar große Terrain ist zwischen dem Parlament und der Shwedagon Pagode gelegen. Auf dem Gelände steht ein Museum mit lebensgroßen Figuren in den verschiedenen Landestrachten und mit originalgetreuen Nachbildungen der einheimischen Flora und Fauna. In einem Restaurant werden myanmarische, chinesische und europäische Gerichte angeboten.

Weißer Elefant

Zwei weiße Elefanten sind beim Mindhamma Hillock Garden, Insein Tsp., in der Nähe des Flughafens zusammen mit einem „normalen" Elefanten in einer eigens für sie gebauten palastartigen Halle untergebracht. Die Besichtigung ist tagsüber möglich, ab etwa 17 Uhr gehen die Elefanten mit ihren Betreuern im Gelände spazieren. Freier Eintritt. Fotografierverbot! Man kann für K 600 ein Plakat von einem weißen Elefanten kaufen.

Weiße Elefanten werden in Myanmar als heilig verehrt. Die weißen Elefanten sind hellgrau und beige. Der größere Elefantenbulle wurde im Oktober 2001 im Rakhine-Staat gefangen und im darauffolgenden Monat von Sittwe mit dem Schiff in einer feierlichen Prozession nach Yangon gebracht. Trotz seiner beachtlichen Größe soll er erst acht Jahre alt sein. Der kleinere, eher graue Elefant wird auf sechs Jahre geschätzt.

Hlawga Wildlife Park

Zum Hlawga Wildlife Park müssen Sie von der Stadt aus etwa 45 Minuten fahren. Der Park ist über 1 650 Ar groß, auf seinem Gelände befindet sich ein See. Es sind 70 verschiedene Tierarten und 90 Vogelarten zu sehen. Die Besucher können auf Elefanten reiten, Boot fahren oder fischen.

Museen

National-Museum
Öffnungszeiten: Di - So 10.00 - 15.00 Uhr, Mo u. Fei geschlossen
• Eintrit: US$ 5, T. 28 25 63

Das National-Museum befindet sich seit 1996 in der Pyay Rd. Nr. 66 - 74 in einem schönen großen Neubau.

Im *Erdgeschoß* befindet sich das berühmteste Ausstellungsstück, der Löwenthron aus dem Palast von Mandalay. 1886 wurde er nach England gebracht, 1964 zurückgegeben. Er ist 8 m hoch, aus Holz geschnitzt und mit Gold und Lack bedeckt. Außerdem sind hier noch Möbel und Sänften untergebracht. Im *1. Stock* wird die Geschichte des Landes mittels Zeichnungen, Fotos, Reproduktionen von Wand-

Yangon

malereien, Ausgrabungsstücken und Waffen dargestellt. Im 2. *Stock* sehen Sie Gebrauchsgegenstände, Marionetten, Musikinstrumente, Lackarbeiten, Kunsthandwerk und silberne Reliquien aus dem 7. Jh. n. Chr. Im *3. Stock* sind alte Handschriften und Gemälde ausgestellt. Im 4. *Stock* stehen Puppen in den Nationaltrachten der verschiedenen Völker und der *5. Stock* enthält eine Sammlung von Buddhastatuen.

Buddhist Art Museum
geöffnet täglich außer Montag von 10.00 - 16.00 Uhr, Eintritt frei

Das Museum steht bei der Maha Pasana Guna. Es wurde im Jahr 2000 eröffnet. Vorher existierte schon ein kleines Museumsgebäude.

Das neue Museum stellt in zwei Stockwerken wunderschöne Exponate wie Palmblattschriften, Ölgemälde, alte Fotos, Bettelschalen, Reliefs, über 800 Buddhastatuen aus dem 18. - 20. Jh., Präsentation der verschiedenen Buddhistischen Synoden, die acht Requisiten eines Mönches (Gürtel, Bettelschale, Rasierer, Nadel und Faden, Wasserfilter, Unterwäsche, Mönchsrobe) und Modelle, die die Entwicklung der Pagoden zeigen.

Nature History Museum
Öffnungszeiten: täglich von 08.00 - 16.00 Uhr, T. 27 21 56

Es befindet sich beim Zoo in der Lu-O-Yon Street. In der archäologischen Abteilung werden Funde aus der Frühgeschichte Myanmars ausgestellt. Die Sammlung zeigt außerdem noch Mineralien, Gesteine und die Flora und Fauna des Landes.

Agricultural Museum
Myay Padaetha Kyun, Natmauk Rd
Öffnungszeiten: Di - So von 09.30 - 16.00 Uhr

Aquarium
Kanpart Road, Kandawgyi, gegenüber dem nördlichen Ende des Zoos
Öffnungszeiten: Di - So von 09.00 - 16.00 Uhr
• Eintritt: K 50, T. 28 33 04

Bogyoke Aung San Museum
Bogyoke Museum Street
Öffnungszeiten: Sa - Mi von 10.00 - 15.00 Uhr, T. 55 06 00

Im damaligem Wohnhaus von General Aung San sieht man das originale Inventar und Familienfotos, wie Kinderbilder seiner Tochter San Suu Kyi.

Defence Services Museum
Shwedagon Pagoda Road
Öffnungszeiten: Mo - Fr von 09.00 - 16.00 Uhr
• Eintritt: US$ 3

Darstellung der Armee, Marine und der Luftwaffe. Die verschiedenen Ministerien erläutern ihren jeweiligen Arbeitsbereich. Die einzelnen Divisionen und Provinzen zeigen ihre Produktionen und Kultur. Daneben werden noch geplante Projekte vorgestellt.

Planetarium
Ahlon Road
Öffnungszeiten: Sa und So von 9.30 - 16.30 Uhr

Edelsteinmuseum (Gems Emporium) und -markt , T. 53 10 71
nahe der World Peace Pagoda, daneben ist die Versteigerungshalle, nicht so sehenswert
• Eintritt: US$ 3 (zu teuer)
Zu besichtigen ist u. a. der größte Saphir (aus Mogok) der Welt mit 12 kg Gewicht.

Meditationszentren

Auch Europäer können in einigen Klöstern meditieren, z. T. gibt es auch

Aufenthaltsmöglichkeiten mit Übernachtung und Mahlzeiten. Sollten Sie sich dafür interessieren, fragen Sie direkt beim jeweiligen Kloster, bei MTT oder bei einer Buddhistischen Gesellschaft in Deutschland an. Für einen Aufenthalt über vier Wochen müssen Sie ein special-entry-visa beantragen. Dafür müssen Sie eine Einladung Ihres Meditationszentrums der zuständigen Botschaft Myanmars vorlegen. Die Bearbeitungszeit ist lange - rechnen Sie mit 10 Wochen.

Das bekannteste Meditationszentrum ist das **Mahasi Meditation Centre** (birmanisch: Mahasi Thathana Yeiktha), 16, Thathana (Sasana) Yeiktha Rd (nördlich vom Kandawgyi See), T. 54 19 71, 55 25 01, F. 28 99 60, 28 99 61
International Meditation Centre, 31/A, Inya Myaing Road (im Golden Valley, ruhig gelegen), T. 53 15 49
Panditarama (Yeiktha) Golden Hill Meditation Centre, 80/A, Shwetaunggya Road (sehr groß), T. 53 14 48
Chanmyay Yeiktha Meditation Centre, 55 (A), Kaba Aye Pagoda Rd., T. 66 14 79, Fax: 66 70 50, in schöner Gartenanlage
Mingun Tawya Kloster oder Mingun Meditation Centre
Dieses bekannte buddhistische Kloster liegt nördlich der Shwedagon Pagode an der Transport Road im sog. „Golden Valley". Es verfügt über Räume für Besucher, die sich hier eine kürzere Zeit mit dem Studium heiliger Schriften beschäftigen oder meditieren wollen. Für Ausländer nicht geeignet!
Sunlun Gu Vipassana Centre, Thingangyun, T. 56 56 23. In diesem sehr schönen Meditationscentre wurde für Ausländer ein neues Haus mit AC errichtet.

International Theravada Buddhist Missionary University (ITBMU):
Dhammpala Hill, Mayangon. Im Dezember 1998 ist im Stadtteil Mayangon die „International Theravada Buddhist Missionary University" feierlich eröffnet worden. Ihr Ziel ist, den reinen Theravada-Buddhismus zu propagieren und Missionare auszubilden.

Es soll interessierten Ausländern ermöglichen, in verschiedenen Sprachen wie Englisch, Französisch, Deutsch, Hindi, Chinesisch, Japanisch usw. den Theravada-Buddhismus zu studieren.

Gotteshäuser anderer Religionen

Htain Hoke Chinese Temple: 800 m östlich vom Strand Hotel
Cantonese Joss: in der Maha Bandoola Street
Sre Durga Tempel: 307, Bo Aung Kyaw Street
Kali-Tempel: Ecke Fraser/Edward Street. Er wurde im 19. Jh. erbaut und 1980 renoviert.
Sikh Tempel: 256, Theibyu Str.
Katholisch: St. Mary's Cathedral, 372, Bo Aung Kyaw Str., und St. Augustine's Church, 64, Inya Rd

Bibliotheken

University Central Library: auf dem Universitätsgelände
National Library: im Rathaus
International Institute of Advanced Buddhist Studies: in der Kaba Aye Pagode
Library and Archives of Buddhism: Westlicher Eingang der Shwedagon Pagode, Öffnungszeiten: Di - Do und Sa, So von 09.00 - 16.00 Uhr

Yangon

Sonstiges

Nagar Glass Factory
152, Yawgi Kyaung Str., T. 24 91 98, 52 60 53, bei der Insein Rd, nordwestlich vom Inya Lake, Hlaing Tsp., T. 52 60 53; Verkauf und Besichtigung Mo - Fr 10.00 - 15.00 Uhr.

Ein Familienbetrieb mit mehreren Schmelzöfen, sehr interessant; liegt in idyllischer und tropischer Umgebung.

State School of Music and Drama
Öffnungszeiten: täglich von 8.00 - 16.30 Uhr

Sie befindet sich in der Shwedagon Road in der „Jubilee-Hall", der größten Veranstaltungshalle Myanmars. Von Juni bis August werden dort myanmarische Theaterstücke, Marionettentheater und Volkstänze aufgeführt. Genaue Termine erfragen Sie bitte bei MTT.

Hafen
Dort sind die originellen Ruderboote „sampan" zu beobachten. Im Hafenviertel liegt auch der **Khielly Fischmarkt**.

Schwimmbäder

Kandawgyi Swimmingpool: am Kandawgyi See, T. 55 13 27
Kokine Swimming Club: 23, Sayasan Rd, T. 55 00 34
National Swimmingpool: U Wisara Rd., T. 27 85 50, Eintritt: US$ 5
evtl. Swimmingpools in Hotels, z. B. im Traders und Kandawgyi Hotel gegen eine Eintrittsgebühr

Post und Telefon

General Post Office (Hauptpost)
Strand Rd/Ecke 43, Bo Aung Kyaw Str., in der Nähe des Strand Hotels, T. 28 54 99, 28 58 40, Poste Restante im 1. Stock
Öffnungszeiten: Mo - Fr 9.30 - 16.00 Uhr, Sa 9.30 - 12.30 Uhr, So und Fei geschlossen

Central Telegraph and Telecommunication Office
125, Pansodan/Ecke Maha Bandoola Str., T. 28 37 37, 27 35 79
Öffnungszeiten: täglich von 7.00 - 20.00 Uhr, Möglichkeit zum Faxen
Shops für das Versenden von **E-Mails** haben sich in der Pansodan Rd in der Nähe der Post angesiedelt.

Banken

Myanma Foreign Trade Bank
80/86, Maha Bandoola Garden Str., T. 28 49 11, Fax: 28 95 85, Traveller Cheques und ausländische Währung können in FEC gewechselt werden, Visa und auch American Express Card, werden gegen 4 % Gebühr akzeptiert

Myanma Investment & Commercial Bank
170/176, Merchant Str./Ecke Bo Aung Kyaw Str., T. 29 08 74, ähnliche Bedingungen wie MFT Bank

Deutsche Bank
Room 201/205, IBC (International Buisiness Center), T. 66 77 62, Fax: 66 78 74

Wichtige Telefonnummern

Rotes Kreuz: 29 51 33
Ambulanz: 1 92, 29 51 33
Polizei: 1 99, 28 25 41, 28 47 64
Feuerwehr: 1 91, 27 42 11
Tourist Information: 28 20 75
Yangon Airport (Inform.): 66 28 11
Immigration Office: 28 64 34
Telefonauskunft: 1 00

Krankenhäuser

Deutsche oder deutschsprechende Ärzte gibt es in Myanmar nicht. Gemessen am europäischen Standard lassen die hygienischen Verhältnisse in den Krankenhäusern zu wünschen übrig. Medikamente und Verbandsmaterial sind jetzt überall erhältlich. Ernstere Erkrankungen, auch Zahnbeschwerden, sollten in Bangkok behandelt werden. Für die Behandlung leichter Erkrankungen und für Notfälle ist vor allem das Diplomatic Hospital, auch Kandawgyi Clinic genannt, geeignet. Empfehlenswert ist in jedem Fall, die für Sie zuständige Botschaft anzurufen.

Diplomatic Hospital oder Kandawgyi Clinic: Natmauk/Kyaikkasan Rd, T. 54 24 86
Bahosi Medical Centre: 31/36 Bahosi Housing Estate, Lanmadaw, T. 22 46 67, 22 43 01
Myanmar SOS International Klinik: in Inya Lake Hotel, 37, Kaba Aye Pagoda Rd, Mayangone Tsp., T. 66 78 77, 66 78 71, 66 78 79, Fax: 66 78 66; Internet: www.internationalsos.com, bei Notfällen, organisiert auch Rettungsflüge
Asia Emergency Assistance (AEA) International Clinic: im Erdgeschoss des New World Inya Lake Hotel, Kaba Aye Pagoda Str., T. 66 78 79, Notrufnr. 66 78 77 oder Telefonnr. des Hotels 66 28 66; vor allem für Notfälle geeignet, organisiert auch Rettungsflüge
Pacific Medical Centre and Dental Surgery: 81, Kaba Aye Pagoda Str., T. 54 80 22, F. 54 29 79, Mo - Sa 08.00 - 19.00 Uhr, E-Mail: MIHS.MYR@mtpt.400. stems.com
Yangon General Hospital: Bogyoke Aung San Str., T. 28 14 47
Infectious Diseases Hospital: 58, Upper Pansodan Str., T. 27 24 97
Eye, Ear, Nose and Throat Hospital: 30, Natmauk Road, T. 55 39 57
University Hospital: University Avenue, T. 53 15 41
Central Women Hospital: Minye Kyawzwa Rd, Lanmadaw Tsp., T. 22 28 04
Children Hospital: 2, Pyidaungsu Yeiktha Rd, T. 22 28 07
Orthopaedic Hospital: 132, Hanthawaddy Rd, T. 53 01 20
Dental Clinic: JV. 7. Kan Thargar, Oo Yin Rd

Zahnärzte

Prof. Dr. Paung Soe, Kanthayar, JV7 Hospital, Natmauk Rd, Mo - Sa 17.00 - 19.00 Uhr, spricht englisch und etwas deutsch

Apotheken (Drugstores)

Apex General Trading: 380, Maha Bandoola Street
Tun Thit Sa: 261, Ecke Anawrahta und 8. Street
May Shopping Centre: 542, Merchant Street
AA Pharmacy: 142/146 Sule Pagoda Street, T. 25 32 31
Global Network Co.: 155/161 Sule Pagoda Street

Verkehrsmittel

Stadtbusse sind meist sehr voll, aber auch sehr billig. Sie kosten K 5, für längere Strecken K 10 - 20, nachts und am Wochenende sind sie etwas teurer. Neuerdings werden manche Routen auch mit AC-Bussen bedient

(K 20). Die älteren Busse sind oft nur mit birmanischen Zahlen gekennzeichnet. Hier einige Buslinien und ihre Fahrrouten:

Nr. 3 von der Innenstadt (Latha Rd) zur Shwedagon und Kyaukhtatkyi Pagode
Nr. 5 zur Peace Pagode
Nr. 7 von der Shwedagon Road zwischen Maha Bandoola Street und Strand Road zum Inya See
Nr. 8 vom Maha Bandoola Park über die Sule Pagode nach Insein
Nr. 9 von der Sule Pagoda Road nach Mingaladon. Von der Endstation zum Flughafen mit dem Taxi (ca. K 50)
Nr. 12 von Htin Pon Ze über die University Avenue nach Kokaing beim Inya See
Nr. 32 und 34: Hsimmalaik Centre
Nr. 37 und 10 von der Sule Pagode zur Shwedagon Pagode
Nr. 38 fährt zum Thida Jetty (Tanyin-Syriam-Fähre)
Nr. 46 fährt um den Royal Lake
Nr. 51 und 9 fahren zum Flughafen

Neben den Stadtbussen bedienen pickups die gleichen Routen. Ihre Preise sind etwas höher als die der Busse.

Taxifahrten kosten je nach Länge ca. K 1 000 - 1 500 (nachts und am Wochenende mehr) für eine Strecke in der Innenstadt. Sie können sich auch stundenweise ein Taxi mieten. Auf alle Fälle müssen Sie den Preis vorher aushandeln. Trischas sind im Zentrum von Yangon und auf den Hauptstraßen wegen des dichten Verkehrsaufkommens nicht mehr erlaubt.

Yangon Circle Line: Dieser Zug fährt in 3 Std. (1 US$) rund um Yangon durch die verschiedensten Viertel. Für einen guten Ausblick sitzen Sie auf der rechten Seite. Ticketverkauf am Bahnhof.

Einkaufen

Bogyoke Aung San Markt
Öffnungszeiten: Di - So von 9.30 - 16.30 Uhr, Mo und an Feiertagen geschlossen

Er liegt in der Nähe des Hauptbahnhofes in der Bogyoke Aung San Street. Das Gebäude wurde 1926 von C. Scott erbaut und ist auch heute noch unter seinem alten Namen „Scott Market" bekannt. In rund 2 000 kleinen Läden werden Waren des täglichen Gebrauchs und auch kunsthandwerkliche Gegenstände, wie Lackwaren, Elfenbein, Teakholzgegenstände, Messingartikel, Umhängetaschen, Perlmuttartikel, Perlen, Silber- und Goldschmuck, Körbe, Schirme der Mönche, Longyi-Stoffe usw. angeboten.

New Bogyoke Aung San Markt
Dieser einfache Markt befindet sich gegenüber dem Bogyoke Aung San Markt. Hier werden importierte Textilien, Haushaltsgegenstände und Medizin verkauft.

FMI
Dieses luxuriöse, Mitte 1995 eröffnete Kaufhaus befindet sich in der 380, Bogyoke Aung San Rd, neben dem Bogyoke Aung San Markt. In dem elfstöckigen, voll klimatisierten Haus - einst mit langen Rolltreppen und vielen kleinen Schmuckläden und Boutiquen - sind jetzt ab dem vierten Stockwerk Büros untergebracht.

Theingyi Zay Markt oder Indischer Markt
Er liegt zwischen der Konzaydan Str./24. Str. und der Anawrahta /Maha Bandoola Str. Neben Haushaltswaren und Textilien werden Kräuter und Medizin aus Myanmar sowie Schlangenfleisch verkauft.

Chinesischer Markt
Er liegt in der Chinatown am südlichen Teil der Lanmadaw Street
Lanmadaw Market
Ungefähr südlich der Wardan Street und Ecke Mahabandoola Street gelegen. Hier ist der größte Fischmarkt von Yangon.
Thirimingala Market
am nördlichen Ende der Strand Rd am Yangon River in Ahlone Tsp. Hier werden Gemüse, Früchte und Fleisch verkauft.
San Pya Fish Market
etwas weiter nördlich des Thirimingala Markets am Fluss gelegen.
Süd- und Osteingang der Shwedagon Pagode
Erhältlich ist hier eine reiche Auswahl von religiösen Gegenständen, Jade, Marionetten, Metallwaren, Silberwaren, Schirmen, Körben, Elfenbein.
Tourist Department Store (früher Diplomatic Store)
geöffnet: Di - Sa 09.30 - 16.30 Uhr
Er befindet sich in der Sule Pagoda Rd nahe dem Büro von Tourist Myanmar. Sie können dort westliche und einheimische Erzeugnisse kaufen. Bezahlung nur in US$ bzw. FEC. Kunsthandwerkliche Gegenstände sind teuer. Gute Auswahl von Edelsteinen.
Nachtmärkte
Sie werden nach Einbruch der Dunkelheit aufgebaut. In Yangon findet man sie im chinesischen und indischen Viertel.
Gemälde
Golden Valley Art Centre: 54-D, Golden Valley, T. 3 38 30, täglich von 09.00 - 18.00 Uhr geöffnet, Ölgemälde, Aquarelle, Bleistiftzeichnungen
Yadanabon Art Gallery: 37 (B) 7 ½ Mile, Pyay Rd, T. 24 77 99 und Inya Lake Hotel, T. 66 28 66, täglich von 09.00 - 18.00 Uhr geöffnet, Bilder, Kunsthandwerk, Antiquitäten
Orient Art Gallery: 121 (E), Thanlwin Rd, Kamayut Tsp., T. 53 08 21, täglich 09.00 - 18.00 Uhr, Gemälde
Seven + Seven Art Gallery: 77, Shin Pu Rd, T. 51 02 26, Gemälde und Skulpturen
Sunflower Art Gallery: 72, Aung Min Gaung, Windermere, T. 53 02 71, im 1. Stock, 09.00 - 17.00 Uhr, Gemälde
Antiquitäten
Mme Thair: 220, Edwards Str., sehr große und gute Auswahl von Antiquitäten, teuer
Nan Aung Art Gallery: 5/7, Room B, Botataung Str.
Myanmar Elephant House: 519 (A) Pyay Rd., Ecke Attia/Thiri Mingalar Str., in der Nähe von Mr. Augustins (s. u.), T. 53 12 31, täglich von 09.30 - 21.00 Uhr, Rattan-Möbel, Lackwaren, Holzschnitzereien, Kunsthandwerk
Mr. Augustins: 23 (A), Attia Road, Seitenstraße von der Pyay Road in Höhe der Kreuzung Pyay/Insein/University Rd, Kamayut Tsp., Möbel, Silber- und Bronzegegenstände zu gehobenen Preisen, viele Botschaftsangehörige kaufen dort ein.
Lackwaren
Myanmar Lacquerwar Shop: 7, 13. Str., nahe der Ecke Strand Rd./Shwedagon Rd., Lanmadaw Tsp., T. 22 62 61, täglich geöffnet, empfehlenswert
Es gibt mehrere kleinere Läden in der Kaba Aye Pagoda Rd, nahe dem Inya Lake Hotel
Pflanzen
Myanmar Orchid and Flora Centre: 119, Sule Pagoda Rd, T. 7 21 15, verkauft frische und künstliche Blumen, Orchideen und Samen.

Filme
Entlang der Anawrahta Str., zwischen der Sule Pagoda Rd und Maha Bandoola Garden Str., sind viele Läden, die Dia- und Farbnegativfilme verkaufen. Reparatur von Fotoapparaten und Uhren unten in der Sule Pagode.
Copy-Shop
Thazin Photocopy Centre: 207, Pansodan Str., zwischen Maha Bandoola und Merchant Str.
Buchläden
Bagan Bookshop: 100./37. Str. Sehr gute Auswahl von Büchern über Myanmar in englischer Sprache, auch gebundene Kopien von vergriffenen Büchern und nachgedruckte preisgünstigere Landkarten
Mandalay Book Agency: 80 (M) Kanbawza Lane, Bahan Tsp., T. 5 34 68, auch Bücher in englischer Sprache
Inwa Book Store: 232, Sule Pagoda Rd, zwischen Anawrahta und Bogyoke Aung San Str., T. 27 10 78, Bücher in englischer Sprache, billige Raubdrucke
Sarpay Beikman Book Centre: Merchant Str., zwischen 37. und 38. Str. auch vom Staat herausgegebene Bücher und Karten über Myanmar.
Lantern House Book Centre: 18, Sabeyon Lane, Mingy Rd, Bücher über die Kultur und das Leben Myanmars
Theingi Maw : 185, 29. Str.

Außerdem gibt es einige kleinere Buchläden in der 33. Str. zwischen der Anawrahta und Bogyoke Aung San Street und Stände gegenüber dem Bogyoke Markt.

Myanmar Book Centre: 477, Pyay Rd, T. 53 17 32; Filialen im Sedona Hotel und National Museum; Bücher über die Geschichte und Kultur Myanmars

Karten
Bei MTT erhalten Sie für wenige Kyats die Yangon City Map, Yangon Guide Map, Yangon Tourist Map und manchmal auch Pläne von Bagan und Mandalay.

Abendunterhaltung

Das Abend- und Nachtleben ist in Myanmar nicht besonders aufregend. In „New Light of Myanmar" können Sie die täglichen Veranstaltungen nachschlagen.
Kinos
Die Myanmaren sind sehr kinobegeistert. Es werden vor allem Liebes-, Action- und Kriegsfilme vorgeführt. Kinos findet man hauptsächlich in der Nähe der Sule Pagoda Rd und in der Bogyoke Aung San Str. Inzwischen gibt an die 50 Kinos in Yangon, trotzdem steht man in einer langen Warteschlange an. Die Eintrittspreise liegen zwischen K 75 - K 200.

Neu ist das *Mingala Kino Center* in der Shwedagon Pagoda Rd., neu renoviert ist das *Thamada Cinema* (Signal Pagoda Rd, zeigt auch amerikanische und internationale Filme) und das gerade eröffnete *Waziya Cinema* mit 826 Sitzplätzen.

Im *American Center* (14, Taw Win Str., T. 22 31 06) und im *British Council* (80, Strand Rd, T. 28 17 00) werden englischsprachige Spielfilme gezeigt.
Folklore Shows
Folklore Shows finden vor allem in Restaurants statt. Während der Vorführung können Sie essen und trinken. Eine Show beeinhaltet Ausschnitte aus verschiedenen traditionellen Tänzen, Akrobatik, Puppenspiel, religiöse Rituale und Musik aus Myanmar. Einheimi-

sche hängen den Darstellern, die ihnen besonders gefallen haben, farbige Lamettakränze um. Zum Ende der Show folgt oft Karaoke.
Karaweik Hall: Im Karaweik am Royal See werden traditionelle Tanz- und Musikdarbietungen gezeigt. Sie beginnen ab 19.00 Uhr und dauern 50 Minuten. Man kann dort nach der Speisekarte essen oder als Gruppe an einem Buffet teilnehmen. MTT organisiert die Vorführungen. Kartenverkauf bei MTT, T. 28 33 63 oder direkt in der Karaweik Hall, T. 29 28 00.
Lone Ma Lay Restaurant: In der Natmauk Rd am Kandawgyi See, T. 55 03 57. Zu gehobenem chinesischen Essen sehen Sie von 19.30 - 21.30 Uhr klassischen Tanz und Folklore, später gibt es Pop-Musik.
Lakeview Theatre Restaurant: Kann Yeiktha Road, beim Kandawgyi Hotel, T. 2 49 25 59, Fax: 28 04 12; jeden Abend Folklore-Show.
Pandonman-Stage: Sangaung Tsp. In diesem open-air Theater finden nur zu offiziellen Anlässen Marionettenaufführungen und traditionelle Tänze statt. Eintritt K 100, ab 19.00 Uhr, nicht touristisch.
Nationaltheater: Myoma Kyaung Str., nordwestlich des Bogyoke Aung San Markets. Hier werden gelegentlich klassische Tänze, Szenen aus dem Ramajana, open-air-Aufführungen von traditionellen Gruppen und Popkonzerte dargeboten. Das Programm erfragen Sie entweder direkt am Theater, im Hotel oder bei MTT.
Golden Gong: 15, Inya Myaing Rd, Bahan Tsp., bei der University Avenue Rd, T. 53 39 54, Mo, Mi und Sa ab 18.30 Uhr traditionelles birmanisches Marionettentheater.

Karaoke
Ayar Restaurant, Ambassador und Smile World: Alle drei sind auf den Dach des Theingyizei Plaza in der Shwedagon Pagoda Rd in Chinatown und mit dem gleichen Lift erreichbar, bieten chinesisches Essen, Pop-Musik und oft Tanz. **BMB Club:** 126, Dhammazedi Rd, Bahan Tsp. **Enken Karaoke:** 129, Seikkantha Str. **Kandawgyi Palace Hotel:** Kan Yeiktha Str., Mingala Tsp. **The Cave Music Pub** im Kandawgyi P. Hotel, T. 24 92 55. **Pegasus:** 5, Kaba Aye Pagoda Rd, Ecke Thukhawaddy Str., Yankin Tsp. **Singha Restaurant:** 70-C, West May Kha Str., Lane 3, 7-Mile, Mayangon Tsp. **Summit Parkview Hotel:** 350, Ahlone Rd, Dagon Tsp., T. 22 79 66. **Dolphin Seafood Restaurant:** Liegt sehr schön am Kandawgyi See beim Aquarium, Kann Yeiktha Road, T. 25 02 40. Musikdarbietungen, vor allem Pop-Musik

Bars
In allen großen teureren Hotels finden Sie Bars, in denen sich vor allem die Geschäftswelt trifft.
50. Street Bar & Grill : : 9 - 13, 50. Str., bei der Merchant Str., T. 29 80 96, auch Musikdarbietungen, angenehme Atmosphäre. **Strand Hotel:** 92, Strand Rd, T. 28 15 33, täglich bis 21.00 Uhr geöffnet. **Kandawgyi Hotel:** Kan Yeiktha Str., Mingala Taungnyunt Tsp., T. 24 92 55, mit schönem Blick über den Royal See. **Inya Lake Bar:** im Inya Lake Hotel, Kaba Aye Pagoda Rd, Mayangon Tsp., T. 66 28 58, Live-Musik. **The Music Club:** 33, Alan Pya Phaya Road, im Sofitel Hotel, T. 25 24 88. **Mr. Guitar Café:** 22, Saya San Rd., Bahan Tsp., T. 55 01 05, kleines Café, dekoriert mit Gitarren, Live-Musik ab 19.00 Uhr bis Mitternacht. **Narawat Ho-**

tel: 257, Insein Rd, Hlaing Tsp., T. 66 78 88, hübsche Zawgyi Lounge mit täglicher Live-Musik. **Summit Park Viewhotel:** 350, Ahlone Rd, Dagon Tsp., T. 22 79 66, Live-Musik. **The Escapade:** 143/149, 2. Stock, Sule Pagoda Rd, High-Tech Disco, Live-Musik, DJ, teuer. **Galaxy City:** Theingyi Bazaar C Shed, T. 24 66 38. **Harbour Point Recreation Club:** Mya Nandar Park, Pansodan Jetty, T. 28 46 63

Unterkunft

Seit 1994 sind auch privat geführte Hotels und private Guest Houses mit Lizenz zugelassen. Das Übernachten in Privatunterkünften, die keine Lizenz besitzen, ist für Touristen nach wie vor nicht erlaubt. Bei den teuren Hotels werden zusätzlich zu den Hotelpreisen 10 % Bedienungsgeld sowie eine Hotel- und Gaststättensteuer von 10 % erhoben. Während der Regenzeit bei geringer Auslastung kann man in den meisten Hotels den Preis herunterhandeln. Ein Frühstück ist mittlerweile fast immer im Übernachtungspreis eingeschlossen ebenso wie der Transfer zum Flughafen, Bahnhof oder Bus.

Hotels über US$ 100 pro Pers.

Die Übernachtungen in allen Hotels dieser Kategorie verstehen sich mit Frühstück, üblicherweise mit einem umfangreichen Frühstücksbuffet. Die Zimmer sind mit AC, Du oder/und Badewanne, warmem Wasser, WC, Fön, TV, Kühlschrank, Safe und IDD-Telefonanschluss ausgestattet. Ein Wäscheservice, Businesscenter und Läden sind selbstverständlich.

• **Vorwahl: 01**
The Strand
92, Strand Rd, T. 24 33 77, Fax: 28 98 80, E-Mail: strand.ygn@strandhotel.com.mm, 32 Zimmer, DZ US$ 220 - 270, Suite US$ 425, 450, 900. 39 noch nicht renovierte Zi im hinteren Teil sollten seit 1996 erneuert werden, derzeit EZ US$ 42 - 48, DZ US$ 54 - 60, Du und WC, AC. Strand Bar geöffnet von 11.00 - 21.00 Uhr, Strand Café 06.30 - 21.00 Uhr (14.30 - 18.00 Uhr teatime, US$ 14, verschiedene Teesorten und Snacks), The Grill 18.00 - 21.00 Uhr, Lobby Lounge 09.00 - 21.00 Uhr

Das Hotel im Kolonialstil wurde 1901 eröffnet und gehört jetzt zu der Hotelkette Amanresorts. Die mehrjährige Renovierung für insgesamt US$ 36 Mio sollte 1998 beendet sein. Es gibt eine Bar, einen Laden, ein Café, Restaurant und eine Gepäckaufbewahrung. Das Hotel hat schon viele illustre Gäste beherbergt, unter anderem ist hier Somerset Maugham abgestiegen.
Pan Sea Hotel
35, Taw Win Road, T. 22 98 60, 22 14 62, Fax: 22 82 60, Internet: panseaYGN@mptmail.net.mm, E-Mail: yangon@pansea.com; Family Suite US$ 300 (max. 4 Personen), Junior Suite US$ 210, DZ US$ 170, EZ US$ 150, Extrabett US$ 35, jeweils zuzüglich 20 %, im Botschaftsviertel, sehr ruhig, 48 Zimmer, wunderschöne stilvolle Anlage im traditionellen Kolonialstil in Teakholz (war früher das Botschaftsgebäude der Karen), Garten mit Teichanlagen, Swimmingpool, Restaurant mit ausgezeichneter französischer und asiatischer Küche, Bar
Traders Hotel
223, Sule Pagoda Rd, T. 24 28 28, Fax: 24 28 00, E-Mail: tradershotel.yn@mptpt

400.stems.com, EZ ab US$90, DZ ab US$ 120, Suiten US$ 220, 350, 450, 800, zuzügl. 20 %, Extrabett US$ 35, 22 Stockwerke, sehr zentral gelegen, gegenüber Bogyoke Market, gehört zur Shangri-La Hotelkette, schöne Zimmer, Nov. 96 eröffnet, Konferenzräume, sehr aufmerksamer Service, Swimmingpool auf einer Terrasse im 5. Stock, Fitness Centre, Sauna, verschiedene Restaurants, sehr gute Buffets, Bar, Café, Kuchentheke und Pralinen

Kandawgyi Palace Hotel
Kan Yeiktha Rd, T. 24 92 55, Fax: 28 04 12, 24 27 76, E-Mail: kphotel@mptmail.net.mm, 236 Zimmer, EZ ab US$ 90, DZ ab US$ 110, 2 traumhafte Bungalows mit eigenem Swimmingpool, Junior Suite, Standard, Fitnessraum, Swimmingpool mit Blick auf den See. Das vollständig renovierte Haupthaus war ursprünglich das britische Bootsclubhaus, an das ein neuer Flügel angebaut wurde. Mehrere Restaurants, Café, Kuchentheke, Bar, Cave Music Pub (21.00 - 01.00 Uhr), tägliche Folkloreshow zum Abendessen. Sehr schön am Kandawgyi See gelegenes Hotel aus Teakholz mit Blick auf die Shwedagon Pagode.

Sofitel Plaza Hotel
33, Alan Pya Phaya Road, Dagon Tsp., T. 25 03 88, Fax: 25 24 78, E-Mail: SOFITELPLAZA.YGN@mptmail.net.mm, 359 Zimmer, EZ ab US$ 140 - 160, DZ US$ 160 - 180, sehr angenehmes Hotel in zentraler Lage, Restaurants mit chinesischer, japanischer und internationaler Küche, Café, Kuchentheke, Bar, Swimmingpool, Sauna, Fitnessraum, Tennisplatz

The Central Floating Hotel
1 - 2, Wahdan Jetty, Seikan Township, T. 22 72 88, Fax: 22 75 77, 133 Zimmer, DZ US$ 150 - 180, Suite US$ 260. Dieses Hotelschiff ist ein umgebautes, schön renoviertes Kreuzfahrtschiff. Kleine Zimmer, verschiedene Restaurants, Bars, Whirlpool, Sauna, Swimmingpool, Fitnessraum, Sonnendeck

Nikko Royal Lake Hotel
40, Natmauk Str., Ecke Po Sein Rd., T. 54 45 00, Fax: 54 44 00, E-Mail: nikko@nikkoyangon.com.mm, am Kandawgyi See gelegen, 300 Zi, EZ ab US$ 100, DZ ab US$ 120, großer Swimmingpool, Fitnessraum, Restaurant mit japanischer, myanmarischer und Thai-Küche

Inya Lake Hotel
37, Kaba Aye Pagoda Road, T. 66 28 57, 66 28 66, Fax: 66 59 64, 66 55 37, E-Mail: renaissanceinyalake@mptmail.net.mm, 229 Zimmer, Deluxe, Suite, Junior Suite, Standard, EZ ab US$ 90, DZ ab US$ 110. Das einstmals staatliche Hotel ist neu renoviert. Es wurde 1961 von den Sowjets erbaut und liegt am Ufer des Inya-Sees in einem tropischen Garten. Swimmingpool, Tennisplatz, Café, chinesisches Restaurant, Friseur. 8 km außerhalb der Stadtmitte auf dem Weg zum Flughafen.

Summit Park View Hotel
350, Ahlone Road, T. 21 18 88, Fax: 22 79 91, E-Mail: summit@mptmail.net.mm, 252 Zimmer, EZ ab US$ 90, DZ ab US$ 110, fünfstöckiges Gebäude (1995 erbaut), 10 Min. Fahrt vom Zentrum, Blick auf die Shwedagon Pagode, Restaurant mit guter internationaler, vor allem chinesischer Küche, Café, Kuchentheke, Bar, Fitnessraum, Swimmingpool, Friseur. Vorwiegend Geschäftsreisende steigen hier ab.

Nawarat Concorde Hotel
257, Insein Rd, T. 66 78 88, Fax: 66 77 77, 80 Zimmer, 1994 eröffnet, 20 Min.

Fahrt vom Zentrum, EZ US$ ab 120, DZ US$ ab 140, Café, Restaurant mit birmanischen, thailändischen, malaysischen, chinesischen und europäischen Gerichten, Tennisplätze und Swimmingpool sind geplant.

Mya Yeik Nyo Royal
20, Pearl Rd, Bahan, T. 54 83 10 - 7, Fax: 66 50 52, 54 83 18, EZ ab US$ 70, DZ ab US$ 90, zweistöckiges Haus im Kolonialstil, daneben sehr schöner Neubau, geschmackvoll ausgestattet, mehrere Swimmingpools, Fitnessraum, Tennisplatz, Driving Range für Golfer

Mya Yeik Nyo Deluxe
16-B, Thukhawaddy Rd, Yankin, T. 56 65 29, 66 31 96, Fax: 66 50 52, 54 83 18, Suite EZ US$ 80, DZ US$ 100, Junior Suite EZ US$ 60, DZ US$ 80, Standard EZ US$ 40, DZ US$ 70, Extrabett US$ 30

Mya Yeik Nyo Supreme
23/25, Kaba Aye Pagoda Rd, T. 55 38 18 - 9, 55 14 64, Fax: 66 50 52, 54 83 18, Suite EZ US$ 100, DZ US$ 120, Junior Suite EZ US$ 80, DZ US$ 100, Superior EZ US$ 40, DZ US$ 60, Extrabett US$ 30

Diese drei Hotels gehören zur Mya Yeik Nyo Hotelgruppe und liegen nahe beieinander. Das Mya Yeik Nyo Royal steht auf dem zweithöchsten Hügel von Yangon und bietet eine schöne Aussicht. Alle drei Hotels sind von einer gepflegten Parkanlage mit Rasen und Teichen mit Lotosblumen umgeben.

Savoy
129, Dhamazedi Road, T. 52 62 89, 52 62 98, Fax: 52 48 91, E-Mail: savoy.ygn@mptmail.net.mm, EZ US$ ab 100, DZ US$ ab 130, Suiten US$ 160 und 180; 30 Zi, schönes, kleineres Hotel im Kolonialstil, 1996 eröffnet, an einer befahrenen Straßenkreuzung, Swimmingpool, Restaurant, Bar

Sedona Hotel
1, Kaba Aya Pagoda Road, Yankin Tsp., T. 66 69 00, Fax: 66 68 11, E-Mail: sales@sedona.com.mm, EZ ab US$ 90, DZ ab US$ 120, nahe dem Inya Lake, Swimmingpool, Fitnessraum, Sauna, Restaurant, irisches Pub

Hotels zwischen US$ 40 - 100

Die Hotels dieser Preisklasse bieten Frühstück, AC, Du und WC, warmes Wasser, TV, Kühlschrank, IDD-Telefonanschluss und häufig freien Flughafentransport.

Yangon City Hotel
1 (A), Kaba Aye Pagoda Rd, T. 66 77 55, Fax: 66 77 63, pro Person US$ 80 - 95, 80 Zimmer, 1994 eröffnet, Businesscentre, Fitnessraum

Mingalar Garden Hotel
30, Inya Myaing Rd, Bahan Tsp., T. 52 44 50, 52 54 93, Fax: 53 23 88, EZ US$ 50, DZ US$ 70, 3-B.-Zi US$ 90, zuzügl. 20 %, Businesscenter, Konferenzräume, beim Inya Lake, nicht zentral

Ramada Hotel
Airport Rd., beim Flughafen, T. 66 63 37, 66 66 99, EZ US$ 45, DZ US$ 80, Swimmingpool, Fitnessraum, Businesscentre

Thamada Hotel
5, Alanpya Pagoda Road, Ecke Sule Pagoda Rd., Dagon Tsp., T. 27 10 47, beim Bahnhof, 58 Zi, EZ US$ 30 - 40, DZ US$ 36 - 55, 3-B.-Zi US$ 60 - 70, große Zimmer, zur Straße etwas laut, freundlich

Central Hotel
335 - 357, Bogyoke Aung San Str., T. 24 10 07, Fax: 24 80 03, in der Nähe vom Traders Hotel, gegenüber dem Bo-

gyoke Aung San Market, zentral, EZ US$ 30 - 50, DZ US$ 45 - 70, AC, Du und WC, Kühlschrank, TV, große, saubere Zimmer, unter chinesischer Leitung, gutes chinesisches Restaurant, beliebte Bar, Café, Kuchentheke

Classique Inn
53-B, Golden Valley, T. 53 09 64, 52 55 57, Fax: 52 52 18, 5 Zimmer, EZ US$ ab 40, DZ US$ ab 50

Comfort Inn
4, Shwe Li Str., Kamaryut Tsp., nahe der Shwedagon Pagode, gehört zu Columbus Travel, T. 52 68 72, 53 33 77, Fax: 52 42 56, 52 51 34, EZ US$ 35 - 50, DZ US$ 45 - 60, AC, Du und WC, Kühlschrank, TV, schöne Zimmer, sauber

Summer Palace Hotel
437, Pyay Rd, bei der University Avenue, T. 52 72 11, 12, 13, Fax: 52 72 14, 52 54 24, 56 Zi, EZ US$ ab 15, DZ US$ 20 - 30, Garten, Swimmingpool in Planung, Restaurant, große Zimmer, nicht ganz zentral, nicht immer sauber

Welcome Hotel
93 (G), Thanlwin Rd, T. 52 59 62, Fax: 52 59 66, EZ US$ 40 - 65, DZ US$ 60 - 75, gepflegt, freier Flughafentransport

Hotels unter US$ 40

Wenn nicht anders vermerkt, sind diese Hotels mit Frühstück, AC, Du und WC, warmen Wasser, häufig mit TV, Kühlschrank und freiem Flughafentransport.

Windermere Inn
15 (A), Aung Mingaung Pagoda Rd, T. 52 46 13, Fax: 53 38 46, EZ ab US$ 20 - 25, DZ ab US$ 30, stilvolle, saubere Zimmer, Bungalows mit schönem Garten, freundlich, empfehlenswert, etwas außerhalb

Highland Lodge
7 ½ Mile, Pyay Rd, No. 1 Highland Avenue, T. 66 06 95, Fax: 66 61 52, pro Person ca. US$ 20 - 30, sehr schön in einer Villa, freundlich, etwas außerhalb

Thirinda Lodge
3, Wingaba Lane, Bahan Tsp., T. 54 97 17, Fax: 54 36 81, pro Person ab US$ 25, sauber, freundlich, nahe der Shwedagon Pagode

Sharp Hotel
2, Pho Sein Rd, Bahan Tsp., T. 54 95 58, DZ ab US$ 50, nahe dem Royal Lake, Bungalows, kleiner Swimmingpool, Restaurant

Beauty Land I Hotel
9, Bo Cho Rd, Bahan Tsp., T. 54 97 72, Fax: 54 97 91, EZ ab US$ 10 - 20, DZ US$ 18 - 32, familiäre Atmosphäre

Beauty Land II Hotel
188 - 192, 33. Street, Kyauktada Tsp., T. 24 39 52, 54 97 97, Fax: 54 97 97, E-Mail: beautyland@myanmar.com, www.beautyland@goldenlandpages.com, nahe der Sule Pagode und dem Bahnhof, zentral, EZ US$ 8 - 14, DZ US$ 15 - 25, Extrabett US$ 10, auch Zimmer auf der Dachterrasse, große Zimmer, sauber, empfehlenswert

Pleasant Motel
105 (A), Oak Str., West Shwegondine, Bahan Tsp., T. 55 33 42, EZ US$ 36, DZ US$ 48, nicht zentral (in des Nähe des liegenden Buddha)

Yoma Hotel
146, Bogyoke Aung San St, T. 29 77 25 - 26, Fax: 29 79 57 - 58, E-Mail: yoma.one@mtpt400.stems.com, 16 Zi, DZ US$ 35 - 45 (im obersten Stock am billigsten), zentral, sauber, freundlich, empfehlenswert, Restaurant am Dach

Yoma Hotel II
24 (A), Inya Rd., Kamayut Tsp., T. 51 25 06, F. 52 69 45, nicht zentral, einfa-

cher und preiswerter als das davor beschriebene Yoma Hotel

Panda Hotel
205, Wadan Str., Lanmadaw Tsp., T. 21 28 50, F. 21 28 54, großes 10stökkiges, neueres Hotel, unter chinesischer Leitung, EZ US$ 20 - 30, DZ US$ 30 - 40, Kühlschrank, TV, ruhig

Aurora Inn
37 (A), Thirimingala Str., Kamayut Tsp., T. 52 59 61, Fax: 52 54 00, EZ US$ US$ 10 - 17, DZ US$ 20 - 30, 3-B.-Zi US$ 30 - 40, franz. Leitung, Rest., Bar

Liberty Hotel
343, Pyay Rd, Sanchaung Tsp., T. 53 00 50, 53 22 43, EZ US$ 20, DZ US$ 40 - 45, Villa im Kolonialstil, sauber, etwas außerhalb, zuzüglich 20 %

Euro Asia Hotel
374, Strand Rd, Ecke 69. Str., T. 29 67 31, EZ US$ 20 - 30, DZ US$ 35 - 45, 6st. Haus, chin. Leitung, sauber, einfache Zi, von der Dachterrasse schöner Blick über die Stadt, zentrale Lage

Snow White Inn
12 (B-I), Kokine Avenue, Golden Valley, Bahan Tsp., T. 54 84 95, DZ US$ 35 - 45, freundl., sauber, etwas außerh.

Sakantha Hotel
Yangon Railway Station, Kun Chan Str., T. 24 95 18, EZ US$ 36, DZ US$ 42, 3-B.-Zi US$ 54, 17 Zi, neu renoviert, zur Bahnstrecke etwas laut, düstere Räume, Restaurant; praktisch für Reisende, die einen frühen Zug nehmen.

Winner Inn
42, Thanlwin Rd, T. 53 12 05, 52 43 87, DZ US$ 25 - 35, schöner Garten, etwas außerhalb

Lai Lai Hotel
783, Maha Bandoola Rd, Lanmadaw Tsp., T. 22 78 78, 22 59 13, Fax: 22 73 42, EZ US$ 16, DZ US$ 30, 3-B.-Zi US$ 45, in China Town, unter chin. Leitung, 8stöckiges Gebäude, Dachrest.

Fame Hotel
28 (A), Po Sein Rd, neben dem Bagan Inn, T. 55 01 79, 54 30 52, 54 25 39, Fax: 54 95 50, EZ US$ 25, DZ US$ 45, 4-B.-Zi US$ 60, relativ einfach

Silver Star Inn
213 - 215, Botataung Pagoda Rd, T. 29 70 07, Fax: 29 19 32, EZ US$ 15 - 25, DZ US$ 25, Gemeinschaftsbad, US$ 36 mit Du und WC, sauber, ordentlich, preisgünstig, zentrale Lage

Three Season Hotel
83/85, 52. Str., Pazundaung Tsp., in der Nähe vom YMCA, T. 29 33 04, Fax: 29 79 46, 7 Zi, EZ US$ 15, DZ ab US$ 20, 4-B.-Zi US$ 30 - 40, ruhig, freundliches, schönes Hotel, empfehlenswert

Barani Hotel
71, Minyekyawswa Rd, Ahlone Tsp., T. 22 08 54, 22 31 04, Fax: 22 31 04, DZ US$ 40, nicht zentral, sehr ordentl.

Orchard Inn
563, Pyay Rd, Kamayut Tsp., T. 52 69 76, 51 28 69, Fax: 52 69 82, pro Person US$ 15 - 20, Villa im Bungalowstil mit Garten, gepflegt, sauber, nicht zentral, beim Inya Lake

Yuzana Hotel
130, Shwe Gon Dine Rd, Bahan Tsp., T. 54 96 00, 54 33 67, Fax: 54 49 98, neues komfortables Hotel, DZ US$ 36, weit außerhalb

Green Hill Hotel
12, Pho Sein Str., bei der Natmauk Rd in der Nähe der deutschen Botschaft und des Nikko Hotels, T. 55 03 30, Fax: 54 93 88, EZ US$ 10 - 15, DZ US$ 20 - 30, AC, Du und WC, sehr ordentlich, nicht zentral

Fair View Inn
16, Saw Mahar Str., Kandawgyi Tsp., T. 55 35 26, Fax: 28 33 60, DZ US$ 25 - 35, fam. Atmosphäre, schöner Gar-

ten, sauber, etwas außerhalb, Busshuttle in die Stadt
Ruby Inn
23, Bawga Lane, 9 Mile, Mayangone Tsp., T. 66 25 36, Fax: 66 65 70, 10 Zi, EZ US$ 15 - 25, DZ US$ 25 - 35, in Flughafennähe, freundlich, sauber
Sunflower Hotel
259 - 263 Anawrahta Street, T. 24 00 14, einfache Zimmer mit Fan DZ US$ 25, DZ US$ 30 - 35 mit AC, Du und WC, im indischen Viertel mit indischem Besitzer, sauber
Hotel Bahosi
63/64, Bahosi Housing Estate, Lanmadaw Tsp., T. 22 58 12, 22 29 69, Fax: 22 21 32, DZ US$ 15, Gemeinschaftsbad; DZ US$ 30 und 35, Du und WC, Suite US$ 45, Extrabett US$ 10, Zi befinden sich im 3. bis 6. Stock, zentrale Lage, bei der Bahosi-Klinik, sauber, gemütlich, empfehlenswert
Mann Shwe Gon
59/2, U Pho Kyar Str., neben der Sunflower Inn, T. 24 00 15, pro Person US$ 10, Gemeinschaftsbad, Fan
Dagon Hotel
256/260, Sule Pagoda Rd, gegenüber dem Traders Hotel, T. 28 93 54, 12 Zimmer, EZ US$ 12, DZ US$ 18, Gemeinschaftsbad, Fan; EZ US$ 15, DZ US$ 25, Du und WC, AC; sehr zentrale Lage
Myanmar Holiday Inn
379, Ecke Maha Bandoola Rd und 37. Str., Kyauktada Tsp., T. 24 00 16, 24 05 81, saubere, freundl. Zi, EZ US$ 12 - 15, DZ US$ 22 - 25, Gemeinschaftsbad, Fan; DZ US$ 40, AC, Du u. WC
YMCA
265, Maha Bandoola Rd, T. 29 41 28, 29 64 35, 19 große Zimmer, wird gerade renoviert, Standard EZ US$ 10 - 20, DZ US$ 17 - 30, AC, Du und WC, Economy EZ US$ 8, DZ US$ 15, Fan, Gemeinschaftsbad; war früher der Travellertreff, im EG Restaurant, für YMCA-Mitglieder 5 % Discount
YWCA
119, Bo Galay Bazaar Str., nur für Frauen, wird gerade renoviert
Motherland Inn II
433, Lower Pazundaung Rd, T. 29 13 43, 2 km östlich vom Zentrum beim Syriam Jetty, EZ US$ 8/10, DZ US$ 16/18, Fan/AC, Du und WC, Schlafsaal US$ 3 pro Person, sauber, freundlich, empfehlenswert, außerhalb
Golden Smiles Inn
644, Merchant Rd, Ecke Shwebontha Str., in der Nähe des Bahnhofs, T. 27 35 89, F. 52 63 25, DZ US$ 10, Gemeinschaftsbad, DZ US$ 15, Du und WC, jeweils mit AC und Frühstück, zentrale Lage, Zi im 1. Stock

Guest Houses

Cozy Guest House
126, 52. Str., Pazundaung Tsp., T. 29 16 23, 29 22 39, 5 kleine Zimmer, EZ US$ 15, DZ US$ 25, AC, Gemeinschaftsbad, Familienbetrieb, freundlich, sauber, freier Flughafentransport
Pyin Oo Lwin Guest House
183, Maha Bandoola Garden Str., Ecke Anawrahta Rd, nahe der Sule Pag., Kyauktada Tsp., T. 24 00 22, Fax: 24 00 58, EZ US$ 10 im 2. St., US$ 15 im 1. St., DZ US$ 15 - 20, 3-B-Zi US$ 14 (muffig u. fensterlos), AC, Gem.sch.b.
Pyin Oo Lwin Guest House II
gegenüber Pyin Oo Lwin Guest House, im 3. St., T. 24 32 84, EZ US$ 10, DZ US$ 16, fensterlose Zi, zentrale Lage
Garden Hotel (früher Garden Guest House), 73/75, Sule Pagoda Rd, neben dem Büro von Thai Airways, 16 Zi, EZ US$ 6, Gemeinschaftsbad, US$

10, Du und WC, DZ US$ 8, Gemeinschaftsbad, US$ 16, Du und WC, jeweils mit Fan, sehr zentrale Lage an der Sule Pagode, Zimmer um einen Aufenthaltsraum angeordnet, z. T. nur mit Holzwänden abgeteilt (hellhörig), sehr einfach

Zar Chi Win Guest House
59, 37. Str., südlich der Merchant Str., im 1. Stock, in der Nähe des Bagan Bookshops, T. 27 54 07, EZ US$ 6, DZ US$ 10 - 12, Gemeinschaftsbad; DZ US$ 20, AC, Du und WC, mit Frühstück (ohne Frühstück US$ 1 billiger), kleine Zimmer, sauber, hellhörig, fensterlos, zentrale Lage, freundlich

West End Guest House
788, Bogyoke Aung San Str. Ecke Pyay Rd., Lanmadaw Tsp., T. 22 34 25, im 1. St., EZ US$ 6, DZ US$ 12, 3-B.-Zi US$ 14, AC, Gemeinschaftsbad

Yangon Guest House
317/323, Bo Sun Pat Str., T. 27 20 05, 27 62 99, im 1. Stock, 16 Einzel- und 5 Doppelzimmer, pro Person ab US$ 10, m. Frühst., AC, Du und WC, TV, sehr zentral in einer Seitenstraße von der Bogyoke Aung San Str. auf Höhe des FMI Einkaufszentrums (beim Bogyoke o. Scott Market), nicht immer sauber, hellhörig, freier Flughafentransport

White House Guest House
69/71, Konzedan Str. (Seitenstraße von der Merchant Str.), Pabedan Tsp., T. 27 15 22, 24 07 79/80/81, Fax: 24 07 82, whitehouse@mptmail.net.mm, 9 Zimmer, EZ US$ 7, DZ US$ 10 - 15, Fan, Du und WC; EZ US$ 10, DZ US$ 20 mit AC, DU und WC, jeweils mit reichhaltigem Frühstück, Schlafsaal US$ 3, zentrale Lage, Zimmer einfach, sauber, klein, teilweise gekachelt, Restaurant auf Dachterrasse mit schönem Blick über die Stadt

Daddy's Home
107, Konzedan Str., beim White House Guest House, T. 25 21 69, 25 21 70, Fax: 25 20 61, EZ US$ 5 - 7, DZ US$ 8 - 10, Schlafsaal US$ 3 pro Person, einige Zimmer ohne Fenster

Polo Guest House
240, Anawrahta Str., Ecke 30 Str., DZ US$ 14, Gemeinschaftsbad, mit Frühstück, nicht immer sauber

Win Guest House
10, Zay Str., Kamayut Tsp., nahe d. Sinmalite Bus Terminal, EZ US$ 5, DZ US$ 10, Fan, Du und WC, sehr einfache Zimmer

Mahabandoola Guest House
32. Str., gegenüber dem Garden Guest House, pro Person US$ 3, fensterlose, sehr einfache Zimmer, Gemeinschaftsbad, ohne Frühstück

Restaurants

Das Essen nimmt in Myanmar einen sehr wichtigen Platz ein. Überall finden Sie kleine Lokale und Stände an den Straßen. Das indische und birmanische Essen ist schmackhaft und billig. Gehen Sie frühzeitig zum Abendessen, zwischen 18.00 und 20.00 Uhr, danach schließen viele Lokale.

Birmanische Küche

Die meisten der aufgeführten Restaurants liegen in der mittleren Preisklasse zwischen K 300 - 500 pro Gericht. Es ist üblich, dass die Töpfe mit den Gerichten sichtbar aufgereiht stehen. Bei einer Bestellung eines Curry bekommen Sie ganz selbstverständlich eine Suppe, Reis und meist auch eingelegte Gemüse - alles gleichzeitig serviert. Viele birmanische Lokale schließen schon ab 19.00 Uhr!

Hla Myanmar Htamin Zai: 27, 5. Str., West Shwegondine, Bahan Tsp., einfaches Lokal mit sehr gutem Essen, preiswert, empfehlenswert
Mya Kan Tha: 70, Natmauk Rd, Lanthwe, beim Royal Lake, T. 55 27 12, sehr gut, gehobene Preisklasse
Aung Thuka: 17 (A), 1. Str., zwischen Shwegondine Str. und Dhammazedi Rd, T. 52 51 94, einfaches, sauberes Lokal mit sehr gutem Essen, s. empf.w.
Lone Malay: Bogyoke Aung San Park, Natmauk Rd, T. 55 03 57, am Royal Lake gelegen, gut, Folklore-Show
Kone Myint Thar: 69 (A), Pyay Rd, 7 ½ Mile, Mayangon Tsp., T. 66 59 00, nahe dem Inya Lake, sehr gut, in einem eigenen Gebäude wird chinesisches Essen serviert
Danubyu Daw Saw Yi Restaurant: 175/177, 29. Str., T. 27 53 97, 24 89 77, nicht weit von der Sule Pagode, existiert seit 30 Jahren, gute traditionelle birmanische Küche

In der gleichen Straße finden Sie weitere kleine Restaurants mit birmanischer Küche.
Khauk Swai: 130 (B), 34. Str., hinter der City Hall, Shan-Gerichte, vor allem Nudelgerichte, sehr gut, sehr preiswert
Thit Mwe: 247, Maha Bandoola St, bei der 24. Str., Shan-Gerichte, gut
Shan Daung Tan: 535 C, Pyay Rd, Shan-Gerichte, gut
Shan Min Tha: Lanthit Str., Ecke Maha Bandoola Str., Shan Küche, empfehlenswert
„203": 203, 327. Str., Kyauktada Tsp., einfaches Lokal mit schmackhaften Gerichten, vor allem Einheimische essen dort
Elephant House Restaurant: 519 (A), Pyay Rd, Ecke Attia u. Thiri Mingalar Str., T. 53 12 31, mit Laden für geschmackvolles Kunsthandwerk, schöner Garten, gehobene, s. gute Küche

Chinesische Küche

In Chinatown an der Lanmadaw Street finden Sie zahlreiche einfache und gute kleinere Lokale. Essensstände am lebendigen Nachtmarkt bereichern zusätzlich das Angebot.
Western Park Restaurant: Tha Kin Mya Park, Ahlone Tsp., T. 22 51 43, besonders gute Pekingente, gepflegtes Lokal, mittlere Preisklasse, schöner Garten, sehr empfehlenswert
Bamboo House: Shin Saw Pu Str., westlich von der Shwedagon Pag., gut
Ruby: 50, Bo Aung Gyaw Str., um die Ecke vom General Post Office, T. 29 51 32, gut und preiswert
Nyein Chan Restaurant: 234, Sule Pagoda Rd, T. 27 65 42, in der Nähe des Dagon Hotels, gut und preiswert
Nan Kaung Sett Restaurant: 31. Str., nahe d. Sule Pag., sauber, gut, preisw.
Panda Restaurant: 205, Wardan Str., Ecke Keighley Rd und St. John's Rd, T. 22 11 52, gut, Karaoke
Shan Kan Restaurant: Uwisaya Rd, Kantaw Mingalar Garden, in der Nähe vom Summit Parkview Hotel, T. 24 43 36, sehr schöne Aussicht auf die Shwedagon Pagode, gutes Essen
Fu Sun Restaurant: 160, Kaba Aye Pagoda Rd, T. 54 90 05, gut
Haikhin Restaurant: 252, Sule Pagoda Rd, T. 28 22 64, preisgünstig
Dolphin Restaurant: Kandawgyi, Kan Yeiktha Str., T. 28 50 84, Veranda über dem Kandawgyi See, gute Fischgerichte, mittlere Preisklasse, Karaoke
Nan Yu Restaurant: 81, Pansoedan Str., T. 27 77 96, Meeresfrüchte, gut
Rainbow Restaurant: 160, Bogyoke Rd, T. 29 40 88, neben d. Yoma H., gut

Yan Kin: Ecke Kaba Aye Pagoda Rd und Kanbe Rd und in der Nähe des Inya Sees, bei den Einheimischen beliebt
Royal Garden: Kandawgyi Kann Pat Lan, T. 29 77 16, in der Nähe des Karaweik Restaurants, gut, preiswert
Mandarin Restaurant: 126, Maha Bandoola Garden Str., nahe der Ecke Maha Bandoola/Sule Pagoda Str., gut, preiswert
Singapore's Kitchen: 524, Strand Rd., T. 22 62 97, ausgezeichnete Küche, Fischgerichte, mittlere Preisklasse
Golden Duck Restaurant: Nan Thid Bldg., Pansodan Jetty, im 1. Stock, schöner Blick auf den Yangon River, mittlere Preisklasse
Oriental House Restaurant: 126 (A), Myo Ma Kyaung Str., T. 28 40 68, in der Nähe des National Museums, gut, gehobene Preisklasse
Roof Top Restaurant: Theingyizy (C) Block, Shwedagpm Rd., T. 24 24 17, gute Fischgerichte, man sitzt luftig auf einer Dachterrasse mit schöner Aussicht über die Stadt, preiswert bis mittlere Preisklasse, empfehlenswert
Lakeview Terrace Restaurant: Kan Yeik Tha Rd., T. 24 92 55, neben dem Kandawgyi Palace Hotel, man sitzt sehr schön am See, gutes Essen, mittlere Preisklasse, empfehlenswert
Yin Fong Sea Food Restaurant: gegenüber d. Kandawgyi H., T. 54 61 49, mittlere Preiskl., gute Fischgerichte
Amigo Restaurant: 209, Botataung Pagoda Rd., chin. japan. und auch europäische Küche, gut, preiswert

Japanische Küche

Furusato Restaurant: 137, Shwegondine Rd., T. 55 22 65, gegenüber dem chinesischen Tempel, gut

Indische Küche

Westlich der Sule Pagode an der Anawrahta Street im indischen Viertel finden Sie zahlreiche kleine indische Lokale. Viele Lokale schließen schon ab 19.00 Uhr!
Die folgenden Restaurants sind durchwegs preiswert:
Nila Biryane Shop: Anawrahta Street, zwischen 31. und 32. Str., sehr beliebt, gut
Simla: 222/224, Anawrahta Str., zwischen 31. und Bo Sun Pat Str., neben dem Nila Briyane Shop, gut
New Dehli Restaurant: 262, Anawrahta Street, zwischen 29. und Shwebontha Street, T. 27 54 47, einfach, bei Travellern sehr beliebt, reichhaltige Auswahl, gut
Bharat Restaurant: Maha Bandoola Street, Ecke Seikkantha Street, gut
Golden City Restaurant: 170, Sule Pagoda Rd, nördlich von der Sule Pagode, gut
Khasana Restaurant: 62 (B), Yaw Min Gyi Street, in der Nähe des Liegenden Buddhas, T. 24 19 39, gute Küche, mittlere Preisklasse, ab 19.30 Uhr indische Musikdarbietung, empfehlenswert

Thailändische Küche

Salathai: 56, Saya San Rd, T. 54 86 61, Teakholzgebäude im Thai-Stil, man kann auch im Freien an einem Teich sitzen, gut, relativ teuer
Malai Restaurant: 75, Thanlwin Rd, T. 53 35 00, gut, teuer
Sabai Sabai Restaurant: 126, Dhammazedi Rd., gegenüber dem Savoy Hotel, T. 52 65 26, gutes Essen in nettem Lokal, mittlere Preisklasse
Silom Restaurant: 647 A, Pyay Rd, gute Küche

Internationale Küche

In allen großen Hotels wird neben chinesischer auch die internationale Küche angeboten.

Karaweik Hall: Kan Yeiktha Rd, T. 29 28 00, birmanisches, chinesisches und europäisches Essen mit Folklore Show

Strand Hotel: 92, Strand Rd, birmanisches, chinesisches und europäisches Essen zu internationalen Preisen; die chinesischen Gerichte werden in einem extra abgeteilten Raum serviert, Mittagessen: 12.00 - 14.30 Uhr, Abendessen: 18.00 - 21.30 Uhr, Hotelbar bis 21.00 Uhr, täglich ein anderes 5-Sterne-Menü, sehr teuer

Kandawgyi Hotel: Kanyeiktha Rd, Blick auf den Kandawgyi See, schöne Atmosphäre, gut

Traders Hotel Restaurant: gute internationale Küche, chinesich, japanisch, birmanisch, italienisch, Buffets, gute Kuchen, hausgemachte Pralinen

Five Sister's; 196, Anawrahta Rd., Ecke 13. Str., T. 22 45 02, Barbecue Restaurant, gut, preiswert

Italienische Küche

L'Opera: Thu Kha Waddy Rd., östlich v. Inya Lake, Yankin Tsp., T. 56 66 62, sehr gute Küche, sehr empfehlenswert, nicht ganz billig

Orzo Restaurant: 1, Kaba Aye Pag. Rd., im Sedona Hotel, T. 66 69 00, gut, mittlere Preisklasse

Französische Küche

Chez Sylvie: 37 A, Thirimingala Rd, T. 52 59 61, im Aurora Inn, Menüs, mittlere Preisklasse

Pan Sea Restaurant: 35, Taw Win Rd, im Pan Sea Hotel, in stilvoller Umgebung in schönem Garten, gehobene Preisklasse

Snacks

Dream Burger & Snacks: Wardan Str., Lanmadaw Tsp.

Burgerbusters Fast Food: 114/B, Inya Rd, täglich von 09.00 - 20.00 geöffnet

Green Snack Bar: 205, Pansodan Rd, auch Milchshakes

Home Sweet Home: Ecke Maha Bandoola und 52. Str., verschiedene Burger, Pizzen, Omletts, Spaghetti, Eis, Milchshakes und Menüs, preiswert

Tokyo Fried Chicken: 156, Maha Bandoola Garden Str., nördlich der Maha Bandoola Street, Self-service

Pizza Corner: 397, Shwebontha Street, T. 25 47 30, südlich von der Bogyoke Aung San Street, reichhaltige Auswahl an Pizzen, gut, preiswert

Kiss Restaurant: Maha Bandoola Street, bei der Sule Pagode, gute Backhähnchen, preiswert

J'Donuts: Pansodan Str., zwischen Maha Bandoola und Anawrahta Street

Zwischen der Bogyoke Aung San, Anawrahta und Shwe Bontha Street finden Sie zahlreiche Fast Food Restaurants mit preiswertem Essen, wie Pizza, chinesiche und Thai-Gerichte, Burgers, Donuts

Food Centres

In der 19. Street bei d. Maha Bandoola Street werden an der Straße zahlreiche preiswerte Essenstände mit chinesichen Gerichten und Barbecue aufgebaut. Ausschank von offenem Mandalay Bier.

Singapore Food Centre: relativ neu, Bahan Sports Ground, Bahan Tsp.

Halle neben dem **Scott Market:** viele einfachere Essenstände mit unterschiedlichen Gerichten

Mya Sabe Food Centre: 71, 51. Street, chinesische Küche im Freien, von 06.00 - 20.00 Uhr

Coffee und Tea Shops, Bäckereien

In birmanischen Teestuben ist es üblich, dass am Tisch eine Kanne oder Thermoskane mit kostenlosem grünen Tee steht und ein Teller mit den verschiedenen Bäckereien auf den Tisch gestellt wird. Man bezahlt natürlich nur, was man auch gegessen hat. Wenn man eine Tasse Tee bestellt, wird er schon mit Milch und meistens mit zuviel Zucker serviert. Ist der Tee zu heiß, schüttet man ihn nach und nach in die Untertasse und trinkt ihn in kleinen Portionen. Mit dem grünen Tee wird abschließend nachgespült.

In den großen Hotels findet man in der Regel gepflegte Cafés mit Torten und Gebäck und gelegentlich spielt auch schon mal ein Pianist zum 5 o'clock tea.

Shwe Pazun: 248, Anawrahta Street, Eisdiele mit einem Kuchenparadies nebenan

Sei Taing Kya: Pyay Rd, in der Nähe der Botschaft von Sri Lanka, und in der 130, Anawrahta Rd, guter Tee, mohinga, kleine Kuchen

Theingy Shwe Yee: 265, Seik Thar Street, Seitenstraße von der Bogyoke Aung San Street, T. 28 95 42, guter Tee und Kuchen

Pepsi Shop: 151, 46. Street, Botataung Tsp., Eiscreme und schmackhafte Süßspeisen

Nilar Win's Cold Drink Shop: 377, Maha Bandoola Street, zwischen 37. und 38. Str., nahe der Sule Pagode, existiert schon sehr lange, wurde von einem berühmten birmanischen Boxer gegründet, verschiedene Yoghurtsorten und Milchshakes, Fruchtsalat, Toasts

Pearl: 5, York Rd, beim Thamada Hotel, Snacks und Kuchen

Hawai: Maha Bandoola Street, verschiedene Eissorten, Eiskaffee und Snacks

Yoghurtshop: Kamayut Markt, Insein Rd, Ecke Pyay Rd, verschiedene Yoghurtsorten, nur vormittags

Ruby Land Café: gegenüber dem Hotel Bahosi, einfache Mahlzeiten

Let Ywe Sin: 128, Sule Pagoda Rd, T. 24 63 13, gute und reichliche Kuchenauswahl

Diamond White Coffee Shop: 335 - 357, Bogyoke Aung San Rd, T. 24 10 07, neben dem Central Hotel, gut

Sei Taing Kya Teashop: 103, Anawrahta Street, mehrere Filialen in Yangon, sehr bekannte Teestuben, gute Teequalität, mohinga, Gebäck

Theingyi Shwe Yee Teashop: 265, Seikkantha Rd, gute Teequalität, Gebäck und Snacks

Tanyin 185

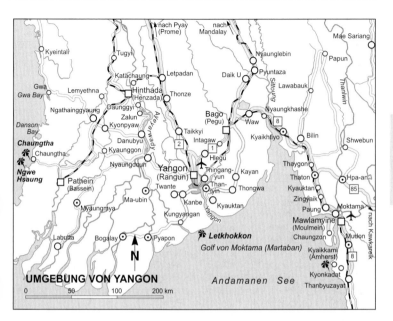

Ausflüge von Yangon

Tanyin o. Tanlyin (Syriam)

Anfahrt

Schiff: vom Thida (Syriam) Jetty in Pazundaung halbstündlich von 05.30 bis 20.45 Uhr, Fahrzeit 45 Minuten, letzte Fahrt von Tanyin nach Yangon gegen 18.00 Uhr. Da jetzt eine Brücke gebaut wurde, ist die Schiffsverbindung vermutlich eingestellt worden.

Auto: Seit 1992 gibt es eine neue Brücke (die längste Brücke in Myanmar, mit chinesischer Hilfe gebaut) über den Pazundaung Creek, so dass es mit dem Auto nur 15 Minuten bis nach Tanyin dauert. Die Benutzung der Brücke kostet für einen Pkw K 25 und für einen Fußgänger K 10.

Bus Nr. 9 oder 12 vom Bogyoke Aung San Markt, oder Bus Nr. 38 und große pick-ups von der Sule Pagoda Rd gegenüber der City Hall für K 30 nach Tanyin, K 40 nach Kyauktan

Transport in Tanyin:
Pferdekutsche ca. K 500

von Tanyin zur Kyauktan Pagode:
Sammeltaxi K 50, Taxi K 1 000 - 1 500, Fahrzeit 30 Minuten

Tanyin hat keine Unterkünfte für Ausländer!

Tanyin hat eine wechselvolle Geschichte: Es war längere Zeit in der Hand der Portugiesen und im 17. und 18. Jh. ein wichtiger Hafen mit Lagerhäusern von Holländern, Franzosen und Engländern. Ursprünglich war Tanyin eine Siedlung der Rakhine. Anfang des 17. Jahrhunderts wurde der portugiesische Abenteurer Felipe de Brito ausgeschickt, um ein Zollhaus und ein Fort zu bauen. Die Ruinen dieser portugiesischen Bauten sind heute noch zu sehen. Dann segelte er weiter nach Goa in Indien. Während seiner Abwesenheit wurde Tanyin für acht Monate von den Mon besetzt. Als Felipe de Brito mit mehreren Schiffen zurückkehrte, akzeptierten ihn die Mon 1603 als König von Niederbirma. Unter seiner Herrschaft mussten 100 000 Mon zum Christentum übertreten. Er plünderte überall Reliquienkammern und stahl die Glocke, die der Mon-König Dhammazedi im 15. Jh. für die Shwedagon Pagode gestiftet hatte. Schließlich wurde er von den Mönchen verdammt. König Anaukhpetlun griff de Brito an und konnte Tanyin für einen Monat besetzen. De Brito wurde mit einem Pfahl durchbohrt und starb nach drei Tagen furchtbarer Qualen. Die führenden Portugiesen wurden hingerichtet. Die übrigen Gefangenen mussten als Diener im Palast von In-Wa arbeiten. Als König Alaungpaya 1756 die Stadt einnahm, wurde sie die bedeutendste Hafenstadt im ganzen Land.

Heute ist Tanyin eine Industriestadt mit 20 000 Einwohnern und viele davon stammen aus Indien. Als im 19. Jh. die Reisausfuhr boomte, wurden unter der Regierung der Briten viele Arbeiter aus dem Nachbarland herbeigeholt.

Besichtigung

Für diesen Ausflug müssen Sie mindestens einen halben Tag veranschlagen.

Kyaik Khauk Pagode

Sie liegt auf einer kleinen Anhöhe etwa 4 km südlich der Stadt. Der goldene Stupa ist über das flache Land weit sichtbar. Vor der Pagode stehen zwei wuchtige *chinthe*. In dem Stupa ist eines der zwei Haare von Buddha eingemauert, die 24 Einsiedler bei ihrem Besuch in Tanyin erhielten. Die Pagode ist der Shwedagon Pagode in Yangon sehr ähnlich. Auf dem Pagodengelände stehen vier Pavillons mit vier sitzenden Buddhafiguren. Vor der Anlage liegen zwei Gräber der berühmten birmanischen Schriftsteller Padethayaza und Natshinaung. Sie schrieben über das gewöhnliche Volk in der Ava-Periode und wurden von den Mon gefangengenommen.

Nach ein paar Minuten Autofahrt kommt man zu einem kleinen Hügel, *Natsingone* genannt, mit dem verfallenen Stupa **Manawmaya**. Daneben ist das Grab des Abtes Sayadaw U Dewataymiza, der über 100 Jahre alt geworden sein soll, und ein von zwei Drachen umringter Fußabdruck Buddhas aus Marmor. Außerdem befindet sich dort noch das Kloster Manawmaya.

Bagagyi Pagode

Kurz bevor Sie die Kyauktan Pagode erreichen, passieren Sie die völlig renovierte Bagagyi Pagode. Am Hauptaufgang stehen zwei gewaltige *chinthes*. Im Inneren der Pagode sehen Sie eine riesige sitzende Buddhafigur.

Kyauktan Pagode

Eintritt: US$ 1

Diese Pagode steht 20 km südlich von Tanyin im Ort Kyauktan. Auf dem Weg dorthin fährt man vorbei an Pfahlbauten in Bambus- und Palmenwäldern. An der Straße und im Hinterland sehen Sie immer wieder kleinere Pagoden.

Der vollständige Name ist Kyauktan Ye Le Paya Pagode, d. h. „Pagode in der Mitte des Flusses". Sie wurde auf einer kleinen Insel in einem Seitenarm des Yangonflusses erbaut und ist heute für die einheimische Bevölkerung ein beliebter Wallfahrtsort. Die Legende erzählt, dass der Wasserspiegel nie so hoch steigen wird, dass die Pagode überflutet wird, selbst wenn die Umgebung unter Wasser steht.

Die Pagode kann nur mit einem Boot erreicht werden, das für Touristen K 25 - 50 kostet. Der Weg von der Bushaltestelle zum Bootsablegeplatz ist gesäumt von Läden. Kinder bieten etwas aufdringlich weiße Popcornknödel als Fischfutter für ein paar Kyat an. Im Wasser schwimmen nämlich bis zu 1 m lange Katzenfische. Die Fütterung ist in der Tat ein sehenswertes Schauspiel.

Die Pagode soll über 1 000 Jahre alt sein und auch sie ist gerade renoviert worden. Sie wird von zwei *ogres* bewacht. In einem reich verzierten Pavillon steht hinter Glas eine wertvolle Buddhastatue und an den Wänden hängen Gemälde von den wichtigsten Pagoden von Myanmar.

Restaurant

Green Garden Restaurant: 23, Sinkan Nath, Kyauktan, T. (0 56)2 50 32. Kurz vor dem Ort nahe an einem Stausee befindet sich das Lokal. Man sitzt sehr schön unter Betel- und Kokosnusspalmen. Geöffnet von 07.00 - 19.00 Uhr.
Bonsai Restaurant: in Kyauktan an der Hauptstraße

Twante

Anfahrt

MTT organisiert Schifffahrten nach Twante. Der Ausflug dauert sieben Stunden und kostet für eine einzelne Person US$ 73, in der Gruppe geteilt durch die Anzahl der Personen.

Will man den Ausflug auf eigene Faust machen, läßt man sich vom Pansodan Jetty (gegenüber dem Strand Hotel) mit einem kleinen Boot *(sampan)* oder mit der Fähre für ein paar Kyat, Fahrzeit 20 Minuten, über den Yangon River bringen und erreicht dann **Dalah.** Von dort aus fahren dunkelgrüne Jeeps und pick-ups jede ¾ Stunde nach Twante, K 40 werktags und ca. K 50 am Wochenende. Sie können auch für ca. K 1 000 ein Auto mieten. Es ist ebenfalls möglich die gesamte Strecke mit dem Auto zu fahren.

Oder Sie fahren alles mit dem Schiff (dauert 2 Stunden). Etwa 2 km westlich vom Strand Hotel legen die Linienschiffe am Twante, Hledan und Kaingdan Jetty um 12.00, 13.00, 14.00, 15.00 und 16.00 Uhr ab. Die Rückfahrt erfolgt stündlich bis spätestens 17.00 Uhr. Eine einfache Fahrt kostet US$ 1.

Für einen Tagesausflug ist es meiner Meinung nach am sinnvollsten, mit dem Schiff hinzufahren, in Twante für die Besichtigung eine Pferdekutsche oder Rikscha zu mieten und mit dem Auto nach Yangon zurückzufahren. Die Fahrt mit dem Schiff auf dem Kanal bietet eine gute Gelegenheit, das Leben entlang des Kanals zu beobachten. Der Kanal wurde von den Briten als kürzester Weg durch das Delta angelegt.

Twante liegt 24 km von Yangon entfernt an dem gleichnamigen Kanal. Der kleine Ort ist bekannt für seine Töpfereien und Baumwollwebereien.

Besichtigung

Twante ist eine alte Stadt der Mon; Reste der alten Stadtmauern sind noch zu sehen. Früher hatte der Ort auch einen Palast.

Shwesandaw Pagode

Ursprünglich wurde sie 577 v. Chr. für einen Schrein mit drei Haaren Buddhas errichtet. In dieser Region soll Buddha zwei seiner früheren Inkarnationen, als Elefant und als *thamin* (= eine Art Hirsch), durchlebt haben. Der glockenförmige Stupa misst 75 m. Nahe dem südlichen Eingang steht eine hundert Jahre alte Bronzestatue eines sitzenden Buddhas.

Töpfereien

Südlich des Twante Kanals siedelten sich viele Töpfereien an. Man kann die Gefäße direkt in den Werkstätten oder auf dem Markt kaufen. Die oft riesigen Töpferwaren werden noch auf der Töpferscheibe hergestellt. Nach dem Trocknen brennt man die Gefäße in entsprechend großen Öfen aus Ziegeln, die mit Holz beheizt werden.

Markt

Neben dem Alltäglichen verkauft man aus eigener Produktion Longyi-Stoffe, Töpferwaren, Räucherstäbchen und Bambusmatten.

Letkhokkon

Anfahrt

Vom Sin Oh Tan Jetty mit der Autofähre über den Yangon River (Brücke in Planung) nach Dalah, weiter auf sehr schlechter Straße oder vom Pansodan Jetty (nur Personen) mit dem Schiff nach Dalah und von dort aus ein Auto mieten bzw. pick-up suchen, ca. US$ 20 - 30 einfach, Fahrzeit 3 - 5 Std., ca. 50 km. Öffentliche Transportmittel dauern sehr lange, weil sie selten direkt nach Letkhokkon fahren.

Der am nächsten gelegene Strand von Yangon ist bei dem Fischerdorf Letkhokkon. Hier befindet sich auch ein Kloster. Das Wasser ist wegen der nahen Flussmündungen nicht immer klar, so dass vom Baden auch wegen der Strömungen abzuraten ist. Bei Ebbe ist es schön, am Strand zu wandern.

Unterkunft und Restaurant

Letkokkon Beach Hotel: T. (1) 22 43 46, 22 34 09, Bungalows am Strand, EZ ab US$ 35, DZ ab US$ 40, AC, Du und WC, Restaurant bietet Fischgerichte an. Das Hotel organisiert auch Boote für eine Fahrt entlang der Küste

Deltaregion

Pathein (Bassein)

Pathein liegt 190 km westlich von Yangon am Ufer des Pathein oder Ngawun Rivers. Für einen Ausflug von Yangon aus sollten Sie zwei Tage veranschlagen oder mit dem Besuch von Chaungtha verbinden.

Anfahrt

Flug: kein geregelter Flugplan von Myanma Airways für den Flug (½ Stunde)
Bus: vom Hsimmalaik Bus Centre in Yangon (z. B. Htet Aung Express, T. 51 31 73), K 1 200, um von 06.00 - 09.00 Uhr stündlich und um 14.00 Uhr. Fahrzeit 4 ½ - 5 Stunden. Tickets einen Tag vorher besorgen. Weiterfahrt nach Chaungtha (2 - 3 Stunden, K 900) um 13.00 Uhr möglich, wenn man von Yangon den Bus um 06.00 Uhr nimmt. Von Pathein nach Yangon Abfahrt um 04.30, 07.30, 08.30 und 10.30 Uhr
Zug: nach Pyay und dann zurück nach Pathein, Fahrzeit 14 Stunden, indiskutabel!
Auto: *von Yangon*: Fahrzeit 4 - 5 Std., zuerst 70 km nordwestlich nach Nyaungdon oder Yangdon an das Ayeyarwadyufer (1 ½ - 2 Std.), über die gerade fertiggestellte Brücke, danach 120 km weiter nach Pathein. Sie passieren einige Brücken mit Wachposten, die manchmal den Pass kontrollieren!
von Pyay: etwas nördlich von Pyay mit der Fähre oder auf der Brücke über den Ayeyarwady, parallel zum Fluss in Richtung Taungup, bei der ersten großen Kreuzung nach Süden in eine neue Straße nach Myanaung abbiegen und weiter nach Pathein. Auch auf dieser Strecke sind einige Kontrollposten!
Schiff: Für Ausländer erlaubt ist nur das Doppeldecker-*Expressschiff:* Abfahrt in Yangon täglich um 17.00 Uhr, Ankunft in Pathein am nächsten Tag gegen 09.00 Uhr, Platz auf dem Deck US$ 7, in einer Kabine mit 2 Betten und AC US$ 33 - 42 pro Person, Tickets Lan Thit Jetty, Bldg. 63

Wenn Sie mit dem Auto fahren, sollten Sie einen kurzen Aufenthalt in **Nyaungdon** einplanen. Sie sehen dort die *Nangangaye hpayagyi Pagode* mit einem riesigen Buddhabildnis, den *Mahazedi Stupa* mit seinen zwei bemalten, großen *chinthes* davor und die *Mohoke hpayagyi Pagode* mit zwei kleineren *chinthes*.

Pathein ist die Hauptstadt des Ayeyarwadydeltas mit einem bedeutenden Hafen. Die Stadt ist von Reisfeldern umgeben. Sie ist ein Zentrum für die Verarbeitung von Fisch und Krabben, daneben ist Pathein für seine Schirmherstellung bekannt. Die schönen Pagoden, die Märkte und die malerische Lage am Wasser machen diesen Abstecher lohnend.

Besichtigung

Der Name der Stadt soll von dem birmanischen Wort „pathi" für Moslem abgeleitet sein, weil früher hier viele arabische und indische Moslems lebten. Pathein ist angeblich 1249 von einer Talaing-Prinzessin gegründet worden.

Im 2. Britisch-Birmanischen Krieg 1852 diente Pathein den Briten als wichtiger Stützpunkt.

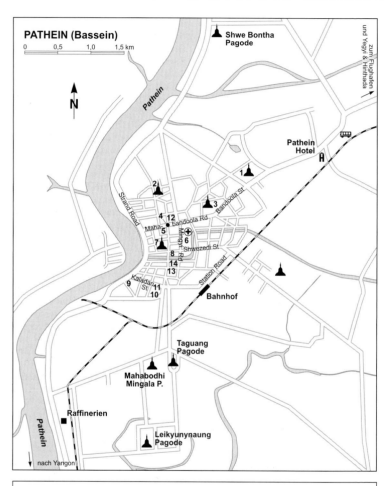

1 Settayaw Pagode
2 Shwezigon Pagode
3 Twenty-Eight Pagode
4 Uhrturm
5 Post
6 Krankenhaus
7 Shwemoktaw Pagode
8 Myanmar Commercial Bank
9 Moschee
10 Hindu Tempel
11 Erawan Guest House
12 Schirmwerkstätten
13 Zee Bae Inn
14 Delta Guest House

Shwemokhtaw Pagode

Die Pagode mit ihrem goldenen, glockenförmigen Stupa steht im Zentrum der Stadt. An dieser Stelle soll schon 305 v. Chr. von König Ashoka ein kleiner Stupa mit heiligen Reliquien errichtet worden sein. Eine andere Legende erzählt, dass Prinzessin Onmadandi von jedem ihrer drei Liebhaber verlangte, sie mögen ihr zu Ehren eine Pagode stiften: daraufhin entstanden die Shwemokhtaw, die Tagaung und die Thayaunggyaung Pagode.

Historisch verbürgt ist, dass der jetzige Stupa von König Alaungsithu 1115 erbaut und von König Smodagossa und Prinzessin Onmadandi auf 40 m erhöht wurde. Nach einer Renovierung ersetzte man den ursprünglichen Schirm (*hti*) durch einen größeren, so dass die Pagode heute fast 47 m hoch ist. Der *hti* besteht in der unteren Reihe aus Bronze, in der mittleren aus reinem Silber und in der obersten Reihe aus 6,3 kg Gold mit 829 Diamanten, 843 Rubinen und 1588 anderen wertvollen Edelsteinen. Im südlichen Schrein steht die berühmte sitzende Buddhafigur Thihoshin Phondawpyi. Sie soll eine der vier Statuen sein, die König Ashoka von Sri Lanka aus auf vier Flößen über das Meer schickte, um den buddhistischen Glauben zu verbreiten. Diese Statue strandete in dem 90 km südlich von Pathein liegenden Fischerdorf Phondawpyi. Von dort wurde sie 1445 von der Mon-Königin Shinsawpu nach Pathein gebracht. Die anderen drei Statuen stehen in Kyaikhtiyo, Kyaikkami (Amherst) und Dawei (Tavoy). Sie sollen aus Ästen des heiligen Banyan-Baumes, vermischt mit Zement, gefertigt worden sein.

Zum Vollmond im April/Mai findet ein großes Pagodenfest statt.

Twenty-Eight (Kozu) Pagode

Sie beherbergt 28 sitzende und 28 stehende Buddhafiguren, die im Mandalay-Stil dargestellt sind.

Ganz in der Nähe dieser Pagode finden Sie den größten Schirmhersteller des Ortes.

Settayaw Pagode

Auf einer kleinen Anhöhe ist das Pagodengelände zu erkennen, auf dem eine 11 m hohe Buddhastatue steht. Außerdem ist noch der ein Meter lange Fußabdruck des Erleuchteten zu sehen, den er auf einer seiner Reisen hier hinterlassen haben soll. Neben der Settayaw Pagode befindet sich die 1992 erbaute **Shwekyinmyint Pagode.**

Tagaung Mingala Pagode

Die 984 erbaute Pagode steht 3 km südlich vom Zentrum. Auf einer weißen Basis erhebt sich der silbern glitzernde Stupa. Um ihn sind acht Pavillons angeordnet, von denen einer eine große sitzende Buddhafigur enthält.

Mahabodhi Mingala Pagode

Sie wurde dem berühmten Stupa in Bodhgaya (Indien) nachgebaut. Der Stupa ist mit Glasmosaik bedeckt.

Leikyunynaung Pagode

Sie wurde 1990 nach dem Muster des Ananda Tempels in Bagan aufwendig renoviert.

Nigyawday Pagodenfest

Jedes Jahr am 27. Dezember findet in Pathein das Nigyawday Pagodenfest statt. Es erinnert an eine der *Jataka*-Erzählungen, die von 550 Shan-Händlern berichtet, die auf dem Weg ausgeraubt wurden und trotzdem kamen, um die Predigt Buddhas zu hören. Viele Leute ziehen ihre traditionellen Trachten an, tanzen, singen und amüsieren sich. In einer Prozession wird ein Buddhabildnis durch den Ort getragen, ihm folgen Darsteller seiner 28 Schüler, der Shan-Händler auf Ochsenkarren und die Räuber. Während des Zuges durch die Stadt führen die Räuber immer wieder ihren Überfall vor.

Schirmwerkstätten

Etwa 25 Werkstätten gibt es in Pathein, die vorwiegend im nördlichen Teil der Stadt in der Nähe der Twenty-Eight Pagode angesiedelt sind. Die Schirme sind aus verschiedenfarbigen Stoffen mit Blumen, Vögeln und Landschaften verziert. In vielen Werkstätten sind Sie ein willkommener Zuschauer.

Nachtmarkt

Zwischen 18.00 und 19.00 Uhr werden täglich die Stände entlang der Strand Road aufgebaut. Hier werden Waren des täglichen Bedarfs verkauft.

Weitere Märkte (am Sonntag geschlossen) finden Sie südlich der Shwemoktaw Pagode.

Hauptpost und Fernmeldeamt

In der Maha Bandoola Street nahe dem Uhrturm ist die Post und daneben ist gleich das Fernmeldeamt, wo Sie auch internationale Gespräche führen und Faxe verschicken können.

Unterkunft

• **Vorwahl: 0 42**
Pathein Hotel
Maha Bandoola Rd, T. 2 25 99, EZ US$ 20, DZ US$ 40, AC, Du und WC, w. Wasser, TV; jeweils mit Frühst., 2 km vom Zentrum zwischen Golfplatz und Busbahnhof, L-förmiger, zweistöckiger Bau, auch große Zimmer, etwas teuer
Tan Tan Ta Guesthouse
7, Merchant Street, T. 2 22 90, EZ US$ 4 - 6, DZ US$ 12, AC, Du u. WC, TV; DZ US$ 8, Fan, Gemeinschaftsbad, einfach, sauber, mit Restaurant
Delta Guest House
44, Mingyi Rd, T. 2 21 31, US$ 3 - 4 pro Person, Gemeinschaftsbad, Fan; US$ 5 - 8 pro Person, Du und WC, AC, kleine Zimmer, laut, nicht sauber, Frühstück US$ 1 extra
Pamawady Inn
14 (A), Mingyi Street, Ecke Shwezedi Rd, T. 2 11 65, kleines nettes Hotel, im alten Bau einfache, stickige Zimmer, neuer Anbau mit besseren und teureren Zimmern, EZ US$ 5 - 8, DZ US$ 10 - 15, Fan, Du und WC: EZ US$ 5, DZ US$ 10, Fan, Gemeinschaftsbad, sauber, jeweils mit Frühstück

Restaurants

Shwezinyaw Restaurant: 24, Shwezedi Str., bei der Merchant Str., birmanische und indische Gerichte, von 08.00 - 21.00 Uhr geöffnet, gut
Mya Nan Dar Restaurant: Shwezedi Street, birmanisches Essen, preiswert, gut

Mopale Restaurant: Merchant Str., birmanische und indische Gerichte, gut, bis 19.00 Uhr
Shan Myanmar Restaurant: Ecke Konzone und Bwetgyi Str., birmanisches Essen, gut
Ka Ka Gyi Rice Shop: bei der Merchant Str., Curries
Zee Bae Inn: Merchant Str., 2stöckig, reichliche Auswahl von chinesischen Gerichten, von 10.00 - 19.00 Uhr, gut
Shuginthat Tea Shop oder Golf Restaurant: Maha Bandoola Str., gegenüber dem Golfplatz, Tee und Snacks
Tan Tan Ta Restaurant: 7, Merchant Street, chinesische und birmananische Gerichte
Morning Star Restaurant: 768 Myae Nu Rd, Ecke Merchant Rd, chinesische Gerichte, gut

Diamond Island

Von Pathein können Sie auf dem Pathein River bis zur Mündung in das Andanamische Meer fahren. Ein- bis zweimal pro Woche legt ein Schiff vom Pathein Jetty um 6.00 Uhr ab und erreicht **Mawdin** 6 Stunden später.

In Mawdin findet während des Vollmonds im Februar/März ein großes Fest mit Bootsrennen statt. Dann verkehren auch täglich Schiffe von Pathein. Der Strand ist sandig, das Wasser durch die nahe Flussmündung nicht sauber. Mawdin besitzt noch keine Unterkunft, die Ausländer aufnehmen darf!

Diamond Island liegt mitten in der breiten Mündung des Pathein Rivers. Hier legen Wasserschildkröten ihre Eier im Sand ab. Schildköteneier gelten in Myanmar als Delikatesse.

Chaungtha

Etwa 40 km westlich von Pathein, am Golf von Bengalen, liegt Chaungtha.

Anfahrt

Auto: Fahrzeit ca. 2 Std. von Pathein aus, schlechte Straße
Bus: vom Pathein Busbahnhof täglich um 07.00, 09.00, 11.00 und 13.00 Uhr, K 500, Fahrzeit 3 Std.
in umgekehrter Richtung gleiche Abfahrtszeiten
pick-up: fahren in der Nähe der Shwemokhtaw Pagode, Pathein, täglich um 07.00, 09.00 und 13.00 Uhr ab, ca. 3 Std., in umgekehrter Richtung gleiche Abfahrtszeiten

Nach einer guten halben Stunde Fahrt von Pathein aus erreichen Sie **Shwemyintin**, wo Sie den Pathein River mit der Fähre überqueren müssen (eine Brücke ist geplant). An der Fähre müssen alle Ausländer - egal ob mit dem öffentlichen Bus oder Auto - US$ 5 pro Person für die Hin- und Rückfahrt zahlen!

Auf dem anderen Ufer liegt **Thanlyetsun**. Nach einer Weile überqueren Sie auf einer Brücke den U Do Kanal. Die Reisfelder lässt man nun hinter sich und fährt durch die bis zu 300 m hügeligen Ausläufer der Berge mit Bäumen und Büschen (z. B. weiße Weihnachtssterne). In diesen Wäldern sollen Affen, Elefanten und Leoparden leben.

Chaungtha und die Küste sind erst seit kurzem für ausländische Touristen geöffnet. Für die Bewohner von Yangon ist es schon länger ein Urlaubsziel. Es erwartet Sie aber trotzdem noch ein relativ unberührtes Küstenparadies mit feinem, breiten Sandstrand, einsamen Buchten und einem Korallenriff. In dem verschlafen wirkenden Ort sind in der Hauptstraße überraschend viele Restaurants, Läden und Souvenirstände, die Kitsch und Muscheln verkaufen. Die Bevölkerung lebt vorwiegend vom Fischfang (riesige Garnelen), vom Kokosnussanbau und von der Herstellung von Rattanmöbeln.

Für einen Ausflug in die Fischerdörfer der Umgebung empfiehlt sich ein Fahrrad (K 1000 - 1500 pro Tag).

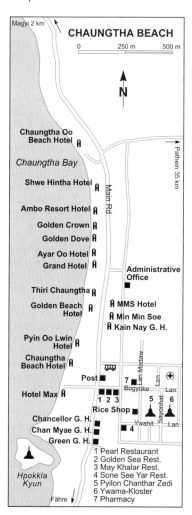

Besichtigung

Kyaukpahto Pagode

Sie steht malerisch auf einem Felsen am Ende des Strandes und beherbergt eine Buddhastatue. Kinder suchen hier nach Muscheln und Krabben und springen vom Felsen in das Meer.

Theinbyu und Hpokkala Inseln

Beide Inseln sind von Fischern bewohnt. Die Theinbyu Insel kann mit einem Boot erreicht werden, die Hpokkala Insel ist für Touristen nicht erlaubt. Auf ihr steht eine etwa 15 Jahre alte Pagode.

Markt

Er ist besonders lebendig zwischen 06.00 und 09.00 Uhr. Abends wird noch ein kleiner **Nachtmarkt** aufgebaut, wo man u. a. Muscheln erstehen kann.

Unterkunft

• **Vorwahl: 0 42**
In Chaungtha eröffnen ständig neue Hotels. Während des Monsuns haben viele Hotels von Mitte Mai bis Mitte September geschlossen.

Hotel Max
erste Saison 2002/2003, beste Hotelanlage in Chaungtha, sehr schöne Bungalows in einer Gartenanlage, DZ ca. US$ 40 - 50 AC, Du und WC, TV
Chaungtha Beach Hotel
T. 2 25 87, EZ US$ ab 15, DZ US$ ab 30, 3-B.-Zi US$ ab 40, 4-B.-Zi US$ ab 50, Du und WC, AC, TV, Kühlschrank, mit Frühstück, Zimmer mit Fan pro Person US$ ab 8, bunte Hütten am Strand, zu teuer
Thiri Chaungtha Beach Hotel
T. 2 48 80, DZ US$ 20 (mit Meerblick), DZ US$ 10 (Garten), Familyroom mit 5 Betten US$ 30, jeweils mit AC, Du und WC, Frühstück, im Monsun günstiger, freundlich, hilfsbereit
See Sein Beach Hotel
T. 2 29 09, EZ US$ 15, DZ US$ 20, Fan, Du und WC, Familyroom mit 5 Betten US$ 7 - 8 pro Pers., Bungalows
Chaungtha Oo Beach Hotel
T. 01/25 47 08, Bungalows am nördlichen Ende der Strandstraße, EZ US$ ab 10, DZ US$ 20
Shwe Hein Si Guesthouse
T. 2 48 80, etwas außerhalb des Ortes, 50 m zum Meer, ruhige Lage mit Feldern umgeben, EZ US$ 4 - 5, DZ US$ 6 - 7, Fan, Du und WC, mit Frühstück, sauber, freundlich
Chancellor Guesthouse
älteres Haus im Ort, US$ 4 - 5 pro Person, mit Frühstück, Fahrradverleih

Restaurant

Die Hauptstraße, die vom Strand in den Ort führt, ist gesäumt von einigen Lokalen, die Krabben, Tiger Prawns, verschiedene Fische aber auch chinesische Gerichte anbieten. Empfehlenswert sind: Pearl, Love World, Golden Sea, May Khalar, Pathein Myanmar. In den Hotelrestaurants am Meer sitzt man sehr schön und isst auch gut, allerdings nicht ganz so preiswert wie in den Lokalen im Ort.

Ngwe Hsaung Beach

Die Ngwe Hsaung Beach oder auch Silver Beach wurde im Jahr 2000 erschlossen. Die Küste ist von Chaungtha aus jetzt noch über eine 15 km lange Schotterstraße zu erreichen, die aber 2003 geteert werden soll. Dann ist die Ngwe Hsaung Beach auch während des Monsuns mit dem pick-up und Auto zu erreichen. Der silbern schimmernde Sand ist besonders hell und fein. Der mit Kokosnusspalmen gesäumte Strand am Golf von Bengalen erstreckt sich über eine Länge von 15 km.

Unterkunft

Die Hotels sind im Jahr 2000 oder später errichtet worden, sehr stilvolle Bungalows in schöner Anlage und direkt am Meer mit gehobener Ausstattung, AC, TV, Kühlschrank. Die angegebenen Preise verstehen sich incl. 20 % Tax und Frühstück. Einige Unterkünfte sind noch im Entstehen, aber folgende Hotels haben die Saison bereits angefangen:
The Palm Beach Resort
EZ US$ 70 - 100, DZ US$ 80 - 115, E-Mail: DAGON@mptmail.net.mm
Ambo Ngwe Saung Beach Resort
amb@mptmail.net.mm, T. (01) 54 85 26, Fax: (01) 54 30 75
Myanmar Treasure Beach Hotel
ca. DZ US$ 70

Nördlich von Yangon

Bago (Pegu)

Bago liegt 85 km nordöstlich von Yangon. Für diesen Ausflug benötigen Sie einen Tag. Starten Sie am frühen Morgen! Oder unterbrechen Sie, wenn Sie auf dem Rückweg von Mandalay oder auf dem Weg zum Goldenen Felsen sind (besser auch am Rückweg).

Anfahrt

Zug: ab 04.00 - 16.00 Uhr stündlich Züge von Yangon, letzter Zug von Bago nach Yangon um 20.00 Uhr, 1. Kl. US$ 5, 2. Kl. US$ 2
Stop auf der Strecke Bago - Kyaikhtiyo, 3mal tägl. US$ 3 - 6
Expresszug: 06.00 und 07.00 Uhr Abstecher nach Bago auch möglich als Stop auf der Bahnstrecke Yangon - Mandalay, empfehlenswert allerdings nur, wenn Sie aus Mandalay anreisen (falls Sie keinen Sitzplatz bekämen, ist die Fahrt nach Mandalay zu lange)
Bus: Yangon ab 05.00 - 17.00 Uhr stündlich vom Hsimmalaik Bus Centre (Highway Bus Centre) beim Flughafen, K 300, K 400 mit AC, Fahrz. 1 ½ - 2 Std. Es ist ratsam, einen Tag im voraus zu buchen. Bei der Ankunft in Bago kaufen Sie sich gleich eine Rückfahrkarte! Außerdem halten alle Überlandbusse von Mandalay und Taunggyi in Bago. Sie müssen allerdings, wenn Sie vorher aussteigen, die ganze Strecke bezahlen. Sonntags ist Bago für die einheimische Bevölkerung ein beliebtes Ausflugsziel!
Minibus: ca. K 250, Abfahrt wie Busse, Fahrzeit 1 ½ Std.
pick-up: K 300, Abfahrt wie Busse wenn das Auto voll ist
Taxi: für einen Tag US$ 30 - 40, hat den Vorteil, dass Sie in Bago zu den Sehenswürdigkeiten gebracht werden, die oft etwas weit auseinander liegen
in Bago:
Taxis, Pferdekutschen und Trischas stehen am Bahnhof bzw. an der Busendhaltestelle. Die Fahrer der Pferdekutschen und Trischas bieten oft eine Besichtigungstour an, für einen Tag ca. K 1 500 - 2 000

Geschichte

Bago wurde 825 n. Chr. von den zwei Mon-Brüdern Thamala und Wimala aus Thaton gegründet. Der Legende nach beobachteten die Brüder eine heilige Gans (*han-tha*) dabei, wie sie ihr Nest auf einer kleinen, nahegelegenen Insel baute. Dies war für die Brüder ein Zeichen, dass sie die Stadt Hanthawaddy nennen sollten. Bagos Wahrzeichen ist heute noch der mystische *Hintha*-Vogel. Im 13. Jh. war Bago die Hauptstadt des Mon-Königreichs, die später nach In-Wa verlegt wurde. Bis zum 17. Jh. war Bago eine wichtige Hafenstadt. Erst als sich der Ayeyarwady ein neues Flussbett suchte, verlor die Stadt ihre einstmalige Bedeutung. Heute ist Bago auch für seine *cheroot*-Industrie bekannt.

Besichtigung

Fährt man mit dem Bus oder Taxi von Yangon nach Bago, fallen am

Stadtrand in Mingaladon Tsp. linkerhand die zwei Pagoden Kyaikkalo mit einem natürlichen See und Kyaikkalei auf. Nachdem man den Flughafen passiert hat, kommt man etwa 35 km hinter Yangon am Heldenfriedhof von **Htaukkyant** oder Taukkyan (rechte Seite) vorbei. Dort sind 27 000 alliierte Soldaten aus dem 2. Weltkrieg begraben. Schräg gegenüber liegt die **Naga Yone Phya Kloster**anlage mit einer großen spiegel-mosaikbesetzten *Naga* (Schlange). Der Kopf der Kobra erhebt sich schützend über einer sitzenden Buddhafigur. In der Anlage gibt es noch acht Planetenposten mit den dazugehörigen Tieren. Am Weg steht außerdem der *Shwenyaungbin*, ein alter Banyan-Baum, in dem die Schutzgeister dieses Highways wohnen sollen. *Nat*gläubige Autofahrer halten hier und geben eine Spende. Etwa eine Stunde von Yangon entfernt fährt man linkerhand an dem von den Chinesen gebauten Ort **Yebo** vorbei. Kurz vor Bago liegt das Myanma Agriculture Service

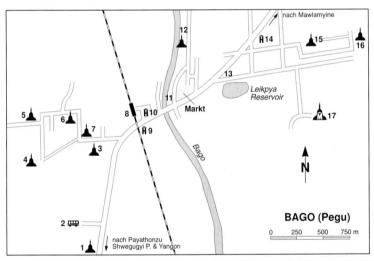

BAGO (Pegu)

1 Kyaikpun Pagode
2 Busbahnhof
3 Kalyani Sima
4 Shwegugale Pagode
5 Mahazedi Pagode
6 Shwethalyaung Pagode
7 Kyaikpun Pagode
8 Bahnhof
9 San Franzisco Guest House
10 Emperor Motel
11 Markt
12 Kha Khat Wain Kyaung
13 Uhrturm
14 Shwewatun Hotel
15 Shwemawdaw Pagode
16 Hinthakhone Pagode
17 Kamboza Thadi Palast und Museum

Vegetables & Fruits Research & Development Centre (Eintritt US$ 2). Auf diesem Gelände werden viele verschiedene Früchte und Gemüsearten angebaut. Bis Bago ist die Straße immer wieder von Pfahldörfern mit kleineren Pagoden gesäumt.
• Eintritt: Seit 1. Februar 2000 zahlt man für alle Pagoden US$ 6, für eine Pagode US$ 2 Eintritt. Gültig nur am gleichen Tag, Gebühren für Fotoapparate und Videogeräte müssen zusätzlich entrichtet werden.

Kyaikpun Pagode

Etwa 5 km vor Bago zweigt links ein Weg ab zur sehr sehenswerten Kyaikpun Pagode. Auf einem Sockel sitzen vier 30 m hohe Buddhafiguren Rücken an Rücken und weisen in die vier Himmelsrichtungen. 1476 ließ sie König Dhammazedi errichten. Die Figuren stellen dar:
  Im Norden - Gautama
  Im Süden - Konagamana
  Im Osten - Kakusandha
  Im Westen - Kassapa
Konagamana, Kakusandha und Kassapa sind Vorgänger von Gautama (Buddha). Alle vier erwarten die Ankunft des fünften und letzten Buddha. Jeder Buddha hinterließ ein Relikt: Kakusandha seinen Stab, Kassapa einen Teil seiner Kleidung, Konagamana seinen Wasserfilter und Gautama seine acht Haare, die in dem ersten Bau der Shwedagon Pagode eingemauert sind. Die Figur im Westen wurde 1930 von einem Erdbeben zerstört und wieder neu aufgebaut.

Phya Tone Su

Kurz vor Bago sehen Sie rechts drei Stupas aus dem 10. Jh. Sie sind fast bis zur Spitze zugewachsen. Im Zuge der allgemeinen Restaurierungswelle werden auch sie wieder hergerichtet.

Kuan Yin Tempel

neuer chinesischer Tempel an der Straße von Yangon.

Shwemawdaw Pagode

Diese große goldene Pagode liegt nördlich des Bahnhofes (30 Min. zu Fuß). Sie kann auf eine mehr als tausendjährige Geschichte zurückblicken. Ursprünglich wurde sie von zwei Kaufleuten erbaut, um einige Haarreliquien von Buddha in ihr aufzubewahren. In

Kyaikpun Pagode, Bago

den Jahren 982 und 1385 wurde je ein heiliger Zahn dazugefügt. Anfangs hatte die Pagode eine Höhe von 23 m. 825 n. Chr. wurde sie auf 25 m erhöht, 982 n. Chr. und 1385 wurde jeweils ein Dach darüber gebaut, so dass sie 84 m Höhe erreichte. 1896 ließ sie König Bodawpaya auf 91 m heraufsetzen. In den Jahren 1912 und 1917 wurde sie durch Erdbeben beschädigt, 1930 dann durch ein schweres Erdbeben ganz zerstört und 1952 wiederaufgebaut. 1954 erhielt sie einen mit Diamanten besetzten Schirm. Heute ist die Pagode 115 m hoch und damit ca. 10 m höher als die Shwedagon Pagode.

Vier Aufgänge mit jeweils zwei weißen *chinthes* als Wächter mit Mönchsfiguren in den Mäulern führen zur Plattform hinauf. Mit der Renovierung sind die Verkaufsstände im Hauptaufgang verschwunden.

Der Stupa steht auf einer achteckigen Basis und hat an jeder Ecke einen Gebetsplatz mit dem jeweiligen Planeten. Der Stupa soll mittlerweile mit eineinhalb Tonnen Gold bedeckt sein.

In einem kleinen Museum auf der Plattform sind Buddhabildnisse aus Stein und Bronze aus verschiedenen Epochen ausgestellt, die von der originalen, beim Erdbeben zerstörten Pagode erhalten geblieben sind.

Zum Vollmond im März/April findet ein großes Pagodenfest statt.

Hinthakhone Pagode

Östlich von der Shwemawdaw Pagode befindet sich der Hinthakhone Hügel mit der Hinthakhone Pagode aus dem Jahr 1807. Die Legende erzählt, dass sich genau an dieser Stelle zwei *hintha*-Vögel niedergelassen haben. Im Hauptschrein der Pagode ist eine Darstellung von ihnen zu sehen, bei der der männliche Vogel den weiblichen trägt. Oben auf der rechten Seite des Aufgangs steht ein *Nat*-Schrein, der bei der Bevölkerung sehr populär ist. In der Pagode sind in drei übereinanderliegenden Reihen Tafelbilder aufgehängt, die sehr anschaulich verschiedene Legenden und Ereignisse aus der Herrschaftszeit der Portugiesen und Mon darstellen.

Von dieser Pagode bietet sich Ihnen ein schöner Blick auf die Shwemawdaw Pagode.

Liegender Buddha von Shwethalyaung

Von der Shwemawdaw Pagode aus gesehen, befindet er sich am anderen Ende der Stadt (1 km vom Bahnhof an der Straße nach Yangon).

Diese liegende Buddhafigur ist die bedeutendste Sehenswürdigkeit von Bago. Buddha wird im Augenblick seines Todes, beim Eintritt ins *Nirwana*, dargestellt. Bei der Bevölkerung genießt diese Figur große Verehrung. Sie entstand im Jahre 994 und wurde während eines Krieges im Jahre 1757 beschädigt. Die Figur wuchs in den folgenden Jahren zu und geriet, versteckt im Dschungel, in Vergessenheit. Als 1881 eine neue Bahnlinie gebaut wurde, entdeckten britische Ingenieure durch Zufall die Buddhafigur, die dann restauriert wurde. 1906 baute man zu ihrem Schutz eine eiserne Halle darüber. 1948 wurde sie erneut renoviert. 1995 wurden weitere Renovierungen abgeschlossen. Auf der Rückseite der liegenden Figur sind dabei neue bunte

Relieftafeln angebracht worden, die die Geschichte dieser Figur sehr anschaulich zeigt. Außerhalb der Halle stehen an zwei Seiten kleine Häuschen mit beschriebenen Steintafeln.

Vor dem Eingang finden Sie Verkaufsstände mit Souvenirs, Lackwaren, Holzschnitzereien.

Die Ausmaße der Figur:
Länge 55 m
Höhe 16 m
Gesicht 7 m
Ohr 4,50 m
Augenbraue 2,30 m
Nase 2,30 m
Lippen 2,30 m
Hals 2,30 m
kleiner Finger 3 m
Handteller 6,70 m
Fußsohle 7,80 m
große Zehe 1,50 m

Nördlich des Shwethalyaung-Buddha haben sich *Mon-Weber* angesiedelt.

Kalyani Sima (Ordinationshalle)

Sie befindet sich in der Nähe des liegenden Buddha und wurde 1476 von König Dhammazedi errichtet. Bei einem Erdbeben 1930 wurde sie zerstört und 1954 wiederaufgebaut. Neben der Halle steht ein Kloster.

Westlich der Kalyani Sima wurden 1476 auf Geheiß von König Dhammazedi 10 Steintafeln aufgestellt. Acht Tafeln sind beidseitig, zwei nur einseitig beschrieben. Die ersten drei Tafeln weisen Pali- und die restlichen Mon-Inschriften auf; sie enthalten genaue Informationen zur Geschichte des Buddhismus in Myanmar.

Auf der gegenüberliegenden Straßenseite sehen Sie einen großen Kubus mit vier Rücken an Rücken stehenden Buddhafiguren.

Daneben sind im sog. „Buddhagarten" 28 sitzende größere Buddhastatuen im Schatten von Bäumen verstreut, die auf die Ankunft des 29. Buddhas warten.

Es gibt über 10 *cheroot* (Zigarren)-Fabriken in Bago. Eine davon finden Sie gegenüber der Kalyani Sima.

Mahazedi Pagode

Etwa 700 m westlich der Kalyani Sima steht die Mahazedi Pagode. Sie wurde 1560 von König Bayinnaung erbaut. Die Pagode diente der Aufbewahrung einer Zahnreliquie, die der König von Sri Lanka mitgebracht hatte, und einer Smaragdschale mit weiteren Reliquien.

Als die ehemalige Hauptstadt Bago an Bedeutung verlor, wurden die Reliquien 1599 in die neue Hauptstadt Toungoo, dann nach In-Wa und zuletzt von König Thalun in die Kaunghmidaw Pagode in Sagaing gebracht. Der grausam wütende portugiesische Herrscher Felipe de Brito hatte den Schirm von dem Stupa entfernt und alle Edelsteine geraubt. König Thalun ließ wieder einen neuen Schirm aufsetzen.

Die Pagode wurde mehrfach von Erdbeben zerstört und immer wieder aufgebaut. Das letzte Erdbeben, das die Pagode in Trümmer legte, war 1930. Erst nach mehreren Jahrzehnten nahm man eine erneute Rekonstruktion in Angriff.

1982 wurde auf dem glockenförmigen Stupa während einer großen Feier mit Musik und Tanz ein neuer Schirm angebracht. Damit ist sie jetzt ca. 100 m hoch.

Liegender Buddha von Shwethalyaung

Es ist nur Männern erlaubt, die äußeren Treppen ganz nach oben zu steigen, Frauen dürfen nur auf die erste Terasse.

Shwegugale Pagode

Sie befindet sich in der Nähe der Mahazedi Pagode. Ihr Grundriss ist achteckig. Sie wurde 1494 von König Byinnya erbaut. Im ihrem Innern laufen kreisförmig dunkle Gewölbegänge mit 64 sitzenden Buddha-Figuren. Die kleinen Bogenöffnungen dienen als Plätze zum Meditieren.

Shwesugyi Pagode

Wer von der Shwegugale Pagode über eine kleine Brücke geht, gelangt zu dieser beschaulichen Pagodenanlage. Auf dem Gelände um die Pagode stehen verschiedene Steintiere (Stier, Affe, Schildkröte, Ratte, verschiedene Vögel usw.) mit kleinen Stupas darauf.

Kamboza Thadi Palast

• Eintritt: US$ 4, Foto K 50
geöffnet Mi - So 09.00 - 16.00 Uhr

Dieser Palast des Königs Bayint Naung wurde 1551 anlässlich seiner Ernennung zum König gebaut. Der eigentliche Name des Königs war Shin Ye Htut Bayint Naung, das bedeutet „der ältere Bruder des Königs".

Seit 1990 sind Ausgrabungsarbeiten mit Hilfe der UNESCO im Gange, die jetzt weitgehend abgeschlossen sind.

Die Palastanlage ist von einer Mauer mit einer Seitenlänge von jeweils 1,8 km und insgesamt 20 Toren umgeben.

Innerhalb der Anlage befanden sich eine Audienzhalle, die Paläste der beiden Königinnen Chantra und Kusuma sowie das Gemach des Königs Bayint Naung, von denen nur die Reste der Grundmauern übrig blieben. Die Gebäude wurden nach alten Vorlagen rekonstruiert.

Man fand bei den Ausgrabungen 6 goldene Blumen, 24 Goldstücke, 10 geschliffene Rubine, 3 heilige Statuen und 29 britische Goldmünzen aus dem 19. Jh. gefunden.

Ein kleines **Museum** zeigt Buddhafiguren verschiedener Stilrichtungen, Pfeifen, Waffen, Bronzegewichte, Waffen, Waagen und Fundstücke der Ausgrabungen.

Khakat Wain Kyaung

Dieses Kloster gehört zu den drei größten Klöstern in ganz Myanmar. Es ist äußerst beeindruckend zu sehen, wie am frühen Morgen bei Sonnenaufgang ca. 1 000 Mönche und Novizen einzeln hintereinander aufgereiht mit ihren Bettelschalen in die Stadt ausziehen. Gegen 10.30 kehren sie ins Kloster zurück und essen zu mittag.

Markt

In dem lebendigen Markt zwischen der Hauptstraße und dem Fluss verkauft man hauptsächlich Waren für den täglichen Bedarf.

Unterkunft

• **Vorwahl: 0 52**
Shwewatun Hotel (staatlich)
Toungoo Rd, T. 2 12 63, außerhalb an der Straße Yangon - Mandalay, T. 2 12 63, 40 Zi, EZ US$ 40, DZ US$ 55, AC, Du u. WC; EZ US$ 22, DZ US$ 30, Fan, Du u. WC, schlichte, saubere Zimmer, jeweils mit Frühstück, ebenerdig um einen Garten, Restaurant, akzeptiert angeblich die Visakarte
Golden (Bago) Star Hotel
etwas außerhalb bei der Kyaikpun Pagode, neu, DZ US$ 27 - 30, AC, Du und WC, Swimmingpool, Bungalows, empfehlenswert
San Francisco Guest House
Main Rd, an der Eisenbahnbrücke, T. 2 22 65, EZ US$ 5, DZ US$ 10, Fan, Gemeinschaftsbad, EZ US$ 8, DZ US$ 10 - 12, AC, Du und WC, manche Zimmer sind laut, die Räume nicht immer sauber, muffige Atmosphäre, Zimmer im neueren Anbau sind besser
Silver Snow Guest House
527, Minn Road, in der Nähe des Uhrturms, T. 2 21 13, pro Person US$ 4 - 5, Fan, Gemeinschaftsbad, DZ US$ 7 - 9, Fan, Du und WC, einfache Zimmer, ohne Frühstück, sauber
Emperor Motel
8, Main Rd, T. 2 30 24, 2 13 49 , nahe der Brücke, EZ US$ 4, DZ US$ 8, Fan, Du und WC; EZ US$ 7, DZ US$ 14, AC, Du und WC, freundlich, vermietet Fahrräder, bietet Tagestour zum Goldenen Felsen an (Auto US$ 30 - 40)
Myananda Guest House
10, Main Rd, gegenüber dem Emperor Motel, T. 2 22 75, EZ US$ 3, Fan, Gemeinschaftsbad, EZ US$ 5 mit Du und WC, DZ US$ 6 - 10, Fan/AC, Du und WC, mit Frühstück, laut (alle Zimmer liegen an der verkehrsreichen Straße), sauber, freundlich, organisiert ganztägige Besichtigung mit dem Auto US$ 30 für 4 Personen
Beauty Guest House
DZ US$ 12, AC, Du und WC, sauber

Restaurants

und Garküchen gibt es rund um den Markt und bei der Shwemawdaw Pagode

Panda Restaurant: Main Rd, an der Brücke schräg gegenüber dem Emperor Motel, chinesisches Essen, gut, mittlere Preislage

Three Five (555) Restaurant: gegenüber dem Panda, birmanische, chinesische, indische und europäische Gerichte, gut und preiswert

Kyaw Swa Restaurant: 6, Main Rd, etwas teurer als die beiden obengenannten Restaurants, sehr gut

Triple Diamond Ba Maung Rest.: Main Rd, neben dem 555, gut und sehr preiswert

Cho Phone Restaurant: 529, Main Rd, T. 2 14 39, neben dem Silver Snow Guest House, birmanische und chinesische Gerichte, gut und preiswert

Shwe Le Restaurant: 194, Strand Rd, indische und Shan-Gerichte, gut

Hadaya Café: gegenüber dem Emperor Motel, guter Tee, Eis und reichliche Auswahl an guten Kuchen

Snacks: 248, 31. Str., Drinks und Snacks in angenehmer Umgebung

Toungoo

Toungoo liegt ungefähr auf der Hälfte der Strecke von Yangon nach Mandalay. Sämtliche Überlandbusse halten hier zum Mittagessen.

Von der früheren Bedeutung der Stadt ist heute kaum mehr etwas zu erkennen. Sie ist heute das Zentrum des Teakholzhandels. In den Wäldern zwischen Toungoo und Pyay gibt es noch Arbeitselefanten. Außerdem wird um Toungoo die Areka- oder Betelnusspalme angebaut.

Anfahrt

Zug: alle Züge auf der Linie Yangon - Mandalay halten kurz in Toungoo. Fahrzeit 6 - 7 Std. US$ 18 für die 1. Klasse

Bus: alle Busse von und nach Yangon und Mandalay halten hier. Fahrpreis K 1 000 - 1 500, Zusteigen ist schwierig, weil die Busse meist voll besetzt sind.

Besichtigung

Shwesandaw Pagode

Im Zentrum der Stadt steht der vergoldete Stupa der Shwesandaw Pagode aus dem Jahr 1597. In einem Pavillon an der Westseite kann man eine sitzende Buddhafigur besichtigen, die 1912 gespendet wurde. In einem anderen Pavillon finden Sie eine liegende Buddhafigur.

Myasigon Pagode

In der Myasigon Pagode werden Gemälde von den Königen von Toungoo und eine riesige sitzende bronzene Buddhafigur aufbewahrt. Auf dem Pagodengelände steht ein kleines Museum.

Am Stadtrand finden Sie den **Lay Kyaung Kandawgyi**, den „königlichen See". Etwas weiter westlich erreichen Sie die

Kawmudaw Pagode

Sie soll das älteste religiöse Bauwerk von Toungoo sein. Bei der Pagode erinnert ein mit Spiegelmosaiken besetzter Pfeiler an die Stelle, an der die Könige von Toungoo feindliche Armeen besiegten.

Weiter fallen viele ältere und einige neue Moscheen im Stadtbild auf.

Unterkunft

• Vorwahl: 0 54
Myanma Thiri Hotel
an der Hauptstraße, von Yangon kommend am Beginn des Ortes, T. 2 17 64, EZ US$ 24, DZ US$ 36, 3-B.-Zi US$ 48, 4-B.-Zi US$ 60, Du und WC, Fan/AC, TV, Kühlschrank, große Zimmer, mit Frühstück, Haus im Kolonialstil, unter staatlicher Leitung, ordentlich, etwas teuer
Min Kyee Nyo Guest House
652/653, Nanda Kyaw Htin Str., T. 2 13 38, 2 16 11, EZ US$ 8, DZ US$ 15, AC, Du und WC; US$ 3 - 4 pro Person, Fan, Gemeinschaftsbad, sauber, freundlich
Mothers Guesthouse
an der Hauptstraße etwas außerhalb, EZ US$ 9 - 10, DZ US$ 16 - 18, AC, Du und WC, TV, üppiges Frühstück, sauber, freundlich. Organisiert auch Touren zum Elefantencamp.
MyanmarBeauty Guest House I und II (A Hla Hotel)
7/134, Bo Hmu Pho Kun Rd, T. 2 12 70. Dr. Tin und seine Frau betreiben diese drei Guest Houses. Sie organisieren einen Besuch im Elefantencamp für US$ 30 - 40 insgesamt pro Auto.
Nr. I: in der Ortsmitte, DZ US$ 11, AC, Du und WC; DZ US$ 6, Fan, Gemeinschaftsbad, sehr gutes Frühstück
Nr. II: mehr am Stadtrand bei den Reisfeldern, schöne Bungalows, ruhige Lage, EZ ab 4 US$, DZ US$ 8 - 12, Du und WC, wie bei Nr. I ein üppiges Frühstück
Nr. III: ein schönes einstöckiges Holzhaus bei den Bungalows von Nr. II, gerade fertiggestellt, mit ähnlichen Zimmerpreisen
Nansanda Guest House
Nansanda Rd, T. 2 10 89, zentral, EZ US$ 8, DZ US$ 12, Fan, Gemeinschaftsbad

Restaurants

Mandalay Htamin Zai: in der Nähe des Marktes, ältestes Restaurant am Ort, birmanische Gerichte, preiswert
Golden Myanmar Restaurant: an der Hauptstraße, birmanische und chinesische Gerichte, preiswert, gut
Happy Restaurant: schräg gegenüber vom Golden Myanmar Restaurant, birmanische und chinesische Gerichte, preiswert, gut
Sawasdee Restaurant: in der Nähe des Myanma Thiri Hotels, chinesische, birmanische und Thai-Gerichte, etwas teurer, gut
Nachtmarkt: beim Hauptmarkt, zahlreiche Essenstände, 17.30 - 21.00 Uhr
An der Hauptstraße und um den Uhrturm gibt es weitere zahlreiche Restaurants, z. B. das **Sakanthar** und das **Kaytumadi** Restaurant und die Teestuben **Sein Teik** und **Win Sanda** sowie das **Min Café.**

Umgebung von Toungoo

Okedwin

Der nette Ort liegt etwa 15 km südlich von Toungoo. Er ist der Ausgangspunkt für das **Sein Ye Basiscamp**, wo Sie am frühen Morgen in der näheren Umgebung den Elefanten in den

Teakholzwäldern bei der Arbeit zuschauen können.

Für das Elefantencamp benötigen Sie eine Erlaubnis, eine Art „Eintrittsgebühr" in Höhe von US$ 10, die Sie wahrscheinlich nicht in FEC bezahlen können. Im Myanmar Beauty Guest House, Mothers Guesthouse und Sawasdee Restaurant und Guest House werden Ihnen ein- und zweitägige Touren für US$ 30 - 40 pro Tag zuzüglich die „Eintrittsgebühr" angeboten. Von Yangon aus kann man bei Woodland Travels, T. (01) 24 63 36 buchen (ca. US$ 80 pro Tag). Bei einer zweitägigen Tour ist die Übernachtung in der einzigen einfachen Unterkunft in der Nähe des Camps (ca. US$ 30 pro Person) oder in einem der zwei Dörfer im Camp.

Die sehr anstrengende Fahrt von Toungoo bis zum Sein Ye Camp dauert etwa 2 Stunden. Abfahrt ist um 04.00 Uhr und die Rückkehr gegen 21.00 Uhr. Die Straße ins Camp ist sehr schlecht und in der trockenen Periode sehr staubig (Brille oder Tuch vors Gesicht). Sie werden zu Fuß durch den Wald gehen und vielleicht auch auf einem Elefanten reiten. Im Preis enthalten ist ein Mittagessen und Trinkwasser.

Die Arbeitsperiode der Elefanten geht über das ganze Jahr, aber hauptsächlich von Mitte Juni bis Mitte Februar, also während der nassen und kühleren Jahreszeit. Es ist zum einen zu schwierig, die schweren Stämme auf trockenem Boden zu ziehen und zum anderen sind Elefanten hitzeempfindlich. Der Arbeitstag eines Elefanten endet ab 13.00 Uhr.

• Buchtip: Burmese Timber Elefant, von U Toke Gale

Arbeitselefanten in Myanmar

In Myanmar werden seit 1856 Elefanten in der Forstwirtschaft eingesetzt. Vor dem 2. Weltkrieg beschäftigte die Teakholzindustrie 10 000 Elefanten. Heute schätzt man die Zahl der wilden Elefanten auf 6 000 und die Arbeitselefanten auf 5 800, wovon etwa je eine Hälfte im Besitz der Myanmar Timber Enterprise und in Privatbesitz ist. In der Gefangenschaft werden jährlich 70 - 100 Tiere geboren. Um den Tierbestand konstant zu halten, müssen mindestens 150 junge Elefanten dazukommen. Bis 1995 hat man wilde Elefanten gefangen und gezähmt. Elefanten sind ab erst 17 Jahren ausgewachsen und können dann bis zu 2 t schwere Baumstämme ziehen. Im Alter von 5 - 17 Jahren werden sie für ihren zukünftigen Einsatz trainiert und dienen bis dahin als Lasttiere. Das Training übernimmt ein *oozie*, der seinen Elefanten das ganze Leben lang begleitet. Ein gesunder Arbeitselefant wird rund 20 Jahre eingesetzt. Sie arbeiten im Team - meist zwei Elefantenbullen und vier -kühe. Der Arbeitstag eines Elefanten dauert meist vier Stunden, danach wird er zum Ausruhen und Fressen in den Wald entlassen. Frühmorgens holt der *oozie* wieder seinen Elefanten. Die Basiscamps werden alle 4 - 6 Jahre verlegt, kleinere Camps sind im Umkreis von bis zu 30 km.

In neuerer Zeit gerät die lange Tradition der Arbeitselefanten durch die maschinelle Rodung in Gefahr. Die Arbeit der Elefanten ist für den Wald schonender, durch sie wird z. B. der Wald nicht durch Straßen zerstört.

Danubyu

Die kleine Ortschaft liegt am Ufer des Ayeyarwady ca. 80 km nordwestlich von Yangon. Danubyu ist umgeben von Reisfeldern, Bananenpflanzungen und Fischzuchtteichen.

Anfahrt

Bus: Abfahrt von der Busstation in Kyeemyindaing Tsp. in Yangon
Auto: auf der Höhe von Danubyu muss man mit einer Fähre übersetzen
Schiff: von Yangon aus möglich

Besichtigung

Kyaik Kalon Pun Pagode
In der etwa 200 Jahre alten Pagode stehen sehr schöne Buddhafiguren aus Bronze. Daneben liegt ein Kloster.

Pyi Lone Pagode
Sie liegt etwas außerhalb des Ortes. Hier finden Sie 399 aufrecht stehende Steintafeln mit Inschriften von Buddhas Lehre.

Taung Kyaung Taik
In diesem Kloster sehen Sie das Grab des berühmten Volkshelden Maha Bandoola, der 1824 im Krieg gegen die Briten starb. In Sichtweite liegt der umkämpfte Befestigungswall. Über dem Grab erhebt sich seine Statue.

Weitere Sehenswürdigkeiten sind der **Markt,** eine kleine *cheroot*-Fabrik und Goldsucher, die in Hütten auf den Sandbänken des Ayeyarwady leben. Mit Spezialbooten suchen sie im Fluss nach Gold.

Unterkunft

Ayar Shwe Mye Guest House
Four Quarter Cooperative Guest House

Hinthada und Umgebung

Die Stadt liegt am Ayeyarwady etwa auf dem halben Weg nach Pyay.

Anfahrt

Zug: von Pathein Strecke Yangon - Pyay, aussteigen in Letpadan, dann mit dem Schiff oder pick-up weiter, 5 Std.
Bus: von Yangon, Pathein, Danubyu und Thandwe möglich

Besichtigung

U Ba Yeh Pagode
Sie wurde vor 200 Jahren von einem Minister in Auftrag gegeben.

Ngamyethna Pagode
Sie steht seit 1887 an dieser Stelle am Ayeyarwady. Im Innern befinden sich viele verschiedene Buddhastatuen und bunte *Nat*figuren.

Natmaw

Ein Taxi fährt vom Markt von Hinthada zum 10 km entfernten Dorf Natmaw. Hier ist eine 76 m lange liegende Buddhafigur zu bestaunen. Das kleine Museum in einem Garten zeigt Fotografien vom Bau der Figur.

Pyay (Prome)

Anfahrt

Expressbusse: *von/nach Yangon:* von dem Hsimmalaik Bus Centre täglich, ab 07.00 Uhr stündlich bis 17.00 Uhr, Fahrzeit ca. 5 - 6 Std., K 1 500 - 2000, viele Busgesellschaften (z. B. Rainbow, Sun Moon, Rubyland Express) haben Shuttlebusse gegenüber dem Zugbahnhof; auf Wunsch kann man in Pyay auch im Stadtzentrum aussteigen; *von/nach Mandalay:* Nachtbusse 3mal täglich, 10 - 13 Std., ca. 2 000 K ; *von/nach Bagan:* täglich ab 06.00 Uhr, 4 Std., ca. K 1000
Weitere Busverbindungen von/nach Pyay:
Kyauk Padaung: 3mal tägl.,10 Std, K 1 500; Magway: 3mal tägl., 5 Std., K 800; Taungdwingyi 3mal tägl., 5 Std., K 800, Meiktila: 3mal tägl., 10 - 12 Std., K 1 500; Pathein: 1mal tägl., 8 Std., K 1 200; Thandwe: 1mal tägl., 6 Std., K 1 000
Alle Busrouten werden auch von pick-ups bedient, dauern aber länger und sind für lange Strecken sehr unbequem.
Zug: Expresszug No. 71 up, ab Yangon 13.00 Uhr, an Pyay 20.00 Uhr; No. 72 down ab Pyay 22.00 Uhr, an Yangon 05.00 Uhr, US$ 9; neue Bahnstrecke nach Bagan ab 04.30, 12 Std., Ordinary US$ 8
Auto: von Yangon gibt es eine mehrspurige Schnellstraße, eine der besseren Straßen in Myanmar, Fahrzeit 4 Stunden, Mietpreis US$ 40 - 50 für einen Tag; für Autos ist auch die Querverbindung nach Toungoo möglich. Die Straße ist nur die ersten Kilometer geteert und dann in einem sehr schlechten Zu-stand. Im Monsun ist sie kaum befahrbar. Die neue Brücke in Pyay über den Ayeyarwady erlaubt eine schnellere Verbindung nach Thandwe und Ngapali.
Schiff: *von Mandalay* dauert es 4 Tage. *von Bagan:* Abfahrt vom Nyaung U Jetty, täglich außer Do und So, um 05.00

Uhr, Ankunft 2 Tage später gegen 20.00 Uhr, Deck US$ 10, Kabine US$ 26. Getränke und Essen mitbringen! Das Schiff fährt *von Pyay* weiter nach Yangon, täglich außer Do um 06.00 Uhr, Fahrzeit 2 ½ - 3 Tage, Deck US$ 18, Kabine US$ 36. Stop in Myanaung mit Anschluss für den Zug nach Pathein. Tickets im Inland Water Transport Büro.

Ein Expressboot soll in Kürze von Bagan nach Pyay fahren. Dies wäre eine gute Alternative zur schlechten Straße in diesem Streckenabschnitt.

Besichtigung

Pyay liegt am östlichen Ufer des Ayeyarwady 285 km von Yangon entfernt, etwa auf halbem Weg nach Bagan. Für den Ausflug von Yangon aus sollten Sie zwei Tage veranschlagen. Pyay ist heute eine Hafenstadt mit aufstrebender Industrie. In der Nähe werden neuerdings Ölfelder ausgebeutet. Die Gegend ist bekannt für ihre goldenen Lackwaren.

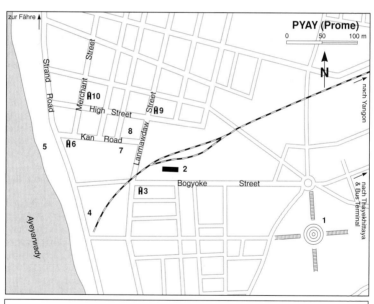

1 Shwesandaw Pagode
2 Bahnhof
3 Aung Gabar Guest House
4 San Francisco Restaurant
5 Hlaing Ayeyar Restaurant

6 Pyay Hotel
7 Meiywetwar Restaurant
8 Post
9 Shwemyodaw Guest House
10 Pangaba Guest House

Shwesandaw Pagode

Geöffnet von 07.00 - 20.00 Uhr
noch freier Eintritt, eine Gebühr ist aber zukünftig zu erwarten,
Foto K 100, Video K 300, Lift K 5

Die Pagode wurde 1753 erbaut und 1841 von König Tharrawaddy restauriert. Sie ist eine kleinere Kopie der Shwedagon Pagode in Yangon. In jeder Himmelsrichtung führt ein überdachter Treppenaufgang mit kleinen Läden den Hügel hinauf.

Der Hauptaufgang im Westen ist flankiert von zwei großen *chinthes*. Daneben ist eine neue aufwendige Liftkonstruktion gebaut worden. Am Ende des Aufgangs befinden sich zu beiden Seiten je vier große sitzende Buddhafiguren. Der Ostaufgang wird von einer riesigen sitzenden Buddhastatue und der Hsehtatgyi Pagode (d. h. 10-stöckig) beherrscht. Die Buddhafigur schaut zur Shwesandaw Pagode. Sie wurde 1919 erbaut und war damals mit etwas über 60 m die höchste sitzende Buddhastatue in Myanmar. Sie ist jedenfalls so hoch, dass man keine Möglichkeit gesehen hat, sie zu überdachen. Die Pagodenanlage ist der der Shwedagon Pagode sehr ähnlich. Der Stupa, der vier Haare von Buddha, einen Zahn, ein Gewand, einen Schal und einen Gürtel enthält, steht auf einer 4 000 m² großen Terrasse und ist von 83 kleinen goldenen Pagoden umgeben. In geschnitzten Andachtspavillons sehen Sie eine stehende, eine liegende und eine sitzende Buddhafigur.

Ein Besuch am frühen Abend ist besonders schön: Von oben haben Sie einen bezaubernden Blick auf den Ayeyarwady und die Stadt. Bei Einbruch der Dunkelheit wird die Pagode angestrahlt.

Im November findet ein großes Pagodenfest statt.

Shwe Phone Pwint Bibliothek und Museum

Sie liegt an der Hauptstraße fast schräg gegenüber der Shwesandaw Pagode. Die unscheinbare Bibliothek erinnert an eine Leihbücherei. In einem Nebenraum sind einige wenige archäologische Funde von den Ausgrabungen in der Umgebung ausgestellt.

Shwe Phone Pwint Pagode

Der Osteingang ist von zwei *chinthes* bewacht. Die Pagode wurde unter der Regierung von König Duttabaung errichtet, um zwei Buddhastatuen einen würdigen Aufenthaltsort zu geben.

Mingyi taung und Baydayi Höhlen

Mingyi taung heißt „Hügel der Könige". In der linken Höhle steht die Statue eines Einsiedlers, in der mittleren eine Buddhastatue und in der rechten die Statue von Baydayi (der Mutter von König Duttabaung).

Nachtmarkt

Er wird täglich von 18.00 - 21.00 Uhr aufgebaut und bietet Dinge für den täglichen Bedarf, Obst und Gemüse an. Man findet ihn am Ende der Bogyoke Street bei der Aung San Statue.

Unterkunft

• **Vorwahl: 0 53**
Mingala Garden (Flying Tiger Garden) Aung Lan Rd, Aung Chan Tha Quarter, in der Nähe der Payagyi Pagode, T. 2 10 18, 2 11 06, 2 21 79, Standard EZ US$ 30, DZ US$ 36; Superiour EZ US$ 36, DZ US$ 42, jeweils AC, Du und WC, TV, Kühlschrank, geschmackvolle Zimmer, schöne Bungalowanlage um einen kleinen See (das Füttern der Karpfen ist ein eigenes Schauspiel), mit Frühstück auf der Terrasse am See, etwas außerhalb, organisiert Ausflüge zum Elefantencamp und zu typ. Dörfern (Webereien) mit dem Boot
Pyay Hotel
ehemaliges staatliches Hotel, Ecke Kan und Strand Rd, T. 2 18 90, 20 Zi, EZ US$ 6, DZ US$ 9, Fan, Gemeinschaftsbad; EZ US$ 15 - 25, DZ US$ 25 - 34, AC, TV, Kühlschrank, Du und WC, mit Frühstück, sauber, Restaurant
Myat Guest House
222, Bazaar Str., T. 2 13 61, EZ US$ 8, DZ US$ 12, Fan, Gemeinschaftsbad; EZ US$ 10, DZ US$ 15 - 20, AC, Du und WC, kleine Zimmer, zentrale Lage
Shwemyodaw Guest House
353, Lanmadaw Str., T. 2 19 90, DZ US$ 15 - 20, Gemeinschaftsbad, Fan bzw. AC, kleine Zimmer, sauber
Santhawada Guest House
378, Lanmadaw, T. 2 16 76, EZ US$ 12, DZ US$ 24, AC, Du und WC
Pangaba Guest House
342, Merchant Rd, T. 2 12 77, in der Nähe des Pyay Hotels, EZ US$ 2 - 3, DZ US$ 6 - 8, Fan, sehr einfache Zimmer, nicht immer sauber, Travellertreff, gutes Frühstück
Phyu Sin Guest House
1456, Bogyoke Str., gegenüber dem Bahnhof, einfach, EZ US$ 6, DZ US$ 12, einige Zi mit AC, sonst Fan, Gemeinschaftsbad
Yoma Royal Hotel
Nr. 24, an der Hauptstraße Yangon - Pyay, T. 2 18 24, EZ US$ 4, DZ US$ 7, Fan, Gemeinschaftsbad; EZ US$ 14, DZ US$ 26, AC, Du und WC, sauber, gutes Frühstück
Aung Gabar Guest House
1463, Bogyoke Str., T. 2 13 32, EZ US$ US$ 3 - 4, DZ US$ 5 - 6, Gemeinschaftsbad, Fan, kleine, dunkle, laute Zimmer, DZ US$ 10, AC, Du und WC, jeweils mit Frühstück

Restaurants

Mingala Garden: siehe auch bei Unterkunft, gut
Pyay Hotel: Strand Rd, vorwiegend chinesische Küche
Meiywetwar (Auntie Mo) Restaurant: Kan Rd, gegenüber der Post, nahe dem Pyay Hotel, sehr gutes birmanisches Essen, preiswert, schließt um 19.00 Uhr
Hlaing Ayeyar Restaurant: Strand Rd, vom Pyay Hotel geht man die Straße zum Fluss, schöner Blick über den Ayeyarwady und die dahinterliegende Hügelkette, gute birmanische und chinesische Küche
San Francisco Restaurant: 775, Strand Rd, T. 2 18 13, südlich des Hlaing Ayeyar R., chinesische Küche
Ahpulay Chinese Restaurant und **Paradise Restaurant:** an der Strand Rd am Fluss, chinesische Küche
Shweyinmar: bei der Shwesandaw Pagode, für mohinga empfehlenswert
Indian Hotel: nördlich vom Bahnhof, indische Gerichte
Toddy Bar: hinter dem Ministry of Fo-

restry, Snacks und Palmwein (toddy)
Coffee- und Teashops finden Sie entlang der Bogyoke Street

Umgebung von Pyay

Thayekhittaya (Srikshetra)

Anfahrt

Zug: von Pyay nach Hmawza um 07.00, 10.00 und 17.00 Uhr, K 10, Fahrz. 15 Min.
pick-ups: K 200, Fahrzeit 15 Min.
Ochsenkarren: vor Ort, K 600 für dreistündige Rundtour, beim Museum fragen

Taxi: dreirädriges Taxi, ca. K 3000 für einen halben Tag
Fahrrad: in Pyay ist es zur Zeit verboten, Fahrräder an Touristen zu verleihen

Thayekhittaya ist eine der ältesten Pyu-Städte. Sie liegt 8 km südöstlich von Pyay am linken Ufer des Ayeyarwady. Srikshetra ist der alte Name in Sanskrit.

Thayekhittaya wurde von König Duttabaung vor etwa 2 400 Jahren gegründet. Die Blütezeit der Stadt soll zwischen dem 5. und 9. Jh. gelegen haben. Die Stadt war damals von einer Stadtmauer aus grünglasierten Ziegeln umgeben. Sie hatte zwölf Tore und Pagoden an jeder der vier Ecken. In der Stadtanlage gab es über 100 Klöster

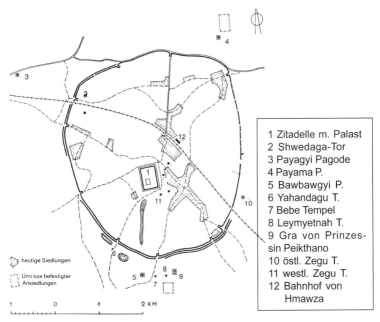

1 Zitadelle m. Palast
2 Shwedaga-Tor
3 Payagyi Pagode
4 Payama P.
5 Bawbawgyi P.
6 Yahandagu T.
7 Bebe Tempel
8 Leymyetnah T.
9 Gra von Prinzessin Peikthano
10 östl. Zegu T.
11 westl. Zegu T.
12 Bahnhof von Hmawza

und einen prächtigen Palast. Die Gebäude waren mit Gold und Silber reich verziert. König Anawrahta zerstörte und plünderte 1057 die Stadt und zog mit seiner Beute zu seiner neuen Hauptstadt Bagan. Hier in Thayekhittaya wurden die frühesten Inschriften in Myanmar gefunden. Mit den Ausgrabungen, die immer noch andauern, begann man schon 1964.

Besichtigung

- Eintritt: US$ 4, Gelände mit Museum
Das Gelände ist sehr weitläufig und nur bis in das Dorf **Hmawza** mit dem Auto befahrbar. Dort befindet sich ein kleines Museum. Zu Fuß dauert die Besichtigung leicht 3 Stunden. Kinder gehen gerne mit und zeigen Ihnen den Weg.

Heute ist die 13 km lange Stadtmauer größtenteils zerfallen. An einigen Stellen ist sie sogar noch in beachtlicher Höhe erhalten, manchmal sind nur noch Grundmauern zu sehen. Ein Teil der Teerstraße, die durch das Gelände führt, läuft wie auf einem Damm auf dieser Stadtmauer. Alle Stupas und Tempel stammen aus der Zeit vor der großen Blüte der Stadt Bagan.

Payagyi oder Zedikyi Pagode

Sie steht am Ortsausgang an der Straße Pyay - Bagan nördlich der Stadtmauer. Der Stupa soll noch aus dem 1. - 2. Jh. n. Chr. stammen, ist 50 m hoch und aus Backstein ohne Putz. Er gehört zur frühesten Stilepoche. Die Payagyi Pagode markiert eine der vier Ecken der früheren Anlage. An zwei anderen Eckpunkten befinden sich die Bawbawgyi und die Payama Pagode.

Payama Pagode

Sie steht inmitten von Reisfeldern, ebenfalls nördlich der Stadtmauer. Im 19. Jh. wurde sie mit einer neuen Spitze geschmückt. Der Stupa ist aus unverputztem Backstein und zählt zum konischen Typ.

Östlicher Zegu Tempel

Er ist aus Backstein gebaut und etwas kleiner als der Bebe Tempel. Früher beherbergte er eine Steintafel mit einem Buddha-Relief. Der Tempel gilt als der Prototyp für die später errichteten Tempel in Bagan.

Westlicher Zegu Tempel

Hier sind nur die Überreste des Sokkels zu sehen. Man nimmt an, dass der Tempel quadratisch war und zwei Eingänge besaß.

Bawbawgyi Pagode

Diese Pagode ist ein wuchtiger Ziegelbau mit einer Höhe von 46 m. Er gilt als der älteste in dieser Region und wurde teilweise renoviert. Über den fünf niedrigen Terrassen erhebt sich ein kegelförmiger Stupa.

Bebe Tempel

Der Tempel soll aus dem 10. Jh. stammen. Er erhebt sich auf einem quadratischen Sockel mit dem Eingang im Osten und ist mit reliefartigen Platten verziert. In seinem Inneren ist eine sitzende Buddhafigur zu sehen, die von zwei Schülern flankiert ist, deren Kleidung an tibetische Mönche erinnert.

Auch der Bebe Tempel wird als Prototyp von einigen Tempeln in Bagan gesehen.

Leymyetnah Tempel

Dieser kleine quadratische Ziegelbau, der vermutlich im 9. Jh. errichtet wurde, hat vier Eingänge. In der Mitte ist eine quadratische Stützsäule, die an jeder Seite mit Steintafeln geschmückt war, die einen sitzenden Buddha zeigten. Um diese zentrale Säule verläuft ein gewölbter Säulengang. Das Dach ist terrassenartig angeordnet.

Die sechs großen Gefäße aus Stein sollen als Urnen verwendet worden sein. Eine Prinzessin von Beikthano soll hier bestattet sein.

Museum von Hmawza

geöffnet Di - So 09.00 - 16.00 Uhr

Das Museum ist nicht sehr reichhaltig bestückt. Die meisten Fundstücke aus den Ausgrabungen werden im Nationalmuseum in Yangon und im Victoria and Albert Museum in London aufbewahrt.

Sie können in Hmawza lediglich Buddha-Reliefdarstellungen auf riesigen Steintafeln, Urnen und Votivtafeln mit Inschriften, kleine, ca. 5 cm große Buddha-Figuren aus Bronze (fast 1 500 Jahre alt!), Bronzeglöckchen, 20 Goldblätter mit Inschriften aus dem 5. Jh., Fotos von den Ausgrabungen und einen Lageplan sehen.

Hmawza

Das Dorf Hmawza ist ein typisches Beispiel für eine traditionelle bäuerliche Ansiedlung in Myanmar. Die Einwohner bauen Reis, Gemüse und Blumen an; Transportmittel ist hier noch der Ochsenkarren.

Shwedaung

Anfahrt

pick-ups: vom Busbahnhof östlich von Pyay den ganzen Tag über bis 17.00 Uhr immer, wenn das Auto voll ist, K 50, Fahrzeit 20 Minuten

Der Ort Shwedaung liegt etwa 12 km südlich von Pyay am Ayeyarwady an der Straße Pyay - Yangon. Er lebt vor allem von seiner Textilindustrie (am Flussufer) und dem Anbau von Reis, Gemüse, Tabak und Palmen.

Besichtigung

Shwemyetman Pagode

In dieser Pagode kann man die einzige Buddhastatue der Welt sehen, die eine Brille trägt. Sie soll aus purem Gold sein. Die Brille ist 2 m breit und wiegt etwa 10 kg.

Die jetzige Brille ist wahrscheinlich bereits die vierte: die erste wurde gestohlen, die zweite wurde in den Körper der Statue eingemauert und die dritte wurde einem britischen Commander für seine Frau, die an einer Augenkrankheit litt, geschenkt. Die aktuelle Brille wurde von einem reichen Myanmaren gespendet.

Die Legende erzählt, dass König Duttabaung die Pagode 443. v. Chr. bauen ließ. Zu der Zeit, als die Buddhastatue vollendet war, erblindete jdoch der König. Er hatte die Idee, für die Statue ein Brille anfertigen zu lassen.

Umgebung von Yangon

Seitdem wird dieser Buddhafigur eine heilende Kraft bei Augenleiden zugeschrieben. Die Pagode ist im Laufe der Jahrhunderte zugewachsen und wurde erst viel später wieder entdeckt. Die heutige Buddhastatue stammt aus dem Jahr 1865.

Shwenattaung Pagode

Für den lohnenden Abstecher zu diesem buddhistischen Heiligtum biegt man in Shwedaung von der Hauptstraße ab und fährt ca. 5 km in Richtung Ayeyarwady. Von weitem schon sieht man den Hügel mit der goldglitzernden Pagode aus der Ebene emporragen

Es heißt, dass Buddha selbst diesen Platz ein Jahr nach seiner Erleuchtung besucht hat. Die Pagode soll, so erzählt die Legende, von Menschen und *Nats* gebaut worden sein. Sie war zuerst nur 5 m hoch, während der Regierungszeit von König Thihathu von Pyay wuchs sie auf fast 10 m, und König Kyanyit erhöhte sie später auf 13 m. Dann stockte sie König Duttabaung auf 28 m auf, und dank vieler Spenden erreichte sie später eine Höhe von 35 m. 1858 erschütterte ein Erdbeben die Gegend, wobei der Schirm herunterfiel. Wieder mit Hilfe von Spenden wurde sie renoviert und kam auf ihre endgültige Höhe von 37 m.

Die Pagode ist reichlich verziert und ähnelt in der Anlage der Shwedagon Pagode. Sie ist von zahlreichen kleineren Pagoden umgeben.

Im März wird dort jährlich ein großes, achttägiges Pagodenfest mit Theateraufführungen und Tänzen abgehalten. Für diese Zeit werden für 20 000 Gläubige Hütten zum Übernachten gebaut.

Unterkunft und Restaurants

Shwedaung Hotel im Zentrum
Restaurants: entlang der Hauptstraße, bieten hauptsächlich Nudelgerichte an

Ahkauk

Anfahrt

Auto: vermutlich alle Hotels organisieren diesen Ausflug. Mit dem Auto (oder gemietetes pick-up) K 6 000 - 7 000, Fahrzeit einfach 1 - 2 Stunden.
Motorboot: für etwa 2 Std. mieten, ca. K 1 500

In Ahkauk können Sie Buddhafiguren sehen, die in den Sandstein des 40 - 50 m hohen Steilufers gehauen sind. Für den halbtägigen Ausflug von Pyay fahren Sie über die neue Brücke auf die andere Uferseite des Ayeyarwady, von dort zunächst in Richtung Ahkauk-Berge (ca. 1 Std.), dann flussabwärts. Sie müssen sich dann ein Boot mieten, da diese sehenswerte Anlage nur vom Fluss aus zu sehen ist.

In Nischen, die zum Teil in vier Reihen übereinander angeordnet sind, befinden sich sitzende, vereinzelt auch stehende Buddhafiguren. Die Anlage soll vor dem 18. Jh. entstanden sein.

Danach legt das Boot an. Man kann auf einen etwa 300 m hohen Hügel steigen. Dort oben steht ein Kloster mit Mönchen, die Ihnen gerne die Pagode zeigen und Sie mit Tee bewirten. Ein kleine Gabe ist dann angebracht.

Am Fuße des Hügels steht ein Haus aus Holz gebaut mit einem großen Tamarindenbaum, unter dem schon General Aung San saß.

Der Südosten

An der Ostküste Myanmars am Golf von Martaban, erstreckt sich von der Mündung des Sittoung Rivers bis etwa Ye die Heimat der Mon. Hier kämpften die Mon und die Karen bis in die jüngste Zeit um einen Zugang zu den entfernten Grenzübergängen entlang der thailändischen Grenze.

Dies ist auch der Grund, warum Touristen die Fahrt in den Südosten lange verweigert wurde. Es ist auch heute noch nicht möglich, eine Erlaubnis für eine Fahrt südlich von Kyaikkami und Setse zu erhalten, da ab hier Autoreisen immer noch als gefährlich gelten (Straßenüberfälle)!

Kyaikhtiyo Pagode
(Goldener Felsen)

Die Kyaikhtiyo Pagode oder der „Goldene Felsen" liegt zwischen Bago und Thaton, 160 km von Yangon und 65 km von Bago entfernt. Seit kurzem ist der „Goldene Felsen" zu jeder Jahreszeit und im Moment auch ohne behördliche Erlaubnis zugänglich. Da sich diese Situation aber sehr schnell, je nach politischer Lage, wieder ändern kann, sollten Sie sich vorher bei MTT oder in einem Reisebüro erkundigen. Sowohl MTT als auch die Reisebüros organisieren geführte Touren und besorgen gegebenenfalls Genehmigungen. Sollten Sie zum Goldenen Felsen fahren wollen, informieren Sie sich am besten schon am Tag Ihrer Ankunft über die aktuellen Bestimmungen.

Kyaikhtiyo Pagode - der Goldene Felsen

Ist eine Genehmigung erforderlich, kann man diese beim Ministry of Foreign Affairs, T. 2 28 44, 2 28 45, 2 28 46, Fax 2 29 50, 2 17 19, Pyay Rd, Yangon oder schneller über ein Reisebüro einholen. Ohne behördlichen Erlaubnisschein würde dann der Ausflug an der Brücke über den Sittoung-Fluss enden, da dort ein Militärposten steht, der die Genehmigung und den Pass sehen möchte (im Zug soll nicht kontrolliert werden). Früher bekam man an diesem Posten einen bewaffneten Soldaten zur Sicherheit bis zum „Goldenen Felsen" mitgeschickt. 1986 und 1987 war dieses Gebiet ausnahmslos wegen der Rebellen gesperrt.

Die günstigste Zeit für eine Tour zum Goldenen Felsen ist von November bis Februar. Während dieser Monate kann es nachts recht kühl werden. Ab März bis Mai wird es sehr heiß. Notfalls ist der Ausflug auch in der Regenzeit möglich. Sie müssen sich dann allerdings darauf einstellen, dass es heftig regnet und in den höheren Regionen neblig sein kann.

Anfahrt

Es gibt Pauschalangebote von MTT (sehr teuer) und den privaten Reisebüros in Yangon. Sie können sich aber die Anfahrt leicht selbst organisieren. Speziell in den Hotels in Bago wird Ihnen dieser Ausflug preiswerter (US$ 30 - 40) angeboten als in Yangon.

Bus: *von Yangon:* AC-Busse vom Highway Bus Centre, K 700, Fahrzeit 5 - 6 Std.; Minibusse vom Hsimmalaik Bus Centre, K 500, Fahrzeit ca. 5 Std., Abfahrt jeweils frühmorgens

von Bago: günstigerer Ausgangspunkt, AC-Bus K 500, Minibus K 400, Fahrz. ca. 3 - 4 Std.
Sie müssen bei der Anreise mit dem Bus in jedem Fall z. B. im Kyaikhtiyo Hotel im Basislager Kinpun übernachten.
von Kyaikhtiyo: mit einem pick-up (in der Nähe des Bahnhofs) zum Basislager Kinpun, Abfahrt jede halbe Stunde zwischen 06.00 und 16.00 Uhr, K 100, Fahrzeit ca. 30 Min.
Zug: 1. Klasse US$ 9, Ordinary US$ 4

Bago ab	Kyaikhtiyo an
05.30 Uhr	07.15 Uhr
06.50 Uhr	09.40 Uhr
09.20 Uhr	11.50 Uhr
23.50 Uhr	02.30 Uhr

Kyaikhtiyo ab	Bago an
12.15 Uhr	14.45 Uhr
13.40 Uhr	16.10 Uhr
15.10 Uhr	17.40 Uhr
17.00 Uhr	19.15 Uhr
23.15 Uhr	02.05 Uhr

Da die Züge oft Verspätung haben, rechnen Sie ruhig eine Stunde dazu.

Yangon ab	Kyaikhtiyo an
05.00 Uhr	09.40 Uhr
08.00 Uhr	12.30 Uhr
22.00 Uhr	02.30 Uhr

Kyaikhtiyo ab	Yangon an
11.40 Uhr	16.10 Uhr
13.40 Uhr	18.15 Uhr
23.20 Uhr	04.35 Uhr

Vom Bahnhof in Kyaikhtiyo fahren pick-ups nach Kinpun jede halbe Stunde zwischen 06.00 und 16.00 Uhr, K 100, Fahrzeit 30 Min.
Auto: von Yangon ca. US$ 45 - 55 pro Tag, Fahrzeit einfach 4 Stunden; von Bago US$ 30 - 40, Fahrzeit 1 ½ - 2 Std. weniger; dann weiter mit einem pick-up vom Basislager zum 2. Lagerplatz: pro Weg K 3000 für das ganze Auto (es wartet dann oben für die Rückfahrt), K 200 pro Person; in diesem Fall fährt das Auto erst, wenn es voll ist (25 Personen).

Verschiedene Vorschläge zur Planung des Ausfluges:

• **1 Tag:** Abfahrt von Yangon gegen 05.00 Uhr (ca. 4 Std. Fahrzeit), oder Sie fahren am Vortag nach Bago und besichtigen diesen Ort; Ankunft am Basislager Kinpun gegen 10.00 Uhr; Fahrt auf der Ladefläche eines Lasters oder pick-up (mit dem mitgebrachten Auto nicht erlaubt) ca. 1 Std. zum 2. Lagerplatz, zu Fuß noch eine knappe Stunde; 2 Stunden Zeit für ein Mittagessen und die Besichtigung; wieder am Basislager Kinpun zwischen 15.00 und 16.00 Uhr. Dieser Vorschlag ist so nur durchführbar, wenn alles reibungslos klappt.
• **2 Tage:** Anfahrt wie oben beschrieben. Bei diesem Vorschlag haben Sie Zeit, alles zu Fuß zu gehen (da die Straße jetzt betoniert ist, fahren nur bei ungewöhnlich starken Regenfällen keine Autos auf den Berg). Übernachtung oben am Berg; Rückweg ab 08.00 Uhr zu Fuß oder mit dem Auto; auf dem Rückweg könnten Sie Bago besichtigen.
• **3 Tage:** Programm wie bei der ersten Tour; Weiterfahrt nach Thaton, Hpa-an und Mawlamyine.

Aufstieg

Die ganze Strecke zu Fuß dauert mindestens 4 Stunden, ohne Pausen gerechnet. (Mit dem Auto 1 Stunde) bis zum 2. Lagerplatz Yathetaung und

Kyaikhtiyo 219

dann noch etwa eine Dreiviertelstunde zu Fuß. Im Basislager können Träger für das Gepäck (ca. K 300) und Sänften für Personen (US$ 6 - 8) angemietet werden. Für den Rückweg ausschließlich zu Fuß müssen Sie mit drei Stunden ohne Pausen rechnen.

Streckenlänge: knapp 12 km
Höhenmeter: etwa 1100
• Eintritt: US$ 6, mit Videokamera US$ 8, zu zahlen oben am Eingang zum Tempelbereich

Falls Sie von Yangon mit dem Auto fahren, erreichen Sie Bago auf einer vielbefahrenen, relativ neuen Straße, die aber jetzt bereits in einem schlechten Zustand ist. Hinter Bago kommen Sie durch ein ausgedehntes Reisanbaugebiet. Nach etwa drei Stunden überqueren Sie den Sittoung-Fluss. An der Brücke steht oft ein Kontrollposten, bei dem Sie Ihren Pass vorzeigen müssen. Ab jetzt befinden sich im Mon-Staat. Entlang der Straße sehen Sie Cashewbäume, Gummibäume und Ölpalmenhaine. Die Straße wird immer enger und kurviger. Eine Stunde später erreichen Sie den Ort Kyaikhtiyo. Dort gibt es ein Museum mit einer Ausstellung über die Kunst der Mon. In Kyaikhtiyo biegen Sie links ab und fahren in Richtung der Berge.

Nach 15 km erreichen Sie das **Kinpun Base Camp,** den Ausgangspunkt für den Aufstieg. In diesem Basislager gibt es ein Büro von MTT. Nehmen Sie für den Weg Kyats in kleinen Noten für Spenden mit.

Das Basislager ist zur Pilgerzeit ein lauter und lebendiger Ort mit Musik aus Lautsprechern, Verkaufsständen Teestuben und Restaurants. Am Weg nach oben gibt es gegen eine freiwillige Spende immer wieder die Möglichkeit, grünen Tee zu trinken, so dass Sie nur wenig Getränke mittragen müssen. Einheimische geben dem *Nat* Bo Bo Gyi, dem Wächter der Berge und des Weges, eine Spende. Seit kurzem existiert eine steile betonierte Straße bis zu dem zweiten Lagerplatz *Yathetaung*. Hier warten schon Buben und Männer, die Ihnen das Gepäck für K 300 in geflochtenen Kraxen nach oben tragen wollen.

Falls Sie sich für den Fußmarsch entschieden haben, gehen Sie auf einem Weg, der sich zunächst durch üppigen Bambuswald schlängelt, dazwischen wachsen immer wieder Bananenstauden; kleine Bäche sind zu überqueren. Anfangs stehen entlang des Weges Hütten, wo bunte Limonaden, Suppen, Tee, Flöten, Spielsachen (vor allem Gewehre), Orchideen, Affenschädel, Affenblut, Tigerschädel, Felle, Heilmittel, Sonnenhüte aus Stroh und Wanderstöcke angeboten werden. Souvenirs kaufen Sie besser auf dem Rückweg. Am Weg stehen Meilensteine, die jede volle Meile angeben (insgesamt 7 ½ Meilen). In der Regenzeit verwandeln sich die Wege in Bäche. Am Wegrand können Sie immer wieder kleine *Nat*-Schreine und Buddhastatuen entdecken. Ungefähr auf halber Strecke kommen Sie zur Ye Myaung Gyi Pagode. Daneben sind die letzten größeren Essensstände. Ein gutes Essen bekommen Sie z. B. im Mi Tha Su Restaurant.

Im letzten Drittel des Aufstiegs gehen Sie am Kamm über sieben Hügel bergauf und bergab. An zwei Stellen kommen Sie an größeren Findlingen vorbei, denen bereits schon ein kleiner Stupa aufgesetzt wurde und die vermutlich in den nächsten Jahren ver-

„Sänften" am Goldenen Felsen

goldet werden. Sie passieren dann das Kyaikhtiyo-Hotel. An der Plattform, dem Beginn des Pagodenbereichs, müssen Sie Ihre Schuhe ausziehen.

Die Einheimischen glauben, dass bei dreimaligem Besuch alle ihre Wünsche, wie Reichtum, Kraft und Glück, in Erfüllung gehen werden.

Es besteht auch die Möglichkeit, den Berg von Sittaung aus zu besteigen. Dieser Weg ist kürzer, aber viel steiler und deshalb sehr wenig begangen.

Kyaikhtiyo Pagode

Die Kyaikhtiyo Pagode ist mit 5 m Höhe ziemlich klein. Der Name leitet sich aus der Sprache der Mon ab und bedeutet „Pagode, getragen auf dem Kopf eines Einsiedlers". Sie steht auf einem vergoldeten Findlingsblock, der den Eindruck erweckt, als würde er jeden Moment in die Tiefe stürzen. Der Legende nach hält ein Haar Buddhas den Fels fest. Klöster, Andachtshallen, Andenkenstände und Gasthäuser und befinden sich in der näheren Umgebung. Frauen ist es nicht erlaubt, ganz zu dem Goldenen Felsen hinzugehen. Männer können Goldplättchen auf den Findlingsblock anbringen.

Der Ausblick ist wunderbar: im Osten sieht man die blauen Martaban Berge und in der Ferne die Berggipfel von Thailand, zum Süden hin Dschungel und die blauen Wellen des Golfes von Martaban und schließlich im Westen die Pagode von Bago. Ein Sonnenuntergang dort oben ist ein eindrucksvolles Erlebnis.

Die neue **Dhammasetkya Pagode** steht etwas unterhalb der Kyaukthanban Pagode und bietet einen schönen Ausblick. Ganz in der Nähe der Dhammasetkya Pagode befinden sich die **Lwanzedi** und die **Myazedi Pagode.** Eine von ihnen wurde bei einem Erdrutsch durch starke Regenfälle zerstört und wieder aufgebaut. Nordöstlich der Kyaikhtiyo Pagode findet man die schöne **Moksotaung Pagode,** die auch ein beliebtes Fotomotiv ist. Weiter das Tal hinunter ist die **Kyeepasuck Höhle.** Hinter der Moksotaung Pagode findet man nach ca. 800 m Entfernung die **Kyaikhsiyo Pagode** und nach ca. 4,5 km von der Kyaikhtiyo Pagode gerechnet die **Kyaukhtatkyee Pagode.** An der Westseite gegenüber dem Kyaikhtiyo Hill sind die **Rathetaung** und die **Myazeintaung Pagode,** weiter südwestlich auf einem der höheren Berge die **Soontaung Pagode.**

> Die **Sage** nennt König Tissa als den Erbauer der Pagode im 11. Jh. Er erhielt ein Haar Buddhas von einem Eremiten. Dieser Eremit hatte dieses Haar viele Jahre in seinem eigenen Haarknoten aufbewahrt. Eine Bedingung stellte der Eremit dem König: er müsse einen Felsen finden, der die Kopfform des Eremiten habe. Darauf solle er eine Pagode bauen, in der das Haar aufbewahrt werden würde. Bei der Suche nach diesem Felsen war *Thagyamin,* der König der *Nats,* behilflich. Er fand den Felsen auf dem Meeresgrund und brachte ihn mit einem Schiff zur Spitze des Berges. Dieses Schiff versteinerte dann und wurde zur Kyaukthanban Pagode. Sie ist heute noch ein paar hundert Meter von der Kyaikhtiyo Pagode entfernt zu finden.

Unterkunft und Restaurants

Von Bago aus ist eine Übernachtung nicht zwingend, jedoch ist ein Sonnenuntergang dort oben ein eindrucksvolles Erlebnis.

Pan Myo Thu Guest House
in Kinpun, einfache Unterkunft, ca. US$ 7 pro Person, sehr freundlich

Sea Sar Guest House
in Kinpun, einfache Zimmer, US$ 3 - 5 pro Person, Fan, Du und WC; bessere Zimmer DZ US$ 15, AC, Du und WC, Restaurant mit guter chinesischer Küche, sehr freundlich

Htet Yar Zar Guest House
in Kinpun, einfache Zimmer, US$ ca. 5 pro Person

Golden Rock Hotel
T. (35) 7 01 74, oder über Yangon T. (01)22 22 37, Fax: 22 10 09, 32, Manawhari Rd; liegt etwa 15 Gehminuten vom 2. Lagerplatz (Wendeplatz der pick-ups), EZ US$ 36, DZ US$ 48, Du und WC, Kühlschrank, TV; EZ US$ 24, DZ US$ 30, kleinere einfachere Zi, auch mit Du und WC, Restaurant, 1998 eröffnet, schöner Blick auf den Goldenen Felsen, vom Hotel noch ca. 45 Gehminuten zum Goldenen Felsen

Kyaikhtiyo Hotel
sehr schöne Lage am Gipfel, buchen unter T. (01)55 15 63 in Yangon, 69, Theingyi Str.; neu renoviert, EZ ab US$ 36, DZ ab US$ 48, Du und WC, mit Frühstück; es gibt nicht immer Strom - Taschenlampe! im Monsun feuchte Zimmer; Restaurant

Pilgerunterkünfte bei der Kyaikhtiyo Pagode (man muss etwas den Berg hinuntergehen) sind für Touristen nur im Notfall erlaubt!

Mountain View Hotel
(Thuwana Bumi Hotel) vom Bahnhof

von Kyaikhtiyo 5 Fahrminuten, hübsche Chalets auf dem Hügel Seikphu Taung. EZ US$ 15 - 30, DZ US$ 20 - 40, Fan, Du und WC , mit Frühstück
Restaurants und zahlreiche Essensstände finden sich rund um den Goldenen Felsen und im Kinpun Basislager, z. B.
Golden Dragon oder Shwenagar Restaurant: liegt etwas unterhalb des Goldenen Felsens, erkennbar an zwei goldenen Drachen am Giebel des Hauses, kostenlose Übernachtung, wenn man dort zu Abend isst und frühstückt, die Mahlzeiten sind im Vergleich etwa doppelt so teuer, Besitzerin spricht englisch

Kyaikhtiyo

Kyaik-Paw-Law Pagode

543 v. Chr. soll Buddha hier im Alter von 80 Jahren vorbeigekommen sein. In der Pagode steht eine der vier Buddhastatuen, die König Ashoka der Legende nach von Sri Lanka über das Meer schickte, um den buddhistischen Glauben zu verbreiten.

10 km nördlich von **Bilin** stehen auf einem Hügel zwei Statuen von *Arhats,* die ebenfalls ausgesandt wurden, um die Lehre Buddhas in die Welt zu tragen. Die Einheimischen bringen diesen Statuen große Verehrung entgegen.

Zokthok

Etwa bei der Hälfte der Strecke Kyaikhtiyo - Bilin zweigt die Straße nach Zoktok meerwärts ab. Hier sehen Sie die

Kyaik Tizaung Pagode

Die achteckige Pagode steht auf einem Steinsockel, dem hier vorkommenden rötlichen Laterit. Schon die Khmer stellten mit Laterit Skulpturen und Bauten her. Neben der Pagode leben Mönche in einem Kloster.

Etwa 1 ½ km weiter südöstlich ist in **Hsindat Myindat** eine Skulpturenwand zu sehen. Die 40 m lange und 2 m hohe Lateritmauer zeigt Löwen- und Elefantenreliefs.

Auf einem der umliegenden Hügel sieht man die von Einheimischen gut besuchte **Myatthabeik Pagode** (= Stupa mit der Almosenschale aus Smaragd).

Die Strecke von Bilin bis Mottama ist mit Straßendörfern praktisch ununterbrochen besiedelt. Die Hütten und Häuser stehen unter Bäumen und Palmen. Ab 17.00 Uhr ist ein sehr beschauliches Abendleben zu beobachten: an den Ziehbrunnen am Rand des Ortes waschen sich Frauen und Männer getrennt, Tiere werden nachhause gebracht, die männlichen Jugendlichen spielen im hochgebundenen longyi Fußball, Familien sitzen am Straßenrand.

Thaton

Thaton, auch bekannt als Suvannabhumi (= das „Goldene Land"), liegt auf dem Weg von Bago nach Mawlamyine, etwa 65 km von Kyaikhtiyo entfernt. Nach dem 3. Buddhistischen Konzil im 3. Jh. v. Chr. wurden die Missionare Sona und Uttara nach Thaton geschickt, um für den buddhistischen Glauben zu werben. In seiner weiteren

Geschichte war Thaton ein wichtiger Hafen mit Verbindungen nach Sri Lanka und Südindien. 1057 zerstörte König Anawrahta die Mon-Stadt und brachte König Manuha von Thaton zusammen mit 30 000 Gefangenen nach Bagan. Das alte Thaton war umgeben von einer Stadtmauer, von der heute nur Reste zu sehen sind.

Besichtigung

Shwezayan Pagode

Diese schöne goldene Pagode ist die größte der Stadt und von mehreren Klöstern umgeben. Man nimmt an, dass sie ursprünglich im 5. Jh. v. Chr. von König Thuriya errichtet wurde. In jüngerer Zeit wurde sie überbaut; sie soll vier Zahnreliquien enthalten.

Thagyapaya Pagode

Sie steht neben der Shwezayan Pagode, ist aus Laterit gebaut und weist einen quadratischen Grundriss auf. Der obere Teil wurde erneuert. Über die Jahre ist auch sie immer wieder renoviert worden. Auf der obersten der drei begehbaren Terrassen befinden sich in Nischen vier stehende Buddhafiguren. An den Wänden der Terrassen sind nur noch wenige der ursprünglich 64 glasierten Tonplatten mit *Jatakas* aus dem 11. und 12. Jh. übriggeblieben.

Gegenüber der Pagode sind außerdem eine **Pitakattaik** (Bibliothek) und die **Kalyani Sima** (Ordinationshalle) zu besichtigen. In dieser neu aufgebauten Ordinationshalle findet man neuere Wandmalereien und an der Außenseite 10 *Jatakas* aus dem 11. - 12. Jh.

Unterkunft und Restaurants

Myanady Guest House und Restaurant
65, Main Rd, T. 3 02, DZ US$ 15, AC/Fan, Du und WC, Bungalows, hat noch keine Lizenz, nimmt aber Touristen auf
Kayambyia Guest House
in einer Seitenstraße nahe der Shwezayan Pagode, nördlich der Hauptstraße, DZ US$ 10, Fan, Du und WC, hat noch keine Lizenz für Ausländer
Restaurants gibt es im Zentrum, vor allem in Marktnähe, z. B.
Phi Tha Restaurant: T. 2 71, chinesische Küche, gut
Thamada Restaurant: chinesische und thailändische Küche, gut
Yangon Restaurant

Umgebung von Thaton

Ayetthema

Hier sind die Ruinen des **Forts Taikkala** zu besichtigen. Man glaubt, dass diese Stelle der ursprüngliche Standort der Stadt Thaton gewesen sei. Außerdem gibt es noch die **Myatheindan Pagode** aus dem 10. Jh.

Bayin Nyi Höhlen

Sie befinden sich bei dem Dorf **Sandangu**, etwa 20 km von Thaton entfernt an der Straße nach Hpa-an (etwa 500 m von der Hauptstraße abzweigen). Dieser sehr lohnende Abstecher dauert 1 - 1 ½ Stunden. Während der Regenzeit kann man oft nicht ganz mit dem Auto an das Kloster fahren. Dann verwandelt sich die Anlage in ein Wasserschloss. Bereitstehende Ruderboo-

Bayin Nyi Höhlen

te bringen Sie dort hin und umrunden auf Wunsch (K 500) die Felsnadel.

Am Beginn der Höhle befindet sich ein kleines Kloster. In zwei Becken wird das Wasser aus heißen Quellen, dem Heilkräfte nachgesagt werden, aufgefangen. Vom Kloster aus führen Stufen zum Höhleneingang. Ein Mönch oder Kinder führen Sie mit Kerzen durch die dunkle Höhle (Taschenlampe!) mit Stalaktiten und Stalagmiten (ca. ½ Std.). In der Höhle muss man barfuß gehen. Hier sind verschiedene Buddhafiguren aufgestellt. Es ist angebracht, eine Spende für das Kloster bzw. den Kindern zu geben.

Die Legende erzählt, dass hier ein Elefantenkönig gelebt habe bis ein Jäger ihn wegen seiner Stoßzähne tötete, um für eine Königin eine Krone anfertigen zu lassen.

Hpa-an

Anfahrt

Schiff: *von Hpa-an* nach Mawlamyine: 07.00 Uhr, 12.00 Uhr, 14.00 Uhr, 2 - 3 Std.; *von Mawlamyine:* 07.00 Uhr, 12.00 Uhr. 14.00 Uhr, 3 - 4 Std.; für Touristen US$ 2
Bus: *von Yangon* frühmorgens und nachts, 8 - 9 Std., K 1 500; *von Bago* 04.00 u. 05.00 Uhr, 7 Std.; *von Thaton u. Mawlamyine* auch Busverbindungen
pick-up: nach Thaton K 400, Kyaikhtyio K 700 und Mawlamyine K 200

Seit neuestem gibt es in Hpa-an eine Brücke über den Thanlwin und eine neue Straße auf der anderen Uferseite. Damit erübrigt sich die Fähre bei Mawlamyine. Der Fährverkehr ist reduziert.

Hpa-an liegt am Thanlwin-Fluss im Karenstaat etwa 50 km von Mawlamyine entfernt am Fuße des markanten Zwekabin Hill. Der verträumte Ort war bis 1996 wegen rebellischer Aktivitäten der Karen für Touristen nicht erlaubt. Die Fahrt mit dem Schiff von Hpa-an nach Mawlamyine oder umgekehrt ist besonders zu empfehlen. Die malerische Umgebung von Hpa-an wirkt gepflegt, die Landschaft ist hügelig mit Reisfeldern in den Ebenen. Besonders bemerkenswert sind die bizarren einzelstehenden Felsnadeln, auf deren Spitzen häufig eine Pagode gebaut ist. In der üppig grünen Stadt fällt am Fluss noch eine schöne goldene Pagode auf.

Besichtigung

Thit Hta Man Aung Pagode

Die knapp 100 Jahre Pagode erhebt sich auf einem hohen weißen Sockel. In ihrem Inneren steht eine große sitzende Buddhafigur.

Shweyinmyaw Pagode

Sie befindet sich direkt am Fluss nahe der Anlegestelle der Schiffe. Von weitem schon ist ihr goldener Stupa zu sehen.

Karen State Museum

Öffnungsz.: Di - Fr 09.00 - 16.00 Uhr, Eintritt: bis jetzt noch frei

Das Museum ist etwas außerhalb an einem See gebaut, südlich vom Zentrum, in etwa 20 Minuten zu Fuß zu erreichen. Es werden Kostüme, Musikinstrumente, Gebrauchsgegenstände und archäologische Funde ausgestellt.

Markt

Im Hauptmarkt in der Thitsa Rd. werden unter anderem Textilien der Karen verkauft.

Unterkunft und Restaurants

• **Vorwahl: 0 35**
Prince Guest House
beim Busbahnhof, T. 2 14 58, US$ ca. 6 - 8 pro Person, AC, Gemeinschaftsb.
Parami Guest House
Ohndaw Rd, im Zentrum, T. 2 16 47, US$ 5 pro Person, Fan, Gemeinschaftsbad, US$ 8 pro Person, AC, Du und WC, sauber
Royal Guest House
beim Jetty, US$ 3 - 4 pro Person, Fan, Gemeinschaftsbad
Mya Kan Tha Guest House
T. 2 16 00, preiswert
Golden Dragon Restaurant: im Garten des chinesischen Tempels, einfaches, gutes chinesisches Essen
Dream Restaurant: bei den Guest Houses, mittelmäßig
Weitere Lokale und Teashops finden Sie um den chinesischen Tempel und unten am Fluss.

Umgebung von Hpa-an

Tharmanya Kloster

Anfahrt: Linienbusse und pick-ups fahren bei der Shweyinmyaw Pagode in Hpa-an ab, immer wenn das Auto voll ist, vormittags mehrmals pro Std., Fahrzeit 1 - 1 ½ Std., K 100 - 150

Dieses Kloster liegt auf einem der Kalksteinhügel ca. 35 km östlich von Hpa-an. Es ist über 400 Stufen erreichber. Hier leben die Mönche Tharmanya Sa Yar Daw und U Winaya, die im ganzen Land sehr bekannt sind und verehrt werden. Aung San Suu Kyi besucht U Winaya, der ihre Politik unterstützt, immer wieder. Es wird erzählt, dass sich die Vorräte des Reisspeichers bei seinem Kloster nie erschöpfen würden. Heute noch werden täglich einige Zentner Reis gekocht und verteilt.

Kawgungu und Payinnyigu Höhlen

Sie befinden sich, von Hpa-an gesehen, auf der gegenüberliegenden Flussseite, 15 km vom Dorf Myein Gale. Die letzten 5 km fährt man mit einer Rikscha oder Ponykarren. In der Kawgungu Höhle sind Buddhafiguren aufgestellt. Die Payinnyigu Höhle ist in der Nähe.

Höhlen von Sandagu

Anfahrt: pick-up nach Eindu, K 100, 45 Minuten; weiter mit Pferdekarren nach Sandagu, 1 Stunde

Mönche zeigen Ihnen die Pagode und die eindrucksvollen Höhlen mit ihren unzähligen Buddhafiguren.

Shwe Gabin Kloster

Anfahrt mit einem Ponykarren oder Auto von Hpa-an

Es wurde auf den höchsten Berg in der Umgebung von Hpa-an, den gut 700 m hohen Shwe Gabin Daung, gebaut. Im Westen erreicht man das Kloster über steile Treppen, im Osten über einen nicht so steilen, aber längeren Weg. Für den Aufstieg (viele Affen!) wird man mit einer sehr schönen Aussicht belohnt.

Taung Gale Kloster

Anfahrt mit einem frühen Linienbus nach Hlaingbwe (Abfahrt am Hauptmarkt von Hpa-an), mit einem Ponykarren oder Auto

Das Kloster liegt ca. 8 km von Hpa-an entfernt. Ein Mönch dort soll zuverlässig in die Zukunft sehen können.

Mottama (Martaban)

In Mottama endet die Straße und die Eisenbahn an der Mündung des Thanlwin (Salween) Rivers. Busse und Züge bleiben hier stehen. An der Fähre müssen Sie Ihren Pass vorzeigen. Bei Hpa-an wurde gerade eine Brücke fertiggestellt.
Fähren: *Personenfähren* verkehren jede halbe Stunde von 06.00 - 18.45 Uhr, K 10, Fahrzeit 20 - 30 Min.
Autofähren verkehren, wenn sie voll sind, von Sonnenaufgang bis -untergang, pro Person K 200, Auto K 400, Fahrzeit 20 - 30 Min.; durch die neue Brücke wurde der Fährverkehr sehr eingeschränkt.
Kleine *Motorboote:* für 25 Personen, K 50, mieten eines solchen Bootes für eine Überfahrt ca. K 1 500.

Mawlamyine (Moulmein)

Anfahrt

Flug: 3mal pro Woche am Sa, So und Mi von Yangon, 35 Min., (US$ 50)

Mawlamyine

Nadelfelsen bei Hpa-an

Bus: *von Yangon:* Privatbusse, am besten mit Leo Express, K 1 200, Abfahrt vom Highway Busstation zwischen 17.00 und 20.00 Uhr, Ankunft zw. 04.00 u. 06.00 Uhr; Ticketverkauf gegenüber dem Bahnhof; in Mottama: gegenüber dem Bahnhof, T. 41; in Mawlamyine: 104, South Bogyoke Rd, T. 2 27 03)
von Mawlamyine: (Busbahnhof am südlichen Ende der Stadt an der Straße nach Ye): nach Thanbyuzayat 5 - 6mal tägl., K 300; nach Kyaikkami (Amherst) 6mal tägl., K 300; nach Dawei (Tavoy) 1mal tägl., K 1 500; an die thailändische Grenze 1mal tägl., K 2 500
Expresszug: *von Yangon* 2 Expresszüge um 05.00 und 08.00 Uhr, 8 - 9 Std., US$ 10, 1. Kl. US$ 17, Stop in Bago und Thaton; Tickets am Bahnhof ein Tag im voraus.

von Mottama nach Yangon 2 Expresszüge um 08.00 und 20.00 Uhr Tickets einen Tag im voraus im Northern Railway Booking Office (zwischen Strand Rd und Lower Main Rd, nördlich des Hpa-an Jetty)
von Mawlamyine nach Dawei: diese Strecke dürfen Touristen zur Zeit nicht fahren
Schiff: von Yangon 3mal pro Woche, 8 Std.; von Mawlamyine nach Dawei und Myeik (Mergui) möglich;
von/nach Hpa-an siehe bei Hpa-an
Auto: von Bago US$ 50 - 60

Mawlamyine - die frühere Hauptstadt der Mon und drittgrößte Stadt in Myanmar mit 220 000 Einwohnern - ist 270 km von Yangon entfernt. Sie liegt am Thanlwin (Salween). Der Stadt ist die Insel *Bilu Kyun* vorgelagert. Im hügeligen Umland sieht man überall weiße Pagoden. Von den Hügeln aus bietet sich eine schöne Aussicht auf die wunderbare Lage der Stadt und ihre Umgebung, etwa auf der kleinen Insel *Gyaing se kyun* (Shampoo Island) mit seinen weißen und glitzernden Pagoden und einem Kloster. Dahinter zeichnen sich in der Ferne die bewaldeten Hügel der Insel *Bilu Kyun* und die Stadt Mottama ab.

Mawlamyine ist ein Hauptausfuhrhafen für Teak und Reis. Die verschlafene Stadt ist außerdem bekannt für ihre Holzschnitzereien, ihr Elfenbein und die Krabben- und Fischindustrie.

Besichtigung

Auf einem Hügelrücken sind fünf Klöster und Pagoden aufgereiht.

Maha Muni Pagode

Sie steht am nördlichen Ende der Hügelkette und ist die größte Pagodenanlage in Mawlamyine. Ihre Buddhastatue gleicht vollkommen derjenigen in der Mahamuni Pagode in Mandalay. In einem angegliederten Kloster schildern Malereien Ereignisse aus den Jahren zwischen 1920 und 1930.

Kyaikthanlan Pagode

Sie steht südlich der Maha Muni Pagode auf dem gleichen Hügel und ist die höchste Pagode von Mawlamyine. Von hier haben Sie einen schönen Ausblick auf die Stadt und den Hafen. In ihrer Anlage ist sie identisch mit der Shwedagon Pagode in Yangon.

Die originale Pagode wurde 875 n. Chr. errichtet. Sie wurde zuerst von König Ponnurat von Mawlamyine und 1538 ein zweites Mal von König Wareru erweitert. Als die Briten nach dem 1. Anglo-Birmanischen Krieg 1824 aus Tenasserim abzogen, war die Kyaikthanlan Pagode nur noch eine Ruine. Sie wurde dann von dem Regierungskommissar U Taw Le mit Spenden der Bevölkerung wiederaufgebaut. Ihre Höhe misst 46 m, der Umfang der Basis 95 m. Es führt ein Lift (K 5) nach oben. Auf der Plattform beim westlichen Aufgang befindet sich die berühmte Glocke mit der englischen Inschrift: „This bell is made by Koonalenga, the priest, and weight 600 viss (= 960 kg). No one body design to destroy this Bell. Moulmein, March 30, 1855. He who destroyed to this Bell, they must be in the great Hell, and unable to coming out."

1 Mahamuni Pagode
2 Kyaikthanlan Pagode
3 Seidonmibaya Kyaung
4 Anug Theikdi Chedi
5 Ukhanti Pagode
6 Uzina Pagode
7 Mon-Museum
8 Dawei Jetty
9 Post
10 Breeze Rest House
11 Hpa-an Jetty
12 Zugfahrkartenschalter für den Norden
13 Japan Hotel
14 Fußgängerfähre nach Mottama
15 Hauptmarkt
16 Gefängnis
17 Thaton Jetty
18 Neuer Markt
19 Mawlamyine Hotel
20 Autofähre nach Mottama

Mawlamyine 229

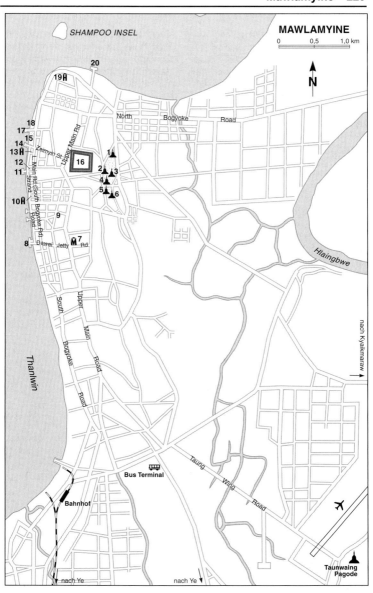

Seindonmibaya kyaung

Als nächstes schließt sich dieses Kloster an mit gut erhaltenen Holzschnitzereien. Es wurde 1885 gebaut. Hier suchte die Frau von König Mindon, Königin Seindon, Schutz vor König Thibaw.

Aungtheikdi Stupa

Der Stupa ist zu je einem Drittel golden, silber und weiß.

U Khanti Pagode

Sie erinnert an den Einsiedler U Khanti, der auf diesem Hügel einige Zeit verbrachte. Eine große Buddhastatue steht in der Mitte.

Uzina Pagode

Diese Pagode steht am südlichen Ende der Hügelkette. Der Grundstein für die Uzina Pagode wurde schon im 3. Jh. v. Chr. gelegt. Von Uzina wurde sie vor ungefähr 100 Jahren renoviert. Die Pagode beherbergt eine liegende Buddhastatue und vier lebensgroße geschnitzte Figuren: Sie stellen den Kranken, den Alten, den Einsiedler und den Toten dar. Um eine sitzende und zwei stehende Buddhafiguren gruppieren sich 18 kleinere Statuen.

Darüber hinaus finden Sie im Zentrum der Stadt bei der Lower Road drei Moscheen aus der Kolonialzeit, als die Briten viele Arbeiter aus Indien holten: die **Kaladan Moschee**, die **Moghul Shah Moschee** und die **Sunni Sulati Moschee**. An der Strand Rd steht der chinesische Tempel **Htyan Haw**. Die erste Baptist oder **Judson Church** in Myanmar an der Ecke Upper Main Rd und Dawei Jetty Rd wurde von dem amerikanischen Missionar Adoniram Judson gegründet.

Mon Cultural Museum

Öffnungszeiten: Mi - So von 09.30 - 16.00 Uhr, Eintritt: (noch) frei

Die Sammlung zeigt Musikinstrumente, Statuen aus dem 18. und 19. Jh. und Holzschnitzereien.

Märkte

Die Märkte sind zwischen 07.00 und 10.00 Uhr am lebendigsten.
Zeigyi: Er ist der zentrale Markt an der Lower Main Rd. Hier werden Haushaltswaren und Textilien angeboten.
New Market: Er befindet sich in der gleichen Straße wie der Zeigyi Markt. Sie können dort Lebensmittel wie z. B. frische Früchte, Gemüse und Fleisch kaufen.

Unterkunft

• **Vorwahl: 0 32**
Mawlamyine Hotel
Strand Rd, T. 2 25 60, 24 Zi, EZ US$ 36, DZ US$ 48, AC, Du und WC, TV, Kühlschrank, mit Frühstück, renovierte Bungalows am Flussufer in gepflegter Anlage, freundlicher Service, nettes Restaurant mit gutem Essen
Thanlwin Hotel
361, Lower Main Rd, Bo Kone Qtr., T. 2 19 76, 15 Zimmer, EZ US$ 10, DZ US$ 15, Fan, Gemeinschaftsbad; EZ US$ 15, DZ US$ 20, AC, Du und WC
Breeze Guest House
6, Strand Rd, T. 2 14 50, EZ US$ 7, DZ US$ 10, Fan, Gemeinschaftsbad, DZ

Mawlamyine

US$ 14, Fan, Du und WC, jeweils mit Frühstück, kleine Zimmer, sauber, freundlich

Restaurants

Min Thin: bei der Schiffanlegestelle, chinesische Küche
Peking und **Badamya:** South Bogyoke Rd, Parallelstraße zur Strand Rd, chinesische Küche
Ruby Restaurant, Lower Rd, chinesische Küche
Mawlamyine Hotel Restaurant: man sitzt dort sehr schön, gutes Essen
Shwe Myu Restaurant: birmanische Gerichte, freundlich, gut, preiswert
Kismir: Teestube nahe der Shwemyaing Brücke
Ngwe Lwin Oo Coffee Shop: in der Roman Rd

Umgebung von Mawlamyine

Gyaing se kyun (Shampoo Island)

Früher wurden auf dieser kleinen Insel im Mawlamyine Fluss wegen ihrer klaren Quellen die Haarwaschzeremonien der Könige vor dem Neujahrsfest vollzogen. Die Briten nannten deshalb die Insel *Shampoo Island*. Sie können sich für K 1 000 ein Boot mieten und auf die Insel rudern lassen. Auf ihr steht der silberne Stupa Sandawshin, was übersetzt „heiliges Haar" heißt. Buddha soll persönlich hier gewesen sein und Einsiedlern acht Haare geschenkt haben, die im Stupa eingemauert sind. Der Brunnen für die

Haarwaschzeremonien ist ebenfalls noch zu sehen. Mönche zeigen Ihnen gerne die Insel.

Heute befindet sich auf der Insel ein Meditationszentrum.

Bilu Kyun oder Ogre Island

Sie ist die größte der vorgelagerten Inseln. Das Breeze Guest House organisiert diesen lohnenden Ausflug.

Taungwaing

Dieser Hügel liegt bei Mawlamyine in der Nähe des Flughafens. Hierhin können Sie nur mit einem Auto gelangen. Auf dem Kamm ist eine Pagode gebaut, die als Reliquie ein Stück von Buddhas Robe enthalten soll.

Von der Pagode ausgehend sind 500 überlebensgroße Statuen von Buddhas Schülern den Hügel herunter in einer Reihe aufgestellt. Am unteren Ende befindet sich ein Kloster.

Höhlen

Im hügeligen Hinterland von Mawlamyine gibt es viele Höhlen, deren Besichtigung für Touristen noch nicht erlaubt ist! Von den größeren Höhlen sind zu nennen:

Kayun (Kawgaun) **Höhlen** (oder Farm Höhlen):
Sie liegen etwa 15 km von der Stadt entfernt und werden von den Einheimischen gerne besucht. Zwischen Stalaktiten und Stalagmiten sind verschiedene Buddhastatuen angeordnet. Diese Höhlen werden auch „Höhlen der tausend Buddhas" genannt. Einige der Stalaktiten sind mit Ornamenten verziert.

Statuen am Taungwaing-Hügel

Dammathat Höhlen: 30 km entfernt
Pagat Höhlen: 40 km entfernt, am Thanlwin gelegen
Kogun Höhlen: 42 km entfernt, in der Nähe der Pagat Höhlen
Bingyi Höhlen: 75 km entfernt, am Dondami gelegen

Kyaikmaraw

Der Ort liegt 25 km südlich von Mawlamyine, etwa auf halbem Weg nach Mudon.

Die Mon-Königin Banyahtaw ließ die idyllisch an einem kleinen See gelegene **Kyaikmaraw Pagode** 817 n. Chr. bauen. Im Innern sind Säulen, die mit Einlegearbeiten aus Marmorfliesen und Glasmosaik verziert sind, und eine sitzende Buddhastatue. Auf dem Pagodengelände befindet sich auch ein Museum mit Buddhastatuen, *chinthe* und *hintha*-Vögeln. Gegenüber der Pagode gibt es Essensstände.

Nicht weit vor Mudon fährt man an zwei auffallenden, schroff herausragenden Felsen vorbei: linkerhand steht ein Hindu-Tempel, und rechterhand wurde auf die Felsspitze die Kyauktalaun Pagode gebaut.

Mudon

Mudon liegt 30 km südlich von Mawlamyine. Bevor Sie in den Ort kommen, fällt der Blick auf den Kyauktalone Berg mit unzähligen Pagoden darauf. Mudon ist ein beschauliches Städtchen mit zwei Seen, einer schönen Pagode und Hügeln in der Umgebung sowie zahlreichen Baumwollwebereien.

Yadana Daung

Win Sein Taw Ya Kyaung

Am Ortsende von Mudon biegt man links ab durch ein mit bunten Tieren und Figuren verziertes Tor. Kurz danach stehen Hunderte von überlebensgroßen Mönchsfiguren aufgereiht bis zur Figur des liegenden Buddhas. Hier entsteht, dank der Vision eines Mönches, am Hang eines Hügels die größte liegende Buddhafigur der Welt mit 200 m Länge. Die Kosten von mindestens 4 Mio Euro werden aus Spenden gedeckt. Das Innere der gigantischen Figur wird als Kloster mit 200 Zimmern auf 12 Stockwerken genutzt. Im umgebenden Gelände werden noch jede Menge Stupas und Figuren gebaut und ein Bach mit Wasserfall angelegt.

Thanbyuzayat

Anfahrt

pick-up: vom Busbahnhof in Mawlamyine, 6 Abfahrten vor 12.00 Uhr, K 200; von Thanbyuzayat zurück letztes pick-up um 14.00 Uhr

In diesem Ort, ca. 65 km südlich von Mudon, befindet sich ein großer **Heldenfriedhof.** Er wird von der Commonwealth War Graves Commission instand gehalten. Hier liegen 3 770 Opfer des 2. Weltkriegs begraben, die unter dem Kommando der Japaner die Eisenbahnstrecke nach Thailand bauen mussten. Der Bau begann 1942, nach 16 Monaten war die 415 km lange Strecke mit einigen Brücken fertiggestellt. Nachdem sie erst 20 Monate in Betrieb war, wurde sie 1945 von den Alliierten durch Bomben zerstört. Wäh-

Baustelle des Win Sein Taw Ya Kyaung

rend der japanischen Besetzung sollen 90 000 - 100 000 Arbeiter aus Myanmar, Malaysia, Indonesien und Thailand gestorben sein.

Kyaikkami (Amherst)

Anfahrt

pick-up: von Thanbyuzayat am frühen Vormittag, K 70 - 100
Auto: von Thanbyuzayat ca. K 2 000, von Mawlamyine ca. 2 Stunden

Kyaikkami war für die Briten ein beliebter Badeort während der Kolonialzeit und ist erst seit 1996 für Touristen zugänglich.

Yaleh Pagode

Die renovierte Pagode steht auf einem Felsen direkt am Meer und ist bei hohem Wasserstand eine Insel, die mit einer Brücke vom Festland verbunden ist. Sie beherbergt 11 Haarreliquien. Es sind 21 Buddhastatuen im Mandalay-Stil zu sehen. Frauen dürfen nicht in die Pagode, für sie ist eine eigene Gebetshalle reserviert.

Nach der Legende soll die Pagode vom Meer angeschwemmt worden und auf diesem Felsenrücken gestrandet sein. Selbst bei hohem Wasserstand wird die Pagode nie überflutet.

Ganz in der Nähe befinden sich zwei Inseln, die sog. **Green Island und Onion Island.**

Setse

In der Nähe von Kyaikkami (½ Std. Fahrzeit) liegt der Badeort Setse mit einem langen, breiten, flachen Sandstrand und schattenspendenden Pinien. Der Strand wird fast nur von Einheimischen frequentiert. Man vermietet hier Autoreifen als Schwimmreifen. Das

Wasser ist durch die nahe Mündung des Thanlwin nicht immer klar.

Unterkunft und Restaurants

Für Einheimische gibt es in Kyaikkami und Setse staatliche Bungalows. Erlaubt für Touristen ist neuerdings das **A Htou She Guest House** einf. Zimmer mit/ohne Du u. WC, Fan **Restaurants** finden Sie am Meer bei den Unterkünften. Sie bieten Fisch, Hummer und Garnelen an.

Weiter in den Süden ist die Straße für Touristen gesperrt!

Dawei (Tavoy)

Anfahrt

zur Zeit nur mit Genehmigung und per Flug möglich!
Flug: *von Yangon:* mit Yangon Airways Mo, Mi, Sa ab 06.30 Uhr, an 07.40 Uhr, US$ 70; *von Myeik:* Mo, Mi, Sa, ca. US$ 35; *von Kawthaung:* Mo, Mi, Sa, ab 10.00 Uhr, an 11.40 Uhr, US$ 60
Bus: *von Yangon:* ab 07.00 Uhr, K 4000, Fahrzeit mindestens 24 Stunden *von Mawlamyine:* ab 03.00 Uhr, K 1500, Fahrzeit 12 Stunden, 370 km Aus Sicherheitsgründen wird ab dem späteren Nachmittag nicht mehr gefahren (Raubüberfälle)
Zug: *von Ye* nach Dawei, neue Verlängerung der Bahnlinie von Yangon
Schiff: *von Yangon* mit Myanmar Five Star Lines, dauert 2 - 4 Tage
Transportmittel im Ort sind Pferdekutschen oder Rikschas.

Die ersten Siedler in dieser Region waren wahrscheinlich Siamesen. Der Dawei Distrikt unterstand nacheinander den Königen von Siam, Bago und In-Wa. Dawei wurde 1751 gegründet. 1752 errichteten die Briten eine Fabrik. Während des 1. Anglo-Birmanischen Krieges nahmen die Briten Dawei ein. Im September 1994 erregte ein heimlich gedrehter Bericht der BBC über den Bau der 170 km langen Bahnlinie zwischen Ye und Dawei Aufsehen, für den die Bevölkerung der umliegenden Dörfer zwangsrekrutiert wurde. Man nimmt an, dass die Regierung die neue Bahnlinie nur deshalb gebaut habe, um Soldaten und Baumaterial in das Gebiet von Dawei zu schaffen. Hier entsteht zur Zeit eine überirdisch angelegte Gaspipeline nach Thailand.

Dawei liegt am Ufer des Dawei Flusses. 18 km westlich von Dawei befinden sich mehrere kleine Inseln mit Korallenriffen, bekannt als **Middle Moscos Islands**. Die Inseln werden in eine nördliche, mittlere und südliche Gruppe eingeteilt, ihre Namen sind *Maungmagan, Ye-gan Bok und Hayn-ze*. Diese Inseln sind 1927 von den Briten zum Schutzgebiet erklärt worden. Auf ihnen leben Seeschwalben, Wildschweine und einige Hirschsorten. Den über 8 km langen Sandstrand gegenüber den Inseln erreicht man auf einer kurvenreichen Straße.

Besichtigung

Shin Mokti Pagode

König Sawthila ließ die Pagode 1438 erbauen. Im Schrein enthält sie eine Buddhafigur, die angeblich aus dem Holz eines Bodhibaumes gefertigt wurde. Drei weitere gleiche Figuren findet man in Pathein, Kyaikhtyio und Kyaikkami.

Setse

Yattawmu

Diese riesige stehende Buddhafigur ist 13 m hoch. Daneben ragen drei grüne Mosaikstupas auf.

Shwetangza Pagode

Der Gouverneur Maung Shin Zaw ließ die Pagode 1762 erbauen. Im Laufe der Zeit wurde sie vergoldet.

Hpayashinmyauk Stupa

In einer Andachtshalle stehen viele Buddhafiguren. Im Pagodenbezirk ist ein *Nat*-Schrein aufgestellt.

Kyetthindaing Pagode

Die Pagode steht auf dem Boden eines Friedhofs. Sie beherbergt in mehreren Gebäuden Buddhastatuen verschiedener Stile: drei liegende Buddhafiguren, eine Figur aus Smaragd und die einzige Buddhastatue mit sechs Fingern an der linken Hand.

Hsu-taungpyi Pagode

Diese Wunscherfüllungspagode steht auf einem Hügel 10 km außerhalb der Stadt. Sie hat einen silbernen und einen halb golden, halb weißen Stupa. In der Kassapa-Höhle ist eine Buddhafigur aufgestellt.

Weitere Sehenswürdigkeiten sind das **Gawthitar Yama Kloster,** in dem etwa 150 Mönche leben, der lebendige **Hafen** und der von einer Mauer umschlossene **Markt** in der Strand Rd.

Lyaungdawmu (Shwethalyaungdawmu)

Etwas außerhalb von Dawei können Sie eine große liegende Buddhafigur sehen. Sie entstand 1931, ist 72 m lang und 21 m hoch. Der Kopf, die Fußsohle und die Handfläche messen jeweils 10 m. Früher soll man durch ein Nasenloch hinein- und durch ein Ohr hinausgegangen sein.

Unterkunft und Restaurants

• **Vorwahl: 0 36**
Royal Guest House
Yodaya Str., in einem Kolonialgebäude, US$ 10 pro Person, einfache Zimmer, Fan, Gemeinschaftsbad, laut
Ekari Guest House
52, Ye Yeigtha Str., T. 2 19 80, US$ 10 pro Person, einfache Zimmer, Fan, Gemeinschaftsbad, nicht immer Strom
Toungoo Rest House
gegenüber vom Royal G. H. in einem Kolonialgebäude, s. einfache Zimmer
555 Guest House
sehr einfach
Toungoo Restaurant: gute, preiswerte birmanische Gerichte
Supereye Restaurant and Tea Shop: Strand Rd., chinesisches und birmanisches Essen, gut
Meikswe Tea and Confectionery: U Kyaw Yin Str., Tea und Coffee Shop
Eine Reihe von Lokalen und Tea Shops finden Sie in den Hauptstraßen, wie der Strand Rd. und Yodaya Str.

Myeik (Mergui)

Anfahrt

Flug: *von Yangon:* Mo, Mi, Sa, US$ 70 - 100; *von Dawei:* Mo, Mi, Sa, US$ 40 - 60; *von Kawthaung:* Mo, Mi, Sa, US$ 50 - 60
von Mawlamyine: Mi, US$ 75

Bus: von Dawei täglich, für Touristen nicht erlaubt
Schiff: von Yangon zweimal im Monat

Nördlich von Myeik sollen künftig die Küstenregionen von Yehyuthe und Palaw als Badeorte touristisch erschlossen werden. Besonders interessant ist das bezaubernde Myeik mit seiner vorgelagerten Inselwelt als neuer Anlaufpunkt des internationalen Tauchtourismus.

Einstmals lag Myeik tief im Dschungel von Südmyanmar. Dann diente es als Hafen von Ayutthaya, einer früheren thailändischen Hauptstadt nördlich von Bangkok. Von Myeik wurden die Reisenden in kleinen Booten auf dem Fluss nach Tenasserim gebracht. Von dort führte eine befestigte Straße nach Ayutthaya. Zu dieser Zeit gehörte Myeik zu Siam (Thailand). Auch venezianische Reisende kamen ab 1569 mit ihren Schiffen regelmäßig nach Myeik. 1687 kämpften hier die Siamesen gegen die Briten. Auch während des 1. Anglo-Birmanischen Krieges fanden in dieser Region heftige Kämpfe statt. Von 1825 bis 1948 stand Myeik unter britischer Verwaltung.

Besichtigung

Pawdawmuaung theikdigon Pagode

Sie steht oberhalb des Meeres und der Gummiplantagen und besitzt drei goldene Stupas. Der mittlere Stupa, der größte von den dreien, wurde auf einem quadratischen Sockel gebaut.

Weitere vier kleine Stupas stehen auf dem Sockel. Die Pagode beherbergt eine Haarreliquie Buddhas.

Hpaya kozu Pagode

Eine Buddhafigur sitzt in einer Andachtshalle, die von einem Wassergraben umgeben ist, auf einem Lotosthron. Die orangefarbene Kuppel wird von einem *hti* gekrönt. Ein hellblauer Stupa ist umgeben von acht verschiedenen Tieren, die je einem Wochentag zugeordnet werden: für den Sonntag ist es ein Vogel, für den Montag ein Tiger, für den Dienstag ein Löwe, für den Mittwochmorgen ein Elefant mit Stoßzähnen, für den Mittwochnachmittag ein Elefant ohne Stoßzähne, für den Donnerstag eine Ratte, für den Freitag ein Guineaschwein, für den Samstag eine Schlange.

Theindawgyi Pagode

Sie wird von der Bevölkerung in Myeik am meisten verehrt. Neben einer weiträumigen Andachtshalle erhebt sich ein großer goldener Stupa, der umgeben ist von vier kleineren goldenen Stupas. Vor einer liegenden Buddhafigur steht eine riesige sitzende Buddhafigur. Ein kleines **Museum** ist der Anlage angegliedert.

Von dieser Pagode aus bietet sich Ihnen ein wunderschöner Blick auf den Hafen und auf die **Pataw-Patit Insel.** Ganz nahe finden Sie noch die **Bupaya Pagode.**

Atula Lawka Marazein Pagode

Hier können Sie eine riesige Buddhafigur besichtigen, die von vielen kleinen Figuren umringt ist.

Darüber hinaus sind der **Hafen** und der **Markt** sehenswert. Myeik besitzt auch einen Golfplatz.

Unterkunft und Restaurants

• **Vorwahl: 0 21**
Annawa Hotel
staatlich, neben einer Pagode mit schönem Blick auf den Hafen, DZ US$ 20 - 25, Gemeinschaftsbad, Fan
Golden Pearl (Shwe Palei) Guest H.
nahe dem Hafen, von der Dachterrasse schöner Blick, DZ US$ 20, Fan, Du und WC, stickige Zimmer
Palemon Resort
gegenüber dem Flughafen, T. 2 18 41, EZ US$ 20, DZ US$ 30, AC, Du und WC, TV, Kühlschrank
Die Restaurants in Myeik bieten preiswerte, schmackhafte Fischgerichte an.
Sakura Food: U Myat Lay Str., s. gut
Meik Set Rest.: U Myat Lay Str., gut
Pan Myint Zu Restaurant: Payakozu Str., auf Dachterrasse, chinesisch, gut
Myeik Restaurant: Bogyoke Str., chinesische und birmanische Küche

Der Archipel von Mergui

Dieser Archipel besteht aus einsamen Stränden mit Fischern und Perlentauchern und 4 800 registrierten Inseln. Es gibt nur von Ranong (Thailand) aus organisierte Besichtigungs- und Tauchtouren (4 - 6 T. US$ 800 - 1000 pro P.). Für die Anreise aus Myanmar benötigen Sie eine Genehmigung!

Im Archipel von Mergui finden Sie ein Tauchparadies - Inseln mit weißen, feinsandigen Stränden, unberührte Korallenriffe und einem faszinierenden Fischreichtum. Sie können hier eine Vielzahl von Haiarten (Schwarz- und Weißspitzen Riffhai, Bullenhai, Grauer Riffhai) sowie Adlerrochen und Mantas sichten. Neben den nachfolgend

Archipel von Mergui 239

genannten Inseln sind spektakuläre Tauchplätze: Western Rocky, 80 km vom Festland entfernt mit Riffen, Steilwänden und Unterwasserfelsen; Black Rock und Burma Banks, 180 km nordwestlich der Similans (Thailand), 300 m bis 15 m unterhalb der Wasseroberfläche. Informationen zu diesen Tauchgebieten: z. B. Dive Asia, Thailand, 121/10 Mu 4 Patak Rd., Kata Beach, E-Mail: info@diveasia.com, Internet: www.diveasia.com

Im Oktober 1995 wurde auf **Thahtay Kyun Island** (ca. 300 km von Myeik entfernt) nach zweieinhalbjähriger Bauzeit der **Andaman-Club** mit 205 Zi, Swimmingpool, Spielcasino und Duty-Free-Shop eröffnet. Eine Buchung ist von Bangkok zu versuchen, Bangkok Sales Office, 1168/71 Floor 25-B, Lumpini Tower, Rama IV. Rd, Thungmahamek, Sathorn, Bangkok 10120, T. (6 62) 6 79-82 38-40, 2 85-64 04-7, Fax: (6 62)2 85-64 08-9. Thailänder können von Ranong aus mit dem Schiff auf die nahegelegene Insel fahren. Der Club bietet Bootsfahrten zu den nahegelegenen Inseln an. Trotzdem bewegen Sie sich in Myeik auf touristischem Neuland. Ihre Einwohner sind sehr freundlich und um Touristen bemüht.

Pataw Patit Island

Sie liegt am nächsten zu Myeik. Man fährt vom Jetty nur fünf Minuten mit dem Boot.

Auf der Insel sehen Sie eine große **liegende Buddhafigur** in einer Halle. Die Figur wurde 1956 errichtet, ist über 60 m lang und 16 m hoch. Man kann ins Innere der Figur hineingehen.

Eine weitere, sehr ungewöhnliche Buddhadarstellung ist auf der Insel zu besichtigen. In einem Kloster wird ein liegender Buddha auf seinem Totenbett, umringt von seinen Jüngern, dargestellt. Im Bereich des Klosters steht der **Sulamani Stupa**.

In einem See wachsen angeblich die größten Lotosblumen des Landes.

Mwedaw Kyun

Diese Insel liegt nahe bei Kawthaung und ist wie alle zum Festland nahen Inseln von dem Nomadenvolk Moken (Seezigeuner) bevölkert.

King Island (Mayanpin Kyun)

Nach der Kalakyun Insel erreicht man King Island. Auf der Insel wurde 1981 eine kleine Stadt gebaut, die sogar ein Guest House besitzt. Leider hat die Insel keinen Strand zu bieten. Eine weiße Pagode begrüßt die Besucher der Insel.

Maingy Island

Sie wurde nach dem Verwaltungsbeamten von Tenasserim, Maingy, benannt. Die Einheimischen tauchen hier nach Perlen und Muscheln, fischen und suchen in den Felsen nach essbaren Vogelnestern.

Die Seeschwalben bauen hier ihre Nester in die Höhlen der Kalksteinfelsen. Sie sind sehr schwierig zu erreichen und die Sammler riskieren dabei oft ihr Leben. Die Nester werden mit dem ausgespuckten Speichel gebaut, dann trocknen sie an der Luft und werden hart. Wenn man sie dann in Hühnerbrühe kocht, werden sie wieder weich und essbar. Schwalbennester sind bei den Chinesen sehr begehrt und werden hoch bezahlt (pro kg angeblich US$ 1 800). Man bezeichnet sie auch als das „weiße Gold".

Pulau Pesin (Salon Island)

Diese stark bewaldete Insel liegt in der Nähe von Kawthaung. Hier hat eine malaisische Gesellschaft Bungalows errichtet.

Lampi Kyun

Die Insel ist 90 km lang und 8 km breit und ein Nationalpark. Hier leben viele seltene Tierarten.

Kawthaung

Diese kleine Hafenstadt, auch als **Victoria Point** bekannt, ist 800 km südlich von Yangon entfernt. Der Ort lebt vom Handel (Fische, Gummi, Cashewnüsse) mit dem nahegelegenen Thailand.

Organisierte Touren von Ranong: Jansom Thara Hotel, Ranong, T. (0 77) 82 15 11, Fax: 82 18 21, mit dem Schiff ½ Tag

Unterkunft und Restaurants

Honey Bear Hotel
in der Nähe vom Pier, DZ US$ 20 - 25, AC, Du und WC, TV, freundlich
Kawthaung Motel
DZ US$ 20 - 25, Du und WC, Frühst.
Lily Flower Restaurant: beim Honey Bear Hotel, chinesische, birmanische und thailändische Gerichte
Smile Restaurant: beim Kawthaung Motel, chinesische Küche

Der Westen

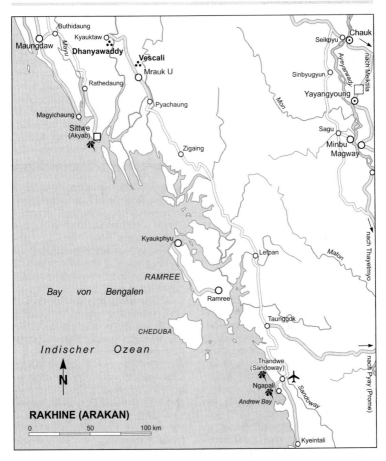

Der westliche Teil Myanmars umfasst den Staat Rakhine (gesprochen Rakain) und den Staat der Chin. Die ersten Bewohner von Rakhine waren die dunkelhäutigen und kraushaarigen Bilu, dann wanderten Inder ein, und später kamen die Tibeto-Birmanen in diese Region. Der Einfluss der Bengalen und Inder ist im Chin-Staat noch deutlich spürbar. Durch das hügelige Bergland ist dieser Staat vom übrigen Myanmar heute noch stärker isoliert als Rakhine. Im Chin-Staat gibt es die meisten Animisten.

Nordrakhine (Nordarakan)

Für die Reise nach Nordrakhine benötigen Sie zur Zeit keinerlei Genehmigung mehr von MTT in Yangon. Reisebüros in Yangon bieten komplette Arrangements an. Während des Monsuns lassen die Wetterbedingungen oft keinen Flug zu. Auch die Fahrt mit einem Auto ist während des Monsuns nicht immer möglich. Im Moment ist ein umfangreiches Brückenbauprogramm im Gange, auch das Straßennetz wird ausgebaut und verbessert. So wird es hoffentlich zukünftig möglich sein, zu jeder Jahreszeit Rakhine mit dem Auto oder Bus zu bereisen.

Die günstigste Reisezeit für Nordrakhine ist von Dezember bis Februar. Die Temperaturen sind dann angenehm und weitgehend ausgeglichen. In der Regenzeit, die dort von Juni bis Ende Oktober dauert, kann es extrem heftig regnen; oft wüten dazu starke Stürme. In dieser Zeit stellt die Malaria immer noch ein Problem dar. Es folgt der trockene und heiße Sommer von März bis Mai.

Die Vegetation ist sehr üppig: es wachsen Bambuswälder in den bergigen Regionen, Kokospalmen, Bananen, Mangos, Betelpalmen, Orangen, Limonen, Lychees, Ananas, Papaya, Bohnen, Chilli, Reis, Tomaten, Radieschen, Blumenkohl, Gurken, Salat usw. Im Norden leben noch Elefanten und andere wilde Tiere wie Schweine, Leoparden, Wildkatzen, Schakale, Affen, Bären, Schlangen, über 300 Vogelarten und im Süden große Krokodile.

Der Name Arakan wurde nur von Ausländern verwendet. Die Einheimischen nannten ihr Land immer schon Rakhine. Das Wort kommt wahrscheinlich aus dem Sanskrit. Nordrakhine wird begrenzt von dem bis zu 3 053 m hohen Gebirge und vom mittleren Ayeyarwady. Die größten Flüsse sind: Kaladan, Naf, Mayu und Lemro.

Die Legende erzählt, dass ein Prinz und seine Frau vom Hochwasser des Kaladan-Flusses fortgerissen wurden. Sie schwammen um ihr Leben und konnten sich schließlich auf eine Sandbank retten. Der Fluss wurde dann deshalb früher „Kulartant" genannt. *„Kular"* heißt schwimmen und *„tant"* heißt stoppen.

Die wichtigsten Verkehrsadern in dieser Region sind auch heute noch immer die Flüsse, das Straßennetz ist kaum entwickelt.

In Nordrakhine leben vorwiegend Buddhisten mit einer eigenen Sprache und einige mohammedanische Bangladeschi als Flüchtlinge. Der Buddhismus soll in Rakhine schon während der Lebenszeit von Buddha Fuß gefasst haben. Buddha sei, so heißt es, mit 500 Schülern hierher gekommen und habe auf dem Berg Salagiri gerastet. Die berühmte Mahamuni-Statue soll damals mit der Zustimmung von Buddha gegossen worden sein, als er hier weilte. Die Statue wurde in drei Teile zersägt und nach Mandalay gebracht, als das Rakhine-Reich unterging. In der Zeit von 580 v. Chr. - 326 n. Chr. regierte die Suriya-Dynastie für 906 Jahre und wurde dann von der Chandra-Dynastie abgelöst.

Rakhine war während seiner ganzen Geschichte ein unabhängiges Königreich. Die Zeugnisse seiner etwa zweitausendjährigen Kultur sind heute dem Verfall preisgegeben.

Sittwe (Akyab)

Anfahrt

Flug: Sittwe ist am besten mit dem Flugzeug erreichbar bis der Ausbau des Straßennetzes beendet sein wird!
Von Yangon: in der Hochsaison täglich ein Flug, US$ 70 - 90 einfach, 1 ½ Std.; Fahrt in die Stadt mit dem pick-up K 200, Auto chartern ca. K 1 500
Schiff: *von Yangon* mit der Myanma Five Star Line, zweimal pro Woche nach Thandwe und dann weiter nach Yangon (nicht im Monsun), Fahrzeit mindestens 2 Tage, Kabine US$ 60; Fahrt vom Jetty in die Stadt mit einer Rikscha ca. K 150
Auto und Bus: zur Zeit wegen des noch schlechten Straßenzustands für Touristen nicht möglich. Fahrzeit 15 - 20 Std., 1 Übernachtung ist nötig

Sittwe, die Hauptstadt von Rakhine, fiel nach dem 1. britisch-birmanischen Krieg an die Briten und wurde 1826 von dem britischen General Morrison zum Verwaltungszentrum ausgebaut. Im 2. Weltkrieg litt die Stadt sehr unter den Kämpfen der Japaner.

Sittwe liegt an der Mündung des Kaladan und hat 170 000 Einwohner, von denen die meisten Moslems sind. In der Nähe des „Yangon Jetty" können Sie einen Markt besuchen.

Die Stadt ist der Ausgangsort für die Besichtigung der alten Königsstadt Mrauk U (Myohaung). Ansonsten bietet Sittwe noch einen langen Strand.

Besichtigung

Atulamarazein Pyilone chantha Payagyi Pagode

Sie wurde 1255 erbaut und steht im Zentrum der Stadt. Eine große Buddhastatue aus Bronze aus der Zeit um 1900 steht in einer Halle mit spiegelmosaikverzierten Säulen. Im angegliederten Kloster **Kyayoke Kyaung** ist ein Stupa im singhalesischen und einer im birmanischen Stil zu sehen.

Thanbokday Stupa

Er hat drei Terrassen und ist umgeben von kleinen Stupas.

Ko Nawin Katkyawzedi

Der goldene Stupa mit einem sehr großen Schirm wird umringt von acht kleinen Stupas.

Mahazeya Kloster

Auf dem Klostergelände war ein Museum, in dem zahlreiche Buddhastatuen, auch als Kopien von Buddhastatuen von Mrauk U, und eine große pinkfarbene Buddhafigur standen.

Buddhistisches Museum

- Eintritt: frei, Spende wird erwartet

Es beherbergt tausende von Buddhastatuen. Viele der ganz kleinen Figuren stammen aus Reliquienkammern der Pagoden von Mrauk U. Gläubige

244 Reiseteil

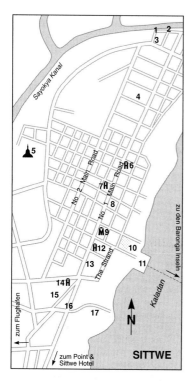

1 Jetty für staatl. Schiffe nach Mrauk U
2 Jetty für private Schiffe nach Mrauk U
3 Inland Water Transport Büro
4 Mahakuthala Kloster
5 Payagyi Pagode
6 Prince Guest House
7 Gissapa Guest House
8 Alter Uhrturm
9 Kulturhistorisches Museum
10 Hauptmarkt
11 Five Star Jetty
12 San Pya Guest House
13 Myanma Airways
14 Mya Guest House
15 Telegraphenamt
16 Neuer Uhrturm
17 Hauptpost

Rakhine State Cultural Museum

• Eintritt: US$ 2, geöffnet von Mo - Sa, 10.00 - 16.00 Uhr

Es ist im Zentrum der Stadt nahe der Moschee. Man kann Modelle des Königspalastes von Mrauk U und einiger Tempel, Musikinstrumente, Trachten und die 64 verschiedenen Frisuren, die in Reliefs der Dukkanthein Pagode dargestellt sind, sehen.

The Point

Von der Stadtmitte führt die Uferpromenade entlang am Hafen für Hochseeschiffe und Fischerboote bis zum Endpunkt „The Point". An der Mündung des Kaladan Flusses in die Bai von Bengalen ragt diese Landzunge mit einer Terrasse über den Fluss. Für die Einheimischen ist sie ein beliebter Picknickplatz. Weiter westlich findet man einen Strand mit graubraunem Sand.

spendeten beim Bau einer Pagode je ein Figürchen für jedes Jahr ihres Lebens und eines extra für ein langes Leben. Einige Schalen enthalten Reliquien (Knochen) von Buddha. Weiter sehen Sie noch Buddhafiguren mit ungewöhnlichen Haltungen und Gesten.

Buddermokan Moschee

Sie soll vor über hundert Jahren von zwei Kaufleuten aus Chittagong zur Erinnerung an Budder Auliah, einem bedeutenden Heiligen der Moslem, gegründet worden sein.

Unterkunft

• Vorwahl: 0 43
Sittwe Hotel
staatlich, westlich von „The Point" am Strand, EZ US$ 30, DZ US$ 40, AC, Du und WC, große Zimmer, neu, Swimmingpool, Restaurant
Prince Guest House
27, Main Rd, im Zentrum, T. 2 13 95, US$ 6 pro Pers., Fan, Gemeinschaftsbad, sehr einfach; DZ US$ 20, AC, Du und WC, Kühlschrank, sauber
Palace Hotel
in der Nähe des Prince G. H., EZ US$ 10, DZ US$ 15, Fan, Du und WC
Die einfachen Unterkünfte haben oft ab 23.00 Uhr keinen Strom!

Restaurants

Die Spezialitäten der Küche von Rakhine sind scharfe Currys und Meerestiere. Einige Restaurants finden Sie in der Straße hinter dem Cultural Museum.
Sittwe Hotel: Restaurant im 2. Stock geplant, mit AC und Blick auf das Meer
Innpaukwa Restaurant: Strand Rd, gegenüber der Hauptpost, chinesische und birmanische Küche, Fischgerichte, gut
River Valley Restaurant: südlich des Uhrturm an der Hauptstraße, chinesisches Essen und Fischgerichte nach Rakhine-Art, gut
Moe Pa Le Burmese Restaurant: schräg gegenüber dem Cultural Museum, birmanische und Rakhine-Küche
Teashops:
vor allem in Marktnähe
May Shwe Gaung Teashop: in der Nähe vom Palace Hotel, Currygerichte, Snacks

Umgebung von Sittwe

Bayonga Inseln

Die drei Inseln liegen vor der Mündung des Kaladan Flusses. Auf der östlichen Insel wird Öl gewonnen, die mittlere und die westliche Insel ist jeweils von Fischern bewohnt. Mit dem Linienschiff oder gecharterten Boot vom Mrauk U Jetty kann man die Inseln (aber nur mit einer Erlaubnis) erreichen.

Mrauk U (Myohaung)

Anfahrt

Schiff: Die Stadt ist von Sittwe aus mit dem Schiff auf dem Kaladan-Fluss zu erreichen. Für die 70 km braucht man 5 - 6 Stunden. Die Tickets kaufen Sie am Pier mindestens eine Stunde im voraus. Sie kosten US$ 4 pro Person hin und zurück. In Aungdet verlassen Sie das Schiff, und nach einigen hundert Metern erreichen Sie Mrauk U.
Sittwe - Mrauk U: alle Schiffe legen am Mrauk U Jetty um 07.00 Uhr ab
Staatliches Schiff: Mo, Do, Sa
Privates Schiff: Di, Mi, Fr, So
Mrauk U - Sittwe: ab 13.00 Uhr
Staatl. Schiff: Di, Do, Sa
Privates Schiff: Mo, Mi, Fr, Sa
Es gibt auch die Möglichkeit, ein Schiff für US$ 60 zu chartern.
Mrauk U - Ngapali: Mi und Sa, US$ 80, Essen incl., Fahrzeit 7 Stunden, Tikkets im Bayview Hotel, Reservation Office, in Ngapali

Während der Fahrt auf dem sehr breiten Kaladan können Sie Möwen,

Wildenten, Reiher, Störche und Bussarde beobachten. Nach gut 20 km passiert man die **Urittaung Pagode,** die auf einem felsigen Hügel steht. Die Pagode war in den vergangenen Jahrhunderten immer wieder instand gesetzt worden; zuletzt ließ ein Privatmann sie vergolden. Manche Schiffe halten in **Ponnagyun** am gegenüberliegenden Ufer. Der berühmte birmanische Feldherr Maha Bandoola hat hier gegen die Briten gekämpft. Nach etwa zwei Stunden biegt das Schiff in einen Nebenfluss ab. Von Mrauk U aus können Sie die weißen Pagoden der nur wenige Kilometer nördlich gelegenen alten Königsstadt Vesali erkennen. Von der Schiffsanlegestelle kann man mit einer Fahrradriksha in 10 Minuten Mrauk U erreichen.

Mrauk U heißt „die alte Stadt", sie wird auch die goldene Stadt genannt. Gegründet wurde sie 1430 n. Chr., sie erlebte eine lange Blütezeit, die bis zum Jahr 1785 dauerte. Vor der Gründung von Mrauk U gab es bereits zahlreiche Königsstädte: Dhanyawaddy, Vesali, Sambawet, Pyinsa, Parein, Launggret, Hkirt. Der Reichtum dieser Städte war durch die außerordentlich günstige geographische Lage begründet: Die Seefahrerschiffe konnten über ein Netz von Flüssen direkt vom Meer aus die Städte erreichen. Der Boden war fruchtbar und für den Reisanbau bestens geeignet. Reis wurde damals schon exportiert, und so kamen fremde Kaufleute nicht nur aus den Nachbarländern, sondern auch aus den Niederlanden, Portugal und Spanien. Der Verkauf von Elefanten war ebenfalls sehr einträglich.

Das Königreich von Rakhine wurde in 12 Provinzen eingeteilt, die von Gouverneuren regiert wurden. Es war damals üblich, dass jeder Gouverneur in Mrauk U eine Pagode bauen ließ. Daher erklärt sich, dass die Umgebung von Mrauk U mit Monumenten gleichsam überschwemmt ist. Die Tempel und Pagoden dienten als religiöse Stätte und zugleich als Befestigungsanlage. Leider wurden viele der Gebäude durch das tropische Monsunklima zerstört oder vom Dschungel überwuchert. Viele aber konnten inzwischen durch Spenden restauriert werden.

Besichtigung

• Eintritt: US$ 5 für das gesamte Areal

Königspalast

Er stand damals im Zentrum von Mrauk U und war von kleineren Hügeln umgeben, die gute Verteidigungsposten bildeten. Die Könige von Mrauk U hielten sich japanische Samurais als Wächter. Der innere, in drei Terrassen angelegte Bezirk des Palastes war umgeben von einer Mauer aus Sandsteinquadern und zudem von Wassergräben. Viele der Sandsteinquader wurden später nach Akyab gebracht, um damit den Hafen zu bauen. Innerhalb der Palastanlage waren Brunnen, künstliche Seen, Gärten und die Shwegutaung Pagode.

Die Anlage wurde viele Male erneuert, die Gebäude renoviert. Trotzdem sind jetzt nur noch die Reste der Palastmauer und drei der Wassergräben zu sehen.

Der Palast war aus Teakholz gebaut, weitgehend lackiert und vergoldet. Die Dächer zierten geschnitzte Figuren. Die Wände waren innen mit

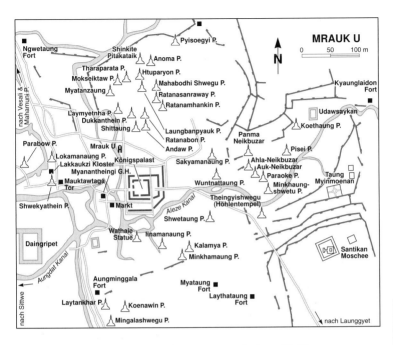

duftenden Hölzern ausgekleidet. Entlang der Decke rankten sich goldene Kletterpflanzen mit goldenen Kürbissen und Blättern aus Smaragd und Trauben aus Granat.

In der Nähe des Königspalastes wurden zahlreiche Festungen gebaut.

Archäologisches Museum

geöffnet Mo - Fr, 09.00 - 16.30 Uhr

Das Museum liegt innerhalb der alten Palastmauer. Es enthält eine Sammlung von religiösen Skulpturen und Ausgrabungsstücken aus der Gegend, verschiedene Musikinstrumente, Fragmente von Wandmalereien, Reliefs und Stelen aus dem 8. - 16. Jh.

Nördlicher Teil von Mrauk U

Shitthaung Pagode

Einen knappen Kilometer nördlich der Palastanlage befindet sich die Shitthaung Pagode. Wie viele Pagoden steht sie auf einem Hügel 15 m hoch und ist damit vor der Gefahr der Überflutung geschützt. Sie wird auch „Pagode der 80 000 Buddhas" genannt, weil im Innern einer Andachtshalle sehr viele Buddhafiguren stehen. Außerdem sind noch 550 *Jataka*-Reliefs aus Sandstein zu sehen.

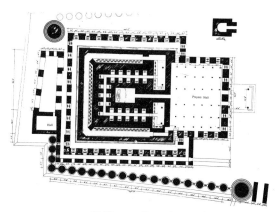

Shitthaung Pagode

König Minbin hatte die Pagode 1535 erbaut, nachdem der portugiesische Angriff erfolgreich abgewehrt werden konnte. Das Gebäude aus Sandstein, das wie eine Festung wirkt, wurde in nur einem Jahr errichtet; 1 000 Arbeiter waren unermüdlich im Einsatz.

Auf der ersten Plattform stehen zwei kleine Pagoden, die **Nay Htwet Para** (Sonnenaufgang-Pagode) und **Nay Win Para** (Sonnenuntergang-Pagode). Die Nay Htwet Para ist achteckig mit geschwungenen Seiten, der Eingang ist nach Osten ausgerichtet. Die Nay Win Para hat einen runden Sockel, auf dem der Stupa steht. Im inneren Hof befindet sich eine hölzerne Gebetshalle mit schier unzählbaren Buddhastatuen. Auf dem Weg zur Haupthalle trifft man auf einen Steinpfeiler mit Inschriften. Oben am Pfeiler ist eine Skulptur von König Minbin und seinen vier Ministern zu sehen. Gegenüber dem Eingang befindet sich eine knapp 3 m hohe Buddhafigur, die auf einem Thron sitzt.

Die Hauptpagode ist 48 m lang, 38 m breit und 20 m hoch. An der nördlichen und südlichen Mauer stehen in regelmäßigen Abständen weitere Pagoden, jeweils eine größere und 17 kleinere. Zwischen den Pagoden ist je eine Steintafel in die Mauer eingelassen, die verschiedene Tiere als Relief zeigt. Im inneren Bereich stehen in Umgängen über tausend Skulpturen: Frauen und Männer in Gebetshaltung, mit Musikinstrumenten, tanzend, spielend, kämpfend. Entlang weiterer zwei Gänge sind Hunderte von Buddhastatuen in verschiedenen Größen aufgestellt. Im letzten Gang ist ein unverzierter Fußabdruck von Buddha zu sehen.

Shitthaung Pfeiler

Der sehr bekannte Pfeiler steht links vom Eingang der Shitthaung Pagode. Man nimmt an, dass er aus dem 8. Jh. n. Chr. stammt. Er soll von Vesali nach Mrauk U gebracht worden sein. Der Pfeiler ist 3 m hoch und zeigt an drei

Seiten Inschriften in Sanskrit und Lotosblätter als Verzierung. Er wurde 1535 von König Minbin von Vesali nach Mrauk U gebracht.

Andaw Pagode

Sie steht 25 m nordöstlich von der Shitthaung Pagode und wurde 1521 von König Min Hla Raza errichtet. Sie enthält eine Zahnreliquie von Buddha, die König Minbin aus Sri Lanka mitgebracht haben soll. Die Pagode ist achteckig und aus Sandstein gebaut. Jeweils 16 kleine runde Pagoden aus Ziegel erheben sich an den vier Seiten. Im Osten ist eine Andachtshalle, die in einen achteckigen Raum führt. In den umlaufenden Gängen befinden sich in Nischen unzählige Buddhafiguren aus Stein. Im Mittelpunkt dieses Raumes steht ein achteckiger Pfeiler, der bis zum Dach reicht. Licht und Luft können nur durch den Eingang dringen.

Ratanabon Pagode

Sie ist nur 12 m nördlich von der Andaw Pagode auf Geheiß von König Minkhamaung und seiner Frau 1612 errichtet worden. Die Pagode ist ganz aus Sandstein gebaut und strebt in vielen konzentrischen Reihen bis auf eine Höhe von 60 m empor. Während des 2. Weltkrieges wurde die Pagode von einer Bombe getroffen und zur Hälfte zerstört; sie sah lange Zeit wie gespalten aus. Erst 2000 wurde sie renoviert und der Bruch beseitigt. Früher enthielt sie eine große Glocke. Die Pagode ist völlig ohne Verzierungen, nicht einmal eine Buddhastatue ist zu finden. Auf dem Pagodengelände wurden 17 neue kleine Stupas errichtet. Außerhalb stehen noch zwei Löwen als Wächterfiguren.

Dukkanthein Pagode

100 m westlich der Ratanabon Pagode steht auf einem 10 m hohen Hügel die Dukkanthein Pagode. Sie wurde von König Minphalaung 1571 erbaut. Man erreicht sie über eine Treppe. Der glockenförmige Stupa mit zurückweichenden Terrassen ähnelt der Shitthaung Pagode. Durch ein großes Fenster dringt Licht ins Innere. An jeder Ecke der Basis steht ein kleiner Stupa. Sehenswert sind die Reliefs mit Bildern vom Leben am Hofe und die Statuen von sitzenden Mädchen mit verschiedenen Haartrachten, die Lotosblüten opfern. Es sollen 64 verschiedene Arten von Haartrachten sein. Außerdem sind noch Nischen mit insgesamt 140 Buddhastatuen in die Wände eingelassen.

Laymyetnha Pagode

45 m weiter nordwestlich von der Dukkhantein Pagode befindet sich die Laymyetnha Pagode. Sie wurde 1430 aus Sandstein erbaut, nur der kleine Stupa ist aus Ziegelsteinen. Die Konstruktion ist quadratisch, die inneren Räume sind achteckig. Im Zentrum steht eine achteckige Säule, die den Turm tragen soll, der sich über der Mitte des Daches erhebt. Jede Seite des Innenraums enthält 28 Nischen mit je einer sitzenden Buddhafigur.

Myatanzaung Pagoden

Es handelt sich um Zwillingspagoden: die östliche und die westliche

Myatanzaung. Sie stehen auf einem 12 m hohen Hügel. König Min-sawmon ließ beide im gleichen Stil 1430 errichten.

Mokseiktaw Pagode

Sie wurde ebenfalls 1430 von König Minsawmon auf einem 30 m hohen Hügel auf zwei Terrassen gebaut. Die Pagode hat eine runde Basis und einen glockenförmigen Stupa. An der Ostseite befindet sich ein fast 10 m großer, unverzierter Fußabdruck aus Stein.

Eine *Pitakataik* (Bücherei) steht auf der unteren Terrasse. Den lehrenden Klöstern war grundsätzlich eine Bücherei angegliedert.

Laungbanpyauk Pagode

Die Pagode wurde 1525 erbaut. Sie ist von zwei Mauern umgeben, von denen die innere Mauer mit schönen Mustern und Rosetten aus Tonplatten in acht verschiedenen Farben dekoriert ist. Der ursprünglich 37 m hohe achteckige Stupa hat keinen Schirm mehr und misst jetzt noch 23 m. 16 Nischen sind um die Basis gereiht - die meisten sind leer oder den Figuren fehlen die Köpfe.

Htuparyon Pagode

Die Pagode wurde 1494 von König Minranaung erbaut und 1613 von König Minkhamaung erneuert. Die Basis ist achteckig. Jede der vier Ecken der Pagode wird von Löwenstatuen bewacht, die zwei Körper und einen Kopf haben.

Heute ist von der Pagode nur noch eine Ruine übrig.

Tharapavata Pagode

Sie ist aus Stein gebaut. Entlang der ersten Terrasse der Pagode stehen Skulpturen von Löwen, Elefanten und Hirschen.

Shinkite Pitakataik

Sie ist eine der 48 Büchereien und wurde 1591 von König Minphalaung gestiftet. In ihr wurden in früheren Zeiten buddhistische Schriften aufbewahrt, vermutlich auch die 30 Sets der *Tripitaka* (der dreiteilige buddhist. Kanon), die König Narapatigyi aus Sri Lanka erhielt. Der Eingang öffnet sich als gewölbter Gang nach Osten.

Pyisoegyi Pagode

Nahe der Pagode befindet sich eine der Shinkite Pitakataik gleichartige Bibliothek. Sie ist auch mit kunstvollen Skulpturen verziert.

Laungbanpyauk Pagode

Minthami Schleuse

Etwas weiter im Osten liegt die Minthami Schleuse, die in Kriegszeiten geöffnet wurde, um die Wassergräben zu füllen. Bei der Schleuse war ein Schwimmbecken für die Prinzessin.

Anoma Pagode

Die Tochter von König Salingathu, Prinzessin Anowzaw, ließ 1501 diese Pagode bauen. Die Basis und die ersten vier Terrassen waren achteckig, die folgenden vier quadratisch. Heute ist die Pagode nur noch eine Ruine.

Minpaung Pagode

Sie wurde 1640 von Minkhamaung erbaut. Die Wände der Pagode sind mit Drachenfiguren verziert. Ein gewölbter und überdachter Gang führt in die Hauptkammer.

Mahabodhi Shwegu Pagode

Die 10 m hohe, aus Sandsteinblökken gebaute Pagode ist glockenförmig und durchlaufend von der Basis bis zur Spitze achteckig. Die Wände sind mit Steinskulpturen verziert, die die 547 *Jatakas* von Buddhas früheren Leben wiedergeben.

Im Innern steht eine fast 2 m hohe Buddhafigur aus Stein, auf deren Sokkel zahlreiche Figuren modelliert sind.

Ratanasanraway Pagode

Sie wurde von König Basawphyu 1459 gestiftet. Der Treppenaufgang und Eingang liegen im Westen. Im Innern befindet sich eine 2 m große sitzende Buddhafigur. Die heutige Pagode wurde im Jahr 2000 renoviert und teilweise neu aufgebaut. Die Spitze ist vergoldet.

Ratanamhankin Pagode

Sie wurde ebenfalls von König Basawphyu 1468 errichtet, nachdem die Ratanasanraway Pagode fertig war. Jede Seite, außer die im Osten, hat einen Treppenaufgang. Der Stupa war weitgehend zerfallen und wurde auch gerade renoviert. Auf den 6 m hohen alten Mauerresten wurde der Stupa errichtet und seine Spitze vergoldet.

Ins Innere gelangt man durch einen höhlenartigen Gang, der mit sehr schönen Skulpturen von Vögeln, Lotosblumen und Greifvögeln verziert ist. Leider sind heute die meisten Skulpturen zerbrochen.

Östlicher Teil von Mrauk U

Sakyamanaung Pagode

Sie befindet sich 800 m nordöstlich vom Palast. König Thirithudhammaraza erbaute sie 1629. Die Form der 33 m hohen Pagode ist sehr ungewöhnlich. Ihr Grundriss gleich einer 16fächrigen Lotosblüte. Auf jeder Seite der 2. und 3. Reihe der Basis ist eine reichverzierte Nische mit einer sitzenden Buddhafigur. Die umgebende hohe Steinmauer hat auf der Ost- und Westseite jeweils eine Öffnung. Das westliche Tor wird von zwei imposanten Riesen in kniender Haltung bewacht. Auf der Plattform sind 12 Türmchen

Sakyamanaung Pagode

um die Pagode verteilt. Die Anlage ist noch in einem recht guten Zustand.

Wuntinattaung Pagode

Dies ist das älteste Gebäude in Mrauk U. Die Pagode wurde 360 m östlich vom Palast auf einem Hügel gebaut, der von den Einheimischen Wuntinattaung genannt wird. Hier wurde eine Inschrift aus dem 6. oder 7. Jh. gefunden, die den Pali-Inschriften von Sriksetra gleicht. Man nimmt deshalb an, dass zwischen Sriksetra und Nordrakhine eine kulturelle Verbindung bestand.

Winmana Reislagerhaus

360 m östlich vom Wuntinattaung befand sich eines der mindestens 40 Reislagerhäuser des inneren Stadtbezirks. Es wurde aus Steinblöcken gebaut und war von Wassergräben und einer Schleuse umgeben.

Neikbuzar Pagoden

Auf der kleinen Erhebung, dem Neikbuzar Hügel, stehen drei Pagoden von König Min Saw Oo aus dem Jahr 1527. Die südliche heißt **Auk Neikbuzar**. Sie ist glockenförmig und beherbergt eine 3 m hohe Buddhafigur, neben der zwei *Nat*figuren aus dem 4. - 8. Jh. stehen. Etwas weiter oben erreicht man die Ruinen der **Ahlai Neikbuzar Pagode**. Ganz oben steht schließlich die **Panma Neikbuzar Pagode**. Einige Schritte östlich von diesen drei Pagoden liegt noch eine andere Pagodengruppe, genannt **Paranyinaung**, mit acht Pagoden verschiedener Stile. In der Nähe dieser Pagoden befindet sich an einem kleinen Hügel die **Miparagyigu Höhle**. Im Hauptraum dieser Höhle sehen Sie eine 3 m hohe sitzende Buddhafigur aus Stein, die 1553 gespendet wurde.

Paraoke Pagode

Sie steht auf einem 15 m hohen Hügel und wurde von König Minphalaung 1571 errichtet. Von dem Stupa sind nur noch die untersten Reihen erhalten. In einer umlaufenden Mauer sind 29 Nischen mit sitzenden Buddhafiguren eingelassen. In der Nähe dieses Hügels befinden sich einige wenige alte Fabriken, die Eisen schmelzen.

Minkhaungshwetu Pagode

Der Bau dieser Pagode wird König Thirithudhammaraza zugeschrieben. Sie stammt aus dem Jahr 1629 und ist mit verschiedenartigen Skulpturen verziert.

Pisei Pagode

Die Pagode enthält eine Reliquie von Buddha, steht auf einem 45 m hohen

Hügel und wurde 1123 von König Kawliya gebaut. Sie hat jeweils ein Portal auf jeder Seite. Von jedem Eingang führt ein Gewölbegang ins Zentrum der Pagode, wo ein Pfeiler in der Mitte aufragt.

Koethaung Pagode

Sie wurde 1553 von König Mintaikkha als eine der größten in Mrauk U gebaut. Es ist heute nur noch der unterste, 9 m hohe Teil der Pagode übrig. Das Wort „Koethaung" heißt 90 000. Es wird angenommen, dass der Tempel einst so viele Buddhafiguren enthielt. Nach Anweisung der Astrologen sollte die Pagode innerhalb von 6 Monaten gebaut werden. Die Arbeiter hatten damals nicht genug Zeit, die Sandsteinblöcke von der Rakhine-Küste herbeizuschaffen. Deshalb verwendeten sie auch Ziegelsteine und so ist sie wegen der schlechten Qualität des Baumaterials schnell verfallen.

Udawsaykan

Dies ist ein 100 x 200 m großes Becken mit Wasser. Die Könige von Mrauk U hielten dort ihre Haarwaschzeremonie ab. Vor der Zeremonie hielt sich der König gewöhnlich in einem eigens dafür gebauten Palast auf, der danach wieder abgerissen wurde.

Auf der Westseite lagen ein Trainingscamp für Elefanten und die Stallungen der größten Elefantenarmee von Rakhine.

Taung Myinmoenan

Jetzt sind die Gebäude dieser Palastanlage zerstört, aber die Überreste der Ruinen zeigen noch, dass es innerhalb der Palastmauern fünf Inseln gab, die von einem Wassergraben umgeben. Der Palast befand sich auf der mittleren Insel; sein Hauptgebäude war wahrscheinlich vergoldet.

Auf den umliegenden Inseln wohnten hohe Beamte aus den Provinzen, die in einem goldenen Boot zum Palast gebracht wurden.

Kyaunglaidon Fort

Es liegt im Osten von Mrauk U an einem Hügelkamm, der sich entlang des Lemro-Flusses erstreckt. Diese Festung war für die Stadt sehr wichtig, da die Artillerie von hier aus leicht die feindlichen Angriffe auf die Stadt abwehren konnte.

Santikan Moschee

Sie steht etwa 5 km südöstlich des Palastes. Die Moschee wurde 1429 erbaut.

Mintayapyin

Nahe der Santikan Moschee dehnt sich das Mintayapyin, ein königliches Reisfeld, aus.

Theingyishwegu Höhlentempel

Er befindet sich 1,5 km südöstlich des Palastes auf einem 9 m hohen Hügel. Hier errichtete König Minbin 1532 eine Ordinationshalle. Riesige Steinpfeiler wurden aufgestellt, um die Grenzen der Halle zu markieren.

Der obere Teil der Höhle ist zerstört, aber die Pfeiler und eine 3 ½ m hohe Buddhastatue sind noch erhalten.

Südlicher Teil von Mrauk U

Shwetaung Pagode

Sie steht auf dem höchsten Hügel (75 m) von Mrauk U, etwa 800 m südöstlich vom Palast, und ist schon von weitem zu sehen. Vermutlich ließ König Minbin sie zwischen 1531 und 1553 bauen. Während des 1. Anglo-Birmanischen Krieges 1824 wurden um die Pagode Erdwälle mit Kanonen darauf errichtet.

Kalamyo Pagode

Sie steht ebenfalls auf dem Hügel, 350 m südwestlich von der Shwetaung Pagode. Auch sie wird König Minbin zugeschrieben. Bei der Kalamyo Pagode steht die **Sakkathila,** eine 2 m hohe Buddhastatue aus dem Jahr 1460.

Minkhamaung Tempel

Er befindet sich etwas südlich der Sakkathila Statue. Seine Portale sind mit hohen Reliefs verziert. Über jeder Ecke der ersten Reihe der Basis ist ein Portal mit Skulpturen zu sehen. Nahe dem Minkhamaung Tempel verläuft eine Stadtmauer.

Im östlichen Teil der Mauer öffnet sich ein Tor aus behauenen Steinblöcken. Dahinter liegt ein künstlicher See, der einst als Wassergraben diente. Heute versorgt er die Bewohner von Mrauk U mit frischem Wasser.

Ganz in der Nähe liegt ein zweiter künstlicher See, der Letsekan.

Wathaie Statue

Etwa 450 m südlich des Palastes oder nördlich vom Letsekan See finden Sie die gut erhaltene Wathaie Buddhastatue. Sie wurde aus einem Stein gehauen und stellt mit 4 m Höhe die größte Statue in Mrauk U dar. Der ganze Körper wurde von Gläubigen vergoldet. Sie wurde 1515 von König Tazarta gespendet.

Myataung und Laythataung Festungen

Es sind dies die größten Festungen von Mrauk U, sie liegen südöstlich des Steintores.

Pankonthein Statue

Sie steht am Fuß des Sandantaung Hügels, etwa 350 m westlich der Wathaie Statue. Die Pankonthein Statue stellt einen sitzenden Buddha dar und ist nicht ganz 3 ½ m hoch. Die Vorderseite des Thrones weist die älteste Inschrift von Mrauk U auf. Diese Figur stammt aus der Zeit vom 10. bis 14. Jh. Ursprünglich stand sie oben auf dem Hügel.

Jinamanaung Pagode

Sie wurde 1658 von König Candathudhammaraza erbaut, der 22 Jahre regierte. Die Pagode wurde achteckig angelegt. Vom Portal im Osten gelangt man ins Zentrum, wo sich früher eine sitzende Buddhafigur aus Bronze befand, die im 1. Anglo-Birmanischen Krieg weggebracht wurde. Die Fassaden der Portale zeigen schöne Steinreliefs. Jede der acht Ecken der Pagode wird von einer Löwenfigur mit zwei Körpern bewacht. In der oberen Reihe hält in jeder Ecke je ein Guineaschwein Wache.

Westlicher Teil von Mrauk U

Im westlichen Teil des Ortes stand eine große Anzahl von Pagoden, von denen jedoch meistens nur noch Ruinen übriggeblieben sind. Dieses Gebiet ist von vielen kleinen Wasserläufen durchzogen.

Lakkaukzi Kyaung Kloster

Es liegt 350 m westlich vom Palast und birgt einige alte Statuen und historische Dokumente.

Mauktawtaga Tor

Dieses 4 ½ m hohe Steintor ist noch in gutem Zustand. Es steht westlich des Lakkaukzi Klosters. In der Nähe dieses Tores war einstmals auch ein alter Palast.

Shwekyathein Pagode

In jenem Palast wurde die Tochter von König Basawphyu, die Prinzessin Sawshwekya, geboren. Sie stiftete 1471 diese Pagode. Von der Andachtshalle sind nur noch die 4 ½ m hohen Wände stehen geblieben. Die Pagode enthält eine sitzende Buddhafigur aus Stein mit überkreuzten Beinen. Die Fassade des Portals ist mit Ornamenten verziert.

Lokamanaung Pagode

Diese Pagode wurde 1658 erbaut und erhebt sich in der Ebene auf einer quadratischen Basis. Die ersten vier Reihen sind ebenfalls quadratisch. In der Mitte jeder Seite ist ein Portal, das je eine Buddhafigur enthält. Jede Ecke der unteren Reihen wird von einem Guineaschwein bewacht. An der Spitze des Stupas ragt ein ehemals vergoldeter Schirm empor. Die Pilger, die den Mahamuni Schrein und Vesali besuchen wollten, rasteten hier, wo die alte Straße nach Vesali und zum Mahamuni Schrein beginnt. Noch heute ist die Straße bei der Bevölkerung als die „gold road" und „silver road" bekannt.

Parabaw Pagode

Oberhalb des Parabaw Creeks steht die große und interessante Parabaw Pagode. Sie wurde 1603 von König Minrazagyi als Zeichen des Dankes für die glückliche Geburt seiner Tochter Panthanda errichtet.

Die Pagode ist auf quadratischem Grundriss mit Ziegeln gebaut. Jede Ecke der unteren Reihen wird von einem Löwen bewacht. Im Inneren sitzt eine steinerne Buddhafigur, die der Mahamuni Statue sehr ähnlich sieht.

Die Legende erzählt, dass die Figur aus dem Wasser gerettet wurde. Parabaw bedeutet „aus dem Wasser". Um die Pagode gruppieren sich neue, kleine Pagoden, die die Bewohner der nahegelegenen Dörfer bauen ließen.

Daingripet

Dies war eine europäische Siedlung am Aungdat Creek, die im 16. und 17.

Jh. florierte. Eine christliche Kirche steht beim Wasserreservoir.

Der Südwesten von Mrauk U

Südwestlich vom Palast, am Launggret Creek, erhebt sich der 30 m hohe Myinwantaung Berg, der einen natürlichen Schutz vor Feinden bildete. Auf dem Hügel stehen einige Pagoden, die zur Zeit renoviert werden.

Laytankhar Pagode

Hier sitzen vier Buddhafiguren, jeweils 1,2 m hoch, Rücken an Rücken. Jede von ihnen schaut in eine andere Himmelsrichtung.

Mingalashwegu Pagode

Die glockenförmige Pagode wurde 818 von König Khittathin auf einem achteckigen Grundriss errichtet.

Koenawin Pagode

Sie wurde ebenfalls von König Khittathin im Jahre 818 erbaut. Die Pagode aus Stein steht auf einem achteckigen Sockel. Jede der Seitenabschnitte hat ein Portal mit einer Buddhastatue.

Mahavizayayanthi Pagode

Nahe der Koenawin Pagode steht ein Schrein mit 31 Buddhastatuen. Von hier aus hat man einen guten Überblick über das grüne Tal des Letsekan. Die Mahavizayayanthi Pagode wurde 1430 von König Minsawmon, einem der Gründer der Stadt, gebaut. In jüngster Zeit wurde sie restauriert. Von der Andachtshalle stehen nur noch die Pfeiler. Neben der Pagode liegt ein Kloster, das vom König für den Mönch Mahavizayayanthi gespendet wurde.

Unterkunft

Mrauk U Hotel
staatlich, neu, großer Garten, gut ausgestattet, EZ US$ 30, DZ US$ 50, AC, Du und WC, Kühlschrank, TV, große Zimmer, mit Frühstück, Restaurant
Vesali Resort Hotel
in der Nähe des Shwetaung Hügels, neu, 12 Zi, T. (01)53 65 93, 52 56 09, Fax: (01)52 63 25, EZ 35 - 40, DZ US$ 40 - 45, Extrabett US$ 20, mit Frühstück, sehr gutes Essen
Nawarath Hotel
T. (01)70 38 85, Fax: (01)70 35 52, gegenüber Mrauk U Hotel, 22 Zi, EZ US$ 18, 30, 36, DZ US$ 24, 40, 48, AC, Du und WC, TV, Kühlschrank, schöne Zimmer, mit Frühstück, Rest.
Myantheingyi Guest House
US$ 4 p. P., Gemeinschaftsb., Fan, einfach, familiär, Essen auf Vorbestellung
Prince Guest House
Mrauk U Min Bya Rd, US$ 5 - 6 pro Person, Du und WC, sehr einfach
Pleasant Island Guest House
Bungalows, US$ 5 - 6 pro Person, Du und WC, einfach
Royal Guest House
Min Ba Gyi Rd, EZ US$ 3, DZ US$ 6, Du und WC, sehr einfach

Restaurants

Mrauk U Hotel: gute chines. Küche
Nawarath Hotel: gute Küche
Moe Cherry Restaurant: ist umgezo-

1 Goldener Felsen von Kyaiktiyo

2 oben: Shwedagon Pagode, Yangon
3 und **4** unten links und rechts: Vollmond von Kason, Shwedagon P.

5 "Giraffenfrauen"

6 Arakan Pagode, Mandalay

7 oben: Mönche, Bagan, **8** unten links: Novizen, Taunggyi
9 unten rechts: Nonnen, Mandalay

10 Festzug aus Anlaß des Eintritts ins Kloster, Pyin OO Lwin

11, 12 und **13** oben links und rechts, unten links: Festzug aus Anlaß des Eintrittes ins Kloster, **14** unten r.: Pferdekutsche, Pyin OO Lwin

15 in der Sule Pagode, Yangon

16, 17 und **18** oben links und rechts, unten l.: Szenen aus Mandalay
19 unten rechts: Blick vom Mandalay Hill

20 oben links: Zuckerrohrpresse, **21** oben rechts: Wasserverkäuferin
22 unten l.: Opfergaben, Taungbyon, **23** unten r.: Fest von Taungbyon

24 Festbarke, Inle See, **25** Markt in Taunggyi

26 Markt in Taunggyi

27 oben: Blick auf Bagan, **28** unten: Kaunghmudaw Pag. bei Sagaing

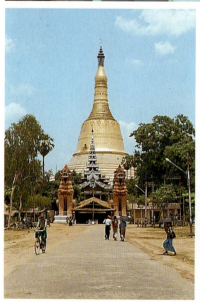
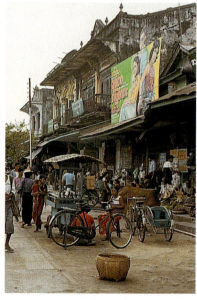

29 oben: Yangon, **30** und **31** unten links und rechts: Bago

32 oben links: Yaunghwe, **33** oben rechts: in der Arakan P., Mandalay
34 und **35** unten links und rechts: Markt in Taunggyi

36 Pagode in Mrauk U, Rakhine

gen, chinesische und Rakhine-Gerichte, sehr empfehlenswert
Nyein Chan Restaurant: neben dem Moe Cherry Restaurant, chinesische und Rakhine-Gerichte, empfehlenswert
Weitere einfache Lokale und Teestuben findet man beim Markt.

Weitere alte Königsstädte der Umgebung

Launggret und Parein

Man fährt auf der linken Seite des Launggret-Flusses etwa 30 Minuten von Mrauk U aus. Launggret und Parein waren einmal Hauptstädte im Königreich Rakhine. Durch die vielen Überschwemmungen des Flusses ist heute fast nichts mehr erhalten.

Taungmawtaung Hügel

Auf diesem Hügel steht eine 7 m hohe Steinplatte mit Inschriften aus dem 12. Jh. Südlich des Hügels befand sich der Königspalast. Die Ruinen sind vom Dschungel überwuchert.

Im Bereich der nahegelegenen Reisfelder fand man eine Buddhastatue aus dem 13. Jh. Sie wurde jetzt in der Nähe der Straße von Mrauk U nach Minbya aufgestellt.

Kadothein Schrein

15 km südlich von Launggret steht dieser Schrein. Er wurde 1720 gebaut und blieb bis 1890 vom Dschungel bedeckt. An der Fassade kann man Ornamente als Verzierung erkennen.

Pataw

Am westlichen Ufer des Launggret Creeks liegt das Dorf Pataw. 3 km weiter im Landesinneren erstreckt sich ein 8 km langer Hügel von Norden nach Süden. Auf dem höchsten Gipfel steht die kleine **Ukundaw Pagode.**
Am östlichen Fuß des Hügels befand sich die im 16. Jh. wichtige Stadt **Sigunmyo.** 3 km weiter südlich des Hügels liegen riesige Felsbrocken aus hartem Sandstein. Auf acht dieser Steine finden sich **Felszeichnungen** eingeritzt, über deren Entstehungszeit und Herkunft nichts bekannt ist.
Die Zeichnungen stellen folgende Szenen dar:
• Ein Schiff segelt auf den Berg zu. • Fremde steigen aus und kommen mit den Eingeborenen zu einer Übereinstimmung. • Der Fremde drückt den Eingeborenen mit dem Knie nieder und schwingt das Schwert. • Der Fremde hat ihn geköpft und tanzt. • Ein Elefant fällt auf den Eingeborenen. • Die Wellenlinien oben zeigen, dass das Schiff gesunken ist. • Der nackte Eingeborene steht an einem Baum, um einen Eid zu leisten. • Der Fremde eilt mit Steinen beworfen davon.

Mahahti Pagode

Sie steht auf einem 15 m hohen Hügel 10 km südlich von Mrauk U. Die Pagode wurde 1120 von König Kawliya erbaut, sie wird in einem populären Lied aus dem 15. Jh. besungen. Die Pagode ist ein quadratischer Bau, jede Seitenlänge misst fast 8 m. Im Innern befindet sich eine sitzende Buddhafigur im Mahamunistil, die überall vergoldet ist. Auf der Plattform wurden mit Hilfe von Spenden einige neue Pagoden und Gebäude gebaut.

Eine alte, mit Steinen und Ziegeln gepflasterte Straße führt vom Flussufer zur Pagode; dort führt eine Treppe mit 52 Stufen auf die Plattform.

Kyauknyo Statue

Sie steht auf dem Hügel südlich des Dorfes Mahahti. Der Schrein, in dem die Statue früher untergebracht war, wurde im 1. Anglo-Birmanischen Krieg 1824 zerstört. Dabei brach der Kopf der Statue ab. Später wurde eine Bambushütte gebaut und der Kopf wieder auf den Körper gesetzt. Die Statue wurde dann vergoldet.

Über die Entstehung der Figur berichtet die Legende, dass König Kawliya träumte, im Bett des Launggret-Flusses läge ein dunkler Stein, aus dem eine Buddhafigur gemeißelt werden solle. Die Suche wurde aufgenommen, der Stein tatsächlich gefunden und daraus die Kyaunknyo Statue gehauen.

Das Dorf **Mahahti** war im 16. Jh. ein große Stadt. Entlang des Flusses wurden gepflasterte Straßen angelegt. Zahlreiche Trinkwasserbecken finden sich noch am Fuße des Hügels.

Vesali

Anfahrt

pick-up: kein Fahrplan, 1 - 2 pro Tag
Jeep: o. pick-up, pro Tag US$ 10 - 15

Der Ort liegt in einer Entfernung von 10 km nördlich von Mrauk U, eingebettet zwischen dem Ranchaung Creek und einer Hügelkette. Vesali wurde 327 n. Chr. von König Mahataing Can-dra gegründet und war Mittelpunkt eines mächtigen Reichs. Die Blütezeit war vom 4. - 8. Jh. Der vollständige Name ist Vesali Kyaukhlayga, d. h. die Stadt mit Steintreppen. Diese Steintreppen führten zu dem Pier, wo damals die Segelschiffe anlegten. Im Nordwesten der Stadt kann man Reste dieser Treppen sehen. Auf einer alten Palmblatt-Schrift wird erwähnt, dass die Stadt ein bedeutender Handelshafen war, der jährlich von über tausend Schiffen angesteuert wurde.

Königspalast

Der Palastbereich ist 450 m lang und 300 m breit und von einer Mauer umgeben. Das Haupttor war im Osten. Heute steht an dieser Stelle die Nan-Oo Statue. Der Palastbereich selbst wurde nie ausgegraben, weil der heutige Ort Vesali darüber gebaut wurde.

Vesali Paragyi

Dies ist eine 5 m hohe sitzende Buddhastatue nördlich vom Palast, die aus einem einzigen Steinblock angefertigt wurde. Diese imposante Statue wurde 327 n. Chr. von Königin Thupabadevi gestiftet. Sie wird jetzt durch ein Wellblechdach vor den Witterungseinflüssen geschützt. Gläubige spenden Goldplättchen, die von Wächtern über Bambusgerüste auf den Kopf der Figur geklebt werden.

Letkettaung Kloster

Dort befinden sich zerfallene Skulpturen, welche die früheren Könige in

Lebensgröße darstellten. Die Einheimischen glauben, dass im Hügel eine unterirdische Kammer sei.

Shwedaunggyi Hügel

Der Hügel ist bedeckt von riesigen Steinplatten, zerstörten lebensgroßen Statuen und Überbleibseln von vielen kleinen Buddhastatuen.

Die noch besser erhaltenen Skulpturen und architektonischen Fragmente wurden gesammelt; viele von ihnen werden heute im Letkettaung Kloster aufbewahrt und können auf Wunsch besichtigt werden.

Sanghayana Hügel

Der Hügel ist 20 m hoch und teilweise in Terrassen unterteilt. Die Ruinen und eine 1 ½ m hohe Statue stammen schon aus dem 6. Jh. Die Chroniken berichten, dass König Thiridhammavizaya 638 n. Chr. 1 000 Mönche von Sri Lanka auf diesen Hügel eingeladen haben soll.

Thingyaingtaung Hügel

Hier wurden die Toten begraben. Die Gebäude sind alle zerfallen. Eine sitzende Buddhafigur ohne Arme und Kopf steht noch an der Stelle des früheren Eingangs.

Museum

Das schönste Stück in diesem kleinen Museum ist das sehr gut erhaltene Steinrelief von König Surya aus dem 8. Jh. Es zeigt ihn in einer Kutsche sitzen, die von sieben Pferden gezogen wird.

Kyauktaw - Dhanywaddy

Anfahrt

Schiff: von Mrauk U nach Kyauktaw, 4 Stunden Fahrzeit, von dort mit dem pick-up zur Mahamuni Pagode
Auto: gemietet, 2 - 3 Stunden Fahrzeit

Kyauktaw liegt ca. 60 km nördlich von Mrauk U. Von Kyauktaw nach Dhanyawaddy zu der Mahamuni Pagode sind es noch 10 km.

Dhanyawaddy ist die älteste Stadt in Rakhine. Sie wurde um 370 n. Chr. von König Sandasuriya gegründet. Die Stadt schützte sich vor den Überfällen der Bergstämme mit einer Stadtmauer und Wassergräben. Reste sind noch an einigen Stellen zu sehen. Dhanyawaddy war in eine innere und äußere Stadt eingeteilt. Die innere Stadt war der königlichen Familie vorbehalten. Heute ist sie mit Reisfeldern bedeckt. In der äußeren Stadt lebte das Volk. Hier waren die Felder und Wasserbecken für das Regenwasser. An der Nordostecke des Palastes steht die Mahamuni Pagode, die eine wichtige Rolle in der Geschichte Rakhines spielt.

Mahamuni Pagode

Diese Pagode ist eine der bekanntesten von ganz Myanmar. Sie wurde eigens gebaut, um die Mahamunistatue aufzunehmen. Diese Statue soll das Ebenbild von Gautama Buddha sein und wird von den Buddhisten der ganzen Welt verehrt. Heute befindet sie sich in Mandalay.

Die Pagodenanlage ist auf drei Ebenen übereinander gebaut. Auf der ersten Ebene errichtete König Minkhari 1439 eine Bücherei. Eine Empfangshalle und ein Wasserbecken kann man heute noch sehen. Die zweite Ebene liegt 9 m über der ersten. Hier steht ein riesiger Banyan-Baum mit einem Baumaltar, unter dem Buddha gerastet haben soll. Unter diesem Baum soll, so glaubt man, die originale Mahamunistatue begraben sein. Die dritte Ebene befindet sich 10 m über der zweiten. Es führen überdachte Treppenaufgänge hinauf.

Im inneren Raum der Pagode ist noch das Podest vorhanden, auf dem einst die Mahamunistatue stand. Ihren Platz haben nun drei sitzende Buddhastatuen aus Stein eingenommen.

Salagiri Hügel

Er ist 75 m hoch und liegt am östlichen Ufer des Kaladan Flusses 8 km westlich der Mahamuni Pagode. Buddha soll mit 500 Schülern Rakhine besucht und auf dem Gipfel des Salagiri Hügels (*Sala* heißt Fels und *giri* heißt Hügel) gerastet haben.

Jetzt steht eine Buddhastatue oben auf dem Hügel, unweit davon befinden sich eine liegende Buddhafigur und zwei kleine Pagoden.

Vom Salagiri Hügel haben Sie einen guten Blick über das Kaladantal.

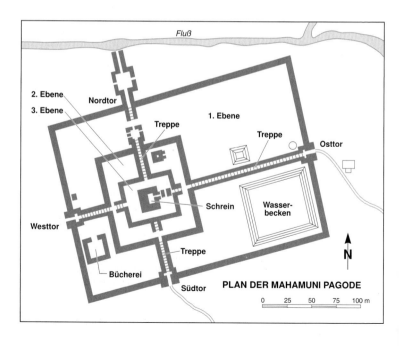

Südrakhine

Ngapali und Thandwe (Sandoway)

Anfahrt

Flug: von Yangon nach Thandwe und umgekehrt mit Air Mandalay, Mi, Fr, Sa, US$ 90, Flugzeit 1 Stunde; Myanma Air Di, Fr, US$ 60; während des Monsuns weniger Flüge! Taxi nach Ngapali ca. K 1 000
Bus: *Yangon - Thandwe*, K 2 500, ab 03.00 Uhr, Fahrzeit ca. 18 Stunden *von Pathein* nach Ngathaingchaung, 4 - 5 Std. Fahrzeit, K 800; weiter nach Gwa, 6 - 7 Std., K 1 000; weiter nach Thandwe, ca. 9 Stunden, K 1 300 *Pyay - Thandwe* via Taunggok, ca. 8 Std., K 1 200, Abfahrt frühmorgens
Auto: *ab Yangon* 12 Stunden Fahrzeit, *US$ 60 - 80, ab Pyay* 7 Stunden US$ 50 - 60, noch schlechte Straßen
Schiff: *Ngapali - Mrauk U*, Mi und Sa, US$ 80, Essen incl., Fahrzeit 7 Stunden, Tickets im Bayview Beach Hotel

Ngapali

Der bekannte Badeort am Golf von Bengalen liegt 9 km südlich von Thandwe an einem über 3 km langen, weißen Sandstrand mit einem hügeligen Hinterland. Sie können dort schwimmen, schnorcheln oder die nahegelegenen Fischerdörfer besuchen. 5 km entfernt befindet sich auch ein 18-Loch Golfplatz. Thandwe und Ngapali sind bei einigen reichen und hochstehenden Myanmaren beliebte Badeorte, wo einige auch Ferienhäuser besitzen.

Der Name Ngapali soll sich vom italienischen Napoli ableiten. Italiener kamen 1860 im 2. birmanisch-britischen Krieg an diesen Ort. Der englische Schriftsteller George Orwell lebte von 1922 bis 1928 in Ngapali und arbeitete dort in der britischen Polizeiverwaltung. Erfahrungen aus dieser Zeit verarbeitete er später in seinem Roman „Burmese Days", den er aber nach seiner Rückkehr in England schrieb.

Ngapali ist ein Fischerdorf mit einem relativ geringen Hotelangebot. Strom gibt es meist nur von 18.00 - 22.00 Uhr - Hotels allerdings haben ihre eigenen Aggregate. Der Strand von Ngapali und Thandwe ist wegen seiner vorgelagerten Korallenriffe ein Paradies für Taucher. In der Zeit von November bis Februar kann es nachts sehr kühl werden!

In der näheren Umgebung liegen einige lebendige Fischerdörfer dicht aneinander. Über eine mäßige Straße mit Schlaglöchern sind sie mit einem Auto, pick-up oder Fahrrad zu erreichen. In Lontha an der idyllischen Andrew Bay endet die Straße. Hier laden am Vormittag die Fischer ihre Krabben und Fische aus. Mit pick-ups werden sie zu den Märkten gebracht. Man kann auch zu Fuß am Strand entlang spazieren. Bei Ebbe sind ufernahe kleinere Felseninseln zu erreichen. Wenn man sich früh genug auf den Weg macht, findet man auch schöne Muscheln (auch in abgelegten Fischernetzen).

Lintha liegt nördlich von Ngapali, **Kyiktaw, Myabyin** und **Lontha** liegen südlich davon. Am Lontha Jetty kamen einst die Briten an Land. Zu den zwei vorgelagerten **Inseln Balet und Kayi** arrangieren die meisten Hotels zweistündige Bootsausflüge.

Die „World Health Organisation" (WHO) warnt in bezug auf das Gebiet um Thandwe und Ngapali vor der Malariagefahr.

Unterkunft

• **Vorwahl: 0 43**
Während der Regenzeit sind nicht alle Hotels geöffnet! Vom Flughafen fährt man 15 Minuten bis zu den Hotels.
Sandoway Resort
Reservierung T. (01)29 46 12, Fax: 20 11 15, www.sandowayresort.com, Mai - Mitte Oktober geschlossen, traumhafte Anlage in tropischem Garten am Meer, Suite DZ US$ 130, Bungalow US$ DZ 150 - 170, zuzügl. 20 %, Mitte Dezember bis Mitte Januar zuzügl. US$ 60 pro DZ, Flughafentransfer US$ 5, Swimmingpool, Frühstücksbuffet, sehr stilvolle Ausstattung, AC, Du und WC, Kühlschrank, TV, gutes Restaurant mit birmanischer und italienischer Küche
Bayview Beach Resort
Reservierung T. (01)51 44 71, Fax: 52 62 92, E-Mail: bayview@datserco.com.mm, schöne Bungalowanlage am Meer, geschmackvoll eingerichtet, EZ US$ 130 - 155, DZ ab US$ 140 - 155, im Monsun US$ 65 - 80, Suite DZ US$ 300 - 400, im Monsun US$ 150, incl. 20 % Tax, AC, Du und WC, TV, Swimmingpool, Frühstücksbuffet, neben dem Golfplatz, gutes Restaurant mit birmanischer und thailändischen Gerichten, deutsche Backwaren, Beauty Centre, Verleih v. Surfbrettern, Schnorchelausrüstung, Katamaranen, Fahrrädern, organisiert Ausflüge
Silver Beach Hotel
T. 25, od. (01)29 45 87, schöne, gepflegte Bungalows am Strand, 9 Bungalows mit je 2 DZ, DZ US$ 35 - 45, AC, Du und WC, mit Frühstück
Ngapali Beach Hotel
T. 28, staatlich, 20 Zimmer in zweistöckigem Haus, EZ US$ 20 - 30, DZ US$ 40 - 60, AC, Du und WC, Bungalows

am Strand, wirkt etwas ungepflegt
Linn Thar Oo Lodge
Linn Thar Village, T. 10, 19, oder (01) 22 99 28, US$ 6 - 8 pro Person, Fan, Gemeinschaftsbad; EZ US$ 10, 15 und 20, DZ US$ 20, 25 und 30, Du und WC, Bungalows am Strand, einfach, 1 Zi mit AC, jeweils mit Frühstück, organisiert Bootsausflüge, Fahrradverleih
Royal Beach Motel
in der Nähe vom Sandoway Resort, EZ US$ 7 - 9, DZ US$ 15 - 17, 3-B.-Zi US$ 21 - 23, Fan, Gemeinschaftsbad, 1 Zi mit Du und WC, freundlich, sauber
Baptist Christian Guest House
in Richtung Flughafen, am Meer, US$ 6 pro Person, Fan, Gemeinschaftsbad, einfache Zimmer in Bungalows

Restaurants

Sehr gute Küche in gehobener Preislage findet man in den Hotelrestaurants: Ngapali Beach H., Bayview Beach Resort und Sandoway Resort. Man sitzt sehr schön auf einer Terrasse am Meer und kann den Sonnenuntergang genießen.

Zahlreiche einfache, preiswerte, gute, familiengeführte Lokale mit Fischgerichten und Krabben haben sich entlang der Hauptstraße angesiedelt, z. B. Coconut, Paradise, Kaik Yeik, Golden Rose, Kjaw Kyar.

Thandwe

Besichtigung

Die Legende erzählt, dass Buddha selbst hier geweilt und drei seiner früheren Leben hier verbracht habe. Es wurden deshalb an diesem Ort drei Pagoden errichtet, die Andaw, Nandaw und Shwesandaw Pagode. Jede von ihnen enthält eine Reliquie und ist gerade renoviert worden. In den drei Pagoden finden im März, Juni und Oktober große Feste statt.

Andaw Pagode

Die Pagode wurde 761 von König Minzetchok erbaut und 1848 vollständig restauriert. Zwei *chinthe* bewachen den Eingang.

Nandaw Pagode

Sie steht auf dem höheren Hügel. König Minbya ließ sie im Jahre 763 errichten, um angeblich eine Rippe Buddhas darin einzumauern.

Shwesandaw Pagode

Sie wurde von König Minnyokin 784 erbaut und enthält eine Haarreliquie. 1876 wurde sie restauriert. Zwei *chinthes* stehen am Eingang. Man kann jetzt auf einer neuen Straße mit dem Auto hinauffahren.

Myabyin Kloster

Nur wenige Mönche leben in diesem Kloster. Es gibt einen Stupa, der mit Glasmosaiken verziert ist, einen weiß gestrichenen Stupa und die halb zerfallene Statue eines liegenden Buddha.

Markt

Hier werden Dinge des täglichen Bedarfs, z. B. longyi-Stoffe, Kleidung, Kräuter, Naturheilmittel, Haushaltsgegenstände usw. angeboten.

Telefon-Handvermittlung

Noch kann man hier sehen, wie ein paar Frauen per Hand die Telefonverbindungen stöpseln. Taxifahrer vom Ort wissen den Weg dorthin.

Wie fast überall in Myanmar sind im Ort auch **Webereien** zu besichtigen. In der Umgebung von Thandwe sind **Kautschuk**anpflanzungen zu sehen.

Unterkunft und Restaurants

Die folgenden drei Guest Houses haben wahrscheinlich noch keine Lizenz für Ausländer, nehmen aber manchmal doch Touristen auf. Sie sind alle sehr einfach und preiswert.
San Yeik Nyein, Peaceful und Mala Guest House
Restaurants und Teashops finden Sie vor allem in der Gegend um den Markt

Kanthaya Beach

290 km von Yangon, 25 km nördlich von Gwa und südlich von Thandwe ist dieser breite Sandstrand. Es gibt nur wenig Unterkünfte. Die Küste soll in den nächsten Jahren noch touristisch erschlossen werden.

Ramre Island

Hier ein Abstecher von Thandwe für Abenteuerlustige. Man fährt mit dem Auto nordwärts Richtung Mrauk U. Mit einer Fähre gelangt man auf die Insel, wo man von Kyaukpyu bis Yanbye (in den Landkarten Ramre) auf einer sehr schlechten Straße 45 km entlang der Küste mit schönen Stränden fährt bis sie nach Osten ins Inselinnere in Richtung Yanbye abzweigt.

Yanbye ist für ein großes Fest während des Vollmonds von Kason im Mai bekannt. Zu diesem Anlass finden große Bootsrennen statt.

Bagan (Pagan)

Anfahrt

Flugzeug: alle 3 Fluglinien täglich von Yangon, Flugzeit 1 Stunde, US$ 90 - 95, von Mandalay US$ 40 - 50, von Heho US$ 68 - 75.
Taxi vom Flughafen K 1 000 - 1 500
Zug: Expresszug Mandalay - Yangon in Thazi aussteigen, von dort mit dem Bus oder pick-up weiter; Bus/pick-up Bagan ab 04.00 Uhr, K 800;
neue Zugstrecke von/nach Mandalay, ab Mandalay 22.00 Uhr, an Bagan 06.00 Uhr, US$ 9; ab Bagan 08.00 Uhr, an Mandalay 16.00 Uhr
Bus: staatliche Busse sind langsam und billiger, es gibt private Expressbusse z. B. Mann Express, Bagan Express, Tiger Head Express und pick-ups für die gleichen Strecken.
von/nach Yangon: Fahrzeit 16 Stunden, ab 15.00 Uhr, K 2 500;
von/nach Mandalay: ab Nyaung U 04.00 Uhr, an Mandalay ca. 13.00 Uhr; K 1 500; Minibusse ab Mandalay 05.00, 07.00 und 09.00 Uhr, Fahrzeit 8 Stunden, K 1 200;
von/nach Thazi: 3 - 4 Stunden, K 1 500;
von/nach Pyay: ab Pyay 21.00 Uhr, an Bagan 07.00 Uhr; ab Bagan 08.00 Uhr, an Pyay 18.00 Uhr, K 2 000;
von/nach Taunggyi: Bagan ab 04.00 Uhr, an 16.00 Uhr, K 2 000;
von/nach Magway: pick-up ca. 7 Stunden, K 900;
Schiff: die schönste und angenehmste Weise von Mandalay nach Bagan zu kommen, ist mit dem Schiff (die umgekehrte Richtung stromaufwärts dauert zu lange).
von Mandalay „normales" Schiff jeden Mi und So, ab 05.30, an zwischen 17.00 und 18.00 Uhr (je nach Wasserstand), US$ 10 auf Deck, US$ 30 für eine Kabine mit WC (Kabinen sind oft nicht sauber); evtl. kann man schon am Abend vorher auf das Schiff gehen und übernachten (warme Sachen mitnehmen, nachts kann es kalt sein); Essen gibt es an Bord, Ticketverkauf bei MTT in Mandalay; bei dem letzten Stop vor Nyaung U und bei der Ankunft in Nyaung U finden sich Hotelschlepper, vor allem für billigere Guest Houses, ein oder fahren bereits mit! Ihre Angebote sind meist in Ordnung.
Express-Schiffe an den übrigen Tagen, also Mo, Di, Do, Fr und Sa, ab 06.00 Uhr, an 14.00 Uhr, US$ 16, Ticketverkauf in größeren Hotels bis zu US$ 20.
Ein weiteres Schiff am Do und So, Fahrzeit 26 - 30 Std., US$ 11, bleibt nachts in Pakkoku (Übernachtung auf dem Schiff oder im Ort), Ankunft dann am nächsten Tag vormittags.
von Nyaung U nach Pyay: Mo, Di, Mi, Fr, Sa, US$ 10: ab 07.00 Uhr, 1. Tag bis Magway, 2. Tag bis Pyay, weitere 2 1/2 Tage bis Yangon; nicht empfehlensw.
Auto: nach Mandalay oder zum Inle See US$ 50 - 60; Autoverleih in Bagan z. B. U Min Lwin, 16, Main Rd, T. 7 02 77, gleich hinter dem Sarabha Tor
in Bagan:
Pferdekutsche: 1/2 Tag ca. K 2 000, ganzer Tag ca. K 2 500 - 3 000 für 2 - 3 Personen; eine Nachtfahrt bei Vollmond ist besonders reizvoll.
Fahrradriksha: ca. K 300/Std.
Fahrrad: pro Tag K 1 500, halber Tag ca. K 800; Fahrradverleih in vielen Hotels und Guest Houses; kontrollieren Sie bei einer Proberunde die Bremsen und die Sattelhöhe. Selbstverständlich sollen die Reifen gut aufgepumpt sein.

Es macht Spaß mit dem Fahrrad auf eigene Faust die Gegend zu erkunden. Zur ersten Orientierung ist auch eine Pferdekutsche oder Fahrradriksha mit einem englischsprechenden Fahrer empfehlenswert.
Alt-Bagan oder Arimaddanapura wurde von König Thamoddarit im 2. Jh. n. Chr. gegründet. Im Jahre 849 n. Chr. besaß Bagan unter König Pyinbya (dem 34. König) eine Stadtmauer mit 12 Toren und einem Wassergraben. Die genauere Geschichtsschreibung setzt erst in der Regentschaft Anawrahtas, des 42. Königs, ein. Die Blütezeit des mächtigen Reiches Bagan lag zwischen der Regierungsperiode von König Anawrahta (oder Anirudda) in den Jahren 1044 - 1077 und der Flucht von König Narathihapati (1256 - 1287) vor der Mongoleninvasion. Das Königreich erstreckte sich in dieser Zeit von Bhamo im Norden bis weit in den Süden, vom Thanlwin im Osten nach Yoma im Westen. Bagan war den Mon als „Tattadesa" bekannt, d. h. ausgedörrtes Land. In der Umgebung der Stadt konnte kein Reis angebaut werden. Bagan bezog den Reis von Kyaukse (135 km nordöstlich) und von Minbu (100 km südlich). Der Ayeyarwady verband Bagan mit dem Meer und dem Handel im Indischen Ozean. Es bestanden enge Kontakte zu den Nachbarländern, z. B. zu König Vijaya Bahu I von Sri Lanka. Neben den politischen und wirtschaftlichen Einflussfaktoren trat der Buddhismus als stärkste geistige Macht hervor. Archäologische Beweisstücke aus der Gegend von Beikthano (135 km südlich von Bagan) belegen, dass sich der Buddhismus hier schon ab dem 1. Jh. n. Chr. entfaltete.

König Anawrahta war mit seinem großen religiösen Eifer maßgeblich an der Verbreitung des Buddhismus in Bagan beteiligt. Seine unzähligen Ton-Votivtafeln, hergestellt, um Verdienste zu erwerben, wurden in Bagan ebenso von Katha im Norden bis Twante im Süden gefunden. Diese Votivtafeln zeigen gewöhnlich einen sitzenden Buddha, der mit einer Hand die Erde berührt, darunter zwei Zeilen mit dem buddhistischen Glaubensbekenntnis. Die Chroniken berichten, dass Shin Arahan, ein Mönch von Thaton, zu König Anawrahta nach Bagan kam und ihm die buddhistischen Gesetze predigte. König Anawrahta war rasch überzeugt und versprach, nach der Lehre zu leben und sie zu verbreiten. Ohne die buddhistischen Schriften, die *Tripitaka*, war jedoch kein Studium möglich und konnte die Einführung der neuen Religion nicht von Dauer sein. König Anawrahta wusste, dass sich in Thaton 30 Sätze der *Tripitaka* befanden. Er sandte einen Boten mit edlen Geschenken zum König Manuha von Thaton und bat um die *Tripitaka*. Dieser verweigerte die Herausgabe, worauf König Anawrahta Soldaten schickte und Thaton eroberte. Auf Manuhas 32 weißen Elefanten brachte er die 30 Sätze der *Tripitaka* und seine Künstler und Handwerker nach Bagan.

Unter König Anawrahta blühte der Theravada-Buddhismus auf. Mit wenigen Ausnahmen stammen alle Bauwerke aus dem Geiste des Theravada-Buddhismus. Dieser schloss die anderen Schulen nicht aus. Anawrahta war von der Idee einer Vereinigung aller Formen des buddhistischen Glaubens erfüllt und trat deshalb mit allen buddhistischen Königen Hinter- und Vorderindiens in Verbindung. Neben dem Buddhismus existierte damals in Bagan eine Volksreligion, die Verehrung von *Nats*. Unter *Nats* versteht man hauptsächlich Naturgeister, aber auch Geister von Personen, die eines gewaltsamen oder tragischen Todes gestorben waren. In Bagan wurde vor allem der Kult der Mahagiri- (d. h. großer Berg) *Nats* praktiziert. Sie hatten ihren Wohnsitz am Mount Popa, 70 km von Bagan entfernt.

Daneben gab es in Bagan noch den Mahayana Buddhismus mit seinen Bodhisattvas und den Hinduismus. Der starke Glaube inspirierte die Bewohner Bagans zu großen Anstrengungen in der Baukunst, um damit große Verdienste für das nächste Leben zu erwerben.

Die Tempel und Pagoden von Bagan wurden mit Holz und Ziegel gebaut. Die hölzernen Tempel wurden später zerstört, nur die Ziegelbauten blieben erhalten. Es gab schon seit dem 1. Jh. n. Chr. Ziegelbauten in Beikthano. Die Bauten wirkten leicht und elegant. Die Ziegel passten ohne Zwischenräume aufeinander. Der echte Bogen als konstruktives architektonisches Element wurde in Bagan entwickelt. Mit Ausnahme des Sarabha-Tors erfüllten alle erhaltenen Monumente in Bagan einen religiösen Zweck. Zur Aufbewahrung seiner Reliquien ließ König Anawrahta Tempel jeweils in der Stilart des Ursprunglandes erbauen. Innerhalb eines Jahrhunderts entstanden in Bagan etwa 2 000 Tempel.

Durch diese rege Bautätigkeit waren die finanziellen Kräfte des Staates bald aufgezehrt. Es kam im Volk das Sprichwort auf: „Die Pagode ist fertig und das Land ruiniert". Zu der Schwächung im Innern gesellten sich Bedrohungen von außen. Die Mongolen unter Kublai Khan griffen das Reich an. Marco Polo schreibt in einem Bericht, dass die Pferde der mongolischen Reiter vor den birmanischen Kriegselefanten in Panik flohen. Der mongolische Feldherr jedoch ließ die Elefanten mit Pfeilen beschießen. So wurden diese teils getötet, teils durch Verwundung in die Flucht gejagt. Die Niederlage in dieser Schlacht von 1279 besiegelte den Untergang des blühenden Reiches von Bagan. König Narathihapati soll 1 000 Tempel und 4 000 kleinere Stupas niedergerissen haben, um aus dem Baumaterial Wälle und Befestigungen als Schutz vor den Mongolen zu bauen.

Die Könige von Bagan:
Anawrahta: 1044 - 1077
wurde von einem Büffel getötet
Sawlu: 1077 - 1084
Sohn von Anawrahta
Kyansittha: 1084 - 1113
Halbbruder von Sawlu
Alaungsithu: 1113 - 1169
Narathu: 1169 - 1170
Naratheinkha: 1170 - 1174
Narapatisithu: 1174 - 1211
Htilominlo: 1211 - 1234
Kyazwa: 1234 - 1249
Uzana: 1249 - 1255
Narathihapati: 1255 - 1287

Bagan heute

Bagan liegt am Ostufer des Ayeyarwady in Zentralmyanmar, 200 km von Mandalay entfernt und ungefähr 8 km südlich des Dorfes Nyaung U, in dessen Nähe sich auch der Flughafen befindet.

Durch das radikale Abholzen während der Regierungszeit von König Anawrahta im 11. Jh. ist das Gebiet um Bagan weitgehend versteppt; es gehört heute noch zu den trockensten Teilen von Myanmar. Das Holz wurde damals verwendet, um die Ziegel für den Tempelbau zu brennen. Die landwirtschaftliche Nutzung beschränkt sich auf den Anbau von Erdnüssen, Sesam und Tabak.

Bagan zählt zu den größten archäologischen Stätten Asiens. Auf einer Fläche von 36 km² sind über 5 000 Ruinen zu besichtigen, von denen 64 im alten Stil wiederhergestellt wurden. Die Aufbauarbeiten sind noch immer im Gange und ständig kommen neue kleine Stupas in Ziegelbauweise - von Gläubigen gespendet - dazu. Bagan zählt ca. 3 000 Einwohner und hat einen dörflichen Charakter.

Am 8. Juli 1975 ereignete sich dort ein gewaltiges Erdbeben (6,5 auf der Richterskala). Viele kleinere Tempel wurden zerstört; die größeren bekamen Risse, und Buddhastatuen fielen um und wurden ganz oder teilweise zerstört. Dadurch kamen viele Reliquienbehälter zutage. Diese Schätze wurden aber gestohlen und in Bangkok zum Verkauf angeboten.

Am 1. Mai 1990 befahl die Militärregierung den Abbruch des Dorfes Bagan, mit Ausnahme der staatlichen Gebäude. Die Bewohner erhielten im April einen Brief mit der Aufforderung, Bagan zu verlassen, am 1. Mai wurden dann Strom und Wasser abgestellt. Die Besitzer der Privathäuser mussten für die Kosten des Abrisses selbst aufkommen. 5 km südlich bauten sie ihre Häuser in New Bagan wieder auf. Dort entstanden auch die neuen Guest Houses und Hotels. Die Hauptstraßen wurden vierspurig angelegt, obwohl das Verkehrsaufkommen in Bagan sehr gering ist.

Bagan besteht eigentlich aus drei größeren Ortsteilen Nyaung U, Old Bagan und New Bagan und den dazwischenliegenden kleineren Dörfern Wetkyiin und Myinkaba (Bambusverarbeitung). Nyaung U ist der lebendigste Ort und von New Bagan (Myothit) etwa 8 km entfernt. New Bagan ist touristischer, die Hotels und Guest Houses sind dort etwas teurer.

Pagoden in Bagan - die vier Haupttypen

1. früheste Form: knollige, kugelförmige Kuppel, z. B. Bupaya, Ngakywenadaung.
2. a) Serien von zurücktretenden Terrassen, über denen sich eine zylindrische oder glockenförmige Kuppel erhebt, z. B. Lawkananda, Shwesandaw.
b) Die weiterentwickelte Form dieses Typs hat drei quadratische, zurücktretende Terrassen und eine achteckige Basis mit einer glockenförmigen Kuppel mit einem Musterband in der Mitte, z. B. Shwezigon, Mingalazedi.
3. Basis ähnlich wie bei Typ 2, aber hier mit einer gerippten, schüsselförmigen Scheibe zwischen Kuppel und Spitze, z. B. Seinnyet Nyima.
4. Dieser Typ wurde den mittelalterlichen Dagobas von Sri Lanka nachmodelliert. Er hat eine glockenförmige Kuppel auf einer kreisförmigen Basis mit einer würfelförmigen Reliquienkammer zwischen Kuppel und Spitze, z. B. Sapada.

Tempel in Bagan - die 2 Haupttypen

Grundsätzlich haben die Tempel in Bagan einen quadratischen Grundriss.
1. hohl, quadratisch, ein einziger Eingang, Statue an der hinteren Wand
2. vier Eingänge, quadratischer zentraler Pfeiler, Nischen an allen vier Seiten für Bildnisse, quadratische Säulenhalle, über der Haupthalle sind zahlreiche zurücktretende Terrassen gekrönt von einem großen Stupa oder einem kleinen Stupa mit einer Turmspitze.

Entwicklungsstufen der Tempel in Bagan:
Früher Stil oder Mon-Stil: Anfang des 12. Jh. Merkmale: dunkle, feierliche Innenräume, Licht fällt nur durch filigran durchbrochene Fenster (Gitter aus Terrakotta oder Stein), unregelmäßige, schräge Dächer in Verbindung mit Terrassen, z. B. Pahtothamya, Nagayon, Ananda, Gubyaukgyi.
2. später Stil oder Birmanischer Stil: Ende des 12. Jh. Merkmale: helle, luftige Innenräume, sehr hoch, bogenförmige Eingänge, offene Fenster, oft zweistöckig, schräge Dächer werden durch flache Terrassen ersetzt, mit kleineren Ziegeln gebaut, perfekte Bögen, einstöckig: z. B. Thetkyamuni, Thambula, Lemyethna; zweistöckig: z. B. Htilominlo, Gawdawpalin, Sulamani.

Klöster in Bagan

Die Klöster wurden aus Ziegel und Holz gebaut, aber nur die aus Ziegel überdauerten.

3 Haupttypen (Ziegelbauten):
1. einfacher, doppelstöckiger, quadratischer Bau, oft mit zentraler Zelle
2. quadratischer Grundriss, zentraler Raum, umgeben von einem Gang und Zellen an drei Seiten
3. sehr sorgfältige Bauweise, rechteckig oder quadratisch, große zentrale Halle, umgeben von Zellen

Buddhabildnisse in Bagan - 6 Haupttypen:
1. sitzender Buddha in Meditationsposition, linke Hand liegt im Schoß, Handfläche nach oben gekehrt, rechte Hand hängt herunter (= Geste der Erdberührung): Buddha ruft die Erde an als Zeuge für seine großen Taten in der Vergangenheit.
2. sitzender Buddha in Meditationsposition, Hände an der Brust, Zeigefinger und Daumen der rechten Hand berühren einen Finger der linken Hand (= Geste des Drehens des Rades der Gesetze): Dieser Typus nimmt Bezug auf die Predigt im Park der Hirsche, durch die das Rad der Lehre in Gang gesetzt wurde.
3. sitzender Buddha in Meditationsposition, beide Hände liegen im Schoß, Handflächen zeigen nach oben, die rechte über der linken (= Geste der Meditation): Buddha ist hier im Zustand der Meditation dargestellt.
4. stehende, statische Position, Füße sind leicht auseinander, linke Hand ist nach vorne ausgestreckt, Handfläche nach außen gerichtet (= Geste der geschenkten Gaben), rechte Hand auf Brusthöhe erhoben, Handfläche nach außen (= Geste der Beruhigung).
5. stehender Buddha, beide Hände an der Brust (= Geste des Drehens des Rades der Gesetze)
6. liegender Buddha, ruhend, auf der rechten Seite liegend, die Wange auf die rechte Hand gelegt: Buddha ist hier im Moment des Ablebens gezeigt.

Bei den späteren Statuen wird der Körper immer wuchtiger, die Ohrläppchen hängen bis an die Schulter, und die Hände haben überlange Finger.

Malereien in Bagan

Bei den Wandmalereien in den Innenräumen handelt es sich nicht um echte Fresken, da auf trockenem Putz gemalt wurde:

Man malte schwarze, manchmal auch rote Umrisslinien auf weißen Kalk, die dann mit Farbe (gelb, orange, rot, braun) ausgefüllt wurden. Die Wände verzierte man vorwiegend mit Reihen von kleineren Buddhafiguren. Die Friese haben ein fortlaufendes Muster von Blätterranken oder *ogre*-Köpfen. Die wichtigsten Wandabschnitte sind entweder mit kleinen Bildern von den *Jatakas* ausgefüllt oder mit großen Bildern, die das letzte Leben von Gautama Buddha porträtieren.

Diese Malereien sind kulturhistorisch besonders wertvoll, weil sie die Gebäude der jeweiligen Zeit ebenso wie die Kleidung, Ornamente und Möbel abbilden. Die unteren Teile der Wand sind mit pflanzlichen und geometrischen Mustern verziert.

Schöne Wandmalereien finden sie im Gubyaukgyi, Thetkyamuni, Kondawgyi, Pathothamya, Nagayon, Nandannya Tempel.

Terrakotta Tafeln

Sie wurden in einigen Pagoden und Tempeln gefunden. Die Tafeln dienten sowohl der Belehrung als auch zur Dekoration. Die frühen Tafeln sind unglasiert (z. B. Petleik Pagode), die späteren haben eine grüne Glasur und um den Rand Bordüren mit Perlenmuster (z. B. Ananda Tempel).

Die Tafeln stellen die Szenen der 547 *Jatakas* (= die früheren Leben von Buddha), in je einer Tafel dar.

4 Grundtypen der
Jataka-Figuren:
• eine kniende oder hockende Gestalt, die mit den Händen gestikuliert oder einen Gegenstand reicht
• ein kniender Adorant (Anbeter)
• eine stehende Gestalt mit gesenktem oder erhobenem Arm
• eine in der Luft schwebende Figur, die in der Regel eine Gottheit darstellt.

Besichtigung

• Eintritt: US$ 10 für den gesamten Aufenthalt. Die Eintrittskarte muss man bei der Ankunft im Flughafen, an der Schiffsanlegestelle, im Hotel oder bei einem Posten an den Einfallsstraßen kaufen. Busse werden kurz vor Nyaung U gestoppt.

Nehmen Sie eine Taschenlampe mit, da es in vielen Tempeln schöne Wandmalereien gibt, aber keine richtige Beleuchtung.

Thetkyamuni Tempel

Dieser Tempel stammt aus dem frühen 13. Jh. Der Name kommt von einem Beinamen Buddhas (thet). Der quadratische Tempel hat an allen vier Seiten Eingänge. Über dem Hauptsockel liegen drei zurücktretende Terrassen, über denen sich ein großer Stupa erhebt. Die flammenartigen Giebel an den Portalen, die Pfeiler und die Friese sind mit Stuck verziert.

Das Innere birgt Wandmalereien mit Szenen der *Jatakas* sowie Episoden

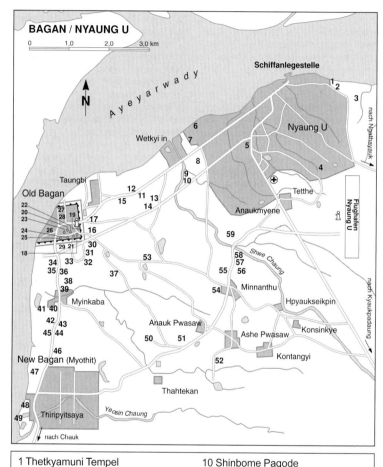

1 Thetkyamuni Tempel
2 Kondawgyi Tempel
3 Kyaukku Umin
4 Thamiwhet und Hmyathat Umin
5 Sapada Pagode
6 Shwezigon Pagode
7 Kyansittha Umin
8 Gubyaukgyi Tempel
9 Gubyaukinge Tempel
10 Shinbome Pagode
11 Htilominlo Tempel
12 Upali Thein
13 Alopyi Tempel
14 Sintpatho Tempel
15 Ngamyethna Pagode
16 Ananda Tempel
17 Sarabha Tor
18 Thatbinnyu Tempel

aus dem Leben des indischen Königs Ashoka und der Einführung des Buddhismus in Sri Lanka.

Kondawgyi Tempel

Der Name heißt übersetzt „großer heiliger Erdwall", weil der Tempel auf einem Erdwall steht. Er stammt aus dem 13. Jh. Über einem quadratischen Hauptblock erheben sich zurücktretende Terrassen und darüber ein großer Stupa. Innen kann man Gemälde von *Jataka*geschichten und Blumenmuster erkennen.

Kyaukku Umin

Der Name heißt übersetzt „Felsenhöhlentempel". Der Tempel wurde von König Narapatisithu im 12. Jh. in eine Klippe gebaut. Er war noch lange nach der Mongoleninvasion Zufluchtstätte für die aus Sri Lanka und Bago geflüchteten buddhistischen Mönche, Adeligen und entthronten Könige. Mit dem Tod des berühmten Mönches Aryadhama im Jahre 1637 wurde dann der von ihm bewohnte Höhlentempel dem Verfall überlassen.

Der Tempel besteht aus einem hohen Sockel, darüber zwei zurücktretende Terrassen, auf denen sich ein kleiner Stupa erhebt. Ein hoher Bogengang mit durchbrochenen Fensteröffnungen führt in eine große quadratische Halle. Zwei riesige Pfeiler in der Mitte tragen dort die darüberliegenden Terrassen. Gegenüber dem Eingang thront eine Buddhafigur auf einem Lo-

---

19 Pitakattaik
20 Shwegugyi Tempel
21 Thandawgya Statue
22 Nathlaungkyaung Tempel
23 Ngakywenadaung Pagode
24 Pahtothamya Tempel
25 Mimalaungkyaung Tempel
26 Gawdawpalin Tempel
27 Bupaya Pagode
28 Mahabodhi Tempel
29 Myinpyagu Tempel
30 Myebontha Tempel
31 Lokahteikpan Tempel
32 Shwesandaw Pagode und Shinbintalaung Halle
33 Penathagu Tempel
34 Ngamyethna Tempel
35 Mingalazedi Pagode
36 Kubyaukgale Tempel
37 Dhammayangyi Tempel
38 Gubyaukgyi Tempel
39 Myinkaba Pagode
40 Manuha Tempel
41 Nanpaya Tempel
42 Apeyadana Tempel
43 Nagayon Tempel
44 Pawdawmu Pagode
45 Somingyi Kloster
46 Seinyet Ama Tempel und Seinyet Nyima Pagode
47 Thingarazar Pagode
48 Ashe Petleik und Anauk Petleik Pagoden
49 Lawkananda Pagode
50 Dhammayazika Pagode
51 Hsutaungpyi Pagode
52 Zeyaput Pagode
53 Sulamani Tempel
54 Tawagu Tempel
55 Lemyethna Tempel
56 Payathonzu Tempel
57 Thambula Tempel
58 Nandamannya Tempel
59 Winidho Tempel

Kyaukku Umin

tossitz. Oben an der Wand sind Malereien. In Wandnischen erzählen Steinreliefs aus dem Leben Buddhas. Die Türöffnungen neben den Pfeilern führen in ein Netzwerk von Tunnelgängen, die tief in den Hügel reichen, wo es Höhlen zum Beten und Meditieren gibt. Ein Teil der Gänge ist jetzt eingestürzt.

Der Tempel ist alleine schwer zu finden, weil er in einem Taleinschnitt liegt und von der Ferne nicht zu sehen ist. Sie erreichen den Tempel mit einem kleinen angemieteten Boot oder mit dem Fahrrad vom Kondawgyi Tempel über Feldwege oder mit einem Taxi. Bei der Besichtigung werden die dunklen Tunnelgänge mit Kerzen erhellt, wofür eine kleine Spende angebracht ist.

Die **Legende** von der Entstehung der Tempel besagt folgendes:

Ein Mönch wurde von einer Frau des Ehebruchs angeklagt. Der Beklagte rief darauf die *Nats* als Zeugen an. Um seine Unschuld zu beweisen, sollte ein großer Stein stromaufwärts und ein anderer Stein zum jenseitigen Ufer schwimmen. Beides geschah. Als der König von diesem Wunder hörte, ließ er zur Erinnerung zwei Tempel bauen. Der eine wurde Kyaukku Umin, der andere Dammba (inzwischen verfallen) genannt.

Thamiwhet Umin und Hmyathat Umin

Diese beiden Tempel aus dem 13. Jh. liegen nahe beieinander. Sie sind unterirdisch in die Seiten eines Sandsteinhügels gegraben. Ursprünglich waren sie für die Mönche gedacht als kühler, ruhiger Platz zum Beten und Meditieren. Ziegelwände teilen die Gänge in kleine Zellen.

Der Thamiwhet Umin enthält noch ein Buddhabildnis, einige Wandmalereien und eine Steininschrift.

Der Hmyathat Umin bietet als Besonderheit einen Gang, der in einer Zickzacklinie verläuft.

Sapada Pagode

Der Mönch Sapada kam aus dem gleichnamigen Dorf in der Nähe von Pathein. Die Legende erzählt, dass er 1181 als junger Novize den Lehrer des Königs, Uttarajiva, auf einer Pilgerfahrt nach Sri Lanka begleitete. Während Uttarajiva bald nach Bagan zurückkehrte, wurde Sapada in Sri Lanka zum Mönch geweiht. Er blieb 10 Jahre dort und studierte die Lehre Buddhas. 1191 kehrte Sapada schließlich mit vier Mönchen aus Sri Lanka zurück und gründete einen singhalesischen Orden in Bagan.

Die Sapada Pagode ist offensichtlich in einem damals üblichen Stil einer singhalesischen Pagode (*dagoba*) erbaut worden. Sie hat einen runden Baukörper mit einer glockenförmigen Kuppel, darauf ruht ein würfelförmiger Reliquienbehälter und eine konisch zulaufende Spitze.

Bagan 275

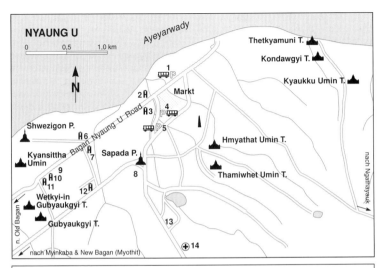

1 Busbahnhof
2 Lucky Seven Guest House
3 Golden Myanmar Motel
4 Busbahnhof
5 Busbahnhof
6 Pan Cherry Guest House
7 Royal Guest House
8 Telegraphenamt
9 Nation Restaurant
10 Aye Yeik Tha Yar Restaurant
11 Aung Mingalar Hotel
12 New Heaven Hotel
13 Bank
14 Krankenhaus

Shwezigon Pagode

• Fotoapparat K 30, Video K 50

Die Namen von den zwei großen und tief religiösen Königen Anawrahta (1044 - 1077) und Kyansittha (1084 - 1113) sind mit der Shwezigon Pagode verbunden. Dieser massive, vergoldete Bau ist 60 m hoch und wurde das Vorbild für alle künftigen Pagoden in Myanmar. Die Shwezigon Pagode beherbergt eine heilige Zahnreliquie von Buddha, ein Geschenk des Königs von Sri Lanka.

Die Chroniken berichten, dass König Anawrahta die Reliquie auf dem Rücken eines geschmückten weißen Elefanten befestigte. Die Reliquie sollte an der Stelle bleiben, an der sich der Elefant hinknien würde. Dies geschah dort, wo heute die Shwezigon Pagode steht. König Anawrahta begann mit dem Bau der Pagode. Nach der Vollendung der ersten drei Terrassen starb er, und König Kyansittha baute auf Anraten des königlichen Lehrers Shin Arahan die Pagode fertig. Alle Bewohner mussten Steine vom Mount Tuyin (im Osten) bringen. So wurde die Pagode in sieben Monaten und sieben Tagen fertiggestellt. Auf zwei Steinpfeilern ist eine Inschrift in Mon zu sehen, die die

Geschichte des Prophetentums von Buddha und außerdem von einem großen, gläubigen König erzählt.

Der untere Teil der Pagode wird aus drei großen, quadratischen zurücktretenden Terrassen gebildet. Darauf steht eine achteckige Basis, die die Verbindung zwischen dem quadratischen Unterbau und der runden Kuppel darstellt. Die Kuppel ist glockenförmig, was auch als umgestülpte Lotosblüte gedeutet wird, und mit einem Band aus Girlanden verziert. Die konische Spitze erhebt sich direkt über der Kuppel und ist von einem Schirm *(hti)* gekrönt.

Auf jeder Seite führen außen Treppenaufgänge von Terrasse zu Terrasse, die mit grün glasierten Platten mit Szenen aus den *Jatakas* verziert sind. Zum beiderseitigen Abschluss der Treppen dienten die Sockel mit überlebensgroßen Löwen als Wächterfiguren. Die Ecken der dritten Terrasse sind mit Stupas besetzt, die als Modelle der Hauptglocke anzusehen sind. Von vier Seiten führen Zugänge zur Plattform. Der Hauptzugang liegt im Norden und wird von zwei riesigen mythischen Löwen flankiert. Auf der Plattform sind 37 Abbilder der *Nats* aufgestellt, die sich in verehrender Haltung dem Zahn Buddhas zuwenden, der zusammen mit einem Knochen Buddhas dort eingemauert sein soll. Die *Nat*schreine waren für die Bauern bestimmt, die, während sie noch ihre alten Geistergötter anbeteten, die Lehre Buddhas kennenlernen sollten. Auf der Plattform stehen mehrere Tempel und Andachtshallen in verschiedenen Baustilen. An jeder der vier Seiten ist ein kleiner, quadratischer Tempel, in dem eine Buddhafigur aus Bronze steht. Beim Hauptzugang ist noch eine in Stein gehauene *Naga* zu sehen. Nach der Legende soll eine *Naga* die Anhöhe, auf der die Pagode steht, aus dem Strombett hochgedrückt haben. An der Südseite stehen zwei grauenerregende *Nat*figuren als Wächter und Beschützer des Heiligtums. In der Shwezigon Pagode versuchte der König, den *Nat*glauben mit dem Buddhismus zu versöhnen.

Der überdachte Gang zum Tempelgelände enthält einige Verkaufsstände. Im November und Dezember findet in der Pagode ein Fest statt.

Kyansittha Umin

Dieser Tempel ist nach König Kyansittha (1084 - 1113) benannt. Man nimmt jedoch an, dass er von seinem Vater, König Anawrahta, gebaut wurde. Der Tempel ist eine niedrige und schmucklose Ziegelkonstruktion mit langen, dunklen, teilweise unterirdischen Korridoren im Inneren, die in einzelne Räume unterteilt wurde, in denen Mönche wohnten. An einigen Wänden sind interessante Wandmalereien aus dem 11. - 13. Jh. im Mon- und birmanischen Sil, z. B. die Darstellung von mongolischen Soldaten als eine Erinnerung an die mongolische Invasion unter Kublai Khan.

Der Tempel ist oft zugesperrt, aber gegen ein kleines Trinkgeld schließt jemand auf und führt Sie mit einer Kerze durch die dunklen Räume.

Gubyaukgyi Tempel

Der Name bedeutet „großer bemalter Höhlentempel". Der Tempel aus dem 13. Jh. liegt südöstlich von Wetkyiin (nicht zu verwechseln mit dem Gubyaukgyi Tempel nahe Myinkaba).

Die pyramidenförmige Spitze erhebt sich über dem Hauptquader. Diese architektonische Grundidee ist wahrscheinlich vom Mahabodhi Tempel in Bodh Gaya in Indien übernommen. Der Gubyaukgyi Tempel ist bemerkenswert wegen seiner Malereien der *Jataka*-Szenen, die die Innenwände schmükken. Jede Szene ist auf einem kleinen quadratischen Feld gemalt. Leider wurden 1899 von Dr. Thomann viele der Wandmalereien entfernt. Außerdem ist eine Buddhastatue zu sehen.

Old Bagan

Htilominlo Tempel

Er wurde 1211 gebaut und nach seinem Erbauer, König Htilominlo (1211 - 1234), benannt. Htiminlo war ein Prinz von niederem Rang. Trotzdem wurde er zum Nachfolger von König Narapatisithu bestimmt. Der König rief Htilominlo und seine vier älteren Brüder zusammen, stellte einen weißen Schirm (=

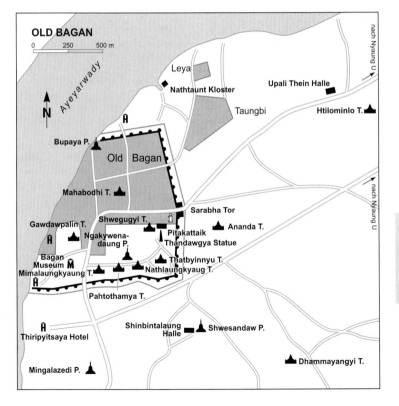

Symbol des Königtums) in ihrer Mitte auf und schwur feierlich: „Derjenige, zu dem der weiße Schirm zeigt, möge es wert sein, König zu sein!" Der weiße Schirm zeigte auf Htilominlo. Nachdem er König wurde, erbaute er an der Stelle, an der die Wahl auf ihn fiel, einen Tempel. In den Inschriften jedoch ist an vielen Stellen nicht von Htilominlo, sondern von Nadaungnya die Rede. Einige Historiker nehmen an, dass der Name falsch gelesen wurde.

Der Tempel ist mit seinen 46 m Höhe einer der größten Tempel von Bagan. Jede Seite des Sockels misst 42 m in der Länge. Eine Vorhalle im Osten und Bogengänge an den anderen drei Seiten führen in den doppelstöckigen Bau, wo in jedem Stockwerk in jeder Himmelsrichtung eine Buddhafigur aufgestellt ist.

Von innen führt eine Treppe in den ersten Stock. Über dem oberen Stockwerk beginnen zurücktretende Terrassen, ursprünglich mit grün glasierten Sandsteinstücken reich verziert. Einige der Reliefplatten an den Gewölbeverzierungen, Friesen und Pfeilern sind noch erhalten. Interessant sind die Horoskope wichtiger Personen hoch oben an den Wänden. Über den Terrassen erhebt sich eine gekrönte Spitze.

Upali Thein

Thein werden Ordinationshallen in Myanmar genannt. Die Upali Thein liegt gegenüber dem Htilominlo Tempel. Sie wurde Mitte des 13. Jh. erbaut und ist nach dem Mönch Upali benannt. Die Upali Thein ist insofern besonders interessant, als nur ganz wenige Ordinationshallen aus der Baganperiode in gutem Zustand erhalten sind. Obwohl das Gebäude aus Ziegel gebaut wurde, scheint es eine Holzkonstruktion nachzuahmen.

Es hat ein langes, zentrales Schiff mit seitlichen Gängen und geneigten Dächern. An jedem Ende des Gebäudes sind angedeutete Pfeiler und Querbalken. Angedeutete Boote schließen den Giebel und die geneigten Dächer ab. Die niedrige, mit Zinnen versehene Brüstung auf dem Dach wurde erst viel später im 18. Jh. dazugefügt.

Innen befindet sich eine Buddhafigur auf einem Sockel nahe dem westlichen Ende. Die Wandmalereien stammen aus dem 18. Jh. Im Gegensatz zu den kleinen, in einzelne Felder aufgeteilten Malereien der Baganperiode sind hier die Szenen groß und fortlaufend dargestellt. Die Malereien zeigen z. B. das Erreichen der Erleuchtung durch folgende Buddhas und die Weihe einer Ordinationshalle durch König Anawrahta.

Die Upali Thein ist nicht immer geöffnet. Bei Vollmond treffen sich hier die Mönche zum Beten und Meditieren.

Ananda Tempel

- Fotoapparat: K 30, Video K 50

Der Ananda Tempel wurde während der Regentschaft König Kyansitthas erbaut und 1090 fertiggestellt. Er gilt als ein Meisterwerk des frühen Stils. Der Tempel dient auch heute noch dem Kult. Er hat seinen Namen von dem Wort „Anandapyinnya", was so viel wie „die unendliche Weisheit", eines der Attribute Buddhas, bedeutet. In den Chroniken wird berichtet, dass eines Tages acht Heilige zum Hof von Kyansittha (1084 - 1113) am Mt. Gandhamadana kamen. Dieser Berg ist in den indischen

Mythen einer der vier Berge, der die heilenden Kräuter beherbergt. Der zutiefst gläubige König schenkte den Heiligen ein Kloster und gab ihnen jeden Tag zu essen. Der König wünschte sich sehr, die Nandamula-Grotte zu sehen, die sich im Mount Gandhamadana befand. Die acht Heiligen konnten durch ihre Kräfte die Grotte heraufbeschwören. Ihre Form nahm der König als Vorbild für den Bau des Ananda Tempels.

Der Grundriss des Tempels bildet ein griechisches Kreuz mit Säulengängen, ausgehend von einem quadratischen Block. Die Gesamtlänge einschließlich der Vorhallen beträgt 91 m. Der Tempel ist von einer Mauer mit vier Toren umgeben. Der Haupteingang liegt im Norden. Die Hauptmasse des aus Backstein errichteten Bauwerkes bildet ein kubischer Steinkomplex mit je 53 m seitlicher Länge. Über dem Hauptblock erheben sich zwei Reihen geneigter Dächer, gefolgt von vier zurücktretenden Terrassen, die als Basis für die Turmpyramide *(Sikhara)* und den kegelförmigen Turmhelm dienen. Mit dem vergoldeten Endteil und dem Schirm hat der Tempel eine Höhe von 51 m. Bei dem Erdbeben im Jahre 1975 ist die Spitze herabgefallen, sie wurde aber mittlerweile wieder ersetzt. Die Dächer sind mit kleinen Stupas, *Sikharas* und Wächterfiguren verziert, wie es beim Mon-Stil üblich war. Unterhalb der Zinnen der Geländer findet man lange Reihen von etwa 550 glasierten grünen Terrakottareliefs der *Jatakas* - ursprünglich sollen es 1 400 gewesen sein. Die Platten im Erdgeschoß zeigen Buddhas Sieg über Mara, jene an der Westseite furchterregende Monster von Maras Armee und die an der Ostseite die Devas mit den Glückssymbolen in ihren Händen, die über Buddhas Sieg über Mara jubilieren. Die Platten in den unteren Terrassen stellen die weniger wichtigen Leben von Buddha dar, die 389 Platten der vier oberen Terrassen bieten ausführliche Schilderungen der 10 bedeutenderen Leben. Viele wurden später mit braun-

roter und goldener Farbe übermalt. Das Völkerkundemuseum in Hamburg besitzt davon 200 Gipsabdrucke. Die Reliefs sind quadratisch und zwischen 33 und 16 cm groß. Jedes ist mit einer Randleiste mit einem Kugelornament begrenzt. Unter jeder Abbildung ist eine Inschrift in dem eckigen Duktus der altbirmanischen Schrift (Altbirmanisch ist eine Mischsprache aus Pali und Birmanisch).

Die Portale aus Teakholz zeigen reiche, ornamentale und figürliche Schnitzereien. Vor den vier Säulengängen stehen jeweils zwei Türwächter auf Sockeln in Bogennischen. In den Säulengängen selbst bewachen zwei weitere Türhüter den Eingang zum Hauptraum, in dem entlang der vier Seiten zwei enge Gänge parallel zueinander verlaufen. In den Gängen sind Nischen, die kleine steinerne Statuen von Buddha in verschiedenen Haltungen beherbergen. Erwähnenswert ist eine Serie von 80 Reliefs in den zwei unteren Reihen der Nischen im äußeren Gang, die das Leben Buddhas von der Geburt als Prinz Siddhartha bis zu seiner Erleuchtung darstellen. Die kleinen Fenster in den dicken Wänden erzeugen eine dämmrige Stimmung, die den Eindruck erwecken soll, man befinde sich in einer tiefen natürlichen Grotte.

Der Innenraum ist in vier hochstrebende Räume unterteilt, in denen jeweils eine Kolossalstatue von fast 10 m Höhe steht. Jede Statue stellt einen von den vier in diesem Weltalter erschienenen Buddhas dar. Die Figuren an der Nord- und Südseite sind noch original, die beiden anderen sind den Originalen, die zerstört wurden, nachgebildet. Im Norden steht die Figur von Gautama mit zwei weiteren Figuren, die in Ehrerbietung vor ihm knien. Die linke Figur stellt Shin Arahan, die rechte König Kyansittha dar. Im Osten steht Kausandha, im Süden Konagama und im Westen Kassapa. Ihre Gesichter sind durch die darüberliegenden Dachfenster hervorragend beleuchtet. Die vier Statuen sollen aus verschiedenen Materialien hergestellt worden sein: Kausandha aus wohlriechendem Danza-Holz, Kassapa aus Bronze, Gautama aus Fichte und Konagama aus Jasminholz. Die starke Blattvergoldung liegt über einer Gipsschicht.

Insgesamt wirkt der Ananda Tempel durch seine spitzbogenförmigen Nischen und seine Höhe fast wie eine gotische Kirche. In kleineren Nischen in den Seitengängen sind Figuren aufgestellt, die in ihrer Pose, ihrem Faltenwurf und ihren Konturen deutlich den indischen Einfluss erkennen lassen.

Der Ananda Tempel ist außen und innen weiß getüncht und von weitem sichtbar. Früher waren die Innenwände mit bunten Fresken geschmückt, die Geschichten der Mon darstellten. In zwei der überdachten Gänge zum Tempel befinden sich Verkaufsstände, die vor allem Lackarbeiten anbieten.

Zu dem dreitägigen Tempelfest während des Vollmonds im Dezember/Januar kommen um die 1 000 Mönche und zahlreiche Gläubige.

Neben dem Ananda Tempel sehen Sie das **Ananda Ok Kyaung,** eines der wenigen erhaltenen Klöster in Ziegelbauweise aus dem 18. Jh. In dem quadratischen Bau sind viele Wandmalereien, die Szenen aus dem täglichen Leben darstellen, wie z. B. Händler, Musikanten, beim Baden und Kochen.

Das Gebäude ist oft verschlossen, ein Wärter sperrt aber gerne auf.

Sarabha Tor

Dieses Tor gewährte Zutritt zu der befestigten Stadt und steht noch als einziges von den ursprünglichen 12 Toren der Stadtmauer, die König Pyinbya 849 errichten ließ. Das Tor ist deshalb von besonderem Interesse, weil es das einzige erhaltene Stück der weltlichen Architektur ist. Die Wohnhäuser und hölzernen Paläste innerhalb der Stadtmauer sind seit langem verschwunden. In der Nähe des Sarabha Tors befand sich wahrscheinlich der Palast von König Anawrahta.

Vor dem Sarabha Tor stehen die Statuen der Mahagiri-*Nats*. Sie sind die Schutzgeister Bagans. Maung Tinde auf der linken Seite und seine Schwester Thonbanhla haben ihren Stammsitz am Mount Popa.

Thatbinnyu Tempel

Thatbinnyu heißt Allwissenheit. Der Tempel erhebt sich als mächtiger weißer Block über die anderen Tempel. Er wurde 1144 von König Alaungsithu, der auch Schöpfer der heutigen Musik in Myanmar gilt, gebaut und ist kunsthistorisch zwischen dem frühen Stil (z. B. Ananda Tempel) und dem späten Stil (z. B. Gawdawpalin Tempel) einzuordnen. Der Thatbinnyu Tempel ist einer der frühesten mehrstöckigen Tempel.

Der Grundriss ist ähnlich dem des Ananda Tempels. Der quadratische Bau hat an allen vier Seiten Säulenhallen. Über jedem Stockwerk erheben sich drei zurücktretende Terrassen, die mit zinnenbesetzten Brüstungen und kleineren Stupas an den Ecken verziert sind. Über den Terrassen des obersten

Sarabha Tor

Stockwerks ragt eine geschwungene Spitze empor, auf die ein schlanker, spitz zulaufender Stupa aufgesetzt ist.

Mit einer Höhe von 64 m ist er der höchste Tempel Bagans. Sowohl die enorme Höhe des Tempels als auch die vertikalen Linien der Ornamente (Pfeiler, flammenartige Bogengiebel, Stupas an den Ecken) verleihen dem Tempel einen aufstrebenden Charakter. Der östliche Säulengang hat eine zentrale Treppe, die von zwei stehenden Türwächtern bewacht wird. Die Treppe führt zu einem Zwischenstockwerk, wo ein Gang um den zentralen Bau herumläuft. Zwei Fensterreihen machen das Innere hell und luftig. Die Wände waren fast ohne Ausnahme mit Wandmalereien bedeckt; heute sind leider nur noch wenige Fresken erkennbar.

Zwei Treppen führen von innen zu den Terrassen über dem östlichen Säulengang, zu denen auch von außen Treppen hochgehen. Hier sitzt eine Buddhafigur auf einem Thron aus Ziegel. Weitere enge Treppen führen zu den Terrassen der oberen Stockwerke. Die ersten beiden Stockwerke dienten als Wohnquartiere der Mönche, das dritte als Versammlungs- und Gebetshalle, in der auch eine große Buddhastatue steht, das vierte als Bibliothek und das fünfte als Basis der Pagode, wo heilige Reliquien aufbewahrt wurden.

Das Innere des Tempels ist beim letzten Erdbeben 1975 beschädigt worden. Von der obersten Terrasse hat man einen schönen Rundblick auf die vielen Tempel und Pagoden. Auch den Sonnenuntergang über dem Ayeyarwady können Sie von hier aus genießen. Leider sind zur Zeit die Treppen aus Denkmalschutzgründen nicht mehr begehbar!

Nordöstlich vom Thatbinnyu Tempel steht der kleine **Gayocho oder „Tally" Tempel.** Er ist ein Miniaturmodell des großen Thatbinnyu Tempels. Bei dessen Bau legte man für je 10 000 Ziegelsteine einen beiseite; aus diesen Auszählsteinen wurde der Tally Tempel erbaut.

Südwestlich vom Thatbinnyu Tempel in einem eingezäunten Kloster stehen zwei hohe Steinpfeiler mit einem V-ähnlichen Muster. Diese zwei Pfeiler trugen früher eine riesige Bronzeglocke. Die Legende erzählt von König Alaungsithu, dass er zwei große Glocken spendete, eine für den Thatbinnyu Tempel und eine für den Shwegugyi Tempel. Sie waren aus purem Kupfer, größer, schwerer und schöner als die fünf großen Glocken, die sein Großvater, König Kyansittha, spendete.

Pitakattaik

Diese Bücherei wurde von König Anawrahta (1044 - 1077) als Aufbewahrungsort für die 30 Bände der *Tripitaka* gebaut, die er von Thaton auf den 32 weißen Elefanten von König

Manuha mitbrachte. Die Bücherei ist im Grundriss quadratisch, misst 15 m pro Seite und ist wie ein Tempel in einem zentralen Innenraum und eine umlaufende Säulenhalle eingeteilt. Durch je drei durchbrochene Fensteröffnungen dringt nur wenig Licht ins Innere. 1783 wurde die Bibliothek von König Bodawpaya restauriert. Er setzte eine Spitze auf die fünf übereinanderliegenden Dächer. Die pfauenartig verzierten Endsteine an den Ecken der Dächer sind auch im Zuge dieser Restaurierung dazugekommen.

Viele Klöster in Bagan, besonders die großen lehrenden Klöster, besaßen eine angegliederte Bücherei. Die Pitaka wurden auf Palmblätter geschrieben und in hölzernen Truhen aufbewahrt.

Shwegugyi Tempel

Er wurde 1131 von König Alaungsithu (1113 - 1169) erbaut. Der Tempel wirkt elegant und verbindet stilistisch den frühen mit dem späten Stil. Die Geschichte des Tempels ist auf zwei Steinplatten, die sich an der Westseite in der Vorhalle befinden, festgehalten. Die Inschriften sind in Pali und erinnern daran, dass der Tempel am 17. Mai 1131 begonnen und am 17. Dezember 1131 vollendet wurde. Charakteristisch für diesen Tempel sind die großen Türöffnungen und die weiten, offenen Fenster, die das Innere hell und luftig erscheinen lassen. Der Tempel ist nach Norden ausgerichtet und steht auf einer hohen Ziegelplattform. Er kann über eine Treppe an der Nordostecke erreicht werden. Das Tempelgebäude ist quadratisch mit einer Hauptzelle und zwei gewölbten Nebenzellen.

Zurücktretende quadratische Terrassen erheben sich über dem Hauptbau mit Stupas an jeder der vier Ecken. Die Ziergiebel an den Bögen, die Pfeiler, die Kapitelle und das Gesims sind mit reichem Stuck versehen.

Sein Erbauer fand im Shwegugyi Tempel ein tragisches Ende. Als König Alaungsithu sehr krank war, brachte ihn sein Sohn vom königlichen Palast hierhin. Als sich der König jedoch wieder erholte, eilte sein Sohn zum Tempel und tötete ihn durch Ersticken.

Hier haben Sie die Gelegenheit, einen schönen Ausblick und Sonnenuntergang zu erleben.

Thandawgya Statue

Diese riesige sitzende Buddhastatue ist fast 6 m hoch und wurde von König Narathihapati (1255 - 1287) errichtet. Die Figur wurde aus Ziegelsteinen gebaut, mit Gips umkleidet und hat innen einen hölzernen Kern. Die Statue befindet sich in einem schlechten Zustand.

Nathlaungkyaung Tempel

Übersetzt bedeutet der Name „Tempel, in dem die Geister eingesperrt sind". Dieser Tempel ist das einzige Exemplar eines Hindu-Tempels in Bagan. Man nimmt an, dass er für die religiösen Bedürfnisse der Inder in Bagan gebaut wurde. Aus einer Inschrift in tamilischer Sprache, die südlich von diesem Tempel in Myinkaba gefunden wurde, geht hervor, dass die Einwohner von Malaimandalam im 13. Jh. ein Portal für den Tempel bauten. Jetzt ist das Tor ziemlich verfallen.

Die Haupthalle ist noch erhalten, der Eingang jedoch zerstört. Früher standen in der Haupthalle freistehende Figuren von Vishnu. Innen trägt ein zentraler Pfeiler die Konstruktion. Auf jeder Seite des Pfeilers sind Nischen mit Bildnissen von Vishnu, nur in der mittleren Nische fehlt es.

Ngakywenadaung Pagode

Die Pagode aus dem 12. Jh. besteht aus einer massigen Kuppel auf einer runden Basis. Sie ist 14 m hoch. Die Spitze ist nicht mehr erhalten. An manchen Stellen kann man noch grün glasierte Kacheln entdecken.

Pahtothamyo Tempel

Der 28 m hohe Tempel stammt aus dem 10. Jh. und gehört zum frühen Stil. Der Name bedeutet „Tempel der großen Fruchtbarkeit"; der Tempel wurde offenbar so genannt, weil er in der Blütezeit des Buddhismus gebaut wurde.

Der untere Teil ist ein quadratischer, innen gewölbter blockförmiger Bau. Über drei zurücktretenden Terrassen erhebt sich eine wuchtige Kuppel mit 12 senkrechten Rippen. In den Hauptraum führen drei Gänge mit verzierten Bögen. Fünf durchbrochene Fenster und Dachfenster in den Terrassen geben dem Innern Licht. In Nischen stehen Buddhastatuen aus Stein.

Die Wandmalereien erzählen Legenden in der Sprache der Mon und beschreiben Szenen aus den *Jatakas* und dem letzten Leben von Gautama Buddha.

Mimalaungkyaung Tempel

Der Tempel, bekannt als „der Tempel, der im Feuer nicht brennen kann", wurde wahrscheinlich von König Narapatisithu (1174 - 1211) gebaut und später restauriert.

Die rechteckige Plattform ist 4 m hoch. Man erreicht sie über einen Treppenaufgang, der von zwei Löwen bewacht wird. Die unterschiedlichen Dachformen sind von einem kleinen Stupa gekrönt.

Der Name des Tempels rührt von der großen Feuersbrunst 1225 her, als die meisten anderen Gebäude aus Holz und Bambus vernichtet wurden.

Gawdawpalin Tempel

Der Name bedeutet „Thron der Ehrerbietung". König Narapatisithu begann mit dem Bau des Gawdawpalin Tempel, fertiggestellt wurde er von dessen Sohn Zayathinga. Bei dem Erdbeben 1975 wurde er erheblich beschädigt. Er wurde renoviert, und vor kurzem erhielt er noch eine goldene Spitze.

Wie der Sulamani Tempel ist dieser Tempel zweistöckig im späten Stil erbaut. Die Basis ist quadratisch mit überdachten Gängen an allen vier Seiten. Somit hat der Tempel einen Grundriss in Form eines Kreuzes. Jedes der zwei Stockwerke hat drei darüberliegende zurücktretende Terrassen, die mit Girlanden aus pflanzlichen Ornamenten, Perlschnüren, Quasten zwischen den Zähnen grinsender Ungeheuer und mit Stupas an den Ecken verziert sind. Eine gebogene Turmspitze erhebt sich über der obersten Terrasse, überragt von einem schlanken Stupa.

Der Tempel hat eine Höhe von 58 m. Im Erdgeschoß läuft ein Gang um den zentralen Bereich, an dessen vier Seiten je eine Buddhastatue aufgestellt ist. Über eine enge Treppe gelangt man von innen in das obere Stockwerk, wo sich eine sitzende Buddhafigur befindet, die nach Osten schaut.

Mahabodhi Tempel

Sein Name verweist auf die Beziehungen zu dem Mahabodhi Tempel in Bodh Gaya in Indien, wo der Bodhi-Baum wuchs, unter dem Buddha erleuchtet wurde. König Kyansittha sandte damals Arbeiter nach Bodh Gaya, um den Tempel dort zu reparieren und um Samen von den Bodhi-Bäumen holen zu lassen. In Bagan ließ er dann die Bodhi-Bäume von diesen mitgebrachten Samen einpflanzen.

Der Tempel wurde von König Htilominlo (1211 - 1234) nach dem indischen Vorbild gebaut. Auf einem quadratischen, schweren Unterbau erhebt sich ein schlanker, pyramidenförmiger Turm. An der Außenseite des Turmes sind Nischen mit sitzenden Buddhafiguren eingelassen. Ganz oben ragt ein schlanker Stupa empor.

Eine Kopie dieses Tempels steht in Yangon auf der Plattform der Shwedagon Pagode.

Bupaya Pagode

• Fotoapparat K 30, Video K 50

Diese kleine Pagode liegt am Ufer des Ayeyarwady und dient heute noch für die Schiffer als Orientierungshilfe. Es wird angenommen, dass sie von König Pyusawhti, der von 162 - 243 n. Chr. regierte, erbaut wurde und somit zu den ältesten Pagoden gehörte. Bei dem Erdbeben 1975 stürzte die Pagode in den Ayeyarwady. 1977 wurde sie originalgetreu wiederaufgebaut. Die kleine weiße Pagode erhebt sich über zinnenbesetzten Terrassenanlagen. Ihre Form mit den goldenen senkrechten Bändern und der vergoldeten Spitze mit Schirm erinnert an einen Kürbis (das Wort „Bu" heißt Kürbis). Von der Bupaya Pagode bietet sich Ihnen ein schöner Blick über den Ayeyarwady.

Die **Legende** berichtet, dass der erste König von Bagan, Thammoddarit, von vier Gefahren bedroht wurde: dem Flughörnchen, dem Eber, den Vögeln und den Kürbispflanzen. Die Kürbispflanze hatte Triebe, die sich über das ganze Land ausbreiteten. Auch wenn man sie in der Nacht abschnitt, wuchsen sie bis zum nächsten Morgen so frisch und kräftig wie vorher. Das Land in Bagan wurde bald vollständig von Kürbispflanzen überwuchert. Glücklicherweise kam dann Pyusawhti mit seinem magischen Bogen und bezwang damit alle vier Gefahren. In großer Dankbarkeit erhielt er dafür die Tochter des Königs zur Frau. Als dann eines Tages Pyusawhti selbst König wurde, baute er an allen Stellen Pagoden, an denen er die vier Gefahren bezwang. Eine davon ist die Bupaya Pagode.

Nath-taunt Kyaung

Dieses alte Holzkloster mit schönen erhaltenen Schnitzereien liegt etwas nördlich von Old Bagan. Es wird noch von ein paar Mönchen bewohnt. Sie können es zu Fuß entlang am Hochufer, ausgehend von der Bupaya Pagode, oder mit einem gemieteten Boot erreichen (Anlegeplatz z. B. am Ayeyarwady Hotel)

Shwesandaw Pagode

Sie wurde von König Anawrahta 1057 angelegt. Der Name heißt „Goldene heilige Haar-Reliquie", weil eine Haar-Reliquie dort eingemauert ist. Die Reliquie erhielt König Anawrahta vom König von Bago aus Dankbarkeit dafür, dass er ihm bei der Invasion der Khmer geholfen hatte. Ursprünglich war die Reliquie von den Kaufleuten Tapussa und Bhallika nach Myanmar gebracht und in Thayekhittaya eingemauert worden. Nach dem Fall von Thayekhittaya ließ der König von Bago drei Haar-Reliquien in einen Schrein verschließen und die vierte hob er in einer mit Juwelen besetzten Truhe auf, damit sie von den Pilgern verehrt werden konnte. Das letzte Haar erhielt König Anawrahta.

Die Shwesandaw Pagode gehört zum frühen Stil. Auf fünf nach oben kleiner werdenden quadratischen Terrassen erhebt sich auf einer achteckigen Basis der glockenförmige Stupa, der mit einer konischen Spitze und einem Schirm abschließt. Auf der mittleren Treppe kann man auf steilen Stufen bis zum Stupa steigen.

Von dort oben haben Sie einen guten Überblick. Die Terrassen waren früher mit unglasierten Terrakottafliesen verziert. Ganz wenige Reste davon sind noch vorhanden. Sie gehören zu den ältesten Fliesen, die in Bagan gefunden wurden. Statt Stupas an den Ecken der Terrassen waren Statuen von Ganesha, dem elefantenköpfigen Hindu-Gott, aufgestellt.

Shinbintalaung Halle

Gegenüber dem Treppenaufgang der Shwesandaw Pagode steht die Shinbintalaung Halle. In dem rechtekkigen niedrigen und unscheinbaren Ziegelbau befindet sich ein großer liegender Buddha. Er ist im Augenblick des Eintritts ins *Nirwana* dargestellt. Die 20 m lange Figur stammt aus dem 11. Jh. Normalerweise zeigt der Kopf der liegenden Figuren nach Norden, dieser jedoch weist nach Süden, weil das Gesicht der Figur auf den Shwesandaw Tempel gerichtet sein sollte.

Mingalazedi Pagode

Sie war die letzte große Pagode, die in Bagan errichtet wurde. König Narathihapati begann 1268 mit dem Bau. Aber noch bevor sie fertig war, prophezeite ein Wahrsager dem König: „Die Pagode ist fertig, das Königreich zerstört". Man interpretierte es damals so, dass das Königreich untergehen würde, wenn die Pagode vollendet wäre. Der König bekam Angst und unterbrach den Bau. Nach sechs Jahren kam ein Berater zum König und stellte ihm in Aussicht, das Königreich werde ewig dauern und die Könige würden niemals sterben, wenn er die Pagode zu Ende bauen würde. Daraufhin setzte der König den Bau fort, er wurde 1274 beendet. Zehn Jahre später wollte Kublai

Khan die Unterwerfung Bagans auf friedlichem Wege erreichen. Doch als einer seiner Gesandten enthauptet wurde, rückte Kublai Khan gegen Bagan vor. König Narathihapati ließ dann angeblich 6 000 Tempel niederreißen, um damit die Stadtmauern zu verstärken. Der König floh und wurde später von seinem Sohn vergiftet. Kublai Khan besetzte 1287 Bagan.

Auf einem quadratischen Sockel ruhen drei Terrassen mit Aufgängen an allen vier Seiten. Darüber erhebt sich auf einer achteckigen Basis der gedrungene glockenförmige Stupa. An den Terrassen befinden sich nur noch wenige *Jataka*tafeln.

Von der obersten Terrasse aus bietet sich Ihnen einer der schönsten Aussichtspunkte für einen Überblick über die Tempel von Bagan.

Dhammayangyi Tempel

Der Tempel ähnelt im Grundriss dem des Ananda Tempels, ist aber größer und wirkt wuchtiger. Aus Inschriften weiß man, dass König Narapatisithu 1197 vier heilige Reliquien vom König von Sri Lanka erhielt, für die er 1198 den Tempel bauen ließ. Dieser finstere Steinkoloss entspricht vollkommen dem Grundansatz des Tempelbaus, nämlich eine Höhle oder Grotte nachzubilden. Der König soll einen Maurer eigenhändig enthauptet haben, weil er eine Nadel zwischen die Ziegelsteine schieben konnte.

Die Zugänge vom einzigen Korridor zu dem Mittelgewölbe sind vor etwa 200 Jahren auf Veranlassung eines Mönches zugemauert worden. Im Zuge der Renovierungswelle in Bagan wurden diese Mauern wieder entfernt. Das Innere birgt eine große liegende Buddhafigur, hinter der die seltene Konstellation von zwei gleichen, nebeneinander sitzenden Buddhafiguren zu sehen ist.

Reiche Stuckornamente mit prächtigen Motiven zieren Haupt- und Nebenportale, die dreigeschossige Überdachung der Fenster, die Gesimse und Pilaster. Die Pagode wurde nicht vollendet, weil der Schwiegervater des Königs diesen ermorden ließ.

In Myinkaba

Gubyaukgyi Tempel

In Wetkyiin gibt es einen Tempel, der den gleichen Namen trägt. Dieser bedeutet übersetzt „großer bemalter Höhlentempel".

Die Geschichte des Tempels ist eng verbunden mit der Romanze von Kyansittha mit Thambula. Als der junge Kyansittha vor dem großen Zorn des Königs Anawrahta fliehen musste, kam er zu einer Stelle, wo ein Mönch mit seiner hübschen Nichte Thambula lebte. Kyansittha verweilte dort, bis er zum Hof zurückgerufen wurde. Als er die inzwischen schwangere Thambula verlassen musste, schenkte er ihr einen Ring. Wenn es ein Mädchen werden würde, sollte sie den Ring verkaufen, um es ernähren zu können. Bei einem Knaben sollte sie den Ring und das Kind zum Königshof bringen. Sieben Jahre vergingen, und Kyansittha war inzwischen König, als Thambula am Hof mit dem Ring und dem Knaben Rajakumar erschien. Der König war so sehr erfüllt mit Freude, dass er Thambula zur Königin ernannte.

288 Reiseteil

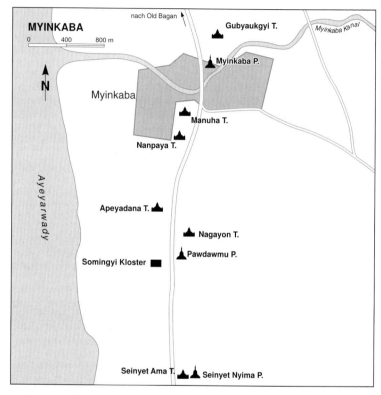

Der Gubyaukgyi Tempel wurde 1113 von Rajakumar anläßlich des Todes von Kyansittha erbaut; er wird dem frühen Stil zugeordnet. Über dem quadratischen Hauptblock erheben sich schräge Dächer und Terrassen. An der geschwungenen Kuppel sind auf jeder Seite drei übereinanderliegende Nischen mit kleinen Buddhastatuen eingelassen. Die Außenwände sind mit sehr schönen Steinmetzarbeiten am Fries, an den Giebeln der Fenster und auch an den Pfeilern verziert. In dem von durchbrochenen Fenstern dämmrig erleuchteten Innern verlaufen Gänge mit Nischen, in denen steinerne Buddhafiguren aufgestellt sind. Der Gubyaukgyi Tempel ist besonders bekannt durch seine zahlreichen schönen Wandmalereien, die zu den ältesten in Bagan gehören. Diese wurden mit Unterstützung der UNESCO renoviert. In der Vorhalle finden sich Episoden aus dem Leben von Personen, die durch ihre Verdienste ins heilige Königreich kommen konnten.

In der Haupthalle sind in neun Reihen Szenen aus den *Jatakas* angeordnet, zu jeder Szene ist eine Legende in der Sprache der Mon hinzugesetzt. Die innere Wand des Eingangs zum Schrein zeigt die Erleuchtung von Tavatimsa, dem heiligen Abt, außerdem eine Darstellung von Buddha, links flankiert von Brahma mit einem Schirm und rechts von Indra (Thagya).

Vor dem Tempeleingang steht der **Myazedi-Stein**, in dem ein Text in den vier Sprachen Mon, Birmanisch, Pyu und Pali eingemeißelt ist. Man bezeichnet ihn auch als den Rosette-Stein von Myanmar. Die Entzifferung der Schriften wurde 1911 von Dr. Blagden in Angriff genommen. Daneben steht die **Myazedi Pagode** mit einem vergoldeten Stupa.

Myinkaba Pagode

Diese Pagode liegt am Ufer des Myinkaba-Flusses. Der Name Myinkaba wird in der Überlieferung so erläutert: Provoziert durch seinen Halbbruder marschierte König Anawrahta gegen Sokkate. Beide begegneten sich an dem Fluss, und es kam zum Kampf. Sokkates Lanze traf den Sattel von Anawrahta, Anawrahtas Lanze aber durchbohrte Sokkate, dessen Pferd mit ihm zum Fluss lief, wo er dann starb. Der Fluss trägt seitdem den Namen Myinkaba, was soviel wie „Auf dem Sattel des Pferdes gebracht" heißt. Als Anawrahta den Thron bestieg, ließ er an dieser Stelle am Myinkaba aus Reue über den Tod seines Halbbruders die Myinkaba Pagode errichten.

Sie ist ein einfacher, glockenförmiger massiver Ziegelbau auf vier niedrigen Terrassen ohne Treppen aus dem 11. Jh. Nur an dem Glockenbau ist noch etwas Stuck vorhanden. Sonst fehlt überall der Anwurf, was zu der Annahme berechtigt, dass der Bau nicht vollendet wurde.

Manuha Tempel

Dieser Tempel aus dem Jahr 1059 wird König Manuha, dem König von Thaton, zugeschrieben. Nachdem König Anawrahta Thaton besiegt hatte, brachte er den König von Thaton ins Exil nach Bagan. In der Überlieferung heißt es, dass überall, wo der König sprach, um seinen Mund ein strahlender Glanz war. Er ließ Buddhastatuen anfertigen und als Aufbewahrungsstätte für sie den Manuha Tempel errichten.

Über dem quadratischen Bau erhebt sich zurückgesetzt ein niedriger Quader. Im Eingang steht eine große vergoldete Schüssel, in der beim Pagodenfest Reis geopfert wird. Drei riesige Buddhafiguren, die rechte Hand in der Geste der Erdberührung, sitzen nebeneinander ostwärts schauend. In einem dahinterliegenden Raum befindet sich eine liegende Buddhafigur, die den Erleuchteten beim Eintritt ins *Nirwana* darstellt. Die Figuren sind so wuchtig und groß, dass man den Eindruck hat, sie würden das Gebäude fast sprengen. Von dem hinteren Raum führen Treppen nach oben.

Während des Vollmonds im Februar/März findet das große Pagodenfest statt.

Nanpaya Tempel

Der Tempel von 1059 gehört zum frühen Stil und soll dem König von Thaton während der Jahre seines Exils in Bagan als Residenz gedient haben. Der einfache Ziegelbau ist quadratisch im Grundriss, angegliedert ist eine Eingangshalle im Osten. Die durchbrochenen Fenster zeigen am Giebel einfache Verzierungen aus Ziegel.

Im Inneren steht im Zentrum ein kleiner, quadratischer Sockel, auf dem früher vermutlich eine stehende Buddhafigur oder vier Rücken an Rücken sitzende Buddhafiguren plaziert waren. Vier quadratische Steinpfeiler tragen die Dachkonstruktion. Diese Pfeiler sind jeweils an zwei Seiten mit Reliefs verziert, die Brahma auf einer Lotosblume sitzend und pflanzliche Motive darstellen. Brahma und Indra werden in den *Jatakas* erwähnt. Mit diesem Tempel lebte die Tantra-Schule weiter, die ihren Sitz in Thaton, der Hauptstadt des Mon-Volkes, hatte. Der Tempel ist manchmal verschlossen.

Apeyadana Tempel

Er befindet sich nahe dem Nagayon Tempel. Die Legende erzählt, dass dieser Tempel an der Stelle steht, an der Apeyadana auf ihren Mann Kyansittha gewartet hat, als er sich vor dem Zorn von König Sawlu (1077 - 1084), seinem Halbbruder, versteckte.

Der von König Kyansittha erbaute Tempel hat den gleichen Grundriss wie der Nagayon Tempel. Über den Terrassen erhebt sich, anders als beim Nagayon Tempel, ein niedriger, glockenförmiger Stupa, danach kommt eine schüsselförmige Scheibe, und als Abschluss hat er eine ungewöhnliche achteckige Spitze.

Im Innern des zentralen Raumes findet man auf der Nordseite in einer tiefen Nische eine blass bemalte sitzende Buddhastatue. Der überwölbte Gang läuft um das Zentrum und wird auf jeder Seite von drei durchbrochenen Fenstern spärlich beleuchtet. An den inneren Wänden des Ganges sehen Sie Malereien mit Szenen von Brahma, Vishnu, Shiva und Indra, an den äußeren Wänden sind Bodhisattvas aus dem Mahayana, z. B. Avolokitesvara. Er ist sitzend dargestellt, die rechte Hand zeigt mit der Handfläche nach außen in der Geste des Schenkens, die linke Hand hält auf Brusthöhe eine Lotosblume. In der Eingangshalle befinden sich Fresken von den Lebensstationen Buddhas mit Mon-Inschriften.

Nagayon Tempel

Nagayon heißt „beschützt von der *Naga* (Schlange)". Als König Kyansittha vor König Sawlu floh, wurde er von einer jungen *Naga* beobachtet und beschützt während er schlief. Es soll diese Schlafstelle sein, wo heute der Nagayon Tempel steht. Er ist von König Kyansittha (1084 - 1113) im Mon-Stil erbaut worden.

Der noch gut erhaltene Tempel wurde zum Vorbild für den Ananda Tempel. Er hat die gleichen schrägen Dächer, die gleichen Terrassen, die gleichen Stupas in den Ecken, die gleiche Spitze und den gleichen Stupa. Der Kernbau ist viereckig und wirkt fast elegant. Das Portal im Norden ist mit grünglasierten Fliesen verziert, und in Nischen stehen Steinreliefs, die Szenen aus dem Leben Buddhas wiedergeben.

Im Zentrum, einem spitzbogigen Raum, steht eine riesige Buddhafigur aus vergoldetem Holz auf einem Lotosthron. Sie ist von den sieben Häuptern einer *Naga* wie von einem Baldachin überdacht. Der Eingang zu diesem Raum wird auf jeder Seite von einer indischen Figur bewacht. Die Wände des um das Zentrum laufenden Korridors sind mit Malereien von Szenen aus den *Jatakas,* mit grün glasierten Fliesen und Nischen mit Buddhafiguren geschmückt.

Pawdawmu Pagode

Sie ist nicht ganz 5 m hoch. Über drei Terrassen erhebt sich der glockenförmige Stupa. Ungewöhnlich ist die pyramidenförmige Spitze mit einer doppelten Lotosblüte darüber und abschließend einem Kegel.

Somingyi Kloster

Die Bewohner von Bagan bauten Pagoden und Tempel als Zeichen der Verehrung Buddhas oder zum Aufbewahren der Reliquien und Statuen, Büchereien für die Aufbewahrung der Gesetze Buddhas und Klöster für die Mönche als Schützer und Bewahrer des religiösen Lebens. Das Somingyi Kloster zeichnete sich durch seine sorgfältige Ausführung aus. Es wurde im 12. Jh. erbaut, hat einen quadratischen Grundriss und an der Ostseite eine Vorhalle. Um eine zentrale Halle reihen sich an der Nord- und Ostseite Zellen. Einige Reste von Wandmalereien sind noch zu sehen. Eine Treppe in der südöstlichen Ecke führte zum ehemals hölzernen Pultdach, das nicht mehr erhalten ist. Das Kloster wurde bei dem Erdbeben 1975 ziemlich beschädigt.

Seinnyet Ama Tempel und Seinnyet Nyima Pagode

Die „Seinnyet Geschwister", der Ama (ältere Schwester) Tempel und

die Nyima (jüngere Schwester) Pagode, stehen nebeneinander. Die beiden Bauwerke aus Ziegel sollen von Königin Seinnyet im 11. Jh. gebaut worden sein, stilistisch gehören sie jedoch in das 13. Jh.

Beim Seinnyet Ama Tempel führen an allen vier Seiten Eingänge ins Innere, wobei das östliche Portal der Haupteingang ist. Über dem quadratischen Hauptbau staffeln sich vier steile Terrassen. Über die unteren drei Terrassen führen Treppen. Im Inneren steht noch eine steinerne Buddhafigur mit einem halben Kopf und nur einem Arm. An dem geschwungenen Stupa deuten die nur noch vereinzelten Reste von Stuckarbeiten auf frühere reiche Verzierungen hin.

Die Seinnyet Nyima Pagode ist sehr ungewöhnlich. Die drei zurücktretenden quadratischen Terrassen und die Kuppel unterscheiden sich zwar nicht von den entsprechenden Bauelemen-

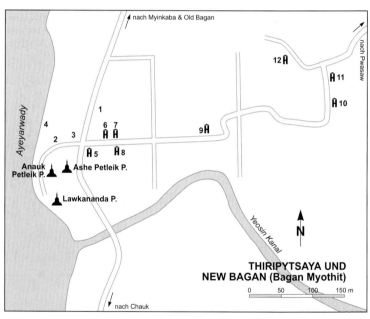

THIRIPYTSAYA UND NEW BAGAN (Bagan Myothit)

1 Tiger Head Express
2 River View Restaurant
3 Thiripyitsaya Palastruinen
4 Sunset Garden
5 Mya Thida Hotel
6 Bagan Beauty Hotel
7 Paradise Guest House
8 Bagan Guest House
9 Betelnut Inn
10 Bluebird Hotel
11 Kumudra Hotel

ten bei anderen Pagoden, aber über der Kuppel befindet sich noch eine gerippte, schalenförmige Scheibe (sie stellt die 'amalaka'-Frucht dar), überragt von einem gestutzten konischen Ende in der Form von übereinandergelegten Wülsten.

Thiripyitsaya

Ashe Petleik und Anauk Petleik Pagoden

Die zwei Petleik Pagoden, im Osten die Ashe, im Westen die Anauk, stammen aus dem 11. Jh. und wurden von König Anawrahta erbaut. Sie haben beide eine einfache Form. Die östliche Pagode ist etwas größer. Die westliche Pagode ist besser erhalten und hat einen glockenförmigen Stupa. Die vier Nischen mit Buddhastatuen in der Kuppel sind ziemlich ungewöhnlich. Auf dem Stupa ruht eine stark beschädigte schüsselförmige Scheibe, bei der östlichen Pagode ist an dieser Stelle statt dessen ein würfelförmiger Reliquienbehälter.

1905 stürzten Teile der Pagoden ein. Aus den Trümmern konnte man 550 unglasierte Terrakottatafeln bergen, die Szenen aus den *Jatakas* darstellen. Die Tafeln waren ursprünglich in Nischen eingelassen. Heute können die Tafeln numeriert unter Dächern besichtigt werden.

Lawkananda Pagode

- Fotoapparat K 50, Video K 50

Sie wurde 1059 von König Anawrahta errichtet und steht am Ufer des Ayeyarwady. An dieser Stelle gab es früher einen belebten Hafen. In einer überlieferten Geschichte wird berichtet, dass der König von Sri Lanka eine heilige Zahnreliquie an König Anawrahta schickte. Als das Schiff aus Sri Lanka im Hafen eintraf, stieg König Anawrahta selbst bis zum Hals ins Wasser, um auf seinem Kopf die juwelengeschmückte Truhe mit der Zahnreliquie zu tragen und in den Palast zu bringen. Die Reliquie wurde in die Shwezigon Pagode eingemauert. Auf mysteriöse Weise tauchten noch vier weitere Zahnreliquien auf. Eine davon kam in die Lawkananda Pagode, die an der Stelle steht, wo die erste Reliquie ankam und König Anawrahta ins Wasser stieg.

Die Pagode hat drei achteckige Terrassen, von denen die zwei unteren über Treppen bestiegen werden können. Der glockenförmige Stupa geht in eine geringelte, konische Spitze über.

Bei den Buddhisten wird sie heute noch sehr verehrt, weil sie besagte Zahnreliquie enthält. Der Blick von der Lawkananda Pagode über den Ayeyarwady ist besonders beim Sonnenuntergang sehr schön.

Im August findet während des Vollmonds ein Pagodenfest mit Bootsrennen und abendlichen Theateraufführungen am Marktplatz in Thiripyitsaya statt.

Minnanthu

Sulamani Tempel

König Narapatisithu ließ ihn 1181 bauen. Der Name des Tempels heißt übersetzt „krönendes Juwel". Der Sulamani Tempel ist zweistöckig, jedes Ge-

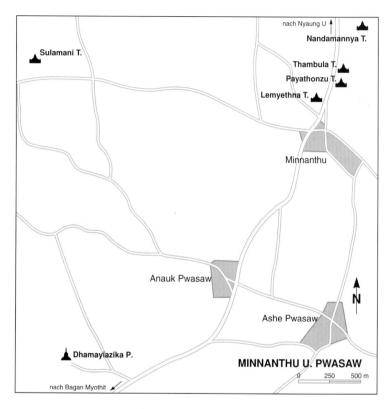

schoss ist quadratisch und hat Portale an allen vier Seiten. Das obere Stockwerk ist zurückgesetzt und so hoch wie das untere. Über beiden Stockwerken erheben sich zurücktretende Terrassen mit Stuckarbeiten, glasierten Fliesen und kleinen Stupas an den Ecken. Der Oberbau und die Spitze sind beschädigt.

Um das untere Stockwerk läuft ein Gang, der an jeder Seite je eine rotbraunfarbene Buddhafigur (auch das Gesicht) auf einem Podest enthält.

Die Seitenwände des unteren Korridors waren bemalt. Einige der Fresken, vor allem die höher liegenden, kann man noch sehen. Die Motive sind Szenen aus dem täglichen Leben, z. B. der Fischfang. Erst später sind die farbigen, überlebensgroßen Buddha-, Schlangen- und *Nat*figuren entstanden. Besonders beeindruckend ist das Wandgemälde eines sehr großen liegenden Buddhas. Dazwischen finden sich auch Darstellungen von Fratzen und Horoskopen.

In unmittelbarer Nähe zum Sulamani Tempel sind innerhalb einer Umfassungsmauer über 70 Klosterzellen und eine Bibliothek zu sehen.

Dhammayazika Pagode

Das Ungewöhnliche an dieser Pagode im Mon-Stil, die man schon von Ferne aus allen Richtungen sieht, sind seine fünfeckigen Terrassen. Über den drei mit glasierten Tontafeln (*Jataka*-Darstellungen) verzierten Terrassen erhebt sich eine glockenförmige Kuppel, die direkt in die konische Spitze übergeht.

An jeder der fünf Seiten der Pagode steht ein kleiner, quadratischer Tempel mit einer Buddhastatue darin. Normalerweise stehen dort lediglich vier Buddhastatuen, die die bereits erleuchteten Buddhas (Kakusandha, Konagamana, Kassapa und Gautama) darstellen. Der fünfte Buddha jedoch ist Metteya, der kommende Buddha.

Lemyethna Tempel

Er wird der „Tempel der vier Gesichter" genannt und ist ein schönes Beispiel für einen einstöckigen Bau aus dem späten Stil. Er wurde 1223 von einem Minister des Königs Htilominlo gestiftet.

Der quadratische Tempel hat Portale an allen vier Seiten, der Haupteingang liegt im Osten. An den Ecken der Terrassen stehen kleine Stupas. Auch die geschwungene Kuppel ist mit einem Stupa gekrönt.

Im Inneren sind herrliche Fresken, die die 28 vorausgegangenen Buddhas und das letzte Leben von Gautama Buddha darstellen. Bei den Renovierungsarbeiten wurden leider einige der Wandmalereien übermalt und mit naiven Malereien versehen. Außen ist der Tempel blendend weiß angestrichen.

Payathonzu Tempel

Diese drei Tempel stehen dicht nebeneinander und sind durch unterirdische Gewölbegänge verbunden. Sie haben alle drei die gleiche Form: quadratischer Ziegelbau, darüber Terrassen und eine geschwungene Spitze.

Im Inneren sind nur noch die Sokkel erhalten, auf denen früher Buddhastatuen standen. Die Wände des östlichen Tempels sind bemalt, beim mittleren findet man nur wenige Malereien, beim östlichen fehlen sie ganz. Man geht deshalb davon aus, dass diese Tempel nicht vollendet wurden.

Das Entstehungsjahr der Bauwerke ist unbekannt, Fachleute rechnen sie dem späten 13. Jahrhundert zu.

Thambula Tempel

Er wurde von Königin Thambula 1255 erbaut und ist dem späten Stil zuzurechnen. Der quadratische Bau hat an allen vier Seiten Portale, Terrassen und darüber eine geschwungene Spitze. Im Innern sieht man noch Wandmalereien.

Nandamannya Tempel

Der kleine Tempel wurde auf Anordnung von König Kyazwa (1234 - 1249) im Jahre 1248 gebaut. Er ist quadratisch mit einem Eingang im Osten. Über dem Quader erheben sich Terrassen und ein Stupa. Die Buddhastatue im Innern ist schon etwas verfallen.

Sehenswert sind die Wandmalereien mit Episoden aus dem letzten Leben von Gautama Buddha, mit dekorativen Mustern und verschiedenen anderen Darstellungen.

Sonstiges

Bagan Museum

- Eintritt: US$ 5

Geöffnet täglich von 09.00 - 16.00 Uhr, bei der Ananda Pagode

Das neue Gebäude des Archäologischen Museums ist seit 1997 fertiggestellt. Es ist in folgende Abteilungen geordnet: beschriftete Steintafeln, Denkmalspflege und eine archäologische Abteilung mit Buddhafiguren aus dem 10. und 11. Jh., Stelen, Steininschriften, Votivtafeln, Terrakottaobjekten. Die Prunkstücke sind eine Lotosblume aus Bronze mit acht hängenden Blütenblättern, eine kleine Platte mit den acht Ereignissen aus dem Leben Buddhas, eine seltene Holzstatue eines stehenden Buddhas und der Myazedi Pfeiler, ein quadratischer Steinpfeiler aus dem Jahr 1113 mit Inschriften in vier Sprachen (Mon, Pyu, Pali, Birmanisch) vom Gubyaukgyi Tempel.

Bagan Lacquerware School and Museum

- Eintritt: US$ 2

Geöffnet täglich außer So und Feiertage, in Old Bagan, neue Gebäude an der Straße zum Ayeyar Hotel

Es werden alte Stücke mit traditionellen Mustern und in überlieferten Formen gezeigt. Verkauf auch von einigen älteren Gefäßen, aber vor allem von neuen Gegenständen in sehr guter Qualität, die nicht ganz billig sind.

Puppenspiele und Marionettentheater

Puppentheater wird abends in vielen Hotels aufgeführt, z. B.: Thiripyitsaya Hotel, im Nanda Restaurant, Bagan Beauty Hotel, Zaw Gyi

Einkaufen

Bagan ist für seine **Lackwaren** bekannt. Es gibt zahlreiche kleinere Fabriken und Familienbetriebe in Bagan und Umgebung. Gerne lässt man Sie auch bei der interessanten Herstellung der Gefäße zuschauen.

U Ba Nyein: T. 7 00 50 und *U Kan Htun:* Familienbetriebe an der Main Road in New Bagan

The Golden Tortoise: in New Bagan, gute Qualität

Thayar Aye: in Old Bagan, gute Qualität, günstige Preise

Chan Thar, Ko Tin Htay: Bagan, Main Rd, gute Qualität

Ever Stand, U Maung Maung & Daw San San Win: Familienbetrieb, Wetkyi-in, in der Nähe der Shwezigon Pagode

Myint: bei der Busstation in Nyaung U

Mya Thit Sar: in Myinkaba

Als Souvenirs sind außerdem Metallwaren, z. B. Tätowiernadeln, Glokken, Figuren, Türklopfer, Marionetten und Opiumgewichte zu bekommen.

Sie können in den Geschäften Souvenirs einkaufen, aber auch bei allen größeren Tempeln und Pagoden, wo sich Läden in den Gängen oder Stände vor den Eingängen reihen. Auch einige Teestuben und Restaurants bieten Souvenirs an.

MTT

In Old Bagan ist ein neues Büro an der Hauptstraße (beschildert) nach dem Sarabha Tor in einem Seitenweg. T 8 90 01, geöffnet von 09.00 - 17.00 Uhr. Hier kann man Fahrpläne einsehen (nicht immer aktuell), Geld wechseln und zwei verschiedene Pläne von der Archäologischen Zone erhalten.

Post und Telefon

Das Postamt in Nyaung U ist umgezogen in das Telegrafenamt. Telefonieren und faxen kann man in allen größeren Hotels oder preiswerter in einem Büro in der Nähe des Thante Hotels in Nyaung U und an der Main Rd zwischen Nyaung U und Old Bagan.

Ballonflüge

Es ist ein eindrucksvolles Erlebnis über den Pagoden und Tempeln zu schweben. Die Flüge werden nur in der Hochsaison angeboten, zu buchen in Bagan im Bagan Hotel, US$ 175 - 225 pro Person;
Ballons over Bagan: 44/B-1 Malikha Rd, Mayangone Tsp., Yangon, T. 66 04 46, Fax: 66 04 46, E-Mail: bob@mptmail.net.mm

Bootsausflug

Im Ayeyarwady ist die kleine *Insel Zaylan* (Selen). Auf ihr leben und arbeiten Fischer, außerdem wird Gemüse angebaut.

Unterkunft

• Vorwahl: 0 62
In Nyaung U:
Bagan Golf Resort
beim Golf Club, 10 Min. vom Flughafen, T. 7 02 47, Fax: 7 10 71, 102 Zi, EZ US$ 90 - 120, DZ US$ 100 - 160, Zusatzbett US$ 20, zuzügl. 20 %, 1998 eröffnet, AC, Du und WC, TV, Kühlschrank, Frühstück, Restaurant, Bar
Thante Hotel
(es gibt auch ein Thante Hotel in Bagan!) Main Rd, T. 7 03 17, 7 03 18, Fax: (01)66 33 07, EZ US$ 25 - 30, DZ US$ 38 - 45, 3-B.-Zi US$ 48, Bungalows um einen Swimmingpool (Tagesgäste US$ 3), AC, Du und WC, TV, Kühlschrank, mit Frühstück, schön, Restaurant, freier Flughafentransfer
Aung Mingalar Hotel
T. 7 00 18, Fax: (01)22 82 28, gegenüber der Shwezigon Pagode, sauber, von der Terrasse Blick auf die Shwezigon Pagode, EZ US$ 10 - 15, DZ US$ 15 - 25, AC, Du und WC, TV, Kühlschrank, Restaurant, empfehlenswert
Zar Chi Win Hotel
Lanmadaw Rd, T. 7 01 66, EZ US$ 5, DZ 8, Fan, Gemeinschaftsbad; EZ US$ 7, DZ US$ 10 - 14, AC, Du und WC, einfache Zimmer
Golden Myanmar Motel
Main Rd, T. 7 00 46, EZ US$ 5 - 7, DZ US$ 10 - 12, Fan, Gemeinschaftsbad, einfache Zimmer; teurere Zimmer mit AC, Du und WC, jeweils mit Frühstück, freier Flughafentransfer
Pan Cherry Guest House
T. 7 01 47, in der Nähe der Shwezigon Pagode, EZ US$ 5, DZ US$ 10, Fan, Gemeinschaftsbad; EZ US$ 8, DZ US$ 15, Du und WC, AC, sauber, mit Frühstück, Fahrradverleih

Lucky Seven Guest House
T. 7 00 47, Main Rd, in der Nähe des Marktes, einfache Zimmer, EZ US$ 5 - 7, DZ US$ 10 - 13, Fan, Gemeinschaftsbad, mit Frühstück
May Kha Lar Guest House
Main Rd, T. 7 00 65, 7 00 66, DZ US$ 12, AC, Du und WC
In-Wa Guest House
in der Nähe des Markts, T. 7 01 25, EZ US$ 5 - 6, DZ US$ 10, Fan, Du und WC; EZ US$ 10, DZ US$ 18, AC, Du und WC, sauber, freundlich, Frühstück auf Dachterrasse
Mya Kyalar Guest House
beim Markt, EZ ab US$ 5, DZ ab US$ 15, 3-B.-Zi US$ 20, Fan/AC, Du und WC, mit Frühstück, freundlich
New Park Hotel
Thiripyitsaya Block No. 4, nahe der Shwezigon Pagode, T. 7 01 22, Bungalows, einfache Zimmer, sauber, Garten, EZ US$ 4 - 5, DZ US$ 7 - 9, Fan, DZ US$ 10 - 12, AC, jeweils Du und WC, mit Frühstück, Fahrradverleih
Taungzalat Hotel
beim New Park Hotel und New Haeven Hotel, Bungalows, Garten, einfache Zimmer, DZ ab US$ 10, AC, Du und WC, sauber, mit Frühstück
Royal Guest House
T. 2 85, nahe der Shwezigon Pagode, DZ US$ 8, Fan, Gemeinschaftsbad; DZ US$ 12, Fan, Du und WC, sauber, kleine Zimmer
New Heaven Hotel
Thiripyitsaya Block No. 5, T. 7 00 61, auf der Rückseite des Golden Village Inn, pro Person US$ 4, Fan, US$ 5, AC, jeweils mit Du und WC, Bungalows, mit Frühstück, sauber, freundlich, Fahrradverleih, zur Zeit Travellertreff
Golden Village Inn
Thiripyitsaya Block No. 5, T. 7 00 88, Bungalows, DZ US$ 5 - 6, Fan, US$ 10 - 12, AC, jeweils Du und WC, mit Frühstück, sauber, gut, freundlich, Fahrradverleih
New Life Guest House
Main Rd, T. 7 01 64, EZ US$ 5, DZ US$ 10, AC, Du und WC, mit Frühstück
Eden Motel
Main Rd, beim Markt, T. 7 00 78, EZ US$ 4 - 8, DZ US$ 7 - 10, 3-B.-Zi US$ 15, AC, Du und WC, Frühstück auf der Dachterrasse, organisiert Autovermietung, Fahrradverleih, sauber
Large Golden Pot
Anawrahta Rd, T. 7 00 14, östlich von der Sapada Rd, am Ortsrand an der Straße zum Flughafen, DZ US$ 6, einfache Zimmer, Gemeinschaftsbad; DZ US$ 8, Fan, Du und WC; DZ US$ 10, AC, Du und WC, sauber, freundlich
Shwe Taung Tan Guest House
70, Main Rd, gegenüber Inn-Wa Guest H., EZ US$ 4, DZ US$ 6 - 7, AC, Du und WC, mit gutem Frühstück, Restaurant, sauber, freundlich, Fahrradverleih
San Yeik Nyein Hotel
Anawrahta Rd, bei der Sapada Pagode, T. 2 57, EZ US$ 5, DZ US$ 6 - 8, 3-B.-Zi US$ 10, AC, Du und WC, mit Frühstück, einfach, sauber, freundlich

In Wetkyiin:
Golden Express Hotel
T. 7 01 01, Fax: (01)22 76 36, an der Hauptstraße zwischen Wetkyiin und Old Bagan, hübsche Anlage mit Garten, Restaurant, Bungalows, Swimmingpool, 20 Zi, EZ US$ 15 - 20, DZ US$ 30 - 35, 3-B.-Zi US$ 50, AC, Du und WC, TV, Kühlschrank; EZ US$ 10, DZ US$ 15, 3-B.-Zi US$ 30, Fan, Gemeinschaftsbad, jeweils mit Frühstück
New Wave Guest House
T. 2 18, an der Hauptstraße neben dem

Golden Express Hotel, EZ US$ 8, DZ US$ 15, Fan, Gemeinschaftsbad; EZ US$ 12, DZ US$ 18, Du und WC, jeweils mit Frühstück, sauber, freundlich
Winner Guest House
EZ US$ 6, DZ US$ 12, Fan, laut

In Old Bagan:
Ayeyarwady Princess
zum Hotel umgebautes Schiff, buchen T. (01) 22 08 54, DZ US$ ca. 100 - 200
Bagan Hotel
T. 7 03 11, 7 03 13, 7 01 45, Fax: 7 03 12, 7 01 46, http://www.myanmars.net/baganhotel, E-Mail: baganhotel@myanmars.net, 135 Zi, Superior EZ US$ 60 - 70, DZ US$ 70 - 80; Junior Suite EZ US$ 100, DZ US$ 120; Bagan Suite DZ US$ 150; Extrabett US$ 25, AC, Du und WC, TV, Kühlschrank, Büroservice, mit Frühstücksbuffet, beim Archäologischem Museum, sehr schön am Flussufer gelegene Bungalowanlage in gepflegtem Garten, sehr aufmerksamer und freundlicher Service, gutes Restaurant, Café, Bar, Swimmingpool, Fitnesscentre
Thiripyitsaya Sakura Hotel
ehemals staatlich, T. 7 02 88, 7 02 96, Fax: 7 02 86, 60 Zimmer, Bungalows in einer schönen Gartenanlage, EZ ab US$ 50, DZ US$ 90 - 130, 3-B.-Zi ab US$ 150, AC, Du und WC, TV, Kühlschrank, Swimmingpool, Restaurant, internationale Ferngespräche möglich
Ayeyar Hotel
T. 7 00 27, Fax: 7 00 55, schön gelegen am Flussufer an der Schiffsanlegestelle der Expressschiffe, 80 Zi, Standard EZ US$ 38 - 45, DZ US$ 45 - 50, Suite EZ US$ 75 - 95, DZ US$ 90 - 100, AC, Du und WC, TV, Kühlschrank, mit Frühstück, schöner Garten, Restaurant

Thante Hotel
T. 7 01 44, Fax: 7 01 43, Haupthaus: EZ US$ 22, DZ US$ 29, Extrabett US$ 8, Bungalows: Economy EZ US$ 14, DZ US$ 20; Standard EZ US$ 40, DZ US$ 55, Extrabett US$ 11; Superior EZ US$ 45, DZ US$ 60, Extrabett US$ 16, jeweils AC, Du und WC, TV, Kühlschrank, mit Frühstück, incl. Taxen, schön gelegen am Flussufer, zentraler Ausgangspunkt für Besichtigungen
Tharapar Hotel
im Haus von MTT, EZ US$ 12, DZ US$ 17, AC, Du und WC, zuzügl. 20 % Tax

In Myinkaba:
Phyo Guest House
T. 7 00 86, EZ US$ 6 - 8, DZ US$ 12 - 15, Fan, Gemeinschaftsbad, einfach, sauber, freundlich, mit Frühstück, Fahrradverleih, etwas abseits, umgeben von Pagoden

in New Bagan (Myothit):
In New Bagan finden Sie einen Markt, die meisten Lackwarenfabriken und zahlreiche preisgünstige Guest Houses an der Main Road:
Mya Thi Da Hotel I
T. 7 00 36, DZ ab US$ 10, Fan, Du und WC, mit Frühstück, nette familiäre Atmosphäre, Fahrradverleih
Mya Thi Da Hotel II
T. 7 00 36, es gibt noch dieses ganz neue Hotel mit dem gleichen Namen, Bungalows, DZ ab US$ 20, AC, Du und WC, mit Frühstück
Kyi Kyi Mya Guest House
T. 7 00 37, DZ ab US$ 10, Fan; DZ US$ 12 - 14, AC, jeweils m. Du u. WC, o. F.
Bagan Beauty Hotel
T. 7 02 32, DZ US$ 20, AC, Du und WC, sauber, freundlich, eigener Raum für Marionettenaufführungen

Betelnut Inn
T. 7 01 10, 8 Zi, neuer Anbau und Bungalows, EZ ab US$ 20, DZ ab US$ 28, AC, Du und WC, TV, Kühlschrank, sauber, mit Frühstück

Silver Moon Hotel
T. 7 01 61, EZ ab US$ 20, DZ ab US$ 28, AC, Du und WC, TV, Kühlschrank, sauber, angenehm

Kumudra Hotel
T. 7 00 80, Ecke 5. Str. und Daw Na Str. liegt hinter dem Betelnut Inn, EZ US$ 25, DZ US$ 45, AC, Du und WC, Bungalows, mit Frühstück

Paradise Guest House
T. 2 20 09, EZ US$ 9, DZ US$ 13 - 15, Fan, Gemeinschaftsbad, einfach, sauber, mit Frühstück

Bagan Guest House
Kha Yay Str., T. 7 00 21, EZ ab US$ 7, DZ ab US$ 14, Fan; EZ ab US$ 11, DZ ab US$ 20, AC, Du und WC; jeweils mit Frühstück, sauber, Restaurant

Blue Bird Hotel
Myat Lay Str., T. 7 01 65, Fax (01) 2 78 15, , EZ US$ 36 - 42, DZ US$ 42 - 50, AC, Du und WC, TV, Kühlschrank, mit Frühstück, schöne Anlage

Toho Hotel
Myat Lay Str., in der Nähe der Post, T. 7 00 90, EZ US$ 20 - 50, DZ US$ 30 - 60, je nach Ausstattung, Du und WC, AC, TV, Kühlschrank, mit Frühstück, Restaurant

Ruby True Hotel
Myat Lay Rd, T. 7 02 62, EZ US$ ab 35, DZ US$ ab 50, AC, Du und WC, TV, Kühlschrank, schöne Bungalows, mit Frühstück

Hotel Class One
Lily Str., Hteminyin Block, T. 7 00 94, Fax: 7 00 95, EZ US$ ab 18, DZ ab US$ ab 28, AC, Du und WC, TV, Kühlschrank, mit Frühstück

Thazin Garden Hotel
Thazin Rd, T. 7 00 20, Fax: 28 05 57, schöne Bungalowanlage, EZ US$ ab 35, DZ US$ ab 45, AC, Du und WC, TV, Kühlschrank, mit Frühstück

In Gin Myaing Hotel
Anawrahta Ward, in der Nähe der Lawkananda Pagode, T. 7 00 58, Bungalows, schöner Garten, DZ US$ 35, AC, Du und WC, Kühlschrank, mit Frühst.

Restaurants

Den meisten Hotels sind Restaurants mit chinesicher, birmanischer und manchmal auch europäischer Küche angegliedert.

In New Bagan:
River View Restaurant: T. 7 00 99, am Ayeyarwady mit wunderbarem Blick, chinesisches und birmanisches Essen, nicht ganz billig

Sunset Garden Restaurant: am Ayeyarwady, sehr schöne Anlage mit Pavillons, gehobenere Preisklasse, manchmal Marionettenshow

Sithu Restaurant
T. 7 01 73, nahe am Fluss, Thiripyitsaya Ward und Khaya Rd, birmanische und chinesische Küche, relativ preiswert

Pwint Mar Lar Restaurant: östlich des Marktes, birmanische Küche, gut, preiswert

Royal Restaurant: chinesische Küche, gut, mittlere Preisklasse, Marionettenshow

Bwinmalar Burmese Restaurant: sehr gut, preiswert
bei der Bupaya Pagode: gutes, preiswertes Lokal

Tea shops:
Yarkyaw, Bagan und Moon Café

In Old Bagan:
Die Restaurants im Thiripyitsaya Sakura Hotel und im Bagan Hotel sind sehr empfehlenswert, gehobene Preisklasse.
Ever Queen: am Ortsrand in Richtung Wetkyiin, nahe dem Sarabha Tor, chinesisches Essen, gut und sehr freundlich, mit kleinem Souvenirladen
Sarabha Restaurant: beim Sarabhator, sauber, sehr gutes Essen, freundlich, sehr beliebt
Nay Chi Oo: beim Ananda Tempel, birmanisches Essen, sehr gut, preisw.
Vegetarian Restaurant: wenig außerhalb des Sarabha Tors, einfache Gerichte, Snacks, Lassi, gut, preiswert, Autovermietung, Guideservice

In Wetkyiin:
Nanda Restaurant: an der Hauptstraße, sympathisch, gutes Essen, normale Preise, Souvenirladen (vor allem Marionetten), führen auch Puppenspiele auf, soll möglicherweise schließen
Mya Yadana: an der Hauptstraße, birmanisches und chinesisches Essen, gut, kleiner Souvenirladen

In Nyaung U:
Aye Yake Thar Yar: gegenüber der Shwezigon Pagode, chinesisches und birmanisches Essen
Nation: gegenüber der Shwezigon Pagode, chinesisches und auf Vorbestellung birmanisches Essen, preiswert
Pyi Wa Restaurant: in der Nähe vom New Heaven Hotel, birmanische und chinesische Küche, freundlich, sehr gut
Kyaw Restaurant: zwischen Markt und Thante Hotel, chinesisches Essen, preiswert, gut
Sein Yatana Restaurant: beim Markt, nettes kleines Lokal

Minn Myanmar Restaurant: Kyansithaw Rd, Block 5, gut, preiswert
Greenpeace Restaurant: in einer Seitenstraße von der Main Rd bei der Shwezigon Pagode, Garten mit Pavillons, gut, freundlich
Nilar Restaurant: Lanmadaw Rd, auch indische Küche, gut, preiswert
Thante Bakery & Café: neben dem Thante Hotel, gute Kuchen und Eis, Tee und Kaffee mit AC

Umgebung von Bagan

Sale

Anfahrt

Pick-up: *von Nyaung U* frühmorgens nach Kyaukpadaung, K 200, aussteigen in Sale; Fahrzeit 1 Stunde, zurück letztes pick-up von Sale um 16.00 Uhr; *von Pyay* umsteigen in Magway und Kyaukpadaung, Übernachtung in Magway (Sale besitzt keine Hotels)
Auto: *von Nyaung U*: gute Straßen via Kyaukpadaung, Fahrzeit 45 Minuten; Mietauto halber Tag ca. US$ 20
von Pyay: Fahrzeit 6 - 7 Stunden
Schiff: *von Nyaung U* Abfahrt 05.00 Uhr, täglich außer Do und So, Ankunft am Nachmittag, K 300

Sale ist ca. 40 km von Nyaung U entfernt. Der Ort entwickelte sich am Ende der Baganära im 12. und 13. Jh. Der im 19. Jh. populäre Schriftsteller U Ponnya wurde in Sale geboren. Heute ist der ruhige Ort Sale ein religiöses Zentrum mit vielen Klöstern. Aus der britischen Periode stammen noch ein paar Gebäude im Kolonialstil.

Besichtigung

Die über 100 Tempel und Pagoden von Sale sind heute nur noch Ruinen.

Nan Pagode

Hier sehen Sie eine 3 m große Buddhafigur als Lackarbeit, wahrscheinlich aus dem 13. Jh. Sie soll die größte Figur in Myanmar sein, die in dieser Technik hergestellt wurde. Von den Gläubigen wird sie sehr verehrt. Daneben steht ein Kloster und ein Meditationszentrum.

Hkinkyiza Kyaung

Dieses ehemalige Kloster - ein gut erhaltener stuckverzierter Ziegelbau - dient heute als Bücherei. Wahrscheinlich war der Innenraum mit Wandmalereien ausgeschmückt und ist später

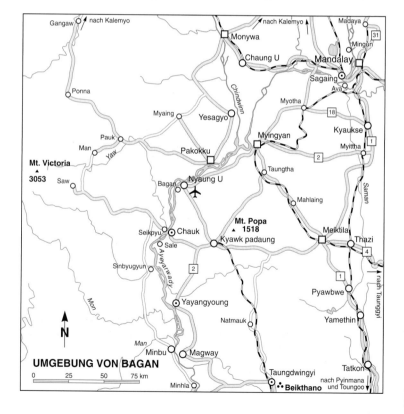

UMGEBUNG VON BAGAN

weiß übertüncht worden. Von den vier Eingängen sind drei zugemauert.

Yoke Sone Kyaung

• Eintritt. US$ 3 für das Museum
Dieses Kloster ist die Hauptsehenswürdigkeit von Sale. In der Region von Bagan gehört dieser Bau, der um 1880 entstand, zu den ältesten hölzernen Klöstern. Ein reicher Händler spendete das Geld für den Bau.

154 Teakholzsäulen tragen diese Holzkonstruktion. Die kunstvollen Holzschnitzereien an den Wänden von dem Mönch U Guna erzählen Szenen aus den *Jatakas*. Die geschnitzten Holzteile der 23 m x 31 m großen Halle werden von einem Metalldach vor den Witterung geschützt. In jeder Himmelsrichtung ist ein Treppenaufgang, der mit schlangenartigen Drachen verziert ist. Man betritt das Kloster über die nördliche Treppe (Drache mit offenem Maul) und verlässt es über die südliche (Drache mit geschlossenem Maul). Außerdem steht in der Halle noch eine etwa 1 m große sitzende Buddhafigur als Lackarbeit.

In der Halle bewahren die Mönche in Glasvitrinen alte religiöse Gegenstände auf, z. B. Buddhafiguren, alte Schriften auf Palmblättern, Lackwaren. 1994 wurde das Kloster renoviert.

Payathonzu Pagode

Hier sieht man drei verbundene Ziegelschreine mit Wandmalereien. Von einem Schrein aus führt eine Treppe auf die obere Terrasse.

In Sale gibt es keine Unterkünfte! Restaurants sind um den Markt angesiedelt.

Magway (Magwe)

Anfahrt

Bus/pick-up: von/nach Pyay, Kyauk Padaung, Taungdwingyi und Yangon, in Magway aussteigen
Schiff: *von Nyaung U* nach Magway täglich; *von Pyay:* Di, Mi, Sa, ca. K 300, flussaufwärts ist es zu langsam
von Magway nach Pyay: So, Mo, Do, und Fr
Magway ist etwa 100 km von Nyaung U entfernt.

Besichtigung

Mya Tha Lun Pagode

Die Pagode wurde 1929 erbaut und 1972 renoviert. Sie liegt etwas außerhalb nördlich der Stadt am Ufer des Ayeyarwady. Die Pagode beherbergt eine Couch von Buddha aus Smaragd, die von den Brüdern Baw Kyaw und Baw Yaw gestiftet wurde. Sie brachten auch zwei Früchte mit, die die Buddhafigur im Inneren der Pagode in ihren Fingern hält. Vor der Pagode stehen zwei *chinthes*.

Hier und in Minbu soll Buddha 20 Jahre nach seiner Erleuchtung eine Rast eingelegt haben.

Minte Kyaung

Das Kloster wurde vor dem 2. Weltkrieg im Baganstil neben der Shinbin Mindeh Pagode aus dem 18. Jh. erbaut. Die Japaner besetzten das Kloster und brannten es nieder. Vor über 20 Jahren wurde es wieder im alten Stil errichtet.

Unterkunft und Restaurants

• **Vorwahl: O 63**
Gon Guest House
322, 19. Str., Ywathit Qutr., im NO der Stadt, US$ 6 p. P., AC, schön, sauber
San Yadana Guest House
beim Markt, einfach, US$ 3 - 4 pro P.
Yar Zar Guest House
einfach, US$ 3 - 4 pro Person
Chitte Htamin-zain Restaurant: beim Markt, indische Küche, preiswert
Sein Ya Tu Restaurant: chinesische und birmanische Küche
Nan Han Restaurant: chinesisches und birmanisches Essen
Thahtaytha Tea Shop und **LJP Tea Centre:** gutes Frühstück

Durch die fertiggestellte Brücke über den Ayeyarwady, der bei Magway immerhin fast 5 km breit ist, kommt man sehr schnell nach Minbu. Die Beschreibung von Minbu finden Sie einige Seiten später.

Nachfolgend wird die Route auf der rechten Seite des Ayeyarwady beschrieben. Wer von Bagan über Chauk (mit Sale als kurzen Abstecher) nach Pyay fahren möchte, findet auf der rechten Flussseite eine wenig befahrene Straße vor, die sehr breit angelegt ist. Etwa die Hälfte der Straßenlänge war Ende 2002 fertiggestellt. Von Minbu fahren auch Busse diese Strecke nach Pyay. Wer aber die Gegend erkunden möchte, ist auf ein Auto angewiesen. Diese Seite ist noch völlig untouristisch und landschaftlich schön. Neben interessanten Orts- und Pagodenbesichtigungen kann man mit et-

Floß aus Teakholzstämmen auf dem Ayeyarwady

was Glück auch mehrfach Arbeitselefanten dabei beobachten wie sie die an Ketten gehängten schweren Holzstämme vom Fluss durch den Schlamm zu einem Holzlager ziehen.

Diese Route führt Sie bei Chauk über die Brücke auf die andere Seite des Ayeyarwady nach Salin, Minbu, ein kurzer Abstecher nach Mindon, Shwe Bontha Pagode bei Pyay und schließlich über die Brücke auf die linke Ayeyarwadyseite nach Pyay.

Salin

Der lebendige Ort liegt an einem idyllischen See, wo ein paar Teestuben und Lokale zu einer Pause einladen.

Ziel der Besichtigung ist eine großflächige Pagodenanlage mit zahlreichen kleineren Stupas und einem einst großen Kloster mit mehreren Häusern. Bis auf wenige Gebäude ist alles dem Verfall überlassen. Viele Stupas sind fast ganz überwuchert, die schön geschnitzten Klosterbauten windschief und baufällig. In einem kleinen Stupa ist im Inneren ein Baumstamm mit einem vergoldeten Relief mit unzähligen Buddhafiguren. Gut erhaltene Malereien schmücken die Wände. Gegenüber steht der gleiche Stupa mit einer Buddhastatue darin. Beide Bauten sind mit einer Holztüre verschlossen, aber es ist immer jemand da, der gerne aufsperrt. Ein Mönch führt gerne durch das Hauptgebäude des Klosters, wo man in dem dunklen Raum kaum die große und mehrere kleine Buddhafiguren sowie andere Spenden von Gläubigen erkennen kann. Trotz des Verfalls kann man außen noch die schönen Schnitzereien bewundern.

Holzkloster in Salin

Minbu

Minbu kann man zusammen mit Sale von Bagan aus als Tagesausflug planen oder man wählt von Bagan nach Pyay diese Straße über Minbu.

Noch ist Minbu ein Ort mit dörflichem Charakter. Touristen verschlägt es eher selten nach Minbu, was sich voraussichtlich durch den Bau der Brücke und der neuen Straße bald ändern wird.

Besichtigung

Setkaindeh Pagode

Die Pagode steht auf einem Hügel am südlichen Ortsrand. Buddha soll hier auf seiner Reise eine Nacht geschlafen haben. Neben dem vergoldeten Stupa ist in einem Nebengebäude eine liegende Buddhafigur mit angeklebten Wimpern. In einem anderen Gebäude sind Figuren von Wahrsagern, Schirme mit darangehängten Geldscheinen und ein Sofa ganz mit Geldscheinen zugedeckt.

Von der Pagode bietet sich Ihnen ein schöner Blick über den Ayeyarwady.

Schlammvulkane

Eine besondere Attraktion von Minbu stellen die Schlammvulkane am Ortsrand dar. In mehreren nicht allzu hohen Vulkankegeln blubbert der hellgraue, fast kalte Schlamm. Da dies auch bei den Einheimischen als etwas Besonders und Heiliges gilt, muss man hier vor dem Betreten des Geländes die Schuhe ausziehen.

Auf den höchsten Vulkan führt eine überdachte Treppe. Am Fuße der Treppe ist eine kleine Andachtshalle, in der in einer Glasvitrine zwei lebende Pythonschlangen liegen. Jeden Morgen werden sie in einem Betonbecken gebadet.

Bei den Vulkanen hat man Öl gefunden. Die Förderung war aber nicht rentabel, da es sehr tief lag.

Markt

Der lebendige Markt ist gut sortiert mit Waren für die Einheimischen und frischen Lebensmitteln

Schlammvulkane in Minbu

Unterkunft und Restaurants

Shwe Mintha Guest House
in einer Seitenstraße von der Hauptstraße, einfache Zimmer mit AC, Du und WC (hier ist kann es vorkommen, dass Einheimische die Gäste von außen beim Duschen beobachten!), DZ K 3 500 - 4 000, ohne Frühstück, mäßig sauber
Joy Hotel
an der Hauptstraße, einfache Zimmer, DZ K 3 000 - 3 500, AC, Du und WC, ohne Frühstück
Golden Star Restaurant: an der Hauptstraße in der Nähe des Joy Hotels, chinesische Gerichte, gut, preiswert
Weitere Lokale und Teestuben findet man in der Hauptstraße und in Marktnähe.

Kyaung Dawya Pagode

Anfahrt

Bus: von Minbu nach Lehkain, K 300, dann 7 km mit Pferdekarren

Die Pagode liegt ca. 35 km nördlich von Minbu. Die umfangreiche Pagodenanlage mit einem Kloster wird von den Einheimischen gerne besucht.

Der Legende nach soll Buddha hier in einem Tempel aus Sandelholz eine Woche verbracht haben. Einige Zeit später wollten Banditen den Tempel stehlen, aber Buddha konnte dies verhindern, indem er den Tempel verschwinden ließ.

Später wurde an dieser Stelle die Kyaung Dawya Pagode im Stil der Shwedagon Pagode errichtet. In einem der Pavillons bringen die Leute ihre Haare als Opfergabe dar.

Shwesetdaw Pagode

Es handelt sich eigentlich um zwei Pagoden: eine unten am Mann-Fluss, wo während der Festzeit Hütten zum Übernachten aufgebaut werden; die andere Pagode steht auf einem bewaldeten Hügel mit einer schönen Aussicht über die Gegend. Sie befinden sich ca. 30 km von Minbu und sind als Tagesausflug von Magway sogar mit dem öffentlichen Bus zu erreichen.

Aus dem ganzen Land reisen die Gläubigen zu den Shwesetdaw Pagoden, um eine Kopie der Mahamuni Statue und Fußabdrücke von Buddha zu verehren. Besonders im März und April zu den Festen herrscht hier reges Leben. Dann werden an den Aufgängen zu den Pagoden vielfältige Andenken, z. B. duftende Hölzer und Knochenschnitzereien, verkauft.

Die untere Pagode liegt idyllisch an einem Flussufer, umgeben von Wald. Sie wurde Mitte des 19. Jhs. von einem Einsiedler erbaut und später von einem Mönch, der die Reinkarnation von König Mindon sein soll, wieder entdeckt. Man findet hier die zwei einzigen Fußabdrücke von Buddha. Der eine beim Fluss wird mit einer Eisenplatte vor der Überflutung während der Regenzeit geschützt.

Über eine steile Straße erreicht man den oberhalb gelegenen Fußabdruck. Er ist versperrt und wird nur einmal im Jahr während des Pagodenfestes gezeigt. Der Fußabdruck soll von einem Jäger gefunden worden sein, den Indra in Form eines schwarzen Hundes dorthin führte. Die Fußabdrücke im Stein sind dick mit Gold bedeckt. Um den oberen Fußabdruck sind vier Statuen der vorhergehenden Buddhas angeordnet. Frauen dürfen sich dem Fußabdruck nicht nähern.

Im nahe gelegenen Dorf **Lai Kaing** steht die *Kyaungdawyar Pagode,* eine weitere bei den Einheimischen sehr bekannte und verehrte Pagode. Hier kann man zahme Karpfen füttern. Manche sollen von den Gläubigen mit Goldplättchen beklebt worden sein.

Auf dem gegenüberliegenden Ufer erkennt man viele kleine Pagoden. In der Nähe der Shwesetdaw Pagode und Padan, an der nördlichen Route nach Rakhine, werden in den Wäldern noch Arbeitselefanten eingesetzt.

Mindon

Etwa bei der Hälfte der Strecke Minbu - Pyay wird mit einem großen geschnitzten Hinweisschild - rot lackiert mit goldenen birmanischen Buchstaben - der Ort Mindon angezeigt. Man fährt nur wenige Kilometer westwärts von der Hauptstraße. Kurz vor Mindon führt die Straße an einem Chin-Dorf vorbei.

In dieser ländlichen Gegend überrascht Mindon, durchzogen von einem Flüsschen, mit seinem kleinstädtischen Charakter. Zweistöckige gepflegte Holz- oder Ziegelhäuser mit schön geschnitzten Balkonen, mehrere Ladenstraßen, Goldschmiede, zahlreiche Lokale, Videovorführungen als Kinoersatz und Webereien prägen das Ortsbild. Am Ortsrand steht etwas erhöht eine Pagode.

Die Polizei kontrolliert hier die Pässe und trägt die Personalien in ein Buch ein.

Sie fahren weiter durch Wälder in Richtung Pyay, wo man am Fluss auf große Holzlager stößt. Hier besteht die Möglichkeit, Arbeitselefanten beobachten zu können. Kurz vor der Brücke nach Pyay erkennt man schon von Ferne die

Shwe Bontha Pagode

Der vergoldete Stupa steht auf einem Hügel. Im Inneren befindet sich eine große sitzende Buddhastatue.

Als König Sanda Thuriya von Rakhine von der Erleuchtung Buddhas hörte, so die Legende, lud ihn der König mit seinen 500 Jüngern ein. Der König bat Buddha, sein Abbild zurückzulassen. Dieses ließ der König gießen und mit Edelsteinen verzieren, vom Rest wurden noch drei andere gegossen. Die Bildnisse sollten im Land verteilt werden, z. B. ist eine davon in der Arakan Pagode in Mandalay. Auf dem Weg von Rakhine wurde an der Stelle der Shwe Bontha Pagode eine Rast eingelegt. Die Leute baten den König, eine Statue dazulassen, was er auch tat. Dies alles geschah etwa 600 v. Chr. Eine Pagode wurde an diesem heiligen Ort zur Aufbewahrung der Statue errichtet.

Die heutige Pagode wurde 1997 restauriert. Von hier hat man einen guten Blick über den Ayeyarwady auf die Pagoden von Pyay.

Die folgenden Orte liegen südöstlich von Magway und können von der bereits beschriebenen Route Bagan - Sale - Magway weitergeführt oder von Pyay nach Bagan erreicht werden.

Beikthano 309

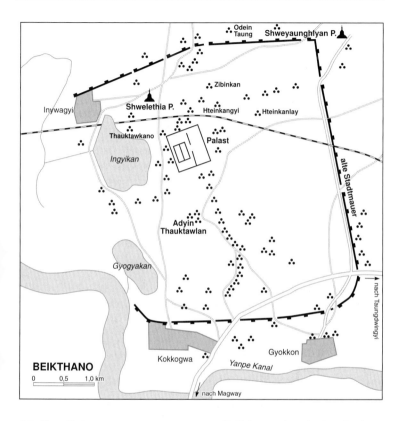

Südöstlich von Magway

Taungdwingyi

Dieser Abstecher ist kaum mit öffentlichen Verkehrsmitteln zu bewältigen.

Taungdwingyi liegt etwa 70 km südöstlich von Magway entfernt und 130 km nördlich von Pyay.

Beikthano, eine alte Pyu-Stadt, ist 140 km von Pyay und etwa 18 km von Taungdwingyi entfernt.

Shwe Indaung Pagode

Diese Pagode mit Glasmosaikpfeilern stammt aus dem Jahr 996 n. Chr. 1992 wurde sie von den Spendengeldern der Gläubigen neu vergoldet. Der Stupa hat fünf Terrassen.

Yakhaing Payagyi Pagode

Sie wurde ebenfalls 996 n. Chr. auf einem Hügel erbaut und ist heute in einem schlechten Zustand. Der König ordnete an, dass jeder seiner Soldaten einen Ziegelstein für den Bau des Schreins bringen solle.

In einem kleinen **Museum** werden Fundstücke aus den Ausgrabungen aufbewahrt, wie Silbermünzen, Fragmente von Reliefs, Gefäße, Votivgaben aus Terrakotta, Stein und Metall.

Unterkunft

Ayeyadana Pyo Guesthouse
an der Hauptstraße, sehr einfach, Fan

Beikthano

Beikthano bedeutet „Stadt Vishnus". Sie wurde vor 2 400 Jahren von Prinzessin Panhtwar gegründet, die der Dynastie der Tagaung angehörte. König Duttabaung von Thayekhittaya nahm die Prinzessin gefangen und zerstörte die Stadt.

Beikthano ist eine Ruinenstätte, die sich auf über 9 km² erstreckt. Archäologen haben an 25 verschiedenen Stellen gegraben. Zu sehen sind noch Reste einer in einem rhombischen Grundriss angelegten Stadtmauer. Jede Seite misst 3 km. Innerhalb dieses umgrenzten Bezirks befinden sich die Reste des Palastes. Er bestand aus einer langen Halle, die in 10 quadratische Räume unterteilt war.

Außerdem liegen innerhalb der Stadtmauer noch die Ruinen von verfallenen Stupas, die südindischen Einfluss erkennen lassen.

Shweyaungdaw Pagode

Diese Pagode aus dem 14. Jh. wird von den Gläubigen nach wie vor sehr verehrt.

An der Nordseite der Pagode stehen zwei Elefanten als Wächterfiguren, während die anderen Seiten von *chinthes* bewacht werden. Buddha war der Legende nach in einem früheren Leben ein Elefant. Auf dem Stupa sind acht Darstellungen von weißen Hühnern angebracht, weil Buddha auch eine Inkarnation als weißes Huhn erlebt hatte. Alte Holzschnitzereien sind noch erhalten.

Pyinmana

Anfahrt

Bus: *von/nach Toungoo*: K 300, *von/nach Meiktila*: K 300, Bushaltestelle beim Markt. Busse von/nach Mandalay machen in Pyinmana eine Pause
Zug: Der Yangon - Mandalay Express Zug hält hier kurz

Die Stadt liegt an der Straße und Bahnlinie Yangon - Mandalay, umgeben von Kokosnusspalmen, Reisfeldern und zwei Hügelketten im Osten und Westen. Pyinmana besitzt drei Moscheen, eine katholische Kirche und drei Universitäten (Land- und Forstwirtschaft, Tiermedizin). 15 km nördlich der Stadt liegt das Yezin Forest Research Institute (eines der Handelszentren für Teakholz)

Unterkunft und Restaurants

• **Vorwahl: 0 67**
Mingala Kanthaw Guest House

T. 2 12 26, staatlich, US$ 4 - 5 pro P.,
sehr einfach, Fan, Gemeinschaftsbad
Shwe Tharapu Guest House
T. 2 11 86, 175 Botaya Str., US$ 3 - 4
pro Person, Fan, Gemeinschaftsbad,
sehr einfach
Phoenix Motel
183, Balet Yar Str., beim Markt, EZ US$
ab 8, DZ ab US$ 14, Fan/AC, mit Frühstück

Restaurants finden Sie entlang der Bogyoke Street (z. B. empfehlenswert Aye Zin Aung, Shwe Nadimyit) und beim Markt.

Nordwestlich von Bagan

Pakokku

Anfahrt

pick-up: *von Mandalay:* ab 07.00 und 11.00 Uhr, knapp 5 Std., K 500
von Bagan: am schnellsten mit einem Auto, kaum öffentliche Busse; Übersetzen mit der Fähre, s. u., Weiterfahrt nach Monywa auf dieser relativ guten Straße, Fähre über den Chindwin nach Monywa, Fahrzeit ca. 4 Std.
Fähre: *von Bagan aus:* nach Kyun Chaung, von dort mit dem Auto nach Pakokku übersetzen; Abfahrt 08.00, 10.00, 14.00 und 16.00 Uhr, Fahrzeit Fähre 45 Min.; *von Prima aus:* 11.00 und 15.00 Uhr
Schiff: die Schiffe von Mandalay nach Bagan legen meistens kurz in Pakokku an, man könnte hier aussteigen, Übernachtung in Pakkoku; nach Bagan zusteigen in das Schiff von Mandalay

Pakokku liegt nordöstlich von Bagan auf dem gegenüberliegenden Ufer des Ayeyarwady. Die Stadt lebt vor allem vom Tabakhandel.

Besichtigung

Shwegu Pagode

Diese Pagode ist berühmt für ihre schönen Holzschnitzereien. Sie beherbergt eine Buddhafigur, die auf einem Lotosthron sitzt.

Thihoshin Pagode

Im Hauptraum steht eine Buddhastatue, die von König Alaungsithu aus Sri Lanka mitgebracht wurde und aus zehn verschiedenen Holzsorten gefertigt sein soll. Die Eingangstore sind kunstvoll geschnitzt und teilweise vergoldet. In einem kleinen **Museum** in dem Pagodenbereich werden Buddhastatuen und verschiedene andere alte Stücke ausgestellt.

Im Mai/Juni wird das große Fest Thihoshin abgehalten. Es beginnt acht Tage vor und endet acht Tage nach dem Vollmond. Besonders beliebt bei den Einheimischen sind die Theater- und Marionettenaufführungen.

Taik und Mahawyithutayama Kyaung

In beiden Klöstern sind Pali-Universitäten für je 500 - 700 Mönche untergebracht.

Pakhangyi

Der Ort mit alten Stadtmauern aus dem 19. Jh. liegt 20 km nordöstlich von

Pakkoku und stellt das eigentliche Ziel des Ausflugs nach Pakkoku dar. Hier ist ein archäologisches **Museum** und eines der ältesten hölzernen Klöster von Obermyanmar zu sehen. Das Dach des größten Klosters in Holzbauweise wird von über 254 Teakholzsäulen getragen. Im April wird ein *Nat*fest abgehalten.

Pakkan Nge Kyaung

Etwas westlich von Pakhangyi steht das größte Holzkloster von Myanmar. Es ist auch aus dem 19. Jh. Das Dach wird von 332 Teakholzsäulen getragen. Pakkan ist der Wohnsitz des *nats* U Min Kyaw, der zu seinen Lebzeiten ein Trinker und Spieler war.

Unterkunft

Die Übernachtungsmöglichkeiten sind sehr schlecht; eher als Tagesausflug geeignet
Myayatanar Inn
T. 2 14 57, sehr einfache Zimmer, US$ 4 pro Person
Tha Pye Nyo Guest House
pro Person US$ 3, sehr einfache Zimmer, schlecht

Gangaw

Nach einer achtstündigen landschaftlich schönen Fahrt erreichen Sie Gangaw. Hier wachsen vor allem Teakbäume, deren Stämme von Elefanten und Büffeln geschleppt werden. In den dichten Wäldern leben Papageien, Affen, Pfaue und Zwerghühner sowie wilde Elefanten und Bären, die oft die Anpflanzungen plündern.

Westlich von Bagan

Mount Victoria

Die Fahrt in den Chin-Staat erfordert zur Zeit eine Genehmigung, die man in Yangon oder über eine organisierte Tour einholt. Sie müssen eine Begleitperson mitnehmen, so dass es sich empfiehlt, gleich bei einem Reiseveranstalter zu buchen, z. B.: Watt Wild Bird Adventure Travels & Tours, Dr. Htin Hla, Kyaukhinsu Ward, Mingaladone Tsp., Yangon, T. 66 64 69, Fax: 66 79 68, www.wa-tt.com, E-Mail: wildbird@mptmail.net.mm.

Von Chauk fährt man mit einem Geländeauto auf der Brücke über den Ayeyarwady nach *Kanpetlet* (auch von Pakkoku aus möglich). In diesem 1 500 m hoch gelegenen Ort wird in einem einfachen Bungalow übernachtet. Am nächsten Tag geht die Fahrt nach *Mindat*, dem Ausgangspunkt für die Besteigung des 3 053 m hohen Mount Victoria. Der technisch einfache Wanderweg führt bis zum Gipfel durch Wälder. Die einheimischen Männer sind hier nur mit einem Lendentuch bekleidet. Entlang des Weges stehen immer wieder Geisterhäuser für die *Nats*. Diese Gegend ist der 280 km² große Natmatoung (d. h. „Mutter der Geister") Nationalpark.

Die beste Jahreszeit für diese Bergtour ist von November bis Januar. Sie erleben wunderschöne Gebirgslandschaften mit Tälern und Flüssen und die Chin-Kultur. Man sieht heute noch ältere Frauen mit tätowierten Gesichtern. Siehe auch „Chin" im Kapitel Volksgruppen.

Nordöstlich von Bagan

Myingyan

Anfahrt

Busse und pick-ups: *von Magway*, 4 Std., K 500; *von Mandalay*, 3 Std., K 400; *von Nyaung U*, 3 Std., K 400; *von Meiktila* 4 Std., K 500;
Zug: von Thazi, 1 Zug pro Tag, 6 Std.
Schiff: Mandalay - Bagan hält hier
Die Stadt mit 260 000 Ew liegt in der Ebene des Ayeyarwady zwischen Mandalay und Nyaung U.

Besichtigung
Soon Lu Kyaung

Dieses Kloster im Süden der Stadt beherbergt die sterblichen Überreste des Mönches Soon Lu. Er starb vor etwa 50 Jahren und liegt hinter Glas in einem verzierten goldenen Sarg, eingekleidet in eine Mönchsrobe.

Außerdem gibt es noch die **Yan Aung Daw Pagode** mit ihrem glockenförmigen, vergoldeten Stupa. Der zweistöckige **Markt** ist sehr lebendig.

Unterkunft und Restaurants

• Vorwahl: 0 66
Es gibt noch keine Unterkünfte mit einer Lizenz für Ausländer. Die folgenden Guest Houses nehmen trotzdem Touristen auf:
Aye Thukha und Yamon Guest House: jeweils einfache Zimmer mit Fan und Gemeinschaftsbad, pro Person US$ 3 - 4, Fan; US$ 5 - 6, AC

Restaurants finden Sie in der Gegend um den Markt, dem Bahnhof und dem Busbahnhof.
Sein Htay Restaurant ein paar Straßen nördlich des Busbahnhofs

Östlich von Bagan

Tuyin Taung

Auf der Hauptroute von Bagan nach Thazi biegt man nach einer halben Stunde Fahrt nach rechts ab zum Tuyin Mountain mit dieser Pagode. Die gute Straße führt bis an die Spitze des Hügels. Der Weg bergauf ist gesäumt mit Steinplatten, auf denen die Spender dieser Straße genannt werden. Fast den ganzen Berg hinauf stehen hintereinander aufgereiht überlebensgroße Figuren, die Mönche darstellen. Die oberste Figur ist Buddha selbst, der mit seinem ausgestreckten Arm auf die Pagode zeigt. Beim Parkplatz vor dem Plateau mit dem vergoldeten Stupa steht eine große Figur eines Elefanten. Der Stupa enthält ein Haar Buddhas, das König Anawrahta von Sri Lanka brachte.

Von oben haben Sie einen sehr schönen Blick über die Pagoden von Bagan, auf den Ayeyarwady mit den Bergen in der Ferne und dem Mya Kan (Smaragd-See), der aber jetzt ausgetrocknet ist.

Mount Popa

Anfahrt

Auto: ca. US$ 20 - 25 von Bagan
Bus: Bagan ab 08.00 Uhr bis Kyauk-

Mount Popa

padaung, K 250; von dort am besten mit dem pick-up (K 100) oder Taxi, 15 Minuten; Rückfahrt spätestens um 16.00 Uhr antreten! von Pyay ab 17.00 Uhr, 10 Std., K 1 500, Kyaukpadaung 03.00 Uhr, erstes pick-up nach Popa um 05.00 Uhr, 25 Minuten, K 200
pick-up: fahren in der Hochsaison von Bagan stündlich, K 400 pro Person; kann man sich mit anderen Touristen zusammen mieten, für 10 - 12 Personen ca. US$ 25; von Kyaukpadaung nach Meiktila, 3 Std., K 300 - 500
Kleinbus: mit AC, für 7 - 8 Personen ca. US$ 40 - 50
Größere Hotels organisieren auch diesen Ausflug.

Bei einem gewaltigen Erdbeben 442 v. Chr. schob sich der Mount Popa als Vulkan etwa 1 000 m aus der Ebene. Der längst erloschene Vulkan misst bis zur Spitze 1 518 m. Allerdings ist mit dem Namen Mount Popa als die Wohnstätte der *Nats* nicht der eigentliche Berg gemeint, sondern eine kleinere Felsnadel. Das Wort „Popa" leitet sich aus dem Sanskrit ab und bedeutet „Herrin der Blume", weil der Berg mit Blumen, Heilpflanzen und blühenden Bäumen bewachsen ist.

Der Mount Popa liegt 75 km südöstlich von Bagan. Er gilt als das Herz von Myanmar und als urmütterlicher Berg, auf dem man Kraft und Weisheit empfängt. Bekannt ist er im ganzen Land auch als das Zentrum der *Nat*verehrung. König Anawrahta versammelte dort sein Heer, mit dem er den Thron von Bagan errang. 50 Jahre später brachte Kyansittha seine Krieger dorthin und führte sie zum Sieg. Premierminister U Nu pilgerte 1961 auf den Mount Popa, um sich in der Stille eines Klosters der Meditation zu widmen.

Aufstieg

Vom Ort Kyaukpadaung fährt man noch 15 km nordwärts. Die Straße führt durch ein bewaldetes Gebiet, vorbei an einem Golfplatz, danach langsam bergauf, bis man etwa den halben Teil der Gesamthöhe des Berges gewonnen hat. Hier ragt der Mount Popa senkrecht als eine Felsnadel auf. Am Fuße des Berges liegt ein kleiner Ort mit einer Pagode und einem 1925 gegründeten Kloster.

Dort findet beim Vollmond im Mai/Juni das Geisterfest der Mahagiri-*Nats* statt. Tausende von Pilgern kommen dann in einer Prozession mit roten Fahnen (rot ist die Farbe der *Nats*), um den *Nats* Opfergaben zu bringen. Manchmal sieht man auch Einsiedlermöche mit hohen, spitz zulaufenden Hüten und meist braunen Gewändern.

Die Legende berichtet vom Popa-Berg

Ein Prinz residierte in Tagaung, gelegen zwischen Mandalay und dem heutigen Bhamo. Dort lebte Maung Tin De, ein junger Schmied mit großen handwerklichen Fertigkeiten und enormer Kraft. Er verspeiste 20 Pfund Reis zu jedem Mahl und konnte zwei Hämmer mit je 100 Pfund gleichzeitig schwingen. Wenn der Schmied auf seinen Amboss schlug, erbebten der Palast und die Stadt in den Fundamenten, was des Prinzen höchsten Groll erweckte. Er befahl, den furchterregenden Mann zu töten. Doch der Schmied wurde gewarnt und suchte in den Wäldern der Umgebung Unterschlupf.

Inzwischen heiratete der Prinz die schöne Schwester des Schmieds. Er glaubte, dass er nun ihren Bruder nicht mehr zu fürchten brauchte. Der Prinz ließ mitteilen, dass er ihn zum Gouverneur der Stadt ernennen wolle. Aber als der Schmied in die Stadt kam, packten ihn Soldaten, ketteten ihn an den Stamm eines Saga-Baumes und verbrannten ihn bei lebendigem Leib vor den Augen des Prinzen und seiner Gattin. Diese wollte ihrem Bruder zu Hilfe eilen und starb mit ihm in den Flammen. Der Baum des Saga-Baumes aber brachte hinfort jedem lebenden Wesen den Tod, das sich diesem näherte. Der Prinz ließ ihn fällen und im Fluss versenken. Der Baum schwamm auf den Fluten des Ayeyarwady, bis er an die Stufen der Stadt Thiripyitsaya gespült wurde, wo Jahrhunderte später das Königreich Bagan entstand. Der König von Thiripyitsaya, Thinbinkyaung, ließ die Bilder des Schmieds und seiner Schwester in den Stamm des Baumes schnitzen. Ein heiliger Tempel war schon auf dem Gipfel des Mount Popa errichtet worden. Maung Tin De war nun der „Gebieter vom Großen Berg" und seine Schwester die „Herrin mit dem güldenen Antlitz".

Als Jahrhunderte später, etwa um die Mitte des 11. Jhs., König Anawrahta versuchte, den Buddhismus im Königreich Bagan auszubreiten, bildete die große Volkstümlichkeit des „Gebieters vom Großen Berg" dabei ein starkes Hindernis.

Kleinere Feste finden zum Vollmond im November/Dezember, Juli/August und März/April statt.

Vor dem überdachten Treppenaufgang haben einige Teestuben und Restaurants sowie Andenkenläden aufgemacht, die vielerlei Wurzeln als Heilmittel, Orchideen, eingelegte gelbe Blumen, Obst, Kadduk (eine Art süßes Fruchtmus), Sandelholz, versteinerte Muscheln und Erdnüsse für die Affen feilbieten.Vor dem Treppenaufgang zum eigentlichen Mahagiri-Schrein beherbergt ein Tempel alle 37 *Nats,* dargestellt in fast lebensgroßen Figuren. Gegenüber flankieren zwei große Elefantenstatuen den Aufgang. Hier beginnt der Aufstieg (Schuhe ausziehen). Denken Sie auch daran, alle Taschen zu verschließen, da die Affen sehr aufdringlich und frech werden können. Durch die Affen kann der Treppenaufgang gegen Tagesende ziemlich verschmutzt sein.

Der Aufstieg dauert höchstens eine halbe Stunde, ist aber durch die schmalen, steilen Stufen, im oberen Teil Eisentreppen, sehr unangenehm. Am Weg finden Sie immer wieder Sitzgelegenheiten und Verkaufsstände.

Etwa auf halber Strecke steht ein Schrein der Mahagiri-*Nats*. Das Plateau oben auf der Felsspitze ist mit einer Tempelanlage mit Stupas und einem Kloster bebaut; Die Anlage entstand erst 1960. Bei klarem Wetter bietet sich Ihnen eine beeindruckende Aussicht über die Landschaft.

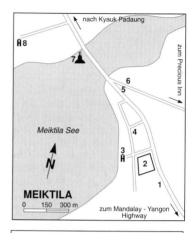

1 Express Bus Haltestelle
2 Shwebontha Kyaung
3 Honey Hotel
4 Honey Restaurant
5 Tharapu Myanmar Cuisine
6 Mon Mon Lay Restaurant
7 Antaka Yele Pagode
8 Wunzin Hotel

Unterkunft und Restaurants

• Vorwahl: 0 62
Popa Mountain Resort
T. und Fax: 7 01 40, 1998 eröffnet, 24 sehr schön gelegene Bungalows mit Blick auf den Mt. Popa, EZ US$ 85, DZ US$ 115, beste Ausstattung, Swimmingpool, Restaurant
Zay Yar Theingyi Guest House
Popa 28, EZ US$ 12, DZ US$ 20, sauber, mit Frühstück, Restaurant
Popa Guest House
Popa Township, T. 17, liegt bei der letzten Siedlung vor dem Mount Popa
Forestry Guest House
am Fuß des Mount Popa
Thirizayar Guest House
einziges Hotel für Ausländer in Kyaukpadaung, EZ US$ 5, DZ US$ 8, Fan, Gemeinschaftsbad, nicht sehr sauber

Restaurants: am Mt. Popa und in Kyaukpadaung gibt es mehrere Teestuben und Restaurants mit vorwiegend chinesischer Küche.

Meiktila

Anfahrt

öffentlicher **Bus:** von/nach Thazi, K 100, Pyinmana, K 200, Bagan, K 300, Kyaukpadaung, K 200, Magway, Taunggyi, K 1 000, Mandalay, K 1 500 und Yangon, K 1 800; Bushaltestelle an der Nordseite des Markts bzw. am Uhrturm
Private Busse: von/nach Mandalay, Taunggyi und Yangon; Bushaltestelle am Shwe Ohn Restaurant
Minibus: nach Taunggyi ab 06.00, 07.00 und 08.00 Uhr
Zug: die Züge sind oft sehr überfüllt und langsam, Zeiten passen nicht zu den Verbindungen in Thazi

Meiktila ist ein bedeutendes Handelszentrum an den Straßenrouten Bagan - Taunggyi und Yangon - Mandalay und eine aufstrebende Universitätsstadt. Für Touristen ist Meiktila höchstens zum Übernachten, Essen oder Umsteigen interessant.

Die Stadt liegt am Meiktila See, der bereits im 7. Jh. angelegt worden sein soll. Der Chaungma Fluss mit seinen Nebenarmen versorgt ihn mit Wasser. Die Hauptstraße nach Nyaung U überquert auf einer Brücke den See. An einem Ende des Sees erreicht man über einen Steg die kleine **Antaka Yele Pagode**. An der Hauptstraße kommen Sie an dem **Shwebontha Kyaung** vorbei. Vor diesem Kloster stehen zwei riesige Löwen als Wächterfiguren.

Unterkunft und Restaurants

• **Vorwahl: 0 64**
Meiktila Hotel
T. 2 18 92, Kyikone Qutr., nördlich der Stadt an der Straße Yangon - Mandalay, 8 Bungalows, 24 Zi, EZ US$ 30, DZ US$ 38, AC, Du und WC, sauber, mit Frühstück, Restaurant
Wunzin Hotel
T. 2 18 48, schöne Lage am nördlichen Seeufer, im Hauptshaus: EZ US$ 33, DZ US$ 40, AC, TV, Du und WC; im Nebenhaus: EZ US$ 18, DZ US$ 25, Fan, Du und WC, saubere Zimmer, ohne Frühstück
Honey Hotel
T. 2 15 88, Pan Chan Str., in der Nähe des Sees (das Wunzin Hotel liegt am gegenüberliegenden Ufer), große und saubere Zimmer, EZ US$ 15, DZ US$ 25, AC, Du und WC; EZ US$ 10, DZ US$ 16, AC, Gemeinschaftsbad, ohne Frühstück
Precious Inn
T. 2 18 18, 131, Butar Houng Str., in der Nähe des Marktes, EZ US$ 4, DZ US$ 8, Fan, Gemeinschaftsbad, einfache Zimmer, teurere Zimmer mit AC, Du und WC

Restaurants: vor allem entlang der Hauptstraße und beim Markt.
Shwe Ohn Pin Restaurant: sehr gutes chinesisches Essen und birmanische Curries, preiswert, hier halten die Fahrer von Mietautos und Bussen gerne
Honey Restaurant: nahe dem See, gutes chinesisches Essen
Mon Mon Lay: am südöstlichen Ende des Sees, birmanisches und indisches Essen
Seng Hein Restaurant: chinesische Küche, gut

Der Osten

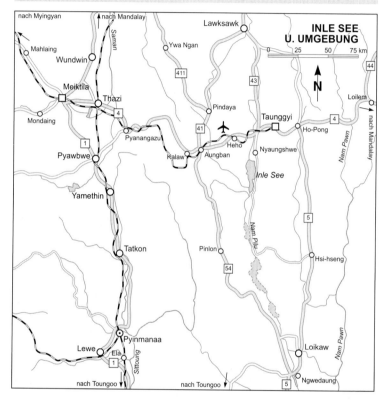

Im östlichen Teil Myanmars erstreckt sich hauptsächlich der Shan-Staat, der fast ein Viertel der geographischen Fläche ausmacht. Der Shan-Staat ist in neun Distrikte unterteilt. Hier erheben sich die meisten Berge des Landes. Der größte Fluss ist der Thanlwin (Salween), der von Norden nach Süden fließt und in dessen Flusstal über die Hälfte der Shan-Bevölkerung lebt. Westlich vom Thanlwin liegt das 1 000 m hohe Shan-Plateau und im Osten erheben sich die Berge entlang der Grenzen von China, Laos und Thailand. Die größten ethnischen Gruppen sind die Palaung im Nordwesten, die Kachin oben im Norden, die Akha und Lahu im Nordosten, die Wa in den nordöstlichen Bergen und die Padaung im Südwesten. In den

Flussebenen wird Reis angebaut, ansonsten kommt wahrscheinlich auch ein Teil der Einnahmen aus dem Opiumanbau im Norden und Südosten.

Thazi

Thazi ist der Verkehrsknotenpunkt zwischen Nord und Süd und zwischen Ost und West. Sehenswürdigkeiten bietet Thazi keine.

Anfahrt

pick-up/Bus: Die Bushaltestelle ist in der Nähe des Zugbahnhofs. Hier warten große pick-ups, die nach Kalaw und Taunggyi fahren.
Thazi - Kalaw: ab 05.30 und 07.00 Uhr, Bus K 800, pick-up K 1 000 - 1 200, *Thazi - Meiktila:* K 150
Zug: *nach Yangon* US$ 27, *nach Bago* US$ 24, *nach Shwenyaung* ab 09.00 Uhr, an gegen 18.00 Uhr, US$ 12 genaue Zeiten siehe Anhang
Auto: an der Bushaltestelle oder im Restaurant fragen, nach Shwenyaung US$ 30 - 35, nach Bagan ca. US$ 20

Unterkunft und Restaurants

Wonderful Guest House
neu, von Chinesen geführt, US$ 4 pro Person, Fan, Gemeinschaftsbad, chinesisches Essen
Moon Light Rest House
an der Hauptstraße in der Nähe des Bahnhofs, einfach, ab US$ 4 pro Person, Fan, Gemeinschaftsbad
Red Star Restaurant: unten im Moon Light Rest House, indisches Essen
Tea shops finden Sie bei der Bushaltestelle

Kalaw

Anfahrt

Bus: *Thazi - Kalaw:* Abfahrt 05.30 Uhr, K 800, 3 Std.; *Kalaw - Taunggyi:* Abfahrt frühmorgens, K 700, 3 Std.; *Kalaw - Mandalay*: Bus kommt von Taunggyi, hält an der Hauptstraße um ca. 07.00 Uhr, K 2 000, 6 - 7 Stunden; *Kalaw - Shwenyaung:* K 400, 2 Stunden
pick-up: *Bagan - Kalaw:* ab 04.30, an ca. 13.00 Uhr, K 1 500
Nyaungshwe - Kalaw: ca. K 500
Auto: Bagan - Kalaw US$ 45 - 55, Mandalay - Kalaw US$ 40 - 45, Kalaw - Nyaungshwe US$ 10
Von Bagan aus kommt man am bequemsten und schnellsten mit einem Mietauto über Mt. Popa, Thazi nach Kalaw; von Mandalay mit dem Zug nach Thazi, dann mit dem Auto nach Kalaw und zum Inle See; oder von Mandalay die neue, etwas kürzere kaum befahrene und landschaftlich schöne Straße, stößt bei Aungban auf die alte Straße. Busse fahren diese Route noch nicht wegen fehlender Autowerkstätten.
Zug: von Thazi nach Shwenyaung, US$ 12, Fahrzeit 8 - 9 Stunden
Flug: nach Heho, von dort mit dem pick-up/Bus K 300 - 400 nach Kalaw

„Liebe dein Vaterland und respektiere das Gesetz" steht auf einer Tafel am Ortseingang. Kalaw liegt 71 km westlich von Taunggyi auf einer Höhe von 1340 m. Das Klima ist hier sehr angenehm - tagsüber nicht zu heiß und nachts kühl. Kalaw ist ein ehemaliger britischer Luftkurort, angelegt am Ende des 19. Jhs., mit Häusern im Kolonialstil.

1 Krankenhaus
2 Kino
3 Markt
4 Pineland Inn
5 Aung Chan Tha Chedi
6 Aung Chan Naung Chedi
7 May Palaung Restaurant
8 Dama Yon Tempel
9 Zwe Man Thit Restaurant
10 Myoma Kyaung mit der Su Taung Pyi Pagode
11 Moschee
12 Post
13 Bahnhof
14 Kalaw Hotel
15 „Christ the King" Kirche

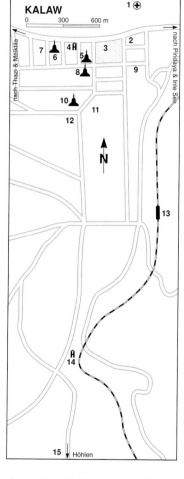

Von den Amerikanern wurde Kalaw im 2. Weltkrieg als Versorgungslager benutzt, um Waffen auf der Burma Road für die Streitkräfte von Chiang Kai Shek von Lashio nach China zu bringen. Überbleibsel sind die heute noch fahrenden Willy Jeeps. Heute hat Kalaw 25 000 Einwohner - Shan und Chinesen sowie Nepalesen, Pakistani und Inder, die mit der British Indian Army hierher kamen.

In Kalaw findet jeden Tag ein Markt statt, aber alle fünf Tage ist er besonders groß. Dann kann man vielleicht die Angehörigen verschiedener Bergstämme mit ihren traditionellen Trachten beobachten, z. B. die Paoh in ihrer schwarzen oder dunkelblauen Kleidung mit den Turbanen aus Frottee, die Palaung mit ihren bunten Hüten und roten, blauen und grünen Jacken und (selten) die Padaung mit ihrem Halsschmuck aus bis zu 28 Ringen („Giraffenfrauen").

Kalaw wirbt mit seinen schönen Spazierwegen durch die Pinienwälder; aber wahrscheinlich werden nur die wenigsten Touristen Zeit finden, sie zu benutzen. Von Kalaw aus kann man auch nahegelegene Dörfer der Palaung besuchen, z. B. Ta Yaw und Shwe Min Phone.

Besichtigung

Theindaung Kloster

Es steht auf einem Hügel über dem Ort und bietet eine schöne Aussicht.

Aung Chan Tha Pagode

Der Stupa ist mit golden glasierten Mosaiken verkleidet.

Dama Yon

Gegenüber dem Stupa steht dieser Tempel.

Shweohnmin Pagode und Höhlen

Diese Höhlen erreichen Sie vom Zentrum aus gerechnet zu Fuß in einer halben Stunde.

Sie stammen aus der gleichen Zeit wie die Höhlen von Pindaya. Vor dem Höhleneingang stehen 34 verschiedene weiße Stupas. Die Haupthöhle befindet sich auf einer Anhöhe über einem gespaltenen Felsen, von dem gesagt wird, dass er durch die Kraft von Buddha zusammengehalten wird. Man geht durch einen großen Raum vorbei an einer Buddhafigur tiefer in die Höhle, wo am Ende des engen Ganges rechts fünf Buddhafiguren stehen - die vier vergangenen und der zukünftige Buddha. Insgesamt beherbergt die Höhle ca. 140 verschiedene Buddhafiguren.

Vor der Haupthöhle führen Treppen zu weiteren kleineren Höhlen, die man teilweise besichtigen kann. Taschenlampe nicht vergessen!

Gegenüber dem Höhleneingang sehen Sie eine Klosteranlage, in der außergewöhnliche Buddhafiguren aus den Höhlen aufbewahrt werden, z. B. eine Figur geflochten aus Bambusstreifen, mit Lack überzogen und vergoldet (soll über 1 000 Jahre alt sein), und einige ganz schwarze Figuren. Ein Mönch führt Sie gerne zu den Figuren.

Wanderungen von Kalaw

Trekkingbüros

Büros mit Lizenz befinden sich an der Hauptstraße und in Marktnähe, z. B.
New Land Trekking Büro
Sam Trekking Guide Service
Top Trekking Guide Service
Honey Moon Trekking
Außerdem sind die meisten Hotels und der Pater der „Christ the King Church" gerne bei der Vermittlung eines Guides behilflich.
Es werden Touren von einem halben Tag bis zu 5 Tagen angeboten. Ein Guide kostet etwa US$ 5 - 7 pro Per-

---

Markttage

Die Markttage finden rollierend in der nachfolgend angegebenen Reihenfolge statt. Da es sich um 5 Orte handelt, fällt der Markttag jede Woche auf einen anderen Tag, den Sie erst an Ort und Stelle erfahren können.
1. Kalaw und Shwenyaung
2. Pindaya und Nyaungshwe
3. Heho
4. Taunggyi und Inle See
5. Pwehela (liegt auf dem Weg von Westen nach Kalaw)

son pro Tag. Eingeschlossen ist in der Regel das Trinkwasser, Essen, evtl. Früchte und bei mehrtägigen Wanderungen die Übernachtung in einem Haus bei den Dorfbewohnern. Achten Sie darauf, dass Ihr Guide einigermaßen Englisch spricht. Feste Schuhe und warme, evtl. Regenbekleidung müssen Sie selbst mitbringen, Schlafsack und Moskitonetz wird gestellt. Geeignete Geschenke zum Mitnehmen sind Blei- und Buntstifte, Kugelschreiber, Luftballons - aber auch Geld ist willkommen. Geben Sie Geschenke für Kinder einem Erwachsenen, der sie dann verteilt. Vielleicht kann so das Betteln verhindert werden. Die Gehzeit pro Tag sind etwa 6 Stunden.

Bergdörfer der Shan und Palaung

Beispiel für eine Wanderung mit einem Führer: Bei einer eintägigen Tour ist der Weg ca. 18 km lang und führt über mehrere Hügel. Für eine Strecke muss man mit 6 Stunden Gehzeit rechnen. Wenn es regnet, ist der lehmige Boden sehr glitschig und schwierig begehbar. In den Dörfern sehen Sie die großen Langhäuser der Palaung. Ihre Bewohner leben vom Anbau von Tee, Mais, Bananen und Tabak. Ihre Tracht ist dunkelblau mit grellfarbigen Turbanen.

Die Trekking Routen beginnen an der Theindaung Pagode. Der lehmige Weg führt durch eine hügelige Landschaft auf und ab durch Teeplantagen, Orangenhaine und Bergreisfelder. Man kommt durch drei Dörfer:

Toungmigyi: Hier wohnen die *Paoh*, die vom Trocknen der Blätter des *tanape*-Baumes (werden zum Einrollen des Tabaks für Zigarren verwendet) leben. Die Ernte beginnt im Juli, danach müssen sie getrocknet werden.

Panaban: Etwa nach einer Stunde erreicht man das zweite Dorf. Hier leben die *Palaung*, die als Experten des Teeanbaus gelten. In den Langhäusern wohnen bis zu vier Palaungfamilien. Ihre Tracht jedoch tragen sie nur zu festlichen Anlässen, so z. B. wenn sie zum alle fünf Tage stattfindenden Markt nach Kalaw kommen.

Das dritte Dorf wird auch von den Palaung bewohnt und kann schon nach 20 Minuten erreicht werden.

Unterkunft

• **Vorwahl: 0 81**
Kalaw Hotel
84, University Rd, T. 5 00 39, 5 01 91, 43 Zimmer, EZ US$ 35 - 38, DZ US$ 38 - 48, mit Fan/AC, Du und WC, TV, mit Frühstück, liegt etwa 1 km außerhalb idyllisch auf einer kleinen Anhöhe und ist umgeben von einem gepflegten Garten. Von den Briten 1915 im Kolonialstil erbaut, war es bis vor kurzem staatlich, wurde jetzt von einer Hotelkette übernommen und renoviert. Ein Restaurant befindet sich im Haus.
Pine Hill Resort
115, U Min Rd., T. 5 00 78, 30 Zi, schöne Bungalows in gepflegter Anlage mit Blick auf die umgebenden Berge, EZ US$ 35 - 40, DZ US$ 40 - 55, AC, Du und WC, TV, Kühlschrank, mit Frühstück, gutes Restaurant
Hill Top Villa
T. 5 03 46, Fax: 5 03 47, DZ US$ 46, AC, Du und WC, mit Frühstück, sehr schöne neue Holzbungalows am Hang am Rand von Kalaw, ruhig

Pine View Inn
10, University Rd, T. 5 01 85, EZ US$ 15, DZ US$ 20, Du und WC, mit Frühstück, sehr schön, sauber
Dream Villa Motel
Zatila Rd, (5) Quarter, T. 5 01 44, EZ US$ 20 - 30, DZ US$ 28 - 36, Du und WC, mit Frühstück, schöne Villa im Kolonialstil, renoviert, sehr sauber, freundlich, hilfsbereit
Winner Hotel
Pyi Taung San Rd, neben dem Pine Land Inn, T. 5 00 25, EZ US$ 15, DZ US$ 28, AC, Du und WC; US$ 7 pro Person, Fan, Gemeinschaftsbad, mit Frühstück, sauber
Sun Flower Motel
von Thazi kommend direkt am Ortseingang auf der linken Seite der Hauptstraße, farbige Bungalows, DZ US$ 30 - 40, Du und WC, mit Frühstück
Pine Land Inn
T. 5 00 20, Union Higway, direkt an der Hauptstraße, EZ US$ 4, DZ US$ 6 - 8, Gemeinschaftsbad, mit Frühstück, sehr einfache Zimmer mit dünnen Bretterwänden, hellhörig, Restaurant
Golden Kalaw Guest House
64, Natsin Rd, in der Nähe vom Markt, T. 5 01 08, DZ US$ 6 - 8, Fan, Gemeinschaftsbad, einfach, sauber
Golden Lily Guest House
5/88, Natsin Rd., T. 5 01 08, EZ US$ 2 - 3, DZ US$ 4 - 5, Gemeinschaftsbad; EZ US$ 3 - 4, DZ US$ 8, mit Du und WC, sauber, etwas hellhörig, mit Frühstück, sehr freundlich
Eastern Paradise Hotel
Block 5, Thirimingalar Str., T. 5 00 87, EZ US$ 8 - 10, DZ US$ 18 - 20, mit Frühstück, große Zimmer, sauber, freundlich
Parami Motel
Merchant Str., T. 5 00 27, DZ US$ 10, Gemeinschaftsbad, DZ US$ 12 - 16, Du und WC, mit Frühstück, Restaurant, sauber
Hotel Mingala
EZ US$ 4, DZ US$ 7, Gemeinschaftsbad, mit Frühstück

Restaurants

Thirigayhar (7 Sisters) Restaurant: 7, Main Rd, gemütliches Holzhaus, birmanische, indische und chinesische Gerichte, sehr gut, gehobenere Preislage
May Palaung Restaurant: 24, East Circular Rd, T. 5 02 99, ist umgezogen an einem Hang oberhalb von Kalaw, Beschilderung ab dem Bahnhof, man wird auch abgeholt, chinesisches, birmanisches und Shan Essen, sehr gut
Zwe Man Thit Restaurant: vorwiegend chinesisches Essen, sehr gut
Dragon oder Naga Restaurant: an der Hauptstraße, chinesisches Essen
Kalaw Hotel Restaurant: 84, University Rd, chinesisches und europäisches Essen, ordentlich, gehobene Preisklasse
Pine Land Inn: ordentliches chinesisches und birmanisches Essen
Golden Myanmar: birmanische und chinesische, Gerichte, gut, preiswert
Everest Restaurant: nepalesische Gerichte, sehr gut
Morning Star Restaurant and Teahouse: Merchant Str., gut, sehr preiswert
Royal Tea Garden: beim Kino, bei den Einheimischen beliebt
Mi Thazu Teashop: Tee und Chapatis, nepalesische Gerichte
Lachmi Tea House: Tee, Chapatis und Curries, von 05.00 - 21.00 Uhr geöffnet

Pindaya

Anfahrt

Bus: *von Nyaungshwe* nach Aungban K 200; *von Kalaw nach Aungban* K 100; weiter *von Aungban* nach Pindaya K 250, Abfahrt frühmorgens ab 06.00 Uhr; Fahrzeit 2 - 3 Std., man muss in Pindaya übernachten! *von Taunggyi:* Abfahrt 14.00 Uhr, Fahrzeit ca. 4 - 5 Std., K 300 - 400; *von Pindaya nach Taunggyi:* Abfahrt 06.00 Uhr; *von Pindaya nach Aungban:* ab 06.00 und 09.00 Uhr (pick-up) beim Markt
Auto: von Kalaw und zurück, 1 Tag ca. US$ 20 - 25, ca. 2 Stunden; Die Hotels in Nyaungshwe bieten Pindaya als Tagesausflug an, 3 Personen pro Auto, ca. US$ 25, Fahrzeit einfacher Weg 3 - 3 ½ Stunden
Transport in Pindaya: Pferdewagen, von der Bushaltestelle ca. K 100

Pindaya liegt etwa auf einer Höhe von 1 200 m und ist 40 km von Aungban, 50 km von Kalaw, 90 km von Nyaungshwe und 320 km von Mandalay entfernt. Die Straße ist schlecht und eng und von vielen Lastwagen befahren. Sie führt dorthin durch eine hügelige, beschauliche Landschaft mit in Terrassen angelegten Reisfeldern, Tee- und Tabakplantagen, Kohl-, Kartoffel- und Ananasfeldern und Wäldern. In dieser Gegend leben die Danu und die Paoh.

Pindaya ist ein ruhiger kleiner Ort mit 15 000 Einwohner, der sich idyllisch um den rechteckigen Natthamikan See schmiegt. Im Ort sieht man manchmal zum Trocknen aufgestellte Rahmen mit Papier, das aus der Rinde des Maulbeerbaumes hergestellt wird. Mit diesem Papier bespannt man Schirme, die von einigen Familien gefertigt werden. Die Hauptsehenswürdigkeiten von Pindaya sind jedoch die Höhlen, die bis zu 150 m tief in den Kalksteinfelsen der U Min Hügel führen.

Der Name Pindaya setzt sich zusammen aus dem Wort „pinku", das übersetzt Spinne heißt, und aus „ya", zu deutsch bekommen. Die Legende erzählt von sieben Prinzessinen, die vor tausenden von Jahren am See von Pindaya spielten. Als es zu dunkel wurde, um heimzugehen, beschlossen sie, in den Höhlen zu übernachten. Aber um Mitternacht kam eine riesige Spinne, die mit ihrem Netz den Eingang der Höhle versperrte. Ein zufällig vorbeikommender Prinz hörte die lauten Hilferufe der Prinzessinen. Er tötete die riesige Spinne mit Pfeil und Bogen und rief „pinkuya", d. h. ich habe die Spinne getötet. Als Dank erhielt der Prinz die jüngste der Prinzessinen zur Frau, mit der er glücklich zusammenlebte. Der Name Pindaya soll sich von diesem Ausruf ableiten und die Bewohner sollen die Nachfahren dieses Prinzen und dieser Prinzessin sein.

Besichtigung

• Eintritt: US$ 3 für die Höhlen
  Fotoapparat K 100, Video K 300

Shwe U Min Pagode
(Golden Cave Pagoda)

Die Höhlen sind neuerdings elektrisch ausgeleuchtet, so dass man normalerweise keine Taschenlampe mehr braucht. Ausserdem kann man sie jetzt auch mit einem außen angebrachten Lift erreichen.

Die Shwe U Min Pagode ist auch als „Pindaya Cave" bekannt und genießt seit dem 12. Jh. die Verehrung der Gläubigen. Die Höhleneingänge liegen am Berghang über dem See. Man kann die Höhle entweder auf einer überdachten Treppe mit 200 Stufen vom See aus oder mit dem Lift erreichen oder man fährt mit dem Auto auf die halbe Höhe und setzt seinen Weg auf einem überdachten Treppenaufgang mit kleinen Läden, die vor allem Tee (kostenlose Proben werden an jedem Stand angeboten) und Zigarren verkaufen, fort.

In der Kalksteinhöhle mit Stalagmiten und Stalaktiten stehen in mehreren sehr hohen Räumen 8 094 Buddhafiguren in den verschiedenen Größen. Sie sind aus Bronze, Marmor oder Gips und mit Goldplättchen beklebt. Vom ersten großen Raum, in dem eine große, vergoldete, sitzende Buddhastatue von vielen kleineren Statuen umringt ist, gelangt man in weitere ineinandergehende Räume. Figuren in allen Größen und Ausführungen stehen dort in einem engen Durcheinander am Boden und in Nischen an den Felswänden. Die Statuen sind hauptsächlich Spenden von Pilgern. Niedrige, kleine Höhlen, in die man nur kriechend hineinkommt, dienen als Meditationsräume.

Von außen geht man nur ein paar Meter zu weiteren Höhlen. Im ersten Raum steht auch dort eine große vergoldete Buddhastatue mit vielen kleineren daneben. Weitere kleinere Höhlenräume mit Buddhastatuen schließen sich an.

Vom Höhleneingang aus bietet sich Ihnen ein herrlicher Blick auf Shan-Pagoden und auf die hügelige Landschaft, die von den Einheimischen auch die „Schweiz von Myanmar" genannt wird.

Beim Vollmond im Februar/März findet ein großes Fest statt, zu dem Tausende von Pilgern anreisen. Überall werden Verkaufsstände und Garküchen aufgestellt und Tänze aufgeführt.

Padah Lin Höhlen

Bei Pindaya, in der Nähe von Yengan, befinden sich die Padah Lin (oder auch Badalin) Höhlen. Man fährt mit einem Geländeauto bis Yengan und Yebok. Von dort sind es noch knapp zwei Kilometer zu Fuß.

Hier wurden bedeutende vorgeschichtliche Funde gemacht. An den Wänden sind noch Reste von Malereien, z. B. eine Hand, ein Bison, ein Teil eines Elefanten und ein Fisch zu erkennen. Diese Höhle ist nicht immer öffentlich zugänglich!

Trekking-Ausflüge

Von Pindaya aus sind einfache ein- zwei- und dreitägige Touren möglich. Bei der Organisation ist Ihnen gerne Ihr Hotel oder Guest House behilflich oder auch z. B. Myo Tun & Brother, Trekking Services, 207, Zaytan Quarter, T. 92 48. Eine zweitägige Tour kostet inklusive Verpflegung und Übernachtung pro Person US$ 5 pro Tag.

Sie kommen über hügelige Wege zu Klöstern und Dörfern mit Bewohnern der Palaung und Danu. Als Tagestour können Sie auch mit einem Führer den ca. 2 000 m hohen Mount Yasakyi besteigen.

Unterkunft und Restaurants

• **Vorwahl: 0 81**
Inle Inn
T. 2 32 57, 2 34 71, im südlichen Teil von Pindaya, EZ US$ 45, DZ US$ 50, Luxusbungalow DZ US$ 75, AC, Du und WC, mit Frühstück, sehr schöne ruhige Bungalowanlage
Pindaya Hotel
5, Main Str., T. 2 24 09, 5 01 44, 45 Zi, EZ US$ 22, DZ US$ 25, Du und WC, Fan bzw. AC, mit Frühstück, liegt direkt am See am Weg zu den Höhlen, ist jetzt privatisiert worden, freundlich, Restaurant
Conqueror Hotel
Shwe Oo Min Pagoda Str., T, 2 32 57, Bungalows, EZ US$ 40, DZ US$ 42, Du und WC, TV, Kühlschrank, mit Frühstück, sauber, freundlich
Golden Cave Hotel
Shwe Oo Min Pag. Str., T. 2 34 71, in der Nähe vom Pindaya Hotel, EZ US$ 14, DZ US$ 20, Du und WC, mit Frühstück, sauber, freundlich
Myit Phyar Zaw Gyi Hotel
317, Zaytan Quarter, T. 2 32 57, am See in der Nähe des Marktes, EZ US$ 12 - 15, DZ US$ 20 - 25, Du und WC, mit Frühstück, Restaurant, sauber
Diamond Eagle Guest House
T. 30, nahe am See, US$ 7 pro Person, Gemeinschaftsbad, mit Frühstück, sauber, soll zur Zeit geschlossen sein.

Restaurants findet man um den Markt und in einigen Hotels.
Kyanlite Restaurant: an der Straße, die in den Ort führt, chinesisches Essen, gut
U Aseik Restaurant: birmanische Küche, sehr gut, preiswert
Teik Sein Restaurant: Shan-Gerichte, gut, preiswert

Loikaw

Anfahrt

pick-up: von Aungban und vom Inle See, ca. K 1 000, 6 - 7 Stunden
Flug: von Yangon (US$ 60) und von Heho (35)
Zug: täglich von Kalaw via Aungban, Eisenbahnstrecke seit 1994 fertiggestellt, Abfahrt frühmorgens, Fahrzeit 8 - 10 Stunden, US$ 3, nur Ordinary Class, Verpflegung ist durch Händler an den Bahnhöfen möglich
Auto: von Kalaw oder Toungoo (für Touristen z. Z. verboten), 5 - 6 Std.
Schiff: zu buchen z. B. bei Tour Service Centre King Rabbit, Nyaungshwe (in der Nähe des Marktes), US$ 55 pro Boot für max. 4 Personen, Abfahrt 05.30 Uhr, Ankunft Peku (oder Pekhon) 12.00 Uhr, von dort mit dem pick-up nach Loikaw, K 150, Fahrzeit noch 1 Stunde (morgens kann es kalt sein, Getränke mitnehmen!). Die Bootsfahrt ist für Touristen illegal, und kann zur Zeit vermutlich nicht durchgeführt werden!

Loikaw ist nur mit einem Permit zu erreichen, das man aber schon seit Jahren nicht mehr erhält. Trotzdem an dieser Stelle eine kurze Beschreibung, falls sich die Situation ändert.

Am einfachsten erreicht man Loikaw per Flug, am schönsten ist es aber, mit dem Boot zu fahren. Wenn Sie mit dem Auto fahren, kommen Sie auf halber Strecke zu dem hochgelegenen gepflegten Dorf **Pin Laung** mit einer schönen Pagode an einem Teich. Hier leben vorwiegend die Paoh. In der Umgebung erstrecken sich Reisfelder und kleinere Teegärten (grüner Tee). Die Zugstrecke führt durch das Gebirge mit schönen Ausblicken auf die malerische Umgebung. Wenn Sie sich für den wunderschönen Ausflug mit dem Boot entscheiden, durchqueren Sie nach dem Inle See noch drei kleinere Seen, die untereinander mit Kanälen verbunden sind. An den Ufern liegen Dörfer mit Häusern auf Pfählen.

Loikaw liegt über 1 000 m hoch, ist 150 km von Kalaw entfernt und gehört zu einem Gebiet, das politisch immer noch instabil ist. Seit 1998 ist es für Touristen nicht mehr erlaubt, Loikaw zu bereisen. Diese Situation kann sich von heute auf morgen ändern. Zuverlässige Information darüber erhalten Sie z. B. in Kalaw und Nyaungshwe.

Loikaw ist die Hauptstadt des Kayah-Staates. Zwei Seen, der Naungyar und Htingalian, ein Fluss, Biluchaung, und ein bizarrer Berg, Taungkweh, bilden die malerische Kulisse der verschlafenen Stadt, in der es fast keinen Autoverkehr gibt. In der Umgebung leben noch ca. 7 000 Mitglieder des *Padaung-Stammes*. Früher trugen die Padaung-Frauen Messingringe um den Hals bis zu einer Höhe von 25 cm und einem Gewicht von 9 kg. Man nennt sie wegen ihrer langgestreckten Hälse auch „*Giraffenfrauen*". Es gibt heute noch Kinder und junge Frauen mit diesen Messingringen (siehe auch Kapitel „Volksgruppen"). Wanderungen zu den Dörfern können Sie nur mit einem Führer, den Sie über Ihre Unterkunft ausfindig machen, unternehmen.

Besichtigung

Taungkweh Pagode

Auf diesem Berg steht der Taungkweh Stupa, der auf einem steilen Weg zu erreichen ist. Es handelt sich eigentlich um zwei Berge, die mit einer Brücke verbunden sind. Darunter ist eine große, neue stehende Buddhafigur. Die Aussicht ist hier besonders schön.

Myonan Pagode

Sie ähnelt dem Ananda Tempel in Bagan. Nur Männer dürfen hinaufsteigen. Nachts wird sie angestrahlt.

Thiri Mingala Bazaar

Vor allem am Sonntag treffen sich auf diesem faszinierenden Markt die verschiedensten Volksgruppen, wie die Kayah, Shan, Paoh und auch Padaung.

Kayah State Museum

Dieses neue Museum zeigt Trachten und Gebrauchsgegenstände der vielen in der Gegend lebenden Bergvölker.

Taung Tone Lo Pagode

Sie liegt 7 km von Loikaw entfernt. In der Pagode wird ein berühmter einbalsamierter Mönch aufbewahrt.

Außerdem gibt es noch die **Badamya Cheroot Fabrik** zu besichtigen.

Ausflüge

Bis zu dreitägige Touren zu Padaung-Dörfern werden im Falle einer Öffnung wieder von vielen Hotels und Guest Houses organisiert.

Moe Pye und Hoa Ri Ko Khu

Die zwei Dörfer sind nicht weit von Loikaw entfernt. In ihnen leben noch ein paar Padaung-Frauen mit ihren Halsringen.

Nach Moe Pye fährt von Loikaw ein Bus (K 100). Alle fünf Tage findet in Moe Pye ein Markt statt, wo Sie immer einige Frauen mit Halsringen sehen können. Das Fotografieren der Padaung-Frauen muss in Dollar bezahlt werden!

Unterkunft und Restaurants

• **Vorwahl: 0 83**
State Guest House No 2
davor ist ein Park mit Eukalyptus Bäumen, geräumige Zimmer, Du und WC
Garden Hotel
EZ US$ 10 - 15, DZ US$ 15 - 20
First Kayah Inn
Daw Oo Khu Quarter, T. 2 15 51, US$ 6 p. P., Gemeinschaftsbad, mit Frühst., beim Naung Yar Sees, sehr freundlich
The Best Inn
112, Natshin Naung Rd, T. 2 15 05, neben der First Kayah Inn, US$ 6 - 8 pro Person, mit Frühstück
Pearl Guest House
40, Main Rd, T. 2 12 18, pro P. US$ 6
Yin Myo Chit Restaurant: chin. K.
Meik Set Restaurant: birman. Küche
Shwe Phar Zi Restaurant: gegenüber dem Pearl Guest House, billig

Heho

Heho liegt auf halbem Weg zwischen Aungban und Shwenyaung. Für den Inle See mit Umgebung ist Heho der nächstgelegene Flughafen. Der Ort bietet sonst nichts außer ein paar Restaurants und Cafés. Die Guest Houses sind den Einheimischen vorbehalten.

Shwenyaung

Anfahrt

Zug: von Thazi No. 143 up, ab 09.00 Uhr, an gegen 17.00 Uhr
von Shwenyaung nach Thazi zwei Züge: ab 08.30 Uhr, an ca. 17.00 Uhr und ab 10.00 Uhr, an 19.00 Uhr, US$ 9; langsame, aber landschaftlich sehr schöne Fahrt
Bus: sie fahren weiter nach Taunggyi, an der Kreuzung nach Nyaungshwe aussteigen, mit pick-up weiter K 200; hier stehen oft Hotelschlepper
pick-up: Thazi - Shwenyaung, 7 Std.

Shwenyaung ist 30 km von Heho, 11 km von Nyaungshwe und 20 km von Taunggyi entfernt.

Unterkunft

Remember Inn
s. einfache Zi ab US$ 3 p. P., DZ US$ 15 - 20, Du und WC, AC, TV, Kühlschrank, große Zimmer, sauber, freundlich, Organisiert Trekking Touren

Inle See

Anfahrt

Flug: Mandalay Air: Yangon - Heho (US$ 90 - 95), Mandalay - Heho (US$ 45) jeweils täglich
Air Myanmar: Yangon - Heho (US$ 80), Mandalay - Heho (US$ 40); Heho - Bagan via Mandalay täglich (US$ 75)
Zug: Yangon - Thazi (umsteigen) - Shwenyaung; Mandalay - Thazi (umsteigen) - Shwenyaung;

Inle See 329

die Strecke Thazi - Shwenyaung ist extrem langsam!
von Shwenyaung bzw. Thazi mit dem Taxi oder pick-up weiter
Taxi: von Heho nach Nyaungshwe US$ 12 - 15, pro Auto, 40 km; von Shwenyaung nach Nyaungshwe K 1 000
pick-up: Thazi - Taunggyi (in Shwenyaung aussteigen) ca. K 1 000, Mandalay - Taunggyi ca. K 1 200, Fahrzeit ca. 10 Stunden; Heho - Shwenyaung K 200, Shwenyaung - Nyaungshwe K 100, Nyaungshwe - Taunggyi K 200, Shwenyaung - Kalaw K 400, Shwenyaung - Taunggyi K 300, Nyaungshwe - Kalaw K 500
Bus: Mandalay - Taunggyi, K 1 500, 8 - 10 Stunden; Bagan - Taunggyi, K 2 000, 8 - 10 Stunden; Yangon - Taunggyi, K 2 500, ab 04.30 und 13.00 - 14.00 Uhr, an ca. 06.00 Uhr, 16 - 18 Stunden; Thazi/Meiktila - Taunggyi, K 1 200, 5 Stunden; zum Inle See in Shwenyaung aussteigen
am Inle-See:
• Eintritt für den Inle See: US$ 3
zu zahlen im Hotel oder bei MTT am Kanal, gilt für alle Sehenswürdigkeiten, außer Museen
Boote: Viele Hotels oder Guest Houses vermieten ein hauseigenes Boot mit Außenbordmotor. Für maximal 8 Personen kostet ein Boot für einen ganzen Tag K 6 000 - 8 000, Standard Halbtagestouren ca. K 3 000. Die Boote kann man auch am Kanal mieten.
Ruderboote: Sie sind nur für kleinere Strecken geeignet und am See selbst nicht mehr erlaubt. Man kann beschauliche Ausflüge durch die Kanäle zu den Dörfern am nördlichen Ufer unternehmen. Ein Ruderboot für zwei Personen kostet pro Stunde K 300, bei mehreren Stunden wird es günstiger.

Der Inle See, der größte See Obermyanmars, liegt auf einer Höhe von 900 m, ist 22 km lang, 10 km breit und höchstens 3 m tief. Er wird von 1 500 m hohen Bergen eingeschlossen. Am See liegen 200 Dörfer mit etwa 8 000 Einwohnern, rund 100 Klöster und viele hunderte Stupas. Er ist gesäumt von einem 5 km breiten Gürtel aus Wasserhyazinthen und Schilf, in dem die Kanäle für die Boote ständig freigehalten werden müssen. Die Bewohner der Dörfer gehören dem Stamm der Intha an. „In-tha" heißt „Leute vom See". Vor etwa 200 Jahren verschlug es die Inthas aufgrund der Kriege mit Thailand vom Andamanischen Meer im Süden Myanmars an den Inle See.

Berühmt ist der Inle See wegen der Beinruderer - hiesige Fischer, die diese Technik noch heute benutzen, um ihre Hände frei zu haben für die Netze. Dabei steht der Ruderer auf einem Bein auf dem Heck des Bootes, während das andere Bein um das Paddel geschlungen ist. Mit dem Fußpaddel wird das Boot schraubenartig vorwärtsbewegt. Es gibt auch hin und wieder Bootsrennen der Beinruderer als sportliches Ereignis, bei dem die Zuschauer Wetten abschließen können. In einem Boot sind dann bis zu zehn Ruderer. Für längere Fahrten werden lange, schmale Boote mit einem lauten Außenbordmotor benützt.

Eine weitere Besonderheit des Inle Sees sind die sog. „schwimmenden Gärten". Auf Matten oder verflochtenem Unkraut wird Schlamm angehäuft, diese kleinen Gartensegmente werden dann mit Stangen im Grund des Sees verankert. Auf ihnen baut man Tomaten, Blumenkohl, Bohnen, Auberginen und auch Blumen an.

Die Bewohner leben in Pfahlbauten über dem Wasser in der Nähe ihrer schwimmenden Gärten. Die Dörfer sind von vielen Kanälen durchzogen, als Transportmittel benützen sie Boote. Der Inle See wird deshalb auch das „Venedig von Myanmar" genannt. Die Leute leben von ihrem Gemüseanbau, der Fischerei und der Weberei. Die im ganzen Land getragenen Shan-Schultertaschen kommen ursprünglich von hier.

Nyaungshwe (Yaunghwe)

Ein Besuch des Inle Sees lässt sich meiner Meinung nach am schönsten gestalten, wenn man sich eine Unterkunft in Nyaungshwe sucht. Nyaungshwe ist der Hauptort am See, etwa 11 km von der Bahnstation Shwenyaung entfernt und umgeben von einer grünen Mittelgebirgslandschaft. Einst war Nyaungshwe ein Fürstentum.

Im Januar und Februar können die Nächte und der Morgen sehr kalt sein! Zum Ende der Regenzeit Ende September und Anfang Oktober finden hier das dreiwöchige Phaung Daw U und danach das Thadingyut Fest statt.

Besichtigung

Shanpalast

• Eintritt: US$ 2
Öffnungszeiten (Museum): Mo - Fr oder Di - So 09.00 - 15.30 Uhr

Etwa eine Viertelstunde vom Markt entfernt finden Sie den aus Stein und Teakholz gebauten Shanpalast. Außen sind nur wenige der einstmals zahlreichen Schnitzereien zu sehen. Auch von der Innenausstattung ist wenig erhalten. Im oberen Stockwerk des Museums werden originale Holzschnitzereien des Palastes ausgestellt. In einem kleinen Raum sehen Sie ein königliches Bett, einen Thron sowie alte Fotografien.

Dieser Shan-Palast (haw heißt Palast) wurde von Sao Shwe Thaike, dem letzten Shanfürsten von Myanmar, be-

Inle See 331

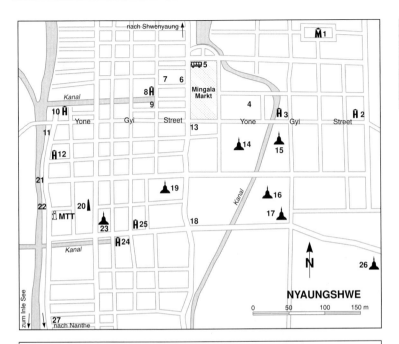

1 Shan Palast
2 Inle Inn
3 Evergreen Hotel
4 Sri Jagdish Hindu Tempel
5 Bushaltestelle
6 Bank
7 Hu Pin Restaurant
8 Hu Pin Hotel
9 Sunflower Restaurant
10 Joy Hotel
11 Bootanlegestelle
12 Shwe Hintha Guest House
13 Thuka Café
14 Yangon Kyaung (Kloster)
15 Hlain Kyu Kyaung
16 Shwe Gu Kyaung
17 Kan Gyi Kyaung
18 Post- und Telegraphenamt
19 Yadana Man Aung Pagode
20 Unabhängigkeitsdenkmal
21 Bootanlegestelle
22 Nyaungshwe Restaurant und MTT
23 Shwe Zali Pagode
24 Pyi Guest House
25 Golden Express Hotel
26 Nigyon Taungyon Kyaung
27 Four Sisters Restaurant

wohnt. Er wurde 1948 der erste Präsident von Myanmar, 1962 nach der Machtübernahme von Ne Win kam er in das Gefängnis, wo er dann starb. Die meisten seiner Kinder und seine Witwe leben in Kanada und engagieren

sich für die Demokratie in Myanmar.
Die umfangreichen Renovierungsarbeiten wurden 1998 begonnen.

Yadanamanaung Pagode

Die Pagode ist nicht weit vom Markt entfernt. Das Innere ist dunkelrot und golden gehalten und zeigt Bildnisse von der Vergänglichkeit der Menschen. Im äußeren Umgang der Pagode stehen Schaukästen mit verstaubten Devotionalien.

Nigyon Taungyon Kloster

Es liegt im Südosten der Stadt und ist leider mehr eine Ruine. Man sieht noch ein paar kleinere, weiße Stupas und Teile der Stuckverzierung.

Das Kloster wird zur Zeit renoviert und soll nach seiner Fertigstellung als Meditationszentrum dienen.

Shwe Yaunghwe Kyaung und Pagode

Etwa 2 km nördlich der Stadt direkt an der Straße Shwenyaung - Nyaungshwe liegt das über 100 Jahre alte Kloster. Die Gebetshalle ist aus Teakholz gebaut und befindet sich in einem guten Zustand.

Daneben steht eine ungewöhnliche Pagode. Sie ist blendend weiß getüncht und um das Tonnengewölbe gruppieren sich etwas unübersichtlich kleine Gänge. Innen sind die Wände mit Bildern und Ornamenten in rotbraunen und goldenen Farben bemalt und mit farbigen Glasmosaiken verziert. In vielen kleinen Nischen stehen Buddhafiguren mit dem Namen des Spenders.

Kyaukpyugyi Pagode

Die Pagode ist mit einem sehr schönen kurzen Spaziergang entlang am östlichen Ufer des Kanals in Richtung Süden nahe dem Dorf Nanthe zu erreichen. Oder Sie bitten den Bootsführer zu halten, wenn Sie einen Ausflug auf dem Inle See unternehmen, am besten am Rückweg.

Auch diese Pagode ist dem Verfall preisgegeben. Sie sehen noch steinerne Löwen und eine gut erhaltene, sehr große, alte Buddhafigur. Daneben steht ein steinernes Kloster, in dem zur Zeit noch acht Mönche leben.

Mingala Markt

Der Hauptmarkt des Ortes wird morgens von den Shan sehr bevölkert. Neben Lebensmitteln werden Haushaltsgegenstände und Textilien angeboten.

Inle Spa

• Eintritt: US$ 1,
Benutzung des Pools US$ 3
geöffnet: täglich von 07.00 - 16.00 Uhr

Etwa 15 bis 20 Minuten mit dem Boot (K 1 000 einfach) oder ca. eine halbe Stunde mit dem Auto oder Fahrrad fährt man von Nyaungshwe in Richtung Norden zu dem Intha-Dorf **Khaung-daing** (auch Kaungdine geschrieben). Die Hauptattraktion sind die heißen Quellen. Es gibt zwei Becken, eines für Frauen und eines für Männer. Falls Sie vorhaben zu baden, bringen Sie einen *longhi* mit!

Der Ort lebt von der Landwirtschaft (z. B. Anbau von Sojabohnen) und der Weberei. Die Frauen sind bekannt für ihre Sojabohnenkuchen.

Bei einem Spaziergang treffen Sie am Ortsrand auf Ruinen von Shan-Tempeln.

Auf einer sehr schlechten und kurvigen Straße über bewaldete Hügel könnte man noch bis Indein fahren. Diesen Ort sollten Sie besser mit dem Boot ansteuern. Beschreibung siehe bei Bootsausflug.

Cheroot Fabrik

In der Nähe von Inle Spa kann man beim Rollen der traditionellen Zigarren zuschauen.

Trekkingtouren

In der Umgebung kann man geführte Tages- und Zweitagestouren zu Höhlen, Klöstern und Dörfern der Shan und Paoh unternehmen. Guides findet man z. B. am Markt, Hill Trip Services, oder King Rabbit Tour Service (Yone Gyi Rd, beim Markt). Mittlerweile vermitteln auch zahlreiche Hotels und Guest Houses solche Touren. Eine Tagestour, 8 Stunden, kostet etwa US$ 5 pro Person inklusive Wasser, Essen und Früchte. Die Wanderungen sind hauptsächlich östlich von Nyaungshwe, z. B. zum Kloster Kunsun Taungbo Kyaung mit der nahegelegenen Hta-Ain-Höhle und einigen Paoh-Dörfern.

Eine andere Tour wird von dem im See gelegenen Hotel „Golden Island Cottages I" veranstaltet: vom Hotel geht man in ca. 5 Std. nach Kakku. Nach der Besichtigung wird man mit dem Auto zum Hotel zurückgebracht.

Beinruderer am Inle See

Bootsausflug auf dem Inle See

Höhepunkt eines Aufenthalts am Inle See ist eine Fahrt mit einem Einbaum mit Außenbordmotor über den See nach Ywama, zur Phaung Daw U Pagode und zum Nga Hpe Chaung Kloster. Neuerdings kann man die Fahrt verlängern nach Indein. Nyaungshwe ist der Ausgangspunkt für einen solchen Ausflug. Das Boot für 7 - 8 Personen können Sie über Ihr Hotel oder direkt am Jetty am Nankand Kanal chartern. Wenn Sie zwischen 08.00 und 09.00 Uhr starten, sind Sie zwischen 13.00 und 14.00 Uhr wieder zurück, mit Indein etwa 3 Stunden länger. Sollten Sie an dem Tag fahren, an dem in einem der Orte der große, nur alle fünf Tage stattfindende Markt abgehalten wird, empfehle ich Ihnen, bereits mindestens eine Stunde früher aufzubrechen. Noch vor ein paar Jahren gab es in Ywama einen sehenswerten schwimmenden Markt. Die Einheimischen verkauften vom Boot alle Arten von Gemüse, Obst, Blumen, Tongefäße, Benzin, Brennholz und Strohhüte. Er wurde aber leider abgeschafft, weil es zuletzt nur noch ein Touristenspektakel war und die großen Touristenboote die kleineren der Händler stark behinderten. Der Markt findet jetzt am Ufer statt. Im Hotel erfahren Sie, an welchem Tag in welchem Ort ein Markt abgehalten wird. Eintrittspreis: US$ 3 für den See und die Phaung Daw U Pagode

Von Nyaungshwe fahren Sie auf dem Nankand Kanal etwa eine Viertelstunde, bis Sie auf den See hinauskommen. Von dort aus bietet sich Ihnen die schöne Sicht auf den dunklen, von Bergen umgebenen See. Fischer stehen mit ihren Booten und den Reusen auf dem See, und auch Beinruderer sind vor allem morgens und am späten Nachmittag noch oft zu sehen. Wenn Sie sich Ywama nähern, können Sie Männer dabei beobachten, wie sie mit langen Stangen die Schlingpflanzen aus dem See holen. Die Boote sind dann so schwer beladen, dass der Bootsrand fast auf gleicher Höhe mit dem Wasserspiegel ist. In Ortsnähe sind nun auch die „schwimmenden Gärten" zu sehen. Nach einer weiteren guten halben Stunde Fahrt erreichen Sie Ywama.

Ywama

In einem Kanal fahren Sie ein kurzes Stück entlang an Pfahlbauten zu der Stelle, wo der schwimmende Markt früher angeordnet war. Jetzt schwimmen vor allem in der Hochsaison viele Boote mit Händlern, die Souvenirs für Touristen anbieten.

Als nächstes werden Sie in der Regel zu verschiedenen Handwerksbetrieben gebracht, z. B. zu einer Silberschmiede, einer Weberei (besonders schöne Seidenstoffe verkauft Mya Setkyar) und zu einem Holzschnitzer. Man kommt in die Hütte zu einer Familie, die *cheroots* (Zigarren) dreht, andere machen Blechverzierungen für Pagoden und pressen Buddhafiguren aus Sägemehl, die mit schwarzer Knete verziert und dann mit einer schwarzen Lackschicht überzogen werden. Sie sind überall herzlich eingeladen sich umzuschauen und einzukaufen. Die Inthas sind bekannt für ihre Webarbeiten.

Sie werden vorwiegend im benachbarten Ort Thar Lay hergestellt.

Phaung Daw U Pagode

Phaung Daw ist der Name des königlichen Vogels. Die Pagode stammt aus dem 18. Jh. und ist sehr gut erhalten.

In ihr stehen die fünf Figuren, die von König Alaungsithu im 12. Jh. aus Malaysia mitgebracht oder ihm geschenkt wurden. Zwei der Bildnisse stellen Buddha dar, die anderen drei seine Jünger. Inzwischen ist ihre ursprüngliche Form kaum mehr zu erkennen, weil die gläubigen Männer (für Frauen ist es nicht erlaubt) über die Jahrzehnte Unmengen von Goldplättchen (3 cm dick) daraufklebten.

Während des Vollmondes im Oktober findet am Inle See seit gut 50 Jahren das Phaung Daw U oder Lichter-Fest statt. Alle Pagoden und Häuser werden mit Kerzen und Laternen erleuchtet, ja selbst auf dem Wasser schwimmen Lichter. Das Fest beginnt an der Phaung Daw U Pagode. Der Festzug besteht aus vielen aufwendig geschmückten Booten und der königlichen Barke in Form eines großen *Hintha*-Vogels (ähnelt einem Huhn). In der Barke wird ein Schrein mit einer Buddhafigur mitgeführt. Im Laufe von drei Wochen fährt die Prozession die größeren Orte am See ab. Der Endpunkt ist Nyaungshwe. Dort bleiben die Schiffe drei Tage, an denen dort ein großes Fest veranstaltet wird. Es werden Verkaufsstände und ein Freiluftkino auf-

schwimmender Markt, Ywama

Lichterfest am Inle See

Die Legende berichtet von einer Frau mit übersinnlichen Kräften, die König Alaungsithu im 12. Jh. bei seiner Reise durch den Shan-Staat fünf Figuren schenkte. Der König ließ diese in der Pagode von Yaungshwe, der früheren Hauptstadt der Shan, zurück. Die Existenz der Figuren wurde bald vergessen.

Der Vater des letzten Shan-Königs, Sir Saw Maung (er regierte bis 1949), entdeckte die Figuren wieder. Eines Tages soll er einen Lichtschimmer zwischen den Büschen gesehen haben, der ihn zu einer zerfallenen Pagode führte, in der noch die fünf Bildnisse standen. Er nahm sie mit und erlaubte den Gläubigen an drei Tagen im Jahr sie zu verehren. Da dies nicht genug war, stellte der König die Figuren in einer hölzernen Pagode, an der Stelle der heutigen Phaung Daw U Pagode, auf. Als dies immer noch nicht ausreichte, beschloss er, diese Bildnisse einmal im Jahr in einer großen Prozession 18 Tage lang mit dem Schiff von Ort zu Ort zur Verehrung fahren zu lassen.

gebaut und Astrologen lassen sich bei der Pagode nieder. Während dieses Festes finden auch Wettrennen der Beinruderer statt. 1968 ist das größte Festschiff bei einem Sturm gekentert. Dieses Ereignis ist auf einem Gemälde in der Phaung Daw U Pagode festgehalten. Die Unglücksstelle ist im See mit einer Säule mit einem *Hintha*-Vogel markiert.

Unter der Pagode ist eine große (Markt-)Halle mit allerlei Souvenirs, z. B. Stoffe, Metallwerkzeuge, Messer, Gewichte, Korbwaren, Shan-Taschen, Marionetten, Schmuck). Neben der Pagode am Kanal entlang haben sich kleine Restaurants und Souvenirläden angesiedelt.

Nga Phe Kyaung (Kloster)

Sie fahren auf Kanälen an schwimmenden Gärten vorbei zum 160 Jahre alten Nga Phe Kyaung Kloster. Am Inle See gibt es insgesamt 180 kleine Klöster mit etwa 500 Mönchen. Das Nga Phe Kyaung ist das älteste und eines der angesehensten unter ihnen. Von außen sieht das Kloster eher unscheinbar aus, das Innere ist jedoch beeindruckend. Riesige hohe Teakstämme, rot bemalt und zur Hälfte mit goldenen Mustern verziert, tragen als Säulen das Dach. Von den ursprünglich 700 Buddhafiguren stehen noch 47 goldene Fi-

springende Katzen

„schwimmende Gärten" im Inle See

guren verteilt im Raum. Die fehlenden Figuren wurden gestohlen oder sind in Museen ausgestellt.

In einer Ecke sind Bastmatten am Boden ausgelegt, auf denen Sie vielleicht von den sehr gesprächigen und gastfreundlichen Mönchen zu Tee und Knabbereien eingeladen werden. Geduldig beantworten sie die immer gleichen Fragen der Touristen. Gerne führen sie auch die dressierten Katzen vor, die durch einen hochgehaltenen Reif springen. Mittlerweile wird das Kloster schon „Monastery of the jumping cats" genannt. Eine kleinere Spende ist angebracht.

Im Anschluss an den Besuch im Kloster fahren Sie vielleicht noch durch die schwimmenden Gärten. Wenn Sie nicht nach Indein fahren möchten, könnten Sie auf dem Rückweg ein stilvolles Mittagsmahl im Ann's Restaurant, serviert auf der Terrasse über dem See, einnehmen. Neben dem Restaurant ist ein dazugehöriger Souvenierladen mit besonders schönen ausgewählten Gegenständen der Handwerkskunst aus der Umgebung. Die eigene Handweberei stellt die seltenen Schals, gewebt aus Lotosfasern, her. Man kann zuschauen wie die langen Stengel der Lotosblätter eingeschnitten und die Fasern herausgezogen werden. Diese spinnt man dann zu einem Faden, mit dem gewebt wird.

Unterkunft

• **Vorwahl: 0 81**
In Nyaungshwe:
Paradise Hotel
40, Museum Rd, T. 2 20 09, Fax: 2 35 86, 12 Zi, DZ US$ 40 - 55, AC, Du und WC, TV Kühlschrank, mit Frühstück,

chinesische Leitung, Bungalows, sauber, freundlich

November Hotel
16, Yone Gyi Str., Nandawun Quarter, gegenüber Inle Inn, T. 2 21 07, 2 26 21, Standard EZ US$ 20, DZ US$ 25; Superior EZ US$ 30, DZ US$ 35; Suite DZ US$ 60, AC, Du und WC, TV, Kühlschrank, mit Frühstück, Bar, Restaurant, großes mehrstöckiges Hotel, für Reisegruppen geeignet, sauber, freundlich, abends finden oft Tanzvorführungen statt

Hu Pin Hotel
66, Kann Tha Quarter, T. 2 22 98, 2 38 25, 2 13 74, am Ortseingang, westlich vom Markt, EZ US$ 30 - 45, DZ US$ 36 - 45, Extrabett US$ 15, AC, Du und WC, TV, Kühlschrank, mit Frühstück, sauber, chinesische Leitung, 2 mehrstöckige Häuser, hat eigene Boote, schräg gegenüber dazugehörendes gutes Restaurant

Nanda Wunn Hotel
80, Yone Gyi Rd, T. 2 25 13, 2 26 00, 25 Zi, EZ US$ 25 - 30, DZ US$ 33 - 42, AC, Du und WC, TV, mit Frühstück, motelartige Anlage, sauber, schön, Restaurant, Bar

Royal Orchid Hotel
am Inle See bei Khaungdaing, T. 2 31 82, 20 Zi, Bungalows, EZ US$ 22 - 40, DZ US$ 30 - 47, AC, Du und WC, mit Frühstück, gutes Essen

Golden Express Hotel
19, Phaungdawpyan Str., T. 37, 11 Zi, EZ US$ 24, DZ US$ 30, 3-B.-Zi US$ 42, 4-B.-Zi US$ 54, AC, Du und WC, TV, Kühlschrank

Inle Inn
Yonegyi Rd, T. und Fax: 2 13 47, d. Inle Inn gibt es schon über 20 Jahre, renoviert und neue Anbauten, EZ US$ 10, DZ US$ 15, Gemeinschaftsbad, Fan; in einem Anbau EZ US$ 18, DZ US$ 25, 3-Bett-Zi US$ 35, Du und WC, jeweils zuzügl. 20 %, Restaurant, traditionelles Marionettentheater mit Shan-Essen, manchmal wohnen dort „Giraffenfrauen", die für US$ 3 - 5 fotografiert werden können; sauber, freundliche Atmosphäre, organisiert Ausflüge (nicht preiswert), Boote und Busse nach Mandalay und Bagan

Prime Rose Hotel
40, Mingalar Rd, T. 2 27 09, 12 Zi, EZ US$ 16, DZ US$ 24, Du und WC, schöne Zimmer, mit Frühstück

Gold Star Hotel
Ecke Phaung Daw Pyan und Kyant Tain Rd, T. 2 16 35, gegenüber dem Little Inn, EZ US$ 18 - 30, DZ US$ 20 - 40, Fan, Du und WC, im Haupthaus größere Zimmer, mit Frühstück, sauber, sehr freundlich und hilfsbereit

Aung Mingalar Hotel
Boat Station Rd, am südöstlichen Ortsende, DZ US$ 25 - 35, AC, Du und WC, TV, Kühlschrank, mit Frühstück, Bungalows, schön, sauber, ruhig

Nawng Khan oder The Little Inn
Phaung Daw Pyan Rd, T. 2 14 48, bei der Post, 5 Bungalows, DZ ab US$ 15, Du und WC, schöne Zi, sauber, freundlich, Blick auf Pagode, Fahrradverleih

Evergreen Motel
Yone Gyi Rd, T. 79, 2 22 89, liegt an einem Kanal, EZ US$ 5, DZ US$ 10, Fan, Gemeinschaftsbad; EZ US$ 10, DZ US$ 18, Fan, Du und WC, jeweils mit Frühstück, sauber, Fahrradverleih

View Point Floating Guest House
Strand Rd, T. 62, Pfahlbauten bei der Brücke über den Kanal in der Nähe des Drum Restaurants, DZ US$ 12 - 15, Du und WC, sauber, freundlich

Pyi Guest House
35, Phaungdawpyan Rd, T. 76, 11 Zim-

mer, US$ 5 pro Person, einfach, Gemeinschaftsbad; DZ US$ 18, Du und WC, sauber, mit Frühstück, manchmal Shan-Essen mit Musik und Tanz
Gypsy Guest House
82, Canal Rd, T. 84, ab US$ 4 pro Person, Fan, Gemeinschaftsbad, einfach, mit Frühstück
Yin Yin oder Four Sisters
letztes Haus am Kanal, EZ ab US$ 7, DZ ab US$ 12, Du und WC, einfach, sauber, schöne Lage am Kanal
Shwe Hintha o. Golden Duck G. H.
48, Strand Rd, T. 62, am Kanal in der Nähe von MTT, einfach, US$ 5 pro Person, Fan, Gemeinschaftsbad; DZ US$ 12, Du und WC, auch Zi mit Balkon, mit Frühstück, Veranda am Kanal, sauber, freundlich, organisiert Ausflüge
Bright Hotel
53, Phaung Daw Side Rd, T. 63, bei der Bootsanlegestelle, US$ 3 - 4 pro Person, Du und WC, mit Frühstück, sauber, Fahrradverleih
Joy Guest House
Jetty Rd, T. 83, in der Nähe des Hauptkanals, EZ US$ 4, DZ US$ 7, Gemeinschaftsbad,Fan; EZ US$ 5, DZ US$ 10, Fan, Du und WC, teilweise mit Balkon, mit Frühstück, nette, freundliche Atmosphäre, einfach, ruhig
Queen Lodging House
nettes kleines Haus direkt am Kanal mit eigenem Steg und Ausflugsboot, gegenüber Golden Duck G. H., EZ US$ 4 - 5, DZ US$ 8, einfach, Bungalows, Gemeinschaftsbad, mit Frühstück, organisiert Ausflüge und Transporte, daneben Big Drum Restaurant
Billion Hotel
10, Yone Gyi Rd, neben Nanda Wunn Hotel, T. 10, EZ US$ 5, DZ US$ 9, Fan, Du und WC, mit Frühstück, motelartiges Hotel, freundlich

Teakwood Guest House
Kyaung Taw Anoux St, EZ US$ 4, DZ US$ 8, Du und WC, gepflegtes Holzhaus, sauber, übertrieben freundlich, mit Frühstück, Fahrradverleih
Remember Inn
Haw Str., gegenüber Shanpalast, US$ 3 - 6 pro Person, Fan, Du und WC; im neuen Haus US$ 10 pro Person, mit Frühstück, Bungalows, sauber, sehr freundlich, familiäre Atmosphäre

Hotels in der Umgebung

Golden Island Cottages I und II
T. 2 31 36, Fax: 2 39 70, E-Mail: PNO@mptmail.net.mm, in der Nähe von Nampan, **Nr. I:** Holzbungalows auf Pfählen im See, wunderschön gelegen, Anfahrt mit dem Bootszubringer von Nyaungshwe, 30 Zi, EZ US$ 40 - 50, DZ US$ 50 - 60, AC, Du und WC, mit Frühstück, Bar, gutes Restaurant; **Nr. II:** Pfahlbauten am Ufer nördlich von Nr. I bei Thai Lai U (Thale U), schön gelegen, EZ US$ 36, DZ US$ 40, Ausstattung ähnlich wie Nr. I, organisiert fünfstündige Wanderung nach Kakku, zurück mit dem Auto
Shwe Inn Tha Hotel
T. (01) 54 37 14, (0 81) 2 20 77, E-Mail: ktko@mptmail.net.mm, Bungalowanlage auf Pfählen im See in der Nähe der Phaung Daw U Pagode, DZ US$ 35 - 45, AC, Du und WC, mit Frühstück, geschmackvolle Einrichtung, sauber, freundlich
May Haw Nann Resort Hotel
Aye Thar Yar - Nyaungshwe Rd, T. 2 22 66, 1 km östlich von Nyaungshwe, Pfahlbauten im traditionellen Stil, EZ US$ 24, DZ US$ 38, Du und WC, mit Frühstück, kostenloser Fahrradverleih, organisiert Trekkingtouren

Innlay (Khaungdaing) Hotel
am Inle See im Dorf Khaungdaing, ca. 20 km von Nyaungshwe, T. 2 24 09, sehr schön gelegenes Hotel mit Bungalows direkt am Wasser, 30 Zi, EZ US$ 25 - 45, DZ US$ 40 - 60, aufmerksam, daneben sind die heißen Quellen von Inle Spa
Royal Orchid Hotel
bei Khaungdaing, T. 2 19 19, DZ US$ 30 - 55, AC, Du und WC, mit Frühstück, neu, Bungalows mit Blick auf den See, etwas abgelegen, sehr schön
Lake View Resort Hotel
bei Khaungdaing, T. und Fax: 2 36 56, DZ US$ 65 - 100, AC, Du und WC, TV, mit Frühstück, schön gelegene Bungalows am Seeufer, Restaurant mit birmanischer und französischer Küche, gehobene Preisklasse

Paoh-Frauen am Markt in Indein

Restaurants

Kleinere Gerichte sind im Markt zu den Marktzeiten erhältlich. Für die Shan-Küche sind Nudeln typisch.
Innlay Hotel Restaurant: in Khaungdaing, sehr schön am See gelegen, birmanische Curries und chinesische Küche, gehobene Preislage
Golden Island Cottages: auf Pfählen im See, Bootszubringer, schöne Atmosphäre, gehobene Preisklasse
Ann's Restaurant: etwas vor Ywama, schöne Terrasse über dem See, gutes Essen, mittlere Preisklasse
Inle Inn: Yone Gyi Rd, birmanisches Essen, Shan-Dinner mit Puppentheateraufführung, gut
Big Drum Restaurant: man sitzt schön in offenen Bambushütten am Westufer des Kanals, birmanische und Shan-Gerichte, preiswert
Yin Yin Sisters oder Four Sisters: letztes Haus am Kanal, in der Nähe des Golden Duck Guest House, die Familie (jetzt nur noch 3 Schwestern) kocht für alle eine Mahlzeit; kein fester Preis - jeder bezahlt so viel wie er möchte, sehr gut
Hu Pin Restaurant: gegenüber dem Hu Pin Hotel, vorwiegend chinesische Küche, reichliche Auswahl, sauber, gut, bis 21.00 Uhr geöffnet, für US$ 3 kann man „Giraffenfrauen" auf Anfrage fotografieren
Golden Kite Pasta & Pancake House: Yone Gyi Rd, selbst gemachte Nudeln wie in Italien, Lassi, sehr gut, preiswert, organisiert auch schöne Wandertouren
Star Flower Pasta & Pancake House: Phaung Daw Pyan Rd, bei der Post, gleicher Besitzer wie das Golden Kite und gleiche Speisekarte, sehr gut, preiswert

Sun Flower Restaurant: vorwiegend Nudelgerichte
Hong Kong Restaurant: chinesische Küche
Golden Crown Restaurant: gute chinesische Küche
Thar Lay Inn: chinesisches Essen, gut und preiswert
Aurora Restaurant: Yone Gyi Rd, gut, beim Remember Inn, gut, preiswert,
Shwe Pyisu Restaurant: bei der Yadanamanaung Pagode, gutes birmanisches Essen
Thuka Café: birmanische Snacks
Shwe Inlay Bakery: gute Kuchen, chinesische und europäische Imbisse
Village Café: birmanischer Tea Shop
Royal Pancake Coffe Shop: in der Nähe der Post, pancakes und Milchshakes
Pancake Kingdom: Kuchen, Snacks, Michshakes, Fruchtsäfte

Indein

Nach Ywama verlässt man bald den See und biegt in den kleinen Fluss Nam Pilu. Nach gut 40 Minuten stromaufwärts mit einigen engen Windungen erreicht man die Anlegestelle in *Paykone*. Die Häuser auf Pfählen sind um die große offene Markthalle gruppiert. Wenn Sie es einrichten können, sollten Sie unbedingt am Markttag hierher kommen. Dann sehen Sie die Paoh in ihrer dunkelblauen Tracht mit buntkarierten Tüchern, die sie turbanartig um den Kopf wickeln. Die Paoh-Frauen der umliegenden Dörfer verkaufen hier ihre Produkte, vor allem Gemüse, Obst und *thanaphet*-Blätter für die Zigarren. Die Männer sind bei einem Glücksspiel mit großen Würfeln zu beobachten. Selbstverständlich dürfen auch die zahlreichen Souvenirstände nicht fehlen.

Schon vor 2 000 Jahren soll an dieser Stelle ein Heiligtum gestanden sein. Die heutige Anlage geht auf König Anawrahta und spätere Könige der Bagan-Dynastie zurück, die im 12. und 13. Jh. die Bauten wieder herrichten ließen.

Nach dem Marktplatz überquert man eine Brücke um den sehr langen überdachten Treppenaufgang zu erreichen. Das Dach wird von 369 Pfeilern getragen, die der letzte Shan-Fürst Sao Shwe Thaike (siehe Shanpalast, Nyaungshwe) spendete. Bei Festen finden sich hier viele Händler ein, sonst sind es nur ein paar Souvenirhändler, die auf Touristen warten. Oben am renovierten Haupttempel angelangt, kann man das gesamte Ausmaß dieser Anlage sehen. 1054 Stupas und Pagoden

Indein

in verschiedenen Formen stehen hier eng nebeneinander. Leider sind sie in einem schlechten Zustand - mancher *hti* (Schirm) fehlt, Buddhafiguren sind zerbrochen, Unkraut und sogar Bäumen wachsen aus den Rissen - jedoch bei genauerem Betrachten kann man noch mystische Figuren, Tiere, Tänzer und Ornamente als Schmuckelemente erkennen. Eine ähnliche Anlage finden Sie in Kakku vor.

Für den Rückweg verlassen Sie oben die Anlage und gehen außerhalb in Richtung Fluss. Dort führt ein Weg durch einen Bambuswald neben dem lebendigen Wasserlauf bis Sie wieder an der Brücke auf den Hauptweg stoßen. Wer Zeit hat, könnte auf einem der breiten Wege zu nahegelegenen Dörfern der Paoh spazieren.

Taunggyi

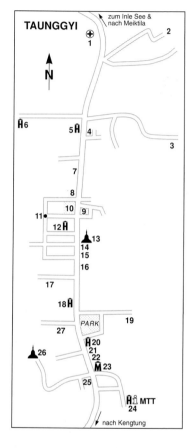

Anfahrt: siehe beim Kapitel Inle See

Taunggyi, die Hauptstadt der Shan, liegt auf einer Höhe von 1450 m, ist 45 km vom Inle See entfernt und zählt über 100 000 Einwohner.

Die Shan sind vorwiegend schwarz gekleidet und tragen ein farbiges Tuch (Frotteetücher sind sehr beliebt) turbanartig gewunden auf dem Kopf.

Die Stadt wurde 1890 von dem britischen Offizier George Scott gegründet. Er wählte diesen Standort nicht zuletzt deshalb, weil das Klima hier angenehm kühl ist (April wärmster Monat, Januar und Februar kühlste Monate, im Dezember Kirschblüte). Heute ist Taunggyi ein aufstrebendes Handelszentrum mit hohen Häusern im Zentrum.

Shan-Prinzen wurden nach Taunggyi in britische Schulen geschickt, und für christliche Missionare war die Stadt ein günstiger Ausgangspunkt, um von dort zu den Bergstämmen zu gelangen. Die christliche Gemeinde soll in dieser Gegend 32 000 Mitglieder zählen.

Hinter Taunggyi ist eine Weiterfahrt für Touristen ohne Erlaubnis nicht ge-

1 Krankenhaus
2 Edelsteinmarkt
3 Myanma Airways
4 Coca Cola Restaurant
5 Khemarat Guest House
6 Paradise Hotel
7 Skyline Express
8 Taxis und Busse
9 alter Markt
10 neuer Markt
11 Uhrturm
12 May Khu Guest House
13 Buddhistische Pagode
14 Bank
15 Sikh Tempel
16 Bank
17 Moschee
18 Maw Thiri Guest House
19 Katholische Kirche
20 YMCA
21 Post
22 Shan State Bibliothek
23 Shan State Museum
24 Taunggyi Hotel und MTT
25 St. George's Anglican Church
26 Wunscherfüllungspagode

stattet. Mit einer Erlaubnis darf man neuerdings noch bis Kakku fahren (siehe bei Kakku).

Im Gebiet hinter Taunggyi zur thailändischen Grenze regieren die Opiumkönige, die vom Militär bekämpft werden und die Schmuggler mit Waren aus Thailand und China.

Besichtigung

Märkte

Hauptmarkt

Er dürfte das Interessanteste von Taunggyi sein. Täglich findet er statt, jedoch alle fünf Tage ist er besonders groß. Sehr früh reisen dann die Bewohner der umliegenden Dörfer an, vereinzelt auch in ihren bunten Trachten.

Nachtmarkt

Auf dem Nachtmarkt (ab 18.00 Uhr) werden Güter des täglichen Lebens sowie Schmuggelgut aus Thailand angeboten.

Edelsteinmarkt

Er befindet sich im Nordosten von Taunggyi. Von 12.00 - 16.00 Uhr handelt man um Rubine aus Maing Shu, Jade und Saphire.

Ma Oak cheroot Fabrik

Cheroot werden die in Myanmar besonders beliebten Zigarren genannt. Diese Fabrik liegt nordöstlich des Marktes. Sie produziert mehrere Millionen *cheroots jährlich*. Die hier beschäftigten Mädchen schaffen bis zu 1000 Zigarren pro Tag.

Eine handgerollte *cheroot* besteht aus einer Mischung aus getrocknetem Tabak und Holzstückchen, getrockneten Bananen oder ein paar Nüssen und wird gesüßt mit Tamarindensaft und Palmzucker. Der Filter wird aus getrockneten Maisblättern gemacht.

Wunscherfüllungspagode
(Wish Granting Pagoda)

Sie steht 3 km südlich der Stadt auf einem Hügel. Buddhisten aus der Umgebung kommen hierher, um sich etwas zu wünschen. In dieser neu errichteten Pagode stehen mehrere Buddhastatuen.

Von dem Hügel bietet sich Ihnen ein wunderschöner Blick auf den Inle See.

Shan State Museum und Bibliothek

- Eintritt: US$ 3
Öffnungsz.: Di - So 09.30 - 15.30 Uhr, Mo und Feiertage geschlossen
Es befindet sich an der Hauptstraße beim Taunggyi Hotel und enthält eine kleine Sammlung von lebensgroßen Figuren mit Shan-Kostümen, Waffen, Gebrauchsgegenständen, alten Opiumgewichten, Buddhafiguren und Musikinstrumenten.

Montawa Höhlen

Von der Wunscherfüllungspagode geht man ca. 25 Minuten einen steilen Weg zu Fuß. Mönche von der Wunscherfüllungspagode zeigen Ihnen gerne den Weg. In der Montawa Höhle lebt nur noch ein Mönch.

Die Höhlen wurden durch einen unterirdischen Fluss ausgewaschen. Im Eingang der Höhlen stehen zahlreiche Buddhastatuen. Taschenlampe nicht vergessen! Auch hier bietet sich ein Blick über die Landschaft.

Sonstiges

Kirchen anderer Religionen: an der Hauptstraße stehen ein Sikh- und ein Hindu-Tempel, eine Moschee und eine katholische Kirche.
Feste: das größte Fest ist das Heißluftballonfestival im Oktober/November, siehe nächste Seite im Kasten

Wichtige Adressen

MTT Büro
im Taunggyi International Hotel am südlichen Ende der Hauptstraße, T. 2 16 01, 2 13 03
Geldwechsel
im Taunggyi International Hotel
Post
ganz in der Nähe des Taunggyi International Hotels, dort sind internationale Ferngespräche möglich
Buchladen
Myoma Book Stall, 390, Main Road

Heißluftballonfestival

Seit 50 Jahren findet das Fest vom 13. bis 15. Tag vom Vollmond von Tazaungmon (Oktober/November) in Taunggyi statt. Anfangs feierte man an der Statue des Volkshelden Bogyoke Aung San, heute kann man im Süden von Taunggyi nahe der Cula Muni Loka Shan Tha Pagode die kunstvollen Ballone aus Papier in Form von Elefanten, Pferden, Ochsen, Waserbüffel, Vögel, Hennen, Fischen, *hintha,* Eulen und Papageien besichtigen. Am Abend wird unter den Figuren jeweils ein Korb mit einer ölgetränkten Mönchsrobe entzündet, um dann in die Lüfte zu steigen. Ein solcher Ballon hat einen Wert von bis zu K 100 000.

Bei diesem Fest spenden die Gläubigen Roben für die Mönche. Am Vollmondabend werden die Gaben entlang der Straße aufgereiht. Es wird auch ein Wettbewerb abgehalten, bei dem die Frauen Mönchsroben weben.

Zuletzt werden in einer Prozession mit Gaben behängte Bäume zur zentralen Versammlungshalle getragen, wo schon Rotkreuzhelfer warten, um die Geschenke abzunehmen. Am Vollmondabend werden die Mönche aus den verschiedenen Klöstern zum Ehrenmahl geladen und beschenkt.

cheroot-Verkäuferin im Markt

Zu dem Heißluftballon-Fest kommt auch die Bevölkerung der näheren Umgebung und aus dem südlichen Shanstaat.

Unterkunft

• Vorwahl: 0 81

Taunggyi International Hotel
Shumyaw Kin Rd., Forest Quarter, T. 2 16 01, 2 11 27, Fax: 2 29 74, am südlichen Ende der Stadt an der Hauptstraße beim Museum, DZ US$ 40 - 65, 3-B.-Zi US$ 70 - 85, Du und WC, TV, mit Frühstück, war vor ein paar Jahren staatlich und wurde jetzt von einer Hotelkette übernommen, die das Hotel renoviert und mit zwei Anbauten erweitert hat, Restaurant, MTT im Hotel

Paradise Hotel
157, Khwanyo Rd, T. und Fax: 2 20 09, 2 35 86, neues vierstöckiges Hotel unter chinesischer Leitung, EZ US$ 35 - 40, DZ US$ 40 - 50, Du und WC, TV, mit Frühstück, Restaurant am Dach

Hotel Heart Hom
9 (A), Bogyoke Aung San Str., T. und Fax: 2 26 04, 4stöckiges Haus, 26 Zimmer, Preise und Ausstattung ähnlich wie Paradise Hotel

Eden Garden Gold Resort
an der Straße nach Taunggyi unterhalb des Berganstiegs gelegen, neue große Hotelanlage, vermutlich gehobenere Ausstattung und Preise

May Khu Guest House
Bogyoke Aung San Rd, beim Markt, T. 2 14 31, laut, heruntergekommen, US$

2- 3 pro Person, Gemeinschaftsbad
Khemarat Guest House
4 B, Bogyoke Aung San Rd, T. 2 24 64, EZ US$ 7, DZ US$ 10, Gemeinschaftsbad; EZ US$ 10, DZ US$ 16 - 20, Fan, Du und WC, große Zimmer
Hotel Muse
neben dem Khemarat Guest House, neu, DZ US$ 15 - 18, AC, Du und WC, TV, große Zimmer, mit Frühstück, sauber, freundlich, empfehlenswert

Restaurants

Im Markt (geöffnet nur zu den Marktzeiten) finden Sie einige kleine Essensstände mit chinesischen und Shan-Gerichten.
Summer Prints: chinesisches Essen
Maw Shwe Synn Restaurant: an der Hauptstraße im Zentrum, gute chinesische Küche
Taunggyi Hotel Restaurant: europäisches, chinesisches und birmanisches Essen, gehobenere Preisklasse
Brother Restaurant: chinesische Gerichte
Maxim's Restaurant: etwas außerhalb in Richtung Inle See, chinesische Gerichte, mittlere Preisklasse
Daw Htun Restaurant: Thida Street, hinter dem Markt, Shan-Küche, Spezialitäten sind Nudelgerichte
Lyan You Restaurant: vor allem Nudelgerichte
Coca Cola Restaurant: chinesische Küche, beliebt bei den Einheimischen
   Weitere Restaurants mit guten Nudelgerichten sind vorwiegend an der Hauptstraße angesiedelt.
Taunggyi Café: Tee und Kuchen
City Tea Shop: Tee und Snacks
Shwe Le Maw: Tee, gute Kuchenauswahl

Um den Sikh-Tempel an der Hauptstraße sind noch eine Reihe von Teashops.

Kakku

Wie Indein ist Kakku erst seit dem Jahr 2000 für Ausländer zugänglich. Jedoch für Kakku benötigen Sie eine Erlaubnis, die Sie für US$ 3 pro Person in Taunggyi holen bei: Golden Island Cottages Hotel Group, 65, Circular Rd, Hawgone Qt., T. (0 81) 2 31 36, 2 39 70. Von dort bekommen Sie als Begleitung eine junge Paoh-Frau in ihrer dunkelblauen Tracht mit. Zu diesen Kosten müssen Sie noch ein Auto mit Fahrer rechnen (ca. US$ 25). In Nyaungshwe wird Kakku von den Hotels als organisierte Tour für US$ 30 pro Person angeboten.

Von Nyaungshwe fährt man in 45 Minuten nach Taunggyi. Von da muss man mit weiteren 1½ - 2 Stunden Fahrt rechnen. Kakku ist 50 km südlich von Taunggyi entfernt.

Hinter Taunggyi führt die Straße auf einer Hochebene durch eine unseren Almen ähnelnde Landschaft durch das Gebiet der Weißen Paoh. Die Holzhäuser in den Dörfern sind von gepflegten

---

Woher kommt der Name Kakku?
Das Gebiet um die Pagodenanlage war damals von dichtem Wald bewachsen, in dem ein großer Eber lebte. Eines Tages schoss eine goldene Bambussprosse aus dem Boden. Für die Bevölkerung war dies ein Zeichen, an jener Stelle eine Pagode zu bauen. Dabei half ihnen der große Eber. Wet heißt Eber, Ku heißt Hilfe. Aus Wet Ku wurde dann Kakku.

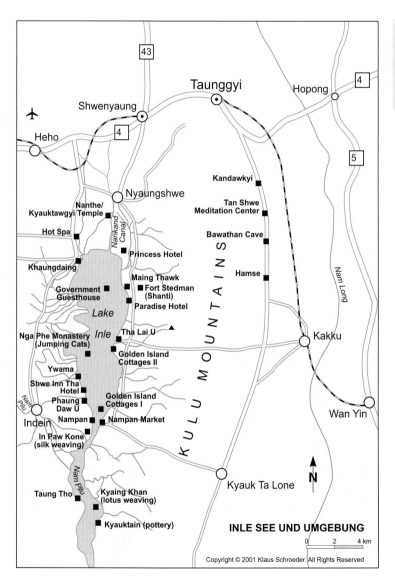

Gärten umgeben. Die Einheimischen leben hauptsächlich vom Verkauf der *thanaphet*-Blätter, die sie in den Häusern auf großen Steinöfen trocknen. Bitten Sie Ihre Begleitung um einen Besuch in einem Haus (nehmen Sie vorsichtshalber ein kleines Geschenk mit).

Nach ungefähr 16 km sind in einer Felswand die **Tam Phaya Höhlen.** Sie beherbergen von den Gläubigen gespendete Buddhastatuen in den verschiedensten Größen. In einer Höhle daneben ist eine liegende Buddhafigur. Auf halber Strecke ist der Ort **Hamse,** wo man einen großen sitzenden Stupa, umgeben von kleineren Stupas, besichtigen kann.

Kakku ist auch das religiöse Zentrum der buddhistischen Paoh. Während des Vollmonds von Tabaung (März /April) und Tazaung (November) feiern die Gläubigen hier ein großes Fest.

Kakku ist an einen leicht abfallenden Hang gebaut und mit einer Mauer umgeben. Man blickt auf einen Fluss und eine weite, leicht hügelige Ebene. Ein schönes Restaurant wurde nebenan gebaut.

Die Legende geht in das 3. Jh. v. Chr. bis zur Regierungszeit von König Ashoka und in das 11. Jh. zur Bagan-Periode zurück. Neben der mündlichen Überlieferung gibt es im östlichen Teil der Anlage eine Bronzeglocke, die mit dem Jahr 1155 (Myanmar Zeitrechnung, das ist ungefähr 1793 n. Chr.) datiert ist. In einer Schrift, die in Nyaungshwe aufbewahrt wird, ist König

Stupas von Kakku

Ashoka als Bauherr der größten Pagode von Kakku genannt.

Kakku erinnert sehr an die Anlage von Indein. Im Vergleich dazu ist Kakku etwas größer mit mehr Stupas und in einem besseren Zustand, was sich in den nächsten Jahren nochmal ändern wird, denn man hat schon angefangen zu restaurieren.

Das Areal von Kakku ist 306 m lang und 150 m breit. Der Haupteingang liegt im Westen und führt auf den größten Stupa zu. Innerhalb der Mauer stehen 2 480 kleinere Stupas angeordnet in parallelen Reihen. Sie sind in den verschiedensten Formen, von denen zwei Haupttypen auffallen: am zahlreichsten vertreten ist der Typ mit einem quatratischen Grundriss, einem quatratischen Baukörper und einer Nische an jeder Seite, die früher kleine Buddhabildnisse enthielten. Die konische Spitze schließt mit einem *hti* ab. Der andere Typ hat einem gestuften Körper auf einer rechteckigen Basis und einem schrägen Dach.

Beide Typen sind nur 2,50 m bis 8 m hoch. Sie stehen dicht beieinander mit engen Wegen dazwischen, die oft nicht breiter als 60 cm sind.

Die Stuckverzierungen zeigen vielfältige Ornamente und Figuren, die bei jedem Stupa verschieden sind. Die Stupas sind zwischen 1874 und 1983 entstanden.

Man kann auf der Straße noch weiter fahren bis zu dem 16 km südlich von Kakku gelegenen Ort **Kyauk Ta Lone,** dem Hauptquartier der Weißen Paoh. Hier ist ein schöner Hotelbau in Planung. Nach seiner Fertigstellung möchte man zwei- bis dreitägige Touren zu Fuß oder auf dem Pferd in die Umgebung anbieten.

Kengtung (Chiang Tung, Kyaing Tong)

Anfahrt

Flug: von Yangon (US$ 115) und Heho (70 - 80) und Mandalay (US$ 80 - 90) Organisierter Ausflug von Mae Sai in Thailand über den Grenzort Tachilek möglich, zurück wieder nach Mae Sai.

Kengtung ist für Touristen derzeit nur per Flug erreichbar! Auf dem Landweg dürfen momentan nur Einheimische reisen und dann wegen Raubüberfällen auch nur im Konvoi (Fahrzeit mindestens 2 Tage). Aktuelle Situation in Taunggyi erfragen.
Bus: Shan-Express von Taunggyi, 2 Tage
Auto: 6 - 8 Stunden

Seit kurzem dürfen je nach politischer Situation auch Touristen in Gruppen über 10 Personen von Thailand aus über den Landweg von Mai Sai via Tachilek in das 170 km entfernte Kengtung reisen. Das Visum gilt für maximal vier Tage. Ein viertägiges Visum kostet US$ 18 - 20. Sie müssen Ihren Pass und drei Photos abgeben und einige Papiere ausfüllen. Der Pflichtumtausch beträgt US$ 100 in 100 FEC. Mit dem pick-up kostet es von der Grenze nach Kengtung ca. K 1 500. Auf thailändischer Seite können Sie in Chiang Rai auch für US$ 50 - 100 einen Jeep mieten. Die Grenzstation ist täglich von 06.00 - 18.00 Uhr besetzt, jedoch müssen Sie (am Hinweg) spätestens um 10.00 Uhr die Grenze überschreiten. Die sehr schlechte Straße, die sich 10 Stunden lang durch das felsige Gebirge windet, bildet auch die Hauptroute für die Schmuggler von Heroin, Opium und jungen Mädchen, die dann in den Bordellen von Bangkok landen. Die Thais beginnen jetzt mit dem Bau einer neuen Straße. Einmal pro Woche gibt es einen Flug von Chiang Rai (US$ 150 hin und zurück) und von Tachilek nach Kengtung (US$ 25).

Von Taunggyi führt eine von Lastwagen sehr stark befahrene schlechte Straße nach Kengtung. Etwa 20 km östlich von Taunggyi liegt an der Straße nach Kengtung der kleine Shan-Ort **Hupong**. Hier sehen Sie eine schöne Pagode und in der Nähe Wasserfälle.

Kengtung ist die Hauptstadt des östlichen Shan Staates und des Goldenen Dreiecks. Sie liegt 460 km von Taunggyi und 160 km von Tachilek entfernt und ist um einen See herum angelegt. Während des 2. Weltkrieges war Kengtung von den Japanern und Thailändern besetzt. Heute ist der Ort für den Opiumhandel ein wichtiger strategischer Punkt, denn von hier aus führen Straßen nach Laos, Thailand und China. Die Einheimischen sprechen in Kengtung einen nordthailändischen Dialekt.

Ausländer dürfen sich innerhalb eines Radius von 25 km (ausgenommen die Straße nach Tachilek) um die Stadt bewegen.

Besichtigung

Erwarten Sie sich von Kengtung selbst nicht zu viel. Das Ziel aller Reisenden hierher sind die Wanderungen zu den Bergstämmen, die man hier im Gegensatz zu Thailand noch relativ unberührt antrifft und die bunten Märkte.

Märkte

Hauptmarkt

Frühmorgens bis etwa 10.00 Uhr wird dort ein farbenfroher Markt abgehalten, zu dem auch die Angehörigen verschiedener Stämme kommen. Dem Besucher bietet sich eine ethnische Vielfalt. Besonders auffallend sind die Ekaw-Frauen: Sie schmücken ihre Haarpracht mit Silberplättchen, Schellen und roten Wollzöpfen, tragen Ketten aus Glasperlen und dunkelblaue Kleider mit Bolero, einen Faltenrock und Wadenbänder. Vertreten sind außerdem die Volksgruppen der Akha, Khun (quergestreifter grüner Longyi),

```
 1 Harry's Trekking            13 Noi Yee Hotel
 2 Naung Pha Tor               14 Keng House Restaurant
 3 American Baptist Kirche     15 Wat Chiang Ying
 4 Wat Yang Kon                16 Kyaing Tonge Hotel
 5 Töpferei                    17 Wat Pha Kaew
 6 Win Guest House             18 Wat Pha Jao Lung
 7 Wat Naung Kham              19 Wat Ho Kong
 8 Mangala Kyaung              20 Kino
 9 Wat Kae Min                 21 Tai Khun Restaurant
10 Wat Noi Naw                 22 Wat Chiang Jan
11 Wat Jong Kham               23 Wat Ho Kat
12 Immigration Office          24 Golden Banyan Restaurant
```

Kengtung 351

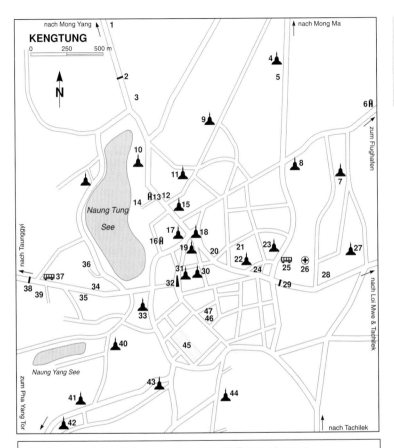

25 Busse nach Tachilek
26 Krankenhaus
27 Wat Jom Mai
28 Moschee
29 Paleng Tor
30 Maung Mai Kyaung
31 Maung Ming Kyaung
32 Unabhängigkeitsdenkmal
33 Wat Asok
34 Myanma Airways
35 Telegraphenamt
36 Röm.-kath. Mission und Kirche
37 Busse nach Taunggyi
38 Yang Kham Tor
39 Wasserbüffelmarkt
40 Wat Chiang Khom
41 Wat Si Naw
42 Wat Mahabodhi
43 Wat Tuya
44 Wat Pha That Jom Mon

Lahu (schwarze Kleidung mit Webmustern) und Shan. Verkauft werden Dinge des täglichen Bedarfs, Waren aus China und Thailand, traditionelle Kleidung der Akha und Lahu, Flöten der Lishu, Musikinstrumente, alte Münzen, Lackwaren.

Wasserbüffelmarkt

Von Taunggyi kommend an der Hauptstraße findet zweimal pro Woche am südlichen Stadtrand von Kengtung dieser Markt statt.

Maha Myat Muni Pagode

Der Tempel aus dem 19. Jh. wird von den Gläubigen stark besucht. Im Innern steht eine bronzene Buddhastatue, die 1920 in Mandalay gegossen wurde. Für den Transport von Mandalay brauchte man 1 ½ Monate. Der Tempel hat vier Eingänge. Die Wände sind mit goldenen Malereien auf roten Grund geschmückt.

Gegenüber befinden sich die Klöster **Wan Phat** mit schön geschnitzten Türen und **Ho Khoang Kyauk.**

Sunn Taung Pagode

Der goldene, 66 m hohe Stupa aus dem 13. Jh. steht auf dem Zom Tong Hügel und ist schon von weitem zu sehen. 1951 wurde er zum fünften Mal renoviert. Das Innere ist mit schönen Wandmalereien ausgeschmückt.

Thittabindaung Pagode

Diese Pagode stammt aus dem 18. Jh. Daneben steht das **Zow-moon Matyan Kloster.** Es beherbergt Kopien der fünf Bildnisse Buddhas von der Phaung Daw U Pagode am Inle See.

Maingpyin Kloster

Es steht im Zentrum der Stadt und kann eine Reihe von Buddhabildnissen vorweisen.

Weitere Sehenswürdigkeiten sind der **Naungtong See** mit dem Keng House Floating Restaurant und einem kleinen **Zoo,** zahlreiche **katholische Kirchen** mit Missionen und ein **Golfplatz.** Außerhalb der Stadt, ca. 6 km in südlicher Richtung, gibt es heiße Quellen (Eintritt K 25).

Ausflüge

Kaba Aye Pagode

10 km nördlich von Kengtung steht auf einem Hügel diese Pagode. Sie wurde von den Wa gebaut und stellt ein Modell der Kaba Aye Pagode in Yangon dar.

Trekkingtouren

Wanderungen zu nahegelegenen Dörfern der Palaung, Lahu, Shan, Wa, Khun und Akha sind erlaubt, wenn Sie mit einem Führer mit Lizenz gehen.

Die Dörfer der Palaung sind 5 bis 7 km von Kengtung entfernt, die anderen Volksstämme leben etwas weiter weg, teilweise in den Bergen. Eine Tagesgehzeit liegt etwa bei 5 - 7 Stunden.

Führer finden Sie im Kyainge Tong Hotel, Harry's Guest House, PM Private Motel und im privaten Khemarat Tour Guide Centre in der 14, Zaydangyi Rd. Sie müssen mit ca. US$ 6 - 7 pro Person oder US$ 20 - 25 pro Gruppe rechnen. Dazu kommt noch die Anfahrt pro Auto ca. K 20 000 - 30 000 oder K

5 000 pro Person mit dem Motorrad. Das Übernachten in diesen Dörfern ist nicht offiziell erlaubt! Sie kommen am Abend immer wieder nach Kengtung in Ihr Hotel zurück. Komplette Touren bietet auch an: Peace House Travel, 27 (A) Maha Bandoola Garden Str., Yangon, T. (01) 25 21 50, Fax: 24 04 99, E-Mail: info@peacehousetravel.com, Internet: www.peacehouse travel.com.

Von Kentung führen Touren in die Pin Tauk Region nach *Wanpauk,* wo man die Akha und An antrifft. Fährt man in Richtung der Stadt *Maila,* kann man zu Dörfern der Loi wandern, die in großen Langhäusern für fünf Familien wohnen. Das Dorf *Wan Seng* ist auch von den Loi bewohnt.

Unterkunft

• **Vorwahl: 1 01**
Princess Hotel
T. (0 84) 2 13 19, 2 11 59, dreistöckiges neueres Gebäude im Zentrum, EZ US$ 27 - 33, DZ US$ 39 - 45, Du und WC, TV, mit Frühstück
Kyainge Tong Hotel
Bungalows mit großzügigen Zimmern, staatlich, alte und neue Gebäude, EZ US$ 30, DZ US$ 36, Gemeinschaftsbad, Fan; EZ US$ 36, DZ US$ 44, AC, Du und WC, mit Frühstück, gelegentlich finden im Hotel Tanzaufführungen der Shan statt
PM (Private Motel)
2, Airport Rd, T. 2 13 90, 2 14 38, US$ 12 - 15 pro Person, Du und WC, mit Frühstück, bietet Führer zu den Volksstämmen an, organisiert Mietautos, empfehlenswert
Harry's Guest House
132, Mai Yang Rd, T. 2 14 18, im Norden der Stadt, einfache Zimmer, US$ 5 pro Person, Gemeinschaftsbad; DZ US$ 15, Du und WC; jeweils mit Frühstück, Harry führt nur noch manchmal selbst zu den Volksstämmen, ansonsten schickt er andere Führer mit, ist teuer geworden
Noi Yee Hotel
im Zentrum, T. 2 12 98, US$ 5 pro Person, Gemeinschaftsbad; EZ US$ 10, DZ US$ 15, Du und WC
Win Guest House
an der Straße zum Flughafen, etwas außerhalb, ruhig, EZ US$ 25, DZ US$ 30, Du und WC
Hsam Ywat Guest House
21, Kyainge Str., EZ US$ 10, DZ US$ 15, Gemeinschaftsbad

Das **Barami Motel** und **Kyi Lin Star Guest House** haben im Moment noch keine Lizenz für die Beherbung von Ausländern.

Restaurants

Golden Banyan Restaurant: gegenüber dem Kyi Lin Star Guest House, chinesische Küche
Lokthar Restaurant: chin. Küche
Aung Tha Bye Restaurant: gegenüber dem Kino, birmanische Küche
Law Tin Lu Restaurant: chinesische Küche, gut
Keng House Restaurant: chinesische Küche, mittlere Preisklasse
Tai Khun Restaurant: Shan Küche
Honey Teashop: beim Markt, gute Snacks

Loimwe

Der auf einer Höhe von 1 600 m liegende Ort war eine „hill station" der Briten. Er ist 38 km südöstlich von Kengtung entfernt und damit etwas außerhalb des erlaubten Bewegungsradius, was aber in der Regel kein Problem darstellt.

Sie sehen dort noch einige alte Häuser aus der Kolonialzeit, die Satu Rahta Pagode auf einem Hügel und eine katholische Kirche. Die Anfahrt ist nur mit einem angemieteten Auto möglich und führt durch Wälder und Reisterrassen und an einen See.

Loimwe ist der Ausgangspunkt für Wanderungen in drei nahegelegene Dörfer: *Wan Lun,* bewohnt von den Shan; *Ho Lup,* bewohnt von den Lahu und Wa; *Na Phi,* bewohnt von den Lahu und Akha. Übernachten kann man in einem einfachen Gästehaus in Loimwe.

Anpflanzen von Reis

Mandalay

Anfahrt

Flug: täglich von und nach Yangon (US$ 130), Bagan (45), Heho (45); Mandalay wird von Myanma Airways, von Air Mandalay und Yangon Airways angeflogen. Beide Fluglinien bieten einen kostenlosen Transfer zum Hotel. Taxi vom Flughafen in die Stadt: US$ 2 - 3 pro Person, oder Bus, Fahrzeit 1 Stunde.
Der neue Flughafen - der Mandalay International Airport - 37 km südwestlich von Mandalay bei Tada U ist im September 2 000 eröffnet worden. Jetzt könnte Mandalay von 20 Fluglinien erreicht werden.
Bus: Expressbusse *Yangon - Mandalay - Yangon* täglich, ab 17.00 Uhr, an zwischen 07.00 und 10.00 Uhr, K 2 500, mit Pausen für Abendessen und Frühstück; *Bagan - Mandalay - Bagan* täglich, ab 04.00 Uhr, an ca. 16. 00 Uhr. K 1 200 - 1 500; *Taunggyi - Mandalay - Taunggyi* täglich, 8 - 10 Std., K 1 500 - 1 800. Die Route Bagan und Taunggyi bzw. Inle See werden auch von Minibussen (25 Plätze) gefahren. Sie sind etwas schneller und eher billiger.
Busgesellschaften:
Abfahrt der Busse und direkter Ticketverkauf ist an der *Kywe Ser Kan Highway Bus Station* südlich vom Flughafen oder Ticketverkauf gegenüber dem Bahnhof oder über das Hotel. Viele Busgesellschaften bieten einen kostenlosen Transport zum Busbahnhof an, d. h. man fährt unter Umständen schon über eine Stunde bis alle Hotels angefahren worden sind.

Leo Express, 388, 83. Str., zwischen 32. und 33. Str., T. 3 18 85; K 2 500, empfehlenswert
Taung Paw Thar Express, gute AC-Busse, Yangon K 2 500, und Taunggyi
Myanmar Arrow Express, 337, Ecke 83. und 32. Str., T. 2 34 04,
New Orient Express, 404, 83. Str. zw. 23. und 33. Str., T. 3 15 53.
Kyaw Express, T. 2 76 11
Aung Kyaw Moe Express, T. 3 83 46,
Trade Express, 83. Str. zwischen 27. und 28. Str.
Tiger Head Express, T. 2 88 14, und Lion King Express, T. 2 12 80, fahren auch nach Taunggyi und Pyin Oo Lwin.
pick-ups nach In-Wa, Sagaing, Amarapura
Zug: Bahnhof in der 78. Str., südlich vom Mandalay Fort, von und nach Yangon, Thazi, Myitkyina täglich, Fahrpläne siehe im Anhang
Schiff: nach Nyaung U (Bagan): *„normales" Schiff* jeden Mi und So, ab 05.30 Uhr, an ca. 17.00 Uhr, US$ 10 auf Deck, US$ 30 in der Kabine
Expressschiffe an den übrigen Tagen, also Mo, Di, Do, Fr Sa , ab 06.00 Uhr, an ca. 14.00 Uhr, US$ 16 bei Inland Water Transport, keine Kabine; Ticketverkauf bei MTT oder über ein Hotel (dann bis zu US$ 20)
Man kann auch in der Gegenrichtung von Nyaung U nach Mandalay fahren, nicht empfehlenswert, weil es stromaufwärts je nach Wasserstand durchschnittlich 16 Stunden dauert, Abfahrt 05.30 Uhr, US$ 15
Auto: Von Bagan nach Mandalay ca. US$ 50, für Ausflüge in die Umgebung von Mandalay ca. US$ 25 - 35
in Mandalay
Linienbusse: sind immer überfüllt und stellen ab 17.00 Uhr ihren Betrieb ein;

pick-ups von privaten Gesellschaften sind schneller, verkehren öfter, kosten nur wenig mehr fahren die gleichen Routen wie die Linienbusse.
- Nr. 1: Kuthodaw Pagode - Zegyo Markt - Maha Muni Pagode
- Nr. 2: Anlegestelle für die Schiffe nach Mingun - zum Bahnhof (blauer Bus) - Flughafen
- Nr. 4: Mandalay Hill - Zegyo Markt
- Nr. 5: Mandalay Hill über das Mandalay Hotel - Anlegestelle nach Mingun
- Nr. 6: Maha Muni Pagode - Zegyo Markt
- Nr. 7: Rückseite des Mandalay Hill
- Nr. 8: Maha Muni Pagode - In-Wa und Amarapura, Abfahrt an der Ecke 27. und 84. Str. (gelber und roter Bus)
- Nr. 12: Mandalay Hill - Flughafen (roter Bus)

Ansonsten fahren die Busse am Glokkenturm am Zegyo Markt ab. Stadtbusse kosten je nach Entfernung K 5 - 10.

Taxi: nur noch selten sieht man die kleinen dreirädrigen, orangefarbenen Autos *(Thounbein)*, die früher das Straßenbild prägten. Sie wurden von blauen kleineren **pick-ups** abgelöst, die vor Hotels und am Zegyo Markt stehen, oder man hält sie einfach an der Straße an. Preis für eine Strecke ca. K 300 - 500, pro Stunde ca. K 600 - 800, Tagesausflug in die Umgebung K 4 000 - 5 000.

Auto: Mietpreis für Mandalay und Umgebung ca. US$ 20 - 25 pro Tag, für weitere Fahrten US$ 25 - 30.

Fahrradriksha: ist beliebt für gemächliche Stadtrundfahrten K 1 200 - 1 500; kurze Fahrten ca. K 150 - 300

Fahrradverleih: K 800 - 1 200 pro Tag, z. B. beim Royal Guest House, gegenüber Mann Rest. sowie 184, 83. Str. zwischen 25. und 26. Str.

Außer bei den Bussen und Linien-pick-ups müssen Sie über den Preis verhandeln!

Rikschas dürfen nicht mehr direkt am Bahnhof stehen, man findet sie jetzt an der nächsten Seitenstraße, die vom Bahnhof wegführt. Außerdem dürfen sie nicht mehr alle Straßen befahren.

Stadtrundfahrten:

Riksha: Der Fahrer fährt zu allen wichtigen Sehenswürdigkeiten und Werkstätten. Dauer 6 - 7 Stunden, Preis: ca. K 1 200 - 1 500. pick-up mit Englisch sprechendem Führer: kostet für eine Besichtigungstour etwa US$ 7 - 9.

MTT und größere Hotels bieten zu den Haupttreisezeiten geführte Touren an. Am einfachsten ist es, wenn Sie sich Ihre Besichtigung von einem (gut Englisch sprechenden) Riksha- oder Taxifahrer individuell zusammenstellen lassen. Sie können aber auch mit den öffentlichen Bussen fahren. Dies dauert zwar länger und ist unbequemer, hat aber den Vorteil, dass Sie zeitlich unabhängig sind.

Geschichte

König Mindon beschloss 1857, seine bisherige Hauptstadt Amarapura zu verlassen und in das 5 km entfernte Mandalay zu ziehen, das damals noch ein kleines Dorf war und Yadanabon hieß. Alle Einwohner von Amarapura mussten auf Befehl des Königs unter Androhung der Todesstrafe mit ihm nach Mandalay übersiedeln. Der Überlieferung nach wurde der König zu diesem Schritt durch einen Traum veranlasst, in dem ihm seine Hofastrologen prophezeiten, dass der Buddhismus eines Tages in einer Stadt am Fuße des Hügels von Mandalay blühen werde.

Shwenandaw Kyaung

Zwei Jahre danach (1859) weihte König Mindon seinen neuen Palast feierlich ein. Heute kann man noch die Ruinen bewundern: die Mauern mit den Zinnen, die schweren Holzpforten unter zierlichen Glockentürmchen und die Wassergräben, wo die Lotosblumen blühen. Die Kunst von Mandalay knüpft an die Tradition von Bagan an, dessen berühmteste Tempel dann in der neuen Hauptstadt nachgebaut werden. Besonders die Holzarchitektur erreichte in Mandalay ihren Höhepunkt.

König Mindon führte eine große Anzahl von Reformen durch: das Münzsystem wurde eingeführt, und es wurden an die Steuereinnehmer Gehälter statt der vorherigen Provisionen ausgezahlt. Er stärkte den Ministerrat und ließ zu, dass ein Mitglied dieses Rates dem König widersprechen durfte. Er stellte auch politische Beziehungen zu den Briten und Franzosen her. Im Austausch gegen Reis und Teakholz wurden daraufhin Maschinen nach Myanmar gebracht. König Mindon schickte junge Myanmaren zum Studium nach Großbritannien und Frankreich. Unter ihm wurde auch das 5. Buddhistische Weltkonzil zur Reinigung der Lehre einberufen, um danach eine verbindliche Lehrmeinung festzulegen, die in 729 Marmortafeln eingemeißelt wurde.

Bis zur Regierungszeit von König Mindon war es üblich, dass der erstgeborene Sohn der Nachfolger wurde. Es geschah deshalb nicht selten, dass ein später geborener Sohn, der an die Macht wollte, seine Vorgänger ermordete. Da kein königliches Blut vergossen werden durfte, wurde das Opfer in einem Sack aus rotem Samt verschnürt und entweder in den Fluss geworfen oder von Elefanten zertrampelt. Dabei wurde laute Musik gespielt, um die Schreie zu übertönen. König Mindon bestimmte seinen Nachfolger, um diese Ermordungen zu verhindern. Dem Blutvergießen setzte er damit allerdings kein Ende - daraufhin wurde oft der Erwählte umgebracht.

1878 starb König Mindon. Sein Nachfolger war König Thibaw, Sohn einer der 45 Frauen von König Mindon. Die übrigen Prinzen ließ König Thibaw umbringen oder schickte sie in die Verbannung. Er heiratete Suppayalat, seine Halbschwester. Die beiden machten viele der Reformen von König Mindon wieder rückgängig.

König Thibaw herrschte als Despot. Es war äußerst gefährlich, ihm schlechte Nachrichten zu überbringen. Ein Berater warnte den König vor der überlegenen britischen Armee. Dieser Berater wurde daraufhin als „Weib" beschimpft, was so viel bedeutete wie „Feigling", und vom Hof verbannt. Als Folge dieser Haltung Thibaws zögerten die Höflinge, den König von einem Ultimatum der Briten im Jahr 1885 zu unterrichten. Die Briten waren wegen dieser Verzögerung aufgebracht und schritten zum Angriff.

So kam es zum 3. Britisch-Birmanischen Krieg. Die Briten rissen alle Gebäude innerhalb der Stadtmauer nieder mit Ausnahme des Zentrums des königlichen Palastes. Die Bewohner mussten sich außerhalb der Stadtmauer ansiedeln.

Nach 14 Tagen war der Krieg vorbei. König Thibaw und seine Gemahlin wurden in einem Pferdewagen zum Ayeyarwady gefahren und dann mit einem Schiff ins Exil nach Indien befördert. Später, als Königin Suppayalat Witwe wurde, erhielt sie die Erlaubnis, nach Yangon zu gehen. Ihr Grab ist noch heute in der Nähe der Shwedagon Pagode zu sehen.

Das Volk war nicht bereit, die unerwartete Niederlage ihres Königs hinzunehmen. Da es immer wieder Aufstände gab, sahen sich die Briten gezwungen, während der folgenden fünf Jahre 32 000 Soldaten und 8 500 Militärpolizisten nach Myanmar zu bringen.

Im 2. Weltkrieg wurden zwei Drittel von Mandalay im Kampf gegen die Japaner zerstört. Viele Tempel wurden danach im Laufe der Jahre wieder im alten Stil neu errichtet.

Mandalay ist von Yangon 688 km, von Bagan ca. 300 km entfernt und liegt etwa 100 m über dem Meeresspiegel. Die mit über 670 000 registrierten Einwohnern zweitgrößte Stadt Myanmars besitzt einen bedeutenden Flusshafen und ist der Ausgangspunkt für die Überlandroute nach China. Mandalay ist außerdem das religiöse Zentrum von Myanmar mit vielen Klöstern und Mönchen (es sollen 50 000 sein) und der kulturelle Mittelpunkt von Nordmyanmar. Hier wird die Kunst des Harfeschlagens und des Marionettenspiels gepflegt. Mandalay ist schließlich auch das Zentrum vieler Handwerkskünste wie Silberschmieden, Bronzegießen, Steinmetzarbeiten in Marmor, Elfenbeinschnitzen, Besticken von Wandteppichen, Seidenweben.

1981 und 1984 zerstörten große Feuer ganze Stadtteile. Beim schrecklichsten Brand 1981 wurden 35 000 Menschen obdachlos.

Seitdem der Handel jetzt nicht mehr staatlich kontrolliert ist, erlebt Mandalay einen Boom. Viele wohlhabende chinesische Händler kamen über die Grenze und ließen sich hier nieder. Die

> **Eine Hofdame berichtet** über Königin Suppayalat, die letzte Königin von Myanmar:
>
> „Meine Königin war nicht schön, aber ihre Augen waren groß und dunkel, klar und wundervoll wie ein See, in dessen Tiefe ein geheimnisvolles Feuer glüht. Ihre Stimme hatte den süßen, hellen Klang eines silbernen Gongs. Ein eigenartiger Zauber umschwebte sie und zog alle an, die sie liebte. Doch wehe, wenn sie hasste, dann war sie unversöhnlich, stolz, unnahbar und leidenschaftlich. Kostbaren Schmuck und schöne Gewänder liebte sie über alles.
>
> Als man dann meiner Königin die schreckliche Nachricht überbrachte, dass die Fremden durch die Straßen marschierten, fing sie an zu begreifen, dass alles verloren sei. In wildem Schmerz warf sie sich auf das weiße Pflaster des Palasthofes und weinte bitterlich. Halb so lang, wie es dauert, einen Topf Reis gar zu kochen, lag meine Königin weinend und jammernd auf der Erde. Sie ließ sich ihre Augen kühlen und legte ihren dann kostbarsten Schmuck an. Von britischen Soldaten wurde das Königspaar in der Dunkelheit in einem Wagen an den Ayeyarwady gebracht. Das Volk stand am Ufer und weinte."

Grundstückspreise stiegen rasant an, und fast nur noch chinesische oder ausländische Investoren können Hotels, Restaurants und Läden bauen. In einer Anweisung der Regierung von 1995 wurde verlangt, dass alle Menschen, die in Holzhäusern leben, diese innerhalb der nächsten sechs Monate abreißen und aus Stein neue errichten sollten.

Die heutige Stadt ist komplett nach geometrischem Muster eingeteilt - alle Hauptstraßen schneiden sich im rechten Winkel. Man bezeichnet die langen, breiten Straßen in Ost-West-Richtung mit „Road" und auch mit Buchstaben (A, B...), und die Straßen in Nord-Süd-Richtung mit „Street". Sie werden im amerikanischen Stil durchnummeriert.

Besichtigung

Die Besichtigung des Mandalay Hill der Kyauktawgyi Pagode, Sandamuni Pagode, Kuthodaw Pagode, des Shwenandaw Kyaung Klosters und des Atumashi Kyaung können zu Fuß unternommen werden, da diese Anlagen relativ nah beieinander liegen. Ansonsten ist eine Rikscha empfehlenswert.

Mandalay Hill

- Eintritt: US$ 3 werden oben kassiert

Der Hügel ist 240 m hoch und muss barfuß auf einer überdachten Treppe mit ungefähr 1 700 Stufen bis zur Spitze erstiegen werden. Es gibt vier Aufgänge - zwei im Süden und je einer im Norden und Westen. Seit 1993 führt auch eine Straße (Taxi K 500, pick-up

---

1 Golfplatz
2 Militärfriedhof
3 Yadanapon Zoo
4 Kyauktawgyi Pagode
5 Kuthodaw Pagode
6 Sandamuni Pagode
7 Shwenandaw Kyaung
8 Atumashi Kyaung
9 State School of Music and Drama
10 GPO
11 Busse nach Lashio
12 Classic Hotel
13 Shwekyimyint Pagode
14 Garden Hotel
15 Mandalay Museum
16 Central Telephon Office
17 Uhrturm
18 Nylon Ice Cream Bar
19 Myanma Airways Büro
20 Zegyo Markt
21 Air Mandalay Büro
22 pick-ups n. Pyin Oo Lwin
23 Ayeyarwady Hotel
24 Pyigyimon Art & Craft Centre
25 Mandalay Swan Hotel & MTT

26 Mandalay View Inn
27 Mya Mandalar Hotel
28 Too Too Restaurant
29 Hindu Tempel
30 Everest. Restaurant
31 pick-ups nach Monywa
32 Eindawya Pagode
33 Hotel Sapphire
34 Popa I und Popa II Hotel
35 Bahnhof
36 Honey Garden Restaurant
37 Pacific Hotel
38 pick-ups nach Amarapura, In-Wa und Sagaing
39 Setkyathiha Pagode
40 Shanghai Hotel
41 Shwe In Bin Kyaung
42 Thakawun Kyaung
43 Jade Markt
44 Tiger Hotel
45 Power Hotel
46 Kin Wun Kyaung
47 Royal Garden
48 Universität
49 Mahamuni Pagode

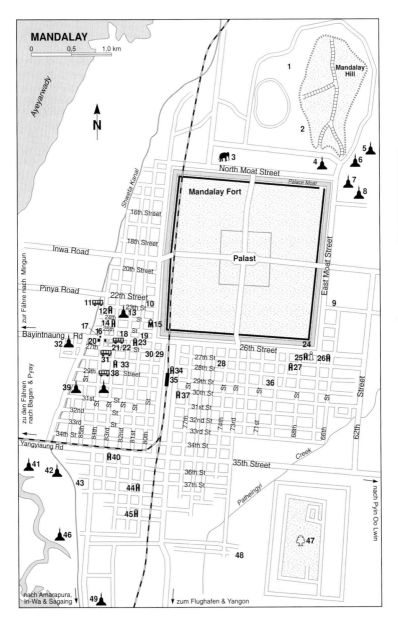

von der Mahamuni Pagode K 10) bis fast zum Gipfel, und neuerdings wurde ein Lift und eine Rolltreppe gebaut.

Nach einer Legende wird jeder ein langes Leben haben, der den Berg besteigt. Vier Aufgänge führen im Zickzack mit Verzweigungen durch die bewaldeten Hänge. Die Treppenaufgänge werden unterbrochen von Plattformen mit Garküchen und Plätzen zum Beten und Meditieren. Man sitzt dort im Schatten, isst, trinkt, raucht seine *cheroot* oder hält ein Schläfchen.

Etwa auf halber Höhe befindet sich ein Tempel mit drei Knochen von Buddha, den *Peschawar-Reliquien*. Nach der Legende sollen Buddhas Knochen drei Jahrhunderte nach seinem Tod von dem indischen König Ashoka verschiedenen buddhistischen Zentren zugeteilt worden sein. Peschawar erhielt drei davon, die dort in einem Schrein aufbewahrt wurden. Im 11. Jh. wurde der Stupa zerstört, aber der Schrein blieb erhalten. Im Jahre 1908 wurde er von den Briten entdeckt. Da Peschawar inzwischen muslimisch geworden war, entschieden die Briten eine Übergabe an die Burmese Buddhist Society, die daraufhin den Bau des Tempels am Mandalay Hill veranlasste.

Nach zwei Dritteln des Aufstiegs gelangen Sie zur *Shweyattaw* - einer großen, stehenden Buddhafigur, die mit dem Arm genau auf den Platz zeigt, wo König Mindon 1855 seinen Palast erbaute. Der König hatte die Statue einige Jahre zuvor aufstellen lassen. Die jetzige Statue ist nicht das Original, diese verbrannte 1882. Daneben ist eine Statue von Ananda - ein Schüler von Buddha - aufgestellt, der Buddha bei seinem Besuch auf den Hügel begleitet haben soll. Hier sollen Buddha und Ananda einer Dämonin begegnet sein, die sich aus Ehrfurcht ihre Brüste abschnitt. Die Dämonin und ihre Brüste sind als Skulpturen aufgestellt. Bis etwa 1990 endete hier der Aufstieg.

Alle weiteren Anlagen wurden danach gebaut. Auf der nächsten Plattform sehen Sie die fast lebensgroßen Statuen eines alten, eines kranken und eines toten Mannes. Ein großer und zwei kleinere Vögel hacken einer liegenden Figur ins Fleisch.

Auf der nächsten Plattform sind Teestuben und Andenkenbuden, die Sandelholzketten, Holzschnitzereien, bestickte Mützen und Taschen und allerlei Kitsch verkaufen. Ein paar Stufen höher kommt man in eine große offene Halle, an deren Eisenträgern ge-

chinthe am Aufgang zum Mandalay Hill

malte Bilder hängen und kleinere Buddhastatuen mit bunten Lämpchen stehen. Über sehr steile Stufen erreichen Sie dann eine Plattform mit zwei offenen Hallen mit weißen Stupas und Gockelfiguren sowie Essensbuden, einem Spielplatz, einigen Andenkenständen und ein paar schattenspendenden Bäumen. Auf Höhe des Wendeplatzes der heraufführenden Straße steht ein Stupa mit einer spiegelmosaikverzierten Spitze und einer vergoldeten Henne. In den vier Himmelsrichtungen ist jeweils eine Nische eingelassen, in der sich eine Buddhafigur befindet.

Auf der nächsten Plattform erhebt sich auf einem Quader ein weißer ekkiger Stupa und auf einem gestuften Sockel ein weißer runder Stupa. Auch hier gibt es in den vier Himmelsrichtungen je eine Nische mit einer kleineren Buddhafigur. Die Stupas sind umgeben von kleinen spiegelbesetzten Stupas und einer hängenden Glocke.

Auf der folgenden Plattform ragen innerhalb von spiegelmosaikbesetzten Säulenreihen viele kleine Stupas empor, manche mit vergoldeten Schirmtürmchen. An den vier Ecken im Mittelbereich stehen grüne Figuren von Dämonen, gefolgt von 25 kleineren Figuren. Dazwischen sind verschiedene Figurengruppen vor Buddhastatuen plaziert, z. B. ein Jäger mit Hund und Jagdwerkzeug. Zuoberst steht die Wunscherfüllungspagode, *Two Snake Pagode* genannt. Dieses neue, große Gebäude wird von vielen Säulen, verziert mit Spiegelmosaik, getragen. In jeder Himmelsrichtung ist eine sitzende Buddhafigur aufgestellt.

Die Aussicht von hier oben ist sehr beeindruckend. Sie blicken auf Reisfelder und viele weiße und goldene Stupas, auf das Shwe Nandaw Kloster, die Shan-Berge und den Ayeyarwady bis zu den Hügeln von Sagaing. Durch diese Ebene zogen einst die Heere der Pyu und der Könige von Bagan. Während Sie schauen ertönt das Gebimmel von Glöckchen oder hin und wieder der Widerhall eines Gongs.

Wenn Sie am späteren Nachmittag hinaufsteigen, erleben Sie die schöne Stimmung beim Sonnenuntergang.

Kyauktawgyi Pagode

• Eintritt: US$ 3
Nur bis 17.00 Uhr geöffnet!

Die Kyauktawgyi Pagode steht beim Südaufgang zum Mandalay Hill gegenüber den zwei großen weißen *chinthes*.

1853 wurde auf Geheiß von König Mindon mit dem Bau der Pagode begonnen, nach 25 Jahren war sie fertiggestellt. Die Buddhastatue im Innern ist aus einem einzigen riesigen, leicht grünlich schimmernden Marmorblock, der aus den Steinbrüchen von Sagyin (nördlich von Mandalay) stammt, gemeißelt. Die eingelegten Juwelen sind unecht. Die Legende erzählt, dass für den Transport der 800 Tonnen schweren Statue 10 000 Männer auf einem eigens dafür gegrabenen Kanal zur Pagode 13 Tage benötigten.

In der Pagode ist das einzige originale Gemälde von König Mindon zu sehen. Außerhalb reihen sich je 20 Figuren an den vier Seiten um die Pagode, die die Jünger Buddhas darstellen.

Im Gang zur Pagode sind ein paar Verkaufsstände. Manchmal finden sich auch einige Astrologen und Handleser ein, die Ihnen ihre Dienste anbieten.

Im Oktober findet ein einwöchiges Fest statt.

Sandamuni Pagode

• Eintritt: 5 US$ für Sandamuni und Kuthodaw Pagode

Sie wurde über dem Grab von Prinz Kanaung, dem jüngeren Bruder von König Mindon errichtet. König Mindon hatte ihn zu seinem Nachfolger auserkoren. Aus diesem Grund töteten ihn zwei der Söhne von König Mindon.

Im Innern der Pagode steht eine Buddhastatue, die König Bodawpaya von Amarapura 1802 gießen ließ und die 1874 in die neue Hauptstadt Mandalay gebracht wurde. In kleinen Stupas stehen eine große Anzahl von Marmortafeln mit Inschriften aus dem *Tripitaka*.

Kuthodaw Pagode

• Eintritt: US$ 5 für Sandamuni und Kuthodaw Pagode

Innerhalb eines Gevierts, umgeben von einer je 250 m langen Mauer, steht der zentrale Stupa, der 1857 von König Mindon nach dem Vorbild der Shwezigon Pagode in Nyaung U gebaut wurde. Der Name Kuthodaw bedeutet „729 Pagoden" - so viele sind dort nämlich in geordneten Reihen aufgestellt. In den kleinen Pagoden stehen Marmortafeln, in die buddhistische Lehrtexte eingemeißelt sind. Diese Inschriften entstanden nach der 5. Buddhistischen Synode 1871/72. Zur damaligen Zeit wurden Texte auf Palmblätter geschrieben, diese Bücher hatten nur eine begrenzte Lebensdauer. So gravierte man den Wortlaut der Lehre Buddhas auf Marmorplatten. Zuerst entwarfen vier Mönche von den 5 000 Helfer die Texte auf Palmblättern und kopierten sie dann innerhalb von acht Jahren auf beide Seiten der Marmorplatten. Ursprünglich waren die Buchstaben mit Gold eingelegt.

Die 729 Platten sind in drei Reihen um die zentrale Pagode angeordnet. Sie stehen senkrecht in offenen kleinen Pagoden, so dass sie vor Regen und Sonne geschützt sind. Drei weitere Inschriften fügte man 1921 an der Nordostecke dazu, die an die großen Taten von König Mindon erinnern sollen.

Die in dieser Pagode aufgestellten Tafeln werden auch das „größte Buch der Welt" genannt. Es wird behauptet, dass man zum Lesen dieser 729 Tafeln 450 Tage, bei jeweils acht Stunden, braucht. Eine neuere Abschrift füllt immerhin 38 Bände zu je 400 Seiten.

Shwenandaw Kyaung

• Eintritt: US$ 5 für Shwenandaw und Atumashi Kyaung

Ein ehemaliges, aus Teakholz gebautes Gemach des alten Königspalastes dient heute als Kloster. Es liegt südlich der Kuthodaw Pagode. Dies ist das einzige erhaltene Gebäude des Königspalastes und stand ursprünglich innerhalb des Königspalastes bis es König Thibaw 1880 an die jetzige Stelle versetzen ließ. Die anderen Gebäude zerstörte 1945 ein großes Feuer.

Barfuß steigt man über Treppen auf die rund um das Kloster laufende schmale Veranda. Die Wände und Türen sind außen kunstvoll mit geschnitzten mit Figuren von *Nats* und *Ogres* verziert und innen größtenteils vergoldet. Die Säulen im Hauptraum bestehen aus riesigen Teakholzstämmen, die auf rotem Grund zur Hälfte vergoldet sind. An ihnen hängen Fotos von König Thibaw und seiner Frau und von König Mindon. Der Hauptraum enthält eine Nachbildung des königlichen Thrones, eine Buddhastatue und eine goldene Couch, auf der König Thibaw meditierte. Ein zweiter Raum ist jetzt auch öffentlich zugänglich. Gegenüber dem Kloster ist eine neuere buddhistische Universität für 500 Mönche.

Atumashi Kyaung

• Eintritt: US$ 5 für Shwenandaw und Atumashi Kyaung

Dieses Kloster befand sich gegenüber dem Shwenandaw Kloster, 1890

Marmortafel in der Kuthodaw Pagode

brannte es ab. Nur ein mächtiger Treppenaufgang und stuckverzierte Grundmauern blieben von dem Holzgebäude, das König Mindon 1857 bauen ließ, übrig. 1995 verwandelte sich diese Anlage in eine Großbaustelle. Die einst terrassenförmig angelegte weiße Pagode ist originalgetreu nachgebaut worden. Im Innern der Pagode befand sich ein schön verzierter Schrein mit purpurnen und goldenen Gehängen und samtenen Teppichen und eine Buddhafigur mit einem riesigen Diamanten auf der Stirn, der jedoch schon vor dem Brand gestohlen wurde.

Mandalay Fort (Königspalast)

• Eintritt: US$ 5, gilt auch für das Museum; Tickets bei MTT im Mandalay Ho-

tel oder am Osteingang (manchmal Passvorlage!)
Öffnungszeiten: Mo - Fr 08.00 - 18.00 Uhr, Sa und So nicht immer geöffnet

König Mindon baute die befestigte Palastanlage von 1857 - 1859. Sie war gleichsam eine Stadt in der Stadt. Die umgebende Ziegelmauer ist größtenteils noch original. Sie ist pro Seite 2 km lang, 8 m hoch und 3 m dick. Es gab 12 Tore zur Stadt, drei an jeder Seite. Eines wurde nur für den König geöffnet und eines nur für das Heer. Fünf Brücken überspannten den 6 ½ m breiten und 3 m tiefen Wassergraben, der 10 km lang um die ganze Anlage verlief.

Dieser Wassergraben wurde 1995 von Gefangenen und „freiwilligen Helfern" vom Schlamm gesäubert und von Hand befestigt. Dazu musste jede Familie von Mandalay ein Mitglied als Arbeitskraft oder Geld zur Verfügung stellen. Die Besitzer der umliegenden Holzhäuser mussten sie eigenhändig abreissen, damit man den Uferstreifen als Park anlegen konnte. Die Familien bekamen dafür etwa 50 km entfernt ein Stück Land zugewiesen.

Die Gebäude im Palastbereich waren teils aus vergoldetem, mit Schnitzwerk versehenen oder mit Glasmosaik verziertem Teakholz, teils aus Ziegeln gebaut. Der berühmte Löwenthron stand in der Mitte einer Säulenhalle. Heute ist er im Nationalmuseum in Yangon zu besichtigen. Dann gab es noch Audienzhallen, kleinere Thronräume und Pavillons. Parallel zur Mauer liefen Straßen mit Bäumen, an die sich Holz- und Bambushäuser mit Gärten reihten. Den Palast selbst schützten zwei weitere Umzäunungen, wovon die äußere aus Teakholz bestand und 400 m lang war mit je einem Tor an jeder Seite. Das am Wasser liegende Nordtor wurde nur von den königlichen Barken benützt. Die innere Umfassung war aus Ziegel und hatte zwei Tore, das im Zentrum öffnete man nur für den König, das andere für die Bediensteten. Dieses Tor war so niedrig, dass selbst der Kleinste sich bücken musste.

Ein brahmanischer Brauch verlangte, dass in den Fundamenten der Stadt Menschen beiderlei Geschlechts und jeden Alters lebendig eingemauert wurden. Ihr Geist schützte dann den Platz vor allen schlecht gesinnten Personen. Auch in diesem Palast folgte man dem Brauch: es wurden 52 Menschen lebendig begraben. Außerdem mauerte man an den vier Ecken des Walles je einen Krug, gefüllt mit Öl, ein, um vor allen Arten von Schäden bewahrt zu werden. Solange diese Krüge ganz waren, war, so hieß es, die Stadt sicher. Königliche Astrologen überprüften sie alle sieben Jahre. Bei ihrer dritten Inspektion 1880 war nur noch ein Krug in einem zufriedenstellendem Zustand. In diesem Jahr grassierte eine Pockenepidemie, ein riesiger Rubin aus den Kronjuwelen verschwand, und ein Tiger entkam aus seinem Käfig im königlichen Garten. Um die Geister wieder wohlwollend zu stimmen, unterschrieb der König ein Dekret, dass 600 Menschen geopfert werden sollten. Panik setzte bei der Bevölkerung ein, viele verließen mit dem Schiff die Stadt. Daraufhin widerrief man das königliche Mandat. Einige Gefangene jedoch vergrub man unter den 12 Toren.

Der Palast wurde zu Ehren von Lord Dufferin, der Mandalay 1886 besuchte, in Fort Dufferin umbenannt. Das Fort diente unter der britischen Herrschaft als Truppenunterkunft. 1942 nahmen die Japaner Mandalay ein. Das Fort brannte bei den Kämpfen mit den Japanern und Indern nieder. Der Palast ist jetzt originalgetreu rekonstruiert. Der neuerbaute Glaspalast enthält aber nur einige wenige Überbleibsel aus den alten Gebäuden.

Das **Shwenandaw Cultural Museum** zeigt Statuen von wichtigen Persönlichkeiten aus Myanmar. Den rekonstruierten Aussichtsturm (1990 fertiggestellt) mit seiner spiralförmig hinaufführenden Außentreppe können Sie besteigen und von dort oben die Palastanlage überblicken. Er ist das Wahrzeichen von Mandalay. Im Westen des Palastbereichs ist ein Modell der damaligen Palastanlage aufgestellt.

Die große Audienzhalle mit ihrer in sieben Reihen übereinander gestaffelten goldenen Spitze und dem geschnitzten Dach ist auch zu besichtigen. Ursprünglich wohnten dort in 133 Räumen die 53 Frauen des Königs und seine Konkubinen. Außerdem finden Sie in der Nordostecke die Gräber einiger Mitglieder der königlichen Familie und das Mausoleum von König Mindon. Im Süden der Anlage steht ein Denkmal, das an die Unabhängigkeit Myanmars erinnert. Das Fort wird heute vom Militär als Sitz eines Armeekommandos genutzt. Innerhalb der Mauern sind Truppen in Stärke von 10 000 Mann stationiert.

Diese Palastanlage ist nicht besonders aufregend. Sollten Sie sich zu einer Besichtigung entschließen, beginnen Sie am besten am östlichen Tor und nehmen sich eine Riksha oder kommen mit dem Fahrrad, da die Anlage sehr weitläufig ist. Fotografieren ist verboten!

Mahamuni oder Arakan Pagode

- Eintritt: US$ 4

öffentlicher Bus: Nr. 1 (blau), 5 (rot) und Nr. 6 (blau)

Sie liegt etwa 3 km südlich des Zegyo Marktes auf dem Weg nach Amarapura. König Bodawpaya baute die Pagode 1784 als Aufbewahrungsstätte für die Mahamuni Statue aus Rakhine. Die Mahamuni Pagode gilt nach der Shwedagon Pagode als das bedeutendste buddhistische Heiligtum Myanmars. Sie ist auf dem Areal der in Schutt zerfallenen Königsstadt Amarapura errichtet worden. Im Innern der Pagode steht die vermutlich älteste und größte bronzene Buddhastatue von ganz Myanmar. Archäologen datieren sie auf 146 n. Chr. Sie wurde von König Bodawpaya in einem Krieg mit Rakhine erbeutet (Bild im Farbteil).

Die fast 4 m hohe Statue brachte man in drei Stücken von Akyab über die Berge nach Mandalay. Nach der

> Die Legende erzählt, dass diese Statue schon zu Lebzeiten Buddhas als sein Ebenbild geschaffen worden sei. Als Buddha Rakhine verlassen und weiterziehen wollte, war das Volk sehr traurig. Buddha, der ihre Wehklagen vernahm, hauchte dieser Statue seinen Atem ein, die daraufhin seine Züge bekam. Es gibt nur fünf Ebenbilder Buddhas, die der Überlieferung nach zu seinen Lebzeiten geschaffen wurden: zwei befinden sich in Indien, zwei im Paradies und diese eine in der Mahamuni Pagode.

Legende gelang es nicht, die Teile zusammenzusetzen. Da erschien Buddha selbst und umarmte die Bronzestatue siebenmal. Die drei Teile fügten sich dann so zusammen, dass es nicht möglich ist, die Fugen zu erkennen.

Die Buddhastatue sitzt auf einem 2 m hohen Sockel in der sog. Zeugnisstellung, bei der die rechte Hand die Erde berührt. Heute spenden die Gläubigen Goldplättchen, die von Männern auf die Figur, mit Ausnahme des Gesichts, gelegt werden. Diese Tätigkeit kann man inzwischen auch live auf den Fernsehgeräten, die in den Gängen hängen, verfolgen. Die Goldauflage soll mittlerweile 15 cm dick sein. Sogar die Rubine, Saphire und Jadesteine, die die Brust. verzierten, wurden mit Gold überdeckt.

Der Bereich für Frauen ist abgeteilt und liegt 6 m hinter dem Bereich der Mönche. Das Gesicht der Mahamunistatue wird jeden Morgen zwischen 04.00 und 05.00 Uhr in einer Zeremonie von Mönchen gewaschen und um 16.00 Uhr werden die Hände mit einem Tuch zugedeckt.

Die Pagode brannte 1884 ab und wurde später wieder aufgebaut. 252 mächtige Pfeiler tragen die sieben übereinandergestaffelten Dächer mit vergoldeten Stuckverzierungen, die Andachtsräume und die Arkaden. An den Wänden sind Gemälde, die die Strafen der Hölle in drastischen Formen zeigen. Im Hof stehen in einem kleinen Gebäude sechs Bronzefiguren: zwei Krieger, drei Löwen und der dreiköpfige Elefant Erawan. Sie stammen aus dem 12. Jh. und wurden von König Bodawpaya zusammen mit der Mahamuni Statue von Rakhine mitgebracht. Ursprünglich waren es 30 Figuren, die fehlenden 24 wurden von König Thibaw eingeschmolzen, um Kanonen daraus herzustellen. Bis 1431 standen sie in Angkor Wat in Kambodscha, dann kamen sie nach Ayutthya in Thailand und schließlich nach Bago. Von dort holte sie König Razagyi nach Rakhine. Den Statuen werden heilende Kräfte zugeschrieben, wenn man den entsprechenden Körperteil an der Statue berührt. In einem Seitenraum hängt ein riesiger, 5 t schwerer Gong. Er wurde von Spendengeldern 1960 gegossen. Auf Hunderten von Steintafeln sind Inschriften von den Stiftungen für religiöse Zwecke. In einem kleinen Museum werden Statuen und Buddhafiguren gezeigt.

In der Mahamuni Pagode

Mandalay

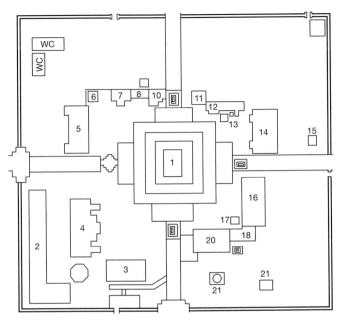

Grundriss der Mahamuni Pagode

1 Mahamuni Statue
2 Stein mit Inschrift
3 Mogaung Dhammayon
4 Fußabdruck von Buddha
5 Bücherei
6 Sammadevanat Schrein
7 Bronzegong
8 Bronzestatatue aus Arakan
9 Museum
10 großer Gong
11 Wasserstelle
12 Bronzeglocke
13 Pahosin Uhrturm
14 Museum für Malereien
15 Stein mit Inschrift
16 Museum
17 Stein mit Inschrift
18 Shinuppagutta Schrein
19 Takuntaing Fahnenmast
20 Museum
21 Brunnen

Zum Pagodeninnern hin führt in jeder Himmelsrichtung je ein überdachter Gang mit vielen Läden. Hier finden Sie ein reiches Angebot an Souvenirs wie Korbwaren, Bronzewaren, Messingartikel, Silberwaren, Schmuck, Jade, Elfenbein, Schirme, Spielzeug, Marionetten, Gongs, Kleidung, Stoffe...

Verdienste kann man sich noch erwerben, indem man in einem Teich vor dem Tempel die Schildkröten und Fische füttert.

Während des Vollmonds im Februar findet das große Mahamuni Pagodenfest statt.

Shwe In Bin Kyaung

Das sehenswerte Kloster befindet sich in der 35. Rd. Es stammt aus dem 19. Jh., ist ganz aus Teakholz gebaut und besitzt sehr schöne Holzschnitzereien und Gemälde. Momentan leben hier nur wenige Mönche. Der reiche chinesische Kaufmann U Set Shwin heiratete eine Frau aus Myanmar, für die er dieses Kloster bauen ließ.

Set Kya Thiha Pagode

Sie liegt in der 31. Rd südlich des Zgyo Marktes. Die Pagode wurde im 2. Weltkrieg zerstört und danach wieder aufgebaut. Sie enthält eine 5 m hohe Bronzestatue Buddhas, die 1823 auf Anordnung von König Bagyidaw in In-Wa gegossen wurde. 1849 brachte man die Statue nach Amarapura und 1884 nach Mandalay.

Der Bodhibaum am Eingang wurde von dem früheren Premierminister U Nu gepflanzt.

Eindawya Pagode

Die komplett vergoldete Pagode steht am Ende der 26. Street etwas nordwestlich von der Set Kya Thiha Pagode. König Bagan Min erbaute sie 1847.

Die Buddhastatue darin besteht aus Chalzedon (einer Mischung von Quarz und Opal) und soll 1839 aus Bodh Gaya (Indien) gebracht worden sein.

Shwe Kyi Myint Pagode

Sie wurde 1167 von dem verbannten Sohn von König Alaungsithu, Prinz Minshinzaw, erbaut. Die Pagode steht in der Nähe des Zegyo Marktes in der 24. Rd zwischen der 82. und 83. Str.

Die Buddhastatue im Innern ist aus dem 12. Jh., ebenso wie die aus dem Königspalast gerettete Sammlung von Buddhastatuen aus Gold, Silber und Kristall.

Mandalay Folk Art Museum

• Eintritt: US$ 3,
Öffnungszeiten: Mi - So, 10.00 - 16.00 Uhr

Dieses neue große Museum befindet sich an der Ecke 34. und 80. Str., gegenüber der Südostecke des Mandalay Fort beim Mandalay Swan Hotel. Es wird eine relativ uninteressante Sammlung von Gebrauchsgegenständen und Bekleidungsstücken gezeigt, die König Thibaw und seine Frau Suppayalat zurückließen, als sie 1885 von den Briten verbannt wurden. In einer *Bibliothek* sind wichtige buddhistische Schriften ausgestellt.

Diamond Jubilee Clock

Dieser Glockenturm mit einer Uhr wurde zum 60jährigen Regierungsjubiläum von Königin Victoria errichtet. Er steht am Zegyo Markt und ist für Ortsunkundige eine Orientierungshilfe.

Wasserbüffel bei der Arbeit

Ungefähr 3 km vom Pier bei der 26. Street können Sie am Ayeyarwady Wasserbüffel dabei beobachten, wie sie schwere Teakholzstämme ans Ufer ziehen, die den Fluss herunterreiben. Auch ein großer Lagerplatz für Teakholz ist hier.

Yadanapon Zoo

- Eintritt: K 10
Er liegt gegenüber der Nordseite der Mauer des Forts. Bei einem netten schattigen Spaziergang können Sie eine kleine Sammlung von Tieren beobachten.

Yadanapon Resort

- Eintritt: K 20
Öffnungszeiten: täglich von 06.00 - 19.00 Uhr
Am Fuße des Mandalay Hill neben dem Zoo existiert seit kurzem dieser kleine Vergnügungspark. Seine Hauptattraktion ist das 50-m-Becken mit einer großen Rutschbahn, ein Spielplatz und ein Karaoke-Restaurant (bis 22.00 Uhr geöffnet).

State School of Music and Drama

Sie befindet sich bei der East Moat Rd. Dort können Sie den Studenten beim Musizieren, Singen und Tanzen zuschauen.

Marionettentheater

Mandalay Marionettes and Culture Show im Garden Villa Theatre: T. 2 45 81, 3 87 18, , 66. Str. zwischen 26. und 27. Str., nahe dem Mandalay Swan Hotel, während der Saison täglich um 20.30 Uhr, die Aufführung dauert ca. eine Stunde. Der Marionettenaufführung folgt traditionelle birmanische Musik. Man kann dort auch Marionettenfiguren erwerben. Eintritt US$ 2
Grand und Ambassador Restaurant: In diesen beiden Restaurants auf dem Dach des Zegyo Marktes finden Marionettenaufführungen statt.
Moustache Brothers: 39. Str. zwischen 80. und 81. Str., Marionettentheater und klassische birmanische Tänze, Eintritt ca. US$ 3, Beginn 20.00 Uhr. Die Aufführung findet im Wohnzimmer unter Beteiligung der ganzen Familie statt. Man kann dort auch selbst hergestellte Marionetten erwerben. Mit dem Erlös soll der ältere Bruder unterstützt werden, der seit 1996 wegen seiner politischen Satire im Gefängnis saß. Inzwischen soll er aus dem Gefängnis entlassen worden sein.
The Happy Marionette: 28. Str., Nr. 48, zwischen 73. und 74. Str., neu, im 1. Stock über dem Laden Min Min Traditional Arts & Crafts, jeden Abend um 20.30, Eintritt K 1 000
Marie Min II Vegetarian Restaurant: 26. Str., zwischen 57. und 58. Str., jeden Abend um 20.00 Uhr Aufführungen mit traditionellen Tänzen, Harfenspiel und Marionettentheater begleitet von einer typischen Musikgruppe, Räume des Restaurants sind geschmackvoll mit qualitativ gutem Kunsthandwerk dekoriert, das auch käuflich ist, man kann dort auch gut und relativ preiswert essen

Handwerksbetriebe

Die meist kleinen Handwerksbetriebe sind oft schwer zu finden. Es ist sehr ratsam, sich einen Führer oder einen ortskundigen, englischsprechenden Rikscha- oder Taxifahrer zu nehmen.

Blattgoldherstellung (gold beating) ist im Südosten von Mandalay in der 37. Str. zwischen 78. und 77. Str. im Myetparyat Quarter und entlang der 78. Str. zwischen 35. und 36. Str. zu beobachten. Die jeweiligen Häuser findet man leicht durch die deutlich hörbaren dumpfen Schläge.

Ein Goldkügelchen wird zwischen Hirschlederlappen gelegt und mit riesigen, 10 kg schweren Hämmern hauchdünn geschlagen. Die Goldplättchen werden so leicht dabei, dass sie in der Luft schweben können. Am Schluss werden sie von unberührten Mädchen zwischen Ölpapier gelegt.

In den Pagoden des ganzen Landes verkauft man die Goldplättchen an die Gläubigen, die sie den Buddhastatuen auflegen.

Die Technik der Blattgoldherstellung kam über Südindien und Sri Lanka etwa um 1050 nach Myanmar. Das Gold stammt aus den Flüssen im Norden von Myanmar.

Steinmetzbetriebe
finden Sie hauptsächlich rund um die Mahamuni Pagode und an der 84. Str. in Richtung Amarapura

Bronzegießereien
sind entlang der Hauptstraße nach Amarapura und in Kyi Thum Kyat bei Amarapura angesiedelt

Glocken und Gongs
Ihre Herstellung können Sie in den Werkstätten beim Myohaung Bahnhof beobachten.

Holzschnitzereien
werden im östlichen Aufgang der Mahamuni Pagode und an der 84. Str. in Richtung Amarapura hergestellt.

Silberschmiede und Silberwarenindustrie
haben ihren Hauptstandort in Ywataung bei Sagaing.

Elfenbeinschnitzereien
sind gegenüber der Bushaltestelle an der Mahamuni Pagode, im östlichen Aufgang der Mahamuni Pagode und in der 36. Str. zwischen 77. und 78. Str. zu finden.

Seiden- und Baumwollwebereien
sehen Sie in Mandalay gegenüber dem Osteingang des Königspalastes und an der Ecke der 62. und 19. Str.
In Amarapura steht fast in jedem Haus ein Webstuhl.

Daw Su & Son: T. 2 28 17, Eastern Town Nandawshei, Sagaingdan Qtr., traditionelle Seidenweberei mit Verkauf

Herstellung von Blattgold

Manaw Myae: 200, 84. Str., zwischen 33. und 34. Str., T. 2 22 26, traditionelle Handweberei
Acheik Lunyargyaw: 62. Str. bei der 19. Str., T. 2 26 17
Teppiche und Wandbehänge *(kalaga)* stellt man hauptsächlich zwischen der Bahnlinie und 78. Str. im Shwe Che Doe Quarter her.
Tin Maung U: 26, 72. Str., Werkstätte mit Laden
Sandar Tun: 254 - 256, 62. Str., zwischen 26. und 27. Str., T. 2 27 01, Werkstätte mit Laden
U Sein Myint: 42, 62. Str. oder Sangha University Rd,
Bambuspapier
wird in der 37. Rd zw. 80. und 81. Str. hergestellt, man braucht das Bambuspapier auch für die Blattgoldherstellung
Buddhistische Schriften
werden auf Lackbrettchen geschrieben, man findet sie entlang der 83. Str. zw. 38. und 37. Str. und entlang der 38. Str. zwischen der 82. und 83. Str.
Jadebearbeitung
in Minthazu und Kyawzu, zwei Dörfer am südlichen Stadtrand von Mandalay. Hier wird Jade geschnitten, poliert und zu Schmuck verarbeitet. Etwas nördlich davon findet täglich von 10.00 - 13.00 Uhr der 86. Str. bei der 38. Str. ein Jademarkt statt. Vorsicht! Hier gibt es auch wertlose Stücke.
Läden für Kunsthandwerk
Sehr viele Läden finden Sie in den Gängen zur Mahamuni Pagode. Allerdings lässt die Vielfalt und Individualität der angebotenen Gegenstände sehr nach.
Im *Zegyo Markt* sind nur wenige Läden, die kunsthandwerkliche Dinge verkaufen.

Yadanapura Art Centre: am westlichen Ende der 78. Str. in Richtung Flughafen, staatlicher Laden mit teuren hochwertigen Handwerksarbeiten, Steinen und Schmuck. Rechnung evtl. für den Zoll aufheben!
Pyigyimon Royal Barge - Arts and Craft Centre: früher an der Südostecke des Wassergrabens wurde abgebaut und in einem künstlichen See in Amarapura wieder aufgebaut.
Sein Win Myint „Rocky": Nr. 273, 26. und 27. Str. und 83. und 84. Str. (beim Zegyo Markt), Steine, Marionetten und Kunsthandwerk vor allem von den Naga
Law Ka Nat: 85, 28. Rd zwischen 73. und 74. Str.
U Sein Myint: 42, 62. Str. (Sangha University Rd). Wandbehänge, in seinem Haus sammelt er schöne handwerkliche Stücke
Sein Win Myint: zwischen 26. und 27. Str., Wandbehänge
Nan Myint: 198, 29. Str., zwischen 80. und 81. Str., T. 3 35 11, Kunsthandwerkliche Dinge, Elfenbein- und Holzschnitzereien, Gegenstände aus Bronze, Silberschmuck und Lackwaren
Sandar Tun: 254, 62. Str., zw. 26. und 27. Str., T. 3 62 99
Pam Mya: an der Straße von Mandalay nach Sagaing, er ist ein bekannter Holzschnitzer
Mann Shwe Gon: 27. Std. zw. 72. u. 73. Str., Wandbehänge, Puppen
Shwe Cin Nin Si: 84. Str. zwischen 29. und 30. Str.
Manaw Myae Kachin: 1, 30. Str. zwischen 77. und 78. Str., T. 2 52 26, hauptsächlich Dinge der Kachin, z. B. Kleidung, Taschen, Silberwaren
Handweberei: 200, 84. Str., zwischen 33. und 34. Str.

Märkte

Zegyo Markt (gespr. sedscho) schließt ab 16.00 Uhr!
Er liegt bei der Aung San Rd an der 84. Str. und ist einer der größten Märkte Myanmars. Er wurde von dem Italiener Caldrari entworfen, der 1903 erster Sekretär in der Verwaltung von Mandalay war. Vor einigen Jahren wurden die alten Marktgebäude abgerissen und durch ein vierstöckiges Warenhaus mit Rolltreppen ersetzt. In vielen kleinen Läden werden einheimische, chinesische und thailändische Waren angeboten. Früher konnte man hier noch Angehörige der verschiedenen Bergvölker (Chin, Kachin und Shan) sehen.

Yadanapon Markt
78. Main Rd, zwischen 32. und 34. Str., ca. 500 m vom Bahnhof entfernt, zweitgrößter Markt in Mandalay, viele chinesische Artikel, schließt um 16.00 Uhr

Kaingdan Markt
ein paar Straßen westlich des Zegyo Marktes, frisches Gemüse und Obst, interessant

Mingala Bazaar
Der kleine, lebendige Markt befindet sich an der Ecke 73. und 30. Str. nahe dem General Hospital.

Bayagyi Bazaar
Er liegt in der Nähe der Mahamuni Pagode und ist spezialisiert auf religiöse Artikel.

Nyaung Pin Bazaar
Er ist der größte Markt für frische Lebensmittel aller Art.

Chinatown
Hier finden Sie viele chinesische Läden und Garküchen.

Nachtmarkt
Er findet jetzt in der 84. Str. zwischen 26. und 28. Str. von 18.00 - 21.00 Uhr statt. Hier werden vor allem illegal eingeführte Waren aus Thailand und China angeboten, z. B. Radios, Uhren, Jeans, T-Shirts, Werkzeug.

Photoshops (Reparaturen)

Die Qualität der Abzüge entspricht nicht immer unserem Standard. Batterien sind normalerweise vorrätig und billiger, Reparaturen sind in Ordnung. Vor allem im Zentrum findet man diese Shops, z. B.
83. Str., Ecke 34. Str.
81. Str., Ecke 29. Str., Laser Color Photo
26. Str., vom Uhrturm in Richtung Ayeyarwady auf der rechten Seite
35. Str., zwischen 82. und 83. Str.

Wichtige Adressen

• **Vorwahl: 02**
Medizinische Versorgung
Mandalay's People's Hospital: in der Nähe des Bahnhofs, 77. und 30. Str.
Aye Thiri 24 Hour Special Clinic: 26 (B) Rd, zwischen 72. und 73. Str., T. 3 27 64, 3 27 66
Zahnarztpraxis: Dr. Mu Mu, 251, 81. Str. zwischen 22. und 23. Str.
Thu Kha Thit Sar Pharmacy: 209, 83. Str., zw. 26. und 27. Str., T. 2 50 20
MTT
Hauptbüro: Ecke 27. und 68. Str., an der Ecke in einer Seitenstraße neben dem Mandalay Swan Hotel, nur Information (Stadtplan), kein Ticketverkauf geöffnet täglich von 08.00 - 18.00 Uhr
im Mandalay Swan Hotel: 26. Str. T. 2 25 40, nur noch übergangsweise besetzt, täglich von 10.00 - 20.00 Uhr geöffnet, Ticketverkauf nur bis 14.00

Uhr! Geldwechsel möglich.
weitere Schalter:
im *Bahnhof*, T. 2 25 41, täglich von 14.00 - 16.00 Uhr geöffnet
und am *Flughafen*

Geldwechsel
im *Mandalay Swan Hotel*, 26. Str.
Myanma Economic Bank, 26. Str. zwischen 82. und 83. Str., nahe der südwestlichen Ecke der Palastmauer
bei MTT
Schwarztausch:
z. B. in der 27. Str., zwischen 80. und 81. Str. Für weitere Adressen im Hotel nachfragen.

Hauptpost
81. Str., Ecke 22. Str.
Geöffnet von 09.30 - 16.00 Uhr

Telegraphenamt
Central Telephone & Telegraph Office: Ecke 80. und 25. Str., in der Nähe der Hauptpost. Hier sind internationale Verbindungen möglich.

E-Mail Service
Nilar E-Mail Service, 26. Rd, zwischen 80. und 81. Str., wird nach Speicher abgerechnet, 1 Kilobyte kostet K 500

Transport

Fluggesellschaften
• *Myanmar Airways*
81. Str. zwischen 25. und 86. Str., T. 2 25 90, 3 62 21, neben Sabai Phyu Guest House, geöffnet von 09.30 - 16.00 Uhr. Von hier kostenloser Transport zum Flughafen.
• *Air Mandalay*
23, 82. Str. zwischen 26. und 27. Str., T. 2 74 39, 3 15 48. Vom Büro kostenloser Transport zum Flughafen.
• *Yangon Airways*
78. Str., zwischen 29. und 30 Str., T. 3 60 12. Vom Büro kostenloser Transfer.

Mandalay Lager Beer

Es scheint, dass die junge Generation von Myanmar die „Bierkultur" für ihren neuen Lebensstil entdeckt hat. Jedoch, dieses Phänomen ist nicht neu - Bier braute man schon vor über 100 Jahren in Myanmar. Unter der Regierung von König Mindon im 19. Jh. wurde am Königshaus bereits Bier als medizinisches Getränk genossen. Lange Zeit blieb das Bier dem Königshaus und wenigen hochstehenden Personen vorbehalten.

Die Produktion im größeren Stil begann ein Jahr nachdem die Briten Thibaw, den letzten König von Mandalay, entthronten. Sie richteten in einer Kanonenfabrik eine Brauerei ein, um die britische Armee mit Bier zu versorgen. Bald kam auch die einheimische Bevölkerung in den Genuss des Bieres.

Das Bier wurde zunächst nur in Fässern unter dem Namen „E. Dyer & Company" vertrieben. Nach 1934 begann man mit der Flaschenabfüllung und kreierte dann den heutigen Schriftzug „Mandalay". Unter der japanischen Besetzung in den Jahren von 1942 - 1945 wurde Bier nur noch für die japanische Armee gebraut. Nach der Unabhängigkeit 1948 wurde die Brauerei staatlich. Seit 1994 ist die Brauerei im Joint Venture mit einer Firma aus Singapur.

Obwohl es inzwischen einige andere Biere gibt, die mit großem Werbeaufwand eingeführt werden, ist die Beliebtheit des Mandalay-Biers bei der Bevölkerung ungebrochen. Inzwischen bieten viele Lokale neben dem Flaschenbier auch gezapftes Bier an.

Agenturen verkaufen Tickets oft billiger als die Fluggesellschaft. In der Regel sind die Agenturen fast nebenan.
Inland Water Transport
Gawwein Jetty, 35. Str. T. 8 60 35, 2 14 67, Ticketverkauf täglich von 10.00 - 14.00 Uhr (billiger als bei MTT)
Busgesellschaften
Bagan Express: Ecke 82. und 32. Str. vor allem pick-ups nach Bagan
Kyaw Express: T. 2 76 11
Leo Express: 388, 83. Str., zwischen 32. und 33. Str., T. 3 18 85
Myanmar Arrow Express: 32. und 83. Str., T. 2 34 04
Nyaung U Mann: Ecke 26. und 82. Str. am Busbahnhof, pick-ups
Rainbow: 262 B, 29. Str. zwischen 82. und 83. Str., T. 2 88 09
Silver Cloud Express: T. 2 65 35
Skyline Express: Ecke 26. und 82. Str. am Busbahnhof
Trade Express: 200, 83. Str. zwischen 27. und 28. Str. gegenüber dem Modern Hotel, T. 2 70 92

Reisebüros

Free Bird Travel: 197, 28. Str., zwischen 79. und 80. Str., T. 3 54 32
Sun Far Travel: 269, 82. Str., zwischen 27. und 28. Str., T. 2 89 09
Tour Mandalay: Myint Soe Villa, 45, 85. Str., zwischen 29. und 30. Str., Wahdan Quarter, T. 2 15 99

Unterkunft

Sedona Hotel
an der Kreuzung der 26. und 66. Str., an der südöstlichen Ecke des Palastes, 247 Zi, Luxushotel, T. 3 64 88. Fax: 3 64 99, E-mail: sedona@kepland. com.sg, Superior Room EZ US$ 150, DZ US$ 180; Deluxe Room EZ US$ 200, DZ US$ 220; Premier Room mit Balkon EZ US$ 280, DZ US$ 280; Club Room US$ 260; Club Suite US$ 260; Ambassador Suite US$ 700; Royal Sedona Suite US$ 1 200; Extrabett US$ 25, zuzügl. 20 % Tax, AC, Du und WC, TV, Kühlschrank, mit Frühstücksbuffet, Swimmingpool, Fitnesscentre, Bürocentre, Läden, Tennisplatz, Café, Bar, mehrere Restaurants, Apartments, sehr schön, freundlicher und aufmerksamer Service
Novotel Mandalay
9, Kwin (416-B), 10. Str., T. 3 56 38, Fax: 3 56 39, achtstöckiger Bau am Fuß des Mandalay Hills, 1997 eröffnet, 206 Zi, 13 Suiten, DZ ab US$ 75, Suiten DZ US$ 125 - 200, AC, Du und WC, TV, Kühlschrank, zuzügl. 20 % Tax, mit Frühstück, Swimmingpool, Fitnesscentre, Friseur, Restaurant, Diskothek, Folklore Show
Mandalay Swan Hotel
26. Str. zwischen 66. und 68. Str., T. 3 56 78, 2 24 98, 3 16 25, Fax: 3 12 19,3 56 77, 120 Zimmer, Suite, Standard, Economy, EZ und DZ US$ 80, 100, 140, 160, AC, Du und WC, TV, zuzügl. 20 % Tax, mit Frühstück, Kreditkarte wird akzeptiert, 1995 renoviert, Restaurant, Biergarten, Tennisplatz, Swimmingpool, beliebt bei Reisegruppen, offizieller Geldumtausch, Büro von MTT im Haus, schöner Garten
Pacific Hotel
Ecke 30. und 78. Str., gegenüber dem Bahnhof, T. 3 25 07, 3 25 08, 1998 eröffnet, EZ US$ ab 30 ab DZ US$ 50, AC, Du und WC, TV, Kühlschrank, mit Frühstück, schön
Hotel Venus
28. Str.. zwischen 80. und 81. Str., T. 2 42 29, 2 56 12, liegt im Zentrum, DZ

US$ ab 80, AC, Du und WC, relativ teuer
Myit Phyar Ayer Hotel
568, 80. Str. zw. 33. und 34. Str., T. 2 72 42, Fax: 3 56 46, 36 DZ, 3 EZ, EZ US$ 25 - 45, DZ US$ 45 - 75, AC, Du und WC, TV, mit Frühstück, kleiner Swimmingpool, Restaurant auf dem Dach, 6 Stockwerke ohne Lift, sauber, empfehlenswert
Universe Hotel
215, 83. Str., zwischen 27. und 28. Str., beim Modern Hotel, mehrstöckiges Haus, T. 3 32 46, EZ US$ 30 - 36, DZ US$ 36 - 42, AC, Du und WC, mit Frühstück
Emerald Land Inn
9, 14. Str., zwischen 87. und 88. Str., T. 2 69 90. Fax: 3 56 45, in der Nähe des Shwetachaung Kanals, 32 Zimmer in 2 Gebäuden, auch Bungalows, EZ US$ 30 - 45, DZ US$ 50 - 60, AC, Du und WC, mit Frühstück zuzüglich 20 % Tax, sehr schön, Swimmingpool mit großer Wiese, Dachterrasse, etwas außerhalb gelegen, gutes Hotel in dieser Preisklasse, freier Transport zum Flughafen oder Bahnhof
In-Wa Hotel
Ecke 66. und 23. Str., T. 2 70 28, in der Nähe des Mandalay Forts am Wassergraben, 54 Zi, Suite und Standard, 1991 eröffnet, Bungalows, EZ US 36 - 45, DZ US$ 45 - 60, AC, Du und WC, Restaurant, für größere Gruppen geeignet, auch empfehlenswert
Mandalay View Inn
17-B, 66. Str., zwischen 26. und 27. Str., T. 2 23 47, Fax: 3 12 19, 5 Zimmer, EZ US$ 35 - 43, DZ US$ 40 - 58,

Marionetten und *chindlon*-Bälle

AC, Du und WC, TV, Kühlschrank, mit Frühstück, zuzüglich 20 % Tax, sauber, freundlich, empfehlenswert

Mya Mandalar Hotel
Ecke 26. und 68. Str., T. 2 12 83, 24 Zi, EZ US$ 36 - 40, DZ US$ 42 - 45, AC, Du und WC, Restaurant mit Garten, Swimmingpool (meist ohne Wasser), freundlich

Golden Express Hotel
6/43, 9. Str, Kywesekan, T. 7 03 82, 2 87 67, liegt in Richtung alter Flughafen, gehört zur Golden Express Hotel and Trade Ltd., 10 Zi, EZ US$ 25 - 35, DZ US$ 34 - 50, AC, Du und WC, brauchbar

Power Hotel
686, 80. Str. zwischen 39. und 40. Str., bei der Mahamuni Pagode, T. 2 46 90, 3 24 06, 72 Zimmer, mehrstöckiges Gebäude, chinesische Leitung, EZ ab US$ 25, DZ ab US$ 38, AC, Du und WC, TV, Kühlschrank, mit Frühstück

Tiger Hotel
628, 80. Str. zwischen 37. und 38. Str. T. 2 31 34, 28 Zimmer, EZ ab US$ 25, DZ ab US$ 40, AC, Du und WC, TV, Kühlschrank, neben dem Power Hotel

Unity Hotel
Ecke 27. und 82. Str., T. 2 88 60, Fax: 3 24 79, liegt zentral, EZ ab US$ 25, DZ ab US$ 35, AC, Du und WC, mit Frühstück, TV, sauber, freundlich, sämtliche Transfers frei

Dream Hotel
152, 27. Str. zwischen 80. und 81. Str., T. 2 60 54, Fax: 3 56 56, von indischer Familie geführt, EZ US$ 10, DZ US$ 20, AC, Gemeinschaftsbad; EZ US$ 23 - 35, DZ US$ 35 - 46, 3-B.-Zi US$ 65, AC, Du und WC, TV, mit Frühstück

Bonanza Hotel
Ecke 82. und 28. Str., T. 3 10 31/32, Fax: 3 56 62, chinesischer Besitzer, EZ US$ US$ 15, DZ US$ 25, AC, Du und WC, TV, sauber

Palace Hotel
269, 80. Str. zwischen 39. und 40. Str., T. 2 14 22, 45 Zimmer, unter chinesischer Leitung, EZ US$ 25 - 28, DZ US$ 35 - 45, AC, Du und WC, TV, nicht immer sauber, teuer

unter US$ 15 pro Person:
Garden Hotel
174, 83. Str. zwischen 24. und 25. Str., hinter dem Nylon Hotel, T. 2 76 57, 3 18 84, Fax: 3 10 47, EZ US$ 5 - 8, DZ US$ 10 - 12, Fan, Gemeinschaftsbad; EZ US$ 12 - 14, DZ US$ 20 - 35, 3-B.-Zi US$ 43, AC, Du und WC, TV, jeweils mit Frühstück

Classic Hotel
59, 23. Str., zwischen 83. und 84. Str., T. 2 56 35, Fax: 3 28 41, beim Lashio Lay Restaurant, EZ US$ 15 - 20, DZ US$ 25 - 30, AC, Du und WC, TV, Kühlschrank, mit Frühstück, sauber, freundlich, empfehlenswert

Yadanar Supon Hotel
12 A, Aungsitthe Ward, Yezarni Rd, Nan Shie, T. 3 10 19, 3 10 20, 8 DZ, 2 EZ, liegt in der Nähe des Palastes an einem Bach, Bungalows mit Garten, EZ US$ 12 - 15, DZ US$ 20 - 25, Extrabett US$ 5, AC, Du und WC, TV, Kühlschrank, mit Frühstück im Garten, freie Transfers, sauber, sehr freundlich, sehr aufmerksame Service, familiäre Atmosphäre, empfehlenswert, Ticketservice, vermietet auch Autos, nach Streckenlänge ca. US$ 35 pro Tag mit Fahrer organisiert Besichtigungen, ab Juli 2003 sind neue schöne Bungalows mit Swimmingpool fertig, Preise ungefähr wie oben

Man Ayeyarwady Hotel
Ecke 29. und 80. Str., nahe dem Bahn-

typisches Wohnhaus

hof, T. 2 70 44, US$ 7 pro Person, Gemeinschaftsbad, ohne Frühstück; EZ US$ 15, DZ US$ 30, Du und WC, mit Frühstück, es kann etwas laut sein durch die Karoake Bar

Taung Za Lat Hotel
61, Ecke 81. und 26. Str., T. 3 39 67, 3 63 14, 2 13 10, Fax: 3 53 59, gegenüber des Sabai Pyu, 136 Zimmer, EZ US$ 6 - 8, DZ US$ 10 - 12, Fan, Gemeinschaftsbad; EZ US$ 10, DZ US$ 15, Fan, Du und WC; EZ US$ 15, DZ US$ 25, AC, Du und WC, etwas heruntergekommen, seit 1996 neue DZ US$ 30 - 35, mit Frühstück, sauber

Coral Rest House (Thandar Aung)
131, 80. Str. zwischen 27. und 28. Str., T. 2 44 07, EZ US$ 10 - 12, DZ US$ 16 - 18, einfach, nicht immer sauber

Sea Hotel
80. Str., zwischen 35. und 36. Str., T. 2 41 42, EZ US$ 13, DZ US$ 18, AC, Du und WC

Popa Hotel I
neben dem Bahnhof, T. 2 19 88, EZ US$ 10, DZ US$ 15, 3-B.-Zi US$ 20, Fan, Gemeinschaftsbad; EZ US$ 20, DZ US$ 25, Fan, Du und WC; EZ US$ 30, DZ US$ 35, AC, Du und WC

Natural Inn
am Ende der 23. Str., zwischen 80. und 81. Str., T. 3 43 36, etwas außerhalb des Zentrums, einfache Zimmer US$ 6 pro Person; EZ US$ 15 - 20, DZ US$ 20 - 25, AC, Du und WC, zu teuer, schlecht

New York Hotel
82. Str. zwischen 27. und 28. Str., T. 2 89 17, DZ US$ 22 - 25, AC, Du und WC

YMCA
Ecke 25. und 81. Str., noch in Bau

Royal City Hotel
27. Str. zwischen 76. und 77. Str., DZ US$ 20 - 25, AC, Du und WC, große Zimmer, mit Frühstück

Royal Guest House
41, 25. Str. zwischen 82. und 83. Str., T. 2 29 05, 2 82 99, 32 Zi, zentrale Lage, beliebter Travellertreff, kleine Zimmer, EZ US$ 4, 6, 8, DZ US$ 8, 10, 12, 15, 3-B.-Zi US$ 20, Fan bzw. AC, Gemeinschaftsbad, teurere Zi mit Du und WC, freundlich, einfach, sauber, empfehlenswert, vor dem Hotel kann man Autos und Fahrräder mieten

E. T. Hotel
129, 83. Str., T. 2 54 91, 22 Zimmer, EZ US$ 6 - 8, DZ US$ 10 - 13, Fan/AC, Du und WC, sauber, angenehm

Sabai Pyu Guest House
58, 81. Str. zwischen 25. und 26. Str., T. 2 53 77, zentrale Lage, um die Ecke ist das Royal Guest House, EZ US$ 6 - 10, DZ US$ 10 - 15, Fan, Gemeinschaftsbad; EZ US$ 10 - 12, DZ US$ 12 - 18, 3-B.-Zi US$ 30, AC, Du und WC, alle Zimmer mit Frühstück (serviert auf der schönen Dachterrasse), freundlich, einfach eingerichtet, sauber

Nylon Guest House
176, 25. Str., Ecke 83 Str., T. 3 34 60, E-Mail: nylon@mptmail.net.mm, zentrale Lage, EZ US$ 5, DZ US$ 10, Fan, Gemeinschaftsbad, kleine Zimmer; EZ US$ 8 - 10, DZ US$ 12 - 15, AC, Du und WC, TV, geräumige Zimmer, jeweils mit Frühstück, schöne Dachterrasse, empfehlenswert

Central Hotel
156, 27. Str. zwischen 80. und 81. Str., T. 2 58 65, indischer Besitzer, ruhig, US$ 5 pro Person, Gemeinschaftsbad; US$ 7 pro Person, AC, Du und WC, freundlich

Si Thu Hotel
29, 65. Str. zw. 30. und 31. Str., T. 2 62 01, wenige Zimmer, ab US$ 3 pro Person, Fan, Gemeinschaftsbad, familiär, freundlich, auf Wunsch wird gekocht

A. D. 1 Hotel
Eindawya Sintada Str. zwischen 87. und 88. Str., T. 3 45 05, EZ US$ 4, DZ US$ 6, Fan, Gemeinschaftsbad/teilweise eigene Du und WC, große, einfache Zimmer, sauber, hilfsbereit, mit Frühstück auf der Dachterrasse, neuer Anbau, organisiert Ausflüge

Restaurants

In allen größeren Hotels finden Sie Restaurants mit chinesischer, birmanischer und oft auch europäischer Küche. In den letzten Jahren eröffneten laufend neue, vor allem chinesische Restaurants.

Chinesische Restaurants
finden Sie besonders zahlreich in der 83. Str., zwischen 26. und 25. Str. nahe dem Zegyo Markt

Golden Duck: 192, Ecke 80. und 16. Str., T. 3 68 08, chinesische, thailändische, birmanische und europäische Gerichte, geöffnet von 10.00 - 21.30 Uhr, gehobenere Preisklasse

Honey Restaurant: 70. Str. zwischen 28. und 29. Str., nördlich vom Fußballstadion, T. 2 40 98, geöffnet von 09.00 - 22.00 Uhr, ausgezeichnete Küche, etwas teurer, Hauptgericht ab K 1 000, man kann im Freien in kleinen Pavillons essen, gut

Eternal Restaurant: Ecke 27. und 64. Str., Aung Daw Mu, T. 2 10 29, 3 33 35, gute chinesische und birmanische Küche, etwas teurer

Mann Restaurant: in der 83. Str., zwischen 26. und 25. Str., um die Ecke vom Royal Guest House, bei Travellern beliebtes Lokal, preiswert

Min Min: 194, in der 83. Str., zwischen 26. und 27. Str., T. 2 63 42, auch bir-

manische Gerichte, gut und preiswert, beim Mann Restaurant
Marie Min II: 26. Str., zwischen 57. und 58. Str., T. 3 62 34, Fax: 3 56 77, E-Mail: mdyswan@mptmail.net.mm, mit täglicher Tanz- und Marionettenaufführung von 20.00 - 21.00 Uhr während der Saison, gleicher Besitzer wie Marie Min I (siehe unter indischer Küche), schöne Räumlichkeit, chinesische und indische Küche, gutes Essen
Chin Shin Restaurant: 82. Str., zwischen 28. und 29. Str., Nudelgerichte, Curries, Ente, preiswert
Romantik Restaurant: (116), 37. Str., zwischen 78. und 79. Str., T. 3 27 71, in der Nähe der Goldblättchenschläger, Snack Bar und chinesisches Essen, Familienbetrieb, gut
Grand Restaurant: Zaycho Block B, 84. Str., T. 2 79 87, beim Zegyo Markt, auf dem Dach, teuer
Ambassador Restaurant: auf dem Dach des Zegyo Marktes, T. 2 89 04, große und teure Menues mit birmanischen Sängern und Tänzern
Shwenandaw Restaurant: 28 - 29, 73. Str., Ecke 29. Str., T. 2 45 88, gut, sauber, preiswert, empfehlenswert
Shwe Let Yar Restaurant: 226, 83. Str. zwischen 27. und 28. Str., gut, preiswert
Annawa Bar & Restaurant: 177, 29. Str., Ecke 83. Str., T. 3 80 51, Restaurant auf einer Dachterrasse, bietet auch Snacks, Drinks und Bier an, gut, relativ preiswert
Emerald Green Restaurant: 35. Str., zwischen 88. und 89. Str, sehr gutes Essen, etwas teurer

Thailändische Küche
Thai Yai Restaurant: siehe auch bei Shan Küche

Ko's Kitchen: 282, Ecke 19. und 80. Str., T. 2 80 42, an einer der Palastseiten, sehr gut

Birmanische Küche
Abends werden in der 80. Str. zwischen 28. und 30. Str. viele Essensstände aufgebaut, die schmackhafte Gerichte anbieten.
Too Too Restaurant: 27. Str. zwischen 74. und 75. Str., sehr gut, traditionelle und typische Gerichte, ist bekannt für seine Fisch- und Krabbencurries, bei Einheimischen beliebt, schließt um 20.00 Uhr, relativ preiswert
Pakkoku Daw Lay May Restaurant: 73. Rd, zwischen 29. und 30 Str., sauber, gut, preiswert
Aung San Restaurant: 82. Str. zwischen 33. und 34. Str., gut, mittlere Preisklasse
Sa Khan Thar Restaurant: 24, 72. Str. (Main Rd) zw. 27. und 28. Str., T. 2 10 66, geöffnet 10.00 - 21.00 Uhr, typische Gerichte, sehr gut, mit Terrasse und schönem Garten, relativ preiswert
Daw Yi Yi Restaurant: 80. Str. zwischen 17. und 18. Str., sehr gut
Ya Manya Restaurant: 30. Str., gegenüber dem Bahnhof, bekannt für Mohinga (myanmarisches Frühstück)
Aye Myitta Restaurant: 81. Str., zwischen 35. und 36. Str., sehr gut, preiswert
Barman Beer Bar: 76. Str. zwischen 26. und 27. Str., T. 2 56 23, geöffnet von 07.00 - 22.00 Uhr, auch europäische, indische und chinesische Gerichte sowie Frühstück, Milchskakes, gut, relativ preiswert
Shwe Letyar Myanmar Restaurant: 83. Str., zwischen 27. und 28. Str., gute Küche

Food Centre
gibt es vor allem in der Nähe des Bahnhofs und um den Zegyo Markt. Man kann dort in der Regel gut und preiswert essen.

Shan Küche

Restaurants mit Shan Gerichten sind besonders an der westlichen Seite des Wassergrabens am Mandalay Fort bei der 23. Str. angesiedelt. Shan Restaurants bieten frühmorgens oft schmackhafte Nudelgerichte (Shan khauk swe) an.

Lashio Lay Restaurant: 65, 23. Str., zwischen 83. und 84. Str., beim Classic Hotel, T. 3 85 68, große Auswahl von verschiedenen als eine Art Buffet aufgebaut, immer sehr voll, auch Shan-Frühstück, sehr gut, preiswert

Bangkok Restaurant: neben dem Lashio Lay Restaurant, sieht ansprechend aus, ist aber immer fast leer

Lashio und Taunggyi Restaurant: beide Lokale sind in der gleichen Straße wie das Lashio Lay Restaurant, gut

Thai Yai Restaurant: 84. Str., bei der 23. Str., geöffnet 07.00 - 22.00 Uhr, serviert auch Thai-Gerichte, Frühstück, sehr gut, preiswert

Pan Cherry Restaurant: an der nordöstlichen Ecke der 25. und 83. Str., beim Royal Guest House, gut

Indische Küche

Indische Restaurants finden Sie vor allem in der Umgebung der Hindu und Sikh Tempel und der Moschee im Bereich der 81. und 26. Str.

Marie Min I: 27. Str. zwischen 74. und 75. Str., geöffnet 08.00 - 22.00 Uhr, sehr gutes vegetarisches Essen, große Auswahl, auch Frühstück, netter Familienbetrieb, bei Touristen beliebt, sehr preiswert, daneben betreibt die Familie einen Souvenirshop, der Besitzer macht auch gute Sightseeing-Touren, ein zweites Restaurant Marie Min II wurde gerade eröffnet, siehe bei chinesischer Küche

Myoma Restaurant: 27. Str. zwischen 80. und 81. Str., gut, empfehlenswert

Punjab Food House: 80. Str., bei der 27. Str., geöffnet von 08.30 - 19.30 Uhr, einfache, gute Küche, preiswert

Everest Restaurant: 27. Str., gegenüber dem Punjab Food House, geöffnet von 07.00 - 19.00 Uhr, gute vegetarische Gerichte, kein Bier, preiswert

Taj Restaurant: 194, 83. Str. zwischen 26. und 27. Str., auch chinesische und birmanische Gerichte, gut

Laksmi Restaurant: 28. Str., zwischen 80. und 81. Str., gut

Tea und Coffee Shops, Snacks

Annawa Bar und Restaurant: 177, Ecke 29. und 83. Str., T. 2 35 06, sehr schöner Dachgarten, siehe auch bei chinesischen Restaurants

BBB (Barman Beer Bar): 76. Str., zwischen 26. und 27. Str., Frühstück, Hauptgerichte und Menüs, Snacks, Säfte, Milchshakes, geöffnet von 07.00 bis 23.00 Uhr, mittlere Preisklasse

Donuts: (1,2)78. Str., zwischen 30 und 31 Str., schräg gegenüber dem Bahnhof, Kaffee, gute Fruchtsäfte, Kuchen, Torten

Shells Café oder Pyi Moe Shwe: 26. Str. zwischen 81. und 82. Str., geöffnet von 06.00 - 18.00 Uhr, gutes Frühstück, gute Kuchen

Pinya Cold Drink: 74. Str. zwischen 27. und 28. Str.

Nylon (Nai Lon) Ice Cream Bar: 176, 83. Str. zwischen 25. und 26. Str., ge-

genüber dem Mann Restaurant, gute Auswahl von Eissorten
Golden Land Cold Drink: 80. Str., zwischen 32. und 33. Str., Lassi
Dawn Tea House: beim Bahnhof, sympathische Atmosphäre
Marie Min: 27. Str. zwischen 74. und 75. Str., gutes Lassi
Min Thiha: Ecke 72. und 28. Str., geöffnet von 06.00 - 16.00 Uhr, sehr gut
Mingala Confectionary: Ecke 23. und 84. Str., nahe dem Lashio Lay Restaurant, gute Kuchen.
Savoury Burger: 121, 37. Str. zwischen 77. und 78. Str.

Mandalay

By the old Moulmein Pagoda, lookin' lazy at the sea,
There's a Burma girl a-settin', and I know she thinks o' me;
For the wind is in the palm-trees, and the temple-bells they say:
'Come you back, you British soldier; come you back to Mandalay!'

Come you back to Mandalay,
Where the old Flotilla lay:
Can't you 'ear their paddles chunkin' from Rangoon to Mandalay?
On the road to Mandalay,
Where the flyin'-fishes play,
An' the dawn comes up like thunder outer China 'crost the Bay!

'Er petticoat was yaller an' 'er little cap was green,
An' 'er name was Supi-yaw-lat - jes' the same as Theebaw's Queen,
An' I seed her first a'smokin' of a whackin' white cheroot,
An' a-wastin' Christian kisses on an 'eathen idol's foot:
Bloomin' idol made o'mud -
Wot they called the Great Gawd Budd -
Plucky lot she cared for idols when I kissed 'er where she stud!

On the road to Mandalay...

When the mist was on the rice-fields an' the sun was droppin' slow,
She'd gut 'er little banjo an' she'd sing 'Kulla-lo-lo!'
With 'er arm upon my shoulder an' 'er cheek agin my cheek
We useter watch the steamers an' the hathis pilin' teak.
Eliphints a-pilin' teak
In the sludgy, squdgy creek,
Where the silence 'ung that 'eavy you was 'arf afraid to speak!

On the road to Mandalay...

But that's all shove be'ind me - long ago an' fur away,
An' there ain't no 'buses runnin' from the Bank to Mandalay;
An' I'm learnin' 'ere in London what the ten-year soldier tells:
'If you've 'eard the East a-callin', you won't never 'eed naught else.'

No! you won't 'eed nothin' else
But them spicy garlic smells,
An' the sunshine an' the palm-trees an' the tinkly temple-bells;

On the road to Mandalay...

I am sick o' wastin' leather on these gritty pavin'-stones,
An' the blasted English drizzle wakes the fever in my bones;
Tho' I walks with fifty 'ousemaids outer Chelsea to the Strand,
An' they talks a lot o' lovin', but wot do they understand?
Beefy face an' grubby 'and -
Law! wot do they understand?
I've a neater, sweeter maiden in a cleaner, greener land!

On the road to Mandalay...

Ship me somewheres east of Suez, where the best is like the worst,
Where there aren't no Ten Commandments an' a man can raise a thirst;
For the temple-bells are callin', an' it's there that I would be -
By the old Moulmein Pagoda, looking lazy at the sea;

On the road to Mandalay,
Where the old Flotilla lay,
With our sick beneath the awnings when we went to Mandalay!
On the road to Mandalay,
Where the flyin'-fishes play,
An' the dawn comes up like thunder outer China 'crost the Bay!

Rudyard Kipling, 1890 (Originaltext)

Umgebung von Mandalay

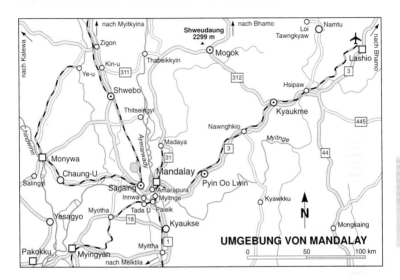

Amarapura, In-Wa (Ava) und Sagaing

Nach dem Niedergang von Bagan kam im frühen 14. Jh. zuerst Sagaing, bald gefolgt von In-Wa, an die Macht. Amarapura wurde erst später im 18. Jh. Hauptstadt.

Diese drei alten Königsstädte lassen sich nur dann gemeinsam an einem Tag besichtigen, wenn Sie zum einen früh starten und zum anderen ein Auto mieten. Mit öffentlichen Verkehrsmitteln entstehen zu lange Fahr- und Wartezeiten. Oder Sie planen einen Tag für Amarapura und In-Wa und einen Tag für Sagaing und Mingun.

Amarapura

Anfahrt

Bus: Nr. 8, Abfahrt von der 84. und 29. Str., am Uhrturm am Zegyo Markt, jede halbe Stunde, lassen Sie sich vom Busfahrer die Haltestelle zum Aussteigen sagen, K 50. Der Bus fährt weiter nach In-Wa (K 50) und Sagaing (K50, insgesamt K 150)
gelbe **pick-ups:** von der Ecke 28. und 83. Str.
Taxi: ca. US$ 20 - 25
Fahrrad: ca. K 1 000 - 1 500 pro Tag; nach Amarapura dauert es ca. eine ¾ Stunde auf verkehrsreicher Straße
Pferdekutsche: ca. K 2 000/Tag

Einst war Amarapura eine blühende Königsstadt. Der Name kommt aus der Pali-Sprache und bedeutet „Stadt der Unsterblichen". Amarapura wurde 1781 von König Bodawpaya, der seinen Sitz von In-Wa nach Amarapura verlegte, gegründet. 1819 starb König Bodawpaya. Sein Körper wurde verbrannt und die Asche wurde in einem Behälter aus Samt in den Ayeyarwady geworfen.

Sein Enkel Bagyidaw verlegte nun 1823 die Hauptstadt wieder nach In-Wa. 1841 wurde Amarapura unter der Regierung von König Tharrawaddy (einem Bruder von Bagyidaw) erneut Hauptstadt. 16 Jahre später, als König Mindon an der Macht war, bestimmten Astrologen Mandalay jetzt zur neuen Hauptstadt.

Amarapura liegt 11 km südlich von Mandalay, hat über 10 000 Einwohner und lebt heute hauptsächlich von der Seiden- und Baumwollweberei und dem Bronzeguss.

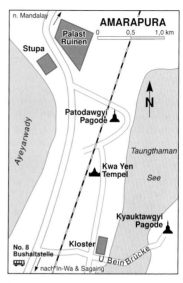

Besichtigung

Für die Besichtigung müssen Sie etwa 2 - 3 Stunden rechnen. Wenn Sie mit dem Bus fahren, steigen Sie bei einem Markt mit gelber Markthalle aus, überqueren die Straße und gehen über den Markt zu einer Sandstraße, die zur U Bein Brücke führt.

Beiderseits am Weg stehen die typischen Wohnhäuser mit Ziehbrunnen und häufig mit Webstühlen. Nach etwa 20 Minuten Gehzeit kommen Sie zu einigen Pagoden und in der Folge zur U Bein Brücke. Am See finden Sie eine besonders schöne Stimmung am späten Nachmittag und zum Sonnenuntergang vor.

Königspalast

Vom Palast selbst ist nichts mehr erhalten. Der Palastbereich war im Grundriss quadratisch. In den umgebenden Mauern befanden sich 12 Tore, über denen sich hölzerne Pavillons erhoben. Die Ziegelsteine der Mauern trug man für den Bau von Straßen und der Eisenbahnlinie ab.

An jeder Ecke der Palastmauer befand sich eine Pagode, die alle heute noch erhalten sind. Der Palastturm und das Schatzhaus sowie die Gräber von König Bodawpaya und König Bagyidaw sind hier ebenfalls noch zu sehen.

Patodawgyi Pagode

König Bagyidaw ließ die noch gut erhaltene Pagode 1820 bauen. Der

Stupa im indischen Stil erhebt sich gut 50 m hoch über fünf Terrassen, von denen die unteren drei mit weißen Marmorplatten geschmückt sind, die Szenen aus den *Jataka*-Geschichten zeigen.

Außerdem ist dort noch eine große Bronzeglocke zu sehen: sie ist 2,30 m hoch, 24 t schwer und hat 2,50 m im Durchmesser.

Kwa Yen Tempel

Nicht weit von der Patodawgyi Pagode liegt dieser sehenswerte chinesische Tempel. Er wurde 1773 von chinesischen Missionaren errichtet, 1810 brannte er ab und 1847 wurde er wieder aufgebaut. In Amarapura arbeiten heute 20 000 Chinesen vor allem in der Seidenweberei.

Kurz nach dem Ortsausgang von Amarapura in Richtung Mandalay ist ein chinesischer Friedhof.

Mahagandayon Kloster

Es ist eines der größten Klöster Myanmars (das Vorzeigekloster Mandalays), das während der Fastenzeit bis zu 1 500 Mönche beherbergt. Es steht am Beginn der U Bein Brücke.

Gegründet wurde es Anfang der 50er Jahre. Hier wird die ursprüngliche Lehre Buddhas auf sehr hohem Niveau gelehrt. Zum Kloster gehört auch eine bekannte Mönchsuniversität.

Gegen 10.30 Uhr kommen die Mönche von ihren Gebäuden zur großen Esshalle, um die am Vormittag eingesammelten Gaben stumm zu verzehren. Da nicht gleichzeitig alle Mönche einen Platz finden, warten Sie davor in Reih und Glied. Dieses Schauspiel ist beeindruckend, aber auch sehr touristisch. Mittlerweile werden Touristengruppen busseweise angefahren.

Taungthaman See und U Bein Brücke

Diese Brücke ist mit ihrer Länge von 1 200 m die längste Teakholzbrücke der Welt. Sie ist nach ihrem Erbauer, dem früheren Ortsvorsteher U Bein, benannt. Die 1784 gebaute Brücke führt über den Taungthaman See. Bis vor wenigen Jahren war der See zur heißen Jahreszeit bis auf ein Rinnsal ausgetrocknet und wurde als Ackerland genutzt. Jetzt staut man das Wasser auf - somit steht die U Bein Brücke das ganze Jahr über im Wasser.

Die Teakholzstämme für den Bau der Brücke kamen größtenteils aus dem Königspalast von In-Wa, der abgebaut wurde, als die Hauptstadt nach Amarapura verlegt wurde. Reste der einstigen Vergoldung kann man nicht mehr finden. Auf der Brücke spenden Pavillons mit Sitzbänken Schatten.

Sie können sich mit einem hübsch bemalten Ruderboot über den See fahren lassen (ca. K 500). Am Beginn der Brücke stehen entlang dem Seeufer viele Ess- und Trinkbuden. Der Thaungthaman-See ist für die Einheimischen ein beliebtes Ausflugsziel. Eine besonders schöne Stimmung erwartet Sie bei Sonnenuntergang.

Kyauktawgyi Pagode

Sie steht am jenseitigen Ende der U Bein Brücke in dem typisch birmanischen Dorf **Thaungthaman**. Die Pagode wurde 1847 nach dem Modell des

U Bein Brücke

Ananda Tempels in Bagan erbaut und ist heute eine am besten erhaltene Pagode in der Gegend von Amarapura.

Über breite Stufen und durch riesige Portale gelangen Sie ins Innere, wo Sie eine gewaltige sitzende Buddhafigur aus Sagyin-Marmor sehen. In den Fensteröffnungen sind insgesamt 88 Steinfiguren, die die Schüler Buddhas darstellen, und 12 *Manusihas* (= Fabelwesen, halb Mensch, halb Tier) aufgestellt.

In den vier Eingängen sehen Sie Fresken, die besonders gut im östlichen und südlichen Eingang erhalten sind. Es sind Schilderungen vom Leben am Hof und vom Alltagsleben, von der Ankunft der Europäer in Myanmar und von den Wohltaten des Königs für sein Reich. Außerdem sind interessante astronomische Kalender dargestellt.

Bagaya Kyaung

Dieses Kloster liegt am Ortsausgang. Es wurde am Anfang des 19. Jhs. gebaut und bald darauf vom Feuer zerstört. 1877 errichtete man an der gleichen Stelle ein neues Kloster, das 1866 wieder abbrannte. Nur der steinerne Treppenaufgang blieb übrig und wucherte zu. Im 2. Weltkrieg zerstörten die Japaner einen weiteren Wiederaufbau. 1951 ließ dann ein Mönch ein zweistöckiges Ziegelgebäude bauen, in dem 500 Buddhastatuen und etwa 5 000 Sets von Texten, geschrieben auf Palmblättern, aufbewahrt werden.

1996 konnte der Bau des nach dem alten Vorbild rekonstruierten Klosters eingeweiht werden. In ihm befindet sich auch ein kleines **Museum** und eine **Bücherei,** die aber nur auf Anfrage geöffnet werden.

Über 700 Mönche leben heute in diesem Kloster. Zwischen 10.00 und 11.00 Uhr kehren die Mönche mit ihren Reisschalen zurück zur gemeinsamen Mahlzeit. Auch hier finden sich dann zahlreiche Touristen ein.

Außerdem gibt es in Amarapura noch das *„Saunders Weaving Institute"* (Institut für Webkunde).

Im nahegelegenen Dorf **Kyi Thun Khat** sind viele Bronzegießereien angesiedelt.

Restaurants

Am See entlang vor der U Bein Brücke sind viele Restaurants und Teestuben mit einem schönen Ausblick auf den See.

Amarapura Restaurant: T. 7 01 22, nahe dem chinesischen Tempel, in einem tropischen Garten, verkauft auch kunsthandwerkliche Souvenirs, gutes Essen, sauber

In-Wa (Ava)

Anfahrt

Bus: Nr. 8 oder gelbes Sammeltaxi von Mandalay bzw. Amarapura aus, an einem Wendeplatz kurz vor der Sagaing Brücke oder direkt an dieser Brücke aussteigen, von Amarapura K 50
Schiff: vom Wendeplatz oder Sagaing Brücke aus verkehren in der Regenzeit Fähren (K 10) und gecharterte Motorboote (K 500) nach In-Wa, Rückfahrt zw. 17.00 und 18.00 antreten! Von Sagaing aus fährt das ganze Jahr über eine Fähre nach In-Wa (K 10).

In der trockenen Jahreszeit kann man von der Sagaing Brücke aus hinübergehen oder mit dem Auto hinüberfahren.
in In-Wa
Pferdekutsche: K 700 für die Besichtigungstour, während der Regenzeit fährt man auf teilweise schmalen Dämmen.
Ruderboot: bei extremem Hochwasser sind auch die Wege auf den Dämmen überflutet, und man kann dann mit dem Ruderboot zu den im Wasser stehenden Gebäuden fahren (K 10).
• Eintritt: US$ 5

Der alte Name für In-Wa ist „Ratnapura", was soviel wie „Stadt des Juwels" bedeutet. Gegründet wurde In-Wa 1364 von Thado Minbya. Nach dem Ende des Königreichs von Bagan wurde sie für über 300 Jahre die neue Hauptstadt. Die Mon nahmen 1752 In-Wa ein und zerstörten es. König Bodawpaya erklärte dann 1783 Amarapura zur neuen Hauptstadt.

Heute zeigt In-Wa wenig von dem einstigen Glanz, weil die birmanischen Könige bei ihrem Residenzwechsel die alten Teile der verlassenen Stadt zum Aufbau ihrer neuen Königsstadt verwendeten.

In-Wa ist von Mandalay 21 km entfernt und liegt auf einer künstlichen Insel, die durch zwei Kanäle entstand, die den Ayeyarwady mit dem Myitnge verbinden. Die Stadtmauer verlief im Zickzack, die Grundrisslinien sollen einen sitzenden Löwen darstellen. Heute ist nur noch ein Rest der Stadtmauer erhalten. Einst standen hier Gebäude aus drei Perioden: aus jener von König Nyaungyan ab 1597, dann von König Hsinbyushin ab 1763 und zuletzt von König Bagyidaw ab 1832.

Heute befinden sich innerhalb der ehemaligen Stadtanlage Dörfer, und viele der Ruinen sind überwuchert.

Besichtigung

Nanmyin

Dieser 27 m hohe Wachturm ist das einzige Überbleibsel des Palastes von König Bagyidaw. Bei einem Erdbeben 1838 stürzte der obere Teil ein. Seine Grundmauern sanken schief in den Boden, weshalb er auch der „schiefe Turm von In-Wa" genannt wird.

Maha Aungmye Bonzan Kloster

Königin Nanmadaw Me Nu, die Frau des Königs Bagyidaw, ließ es 1818 für ihren Geliebten, den königlichen Abt Nyaunggan Sayadaw, bauen. Dieses Gebäude ist den üblicherweise aus Holz gebauten Klöstern in Stein nachgebildet worden.

Von der einst reichen Stuckverzierung der Außenwände sind noch ein Pfau (damaliges Symbol von Myanmar), ein Hase (Symbol für Schlauheit), Sonne und Mond erhalten. Im Innern steht auf einem mit Glasmosaik verzierten Sockel eine Buddhastatue.

Das Kloster wurde bei dem Erdbeben 1838 stark beschädigt. 1873 ließ die Tochter von Königin Me Nu das Gebäude renovieren.

Gedenkstein für Dr. Adoniram Judson

Dieser Gedenkstein ist überwuchert und nicht sichtbar. Er ist beim Maha Aungmye Bonzan Kloster. Dr. A. Judson verfasste 1849 das erste englisch-birmanische und 1852 ein birmanisch-englisches Wörterbuch. Er kam 1813 nach In-Wa und wurde 1824 wegen Spionageverdachts für ein Jahr von König Bagyidaw eingesperrt.

Gaung Say Daga Tor

Dieses ist das Nordtor der hier noch gut erhaltenen hohen Stadtmauer. Es wird auch das „Tor der Haarwaschzeremonie" genannt. Während des Thingyanfestes im April findet das rituelle Haarewaschen statt, um den König der *Nats,* Thagyamin, gebührend zu empfangen.

Von hier aus bietet sich ein wunderschöner Ausblick auf die Klosterhügel von Sagaing und die Sagaing Brücke.

Bagaya Kyaung

Dieses schlichte Kloster ist ganz aus fast schwarzem Teakholz gebaut. Besonders beeindruckend sind die 20 m hohen dicken Teakholzstämme im

Innern, die als Säulen - es sollen 267 Stück sein - das Dach tragen.

Im Innnern steht eine goldene Buddhastatue. Das Kloster liegt inmitten der ehemaligen königlichen Reisfelder.

Htilaingshin Pagode

Sie wurde von König Kyansittha von Bagan gebaut und ist in den letzten Jahren renoviert worden.

Hier versuchen oft Kinder, (neue) tönerne Pfeifen zu verkaufen. Hin und wieder sollen die Bauern heute noch beim Pflügen alte Pfeifen finden. Sie bestehen aus einem 3 - 8 cm langen, tönernen Pfeifenkopf, z. B. in Vogelform, und einem Bambusrohr als Pfeifenstiel.

Ava Fort

Etwa 15 Minuten zu Fuß entfernt liegen südlich der alten Stadt die Ruinen des Ava Forts, das während der Regierungszeit von König Mindon entstand.

Bettelschalen

In-Wa ist heute bekannt für die Herstellung der schwarzen Bettelschalen für die Mönche. Sie werden in einer kleinen Fabrik innerhalb der Stadtmauern produziert.

Tada U

Vom südlichen Stadttor von In-Wa führt eine Dammbrücke aus Ziegel zu dem Dorf Tada U (bei Panya), das für eine kurze Zeit die Hauptstadt des frühen Shan-Königreichs war.

Shwe Kyetyet und Shwe Kyetkya Pagode

Auf der Straße südlich von Mandalay biegt man vor der großen Brükke nach Sagaing rechts ab in ein kleines, ursprüngliches Dorf, wo die beiden Pagoden stehen.

Die Shwe Kyetkya Pagode liegt in der Dorfmitte. Der Treppenaufgang ist mit bunten *Nagas* verziert. Im Innern steht eine Buddhastatue.

Die Shwe Kyetyet Pagode ist eine Ansammlung von Stupas, die direkt am Ayeyarwady auf einer Klippe stehen. Den Eingang flankieren zwei gelbe *chinthes*. Sie ist am schönsten vom Fluss aus zu sehen.

Sagaing

Anfahrt

Bus: Nr. 8 oder gelbes Sammeltaxi von Mandalay (K 50) bzw. Amarapura, Fahrzeit 45 Minuten, Rückfahrt vor 17.00 Uhr antreten!
pick-up: von Sagaing auf den Hügel von 07.30 - 15.30 Uhr, K 20
• Eintritt: US$ 4 für den gesamten Sagaing Hügel

Sagaing liegt am Ayeyarwady, 22 km südwestlich von Mandalay. Der Sagaing Hügel ist für seine 600 Klöster, in denen ca. 5 000 Mönche und Nonnen leben, bekannt. Außerdem gibt es hier an die 100 Meditationszentren.

Bevor Sie Sagaing erreichen, fahren Sie über die **Sagaing oder In-Wa Brücke.** Sie ist 1 ½ km lang und eine 1934 wurde sie von den Briten erbaut und acht Jahre später im 2. Weltkrieg von ihnen selbst wieder zerstört, um die japanischen Truppen aufzuhalten. Nach ihrer Reparatur wurde die Brücke 1954 für den Verkehr freigegeben. Das Fotografieren der Brücke ist verboten! Für die Überfahrt wird eine geringe Gebühr erhoben.

Am Fuß der Brücke können Sie die Ruinen des **Thabyedan Forts** sehen. Im 3. Krieg gegen die Briten 1886 waren hier birmanische Truppen stationiert.

Sagaing wurde nach dem Fall von Bagan 1315 gegründet und von 1322 bis 1364 unter dem Shanfürsten Athin Kaya die neue Hauptstadt. Sein Enkel Thado Minbya verlegte später die Hauptstadt nach In-Wa. Das Wechselspiel wurde fortgesetzt: Naungdawgyi, Alaungpayas Sohn, erhob Sagaing für den kurzen Zeitraum von 1760 - 64 wieder zur Hauptstadt. Als er starb war In-Wa wieder die Hauptstadt. 1942 nahmen die Japaner Sagaing ein.

1988 wurden bei einer Demonstration gegen die Regierung fast 400 Studenten und Mönche erschossen und in den Ayeyarwady geworfen.

Besichtigung

Das westliche Sagaing

Ponnya Shin Pagode

Von der Sagaing Brücke aus haben Sie bereits einen schönen Blick auf die Pagoden, aber die schönste Aussicht bietet sich Ihnen von der 30 m hohen, goldenen Ponnya Shin Pagode. Sie steht auf einem Hügel und kann über einen längeren Treppenaufgang erstiegen oder vom Marktplatz aus bequem mit dem Auto erreicht werden.

Die Pagode wurde 1312 von U Ponnya, einem Minister von Athin Khaya (Gründer von Sagaing), gebaut. Zwei Bettelschalen als Reliquien werden dort aufbewahrt.

Htupayon Pagode

König Narapatigyi von In-Wa erbaute sie 1444. 1838 zerstörte sie ein Erdbeben, die Wiederaufbauarbeiten, die 1849 unter König Pagan Min begonnen wurden, sind nicht zu Ende geführt worden.

Heute ist nur noch ein runder Sockel mit drei darübergestaffelten Terrassen mit Nischen zu sehen. In der Hütte daneben werden Steininschriften aus dem 14. und 15. Jh. gezeigt.

Aungmyelawka oder Eindawya Pagode

Sie liegt am Fluss in der Nähe der Htupayon Pagode. Die Pagode wurde von König Bodawpaya um 1783 aus Sandstein nach dem Vorbild der Shwezigon Pagode in Bagan gebaut. Um die Pagode reihen sich mehrere *chinthes*.

Ngadatkyi Pagode

Die Pagode mit fünf Terrassen wurde 1657 von König Pindale erbaut. Sie beherbergt die größte sitzende Buddhafigur von Obermyanmar.

Datpaungzu Pagode

Beim Bau der Eisenbahnlinie nach Myitkyina mussten einige im Wege stehende Pagoden weichen. Ihre wertvollsten Bestandteile wurden gesammelt und dann in der Datpaungzu Pagode verbaut.

Umin Thonze Pagode

Sie wird auch „Pagode der 30 Höhlen" genannt und ist 1643 von einem Mönch errichtet worden. Im halbdunklen Inneren bilden 45 vergoldete sitzende Buddhastatuen einen Halbkreis.

Tilawkaguru Höhle, Lawkakmankin und Mipaukkyi Pagode

In diesen drei Stätten sehen Sie jeweils Wandmalereien, die z. T. noch aus dem 17. Jh. stammen.

Das östliche Sagaing

U Min Kyaukse Pagode

Zu ihr führt ein kilometerlanger überdachter Treppenaufgang hinauf. Vom Hügel aus bietet sich Ihnen auch hier ein schöner Blick über den Ayeyarwady bis nach Mandalay.

Der Pagode ist das *Shwe Ume Kyaung* (Kloster) angeschlossen.

Pa Ba Kyaung

Dieses Kloster aus dem 11. Jh. liegt sehr beschaulich auf einem Hügel. Hier leben sehr viele Novizen, die von den Mönchen geduldig in der Lehre Buddhas unterwiesen werden.

Blick auf Sagaing

Hsinmyashin Pagode

Sie wird auch die „Pagode der vielen Elefanten" genannt, weil viele große steinerne Elefanten entlang der Gänge zur Pagode standen. Auch ihre Tore wurden von 6 m hohen Elefanten bewacht.

Die Pagode liegt an der Hauptstraße nach Kaunghmudaw. Sie wurde von König Monhyin von In-Wa 1429 gebaut und enthält Reliquien aus Sri Lanka. Ein Erdbeben beschädigte 1485 die Pagode, ein weiteres im Jahre 1955 zerstörte sie endgültig. In den letzten Jahren wurde sie wieder aufbaut.

Sitgu International Buddhist Academy

Am Fuße des Klosterhügels von Sagaing ist im Jahr 2000 diese buddhistische Universität fertigstellt worden. Hier können auch Ausländer studieren und wohnen.

Kaunghmudaw Pagode

Anfahrt

Bus: von der Endhaltestelle des Busses Nr. 8 aus Mandalay an der nächsten großen Straße rechts einbiegen zum Standplatz der grünen Sammeltaxis (K 5); Abfahrt, sobald das Auto voll ist. Die Rückfahrt ist schwieriger, da die Autos meist voll sind und nur dann anhalten, wenn jemand aussteigt.
Taxi: es ist die empfehlenswertere Transportmöglichkeit, weil keine Wartezeiten entstehen.
• Eintritt: US$ 3

Die Pagode liegt 10 km nördlich von Sagaing an der Hauptstraße. Falls Sie beabsichtigen, nach Monywa zu fahren, liegt die Kaunghmudaw Pagode am Weg. Sie ist die bedeutendste Pagode im Gebiet von Sagaing (siehe Bild im Farbteil).

1636 wurde sie von König Thalun nach Vorbildern aus Sri Lanka gebaut. Die Kugelform wird auch so gedeutet, der König habe hier die Brust seiner Lieblingsfrau nachbilden lassen. Die Pagode enthält Zahn- und Haarreliquien sowie die Bettelschale aus Smaragd von König Dhammapala aus Sri Lanka, die vorher in der Mahazedi Pagode in Bago aufbewahrt wurden.

Über drei Terrassen erhebt sich die blendend weiße, 46 m hohe Kuppel. Zusammen mit den Terrassen ist der Bau fast 50 m hoch. In den Nischen der untersten Terrasse stehen 120 *Nat*- und *Deva*-figuren (das sind himmlische Wesen). Außen sind 812 Steinpfosten in einem Kreis um die Pagode angeordnet. Sie sind jeweils 1 ½ m hoch und im oberen Teil ausgehöhlt. In diese Nischen werden Öllämpchen für das Lichterfest *Thadingyut* gestellt, das zum Vollmond im Oktober/November stattfindet.

In einem kleineren Gebäude ist eine 2,6 m hohe, gut erhaltene Marmorplatte mit Inschriften ausgestellt, die die Einzelheiten der Konstruktion der Pagode genau beschreiben. Das Innere ist mit Spiegelmosaiken verziert. Die Statuen stammen aus Ruinen der Gegend und werden mit bunten Lämpchen erhellt.

Hinter der Pagode liegt ein kleiner See, der dadurch entstanden sein soll, dass man die Erde zum Brennen der Ziegel weggegraben hat.

Ein anderer See in der Nähe, **Myitta Kan,** gilt als heilig, da angeblich noch nie ein Blatt der um ihn herumstehenden Bäume in sein Wasser gefallen ist.

Ywataung

Dieses Dorf auf dem Weg von Sagaing zur Kaunghmudaw Pagode ist bekannt für seine Silberschmiede. Entlang der Hauptstraße gibt es zahlreiche Läden und Werkstätten.

Taungbyon

Das Dorf liegt 32 km nördlich von Mandalay am Shwetachaung Kanal. Der Ausflug nach Taungbyon ist nur während des *Nat*festes interessant.

Anfahrt

Zug: K 10, nicht empfehlenswert
pick-up: K 400 - 600
Taxi: für einen halben Tag K 5 000
Schiff: K 15

Eigentlich gibt es nur die Möglichkeit, mit dem Auto dorthin zu fahren, da alles andere zu lange dauert. Idyllisch wäre allerdings die Anfahrt auf dem Ayeyarwady mit einem Boot.

Anfang August, während des Vollmonds, wird in Taungbyon eine Woche lang ein Geisterfest zu Ehren der Brüder Shwepyingyi und Shwepyinnge (d. h. „älterer und jüngerer Minderwertiges Gold") abgehalten. In einem Umzug werden die großen Holzfiguren, die die Brüder darstellen sollen, durch das Dorf getragen und einer rituellen Waschung unterzogen. An den

Taungbyon Schrein

letzten drei Tagen finden Tanzaufführungen statt.

Heute ist das Fest auch ein malerischer bunter Jahrmarkt.

Vollmondfest von Taungbyon

Das Fest geht bis in die Zeit von König Anawrahta zurück. Die Brüder waren die Söhne eines indischen Kriegers und einer Wilden aus den Wäldern des Mount Popa. König Anawrahta tötete den indischen Krieger und nahm seine Söhne im Palast auf. Sie bekamen je ein Stück Gold, das mit Kupfer vermischt war. König Anawrahta ließ dann die Taungbyon Pagode erbauen. Die beiden Brüder sollten je einen Ziegel dazugeben. Sie vergaßen dies aber und wurden deshalb hingerichtet.

Tänzer beim Fest von Taungbyon

Südlich von Mandalay

Paleik

Fährt man hinter Amarapura ein kleines Stück weiter südlich und überquert den Myitnge Fluss, erreicht man Paleik. Der Ort liegt an der Hauptroute Yangon - Mandalay und mit dem neuen Flughafen fährt man bei der Fahrt nach Mandalay fast vorbei. Man biegt von der Hauptstraße ab und fährt wenige Meter nach Westen.
• Eintritt: US$ 2

Im Gelände um die Pagode sind mindestens 325 Stupas errichtet worden. In dem Bereich der Mwayhpaya oder Snake Pagode stehen 17 Stupas. In der Pagode selbst findet man noch eine sehr alte Buddhastatue und zahlreiche relativ neue Buddhastatuen, hinter jeder ein beschützender Schlangenkopf. Die Statuen sind überreich mit Spiegelmosaik verziert und farbig bemalt.

Eines Tages fanden Besucher drei Pythonschlangen, die sich um die Statue geringelt hatten. Eine davon legte neun Eier. Inzwischen sind drei Schlangen gestorben, über deren Gräbern jeweils ein Stupa errichtet wurde. Momentan leben noch drei Schlangen dort, die wie auf einem Altar geringelt sind und berührt werden dürfen.

Zum Vollmond im August findet hier eine Pagodenfest mit einem Jahrmarkt statt.

Sintkaing

Von Paleik nur 15 Minuten entfernt ist das Dorf Sintkaing. Wenige Meter von der Hauptstraße treffen Sie auf die **Hpa-lin-bo Pagode**, die von zwei *chinthe* bewacht wird. Sie sehen einen kleinen liegenden Buddha, die Figur eines Buddhas, der zu seinen fünf Schülern predigt und die vergoldete Mannhpaya Statue. Der Pagode ist ein Kloster angegliedert. Mönche erklären gerne die Pagode und zeigen ihr Kloster.

An dieser Stelle soll König Anawrahta gelebt haben, bevor er 1077 von einem wilden Büffel getötet wurde. Daran erinnert eine Plastik neben einem Spendenbehälter, die einen weiblichen Frosch darstellt, der den Körper des toten Partners auf dem Rücken trägt.

Kyaukse

Der Ort liegt eine Stunde südlich von Mandalay und ist berühmt für sein Elefantentanzfest im Oktober. Bei der südlichen Ortseinfahrt stehen zwei große Elefanten aus Stein. Am Stadtrand werden zwei Staudämme von *Nat*-Schreinen beschützt. Vier Buddhafiguren, Rücken an Rücken sitzend, schauen in der Ferne von einem Hügel herunter.

Besichtigung

Shwemoktaw Pagode

Sie ist die am meisten verehrte Pagode der Stadt, nahe dem Markt.

Kyauk-thinbaw

Dieses Meditationszentrum ist in Form eines Schiffes gebaut und liegt auf halber Höhe des Shwethalyaung Hügels. In unmittelbarer Nähe stehen 19 Buddhafiguren. Die Einheimischen glauben, dass man reich wird, wenn man zu diesen Figuren betet.

Bis zum Meditationszentrum kann man fahren, die Shwethalyaung Pagode oben am Hügel können Sie jedoch nur zu Fuß erreichen.

Shwethalyaung Pagode

Sie wird König Ashoka zugeschrieben und wurde 1028 von König Anawrahta renoviert. In der Pagode wird eine Kopie der Zahnreliquie von Sri Lanka aufbewahrt.

Kyaukse

Ein heiliger Elefant wurde vom König ausgesandt, der den Platz für die künftige Aufbewahrung der Zahnreliquie bestimmen sollte. Als er den Gipfel des Shwethalyaung Hügels erreichte, kniete sich der Elefant nieder und fällte somit die Entscheidung für diesen Platz.

Westlich von Mandalay

Monywa

Anfahrt

pick-ups: von Mandalay in der 27. Str., Ecke 83. Str. oder vom Busbahnhof, von 04.00 bis 15.00 Uhr alle 45 Min., ca. K 300 - 400, Fahrzeit 3 - 4 Std.; private Minibusse stündlich, ca. K 500
Bus: *Mandalay - Monywa:* Abfahrt vom neuen zentralen Busbahnhof (Highway Bus Station), AC-Bus ca. K 500, 5 - 6 Std.; *Monywa - Yangon:* Fahrzeit mindestens 20 Stunden, K 3 000
Auto: ca. US$ 30 - 40 pro Tag, Fahrzeit knapp 3 Stunden, empfehlenswert vor allem dann, wenn Sie noch weitere lohnende Abstecher beabsichtigen.
Zug: *von/nach Mandalay* täglich zweimal, US$ 6, Fahrzeit 5 - 6 Stunden,

Die Fahrzeit der Züge und Busse ist sehr lange. Da die hauptsächlichen Besichtigungen in der Umgebung liegen, ist man noch auf ein weiteres Verkehrsmittel angewiesen (Pferdekarren, Trischa, Auto).

Monywa wurde während der Baganperiode gegründet und wird in einigen Inschriften von Bagan auch erwähnt. Der Ort war unter dem Namen Thalawaddy bekannt und erhielt erst 1888 seinen jetzigen Namen. Monywa wurde die Hauptstadt des unteren Chindwin Distrikts. 1956 wurde die ganze Stadt von einer Feuersbrunst zerstört. Mit dem Bau der Eisenbahnlinie von Mandalay nach Monywa im Jahr 1903 durch die Briten erlebte die Stadt einen großen Aufschwung.

Heute ist Monywa, 136 km westlich von Mandalay, eine geschäftige Handelsstadt mit mehr als 100 000 Einwohnern und sechs Märkten.

Von Mandalay fährt man die Ausfallstraße an der Mahamuni Pagode vorbei, dann über die Sagaing Brücke und passiert dann die Kaunghmudaw Pagode. Von da ab fahren Sie in der Flussebene des Chindwin mit Feldern und hohen Palmen. Nach drei Vierteln des Weges finden Sie linkerhand einige Glasnudelfabriken, die Nudeln auf Stangen trocknen.

In Monywa herrscht am Fluss ein geschäftiges Treiben, es werden Schiffe be- und entladen. Von hier aus kann man flussabwärts mit dem Schiff fahren. Die geplante Brücke südlich von Monywa über den Chindwin würde die abenteuerlichen alten Fähren ersetzen.

Besichtigung

Leh-di Kyaung

Dieses Kloster liegt im nordöstlichen Teil von Monywa und wurde 1886 von Leh-di Sayadaw gebaut. Heute dient es als buddhistische Universität. In einer 1925 errichteten Halle stehen 806 Steintafeln mit Inschriften (ähnlich wie in Mandalay) in Pali und Birmanisch.

Shwezigon Pagode

Der Stupa, um den vier *ogres* sitzen, war halb golden und halb rotbraun. Mit Hilfe von Spenden der Gläubigen konnte jetzt der ganze Stupa vergoldet werden. Der untere Teil des Stupas ist mit Szenen aus dem *Jataka* bemalt. Ein riesiger sitzender Buddha und ein Bodhibaum mit zwei glasierten Fischen darunter sind hier ebenfalls zu besichtigen. Der Eingang wird von zwei großen *chinthes* bewacht.

Sutaung Pagode

Der goldene Stupa ist schon von Ferne zu sehen. Hier wird eine Buddhastatue aus der Bagan-Zeit und eine Figur des Leh-di Sayadaw verehrt.

Markt

Die Regierung ließ in der Nähe des Monywa Hotels einen neuen Markt bauen. Vorher war an dieser Stelle ein Friedhof der Moslem. Die Einheimischen fürchten sich jetzt vor den möglicherweise zurückgebliebenen *Nats* und besuchen deshalb weiterhin lieber den alten Markt nahe am Fluss.

Unterkunft

• Vorwahl: 0 71
Monywa Hotel
Ah-Lone Rd, T. 2 15 49, 2 15 81, 20 Zi, Bungalows, EZ US$ 28 - 38, DZ US$ 40 - 47, AC, Du und WC, TV, Kühlschrank, mit Frühstück, freundlich, schöner Garten, gutes Restaurant
Great Hotel
Bogyoke Str., am Stadtrand an der Hauptstraße, T. 2 19 30, 2 24 31, EZ US$ 8, DZ US$ 14, Fan/AC, Du und WC, einfache Zimmer, mit Frühstück
Shwe Taung Than Hotel
70, Yonegyi Quarter, T. 2 14 78, beim Moonlight Cinema, neu, EZ US$ 9, DZ US$ 16, AC, Du und WC, sauber, mit Frühstück, empfehlenswert
Central Hotel
im Zentrum am Uhrturm, T. 2 15 48, EZ US$ 5, DZ US$ 10, Fan, Gemeinschaftsbad, EZ US$ 8, DZ US$ 15, AC, Du und WC, TV, Kühlschrank, mit Frühstück, keine Lizenz für Ausländer

Restaurants

Daw Tin On Restaurant: im Westen der Stadt bei der Stadthalle, birmanisches Essen

Moe Nyin Thanbodday Pagode

Shwe Taung Than Restaurant: Anschrift siehe gleichnamiges Hotel, ordentliches Essen
Pann Cherry: Bogyoke Str., T. 2 13 69, am Uhrturm 50 m ostwärts in einer Seitenstraße, chinesisch, sehr gut, preiswert, soll jetzt geschlossen sein
Paradise und Shine Restaurant: beim Uhrturm, chinesische Küche
Ye Pau Restaurant: Shandaw Rd, schwimmendes Restaurant
Coffeeshops
Zawtika Cold Drinks and Bakery
Kanbawza Cold Drinks

Umgebung von Monywa

Moe Nyin Thanboddhay Pagode

geöffnet von 06.30 - 17.00 Uhr
• Eintritt: US$ 3

Wenn Sie in Richtung Monywa fahren, erreichen Sie kurz vor der Stadt den Abzweig zur noch etwa 11 km entfernten Hauptattraktion, die Thanboddhay Pagode. Die äußerst sehenswerte und beeindruckende Anlage steht isoliert in einer Ebene und ist von einer Mauer umgeben. Der Bau wurde 1939 von dem sehr verehrten Mönch Moe Nyin Sayadaw mit Hilfe von Spendengeldern veranlasst und nach 14 Jahren Bauzeit vollendet.

Der Eingang ist flankiert von zwei gigantischen Elefanten aus Stein. Innerhalb der quadratischen Mauer gehen Sie an einigen Verkaufsständen mit Sandelholzstücken vorbei und kommen dann zu zahlreichen Pilgerwohnstätten, Stupas, Tempeln, alle bunt bemalt und reich verziert sowie zu einem Picknickplatz um einen großen Bodhibaum.

Rechts vom Eingang steht die riesige, 43 m hohe Pagode. Mit ihren überreichen Verzierungen und Türmchen wirkt sie fast gotisch. Sie ist berühmt wegen ihrer 582 257 Buddhafiguren, die außen wie innen überall in kleinen Nischen stehen. Im etwas unübersichtlichen Innenraum sehen Sie zahlreiche meterhohe stehende Buddhafiguren. In dem massiven Stupa sollen 7 000 heilige Gegenstände, Reliquien und Edelsteine eingemauert sein.

Vor dem Tempel liegen zwei Teiche mit Fischen und Wasserschildkröten, die man für K 5 füttern kann. Die inneren Beckenwände sind mit bunten Reliefs geschmückt.

Bodhi Tahtaung Pagode

Fährt man die Straße weitere 6 km erreicht man diese Pagode. Bodhi Tahtaung heißt „Pagode der 1 000 Bodhibäume", und so viele sollen in diesem Areal gepflanzt sein. Um einen Stupa sind an einer Seite viele gleichartige Elefanten und an den zwei anderen Seiten viele identische Buddhafiguren aufgereiht. Ein Kloster befindet sich nebenan. Ein paar Schritte weiter ist ein gerade fertiggestellter Stupa. Auf einem Feld davor sitzen mehr als 1 000 neue, lebensgroße Buddhafiguren auf dem Boden, jeder von ihnen mit einem schattenspendenden Schirm. Die Figuren schauen alle in Richtung eines sehr großen liegenden Buddhas am nicht mehr weit entfernten Berghang.

Aung Sakkya Pagode

Diese Pagode steht vor dem liegenden Buddha am Berghang. Sie ist 75 m hoch und auf einer 70 m hohen Basis errichtet. Mit einer Gesamthöhe von 145 m ist sie aus allen Richtungen von weitem zu sehen. Die Pagode ist von 1 060 kleineren Stupas umgeben. Im hinteren Bereich der Pagode führt innen ein schneckenförmig aufsteigender Gang um den Kern des Stupas. In den Wänden sind kleine Buddhafiguren eingelassen.

Oben angelangt, können Sie einen schönen Rundblick genießen.

Liegender Buddha von Bodhi Tahtaung

Schon von Ferne erkennen Sie die riesige liegende Buddhafigur am Hang des Po Khaung Berges östlich der Bodhi Tahtaung Pagode. Sie wurde erst 1991 gebaut und misst 90 m Länge. Der Kopf ist 19 m hoch. Die Figur liegt auf einer gemauerten Couch von fast 100 m Länge und 19 m Breite. Bemerkenswert ist, dass die aus Ziegel gebaute Figur hohl ist. Besucher können innen von der Wade bis zum Kopf gehen. In diesem höhlenartigen Raum sind etwa 9 000 nur 30 cm große verschiedene Buddhastatuen (stehend, sitzend, liegend) aus Metall aufgestellt. Diese liegende Buddhafigur wird von den Gläubigen sehr verehrt und von vielen Pilgern besucht.

Vom Fuß des Hügels bis zum Liegenden Buddha sind 500 bemalte, überlebensgroße steinerne Mönchsfiguren hintereinander in einer Prozession aufgereiht. Weitere Figuren, z. B. eine monumentale Buddhafigur auf einem knieenden Elefanten, und unzählige kleine Stupas sind noch im Entstehen.

Twin Hill

Sie fahren 30 km weiter nördlich von Monywa nach Budalin, von diesem Ort fahren Sie 10 km nach Westen in Richtung Fluss. Dort erhebt sich, noch 3 km vom Fluss entfernt, der über 200 m hohe Twin Hill. Der 50 m tiefe Kratersee mit einem Umfang von 5 363 m soll vor 5 Millionen Jahren durch einen Meteoriten entstanden sein. Vermutlich durch ein Auseinanderbrechen des Meteoriten bedingt, gibt es ganz in der Nähe einen zweiten Einschlag mit einer ähnlichen Erhebung.

Der Wasserspiegel des Kratersees soll angeblich mit dem Wasserstand des Chindwin steigen und fallen.

Kyaukka

Anfahrt

pick-up: morgens von Monywa, zurück bis 16.00 Uhr

Das Dorf Kyaukka liegt 16 km östlich von Monywa und ist im ganzen Land für seine Lackwaren bekannt. Sie sind einfach in der Form und einfarbig schwarz oder rotbraun und billiger als die von Bagan.

Entlang der Straße nach Kyaukka wachsen Tamarindenbäume.

Besichtigung

Shweguni Pagode

Die 30 m hohe Pagode wurde im 14. Jh. gebaut. Sie enthält Fresken aus dem 17. Jh. und eine vergoldete Buddhastatue. Vor der Pagode und im Eingangsbereich werden u. a. Lackwaren von Kyaukka verkauft. Ende Mai findet jedes Jahr ein großes Pagodenfest statt.

Die Pagode ist einen halben Kilometer vom Tantaluk Fluss entfernt, wo die Regierung hübsche Bungalows für Touristen bauen will.

Htan Za Lote Wasserfall

Er liegt nördlich von Kyaukka. Es wird eine Parkgebühr von K 20 erhoben; für das Schwimmen muss man K 70 bezahlen.

Die Besichtigung von Monywa und Umgebung ist in einem Tagesausflug von Mandalay aus unterzubringen, allerdings nur mit einem Auto.

Wenn Sie darüberhinaus den nachfolgend beschriebenen Ausflug nach Phowin Taung und Shwebataung anhängen möchten, müssen Sie in Monywa übernachten. Am Rückweg nach Mandalay ist dann noch Zeit für die Besichtigung von Sagaing und der Kaunghmudaw Pagode.

Phowin Taung und Shwebataung

Anfahrt

Fähre: kurze Überfahrt auf dem Chindwin, könnte bald durch eine neue Brücke überflüssig sein

Diese beiden sehenswerten Orte liegen gegenüber von Monywa auf der anderen Seite des Chindwin. Hier ist

Phowin Taung

es beschaulich und ruhig. Nur ganz wenige Touristen kommen in diese beiden Orte.

Zuerst erreichen Sie am westlichen Ufer **Nyaungbingyi Seik**. Von hier fahren Sie noch etwa 20 km nach Salingyi und Phowin Taung und gelangen nach einer halben Stunde zu den faszinierenden Höhlenanlagen.

Phowin Taung

• Eintritt: US$ 2

Phowin Taung liegt 300 m hoch in hügeligem Gelände. Der Ausgangspunkt ist das Dorf **Minzu**, wo Sie am Ortseingang eine Tafel mit einem Lageplan der verschiedenen Höhlen der Umgebung finden. Nach Angaben der Archäologen gibt es hier in den Sandsteinbergen Höhlen mit insgesamt etwa 450 000 Buddhastatuen. Sie sollen von dem Pyu-König Bannava, seiner Frau und den Ministern gestiftet worden sein.

In dieser Gegend machte man prähistorische Funde, z. B. wurde hier auch das Skelett eines Menschen gefunden, der vor 30 Mio. Jahren gelebt haben soll.

Ein überdachter Treppenaufgang führt zur Haupthöhle. Die Höhlen sind entweder nach außen offene Nischen mit Buddhafiguren oder begehbare Höhlen, in denen große sitzende und liegende Buddhafiguren sowie oft gut erhaltene Wandmalereien, teilweise angeblich aus dem 15. Jh., zu besichtigen sind.

Auf dem Weg durch das Gelände kommen durch das Rufen von Frauen ganze Rudel von Affen, die dann gefüttert werden wollen (K 50).

Shwebataung

Shwebataung

Der Ort liegt in der Nähe von Phowin Taung. Hier sehen Sie viele, aus dem 11. Jh. stammende, aus Sandstein gemeißelte Buddhafiguren, einen Elefant, einen Frosch und zwei kürzlich renovierte Buddhastatuen, die bemalt sind. Diese Höhlenanlage erreicht man über eine steile, schluchtartig in den Sandstein geschlagene Treppe.

Alaungdaw Kassapa Figur

Fährt man die Straße nach Phowin Taung noch etwa 90 km nordwestlich (nur mit einem gemieteten Auto möglich) weiter, finden Sie die Figur des ruhenden Alaungdaw Kassapa. Die letzten 25 km durch den Dschungel muss man entweder zu Fuß oder auf einem Elefanten überwinden. Dieser Ausflug ist sehr teuer, muss organisiert sein und kann nur bei trockenen Verhältnissen stattfinden.

Kassapa ist der Name eines Jüngers von Buddha, der die 1. buddhistische Synode nach Buddhas Tod einberufen hatte. Seine sterblichen Überreste sollen an diesem Platz aufbewahrt werden.

Nördlich von Mandalay

Mingun

Anfahrt

Schiff: Ticketverkauf im Inland Water Transport Büro am Jetty oder über das Hotel.
Fahrzeit hin ca. 1 - 1 ½ Stunden flussaufwärts, zurück eine knappe Stunde (K 300). Das Schiff fährt, wenn es voll besetzt ist. Starten Sie früh - zw 07.00 und 08.00 Uhr! Letztes Schiff zurück zwischen 15.00 und 16.00 Uhr. Inzwischen gibt es auch ein eigenes Schiff für Touristen. Es legt um 09.00 Uhr ab und fährt um 13.00 Uhr zurück, K 300 pro Person. Sie können sich auch am Jetty für K 3000 ein Boot (max. für 10 P.) chartern.
• Eintritt: US$ 3

Mingun liegt 11 km nördlich von Mandalay am rechten Ufer des Ayeyarwady und ist mit dem Schiff zu erreichen. Wenig bekannt ist, dass man auch mit einem Auto über die Sagaing Brücke auf der Straße durch nette Dörfer und Wälder nach Mingun fahren kann.

Besichtigung

Es gibt eine nördliche Anlegestelle direkt am Dorf und eine davon südlich gelegene etwa 15 Gehminuten entfernt. Wenn Sie die Wahl haben, sollten Sie im Dorf aussteigen. Von da aus führt ein Weg durch die Anlage Daw U Zoon, ein methodistisches Sanatorium für alte Menschen. In letzter Zeit wird man von lästigen Kindern bedrängt, die sich als Führer anbieten, was überhaupt nicht erforderlich ist.

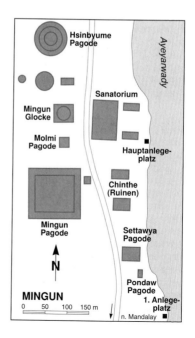

gekommen sei und diese Pagode bauen ließ. Sie ist ungefähr 100 Jahre alt und wurde 1995 renoviert. Vergoldete Buddhastatuen stehen an vier Seiten des zentralen Pfeilers. Das Innere der Pagode ist für Frauen nicht erlaubt. In einem Nebengebäude ist die Figur eines liegenden Buddhas.

In der Pagode findet um den Vollmond im Februar/März fünf Tage lang eines der ältesten und größten Shan Feste statt. Mehrere Hundert Pilger kommen, um den Buddhastatuen Reis zu opfern und den Theater- und Tanzaufführungen beizuwohnen.

Hsipaw (Thibaw)

Anfahrt

Zug: Route Mandalay - Lashio, etwa am Nachmittag in Hsipaw
Bus: *von Mandalay* Abfahrt 84. Str. beim Zegyo Markt, täglich um 05.00 und 06.00, ca. 7 - 8 Stunden, ca. K 700; *von Pyin Oo Lwin* Abfahrt vom Markt um 06.00 Uhr, ca. 2 - 3 Stunden, K 400
Pick-up: *Mandalay - Hsipaw*: z. B. mit Yoma Express K 900, Abfahrt jeweils um 05.00 Uhr, täglich, Fahrzeit ca. 7 Stunden; *Hsipaw - Lashio:* K 500, Fahrzeit ca. 3 ½ Stunden
Auto: von Mandalay pro Tag ca. US$ 45 - 50, Fahrzeit 5 - 5 ½ Stunden, man kann in Pyin Oo Lwin, Kyaukme und bei der Bawgyo Pagode für eine Besichtigung unterbrechen.
Alle Fahrer von Bussen und pick-ups, die nach Lashio fahren, legen in Hsipaw eine Pause ein, nach Lashio sind es dann noch ca. 70 km.

Wenn Sie von Kyaukme weiter in Richtung Lashio fahren, kommen Sie durch Hsipaw. Um in die Stadt zu gelangen, muss man von der Hauptstraße nach Lashio abbiegen und über eine Brücke fahren, die vor vielen Jahren um 18.00 Uhr gesperrt wurde.

Besichtigung

Mit einem Fahrrad, das viele Guest Houses für K 400 - 500 pro Tag vermieten, oder einer Trischa können Sie gut die nähere Umgebung erkunden. Bootsfahrten sind ebenfalls möglich.

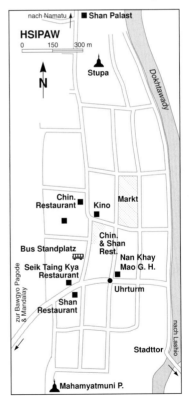

Shan-Palast

Die Stadt war einst das Zentrum eines kleineren Shan-Staates.

Heute ist noch ein Shan-Palast, gebaut 1924, (*haw* heißt Palast) am nördlichen Stadtrand zu besichtigen. Vom Zentrum geht man 20 - 30 Minuten. Man kommt an einem kleinen Kloster vorbei.

Hier lebte bis 1964 das letzte Shanoberhaupt Sao Kya Seng mit seiner österreichischen Frau, die er beim Studium in den USA kennenlernte. Er wurde verhaftet und gilt bis heute als verschollen. Seine Frau musste mit ihren zwei Kindern fliehen und lebt heute in Kanada. Der Palast ist allerdings nicht offiziell geöffnet, aber die jetzigen Hausherren, Mr. Donald, sein Neffe, mit seiner Frau, lässt auf Wunsch jeden Tag um 16.00 Uhr Besucher ein. Beide sprechen sehr gut Englisch und erzählen gerne aus ihrem Leben. Eine Spende wird erwartet.

Theindaung Pagode

Etwa 6 km entfernt an der Straße nach Lashio steht auf einem Hügel die Theindaung Pagode. Von hier können Sie das ganze Tal überblicken und einen schönen Sonnenaufgang erleben.

Mahamyatmuni Pagode

Am südlichen Stadtrand steht die Mahamyatmuni Pagode, die eine große Buddhastatue beherbergt.

Markt

Es gibt zwei Märkte in Hsipaw. Ein ständiger Markt ist in einer großen überdachten Halle mit einem reichhaltigen Angebot an Waren des Alltags. Der andere Markt findet im Park nur vom frühen bis späteren Vormittag statt. Hier sitzen die Frauen der Umgebung und verkaufen vor allem frische Lebensmittel wie Gemüse, Obst, Fisch, Fleisch, aber auch Blumen. Auf beiden Märkten geht es quirlig zu. Frühmorgens finden sich auch Bergbewohner der Umgebung ein.

In der Nähe südlich des Hauptmarkts gibt es Werkstätten, die Schultertaschen und *longyis* weben. In nahegelegenen Dörfern stellt man *cheroots* und Sandalen her.

Wanderungen

In ein bis zwei Stunden kann man teilweise entlang des Dothtawady Flusses durch Shandörfer wandern. Am Endpunkt stößt man auf Wasserfälle und heiße Quellen.

Eine weitere längere Wanderung in die umliegenden Berge zu Palaung-Dörfern wird im Guest House von Mr. Charles organisiert angeboten, wo man dann alles weitere erfährt.

Ebenso von Mr. Charles organisiert ist eine eintägige Bootstour auf dem Dothtawady zu einem Camp mit Arbeitselefanten. Für eine Gruppe verlangt er US$ 30.

Unterkunft und Restaurants

Myatyadana Guest House (Mr. Charles)
141, Auba Str., T.1 05, nahe dem Markt in einer Seitenstraße, EZ US$ 3, DZ US$ 5, Gemeinschaftsbad; DZ 10, Du und WC, jeweils mit Frühstück, nette Atmosphäre, Fahrradverleih, Traveller-

treff, Mr. Charles bietet verschiedene Wanderungen an; am Fluss in einem Shan-Dorf hat er gerade ein paar Bungalows mit 3 oder 4 Doppelzimmern gebaut
Nan Khay Mao Guest House
134, Bogyoke Rd, beim Uhrturm, T. 88, EZ US$ 2, Gemeinschaftsbad, sehr einfach; DZ US$ 6, Du und WC
Aung Chan Tha Guest House
an der Straße nach Mandalay, T. 84, am Stadtrand, ruhig, US$ 4 pro Person, Gemeinschaftsbad, sehr einfach
Ngwe Thaung Yan Guest House
a. d. Bushaltest. i. Zentrum, laut, s. einf.
Mr. Kid's Guesthouse
früher hieß es Yamin Shwe Zin oder Golden Doll Guest House, westlich vom Glockenturm an der Bogyoke Rd, 300 m westlich vom Nan Khay Mao Guest House, US$ 5 pro Person, Gemeinschaftsbad, sehr einfach
Restaurants mit Shan- und chinesischen Gerichten und **Tea Shops** finden Sie in der Bogyoke Rd, um den Markt und bei der Busstation, z. B. *Ah Kong Kaik* an der Straße Lashio - Mandalay; *Yin Shin Restaurant* gegenüber dem Kino, chinesische Küche; *Hwai Ta und Law Chun* bei der Bushaltestelle

Lashio

Anfahrt

Zug: täglich, *von Mandalay:* No 131 up, ab 04.30 Uhr, Lashio an gegen 18.00 Uhr, für Touristen ist wahrscheinlich nur die 1. Kl. möglich, US$ 11, Ordinary US$ 3, von Mandalay bzw. Pyin Oo Lwin zahlt man in US$/FEC, von Lashio aus kann man evtl. in Kyat bezahlen. *von Pyin Oo Lwin:* Abfahrt zwischen 07.00 und 08.00 Uhr, US$ 11.
Zugkarten möglichst lange voraus kaufen, es gibt nur einen Wagon für die 1. Klasse. Malerische Fahrt über das Gokhteik Viadukt.
Pick-up: *von Mandalay:* ab 05.00 Uhr vom Busbahnhof, *von Pyin Oo Lwin:* Abfahrt beim Uhrturm
Minibusse: von Mandalay K 2 500
Mietauto: *von Mandalay:* ca. US$ 40 - 50 pro Tag, Fahrzeit: 6 - 8 Stunden
Bus: *von Mandalay:* ab 05.00 Uhr von der Highway Bus Station, ca. K 1 800, 9 - 10 Stunden.; *von Pyin Oo Lwin:* K 1 200, *von Hsipaw:* ab 05.30 Uhr, K 500, Fahrzeit 2 - 3 Stunden; *von Lashio* nach Mandalay: ab 06.00 Uhr
Flug: Mo, Mi, Fr, Sa: Yangon - Heho - Lashio (US$ 125); Mo, Mi, Fr: Heho - Lashio (US$ 90); Taxi in die Stadt ca. K 800. Bei der Buchung eines Fluges nach Lashio kann ein Travelpermit verlangt werden. Mit dem Zug, Auto oder Bus wird zur Zeit kein Permit verlangt. Je nach politischer Situation ist Lashio nur per Flug erreichbar.

Lashio ist der Endpunkt der über 200 km langen Bahnstrecke Mandalay - Pyin Oo Lwin - Kyaukme - Hsipaw - Lashio. Hinter Pyin Oo Lwin fährt der Zug über das Viadukt von Gokhteik nach Kyaukme. Dort findet im März ein großes Shan-Fest statt. In Kyaukme kann man umsteigen zu dem 80 km entfernten Mogok (für Ausländer gesperrt). Die Stadt ist das Zentrum des Jadeithandels und bekannt für seine Rubinminen. Von Kyaukme führt die Bahn weiter nach Hsipaw.

Von Lashio aus wurde im 2. Weltkrieg die 1 200 km lange „Burma Road" nach Yünnan gebaut, über die Munition und Versorgungsgüter von Indien nach Kunming in Yünnan gebracht wurden. Auch heute noch ist die Burma Road der Haupttransportweg für Drogen aus dem Goldenen Dreieck, aber auch eine Handelsstraße in das nur noch 100 km entfernte China. Teak, Jade, Zigaretten, Edelsteine und Lebensmittel werden nach China ausgeführt, Haushaltwaren, Bier, Autoersatzteile, Teppiche und Kleidung werden eingeführt. Die Grenzorte heißen Muse und Namkham. Sie sind vor allem durch ihren alle fünf Tage stattfindenden Markt für die Einheimischen interessant. Für diese zwei Orte benötigt man eine Erlaubnis.

Lashio liegt 850 m hoch und hat ca. 118 000 Einwohner, davon sind 60 % Chinesen. Sie ist die Hauptstadt der nördlichen Shan-Staaten. Das Stadtbild ist geprägt von Häusern aus den letzten 30 Jahren, die vor allem durch chinesische Geldgeber gebaut wurden.

Die Lage von Lashio ist schön, sie ist umgeben von Bergen, Flüssen und Schluchten. Von den Seen des Mya Kan Tha Recreation Centre bietet sich Ihnen ein schönes Panorama. Besonders bezaubernd ist es hier im Winter, wenn es überall üppig blüht. Lashio ist mittlerweile durch die naheliegende chinesische Grenze eine lebendige Handelsstadt. Die Stadt ist in zwei Verwaltungsbezirke eingeteilt - in *Lashio Lay* (Klein-Lashio) und *Lashio Gyi* (Groß-Lashio). Lashio Lay ist der neuere Teil der Stadt.

Besichtigung

Märkte

Das Interessante von Lashio sind die Märkte. Zum **Hauptmarkt** an der Bogyoke Street kommen am frühen Morgen um 05.00 Uhr die Palaung und Shan aus weit entfernten Tälern. Die Palaung tragen manchmal ihre malerische Tracht mit silbernen Halsketten und Silbergürteln, die ihren Rock zusammenhalten. Sie bringen vor allem Orchideen zum Markt.

Der **Man Su Markt** an der Theinni Rd ist viel kleiner. Hier erhält man frische Lebensmittel.

Ein **Nachtmarkt** findet täglich ab 18.00 Uhr statt. Angeboten werden hauptsächlich chinesische Waren.

Kwan (Quan) Yin San Tempel

Dieser chinesische Tempel in Lashio Lay aus dem Jahr 1950 soll einer der schönsten und größten von Myanmar sein. Er steht an einem Berghang, von ihm aus bietet sich Ihnen ein schöner Blick auf die Stadt.

Im Tempelinneren stehen drei Buddhafiguren auf einem Lotosthron und weiter hinten eine Statue von Buddhas Mutter. Der Tempel wird von zwei Kriegern, die auf Drachen reiten, bewacht. In der Mitte eines Schildkrötenteiches befindet sich ein Modell des Berges Meru.

Im dazugehörenden Kloster wohnen nur noch wenige Mönche und Nonnen.

Thathana hnahtaung nga Pagode

Sie enthält 28 Buddhafiguren. Auf dem Gelände der Pagode wurde 1992 die Kabaaye Zedidaw (World Peace Pagode) errichtet. Hier befindet sich auch ein Meditationszentrum.

Man Su Pagode

Der Stupa ist über 250 Jahre alt und mit Kupfer umkleidet. Die Pagode steht auf einem Hügel, von dem man einen Rundblick auf Lashio hat.

Sarsana Mission

Diese erst kürzlich erbaute Pagode ist ein weithin sichtbarer Blickfang.

Außerdem gibt es in Lashio noch einige katholische Kirchen, Moscheen und viele chinesische Tempel.
Weitere, aber weniger interessante Sehenswürdigkeiten sind die Yanaungmyin oder **Pawdaw-mu Pagode,** der kleine, mit Glasmosaiken verzierte Stupa **Myo U Zedi** und die **Jameh Moschee** aus dem Jahr 1952.

Umgebung von Lashio

Lashio Hot Spa

•Eintritt: US$ 3, geöffnet von 08.00 - 20.00 Uhr

Die Quellen sprudeln fast 10 km außerhalb der Stadt in der Nähe des Flughafens. Schon von Ferne sieht man den Dampf aufsteigen. Sie können hier in mehreren Becken in sehr heißem Wasser baden.

Peikchinmyaing Höhlen

Die Höhlen sind 75 km nordöstlich von Lashio und außerhalb des genehmigten Bereichs. Die Höhlengänge reichen bis zu 700 m in die Tiefe. Hier sind zahlreiche Buddhastatuen aufgestellt.

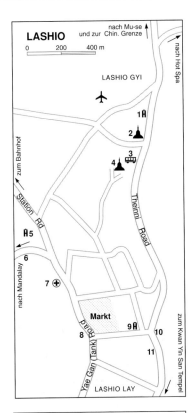

1 Nadi Ayeyar Guest House
2 Man Su Pagode
3 Busstandplatz
4 Thathana Pagode
5 Lashio Motel
6 Post
7 Krankenhaus
8 Yin Yin Restaurant
9 New Asia Hotel
10 Lashio Restaurant
11 Lite Lite Restaurant

Unterkunft und Restaurants

• **Vorwahl: 1 01**
Lashio Motel
an der Kreuzung der Mandalay - Lashio Straße und der Station Rd, T. 2 17 02, 46 Zi, US$ 15 - 25 pro Person, AC, Du und WC, TV, Kühlschrank, mit Frühstück, staatlich, Restaurant, Souvenirladen, nicht immer sauber
New Asia Hotel
San Kaung Str., Qutr. 2, in der Nähe des Marktes, T. 2 16 22, 35 Zi, mehrstöckiges Haus, EZ US$ 6, DZ US$ 12, Du und WC, privat geführt, einfach
Yadana Theingi Hotel
1, Yay Kaw Str., T. 2 16 50, US$ 5 pro Person, Gemeinschaftsbad, einfach
Mao Shwe Li Hotel
beim Busbahnhof, EZ US$ 5, DZ US$ 8, Gemeinschaftsbad; DZ US$ 14, Du und WC, mit Frühstück
Nadi Ayeyar Hotel
Theinni Rd, T. 2 37 25, EZ US$ 8, DZ US$ 14, Du und WC, TV, mit Frühstück, mehrere Häuser, Garten, Restaurant, ruhig, sauber
Thide Aye Hotel
218, Thiri Str., T. 2 17 02, sehr einfache Zimmer, EZ US$ 4; DZ US$ 10, Fan, Du und WC, sauber
Lwin und Dagon Guest House
einfache Zimmer, US$ 3 pro Person

Viele **Restaurants** und **Teestuben** servieren chinesische und Shan Gerichte und sind in Lashio Lay um den Markt und an der Hauptstraße angesiedelt.
Lashio Restaurant: beim New Asia Hotel, gut
Lite Lite Shan Restaurant: beim New Asia Hotel, chinesische Küche, gut
Winlight Restaurant: in der Nähe vom Kino, chinesische Küche, gut
Yin Yin Burmese Restaurant: beim Markt, birmanische Gerichte, gut
Shwe Lawin Restaurant: in Lashio Gyi, chin. und Shan-Gerichte, gut

Der Norden

Mogok

Anfahrt

Bus: von Mandalay, ab zwischen 06.00 und 09.00 Uhr von der Highway Busstation jede halbe Stunde, Fahrzeit 8 - 9 Stunden, K 2 000
pick-up: von Kyaukme und Shwebo, Abfahrt zwischen 05.00 und 07.00 Uhr, Fahrzeit 7 - 8 Stunden, K 1 000
Auto: ist das einzig empfehlenswerte Transportmittel, ca. 7 Stunden

Mogok ist zur Zeit für ausländische Touristen ausnahmslos gesperrt. Dies kann sich wieder ändern, aber auch dann wird man Mogok nur mit einem Permit erreichen können, das allerdings relativ einfach und schnell über Reisebüros in Yangon und Mandalay erhältlich ist. An der sehr schlechten Straße nach Mogok sind zahlreiche Kontrollposten.

Zum ersten Mal wird Mogok 1597 in einem Schreiben von König Nandabayin an einen Shan-Fürsten erwähnt. 1883 verlieh König Thibaw die Rubinminen an eine französische Firma bis 1886 die Briten ihre Herrschaft bis zum Jahr 1925 antraten. Von 1942 bis 1945 besetzten dann die Japaner Mogok und beuteten die Minen aus. Dann übernahm die Regierung von Myanmar bis 1962 die Kontrolle über den Rubinabbau. Seit 1990 sind die Gesetze langsam gelockert worden, so dass heute etwa 850 Firmen in den Minen tätig sind. In Mogok und Umgebung bestehen heute 570 Fundstellen, die vom Militär ständig überwacht werden. Trotzdem soll die Hälfte der Funde illegal nach Thailand, China und Laos geschafft werden.

Auf dem Weg von Mandalay kommt man etwa auf der Höhe von Mogok zu dem Ort **Thabeikkyin**. Von hier aus erreicht man mit Mulis das 5 km lange und 1 km breite Mogoktal mit seinen Rubinminen, das in seiner Geschichte so umkämpft war wie kaum ein anderes Tal.

Kurz nach Thabeikkyin steht die interessante *Anyathihadaw Pagode*. König Alaungsithu ließ sie bauen. Ein Elefant aus Stein bildet die Basis für den Stupa, der zur Hälfte vergoldet und zur Hälfte weiß ist. Man kann in den unteren Teil hineingehen. Er enthält alte Buddhastatuen. Angeblich sollen hier in einem Teich 1 ½ m lange, zahme Hundshaie gefüttert werden, denen Pilger Goldplättchen auf den Kopf kleben.

Auf einer holprigen Straße fährt man weiter durch malerische Täler mit Stupas und Pagoden auf den umliegenden Bergen. Der Ort Mogok schmiegt sich idyllisch um einen See und vermittelt trotz seiner 65 000 Einwohner den Eindruck eines Bergdorfes. Hier treffen sich die Schmuggler und Rubinhändler. 1889 gründeten die Briten die Ruby Mines Company, die die größten Rubine überhaupt, mit 304 und 400 Karat, fand. Die schönsten Rubine kommen aus Myanmar und nur hier gibt es sie in dem seltenen „Taubenblutrot".

Chemisch gesehen ist der Rubin ein kristallisiertes Aluminiumoxid, eine Verbindung von Aluminium und Sauerstoff. Die Rubine, auch „Blutstropfen aus dem Herzen der Erde" genannt, findet man in Flussbetten, im Gebirge und vor allem in Höhlen. In engen, unterirdischen Gängen schlagen die Arbeiter die Steine heraus und sammeln sie in einem Korb.

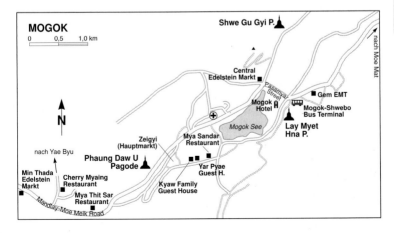

Besichtigung

Phaung Daw U Pagode

Die Pagode steht erhöht über dem Mogok Lake. Sie beherbergt zwei Kopien der Buddhastatuen der Phaung Daw U Pagode am Inle See und ein Marmorbildnis, das im Stil dem der Mahamuni Pagode in Mandalay gleicht. Tausende von gespendeten Edelsteinen verzieren den Thron, auf dem die goldbedeckten Buddhastatuen stehen. Der Stupa ist mit Glasmosaiken umkleidet.

Than-ban-than-bok-daw Pagode

Sie enthält mit Rubinen und Smaragden verzierte Buddhafiguren, die in der Basis des goldenen Stupa eingeschlossen sind.

Chanthagyi Pagode

Der Stupa ist vergoldet. Im Inneren werden wertvolle Edelsteine aufbewahrt.

Kaunghmudaw Pagode

Sie liegt an einem See und ist nach der berühmten Pagode bei Sagaing benannt. In ihrer Form stellt sie die kleinere Ausführung dieser Pagode dar.

Kyauk Pya-that Pagode

Die Pagode ist auf einen Hügel gebaut und kann über eine holprige Straße erreicht werden. Oben am Hügel bietet sich eine schöne Aussicht. Am Fuße des Hügels befindet sich noch das *Kyauk Pya-that Kloster*, das von kleinen Stupas mit sitzenden Buddhafiguren umgeben ist.

Hsin-bu-taung oder Spider Mountain

Auf diesem Hügel sehen Sie die Figur eines liegenden Buddhas, dargestellt beim Eintritt ins *Nirwana*, und einen spiegelmosaikbesetzten Stupa. Man kann nur bis zur Hälfte auf den Berg fahren, der Rest ist zu Fuß zu bewältigen. Dafür werden Sie mit einem herrlichen Rundblick entschädigt.

Markt

In Mogok ist von morgens bis in die Nacht immer irgendwo ein Markt.
Peik Shwe Gem Market
von 09.00 - 12.00 Uhr, am östlichen Ortsrand
Gem Market
von 12.00 Uhr - 14.00 Uhr, westlich vom Mogok Motel in der Padamya Street
Min Tada Gem Market
von 15.00 - 18.00 Uhr, bei der Min Tada (Brücke)
Nachtmarkt
Mit Einbruch der Dunkelheit beginnt auf einem Platz im Zentrum von Mogok der Schwarzmarkt, wo im Licht der Taschenlampen Rubine und Saphire gehandelt werden.

Die Ausfuhr von Edelsteinen ist nur erlaubt, wenn Sie diese offiziell in einem staatlichen Laden kaufen und eine Quittung vorweisen können!
Zegyo Market
Neben den Edelsteinmärkten bietet Mogok auch einen Markt fürs Alltägli-

che, wo frühmorgens auch Bergbewohner der Umgebung kommen.

Unterkunft und Restaurants

Mogok Motel
staatlich, 1992 erbaut, mehrstöckiges Gebäude mit 42 Zimmern, DZ US$ 35 - 45, Du und WC, TV, mit Frühstück, Souvenirshop, Restaurant.
In der Regel kommen Touristen im Rahmen einer gebuchten Reise nach Mogok und übernachten im Mogok Motel. Alle Ausländer müssen in dieses Hotel gehen, nur wenn es ausgebucht ist, können Sie auf die folgenden Guest Houses ausweichen:
Yar Pye Guest House
Kyaw Family Guest House

Neben dem Restaurant im Mogok Motel gibt es der Stadt preiswerte und gute Restaurants mit chinesischer, Shan und birmanischer Küche, z. B.
Mya Sandar Restaurant: beim See
Cherry Myaing Restaurant: im westlichen Teil der Stadt
May Thit Sar: in der Nähe des Cherry Myaing Restaurant
Sein Lay Nadi teashop

Bhamo

Anfahrt

Auto: von Mandalay und Mogok mit einem gemieteten Auto möglich
Schiff: zwei- bis viermal wöchentlich, flussabwärts 2 Tage und 2 Nächte, bei niedrigem Wasserstand bis zu 3 Tage; flussaufwärts mindestens 3 Tage und 2 Nächte. Kabine US$ 25 und 54, Deck US$ 9 (harter Stahlboden). Besonders der obere Flusslauf ist landschaftlich sehr reizvoll.
Flug: nur mit Myanma Airways, von Mandalay: So, Mo oder Mi (US$ 55); von Bhamo nach Mandalay: So, Mo; von Yangon über Mandalay (US$ 130); Tickets müssen unbedingt bis 09.30 am Vortag bestellt werden, Abholung dann am Nachmittag
Zug: von Mandalay nach Katha, dann mit dem Schiff nach Bhamo
Bus: für Ausländer ist es nicht erlaubt mit dem Bus nach Bhamo zu fahren. Jedoch mit einer Sondergenehmigung vom Immigration Office in Bhamo wird die Fahrt mit dem Bus erlaubt, K 4 000 - 5 000, Fahrzeit 13 Stunden.

Bhamo ist über 500 km nordöstlich von Mandalay, 190 km südlich von Myitkyina und nur 48 km von der chinesischen Grenze entfernt.

Die Stadt liegt am Ayeyarwady und wurde im 17. Jh. gegründet. Bhamo zählt 14 000 Einwohner, die vorwiegend mit den in dieser Region vorkommenden Rubinen Handel treiben oder in der Landwirtschaft oder Zuckerfabrik beschäftigt sind.

Früher war Bhamo ein bedeutender Umschlagplatz für chinesische Waren, hier begann die Karawanenstraße nach China. Im 2. Weltkrieg wurde zur besseren Versorgung des Militärs eine Straße nach Indien - die Ledo Road - gebaut. Lange gab es Pläne für den Weiterbau der Ledo Road nach China, die aber offensichtlich bis jetzt verworfen wurden.

Bhamo selbst bietet keine großartigen Attraktionen. Der Reiz nach Bhamo zu fahren liegt in der malerischen Schifffahrt. Aus Zeitgründen ist es günstiger die Fahrt flussabwärts zu wählen. Im oberen Flusslauf geht es durch

durch Schluchten, die von 200 - 300 m hohen Felswänden aus Kalkstein eingerahmt sind. Nach Katha verbreitert sich der Fluss langsam und die Landschaft geht in Dschungel und Bambuswälder über. Das Schiff hält in Kyaukmyaung und Katha. Nebenbei kann man das vorübergleitende Leben am Fluss beobachten.

Durch den Fahrtwind, aber auch in der Nacht, kann es kühl werden. Wer an Deck schläft, sollte sich mit einer Bastmatte und Decke oder mit einem Schlafsack versorgen. Die meisten Schiffe haben ein einfaches Restaurant an Board. Ansonsten fahren Händler mit, die Obst und andere Kleinigkeiten anbieten.

Besichtigung

Markt

Er ist besonders sehenswert durch das Völkergemisch: Vertreter der Palaung, Shan, Lashi, Lishu und Kachin sind hier anzutreffen. Außerdem kommen noch Inder und Chinesen hierhin um Handel zu treiben.

Theindawgyi Pagode

Diese ursprüngliche Pagode liegt an einem Teich und wird von zwei *chinthes* bewacht. Der Stupa sieht durch das Glasmosaik silbern aus. Um den Hauptstupa stehen acht kleinere Stupas an den Kardinalpunkten, die wie bei vielen Pagoden, z. B. auch bei der Shwedagon in Yangon, die Wochentage markieren.

In einem angegliederten **Museum** sehen Sie Darstellungen aus dem Leben Buddhas und einen alten *hti*.

Taung lay-lon dat-paung-zu Pagode

Auf vier zurücktretenden Terrassen befindet sich eine Andachtshalle mit Buddhabildnissen. Über dem Dach erhebt sich ein Stupa, halb golden, halb weiß, umgeben von acht kleineren Stupas. Eine bronzene Glocke wurde im 11. Jh. von König Mahathirithihathu gespendet. Die Ordinationshalle enthält eine große sitzende Buddhafigur, einen Pfau sowie je eine größere und kleinere Buddhafigur aus Marmor. Die freundlichen und gesprächigen Mönche erklären Ihnen gerne die Anlage.

Unterkunft und Restaurant

Friendship Hotel
Mingone Qutr., T. 2 77, DZ US$ 12 - 14, Du und WC, TV, einfache Zimmer, sauber, vermitteln Guides für Touren zu nahegelegenen Kachin-Dörfern
Golden Dragon Hotel und
Palladium Guest House
Diese beiden Unterkünfte haben keine Lizenz für Ausländer.
Sein Sein Chinese Restaurant: beim Fluss, gutes chinesisches Essen, preiswert

Sampanago

Etwa 4 km nordöstlich von Bhamo liegt Sampanago, eine alte Stadt des Shan-Königreiches aus der Zeit vor der Gründung Bagans. Sie war ein bedeutender Handelsplatz. Heute sind aus dieser Zeit nur noch Reste der Stadtmauer geblieben. Dort steht die schöne *Shwekyina Pagode*.

Myitkyina

Anfahrt

Flug: Mi Direktflug von Yangon, US$ 165, Flugzeit 2 ½ Stunden; Mo, Fr, Sa Mandalay - Putao - Myitkyina, US$ ca. 80; Mi Mandalay - Bhamo - Myitkyina, ca. US$ 80
Zug: von Mandalay, täglich, Fahrzeit 24 - 26 Stunden, Fahrplan siehe Anhang. Es gibt auch 2 private Zuggesellschaften (Malihka und Santhawta), dauern etwa gleich lang, die Züge haben eine bessere Ausstattung, Ticketverkauf beim Bahnhof
Schiff und Zug: mit dem Schiff bis Katha, weiter mit dem Zug oder Bus
Bus: von Bhamo aus möglich, z. Zt. für Touristen aber nicht erlaubt!
Auto: Die Anfahrt mit dem Auto ist nicht erlaubt!

Myitkyina liegt an der Ledo Road und ist 540 km von Mandalay und 50 km von der chinesischen Grenze entfernt. Die Stadt, die wie ein großes Dorf ohne auszumachendes Zentrum wirkt, zählt immerhin 126 000 Einwohner und ist die Hauptstadt der Kachin. Der größte Teil der Kachin sind Baptisten oder Katholiken. Da viele Einheimische in Missionsschulen unterrichtet werden, können Sie sich hier gut in Englisch verständigen. In der Stadt befinden sich etwa 15 Kirchen.

Für Ausländer ist Myitkyina im Moment bei einer Anreise mit dem Zug oder Flugzeug ohne Erlaubnis möglich. Sie dürfen sich dann innerhalb eines Radius von 25 km bewegen.

In Myitkyina gibt es ein sehr reichhaltiges Angebot an Früchten (z. B. Orangen, Grapefruits, Zitronen, Äpfel, Pomelos, Ananas, Avocados), Gemüse und viele Reisfelder. Die Stadt liegt

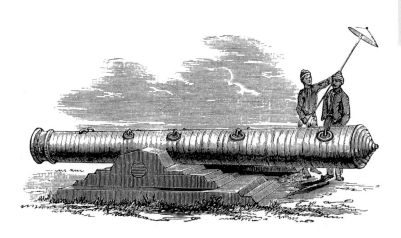

in der Ebene des Ayeyarwady und ist von hohen Bergen umschlossen.

In der Umgebung leben in einem unberührten Wildreservat noch Tiger, Elefanten, Leoparden, Panther und Bären.

Während des Monsuns kann es hier sehr stark regnen und in der heißen Jahreszeit ist es oft extrem heiß.

Besichtigung

Markt

Er ist die Hauptattraktion der Stadt. Hier finden sich am frühen Morgen die verschiedenen Volksgruppen ein, wie Kachin, Karen, Inder, Gurkhas, Lishu.

Thetkya Marazein Andawshin Pagode

Sie wurde 1959 von U Nu erbaut, hat einen mit silbernen Glasmosaiken bedeckten Stupa und einen Fußabdruck von Buddha. Im Stupa werden zwei Kopien von Zahnreliquien aus Beijing aufbewahrt, die bei Festen gezeigt werden. Um die Pagode herum gruppieren sich einige Klöster.

Hsu-taungpyi Pagode

Diese „Wunscherfüllungspagode" liegt idyllisch am Ufer des Ayeyarwady. Ihr Eingang wird von zwei bemalten *chinthes* aus Sandstein bewacht. Der Stupa ist vergoldet. Die Pagode wurde 1113 von König Alaungsithu erbaut.

Weitere Tempel

Sheeri Shara Swathi Tempel (Gurkha Hindu Tempel), Jaame Masjid Moschee (1956 erbaut), ein chinesischer Tempel, der Statuen von drei chinesischen Helden aus den vergangenen Königreichen enthält; daneben ist an der Straße zur Fähre ein *Nat*-Schrein mit zwei Tigern als Wächterfiguren und eine chinesische Schule.

Manaofest

Jährlich um den 10. Januar wird in Myitkyina drei Tage lang mit ausgiebigem Essen und Unmengen von Alkohol gefeiert. In ihren Trachten tanzen die Kachin bis tief in die Nacht. Im Ursprung ist das Manaofest ein animistisches Fest zu Ehren der Madai, das sind himmlische Geister der Kachin.

Unterkunft und Restaurants

• **Vorwahl: 0 74**
Sumpra Hotel
10, Thida Aye Qutr., T. 2 2298, Bungalows am Flussufer, staatlich, DZ US$ 30 - 40, AC, Du und WC, TV, Restaurant, mit Frühstück, schön
Patsun Hotel
neueres Hotel, AC, DZ ca. US$ 25 - 30, Du und WC, mit Frühstück
Popa Hotel
T. 2 17 46, beim Bahnhof, EZ US$ 10, DZ US$ 17, Fan, Gemeinschaftsbad, Restaurant, einfache Zimmer, sauber
Nan Thiri Hotel
US$ 10 pro Person, Fan, Du und WC
YMCA
in der Nähe des Bahnhofs, EZ US$ 5, DZ US$ 10, Fan, Gemeinschaftsbad, einfach, ordentlich, freundlich
Manaw Guest House
DZ US$ 10, sehr einfach
Shwe Ein Zay Restaurant: nahe beim Manaw G. H., chin. und Kachin-Küche

Weitere kleine gute Lokale finden Sie in der Bogyoke Aung San Rd.
Coffee Shops: Lucky Café and Confectionary, Phet Phu Yaung Coffee Shop, Shine Café

Umgebung von Myitkyina

Ausländer dürfen sich nur in der näheren Umgebung bewegen, ansonsten müssen Sie sich eine Erlaubnis über das Hotel oder bei dem Immigration Office besorgen.

In der Umgebung liegen zahlreiche *Dörfer der Kachin*, die Sie aber nur mit einem Führer besichtigen können. Die Kachin tragen hier dunkelblaue und grüne Longyis, die Männer aus den Bergregionen tragen Hosen.

Kraing Naw Yeiktha

9 km von Myitkyina entfernt liegt dieser Ort mit seiner traumhaften Aussicht auf den Ayeyarwady und die Berge. Es gibt hier einige Restaurants zur Auswahl.

Myithson

Der Ort liegt 40 km nördlich von Myitkyina und ist der Ausgangspunkt für Wanderungen zu Bächen, wo Einheimische Gold waschen. Mit einem Auto fährt man eine Stunde.

Hpakant (Pakkhan)

Mit einer Sondererlaubnis kann man noch bis zu diesem Ort fahren. Hpakant befindet sich 150 km westlich von Myitkyina und ist für seine Jade-Minen bekannt. Südwestlich von Pakkhan liegt der schöne **Indawgyi See,** der größte See Myanmars.

Putao

Anfahrt

Flug: Mo, Fr, Sa von Yangon via Mandalay und Myitkyina (US$ 75), Mi von Yangon via Myitkyina, Flugzeit 5 Std. Putao ist zur Zeit nur per Flug und mit einem Permit zu erreichen! Möglicherweise ändert sich diese Vorschrift bald.
Auto: nur während der trockenen Zeit möglich, dauert aber sehr lange; der Landweg ist aber zur Zeit ausnahmslos für Ausländer nicht erlaubt!

Putao zählt 10 000 Einwohner verschiedener ethnischer Gruppen, vor allem Kachin und Lishu. Der Ort (400 m ü. M.) wirkt sehr verschlafen und liegt am Ende der Welt. Außer ein bißchen Landwirtschaft gibt es hier nichts zu tun. Transportmittel sind Ochsenkarren und Fahrräder. In der Ferne erkennt man die schneebedeckten Gipfel des Himalayas.

Besichtigung

Märkte

Das Hauptinteresse gilt den zwei Märkten: einer liegt in der Nähe des Tokyo Guest House, der andere in der entgegengesetzten Richtung.

Hier sehen Sie manchmal Angehörige der verschiedenen Bergstämme, die oft - einschließlich des Gesichts - tätowiert sind.

Taung-dan Tha-thana-pyu Pagode

Der weiße Stupa mit dem goldenen *hti* ist umgeben von acht kleineren Stupas an den acht Geburtstagspunkten. Am Eingang steht ein kleiner goldener Stupa mit acht Nischen und jeweils einer Buddhafigur darin. Daneben befindet sich ein Kloster.

Unterkunft und Restaurants

Unterkunft und Essen sind in Putao relativ teuer.
Government Guest House
mit Restaurant, DZ US$ 30
Tokyo Guest House
in der Nähe des Flughafens, einfache Zimmer, DZ US$ 20
Sein Restaurant: chinesische Küche
Yadanapon Tea Shop: für Snacks

Hkakabo Razi

Der Hkakabo Razi gehört zum östlichen Himalaya und ist der höchste Berg von Myanmar mit einer Höhe von 5 881 m. Er liegt im Kachin Staat im Putao Distrikt. Der Hkakabo Razi ist über das ganze Jahr schneebedeckt. Sein Name kommt aus dem Tibetischen und heißt übersetzt „schneeweißer Bergrücken". Man muss bereits fast zwei Wochen marschieren, um überhaupt zum Fuße des Berges zu gelangen. Der Gipfel des Hkakabo Razi war lange unbezwungen. Erst am 15. September 1996 ist es einer japanisch-myanmarischen Bergsteigergruppe gelungen, den Gipfel zu stürmen.

1956 musste eine Gruppe nach 80 Tagen die Expedition abbrechen. Erst 1995 versuchte wieder eine Gruppe, bestehend aus Myanmaren und Japanern, die Erstbesteigung. Sie hatten den Berg schon bis zu einer Höhe von 5 500 m bezwungen, als sie dann nach 36 Tagen wegen eines Wettersturzes aufgeben mussten. Eine französische Bergsteigergruppe brach im gleichen Jahr auf und musste ebenfalls aufgeben, weil sie bei schlechtem Wetter den Weg verloren.

Anhang

Literaturverzeichnis

Adler, Christian: Achtung Touristen, Umschauverlag 1983
Aris, Michael: Aung San Suu Kyi. Das Portrait. Heyne TB 19/510, 1991
Asch, Hanno: Birmanische Tage und Nächte, Berlin 1932
Aung Aung Taik: Visions of Shwedagon, White Lotus Co., Bangkok 1989
Aung San Suu Kyi: Freedom From Fear, Penguin 1991
Aye Saung: Burman in the back row. Autobiographie of a Burmese Rebel, Asia 2000, Hongkong 1989
Bechert, Heinz: Buddhismus, Staat und Gesellschaft in den Ländern des Theravada-Buddhismus, 2. Bd, Frankfurt/B., 1966
Bingham, J.: U Thant, Düsseldorf 1967
Bulingame, E. W.: Buddhist Legends. Part II, Harvard Oriental Series, 1921
Boucaud André und Louis: Burma's Golden Triangle. On the Trail of the Opium Warlords, Asia 2000, Bangkok 1992
Collio, M.: Into Hidden Burma, Faber and Faber 1954
Diezemann, Ursula: Myanmar, Goldstadt, Pforzheim, 1998
Diran, K. Richard: The Vanishing Tribes of Burma, Inside Guides, APA Producions, 1981
Duroiselle, C.: The Ananda Temple at Pagan, Dehli 1937
Duroiselle, D.: Pageant of King Mindon, Kalkutta 1925
Duroiselle, C.: Epigraphia Birmanica, 4 Bände, Rangun 1919 - 1936
Dutoit, J.: Jataka - Das Buch der Erzählungen aus d. früheren Existenzen Buddhas, 6 Bände, Leipzig 1908-1916
Eliot, Joshua: Myanmar Handbook, Footprint Handbooks, Bath, 1997
Esche, Annemarie: Märchen der Völker Burmas, Drei Lilien Verlag
Esche, Annemarie: Die Goldene Pagode, Müller & Kiepenheuer, Hanau/M.
Fytche, Albert: Burma. Past und Present, Band 1 und 2, London 1878
Fergusson, B.: Return to Burma, London 1962
Gebauer, Anton: Burma. Tempel und Pagoden. Erlebnisse längs der Burmastraße, Berlin 1943
Ghosh, Amitav: Der Glaspalast, Karl Blessing Verlag, München 2000
Hanewald, Roland: Das Tropenbuch, Jens Peters Publikationen
Hallet, H. S.: A Thousand Miles on a Elephant in the Shan States, White Lotus Co., Bangkok
Harvey, G. E.: History of Burma, London 1925 und 1967
Heinrich, Gerd: In Burmas Bergwäldern, Berlin 1939
Herberts, K.: Das Buch der ostasiatischen Lackkunst, Düsseldorf 1959
Htin, Maung: Alchemy and Alchemists in Burma, Oxford Univers. Press 1933
Htin, Maung: Burmese Drama, Oxford University Press 1937
Htin, Maung: Burmese Folk Tales, Oxford University Press 1948
Jones Alexandra: Mandalay, Heyne TB 7753, 1994
King, Winston: A Thousand Lives away. Buddhism in contemporary Burma, Harward University Press, Cambridge 1964
Köllner, Helmut: Myanmar, Nelles Guide, München, 1997
Kunstadter, P.: Southeast Asian Tribes, Minorities and Nations, Princeton 1967
Kurzrock, R.: Asien im 20. Jh., Berlin 1972

Literaturverzeichnis

Le Bar/Frank: Ethnic Groups of Mainland Southeast Asia, New Haven 1964

Leuenberger H.: Die Burmastraße gestern, heute, morgen. Starnberg 1943

Lewis, P. und E.: Völker im Goldenen Dreieck, Edition H. Mayer, Stuttg. 1984

Luce, Gordon: The Ancient Pyu, Journal of Burma Research Society 1937

Luce, Gordon: Essays offered to G. H. Luce, Ascona 1967, Band I - II

Luce, Gordon: Old Burma - Early Pagan, 3 Bände, New York 1969

Ludwig, Clemens: Birma, Beck'sche Reihe Länder, Bd. 870, München, 1997 (sehr informativ)

Moisy, Claude: Birma, Editions Rencontre, Lausanne 1964

Murray, J.: A Handbook for Travellers in India, Burma and Ceylon, London 1924

Nash, Manning: Burmese Buddhism in Everyday Life in American Anthropologist, Bd. 65, Nr. 2

Ockenfuß, Solveig: Anders Reisen: Frauen unterwegs, Rowohlt

O'Brien: Forgotten Land. A Rediscory of Burma, Penguin 1991

O'Connor, V. C.: Mandalay an Other Cities of the Past in Burma, White Lotus Co., Bangkok

Orwell, George: Tage in Burma, Diogenes Verlag 1982

Orwell, George: Burmese Days, Penguin 1989

Phayre, S. A.: History of Burma, London 1967

Prunner, G.: Meisterwerke birmanischer Lackkunst, Hamburg 1966

Ray, H.-R.: Introduction tc the Study of Buddhism in Burma, Kalkutta 1936

Ray, H.-R.: Sanskrit Buddhism in Burma, Kalkutta 1936

Rockhill, W.: The Life of Buddha, London 1907

Rosiny, Tonny: Birma - das Glück des einfachen Lebens, H. Erdmann Verlag, 1979

Sale, Marino: Buddhismus. Lehre und Geschichte. Freiburg 1962

Schermann, Lucian: Im Stromgebiet des Irrawaddy, München 1922

Schermann, Lucian: Brettchenwebereien aus Birma und den Himalayaländern. Münchner Jahrbuch der bildenden Kunst 1913, IV. Vierteljahrheft

Schröder, Klaus R., Myanmar/Burma, Reise Know-How Verlag, 2004

Sachs, C.: Die Musikinstrumente Birmas und Assams, München 1917

Seitz, A.: Der Buddhismus im heutigen Birma, Rangun 1958

Smith, Nicol: Burma Road, New York 1942

Storz, Hans-Ulrich: Birma. Land, Geschichte, Wirtschaft. Wiesbaden 1967

Seidenstücker, K.: 12 Jataka-Reliefs am Ananda-Tempel zu Pagan, München 1926

Theroux, Paul: The Great Railway Bazaar. By Train through Asia, New York, 1975

Thomann, Th.: Pagan, Stuttgart 1923

Temple, R.: The Thirty-Seven Nats, London 1906

U Myathein: Pracical Myanmar, Yangon, 1995

U Toke Gale: Burmese Timber Elephant, Yangon, 1974

Uhl, Wolfgang: Handbuch für Rucksackreisen, Orac Pietsch Verlag

Wheeler, Tony: Myanmar, Lonely Planet, Australia, 1996

Yol, Shway: The Burman. His Life and Notions. London 1910

Yule, Henri: Reise in das Königreich Ava, Paris 1855

Yule, Henri: Narrative of the Mission to the Court of Ava in 1855, London 1858

und Kuala Lumpur 1968
Yule, Henri: The River of Golden Sand, London 1880

Adressen zur Landesinformation

amnesty international: 53108 Bonn, Heerstr. 178, T. (02 28) 65 09 81
Die Armut des Volkes - Verelendung in den unterentwickelten Ländern, Rowohlt TB
Anders Reisen: Adressbuch - Informationsquellen von A - Z, Rowohlt TB
Anders Reisen: Tips & Tricks für Tramps und Travellers, Rowohlt TB
Burma - the alternative guide: Burma Action Group, Collins Yard, Islington Green, London N1 2XU
Association Suisse-Birmanie: C. P. 171, CH-1242 Satigny Genève, Schweiz, E-Mail: info@asb.int.ch
Burma Büro: Herwarthstr. 8, 50672 Köln, E-Mail: mailto:burmabuero@netcologne.de
Deutsche-Burmesische Gesellschaft e. V: Kronstädter Str. 76, 45701 Herten, T. (0 23 66) 9 19 31
Europäisch-Burmesische Gesellschaft e. V.: Hasencleverstr. 27 a, 22111 Hamburg, T. (0 40) 6 55 69 44
Gesellschaft für bedrohte Völker: Postfach 20 24, 37010 Göttingen, T. (05 51) 49 90 60
Solidaritätsgruppe Burma-Projekt: Silberhammerweg 78, 13503 Berlin
Indochina Services: Enzianstr. 4 a, 82319 Starnberg, T. (0 81 51) 77 02 22, Fax: 77 02 29, Information, Visaservice und Buchung von Myanmar-Reisen

Verschiedene Internetadressen zur Landesinformation

http://www.myanmars.net/myanmar/names.htm
http://www.bankokpost.com/230502_News
http://www.myanmar.guide.de/fr_interiorforum.htm
http://www.asiatradinonline.com/myanmar.htm
http://airmandalay.com/schedules.htm
http://www.goldenlandpages.com
http://www.asiaphoto.de
http://www.allmyanmar.com
http://www.auswaertiges-amt.de
http://www.duei.de = Deutsches Überseeinstitut

Tropenmedizinische Institutionen in Deutschland

Berlin
Institut für Tropenmedizin Berlin
Spandauer Damm 130
14050 Berlin
T. (0 30)30 11 66
http://www.charite.de/tropenmedizin/

Universitätsklinikum Rudolf Virchow
Standort Wedding
II. Medizinische Abteilung
Augustenburger Platz 1
13353 Berlin
T. (0 30)45 05 - 0

Bonn
Institut für Medizinische Parasitologie der Universität Bonn
Siegmund-Freud-Str. 25

Tropenmedizinische Institutionen 433

53127 Bonn
T. (02 28) 2 87 - 56 73

Dresden
Institut für Tropenmedizin
Städtisches Klinikum Dresden-Friedrichstadt
Friedrichstr. 41
01067 Dresden
T. (03 51)4 96 31 72

Frankfurt
Reisemedizinische Impfambulanz
http://www.kgu.de/zhyg/virologie/impfamb.html

Hamburg
Bernhard-Nocht-Institut
Bernhard-Nocht-Str. 74
20359 Hamburg
T. (0 40) 3 11 82 - 0
http://www.bni.uni-hamburg.de

Heidelberg
Institut für Tropenhygiene und Öffentliches Gesundheitswesen
Im Neuenheimer Feld 324
69120 Heidelberg,
T. (0 62 21) 56 29 05
Fax:(0 62 21) 56 59 48
http://www.hyg.uni-heidelberg.de/ithoeg/

Leipzig
Abteilung für Infektions- und Tropenmedizin
Klinik für Innere Medizin IV
der Universität Leipzig
Härtelstr. 16 - 18
04107 Leipzig
T. (03 41) 9 72 49 71

Städtisches Klinikum St. Georg
II. Klinik für Innere Medizin
Delitzscher Str. 141

04129 Leipzig
T. (03 41) 9 09 00

München
Abteilung für Infektions- und Tropenmedizin der Ludwig-Maximilians-Universität München
Leopoldstr. 5
80802 München
T. (0 89) 21 80 - 35 17
Fax: (0 89) 33 60 3
http://www.tropinst.med.uni-muenchen.de
Email: tropinst@lrz.uni-muenchen.de
persönliche Impfberatung und Impfungen: Mo - Fr 11.00 - 12.00 Uhr, Mi und Do 16.30 - 18.00 Uhr

Städtisches Krankenhaus Schwabing
IV. Medizinische Abteilung
Kölner Platz 1
80804 München
T. (0 89)30 68 - 26 01
Fax: (0 89) 30 68 - 39 10

Augenklinik der Universität München
Abteilung für Präventiv- und Tropenophthalmologie
Mathildenstr. 8
80336 München
T. (0 89) 51 60 - 38 24

Rostock
Abteilung für Tropenmedizin und Infektionskrankheiten der Universität Rostock
Ernst-Heydemann-Str. 6
18057 Rostock
T. (03 81)49 40
Fax: (03 81) 39 65 86

Tübingen
Institut für Tropenmedizin
Universitätsklinikum Tübingen

Keplerstr. 15
72074 Tübingen
T. (0 70 71) 2 98 23 65
Fax: (0 70 71) 29 52 67

Tropenklinik
Paul-Lechler-Krankenhaus
Paul-Lechler-Str. 24
72074 Tübingen
T. (0 70 71) 20 60
http://www.difaem.de
http://www.medizin.uni-tuebingen.de

Ulm

Sektion Infektionskrankheiten und
Tropenmedizin, Medizinische Klinik
und Poliklinik der Universität Ulm
Robert-Koch-Str. 8
79081 Ulm
T. (07 31) 5 02 44 27
Fax: (07 31) 5 02 43 93
Email: sekretariat.infektiologie@ medi zin.uni-ulm.de

Würzburg

Tropenmedizinische Abteilung
Missionsärztliche Klinik
Salvatorstr. 7
97074 Würzburg
T. (09 31) 7 91 - 28 21

Adressen in Yangon

WHO World Health Organisation, 11, Goodlife Road
UNICEF United Nations Children Fund, 132, University Avenue
Myanmar Red Cross Society, 42, Strand Road
Institut of Dental Medicine, Ecke Bogyoke Aung San Street und Shwedagon Pagoda Road
Central Medical Stores Depot, 57, Newlyn Road

Geänderte Namen

Alter Name	Neuer Name
Ava	In-Wa
Bassein	Pathein
Magwe	Magway
Martaban	Mottama
Maymyo	Pyin Oo Lwin
Mergui	Myeik oder Beik
Moulmein	Mawlamyine
Mrohaung	Mrauk U
Pagan	Bagan
Pegu	Bago
Prome	Pyay
Rangun	Yangon
Sandoway	Thandwe
Sittwe	Akyab
Srikshetra	Thayekhittay
Syriam	Tanyin
Tavoy	Dawei
Yaunghwe	Nyaungshwe
Chindwin	Chindwinn
Irrawaddy	Ayeyarwady
Salween	Thanlwin
Sittang	Sittoung
Karen	Kayin
Arakan	Rakhine
Tenasserim	Thanintharyi

Glossar

Adorant	Anbeter
anyein-pwe	bescheidenes Fest
Arhat	asketischer Weise, Erleuchteter
Betel	Nuss der Areka-Palme
Bilu	Dämon
Biluma	weibl. Form von Bilu

Glossar

Bodhi-Baum	hl. Banyan-(Pappelfeigen) Baum, unter dem Buddha die Erleuchtung hatte	Kyaung	Kloster
		Longyi	myanmarischer Wikkelrock
Bodhisattva	altruistischer Heiliger, Erretter	Madai	himmlische Geister der Kachin
chaung	Kanal, Strom	Mandala	magische Anschauungsbilder
Chedi/Stupa;	glockenförmiges, religiöses Monument	Mantra	mystische Silben
cheroot	Zigarre	Manusiha	Fabelwesen, halb Mensch, halb Tier
Chinlon	Ballspiel mit einem Rattanball, Nationalsport in Myanmar	Meru	heiliger Berg im Weltzentrum in der buddhistischen Kosmologie
chinthe	eine Art Löwe, steht als Wächterfigur vor Pagoden	Methila	Nonne
		mohinga	traditionelle Suppe als Frühstück
Gautama	Name Buddhas als Asket und Lehrer	Mudra	symbolische Gesten
		Naga	Schlange
Guru	Lehrer	Nadwin	Ohrlochstechen
haw	(Shan-)Palast	Nat	gut- oder bösartige Geister, es gibt 37
Hintha	mystischer Vogel		
Hti	„Schirm" als Tempelspitze	Nat-kadaw	Gemahlin des Nat
		Nat-sin	Schrein für die Nats
in	See	ngapi	Fisch/Garnelenpaste
Indra	Gottheit des Himmels Wetters und Krieges, wird gewöhnlich auf einem 3köpfigen Elefanten dargestellt	Nirwana	Erlösung von dem ewigen Rad der Wiedergeburt, Art Himmel
		Oozie	Elefantenreiter
		Pali	mittelindische Sprache, hl. Sprache des Theravada Buddhism.
Jataka	Geschichten der früheren Leben Buddhas		
kalaka	bestickter Wandbehang	paya	Name für Pagode
		Pitakattaik	Bibliothek
Kalpa	unbestimmter Zeitraum eines Zeitalters	Pongyi	Mönch
		Ponna	Astrologe, Weissager
Kalouk	Glocke der Elefanten	Pwe	Fest
Karaweik	mythologischer Vogel	Samanero	Novize
Karma	Schicksal	Sangha	mönchische Gemeinschaft
Kassapa	Vorgänger Gautama Buddhas		
		Sanskrit	hl. alte indische Sprache des Hinduismus
Konagamana	Vorgänger Gautama Buddhas		
		Sawbwa	Shanfürst
Kyaik	anderes Wort für Paya = Pagode	Saya	weiser Mann
		Sima	Ordinationshalle

Sidharta	Name Buddhas als Prinz	tonga	Pferdekutsche
Shin Byu	Haareschneidezeremonie	Tripitaka	Dreikorb, Kanon des Theravada Buddhismus
Shwe	Gold, golden	Vishnu	Gott im Hinduismus
Stupa	siehe auch Chedi	viss	myanmarische Gewichtseinheit
taung	Berg		
Tazaung	offene Pavillons im Tempel- oder Pagodenbereich	yoma	Bergkette
		zat	klassische birmanische Dramen auf dem Ramayana basierend
Thagya	König der Nats		
thami	eine Art Hirsch	Zat-pwe	größeres Fest
Thanaka	Paste aus Sandelholz, wird auf das Gesicht gestrichen	Zayat	Andachtshalle im Tempel- oder Pagodenbereich
Thanapet	äußere Blätterschicht bei den cheroots		
Thein	Ordinationshalle		

Shwe Yaunghwe Pagode, Nyaungshwe

Index

A

Abgabesystem 68
Agricultural Museum 165
Ahkauk 214
Aids 18, 125
Air Mandalay 101, 130, 131
Akha 17, 49, 352, 353
Akyab 243
Alaungdaw Kassapa 403

Alaungpaya 26
Alaungsithu 25
Alte Weisheitsschule 53
Amarapura 356, 385
Amherst 234
Ananda 71
Anawrahta 24, 55
Andaman-Club 239
Anisakan Wasserfälle 413
Anreden 65
Antiquitäten 106, 170
Apotheken 168
Aquarium 165
Arakanesen 44
Arbeitselefanten 69, 205
Archipel von Mergui 238
Arhat 54
Arleing Nga Sint Pagode 163
Asanas 88
Astrologen 62
Aung San 29, 163
Aung San Suu Kyi
    32, 33, 34, 35, 37
Ava 385, 389
Ayetthema 223

B

Bagagyi Pagode 186
Bagan 24, 266
Bago 26, 196
Balet Insel 262
Ballonflüge 297
Bambus 16
Bambuspapier 373
Banyan-Baum 16
Bayin Nyi Höhlen 223
Bayonga Inseln 245
Beikthano 309
Beinruderer 329
Beinstellungen 88
Bestattung 71
Betelnusskauen 67
Bghai 39
Bhamo 423
Bibliotheken 166
Bilin 222
Birmanen 17, 23, 38
Blattgoldherstellung 372
Bogyoke Aung San Park 163
Bodawpaya 26
Boddhisattva 54
Bodenschätze 15
Bodhi Tahtaung Pagode 400
Bodhi-Baum 51
Bogyoke Aung San Markt 169
Bootsrennen 68
Botanischer Garten 164
Botataung Pagode 161
Botschaft der Union v. Myanmar 98
Botschaften 98
Boxen 68
Bre 39, 42
Britisch-Indien 28
Bronzefiguren 87
Bronzegießereien 372
BSPP (Burma Socialist Programme
    Party) 30, 31
Buchläden 171
Buddhadarstellung 87
Buddhismus 51
Buddhist Art Museum 165
Burma Road 418
Bus terminals 133
Busse 133

Busunternehmen 133
Bwe 39

C

Central Telegraph Office 112
Chaungtha 193
Chedi 83, 85
Chiang Tung, 349
Chin 17, 44, 241
Chinesen 17
Chinesischer Markt 170
Chinlon 68
chinthes 154
Cholera 120
City Hall 160

D

Daingripet 255
Dalah 187
Danubyu 206
Dawei 235, 102
Defence Services Museum 165
Dengue-Fieber 121
Deutsche Bank 167
Devisen 103
Dewali 80
Dhanywaddy 259
Diamantenblütenbaum 16
Diamond Island 193
Drei-Pagoden-Pass 102

E

E-Mails 112, 167
Edelsteinmuseum 165
Ehe 64
Ehrerbietungstage 72
Einreise 100
Elefanten 205
Elefantentanz-Fest 81
Elfenbeinschnitzereien 372
Essenszeiten 114

F

Fahrräder 138
Fax 111, 112
FEC 104
Feet 20
Feiertage 78
Fernsehen 20
Feste 78
Filme 171
Fischerei 14
Fluggastgebühr 100
Fluggesellschaften 101
FMI 170
Foreign Exchange Certificates 104
Forstwirtschaft 14
Fotoausrüstung 108
Frangipani-Bäume 16
Frau 64
Fresken 89
Früchte 115
Frühstück 114
Furlongs 20

G

Gallone 20
Gangaw 317
Gaungbaung 67
Gautama 51
Gelbfieber 120
Gemüse 115
General Post Office 167
Geographie 14
Geschäftsreisevisum 98
Gesundheit 119
Getränke 116
Giraffenfrauen 41
Giraffenfrauen 327
Glocken 63, 76
Gokhteik Viadukt 414
Goldener Felsen 216
Golf 139
Gong 76
Gonorrhoe 125
Gruß 97
Gyaing se kyun 231

H

Haarwasch-Zeremonie 70
Halin 406
Halingyi 406
Hamse, 348
Handhaltungen 88
Harfe 77
Haus 65
Heho 328
Heißluftballonfestival 82
Hepatitis 121
Hepatitis A 120
Hepatitis B 121
Hibiskus 16
Hinayana 53
Hinthada 207
Hkakabo Razi 15, 428
Hlawga Wildlife Park 164
Hmawza 212
Hpa-an 224
Hpokkala Inseln 194
Hsindat Myindat 222
Hsipaw 415
hti 63

I

Impfplanung 124
Impfungen 120
In-Wa 25, 385, 389
Indein 341
Inder 17
Indischer Markt 169
Inland Water Transport 135
Inle See 328
Inle Spa 332
Internet 112
Intha 329, 50
Inya See 163

J

Jadebearbeitung 373
Japanische Enzephalitis 121
Jataka 55

Jatakas 271
Jinghpaw 48
Jingpho 46

K

Kaba Aye Pagode 161, 55
Kachin 17, 45, 46
Kakku 346
Kaladan 242
Kalaw 319
Kalpa 54
Kamboza Thadi Palast 201
Kanchanabur 102
Kandawgyi oder Royal See 163
Kanthaya Beach 264
Kanu 139
Karen 17, 23, 29, 30, 38
Karen National Union (KNU) 35
Karen-ni 39
Karma 52
Kason 20, 79
Kaungdine 332
Kaunghmudaw Pagode 394
Kawthaung 101, 240
Kaya 17
Kayah 39
Kayi Insel 262
Kengtung 349
Kesselgong 76
Khun Sa 34, 43
Kinderlähmung 120
King Island 239
Kleidung 107
Klima 15
Kloster 59
Kraing Naw Yeiktha 427
Krankenhäuser 168
Krankheiten 18
Kreditkarten 103
Krokodilzither 76
Kuthodaw Pagode 55
Kyaik Khauk Pagode 186
Kyaikhtiyo 222
Kyaikhtiyo Pagode 216, 220

Kyaikkami 234
Kyaikmaraw 233
Kyaikpun Pagode 198
Kyaing Tong 349
Kyansittha 25
Kyat 104
Kyauk Ta Lone 349
Kyaukhtatkyi Pagode 162
Kyaukka 401
Kyaukme 414
Kyaukse 397, 81
Kyauktan Pagode 187
Kyauktaw 259
Kyaukwaing Pagode 162
Kyiktaw 261

L

Lack 92
Lackkunst 92
Lahu 17, 49, 352, 353
Lamaismus 53
Lampi Kyun 240
Landkarten 102
Landwirtschaft 13
Lashi 49
Lashio 417
Launggret 257
Letkhokkon 188
Lichterfest 80
Liegender Buddha von Bodhi
　　Tahtaung 401
Lintha 261
Lisu 17, 48
Loikaw 326
Loimwe 353
Lontha 261

M

Mae Sot 102
Magway 315
Magwe 315
Maha Bandoola Park 161
Maha Pasana Guna 55
Maha Pasana Guna 162

Maha Wizaya Pagoda 160
Mahamuni Pagode (Rakhine) 259
Mahamuni-Statue 242, 89
Mahamunistatue 368
Mahayana 53, 55
Mahazedi Pagode 200
Mailamu Pagode 162
Maingy Island 239
Malaria 122
Manaofest 426
Mandala 54
Mandalay 355
Mantra 54
Marco Polo 27
Marionettentheater 73, 371
Martaban 226
Maru 49
Maung Maung 32
Mawdin 193
Mawlamyine 226, 102
Maymyo 408
Meditationszentren 165
Meiktila 317
Menü 115
Mergui 237
Meru 84, 85
Methila 62
Michael Aris 33
Mietwagen 136
Mile 20
Minbu 305, 316
Mindon 26, 308, 356, 366
Mingun 404
Ministry of Foreign Affairs 98
Minnanthu 293
Minzu, 403
Miparagyigu Höhle 252
Mobiltelefone 106
Moe Nyin Thanboddhay Pagode 400
Mogok 420
Mon 17, 23, 45
Mon-Gerichte 114
Mon-Khmer 38
Mönch 60

Monywa 398
Moscos Islands 235
Motorrad 138
Mottama 226
Moulmein 226
Mount Popa 317
Mount Victoria 15, 317
Mrauk U 245
MTT 109, 127, 128
Mudon 233
Mudras 54, 88
Muse 101
Musik 75
Musikinstrumente 75
Mwedaw Kyun 239
Myabyin 261
Myanmar Airways 101, 130, 131
Myanmar Airways International 101
Myanmar Information Communication Technology (MICT) 36
Myanmar Tours & Travel 109
myanmarische Küche 114
Myazedi- oder Kubyaukkyee-Inschrift 21
Myeik 237
Myingyan 317
Myinkaba 287
Myithson 427
Myitkyina 425
Myohaung 245

N

Nadaw 20, 82
Nadwin 70
Naga 17, 50, 59
naga 84
Nagar Glass Factory 167
Name 66
Narapati 25
Narasihapati 25
Nat **57**
Nat-kadaw, 57
National-Museum 164
Nationale Liga für Demokratie" (NLD) 33
Nationalgerichte 115
Natkadaw: 73
Natmaw 207
Nats 46, 315
Nature History Museum 165
Nayon 20
Ne Win 29, 30, 31
Neuen Weisheitsschule 53
Neues Jahr 80
Ngadatkyi Pagode 162
Ngapali 261
ngapi 115
Ngwe Hsaung Beach 195
Nirwana 52, 54
NLD 35
Nonnen 62
Novize 60
Nung-Rawang 49
Nyaungdon 189
Nyaungshwe 330

O

Öffnungszeiten 109
Ohrlochen 70
Okedwin 204
Old Bagan 277
Oozie 69
oozie 205
Orchester 75
Orchideen 16
Ornamentik 86

P

Padaung 41, 320
Pagan 266
Pagode 62
Paketsendungen 110
Pakhangyi 317
Pakkhan 427
Pakokku 317
Palaung 45, 320, 322, 352
Paleik 396
Palisander 16

Paoh 41, 322, 39
Parein 257
Pataw 257
Pataw Patit Island 239
Pathein 189
Pegu 196
Peikchin Myaung Höhlen 413
Pferdekutschen 139
Pflichtumtausch 104
Pho 39
Phowin Taung 403
Phra Chedi Sam Ong 102
pick-up 134
Pindaya 324
Planetarium 167
Planeten 71
Plastik 85
Po 39
Pongyi 60
Ponnas 62
Post 110
Presse 19
Pulau Pesin 240
Puppenspiel 73
Putao 427
pwe 72
Pwe Kauk Wasserfälle 413
Pwo 39, 42
Pyatho 20, 82
Pyay 24, 207
Pyin Oo Lwin 408
Pyinmana 317
Pyu 21, 23, 24

R

Rahula 71
Rakhine 17, 25, 241
Ramre Island 264
Ranong 101
Regentage 15
Reiseapotheke 125
Reisebüros 129
Reisferntefest 78
Reisezeit 107

Religionen 18
Rubin 421
Rundfunk 19

S

Sagaing 385, 391
Sagyin 406
Salagiri Hügel 260
Sale 301
Salin 305
Sampanago 424
San Yu 34
Sandoway 261
sawbwas 42
Scheidung 64
Schiff 135
Schirm 63
Schlammvulkane 306
Schlangen 63
Schlangenbisse 125
Schnorcheln 139
Schrift 21
Schultypen 19
Schulwesen 19
Schwalbennester 239
Schwarztausch 104
Schwimmbäder 167
schwimmende Gärten 329
schwimmender Markt 334
Segeln 139
Seiden- u. Baumwollwebereien 372
Sein Lwin 31, 32
Sein Ye Basiscamp 204
Setse 234
Sgau 39
Sgaw 39
Sgo 39, 42
Shampoo Island. 231
Shan 17, 42, 318, 322, 352, 353
Shan State Army"(SSA) 35
Shan United Revolutionary Army
    (SURA) 36
Shan-Gerichte 114
Shiba 414

Shin Byu 60
Shwebataung 403
Shwebo 408
Shwedagon Pagode 152
Shwedaung 213
Shwegugale Pagode 201
Shwemawdaw Pagode 198
Shwemokhtaw Pagode 191
Shwenyaung 328
Shwephonebywint Pagode 162
Shwesandaw Pagode 209
Shwethalyaung 199
Shwezigon Pagode 89
Sicherheit 108
Sigunmyo 257
Silberschmiede 372
Sintkaing 397
Sittwe 243
Souvenirs 118
Sprache 20
Sprachführer 117
Srikshetra 211
Stromspannung 109
Stupa 62, 83
Sule Pagode 160
Suppayalat 358, 359
Surfen 139
Syphilis 125
Syriam 185

T

Tabaung 20, 79
Tabodwe 20, 78
Tachilek 101
Tada U 391
Tagaung 408
Tagu 20
Tanken 136
Tanyin 185
Tanz 75
Tätowieren 67
Tauchen 139
Taungbyon 395
Taungbyone 80

Taungdwingyi 309, 317
Taunggyi 342
Taungthu 39
Tavoy 235
Tawthalin 20
Tazaungmon 20, 81, 344
Teakholz 68
Teakholzbaum 16
Telefon 110
Telegramm 110
Tempel 85
Tetanus 120
Thadingyut 20, 80
Thahtay Kyun Island 239
Thai-Chinesen 38
Thakin 29
thanaka 65
Thanbyuzayat 233
Thandwe 261, 263
Thaton 45, 222
Thaungthaman 387
Thayekhittaya 211
Thazi 319
Theater 72
Theingyi Zay Markt 169
Theravada 53, 55
Thibaw 26, 358, 415
Thingyan 79
Thiripyitsaya 293
Tibeto-Birmanen 38
Toilette 118
Tongsu 39
Toungoo 25, 203
Touristenvisum 97
Travellerschecks 103
Trinkgeld 117
Tripitaka 51
Tropenmedizinische Institutionen 432
Tuyin Mountain 317
Tuyin Taung 313
Twante 187
Twin Hill 401
Typhus 121

U

U Nu 29, 30, 56
U San Yu 31
U Than Shwe 34
U Thant 29
U Wisara 28
UNICEF 434
Union of Burma 30
Urittaung Pagode 246

V

Verfassung 12
Verkehr 20
Vesali 258
Victoria Point 240
viss 20
Visum 98
Volksgruppen 17, 38
Vorwahlnummern 111

W

Wa 17, 35, 44, 352
Wagaung 20, 80
Wandern 139
Wandgemälde 89
Waso 20, 61, 80
Wasserbüffel 70
Wasserfest 79
Wassersport 139
Wehrwesen 19
Weihnachtsstern 16
Weißer Elefant 164
Wetwun Wasserfälle 414
WHO 434
Wirtschaft 13
Wundstarrkrampf 120

Y

Yadana Daung 233
Yangon 145
Yangon Airways 130, 131
Yard 20
Yaunghwe 330
Ywama 334
Ywataung 395

Z

Zahlen 21
Zeit 107
Zeitrechnung 20
Zokthok 222
Zollbestimmungen 106
Zoo 163
Züge 132
Zugkarten 132

Zugfahrpläne

Schalter

Yangon
Bogyoke Aung San Str., T. 27 40 27,
geöffnet von 06.00 - 10.00 und von 13.00 - 16.00 Uhr
„Dagon Mann" hat einen eigenen Schalter am Bahnhof
Mandalay
78. Str., südlich vom Mandalay Fort

Route	Tag	Abfahrt	Ankunft	Preis in US$
Yangon - Mandalay				
Express No. 11 Up	täglich	06.00	21.10	33
Express No. 5 Up	täglich	17.00	08.00	33
Spezial Express No. 15 Up	täglich	18.30	08.20	38
Express No. 3 Up	täglich	19.30	10.35	33
Express No. 7 Up	täglich	21.00	11.30	33/38
Dagon Mann No. 17 Up	So, Mi, Fr	15.15	05.20	30/50
Yangon - Thazi				
Express No. 11 Up	täglich	06.00	18.00	27
Express No. 5 Up	täglich	17.00	04.15	27
Spezial Express No. 15 Up	täglich	18.00	05.15	33
Express No. 3 Up	täglich	19.30	07.15	27
Express No. 7 Up	täglich	21.00	08.05	27
Dagon Mann No. 17 Up	So, Mi, Fr	15.15	ca. 05.00	30/50
Mandalay - Yangon				
Express No. 12 Down	täglich	06.00	21.30	33
Express No. 6 Down	täglich	15.15	05.20	33
Spez. Express No. 16 Down	täglich	17.30	07.30	38
Express No. 4 Down	täglich	18.30	10.00	33
Express No. 8 Down	täglich	20.35	11.35	33/38
Dagon Mann No. 18 Down	Mo,Do,Sa	16.15	06.20	30/50
Mandalay - Thazi				
Express No. 12 Down	täglich	06.00	09.20	27
Express No. 12 Down	täglich	06.00	09.20	27
Express No. 6 Down	täglich	15.15	18.00	27
Spez. Express No. 16 Down	täglich	17.30	20.15	33
Express No. 4 Down	täglich	18.30	21.45	27
Express No.8 Down	täglich	20.35	23.15	27
Dagon Mann No. 18 Down	Mo,Do,Sa	16.15	19.30	33
Mandalay - Monywa				
No. 123 Up	täglich	05.35	11.30	6
No. 125 Up	täglich	13.45	19.10	6
No. 21 Up	täglich	08.35	09.55	6
No. 5 Up	täglich	15.25	17.05	6
Monywa - Mandalay				
No. 124 Down	täglich	13.20	19.20	6
No. 126 Down	täglich	06.50	12.20	6
No. 22 Down	täglich	06.20	07.55	6
No. 6 Down	täglich	13.25	15.00	6

Züge 447

Route	Tag	Abfahrt	Ankunft	Preis in US$
Mandalay - Bagan				
	täglich	22.00	06.00	9
Bagan - Mandalay				
	täglich	08.00	16.00	9
Mandalay - Lashio				
No. 131 Up	täglich	04.45	18.15	12
Lashio - Mandalay				
No. 132 Down	täglich	05.30	19.15	12
Pyin Oo Lwin - Lashio				
No. 137 Up	täglich	05.30	15.20	10
No. 131 Up	täglich	07.30	18.15	10
Lashio - Pyin Oo Lwin				
No. 138 Down	täglich	07.00	16.10	10
No. 132 Down	täglich	05.30	14.40	10
Thazi - Kalaw				
No. 143 Up	täglich	05.00	09.40	6
No. 141 Up	täglich	09.00	13.54	6
Kalaw - Shwenyaung				
No. 143 Up	täglich	09.50	12.40	6
No. 141 Up	täglich	14.00	16.35	6
Shwenyaung - Kalaw				
No. 144 Down	täglich	10.00	12.35	6
No. 142 Down	täglich	08.30	11.10	6
Kalaw - Thazi				
No. 144 Down	täglich	12.40	17.50	6
No. 142 Down	täglich	11.15	16.40	6
Yangon - Bago				
Local No. 13 Up	täglich	14.50	18.10	5/2
Bago - Yangon				
Local No. 14 Down	täglich	05.50	08.10	5/2
Bago - Kyaikhtiyo				
	täglich	03.15	05.45	4
	täglich	05.30	07.15	4
	täglich	09.20	11.50	4
Kyaikhtiyo - Bago				
	täglich	12.15	14.45	4
	täglich	15.10	17.40	4
	täglich	17.00	19.15	4
Yangon - Pyay				
Express No. 71 Up	täglich	13.00	20.00	15
Pyay - Yangon				
Express No. 72 Down	täglich	22.00	05.00	15
Yangon - Toungoo				
Local No. 19 Up	täglich	07.40	18.25	20
Toungoo - Yangon				
Local No. 20 Down	täglich	05.50	17.20	20
Yangon - Mawlamyine				
Express No. 81 Up	täglich	08.00	16.20	17/10
Express No. 83 Up	täglich	05.00	13.15	17/10
Mawlamyine - Yangon				
Express No. 82 Down	täglich	20.00	04.35	17/10
Express No. 84 Down	täglich	08.00	16.45	17/10
Mandalay - Myitkyina				
No. 55 up	täglich	07.00	09.45	27
No. 57 up	Mi, So	12.00	11.30	27
No. 59 up	Di, Fr	12.00	11.30	27

Fahrpläne für Schiffe

Schiffsrouten	Tag	Abfahrt	Ankunft	Preis in US$
Mandalay - Bagan	Mi, (Do), So	05.00	19.00	11/33
	Di, Do, Sa	05.00	19.00	18
Bagan - Pyay	tgl., außer Do, So	05.00	20.00 (2 T.)	10
Mandalay - Mingun	täglich	07.00 -	1 Std.	K 2000
		15.00	später	ganzes Schiff
Mandalay - Katha	Expr. jeden Mi	05.30	10.30	
	normal Mo, Fr	06.00	15.00	
Mandalay - Bhamo	Expr. Do, Sa, So	05.30	13.00	
Mandalay - Pyay	Mo, Mi, Fr, Sa	05.30	18.00 (3 T.)	ca. 35
Yangon - Pyay	täglich	16.00	05.00	
Yangon - Twante	täglich	stündlich	2 Std. später	
Yangon - Sittwe	täglich	Fahrz. 2 T.		
Yangon - Mawlamyine	täglich	16.30	05.00	
Yangon - Danubyu	täglich	06.00	21.00	
Yangon - Pathein	tägl., Express	04.00/15.00	20.00/08.45	7/21/42
Pathein - Yangon	tägl., Express	17.00	10.00	7/21/42
Yangon - Latbutta	Mo, Di, Do, Sa, So	16.00	05.30	
Yangon - Tanyin	tägl. halbstündl.	ab 05.30	45 Min. spät.	
Tanyin - Yangon	tägl. halbstündl.	letztes Sch. 18.00		
Mawlamyine - Hpa-an	täglich	06.00 - 07.00 12.00 - 13.00	10.00 - 11.00 16.00 - 17.00	2
Monywa - Kalewa	täglich	Fahrz. 4 T.		

Inlandsflüge

Myanma Airways

Büros:
in Yangon: 104, Strand Rd, T. (01)27 48 74, 27 45 95, i. d. Nähe d. Strand Hotels
in Mandalay: 82. Str., zwischen 25. und 26. Str., T. (02) 2 25 90, 2 37 36
in Bagan: T. (0 62) 7 01 99
in Taunggyi: Ye Htwet Oo Str., Ye Aye Kwin Ward, T. (0 81)2 15 65

Yangon - Nyaung U (Bagan) - Mandalay - Yangon: täglich am Morgen
Yangon - Mandalay - Nyaung U (Bagan) - Yangon: täglich am Nachm.
Yangon - Heho - Mandalay - Heho - Yangon: täglich

Yangon - Sittwe - Yangon: täglich
Yangon - Kengtung - Heho - Yangon: Mo, Mi, Do, Fr, Sa
Yangon - Tachileik - Heho - Yangon: So, Mo, Di, Do, Sa
Yangon - Loikaw - Heho - Kengtung - Heho - Loikaw - Yangon: So, Do
Yangon - Loikaw - Yangon: Mo, Di
Yangon - Myitkyina - Putao - Myitkyina - Yangon: So, Mo, Mi, Fr
Yangon - Kalaymyo - Mandalay - Bhamo - Myitkyina - Bhamo - Mandalay - Yangon: Fr
Yangon - Lashio - Heho - Yangon: Mo, Mi, Fr, Sa
Yangon - Thandwe - Yangon: Do
Yangon - Myeik - Yangon: täglich
Yangon - Thandwe - Sittwe - Thandwe - Yangon: Sa
Yangon - Mawlamyine - Dawei - Mawlamyine - Myeik - Mawlamyine - Yangon: So, Mi
Yangon - Dawei - Yangon: täglich
Mandalay - Bhamo - Mandalay: So

Air Mandalay

Büros:
in Yangon: 146, Dhammazedi Rd, westlich der Shwegondine Ward, Bahan Tsp., T. (01) 52 54 88, Fax: 52 59 37
in Mandalay: Unit G-23, 82. Str. zw. 26. und 27. Str., T. (02) 7 12 58 42
in Bagan: Main Str., Bagan City, T. (0 65) 8 90 01
in Bangkok: Mekong Land, 399/6 Soi Thongdor 21, T. 7 12 58 42, Fax: 3 91 72 12
in Singapur: MAS Travel Centre, 19, Taglin Rd, Tanglin Shopping Centre, T. 2 35 44 11, Fax: 2 35 30 33
Internet: http://airmandalay.com/schedules.htm

Yangon - Mandalay - Heho - Yangon: So, Di, Mi, Do, Sa
Yangon - Nyaung U (Bagan) - Mandalay - Heho - Yangon: täglich
Yangon - Nyaung U - Mandalay - Yangon: täglich
Yangon - Heho - Mandalay - Nyaung U - Yangon: täglich
Yangon - Mandalay - Chiang Mai (Nordthailand) - Mandalay - Heho - Yangon: Mi
Yangon - Nyaung U - Mandalay - Chiang Mai - Mandalay - Heho - Yangon: Mo, Fr
Yangon - Thandwe - Yangon: So, Mi, Fr

Yangon Airways

Büro:
in Yangon: 22/24, Pansodan Str. T. 28 07 53, Reservierungen T. 25 07 73, Fax: 25 19 32, Internet Website: www.yangonairways.com, E-Mail: info@yangonairways.com

			ab	an
Yangon -	Nyaung U (Bagan)	täglich	07.00	08.20 Uhr
		Fr	13.30	14.50
		täglich	14.00	16.50
		Di, Do, So	15.00	16.20
Yangon -	Mandalay	täglich	07.00	09.10 via NYU
		Mo, Mi, Sa	12.00	13.30
		Fr	13.30	15.40
		täglich	14.00	16.00 via HEH
		Mo, Mi, So	15.00	17.10 via NYU
Yangon -	Heho	täglich	07.00	10.00 via NYU
		Di, Do, So	07.15	08.25
		täglich	14.00	15.10
Yangon -	Tachikleik	Di, Do, So	07.15	09.40 via Heh
		Mo, Mi, Sa	12.00	15.05 via MDL
Yangon -	Kengtung	Di, Do, So	07.15	09.40 via HEH
		Mo, Mi, Sa	12.00	15.05 via MDL
Yangon -	Dawei	Mo, Mi, Sa	06.30	07.40
Yangon -	Myeik	Mo, Mi, Sa	06.30	08.30 via TVY
Yangon -	Kawthaung	Mo, Mi, Sa	06.30	09.40 via TVY
Yangon -	Thandwe	Mo, Di, Mi	11.30	12.15
		Do, Fr, So	11.15	12.00
		Mo, Sa	16.45	17.05
Yangon -	Sittwe	täglich	12.30	13.30
		Mi	07.30	08.30
Nyaung U -	Mandalay	täglich	08.40	09.10
		Fr	15.10	15.40
		Di, Do, So	16.40	17.10
Nyaung U -	Heho	täglich	08.40	10.00 via MDL
		Fr	15.10	16.30 via MDL
Nyaung U -	Yangon	täglich	08.40	11.30 via MDL
		Fr	15.10	18.00 via MDL
		täglich	17.10	18.30
Heho -	Thandwe	Mo, Mi	13.45	14.45
Heho -	Kengtung	Di, Do, So	08.45	10.25 via THL
Heho -	Tachileik	Di, Do, So	08.45	09.40
Heho -	Mandalay	täglich	15.30	16.00
Heho -	Nyaung U	täglich	15.30	16.00 via MDL
Heho -	Yangon	täglich	10.20	11.30
		Di, Do, So	12.45	13.55
		täglich	15.30	18.00 via MDL
		Fr	16.50	18.00
Mandalay -	Nyaung U	Mo, Mi, Sa	17.00	17.30
		täglich	16.20	16.50

Flüge

Mandalay -	Heho	täglich	09.30	10.00
		Fr	16.20	16.50
Mandalay -	Tachileik	Mo, Mi, Sa	13.50	15.05
Mandalay -	Yangon	täglich	09.30	11.30 via HEH
		Fr	16.00	18.00 via HEH
		täglich	16.20	18.30 via NYU
		Mo, Mi, Sa	17.00	19.10 via NYU
		Di, Do, So	17.30	19.00
Thandwe -	Yangon	Mo, Fr, Sa	15.00	15.45
		Di	12.30	13.15
		Do	14.05	14.50
Thandwe -	Heho	Mo, Mi, Fr, Sa	12.30	13.30
Thandwe -	Sittwe	So, Do	12.15	12.55
Sittwe -	Thandwe	So, Do	13.10	13.50
Tachileik -	Heho	Di, Do, So	11.30	11.25
Tachileik -	Kengtung	Di, Do, So	10.00	10.25
Tachileik -	Mandalay	Mo, Mi, Sa	15.25	16.40
Tachileik -	Yangon	Di, Do, So	11.30	13.55 via HEH
Kengtung -	Heho	Di, Do, So	10.45	11.10 via THL
Kengtung -	Yangon	Di, Do, So	10.45	13.55 via THL
Dawei -	Myeik	Mo, Mi, Sa	08.00	08.30
		Mo, Mi, Sa	11.10	11.40
Dawei -	Kawthaung	Mo, Mi, Sa	08.00	09.40 via MGZ
Dawei -	Yangon	Mo, Mi, Sa	12.00	13.10
Myeik -	Kawthaung	Mo, Mi, Sa	08.50	09.40
Kawthaung -	Myeik	Mo, Mi, Sa	10.00	10.50
Kawthaung -	Dawei	Mo, Mi, Sa	10.00	11.40 via MGZ

Chiangmai -	Mandalay	kann man nur vor Ort buchen, ca. US$ 90 einfach
Mandalay -	Chiangmai	

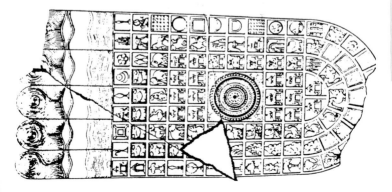

Flugpreise (Stand August 2002)

	US$/FEC
Yangon - Mandalay	100
Yangon - Nyaung U	94
Yangon - Heho	90
Yangon - Sittwe	90 - 92
Yangon - Thandwe	55 - 70
Yangon - Kengtung	110
Thandwe - Nyaung U	60
Thandwe - Sittwe	70
Heho - Thandwe	80
Mandalay - Bhamo	50
Mandalay - Thandwe	100
Nyaung U - Mandalay	40 - 43
Nyaung U - Heho	68
Mandalay - Heho	40 - 43
Heho - Kengtung	80

Abenteuer Myanmar

von Kultur bis Natur

ob individuell oder in der Gruppe,
mit oder ohne Reisebegleitung,
das Büro in Yangon hilft Ihnen
Ihren Weg durchs unbekannte
Myanmar zu finden.

**Deutsche Fachberatung und
Organisation vor Ort.**

Unser Ansprechpartner in Deutschland:
Thürmer Reisen GmbH
Ihr Spezialist für Fernflüge
Tel.: 089 - 430 90 55, Fax: 089 - 439 13 84
e-mail: Info@thuermer-tours.de

Alle Reiseführer von Reise

Reisehandbücher
Urlaubshandbücher
Reisesachbücher
Rad & Bike

Afrika, Bike-Abenteuer
Afrika, Durch
Agadir, Marrakesch und Südmarokko
Ägypten
Alaska ↻ Canada
Algerische Sahara
Amrum
Amsterdam
Andalusien
Äqua-Tour
Argentinien, Uruguay und Paraguay
Äthiopien
Auf nach Asien!

Bahrain
Bali und Lombok
Bali, die Trauminsel
Bali: Ein Paradies ...
Bangkok
Barbados
Barcelona
Berlin
Borkum
Botswana
Bretagne
Budapest
Bulgarien

Cabo Verde
Canada West, Alaska
Canadas Ost, USA NO
Chile, Osterinseln
China Manual
Chinas Norden
Chinas Osten
Costa Blanca
Costa Brava
Costa de la Luz
Costa del Sol
Costa Dorada
Costa Rica
Cuba

Dalmatien
Dänemarks Nordseeküste
Dominik. Republik
Dubai, Emirat

Ecuador, Galapagos
El Hierro
England – Süden
Erste Hilfe unterwegs
Europa BikeBuch

Fahrrad-Weltführer
Fehmarn
Florida
Föhr
Fuerteventura

Gardasee
Golf v. Neapel, Kampanien
Gomera
Gran Canaria
Großbritannien
Guatemala

Hamburg
Hawaii
Hollands Nordseeins.
Honduras
Hongkong, Macau

Ibiza, Formentera
Indien – Norden
Indien – Süden
Irland
Island
Israel, palästinens. Gebiete, Ostsinai
Istrien, Velebit

Jemen
Jordanien
Juist

Kairo, Luxor, Assuan
Kalifornien, USA SW
Kambodscha
Kamerun
Kanada ↻ Canada
Kapverdische Inseln
Kenia
Korfu, Ionische Inseln
Krakau, Warschau
Kreta
Kreuzfahrtführer

Ladakh, Zanskar
Langeoog
Lanzarote
La Palma
Laos
Lateinamerika BikeB.
Libanon
Libyen
Ligurien
Litauen
Loire, Das Tal der
London

Madagaskar
Madeira
Madrid
Malaysia, Singap., Brun.
Mallorca
Mallorca, Reif für
Mallorca, Wandern
Malta
Marokko
Mecklenb./Brandenb.: Wasserwandern
Mecklenburg-Vorp. Binnenland
Mexiko
Mongolei
Motorradreisen
München
Myanmar

Namibia
Nepal
Neuseeland BikeBuch
New Orleans
New York City
Norderney
Nordfriesische Inseln
Nordseeküste NDS

Nordseeküste SLH
Nordseeinseln, Dt.
Nordspanien
Nordtirol
Normandie

Oman
Ostfriesische Inseln
Ostseeküste MVP
Ostseeküste SLH
Outdoor-Praxis

Panama
Panamericana, Rad-Abenteuer
Paris
Peru, Bolivien
Phuket
Polens Norden
Prag
Provence
Pyrenäen

Qatar

Rajasthan
Rhodos
Rom
Rügen, Hiddensee

Sächsische Schweiz
Salzburger Land
San Francisco
Sansibar
Sardinien
Schottland
Schwarzwald – Nord
Schwarzwald – Süd
Schweiz, Liechtenst.
Senegal, Gambia
Simbabwe
Singapur
Sizilien
Skandinavien – Norden
Slowenien, Triest
Spiekeroog
Sporaden, Nördliche
Sri Lanka
St. Lucia, St. Vincent, Grenada
Südafrika
Südnorwegen, Lofoten

Know-How auf einen Blick

Sylt
Syrien

Taiwan
Tansania, Sansibar
Teneriffa
Thailand
Thailand – Tauch- und Strandführer
Thailands Süden
Thüringer Wald
Tokyo
Toscana
Trinidad und Tobago
Tschechien
Tunesien
Tunesiens Küste

Umbrien
USA/Canada
USA/Canada BikeBuch
USA, Gastschüler
USA, Nordosten
USA – der Westen
USA – der Süden
USA – Südwesten, Natur u. Wandern
USA SW, Kalifornien, Baja California
Usedom

Venedig
Venezuela
Vereinigte Arab.Emirate
Vietnam

Westafrika – Sahel
Westafrika – Küste
Wien
Wo es keinen Arzt gibt

Edition RKH

Burma – im Land der Pagoden
Finca auf Mallorca
Durchgedreht – 7 Jahre im Sattel
Geschichten aus d. anderen Mallorca
Goldene Insel Mallorquinische Reise, Eine
Please wait to be seated!
Salzkarawane, Die
Schönen Urlaub!
Südwärts durch Lateinamerika

Praxis

All Inclusive?
Als Frau allein unterwegs
Canyoning
Daoismus erleben
Dschungelwandern
Essbare Früchte Asiens
Fernreisen
Fernreisen, Fahrzeug
Fliegen ohne Angst
Flug Know-How
Fun u. Sport im Schnee
GPS f. Auto, Motorrad
GPS Outdoor
Heilige Stätten Indiens
Hinduismus erleben
Höhlen erkunden
Inline-Skaten Bodensee
Inline Skating
Islam erleben
Kanu-Handbuch
Kreuzfahrt-Handbuch
Küstensegeln
Maya-Kultur erleben
Orientierung mit Kompass und GPS
Paragliding-Handbuch
Pferdetrekking
Reisefotografie
Reisefotografie digital
Reisen und Schreiben
Respektvoll reisen
Richtig Kartenlesen
Safari-Handbuch Afrika
Schutz vor Gewalt und Kriminalität
Schwanger reisen
Selbstdiagnose u. Behandlung unterwegs
Sicherheit/Bärengeb.
Sicherheit/Meer
Sonne, Wind und Reisewetter
Survival-Handbuch, Naturkatastrophen
Tauchen in kalten Gewässern
Tauchen in warmen Gewässern
Transsib – von Moskau nach Peking
Trekking-Handbuch
Tropenreisen
Vulkane besteigen
Was kriecht u. krabbelt in den Tropen
Wein Guide Dtschl.
Wildnis-Ausrüstung
Wildnis-Backpacking
Wildnis-Küche
Winterwandern
Wohnmobil/Indien
Wracktauchen weltweit

KulturSchock

Afghanistan
Ägypten
Brasilien
China
Golf-Emirate, Oman
Indien
Iran
Islam
Japan
KulturSchock
Marokko
Mexiko
Pakistan
Russland
Spanien
Thailand
Türkei
Vietnam

Wo man unsere Reiseliteratur bekommt:

Jede Buchhandlung der BRD, der Schweiz, Österreichs und der Benelux-Staaten kann unsere Bücher beziehen.
Wer trotzdem keine findet, kann alle Bücher über unseren Internet-Shop unter **www.reise-know-how.de** oder **www.reisebuch.de** bestellen.

Thailand

Das beliebteste Reiseziel Südost-Asiens ist kein 'einfaches' Reiseland. Abseits der Hauptreiserouten spricht kaum jemand Englisch, Religion und Umgangsformen sind fremd, und es gibt so viel anzuschauen, daß man kaum weiß, wo man anfangen soll. Da bewährt sich ein Reiseführer der Reihe *REISE KNOW-HOW*:

Thailand Handbuch
Der komplette Reiseführer für individuelles Reisen und Entdecken: 816 Seiten, 112 Karten und Pläne, farbiger Kartenatlas, durchgehend illustriert, großer Farbteil. ISBN 3-89416-741-6

Thailands Süden
Der komplette Reiseführer für den Süden Thailands: 510 Seiten, viele Karten und Pläne, durchgehend illustriert, großer Farbteil.
ISBN 3-89416-662-2

Phuket und Umgebung
Der komplette Reiseführer für *die* Urlaubsinsel Thailands: 264 Seiten, 13 Karten und Pläne, durchgehend illustriert, großer Farbteil.
ISBN 3-89416-182-5

Bangkok und Umgebung
Der komplette Reiseführer für die Hauptstadt Thailands: 336 Seiten, 13 Karten und Pläne, durchgehend illustriert. ISBN 3-89416-655-x

Thailand: Strand- und Tauchführer
für alle besuchenswerten Inseln und Strände. Ausführliche Tips für Schnorchler und Taucher. 358 Seiten, 23 Karten und Pläne, durchgehend farbig. ISBN 3-89416-622-3

Reise Know-How Verlag
Peter Rump GmbH, Bielefeld

Kauderwelsch?
Kauderwelsch!

Die **Sprechführer der Reihe Kauderwelsch** helfen dem Reisenden, wirklich zu sprechen und die Leute zu verstehen. Wie wird das gemacht?

- Die **Grammatik** wird in einfacher Sprache so weit erklärt, daß es möglich wird, ohne viel Paukerei mit dem Sprechen zu beginnen, wenn auch nicht gerade druckreif.
- Alle Beispielsätze werden doppelt ins Deutsche übertragen: zum einen **Wort-für-Wort,** zum anderen in "ordentliches" Hochdeutsch. So wird das fremde Sprachsystem sehr gut durchschaubar. Ohne eine Wort-für-Wort-Übersetzung ist es so gut wie unmöglich, einzelne Wörter in einem Satz auszutauschen.
- Die **Autorinnen und Autoren** der Reihe sind Globetrotter, die die Sprache im Lande gelernt haben. Sie wissen daher genau, wie und was die Leute auf der Straße sprechen. Deren Ausdrucksweise ist häufig viel einfacher und direkter als z. B. die Sprache der Literatur. Außer der Sprache vermitteln die Autoren Verhaltenstips und erklären Besonderheiten des Landes.
- **Jeder Band** hat 96 bis 160 Seiten.
Zu jedem Titel ist eine begleitende **TB-Kassette** (60 Min) erhältlich.
- **Kauderwelsch-Sprechführer** gibt es für über 80 Sprachen in **mehr als 120 Bänden**, z. B.:

Burmesisch für Globetrotter
Band 63, 128 Seiten, ISBN 3-89416-253-8

Thai - Wort für Wort
Band 19, 160 Seiten, ISBN 3-89416-294-5

Malaiisch - Wort für Wort
Band 26, 160 Seiten, ISBN 3-89416-047-0

REISE KNOW-HOW Verlag
Peter Rump GmbH, Bielefeld

Burmesische Waisenkinder brauchen Ihre Hilfe!

Viele Kinder in Myanmar verloren durch die Wirren des Bürgerkrieges ihre Eltern. In zwei von buddhistischen Mönchen bzw. Nonnen geführten Waisenhäusern in Mandalay finden 200 Jungen und 160 Mädchen jetzt in neues Zuhause.

Die Mädchen und Jungen kommen aus der Armut, aber sie müssen dahin nicht zurück, wenn wir ihnen eine praktische Ausbildung bzw. den Zugang zu weiterführenden Schulen ermöglichen. Nur mit einer besseren und gezielten Ausbildung haben sie eine Chance am Arbeitsmarkt. Zu diesem Zweck haben wir einen PC Trainingsraum für die Mädchen und Jungen eingerichtet und möchten später dem Mädchenheim eine Schneiderei mit Nähmaschinen stiften. Einigen Hochbegabten wollen wir den Zugang zu Universitäten ermöglichen. Zunächst kommt aber ein großes Projekt auf uns zu: das Waisenhaus für Jungen braucht ein neues Wohnheim.

Meine Freunde und ich haben in Frankfurt einen wohltätigen Verein gegründet, dessen Ziel es ist, die beiden Waisenhäuser zu unterstützen.

Bitte helfen Sie den beiden Heimen und den Kindern mit einer Spende auf das unten angeführte Konto. Es ist sichergestellt, dass Ihre Spende in voller Höhe die Waisenhäuser erreicht und dort unmittelbar den Kindern zu Gute kommt.

Ihre Spende ist in Deutschland steuerbegünstigt. Sie erhalten dafür von dem Verein eine entsprechende Quittung. Gerne schicken wir Ihnen einen ausführlichen Bericht über unsere Tätigkeit zu.

Wir danken Ihnen für Ihre Hilfe.

Klaus Schröder, Vorstand

VEREIN FÜR INTERNATIONALE SOLIDARITÄT e.V.

Fürstenbergerstr. 171, 60322 Frankfurt a. M.
Tel. 069-5964576; E-Mail: ks-frankfurt@t-online.de

Dresdner Bank, Frankfurt, Kto. 4 014 042 00, BLZ 500 800 00

Klaus R. Schröder

MYANMAR/BURMA
Reisen im Land der Pagoden

Myanmar, wie Burma heute offiziell heißt, öffnete sich erst vor wenigen Jahren wieder für den Tourismus. Seither bereist der Autor regelmäßig erneut das Land, dessen Kultur und Menschen ihn schon früher fasziniert hatten.

U.a. war er wochenlang in einem individuell gemieteten Salonwagen mit eigenem Personal unterwegs, der ganz nach den Wünschen des Fahrgastes an normale Linienzüge gehängt wurde. An dieser und weiteren unkonventionellen Reisen durch die landschaftlich und kulturell herausragenden Regionen Myanmars läßt Klaus Schröder den Leser hautnah teilhaben und vermittelt ihm mit großem Engagement landeskundliches Wissen bis hin zur aktuellen politischen Situation und der Rolle Burmas als Opiumlieferant. Wer sich für das Myanmar von heute interessiert, kommt an diesem umfassenden und kenntnisreich geschriebenen Titel nicht vorbei.

2. aktual. Auflage 2004, 380 Seiten, 12 Karten, über 100 Farb- und 40 sw-Fotos, Hardcover mit Schutzumschlag · ISBN 3-89662-196-3 · € 17,50 [D]

Nebenbei unterstützt der Leser durch den Kauf des Buches burmesische Waisenkinder. Der Autor hat es sich zur Aufgabe gemacht, den Jungen eines von Mönchen geleiteten Waisenhauses im nach wie vor sehr armen Myanmar eine Ausbildung zu ermöglichen, die sicherstellt, daß sie eines Tages auf eigenen Füßen stehen können. **Das Buchhonorar kommt voll diesen Kindern und Jugendlichen zugute.**

Zwei Waisenhäuser in Mandalay: Myanmar könnte eigentlich ein Paradies sein, aber Bürgerkriege und Misswirtschaft haben das Land und seine Menschen verarmen lassen. Besonders hart davon betroffen sind die burmesischen Kinder. In Mandalay haben 200 Mädchen und 214 Jungen ein neues Zuhause gefunden in zwei Waisenhäuser, die jeweils einem buddhistischen Kloster angeschlossen sind: im Heim der Myanmar Buddhist Orphanage Association (MBOA) für Jungen und im Heim der Aye Yeik Mon Orphanage Association für Mädchen. Die Kinder im Alter von 4 bis 20 kommen aus der Armut, aber müssen dahin nicht zurück, wenn wir ihnen eine gezielte Ausbildung und Zugang zu höheren Schulen ermöglichen. Zu diesem Zweck haben wir ein PC Ausbildungszentrum eingerichtet und lassen sie in Englisch unterrichten. Inzwischen nehmen mehr als 100 Kinder am Computer-Unterricht teil. Darüber hinaus haben wir ein Wasserversorgungs- und Abwassersystem mit Tiefbrunnen, Waschbecken und Toiletten eingerichtet. So konnten wir die hygienischen und gesundheitlichen Bedingungen nachhaltig und dauerhaft verbessern. Unser nächstes Projekt ist der Bau eines Wohnheimes.

Wir unterstützen die beiden Waisenhäuser über unsere Organisation, den **Verein für Internationale Zusammenarbeit e.V. (VIS)**, Frankfurt, der vor drei Jahren zu diesem Zweck gegründet wurde. Bitte helfen Sie den beiden Heimen und den Kindern mit einer Spende auf das unten angeführte Konto. Es ist sichergestellt, dass Ihre Spende in voller Höhe die Waisenhäuser erreicht und dort unmittelbar den Kindern zu gute kommt. Ihre Spende ist in Deutschland steuerbegünstigt. Sie erhalten dafür von dem Verein eine entsprechende Quittung. Gerne schicken wir Ihnen einen ausführlichen Bericht über unsere Tätigkeit. **Wir danken Ihnen für Ihre Hilfe.**

VIS
VEREIN FÜR INTERNATIONALE SOLIDARITÄT e.V.

Fürstenbergerstr. 171, 60322 Frankfurt a. M. · Tel. 069-5964576; E-Mail: ks-frankfurt@t-online.de
Internet: myanmar.reisebuch.de · Dresdner Bank, Frankfurt, Kto. 4 014 042 00, BLZ 500 800 00

© Reise Know-How-Verlag Dr. Hans-R. Grundmann GmbH · **www.reisebuch.de**

Die Autorin
Brigitte Blume, 1949 in München geboren, ist beruflich als Fachlehrerin tätig. Ihre Liebe zu Südostasien führte sie immer wieder dort hin, in den letzten 25 Jahren vor allem nach Myanmar.